中国哲学社会科学学科发展报告

当代中国的日本研究

（1981—2011）

李薇　主编

JAPANESE STUDIES OF
CONTEMPORARY CHINA

中国社会科学出版社

图书在版编目（CIP）数据

当代中国的日本研究（1981—2011）／李薇主编．—北京：中国社会科学出版社，2012.11
ISBN 978-7-5161-1750-7

Ⅰ.①当…　Ⅱ.①李…　Ⅲ.①日本—研究　Ⅳ.①K313.07

中国版本图书馆 CIP 数据核字（2012）第 271559 号

出 版 人	赵剑英
特约编辑	金　泓
责任编辑	张　林
责任校对	孙洪波
责任印制	戴　宽

出　　版	中国社会科学出版社
社　　址	北京鼓楼西大街甲 158 号（邮编 100720）
网　　址	http://www.csspw.cn
	中文域名:中国社科网　　010-64070619
发 行 部	010-84083685
门 市 部	010-84029450
经　　销	新华书店及其他书店

印　　刷	北京七彩京通数码快印有限公司
装　　订	北京七彩京通数码快印有限公司
版　　次	2012 年 11 月第 1 版
印　　次	2012 年 11 月第 1 次印刷

开　　本	710×1000　1/16
印　　张	32.25
插　　页	2
字　　数	545 千字
定　　价	76.00 元

总　　序

当今世界正处于前所未有的激烈的变动之中，我国正处于中国特色社会主义发展的重要战略机遇期，正处于全面建设小康社会的关键期和改革开放的攻坚期。这一切为哲学社会科学的大繁荣大发展提供了难得的机遇。哲学社会科学发展目前面对三大有利条件：一是中国特色社会主义建设的伟大实践，为哲学社会科学界提供了大有作为的广阔舞台，为哲学社会科学研究提供了源源不断的资源、素材。二是党和国家的高度重视和大力支持，为哲学社会科学的繁荣发展提供了有力保证。三是"百花齐放、百家争鸣"方针的贯彻实施，为哲学社会科学界的思想创造和理论创新营造了良好环境。

国家"十二五"发展规划纲要明确提出："大力推进哲学社会科学创新体系建设，实施哲学社会科学创新工程，繁荣发展哲学社会科学。"中国社会科学院响应这一号召，启动哲学社会科学创新工程。哲学社会科学创新工程，旨在努力实现以马克思主义为指导，以学术观点与理论创新、学科体系创新、科研组织与管理创新、科研方法与手段创新、用人制度创新为主要内容的哲学社会科学体系创新。实施创新工程的目的是构建哲学社会科学创新体系，不断加强哲学社会科学研究，多出经得起实践检验的精品成果，多出政治方向正确、学术导向明确、科研成果突出的高层次人才，为人民服务，为繁荣发展社会主义先进文明服务，为中国特色社会主义服务。

实施创新工程的一项重要内容是遵循哲学社会科学学科发展规律，完善学科建设机制，优化学科结构，形成具有中国特色、结构合理、优势突出、适应国家需要的学科布局。作为创新工程精品成果的展示平台，哲学社会科学各学科发展报告的撰写，对于准确把握学科前沿发展状况、积极推进学科建设和创新来说，是一项兼具基础性和长远性的重要工作。

中华人民共和国成立以来，伴随中国社会主义革命、建设和改革发展的历史，中国特色哲学社会科学体系也处在形成和发展之中。特别是改革开放以来，随着我国经济社会的发展，哲学社会科学各学科的研究不断拓展与深化，成就显著、举世瞩目。为了促进中国特色、中国风格、中国气派的哲学社会科学观念、方法和体系的进一步发展，推动我国哲学社会科学优秀成果和优秀人才走向世界，更主动地参与国际学术对话，扩大中国哲学社会科学话语权，增强中华文化的软实力，我们亟待梳理当代中国哲学社会科学各学科学术思想的发展轨迹，不断总结各学科积累的优秀成果，包括重大学术观点的提出及影响、重要学术流派的形成与演变、重要学术著作与文献的撰著与出版、重要学术代表人物的涌现与成长等。为此，中国社会科学出版社组织编撰"中国哲学社会科学学科发展报告"大型连续出版丛书，既是学术界和出版界的盛事，也是哲学社会科学创新工程的重要组成部分。

《中国哲学社会科学学科发展报告》分为三个子系列：《当代中国学术史》、《年度综述》和《前沿报告》。《当代中国学术史》涉及历史学、考古学、文学、哲学、美学、宗教学、逻辑学、法学、教育学、民族学、经济学、国际政治学、国际关系学、敦煌学、语言学、简帛学等不同的学科和研究领域，内容丰富，能够比较全面地反映当代中国哲学社会科学领域的研究状况。《年度综述》按一级学科分类，每年度发布，《前沿报告》每三年发布，并都编撰成书陆续出版。学科《年度综述》内容包括本年度国内外学科发展最新动态、重要理论观点与方法、热点问题，代表性学者及代表作；学科《前沿报告》内容包括学科发展的总体状况，三年来国内外学科前沿动态、最新理论观点与方法、重大理论创新与热点问题，国内外学科前沿的主要代表人物和代表作。每部学科发展报告都应当是反映当代重要学科学术思想发展、演变脉络的高水平、高质量的研究性成果；都应当是作者长期以来对学科跟踪研究的辛勤结晶；都应当反映学科最新发展动态，准确把握学科前沿，引领学科发展方向。我们相信，该出版工程的实施必将对我国哲学社会科学诸学科的建设与发展起到重要的促进作用，该系列丛书也将成为哲学社会科学学术研究领域重要的史料文献和教学材料，为我国哲学社会科学研究、教学事业以及人才培养作出重要贡献。

王伟光

前　言

李　薇

《当代中国的日本研究（1981—2011）》是为纪念中国社会科学院日本研究所成立 30 周年而撰写的，综述范围限定在 1981—2011 年的 30 年间中国大陆学者对日本政治、经济、社会、外交、人文学科的研究。

中国社会科学院日本研究所成立于 1981 年，正值改革开放刚刚起步的阶段。当时，以日本这一国家为对象的国家级研究机构还十分罕见。日本研究所的成立不仅呼应了"解放思想、改革开放"的方针，还顺应了中国民众渴望了解邻国日本、学习日本先进科学技术和管理经验的要求。中国社会科学院日本研究所成立之后，其主管之下的全国日本经济学会、中华日本学会也相继成立，日本研究所在推动日本问题研究、为全国日本问题研究界搭建共同学术研究平台方面发挥了积极作用。

众所周知，20 世纪 80 年代以来，日本研究成为我国国际问题研究的重要领域。根据国家经济、社会、对外关系发展的需要，日本研究所对当代日本政治、经济、外交、安全、社会与文化的相关领域展开了深入的研究。在改革开放初期的 10 年里，日本研究所的研究人员对日本的政治制度、外交政策、经济改革、发展战略的梳理和介绍，为中国的经济发展道路、经济政策、对外开放提供了重要决策参考。在 20 世纪 90 年代，日本研究所对日本社会政策、法制建设、宏观经济政策、财政金融改革、企业组织等方面的研究，直接为我国社会主义市场经济制度的建立提供了可借鉴的经验。同时，随着中日双边关系的发展与变化，日本研究所的日本政党政治研究、外交战略研究等为对日外交决策发挥了积极作用。进入 21 世纪以来，国际新形势、亚洲新问题、中国社会变革和经济崛起，推动了日本研究向着更加综合性、前瞻性的方向发展。

如今，日本研究所已是"而立"之年，这 30 年来日本研究所的发展也印证了中国的日本研究的历史进程。如今，中国各地的科研单位及大专院校等日本研究机构达数十家，日本研究队伍有了迅速发展，研究人员的素质也有了很大提高。30 年来日本研究领域的学术论文、专著、译著、丛书等研究成果大量涌现，无论是对日本现状的分析、把握还是对日本政治、经济、社会、文化等领域的中长期研究都使得中国的日本研究呈现出异常繁荣、欣欣向荣的局面。

日本研究归属于人文社会科学研究，人文社会科学的学科特点决定了日本研究学科综述的多样性。与自然科学研究和工程学研究相比，从研究特质上看，人文社会科学研究对象的边界具有不确定性；从研究方式上看，人文社会科学研究的组织化程度较低，研究的整体结构松散，研究主体的个体性和独立性较强；从研究过程上看，人文社会科学研究过程的阶段性不大明显，量变与质变往往交杂在一起。这些特点决定了人文社会科学及日本研究学科综述的多样性和复杂性。此外，国别研究的学科综述还具有综合性和跨学科性的特点。人文社会科学研究组织体系大致分为两大类，即按照学科设计的研究体系和按照研究对象设计的研究体系。按照研究对象设置的研究机构其学术谱系并不清晰，其学科建设只能运用其他谱系的知识分工和学术方法进行设计，其学术研究则围绕研究对象的某个问题展开。

中国的日本研究既包括归属于学科谱系中的日本研究，也包括以日本问题为研究对象的国别研究。因此，中国的日本研究学科综述，理所当然地包括来自于上述两大类别的综述。日本研究所作为一个以研究对象而非学科谱系而设置的研究机构，在研究方法和学术训练上与依照学科谱系设立的研究机构相比固然存在较大差异。为了整体把握中国的日本研究状况，也为了使得学科所和国别所之间得以相互借鉴，日本研究所在编辑学科综述报告集时，特别邀请了在学科研究机构从事日本研究的学者一同撰稿。

日本研究无论是作为国别研究还是作为各传统学科谱系的一个分支，都需要强化自身的学科建设，学科综述正是学科建设的基础性工作。首先，现代学科建制是科学和知识分工的体现，它不仅为学术共同体的形成奠定了基础，也为比较和评估提供了标准和参考系；其次，学术研究新见解的形成是在一个有着明确的学术谱系基础上才能获得的，前瞻性思考的真理性往往深藏于对往昔的回顾之中，学科综述就是理性认知的系统回顾；再次，学术规范的训练也应当是通过梳理学术观点和学术思想才得以完成的。

梁启超在《学与术》中写道："学也者，观察事物而发明其真理也；术也者，取所发明之真理而致用者也。"日本研究也应当是这样的"学"与"术"。中国的日本研究经过 30 年的发展历程，已经奠定了日本政治、经济、社会、外交、人文学科的研究基础，形成了较全面的研究布局，拥有了一支承前启后的科研团队。今天的日本研究，也已不再是简单的国别研究，而是立足于世界的或地区的多边政治、经济、文化关系之中、与整个国际关系密切关联的研究；是由多方面要素构成、具有很强专业性的、综合性的研究。

新的时代要求从事日本研究的学者必须具备宽广的国际视野，更加深厚的学科底蕴，更加敏锐的洞察能力，更加专业的知识本领。只有具备这些条件，才能发挥思想库、智囊团的作用，才能创造性地进行知识生产，才能将政策建议的思想境界提升到软实力的高度，才能有效地服务于国家利益。从这个意义上讲，今后的日本研究以及日本问题研究者，将面临重大的挑战。日本研究界要以创新精神回应时代的这一需求和挑战，力争重构日本研究的中国语境，创新中国的日本研究的学科范式。

此次学科综述通过对 30 年来中国的日本研究状况的梳理，以期达到夯实学科基础，训练学术规范，提升学术意识，发现学术人才的目的。为了尽可能全面地呈现中国的日本研究 30 年的风貌，日本研究所在征集所内外学科综述稿的同时，以中华日本学会的名义组织了日本研究界的学科综述研讨会。承担本书撰写的作者除中国社会科学院日本研究所的学者外，还包括院内其他研究所以及其他大专院校的日本研究学者。本书各篇综述的观点均为作者本人见解。在本书的编写过程中，中国社会科学出版社的领导和编辑同志给予了编委会热心的指导，对稿件的修改和筛选提出了宝贵的意见，在此谨表衷心的感谢。

序

中国社会科学出版社计划出版"中国哲学社会科学学科发展报告"，这对传承我国学术史研究的历史传统，繁荣发展哲学社会科学具有重要的意义。

一

"中国哲学社会科学学科发展报告"（以下简称"报告"）是近几年中国社会科学出版社吸取了我国哲学社会科学界专家学者的建议，经过广泛深入的学术咨询和学术研讨，才确定的重要出版项目。

"报告"涉及历史学、考古学、文学、哲学、美学、宗教学、逻辑学、法学、教育学、民族学、经济学、国际政治学、国际关系学、敦煌学、语言学、简帛学等不同的学科和研究领域，内容丰富，能够比较全面地反映当代中国哲学社会科学领域的研究状况。"报告"执笔者均为国内知名的学科带头人，在相关领域有长期深入的研究，这支作者队伍是"报告"质量的重要保证，也折射出中国社会科学出版社对这套"报告"立项的重视。

"报告"包括三部分内容：一、当代中国学术史；二、年度综述；三、前沿报告。最近出版的是当代中国学术史的部分成果，展示了新中国特别是改革开放以来哲学社会科学相关领域建设与发展的状况，是对该时期相关学科发展历程与收获的检阅与巡礼，反映了中国哲学社会科学各个学科进步的内在动力和创造，实际上是一部规模恢弘的中国哲学社会科学学科发展史，必将为中国哲学社会科学的学科发展奠定良好基础，有力促进其繁荣与发展。

二

在我国，学术史撰写具有悠久的历史传统和鲜明的特色。"学术"一词，先秦典籍已有（如《礼记》等），有时被简称为"学"，如"世之显学，儒墨也"（《韩非子·显学》）、"论学取友"（《礼记·学记》）等。"学术"概念的内涵，历来学者们多有探讨。在中国学术史上，人们对"学术"的理解和界定是多元的，很难用一种固定的含义来把握，但是又具有相对稳定和明晰的意义。"学术"自然含有"学"与"术"两方面的内容，用今天话说既有理论意义，又有实践作用；"学"与"术"在中国传统学术观念中是不可分割的，所以被《庄子·天下》称作"道术"。梁启超、钱穆先生各自都撰有学术史著作，其"学术"比较接近班固《汉书·艺文志》的某些内容，相当于今天我们所说的"观念文化"，涵盖哲学、经学、史学等的思想观点、理论体系和研究方法。梁启超曾在《学与术》一文中，根据体用原则对"学"与"术"的关系作了发挥，认为"学者术之体，术者学之用。二者如辅车相依而不可离。学而不足以应用于术者，无益之学也；术而不以科学上之真理为基础者，欺世误人之术也"（《饮冰室文集》之二十五下），就具有近现代学术的基本风貌和精神，体现了学术史的时代性。

先秦时期的《庄子·天下》、《荀子·非十二子》（当然，也有学者根据《韩诗外传》所引，认为是《非十子》，如章学诚等）、《尸子·广泽》、《吕氏春秋·不二》、《韩非子·显学》等都是我国古代学术史的经典作品。

《庄子》称"道未始有封"（《齐物论》）、"道术无乎不在"（《天下篇》）、"无所不在"（《知北游》），都在强调道具有普遍性和无限性，并且寓于万物中，不能瞬息离开万物。《天下篇》还简明扼要地勾勒了先秦学术史的演变脉络，即"神巫之学"、"史官之学"到"百家之学"的过程，"天下多得一察焉以自好"、"道术将为天下裂"正反映了春秋战国时期学术分化、发展与演进的史实，即由"官师合一之道"、"官守学业"到"私门著述"（章学诚《校雠通义·原道》）的变化历程。这些论述都具有深邃的学术视野，有助于后人研究先秦时期的学术史。还有，《荀子·非十二子》集中论述了先秦它嚣魏牟、陈仲史䲡、墨翟宋钘、慎到田骈、惠施邓析、子思孟轲共十二子的学术内容与弊端，表彰仲尼子弓、舜禹之道，主张"上则法舜禹之制，下则法仲尼子弓之义，以务息十二子之说，如是则天下之害除，仁人之事毕，圣王之迹著矣"。《吕氏春秋·不二》指出"老聃贵柔，孔子贵仁，墨翟贵廉（疑应为'兼'），关尹贵清，子列子贵虚，陈骈贵齐，阳生贵己，孙膑贵势，王廖贵先，兒良贵后"的学术差异，希望能够从不同的学术见解中找出其相同点。《韩非子·显学》比较详细地描述了儒墨两派显学的发展状况，保留了"儒分为八，墨离为三"的儒墨学派演变的资料，为后人研究指出了方向。不过，韩非重点批评的是"愚诬之学"，认为"无参验而必之者，愚也；弗能必而据之者，诬也"，强调"参验"的重要性。

从先秦学术史资料中可以看出，"和"是有差别（矛盾）的统一性，而"同"则是无差别的统一性。孔子明确地指出，他自己主张"和"而反对"同"。在以孔子为代表的儒家思想的影响下，中国古代学术史要求从不同的学术思想派别中找到它们的统一性，这个目标促使中国古代学术思想既重视研究事物的相异面，又要找到它们之间的统一性，这是中国古代学术史能够持续发展的方法论和认识论的理论依据。

《史记·太史公自序》载司马谈《论六家要旨》，从《易大传》"天下一致而百虑，同归而殊途"开端，分述阴阳、儒、墨、名、法、道德六家学术要旨，认为它们都有共同的目标，只不过出发点不同，理论的深浅有别。在分类上，以各家各派的派别名称取代具体的代表人物，是学术史发展的必然趋势，评论褒贬有度，反映了当时学术发展的趋势。西汉末刘歆《七略》，也是重要的学术史作品，后被吸收进《汉书·艺文志》中。《汉书·艺文志》历来受到学者们的重视，曾被清代学者章学诚称为"学术之宗，明道之要"（《校雠通义·汉志六艺》）。《七略》、《汉书·艺文志》最重学术源流，对后世学术史影响很大。我国古代正史中的《艺文志》（或《经籍志》）、《儒林传》等包含了丰富的学术史内容，成为学术史研究的重要资料。

从宋代开始，出现了以学派为主的学术史典籍，如南宋朱熹《伊洛渊源录》（这是学案体学术史的开创之作），明代周汝登《圣学宗传》，明末清初孙奇逢《理学宗传》等，均具备以学派为主勾勒学术思想演变的雏形。《伊洛渊源录》收录周敦颐、二程、邵雍、张载及程门高足的传记与时人评价，贯穿着洛学学派的学术思想，邵、张仅被视为洛学的羽翼，这一点未必准确。《圣学宗传》欲会通儒释，后被黄宗羲等批评。《理学宗传》虽网罗学派较多，但以程朱、陆王为主贯穿学术史。可见在学术史上真正会通各个学派并不是一件轻而易举的工作。

清朝初年，黄宗羲《明儒学案》和黄宗羲、全祖望等《宋元学案》则是学案体学术史的集大成者。《明儒学案》是一部系统的成熟的学案体学术思想史著作，侧重分析各家学术观点，"为之分源别派，使其宗旨历然"（《明儒学案·序》），体例上以"有所授受者分为各案，其特起者，后之学者，不甚著者，总列诸儒之案"（《明儒学案·发凡》），按照人物学术思想异同划分学派归属，处理学案分合。《宋元学案》出于多人之手，经历曲折，但卷帙浩大，资料丰富，注重人物之间的师承关系，并将其作为认定学派的主要依据。这种注重学术宗旨、学派传承的研究方法，对清代江藩《国朝汉学师承记》、《国朝宋学渊源录》等都多有影响。

在我国近代，有些学者自己撰述学术史著作，其中有些成为传世之作，如梁启超《中国近三百年学术史》、《清代学术概论》，钱穆《中国近三百年学术史》等。他们所阐述的"学术"，包含对中国传统思想文化的理解，也包括关于现实政治思想的评价等，具有综合性的特色。20世纪末、21世纪初，我国学人力图恢复这个传统，在新的起点上进行关于中国学术史著作的撰述。

今天我们看到以"学术史"命名的著作已有若干种，有的偏重于中国文明起源的研究；有的着重典章制度源流演变的探讨；还有的侧重历史文献和出土文献的考察。这些毫无疑问都属于"学术"范畴，从不同的角度和学科去研究具体学科的演变，总结学术经验与教训，为学科学术的未来发展提供借鉴，无疑是一件有意义的事情。

三

我国历史上的学术史传统源远流长，它是中华文化的智慧结晶和文化宝藏。无论是序跋体、传记体、目录体、笔记体、学案体、章节体、学术编年体等，中国学术史的优秀传统大体上可以归纳为：

1. 重视文献资料考订，坚持"明道之要"的学术原则。学术史著作重视文献资料考订，将学术史建立在可靠的资料基础上，这是学术史研究的基础。前贤在梳理学术史时，除强调实事求是，斟酌取舍，重视无征不信外，还主张"学"与"术"的结合，既重视文献资料的整理爬梳，又重视文化意义与学术精神的彰显弘扬。这就是学术史著作有关于"明道之要"（《校雠通义·原道》、《校雠通义·补校汉艺文志》）的原因。《明儒学案》主张学术史研究要努力反映各种学术体现"道"的宏大与无所不包，"学术之不同，正以见道体之无尽"，并以大海与江河等关系为例："夫道犹海也，江、淮、河、汉以至泾、渭蹄涔，莫不昼夜曲折以趋之，其各自为水者，至于海而为一水矣"（《明儒学案·序》）。江淮河汉虽各有曲折，但都同归于海；学术虽有学派的不同，但都是道的体现。

2. 注重学术变迁的源流和发展脉络考察。"辨章学术，考竟源流"（《校雠通义·焦竑误校汉志》）一直是学术史的传统。如在《庄子·天下》、《荀子·非十二子》以及《史记》史传作品的影响下，探讨学术流变的传承变化，成为学术史的重要内容和特色，《七略》、《汉志》重学术源流后成为学术史著作的通例。

3. 重视对于学术史中不同学派特色的研究，揭示它们在中国学术史上的独特贡献。在对学派学术特色把握的基础上，重视研究不同学派间思想的差异与融合，则是学术繁荣和发展的生命。战国时期诸子百家之学的争辩交融，汉唐宋元时期儒、道、佛三教的发展与融合，明清时期中学与西学的会通，均深藏着相反而相成的学术精神。清初，黄宗羲、全祖望撰《宋元学案》，以理学家为主干，但并不排斥其他学派的学者，如永嘉学派的陈亮、叶适，王安石新学，苏氏蜀学，强调不同学派的交流影响，相反相成，正如黄宗羲主张的："有一偏之见，有相反之论，学者于其不同处，正宜着眼理会，所谓一本而万殊也。以水济水，岂是学问！"（《明儒学案·发凡》）

4. 继往开来，重视学术创新与进步。中国古代学术著作，在梳理学术流变的过程中，侧重学术的继往开来，袭故弥新，"以复古为解放"（《清代学术概论》）。不夺人之美，不隐人之善，否则，将被视为"大不德"（《清代学术概论》）。《四库全书总目》在一定程度上吸收了当时的研究成果，订正某些缺失，提要穷本溯源、辨别考证，展现了学术史的发展脉络和成果。正是这种订正增补，反复斟酌，使学术史长河滔滔不息，绵延两千多年而不绝，即使在民族遭遇重创的危机关头，中华文化中卓著的学术精神依然能够鼓励世人勇挑重担，成为民族发展的脊梁，正因为如此，学术兴替往往被视作民族精神生死存亡的大事。

5. 学术史带有明显的整体性、综合性、学术性，力求将学术思想、政治、经济、文化思想等熔于一炉，避免支离破碎。《庄子·天下》说："后世之学者，不幸不见天地之纯，古人之大体，道术将为天下裂。"《天下篇》的作者看到关于天地的整体学术被分裂为各个不同的部分，"譬如耳目鼻口，皆有所明，不能相通"，这很有见地。古代因为还没有现代意义的学科观念，传统的经史子集提供了更多融通交流的机会和可能，使传统的学术史研究能够注重整体性、综合性、学术性，并具有浓郁的民族文化的特色，又有很强的时代性。

四

中国古代学术史是我们宝贵的思想文化财富，在新时代如何吸收其优长，从更加开阔的学术视野出发，不仅看到思想史上学派间的差异，更加着力研究"差异"是如何转化为"融合"、"会通"的。如果我们能够在这方面进行细致的梳理研究，找出"融合"的关节点，以及"会通"与"创新"的关系，也许这是克服学术史研究中某些概念化、公式化的有效途径，使学术史研究更加具体、实在，逐步接近于学术史的原貌。

中国古代学术史重综合、完整与学术的特征在今天仍然具有时代意义。虽然现在的哲学社会科学主要是分门别类的研究，当然这是学科分化与发展的标志，但是由此而带来的学科分离与隔绝，则是学者们需要关注的问题。学科间的会通，是学科发展特别是交叉学科、跨学科、新兴学科产生和发展的关键。在西方，自文艺复兴以后，人文社会科学的发展，得益于经济学、社会学、地理学、人类学、心理学、人口学、语言学等学科的交流和相互借鉴，而且与自然科学的发展紧密相关，这个经验值得借鉴。

我国哲学社会科学的发展，需要学科间的交融（交叉融合），为此，可首先从不同学科的学术史研究着手，任何一门学科的学术史必然与其他学科有关，因此，对于学术史的研究，无疑为哲学社会科学各门学科之间的交叉与融合奠定了基础。可喜的是，当代中国学人已成功撰写了不少学术史著作，为我国哲学社会科学理论创新体系的建设提供研究成果。

　　"中国哲学社会科学学科发展报告"的出版，肯定会为我国哲学社会科学的繁荣和发展作出新的贡献。

张崑之

2010 年 7 月 16 日

目　录

上　编

政治·外交

中国的日本政治研究回顾与展望[*]

复旦大学日本研究中心　郭定平

引　言

当代日本政治研究作为中国政治学研究的重要内容和地域研究的不可分割的组成部分，得到了中国相关领导人、学术界和大众传媒的广泛关注。随着中日关系的深入发展和社会科学的不断进步，在过去的30年中，中国的日本政治研究取得了长足的发展。但我们也应该看到，尽管近年关于日本政治研究的成果层出不穷，但中国国内的日本政治研究在理论和方法论上仍然存在很多问题。特别值得注意的是，日本研究学术界很少有人认真研究和讨论这样的问题，时至今日只有个别著作和论文关注或涉及中国的日本政治研究现状与问题。日本是中国一衣带水的重要邻邦，中日关系是中国最重要的双边关系之一，特别是最近十余年来日本政治出现了许多引人注目的重大变化。因此，总结和回顾中国的日本政治研究的历程与经验，提升中国的日本政治研究的质量，加深对日本政治发展规律和发展趋势的理解和洞察是一项刻不容缓的重要任务。

本文力图在回顾中国的日本政治研究的发展历史的基础上，分析中国的日本政治研究取得的成果和存在的问题，以探索中国的日本政治研究的

　　* 此文是在我的一篇英文论文（ "Japanese Political Studies in China: Progress, Problems and Prospects", Japanese Journal of Political Science, published by Cambridge University Press, Volume 11, Part 3, December 2010）的基础上翻译、修改和补充而成的。对东京大学名誉教授猪口孝先生的评论和修改意见，对贾合川在翻译和资料收集方面提供的帮助，在此表示衷心的感谢！

发展方向。本文拟分成以下五个部分：（一）日本政治研究的历史回顾。简要回顾与总结中国国内的日本政治研究的历史背景和发展状况，着重分析中国国内日本研究的政治化、实用化和功利化倾向。（二）日本政治研究的体制分析。分析日本政治研究的各类机构的建立与发展、体制安排及其影响。（三）日本政治研究的内容分析。比较分析一些有代表性的日本政治研究著作和论文，讨论日本政治研究的重要主题和发展趋势。（四）日本政治研究的路径分析。通过对一些日本政治研究成果的分析，总结中国的日本政治研究中应用到的政治学研究方法。（五）问题和前景。

一　日本政治研究的历史回顾

在中日两国两千多年的相互往来和文化交流史上，许多专家学者和政府官员撰写和出版了一大批关于日本政治的著作和文章，中国的日本政治研究源远流长，积淀深厚。据中国史书记载，对日本政治的关注最早可以追溯到一千七百多年前史学家陈寿所著的《三国志》一书，根据其中的《魏志·倭人传》记载，239 年邪马台国的女王卑弥呼遣使魏国，卑弥呼因此获得魏明帝下赐的"亲魏倭王"的称号；266 年倭王向西晋遣使献贡，企图借中国王朝的权威，强化自己的政治地位①。自此之后，尽管中国学者对日本政治的观察、分析和研究兴趣千差万别，成果质量参差不齐，但是研究却从未间断。这些研究大致可以分成以下三个阶段：

第一是早期的日本政治研究，从早期的史书记载到 19 世纪中期。在中国历史上，历代统治者都对历史典籍极为重视，不断组织修史，以期从中吸取统治经验和教训，确保政治统治的稳定。这些史书中有很多包含介绍日本政治社会情况的专门章节。尽管这些研究具有正统的和官方的背景，但亦不乏一些关于日本政治社会发展和中日关系的重要内容。比如，在中国的史籍中，日本起初被称为"倭"、"倭人"、"倭国"，直到隋唐以后，才被称为日本，表明日本的国家身份和地位逐渐得到确立和承认。特别是日本向隋朝派遣的西海使的国书开首写有"东天皇敬白西皇帝"、

---

① 李玉：「中国の日本研究：回顧と展望」（2009），王敏编『中国人の日本研究：相互理解のためのための思索と実践』，東京：法政大学国際日本研究せんたー2009 年，第 4 頁。王泰平：《风雨同天：话说中日关系》，世界知识出版社 2010 年版，第 5 页。

"日出处天子致书日没出天子"之类的身份表述，显示了一个新的东方政治实体主张的"主权平等"的意志。① 在明朝，由于倭寇侵扰中国的东部沿海地区和朝鲜半岛，中日关系面临新的挑战和问题，对日本政治的研究开始活跃。除了官方的典籍外，许多民间学者也出版了一些介绍日本政治的书籍。

第二是近代的日本政治研究，从 19 世纪中叶到 20 世纪中叶。鸦片战争之后，西方列强开始侵略中国的主权和利益，中国深陷民族危机，遭遇"千年之变局"。日本经过明治维新迅速崛起，不仅成功抵抗住了西方列强的侵略，而且在中日甲午战争中一举击败堂堂中华帝国，从而成长为与西方列强并驾齐驱的东方大国，中国被迫签订了丧权辱国的《马关条约》，割地赔款。甲午战争之后，中国人为日本的快速发展和强大实力所震惊，逐步从天朝大国的旧梦中觉醒。于是，许多中国青年负笈东渡，在努力探索日本强国之谜的同时，积极向日本学习强国之道。这导致了美国学者任达（Douglas R. Reynolds）所说的"黄金十年（1898—1907）"②的产生。在此时期，中日关系快速发展，中日交往日益密切，中国的日本政治研究出现了新的高涨和繁荣。从 1880 年到 1940 年，大约有 2204 种日文著作被翻译和引进到中国，其中很多是有关明治维新时期的领袖人物传记和政治历史以及当时日本的政治学研究成果。在这种翻译浪潮的直接推动和影响下，西方关于政治、制度和法律的大量词汇通过已在日文中通用的汉字词组直接传入中国，并沿用至今，极大地影响了中国的政治学研究。③ 然而，当日本不断扩大对华侵略并大肆掠夺中国资源的时候，中国的日本政治研究主题开始发生重大的变化。许多中国学者努力研究日本帝国主义的起源，揭露日本帝国主义的侵华行径，号召和动员中国人民奋起抗日。蒋百里在抗日战争爆发后出版的《日本人》，被誉为"战时的文坛健将"，甚至被称为中国政府抗日政策的"发言人"。他的研究结论是日本"向外发展超出了自然的限度，必定要栽一大筋斗！""一定会上当会

---

① 严绍璗:《中国南方地区与本列岛之间文化交涉的历史踪迹考察——古代东亚文明共同体的实像研究》，国际日本文化研究中心、复旦大学日本研究中心联合主办:《江南文化与日本——资料·人际交流的再发掘》论文集，2011 年 5 月 27 日，第 43 页。

② ［美］任达:《新政革命与日本：中国，1898—1912》，江苏人民出版社 2006 年版，第 9 页。

③ 王邦佐、潘世伟主编:《二十世纪中国社会科学：政治学卷》，上海人民出版社 2005 年版，第 184 页。

倒霉!"抗日"胜也罢,败也罢,就是不要同他讲和!"①

第三是当代的日本政治研究,开始于 20 世纪的中叶直至现在。随着新中国的成立和朝鲜战争的爆发,日本与台湾蒋介石政权单方面签订和平条约,中国与日本之间的不正常关系持续了二十余年。尽管中日两国的有识之士积极推动中日经济和文化交往,并取得了一些成果,但由于政治和经济的条件限制,中国的日本政治研究在这 20 年中成果寥寥无几。1972 年中日邦交正常,尤其是中国实行改革开放以来,中国的日本政治研究重新出现了繁荣的景象。据统计,自 1978 年 12 月到 1993 年 3 月,有 3157 部关于日本的著作和译著在大陆面世,其中有不少日本政治研究的著作。② 例如,赫赤等著《日本政治概况》(中国社会科学出版社 1984 年版)、齐乃宽编著《日本政治制度》(上海社会科学院出版社 1987 年版)、董璠舆编著《日本国会》(中国民主法制出版社 1990 年版)等都有良好的影响。随着中日相互依存关系的不断深化,越来越多的学术资源和经济资源被用于日本政治研究,促进了日本政治研究的发展和研究质量的提升。

回顾中国的日本政治研究的发展历史,我们可以发现以下几个突出的特点。

(1)尽管对日本政治的研究历史悠久、源远流长,但研究的数量和质量却起伏波动、参差不齐。在一些重要的历史时期,例如明朝、晚清、民国初期以及改革开放的新时期,日本政治研究得到高度重视,并出现了许多优秀研究成果。黄遵宪著《日本国志》、戴季陶著《日本论》、蒋百里著《日本人》已经成为研究日本的经典著作,至今仍然得到广泛阅读和引用。这些著作虽然只是对日本与日本人的宏观研究和一般观察,但是包含了许多精彩的政治分析。③

(2)中国对日本的政治研究在很大程度上受中日两国国内政治状况和中日关系的影响④。19 世纪末 20 世纪初,日本的明治维新以及日本作

---

① 蒋百里、戴季陶:《日本人与日本论:解析日本民族性的经典读本》,凤凰出版传媒集团、凤凰出版社 2009 年版,第 34—35 页。

② 骆为龙、徐一平主编:《中国的日本研究》,社会科学文献出版社 1997 年版,第 22 页。

③ 蒋百里、戴季陶:《日本人与日本论:解析日本民族性的经典读本》,凤凰出版传媒集团、凤凰出版社 2009 年版,第 21—23、85—103 页。

④ 李玉:「中国の日本研究:回顾と展望」,王敏编『中国人の日本研究:相互理解のための思索と实践』,东京:法政大学国际日本研究せんたー 2009 年、第 27—28 页。

为一个新兴世界强国的崛起吸引了中国学者，并激发了他们对日本政治研究的热情。日本对中国的侵略和中日战争促使中国人研究和探索日本帝国主义的起源、特征。中国的改革开放和中日战略互惠关系为日本发展模式的研究提供了新的动力，也强化了中日两国学者的交流和合作。

（3）中国国内对日本政治的研究往往具有政治化、实用化和功利化的倾向。一般来说，中国传统文化具有注重实际、讲求实用、服务现实的特点，正如有学者指出的那样，中国传统文化中有一种实用理性①。自鸦片战争之后，中国深受西方列强和日本侵略，中国人力图从日本明治维新之后的成功发展中吸取经验，推动中国的变法维新。例如，康有为研究日本明治维新，编撰《日本变政考》一书，并于戊戌年间两次进呈光绪帝。在进呈《日本变政考》序中，康有为明确阐述了借鉴日本经验推动变法维新的研究宗旨和具体目标。他说："今我有日本为向导之卒，为测水之竿，为探险之队，为尝药之神农，为识途之老马，我尽收其利而去其害，何乐如之？"因此，"若以中国之广土众民，近采日本，三年而宏规成，五年而条理备，八年而成效举，十年而霸图定矣。"②中国国内的日本研究的实用与功利色彩不仅近代如此，就是当代依然存在。

二　日本政治研究的体制分析

古代历史典籍中的日本研究多半是正统化、官方化的研究，近代以来的日本研究很多带有私人化、个体化的特征，当代中国的日本政治研究则具有明显的组织化和制度化的倾向。当代社会是一个复杂的组织系统，随着全国各地的日本研究机构的建立，当代中国的日本政治研究逐渐纳入组织框架之内。这种发展在中国经历了一个复杂和曲折的演变过程。1952年5月，中央教育部提出了大学院系调整方针，要求以培养工业建设人才和师资为重点，发展专门学院，整顿和加强综合性大学。在同年8月开始的全国大学院系调整中，由于政治学曾经被认为是"伪科学"，而且在对苏联"一边倒"和"以苏联为师"的时代，苏联的大学也没有设置政治学专业，于是政治学作为一门独立的学科和专业被取消，对政治学的研究

---

① 李泽厚：《中国古代思想史论》，人民出版社1986年版，第303页。
② ［清］康有为：《日本变政考》，中国人民大学出版社2011年版，第6—7页。

基本停止,部分研究被并入到了其他的学科之中。但是,为了增加对日本政治的认识和了解,也为了更好地批判日本的对华政策,日本政治研究当时仍然受到了一定程度的重视。1952 年 5 月,在周恩来总理领导的政务院成立了一个对日领导小组,由廖承志主持工作,该小组全权负责中国的日本事务,组织开展日本政治与政策研究,提出政策建议,起草一些相关的政府政策文件。

20 世纪 60 年代初期,随着中国国际地位的提高和对外交流的扩大,国际交流和国际问题研究更加受到了重视,包括日本研究和对日交流在内的一些国际交流组织和国际问题研究机构相继建立。1963 年 10 月,中日友好促进会成立,郭沫若为名誉会长,廖承志为会长。1963 年 12 月 15日,以中共外事小组和中央宣传部的名义提出了《关于加强研究外国工作的报告》,提出新建或加强 14 个国际问题研究机构,在高等学校中建立 9 个研究外国的机构,加强和充实高等学校中有关国际政治的院系。根据这一报告精神,北京大学、复旦大学、中国人民大学的国际政治系相继建立,研究内容分别涉及发展中国家的民族解放运动、西欧和北美的资本主义政治以及苏联和东欧的社会主义运动。① 研究日本政治的任务就被计划安排到了复旦大学国际政治系。同时,全国各地许多日本研究机构开始纷纷建立,例如,辽宁大学日本研究所 (1964 年)、吉林大学日本研究所(1964 年)、东北师范大学日本研究所 (1964 年)、中科院东南亚研究所日本研究室 (1965 年)、中国国际问题研究院日本研究部 (1965 年)、中国现代国际关系研究所东亚研究部 (1965 年)、天津历史研究所日本历史研究室 (1964 年)、南开大学历史系日本研究室 (1964 年)、河北大学日本系 (1964 年)、上海国际问题研究所日本研究室 (1964 年)、复旦大学世界经济系日本经济研究室 (1964 年) 等。然而,在"文化大革命"的十年浩劫中,由于中国高等教育和许多研究机构基本处于瘫痪状态,刚刚起步的日本政治研究被迫取消或严重耽搁。即使在这段风雨如晦的历史时期,复旦大学国际政治系和复旦大学资本主义国家经济研究所仍联合编辑出版了"各国政府机构系列丛书",在 20 世纪 70 年代由上海人民出版社相继出版了《英国政府机构》 (1973 年)、《美国政府机构》 (1972 年)、

---

① 中国社会科学院院志编写小组:《复旦百年与政治学科:国际关系与公共事务学院志(1905—2005)》(未刊稿),复旦大学国际关系与公共事务学院,2005 年,第 5 页。

《法国政府机构》（1978 年）、《德意志联邦共和国政府机构》（1974 年）和《日本政府机构》（1977 年）一系列著作。① 关于日本政府机构的介绍和分析对于当时人们了解和研究日本政治提供了非常宝贵的资料。

"文革"结束后，我们党在吸取过去由于忽视政治学研究而产生的重大挫折的教训基础上，更加重视政治、法治和国际问题研究。邓小平同志高度重视对政治学研究和国际问题的研究，他在 1979 年的一次讲话中指出："政治学、法学、社会学以及世界政治的研究，我们过去多年忽视了，现在也需要赶快补课。我们绝大多数思想理论工作者都应该钻研一门到几门专业，凡是能学外国语的都要学外国语，要学到能毫无困难地阅读外国的重要社会科学著作。我们已经承认自然科学比外国落后了，现在也应该承认社会科学的研究工作（就可比的方面说）比外国落后了。"② 在邓小平的号召和鼓舞下，改革开放之后的复旦大学有幸在新时期政治学的重建中走到了全国前列。在 1981 年，复旦大学国际政治系设立政治学教研室，政治学作为一门独立的学科得以恢复和重建。同年，改革开放后第一届政治学本科生开始在复旦大学招生，随后几年，北京大学、吉林大学、武汉大学先后开设了政治学专业。此前，1980 年，中国政治学会在北京成立，许多地方政治学分会也相继成立，如湖北政治学会、上海市政治学会。1980 年 12 月 27 日中国政治学会成立，在成立大会期间，中共中央书记处书记、中国社会科学院院长胡乔木到会并发表重要讲话。他强调指出，政治学是一门重要的科学，新中国成立后取消政治学研究是错误的，在理论上、实践上都是损失；政治学研究要采用比较研究的方法，研究各个国家、各个时代、各种政治制度的利弊得失；比较研究各国的政治制度要对西方资本主义国家的政治制度作出实事求是的、科学的批判。③ 中国政治学会通过了新的章程，并在之后的工作中组织了许多的学术会议，出版了一系列关于政治学的书籍，推动了中国政治学的快速发展。

与此同时，包括日本研究在内的许多国际问题研究机构和研究团体纷

---

① 王邦佐、潘世伟主编：《二十世纪中国社会科学：政治学卷》，上海人民出版社 2005 年版，第 199—202 页。

② 邓小平：《坚持四项基本原则》，《邓小平文选》第 2 卷，人民出版社 1994 年版，第 180—181 页。

③ 汝信主编：《新时期中国政治学发展 20 年（1980—2000）》，中国社会科学出版社 2001 年版，第 44 页。

纷恢复和建立。其中，最为重要的就是中国社会科学院日本研究所的成立。中国社会科学院是在中国科学院哲学社会科学部的基础上组建的。1977 年 5 月，经中央批准，"中国科学院哲学社会科学部"独立建制，并更名为"中国社会科学院"。1977 年 11 月，国务院任命胡乔木为中国社会科学院院长、党组书记，邓力群任副院长、院党组副书记兼院党委书记，于光远任副院长。中国社会科学院初建时只有 14 个研究所，为了适应改革开放的新要求和扩大国际问题研究的新领域，1980 年 8 月，中国社会科学院向国务院提交了《调整和增设国际问题研究机构的报告》。该报告指出，为了"适应现代化建设的需要"，要"对某些国家、地区进行全面的综合的研究"，以便"在国际上某些重大问题发生时"，"作出正确判断，供中央参考"。根据国务院文件批准，中国社会科学院研究国际问题的研究所由原来一个世界经济研究所，新增了世界政治研究所、美国研究所、日本研究所、西欧研究所；苏联东欧研究所、西亚非洲研究所和拉丁美洲研究所由中共中央联络部划归中国社会科学院。中国社会科学院日本研究所的筹备工作快速完成，并于 1981 年正式成立。虽然中国社会科学院日本研究所并不是新中国最早成立的日本问题研究机构，但它却是第一个国家级的综合性日本问题研究所。[①] 日本政治就是该所的重要研究对象，并就此开展了大量的研究，取得了丰硕的成果。

随着日本研究的普及和深入，全国各地相继组建了一些有实力和有影响的日本研究专门机构。例如，1988 年 5 月，在整合历史系、外文系、世界经济研究所等的日本研究力量的基础上，南开大学日本研究中心正式成立，2000 年成为实体单位，并于 2003 年改制为南开大学日本研究院。尽管南开大学日本研究院长于历史、重在历史，在日本历史研究方面基础雄厚、成就卓著，但是近年的研究领域逐渐拓展，在日本政治研究方面也取得了引人瞩目的成绩。

复旦大学的日本研究可谓历史悠久、人才辈出，内容涉及日本历史、文学、政治和中日关系等方面。为了适应改革开放的需要，世界经济研究所的郑励志教授依托日本经济研究室，开始重点研究日本经济发展，特别是战后日本经济高速增长的经验和教训，发表论文和著作，举办演讲会和

---

① 李薇：《继往开来 创新奋进——在日本研究所建所 30 周年大会上的讲话》，《日本学刊》2011 年第 3 期，第 9 页。

讨论会，不仅极大地推动了中国的日本经济研究的发展，而且为中国的改革开放和现代化事业提供了有益的启示和借鉴。[①] 在郑励志教授的积极推动、复旦大学的大力支持和一些日本友人的无私帮助下，经过一段时间的酝酿和筹备，复旦大学日本研究中心于 1990 年正式成立。复旦大学日本研究中心成立之后，就大力开展对日本经济、政治和文化的研究，并在中心内部组建了经济研究部、政治研究部和文化研究部。时任复旦大学国际政治系主任的王沪宁教授受郑励志主任之邀担任日本研究中心政治研究部部长，组织开展日本政治研究，笔者当时参与其中，开始了自己的日本政治研究的学术历程。进入新世纪之后，根据形势的发展和现实的需要，复旦大学日本研究中心加强对日本政治和外交的研究，取得了显著的成就，产生了广泛的影响。[②]

20 世纪 70 年代末 80 年代初，许多日本研究团体也相继成立，比如全国日本经济学会（1978 年）、中国日本史学会（1980 年）。1990 年 2 月成立的中华日本学会，是全国最大规模的日本研究综合性学术团体，其个体会员有 1800 名以上，团体会员 100 多个。[③] 在众多的日本研究学会中，有著名的全国日本经济学会、中国日本史学会、中国中日关系史学会、中华日本哲学会、中国日本文学研究会等，但是时至今日没有单独成立中华日本政治研究会。在中华日本学会召开年会或大会时，有时组织日本政治研究的分科会；在中国日本史学会之中成立了日本政治史分会。

据统计[④]，中国目前约有 110 个日本研究中心或院所，其中大多数是综合研究日本的学术机构，也有一部分在原有日语系的基础上组建的日本语言、文化、教育研究机构，也有专门的日本经济研究机构，但是至今没有组建独立的日本政治研究机构。通常，在一些规模较大的日本研究综合性机构内部组建日本政治研究室、研究部或研究中心。根据这些日本研究机构的单位属性、研究资金来源以及与国家的关系，这些日本研究机构可以大致分成三大类型。

---

① 复旦大学日本研究中心编：《郑励志文集》，复旦大学出版社 2010 年版。

② 郭定平主编：《日本政治与外交转型研究》，复旦大学出版社 2010 年版。

③ 李慎明：《在中华日本学会第四届会员代表大会上的讲话》，《日本学刊》2005 年第 3 期，第 8—10 页。另据中华日本学会、南开大学日本研究院编《中国的日本研究（1997—2009）》（2010 年 5 月）公布，中华日本学会团体会员 77 个，个人会员 1500 名。

④ 该数据是在 2009 年 9 月 18 日由浙江工商大学主办的日本研究国际圆桌论坛上由南开大学日本研究院副院长宋志勇教授发布的。

第一种类型是隶属于中国共产党和中国政府的日本政治研究机构，比如，中国现代国际关系研究院日本研究所、上海国际问题研究院日本研究中心。日本的类似研究机构包括日本国际问题研究所、防卫省防卫研究所、亚洲经济研究所。中国的外交、安全和军事部门均建立了自己的国际问题研究机构，其中日本政治研究是重点之一。这些研究机构是中国共产党和中国政府的附属机构，得到政府的资金支持，接受党和政府安排的研究任务，在政治上要与党和政府保持一致。这些机构中的大多数作为国家或者地方的智库，在开展学术研究的同时，为政府收集信息、提供政策建议。

第二种类型包括中国社科院和各个地方社科院的日本政治研究机构，比如，中国社科院日本研究所、天津社科院日本研究所、上海社科院日本研究中心、吉林社科院日本研究所等。这些日本研究机构得到政府的资金支持，其主要领导由中国共产党组织部门选派，一部分的研究与党和政府的中心工作有关，但在具体的日常管理和科研项目选择方面具有一定的相对自主性。这类研究机构颇具中国特色，在过去三十多年的改革开放中也经历了很多变迁。在中国社会科学院成立之初，胡乔木和邓力群提出社科院要"做党中央和国务院忠实的得力的助手"，"从事科研工作的共产党员要努力成为有党性、有学问的专家"。①科研人员增强党性，就是要自觉地在政治上与党保持一致，自觉地接受党的纪律的约束，要处理好科研计划中计划项目和非计划项目、集体研究项目和个人研究项目的关系。在中国社会科学院日本研究所建所30周年纪念大会上，王伟光常务副院长在讲话中提出日本研究所"要始终坚持正确的政治方向、理论方向和科研方向"，"要用中国人的视角去伪存真地解读日本政治外交走势，入木三分地阐释日本思想文化，鞭辟入里地剖析日本社会经济演变，把日本研究提高到一个新的水平"。②

第三种类型是分布于全国各地高等院校中的日本研究中心或者研究院所，比如，南开大学日本研究院、北京大学日本研究中心、复旦大学日本研究中心。在20世纪90年代末开始的高校改革中，由于强调学科建设和

---

①　邓力群：《做党中央和国务院忠实的得力的助手》，《邓力群文集》第1卷，当代中国出版社1998年版，第336—337页。

②　王伟光：《在中国社会科学院日本研究所建所30周年纪念大会上的讲话》，《日本学刊》2011年第3期，第6页。

专业管理，一些从事日本研究等的国别研究和地域研究机构受到一定冲击，原有的研究人员分流到其他相关院系，日本研究机构的整体规模和实力趋于弱化。这些日本研究机构的建立和开展的研究活动多半相对自由和自主，虽然它们在研究人员和资金预算上需要获得各自大学的支持，但是大学管理相对宽松，有些甚至自生自灭。于是，一些大学的日本研究机构开始寻求各种外部资源，有的受到日本国际交流基金的赞助，有的受到日本企业资助，有的受到日本民间友好人士资助。

　　根据中华日本学会、南开大学日本研究院和日本国际交流基金的联合调查，目前中国的日本研究机构中，第三种类型占据了绝大部分，高等院校的专业日本研究机构的研究人员和各专业学院从事日本问题教学与研究的研究人员约占70%；第二种类型即中国社会科学院和各地社会科学院的日本研究人员约占10%；第一种类型即国家有关部委及各省市党政下属调研部门的日本研究人员约占10%，新闻出版等传媒系统以及其他类型的日本研究人员约占10%。① 这些发展情况表明，在过去的30年中，随着经济体制改革的深入和中日关系的发展，很大部分的日本研究机构充分利用各种国内外的社会与民间资源发展起来，并能够自由自主地开展独立的研究活动。这一调查显示，在上述各类研究机构中从事日本问题研究的人员大约有1000余名。他们的研究内容的专业分布如下：43%的人研究日本语言和文学、18%的人研究日本历史、14%的人研究日本经济、12%的人研究日本政治及对外关系、13%的人研究日本哲学、思想、教育及其他②。除了这些分布在日本研究机构的研究人员，另外有许多的日本研究人员属于其他的专业院系，但仍然与上述研究机构保持着交流和合作。以复旦大学日本研究中心为例，尽管中心仅有11名研究人员，但是有超过100名兼职研究人员分布在其他院系和其他学校，研究领域涉及日本语言、文学、历史、文化、经济、政治和外交等各个领域。其中，有十余名学者在复旦大学国际关系与公共事务学院研究日本政治和外交问题。

　　为了更好地理解中国国内日本政治研究的体制安排情况，我们从北京、天津和上海选出了三所具有代表性和影响力的日本研究机构进行比较

---

　　① 杨栋梁：《中国的日本研究新动态》，莽景石主编：《南开日本研究2010》，世界知识出版社2010年版，第163页。

　　② 同上。

分析。正如表 1 所示,尽管各个机构的总体研究实力方面存在差异,但是在过去的 30 年里都取得了重大的进步。许多日本研究机构的人员素质有了很大的提升,这些研究人员大多数具有博士学位,并能流利地使用日语进行研究和交流。所有的研究人员都曾到过日本的大学进行访学或者交流。中国社科院日本研究所侧重于日本政治和外交的研究、南开大学日本研究院的研究领域主要集中于历史和文化、复旦大学的日本研究主要集中于经济领域,但是随着日本研究的深化和日本政治的发展,各大日本研究机构均重视和加强日本政治的研究,并取得了可观的成就。

表1　　　　　中国三所日本研究机构的研究人员状况比较　　　　单位:人

机构	研究人员数	职称	人数	学历	人数	研究领域	人数
中国社科院日本研究所	30	研究员	8	博士	17	经济	8
		副研	10	硕士	10	政治	15
		助研	12	学士	3	文化	7
南开大学日本研究院	15	教授	5	博士	15	经济	6
		副教授	7	硕士	0	政治	3
		讲师	3	学士	0	文化	6
复旦大学日本研究中心	11	教授	3	博士	5	经济	5
		副教授	4	硕士	2	政治	2
		讲师	4	学士	4	文化	4

在中国的日本研究不断发展和逐渐深化的过程中,日语教育的发展功不可没。日语教育的普及和水平的提高不仅提升了日本研究学者的研究水平,也推动了中国的日本研究质量的改进。统计显示①,中国在校日本语专业的学生数量从 2003 年的 390000 人增加到 2006 年的 680000 人,同期日语教师的数量也从 6000 人上升到 12000 人。教育部最新统计数据显示,在 1070 所高等教育机构(大学或者大专)中,有 385 所学校开设了日语专业,约占总数的 36%,其中有 60 所大学设有研究生专业课程。除了国内的日语教育以外,越来越多的年轻人赴日本留学。这些均大大促进了日

---

① 该统计数据是在 2009 年 9 月 18 日由浙江工商大学主办的日本研究国际圆桌论坛上由北京师范大学北京日本学研究中心主任徐一平教授发布的。

本政治研究的发展。

三　日本政治研究的内容分析

中国的日本政治研究经常受到中日两国国内政治情况、中日关系的影响。1978 年 12 月召开的中国共产党十一届三中全会结束了以阶级斗争为纲的错误指导方针，重新恢复了党的实事求是的思想路线，决定将党的工作重心转移到经济发展和现代化建设上来，作出了改革开放的伟大决策。会议前夕，邓小平于 1978 年 10 月访问日本，这是中华人民共和国成立以来中国主要领导人对日本的首次访问。在日期间，邓小平除了与日本领导人举行会谈之外，还参观访问了许多现代日本企业和高科技设施，包括乘坐新干线，与各界日本人士进行了交流。这次访问和参观交流给小平同志很大的触动。在参观著名的日产汽车公司时，当他得知日产公司的每个工人一年可以生产 94 辆汽车，而我国国内最先进的长春第一汽车制造厂每个职工一年仅能生产一辆汽车的时候，他不禁感慨地说：“我懂得什么是现代化了。欢迎工业发达的国家，特别是日本产业界的朋友们对中国的现代化进行合作。”① 作为中国改革开放的总设计师的邓小平由此下定决心要通过学习和借鉴包括日本在内的发达国家的经验，引进资本和先进的技术来促进中国的现代化发展。② 所以，当代中国国内对于日本政治的研究变得更加具有务实倾向，重在研究日本经济高速发展的政治背景、政治体制、政治动力和政治后果。正如邓小平所说，“经济工作是当前最大的政治，经济问题是压倒一切的政治问题。不只是当前，恐怕今后长期的工作重点都要放在经济工作上面。所谓政治，就是四个现代化”。③

由于我们党和政府确立了以经济建设为中心的基本路线，在改革开放之后的一段时期，对日本经济问题的研究超过了对日本政治问题的研究，学者们开始研究日本为何能在经济发展中取得成功，经济学者开始探讨日本的经济发展特征和模式，政治学者分析日本经济发展背后的政治根源，以及自民党长期执政的原因，社会学者则分析日本经济奇迹背后的日本人

---

① 李岚清：《突围——国门初开的岁月》，中央文献出版社 2008 年版，第 58 页。
② 田桓主编：《战后中日关系史 1945—1995》，中国社会科学出版社 2002 年版，第 336 页。
③ 邓小平：《关于经济工作的几点意见》，《邓小平文选》第 2 卷，人民出版社 1994 年版，第 194 页。

的行为和人际关系。根据对日本研究文献的统计数据分析,从 1979 年到 1993 年 3 月 31 日止,中国国内有 3157 本探讨日本的书籍出版,其中 869 本是研究日本语言、781 本研究日本文学、620 本探讨日本经济,仅有 226 本书将日本政治作为著作主题。从 1949 年 10 月 1 日到 1993 年 3 月 1 日,在 19465 篇关于日本研究的文章中,1000 篇关于日本语言、2650 篇探讨日本文学、2600 篇研究日本历史、2600 篇关于日本教育和文化、6000 篇探讨日本经济,只有 1340 篇研究日本政治。①

　　然而,自冷战结束和日本经济泡沫破灭以来,日本长期处于严重的经济低迷,曾经执政 38 年的自民党也在 1993 年大选中失去了其执政地位,日本政治开始进入持续动荡时期。由于日本这些新的经济和政治问题的出现,许多中国学者开始将他们的研究重点从经济问题转向政治问题。政界重组和政党政治、右翼势力和保守势力、中日历史问题和日本的对台政策成为日本政治研究的主要关注点。② 如表 2 所示,在《日本学刊》1998—2008 年所载文章中,有 225 篇文章研究日本政治和外交,有 207 篇研究

表2　　　　　　　　《日本学刊》文章分类（1998—2008 年）

年份	综述	政治外交	经济	社会文化
1998	6	15	19	18
1999	2	22	18	20
2000	3	15	23	17
2001	10	16	18	15
2002	5	20	18	16
2003	6	18	19	16
2004	8	25	15	11
2005	8	22	17	14
2006	10	32	19	18
2007	6	21	22	18
2008	0	29	19	18
总和	64	235	207	181

① 骆为龙、徐一平主编:《中国的日本研究》,社会科学文献出版社 1997 年版,第 25 页。
② 孙新:《改革开放以来中国的日本研究》,《日本学刊》2009 年第 3 期。

日本经济，181 篇研究日本社会和文化。对 1998—2008 年的《日本学刊》的回顾我们发现，大多数的日本研究是关于日本政治和外交。如表 3 所示，在 1998—2008 年《日本学刊》发表的 235 篇政治类文章中，有 149 篇文章是关于日本外交政策和对外关系的，如中日关系、日美关系等；有 24 篇是关于日本政党政治的；有 23 篇是关于日本政治文化和政治发展的。

表 3　　　　　　　《日本学刊》政治研究文章分类（1998—2008 年）

年份	外交关系	政党政治	政治文化	政治参与	立法	行政	总和
1998	9	2	1			3	15
1999	18	1				2	21
2000	10	1	3		1		15
2001	7	5	2			1	15
2002	14	2				2	18
2003	11	2	1	1	2	1	18
2004	14	4	5			1	24
2005	9	2	3	1	2	3	20
2006	19	2	5	1	1	2	30
2007	15	1	2		1		19
2008	23	2	1	2		1	29
总和	149	24	23	5	7	16	224

由此可见，日本外交政策和对外关系是当代中国的日本政治研究中的主要领域。比较而言，学者们对国际政治问题的研究兴趣要大于日本国内政治问题。出现这种研究偏向的原因可能多种多样，择其荦荦大端分析如下：首先，与日本国内政治相比，日本的外交政策和中日关系更受中国领导人、学术界、大众传媒和公共舆论的关注，因为日本是中国一衣带水的重要邻邦，中日关系是中国的最重要的双边关系之一，对日外交在中国是一个高度政治性和敏感性的问题，中日关系也是一个最为情绪化的问题，对中国领导人来说处理起来最为困难。[1] 其次，自 1993 年自民党下台之

---

[1]　Susan L. Shirk. . China：Fragile Superpower, Oxford University Press, 2007, p. 144.

后，自民党因内部腐败和派系斗争而饱受诟病，因而不再是中国共产党长期执政的学习样板。日本政治发展模式在一些人看来已经失去了研究的价值和意义。最后，由于中国政治体制改革滞后和意识形态的限制，研究和分析国外的多党竞争和民主政治发展问题不太具有实用价值和现实意义，与此同时也可能具有一定的敏感性。因此，很多日本政治研究学者不愿投入太多的时间和精力研究日本国内政治，而宁愿把注意力放在更为引人注目、更容易取得成果的对外政策和中日关系问题研究上。

尽管在对日本政治的研究中存在一些侧重点和不平衡，但是随着日本政治的变动加剧和中国国内的学术研究的发展加快，日本政治研究受到越来越多的关注，相关的研究成果也日益增加。纵观中国过去 30 年的日本政治研究，学者们的研究兴趣和研究主题主要集中在以下几个方面。

第一个重要主题是对日本发展模式的政治分析。

自日本实现经济高速增长并跻身世界经济强国以来，许多政治学者和日本研究专家开始探讨"日本奇迹"或者"日本模式"[1]，试图从政治学的角度分析和解读日本经济发展和日本发展模式。王新生的著作《政治体制与经济现代化——"日本模式"再探讨》、金仁淑的论文《日本政治制度演化与经济绩效》（《日本学刊》2005 年第 6 期）等研究就是这方面的有益尝试。尽管在过去的 30 年里，许多学者出版了大量的著作和发表了众多的论文，但却鲜有关于此问题的共识产生。一些人强调战后日本经济奇迹背后的民主和市场的作用，另外一些学者则强调"柔性威权"和"政府主导"，学者们倾向于用他们的个人视角来定义日本模式和分析日本发展模式的基本特征。孔凡静将日本模式定义为以政府干预为手段，以重化工业化为目标，以引进外国先进技术主导下的技术革新为核心，以高速增长为特征的追赶型现代化的成功模式，并认为对于追求现代化的发展中国家来说，这种模式仍具有借鉴意义。[2] 从政治学的研究视角来看，日本发展模式的如下三大特征尤其受到学者们的极大关注：

（1）自民党的长期执政与政治稳定。日本战后前十年，因为多个政党谋求掌权，政界四分五裂，政局动荡。经济发展必须要有一个稳定的宏

---

①　王新生：《政治体制与经济现代化——"日本模式"再探讨》，社会科学文献出版社 2002 年版，第 63 页。

②　孔凡静：《"日本模式"的核心与政府干预》，《日本学刊》2009 年第 2 期。

观政治环境，日本在经历战后初期的政治动荡与混乱之后逐步走向稳定。1955 年自由党与民主党合并组建新的政党自由民主党，加之同年革新势力实现联合组建的社会党，最终形成了以保守与革新两大政党相互对立为主要特征的"1955 年体制"。虽然是议会民主制下的多党竞争、两党对垒，但是社会党一直未能问鼎政权，保守的自由民主党则长期连续执政达到 38 年之久。在竞争性的民主政治体制下，自民党之所以能够实现长期统治，除了冷战背景下美国的支持等外部要素，最为关键的原因是自民党确立了重经济、轻军备的保守主流路线，并成功地推动了日本经济的高速增长。随着经济的恢复和发展，日本国民在基本生活水平得到普遍提高之后，更加倾向支持现存政权。因此，日本政党政治研究和自民党体制研究一直颇受关注，并出现了可观的研究成果。例如，林尚立著《政党政治与现代化——日本的理论与现实》（上海人民出版社 1998 年版），高洪著《日本政党制度论纲》（中国社会科学出版社 2004 年版），王振锁著《战后日本政党政治》（人民出版社 2004 年版），徐万胜著《日本自民党"一党优位制"研究》（天津人民出版社 2004 年版）等。

（2）官僚层的支配地位与行政指导。虽然自民党长期执政，但由于日本深厚的官僚统治传统和战后特殊的占领政策，在日本决策过程中官僚长期占据支配地位，享有一定优势。在推动战后日本经济高速增长过程中，日本官僚积极收集各国经济情报，仔细分析世界经济走势，及时制定和调整相关产业政策，有效地促进了产业升级，为创造日本经济奇迹作出了不可磨灭的贡献。美国著名日本问题专家查默斯·约翰逊研究日本通商产业省与日本发展奇迹的著作在中国多次翻译出版并得到广泛阅读与引用。[1] 各种研究日本政府在经济发展中的地位和作用的著作和论文层出不穷。日本政府推动经济发展和创造发展奇迹的具体方式就是行政指导，其本质特征在于有关政府机构或主管官员通过提供或者撤销、增加或者减少贷款、赠款、补助等优惠待遇诱导私营企业或个人采取或者停止某些行为。这种行政指导的方法虽然在其他国家也有，但在日本比在其他国家更为普遍和更具影响。官僚精英多招募来自日本的顶尖大学，这种技术官僚

---

① ［美］查默斯·约翰逊：《政府到底该干什么——有形与无形的手之争》，安佳、肖遥译，云南教育出版社 1989 年版；［美］C. 约翰逊：《通产省与日本的奇迹》，戴汉笠译，中共中央党校出版社 1992 年版；［美］查默斯·约翰逊：《通产省与日本奇迹——产业政策的成长（1925—1975）》，金毅、许鸿艳、唐吉洪译，吉林出版集团有限责任公司 2010 年版。

体制在保护日本产业免受国际竞争的压力，通过设立灵活的产业政策和经济活动的框架，通过行政指导保护经济秩序等措施以促进产业发展。①

（3）合作型的政官关系与政策协调。在自民党确立经济发展的基本路线、政府官僚具体制定产业政策并进行行政指导的过程中，在日本的政官之间和官民之间基本上形成了一种和谐合作的关系。当然，这不是说日本的政官之间就没有矛盾和冲突。事实上，在具体考察日本的经济发展计划和产业政策制订与执行过程时，我们可以发现在执政党与在野党之间、执政党内部的各派系之间、执政党与各个行政省厅之间以及各个政府部门之间存在许多的对立和斗争。尽管如此，在日本经济高速增长时期，特别是在"1955年体制"下，日本的政官关系比较和谐与融洽，相互尊重，相互合作。在这种长期的合作过程中，日本的政官之间形成了一定的政策协调机制，一些政治家与特定官厅保持密切关系，互通信息，协调立场。自民党的政治家们不是将官僚看做对手而是当做合作伙伴，因日本官僚体系一向以其卓越的组织能力而著称，自民党也尊重其独立性。在民主国家，作为一项政治准则，官僚往往是在政治家的领导下工作。但在日本，许多政治家就是官僚出身，或者和这些官僚是大学同学，因而，这两个精英队伍因为具有共同的背景而形成了共同的圈子，从而有助于两者相互合作以促进经济发展。

第二个重要主题是对日本政治行政制度改革和转型危机的分析。

1991年日本泡沫经济破灭以来的长期的经济低迷，1997年亚洲金融危机以及2008年的美国次贷危机导致的日本经济衰退，这些经济问题的政治原因和后果受到了学者们的广泛关注。与此同时，自民党与日本官僚体系因严重的政治丑闻、经济危机和社会问题而广受批评。要求政治改革的压力和呼声日渐高涨。从20世纪90年代初期开始，日本历届内阁都力图通过制度改革和模式重建来摆脱危机、推动增长和走向繁荣。1993年自民党被迫下野后成立的细川内阁以政治改革为历史使命，推动了相关法案的通过。1996年桥本龙太郎上台之后大刀阔斧地进行行政改革，制定并通过了《中央省厅等改革基本法案》，使日本的行政制度发生了自明治维新以来的一系列重大变化。在2001年到2006年小泉纯一郎执政期间，

---

① 杨栋梁：《国家权力与经济发展——日本战后产业合理化政策研究》，天津人民出版社1998年版，第85—96页。

日本的制度改革和模式转型更是在"结构改革"的口号下得到了大张旗鼓地推进。日本的制度改革持续时间长，涉及领域多，产生影响大。这些政治和行政改革推动了日本发展模式的转型，也产生了一些意想不到的后果。关于日本政治与行政改革的研究一直是日本研究学界的重点和热点，成果不计其数，其中有代表性的论文包括：高洪著《拉开帷幕的日本行政组织改革》（《当代世界》1997 年第 12 期），张亲培著《日本众议院选举制度改革之研究》（《东北亚论坛》1999 年第 2 期），徐万胜著《日本中央省厅改革分析》（《当代亚太》1999 年第 10 期），李海鹏著《日本政治体制改革的比较分析》（《日本学刊》2005 年第 5 期），臧志军著《论日本的新保守集权改革》（《国际观察》2006 年第 4 期）等。这些研究在分析日本政治与行政改革的具体内容和特点的基础上，着重探讨了制度改革带来的深远影响，具体表现在如下方面：

（1）政局动荡与政治危机。经过政治改革与各种政治力量的分化组合，日本的政党政治开始出现了向两党政治转变的趋势。但是，这种政治转变不仅没有提高政党的执政能力，反而导致了政局动荡、政治僵局等一系列新的问题。在自民党的长期统治于 1993 年宣告终结之后，日本的政治反复无常，动荡不定，既有首相的频繁更迭，也有小泉的长期执政和专断统治；既有小泽与福田在建立保守大联合上的合谋，也有自民党与民主党在国会的抗争。从 1993 年 8 月细川护熙联合政权建立以来，日本的内阁频繁改组，首相不断更迭，选举接二连三。除了小泉和桥本以外，很多内阁寿命都非常短暂，1994 年的羽田内阁在任时间只有 64 天，其余多半只有一两年。很多内阁人气低迷，支持率下降，有的甚至降到一位数，政治不信任加剧。为了赢得支持、保住政权，历届内阁不断尝试新的政策，修正甚至抛弃上届政府的基本政策，导致政策的不稳定性和不连续性，严重影响了日本经济的恢复。张光在研究日本的财政政策与经济萧条时指出："在政权不稳定、政权更迭频繁的情况下，执政者往往多从如何维持自己的执政地位的角度考虑经济政策，经济理性让位于短期的政治利益，依靠符合保守主义、'政治正确'的政策或动作来提升自己的声望以保住政权。"[1] 因此，泡沫经济破灭之后日本政府的财政政策一直在凯恩斯主义的积极扩张财政政策和保守主义的紧缩财政政策之间徘徊。进入 21 世

---

[1]　张光：《财政政策失误与日本经济萧条》，《日本学刊》2005 年第 2 期。

纪之后，日本政治改革虽然形成了向两党政治发展的趋势，但是没有孕育出两党政治应有的竞争与合作、制约与平衡的精神，反而导致了日本政治的极端化，出现了小泉政治独裁和两党政治僵化的意外后果。自民党为了应对民主党的严峻挑战，屡次更换总裁也无济于事。民主党上台之后日本政坛上演着同样的闹剧。日本的两党竞争演变成为持久抗争，严重影响了内外政策的制订与实施。

对日本政局的关注和分析是当代中国的日本政治研究的重要内容，每次日本政局的重大变化都会吸引许多学者的目光。例如，鲁义著《日本大选与政局走势分析》（《日本学刊》1997 年第 1 期），吴寄南著《新进党解散后的日本政局》（《国际展望》1998 年第 2 期），王屏著《日本政界重组拉开帷幕》（《日本学刊》2005 年第 6 期），林晓光著《福田丸扬帆起航 观日本欲向何方》（《和平与发展》2007 年第 4 期）等。徐万胜持续跟踪研究日本政局和政党体制的变化，在"1996 年体制论"的框架下研究了冷战后日本政党体制的转型，认为从 1996 年成立以自民党为核心的联合政权到 2009 年民主党击败自民党实现政权更替，日本形成了长达14 年的"1996 年体制"，其本质是一种"准一党优位制"。①

（2）官僚权威弱化与行政服务低下。在日本政府主导型的经济发展过程中，持续快速的经济发展给政府官僚带来了崇高的威信，政府官僚拥有的广泛的资源分配和社会管制权限使之在广大国民中享有巨大的权威。然而，在日本经济泡沫破灭而长期陷入停滞之后，政府在企业中的威信急速下降，政府成为企业不满和纷纷指责的对象。特别是在日本政府财政危机不断加剧的情况下，政府对企业的呵护与保驾护航的能力，因国库的空虚和财政能力的萎缩而大为减弱。② 更有甚者，近十余年来的政治行政改革在推动日本发展模式转型的同时也削弱了日本政府官僚的权限，降低了政府官僚的权威，并影响了行政服务质量的改善。如果仅仅是官僚的地位和威信下降尚不足为惧，因为日本的政治行政改革的主要目的之一就是要削弱官僚主导并确立政治主导。但是，在日本试图削弱日本官僚的权限和降低官僚的权威的同时，官僚的公共伦理道德开始滑坡，公共服务质量不

---

① 徐万胜：《冷战后日本政党体制转型研究——1996 年体制论》，社会科学文献出版社2010 年版，第 3—4 页。

② 武心波：《"一元"与"二元"的历史变奏——对日本"国家主义"的再认识》，上海三联书店 2008 年版，第 351—152 页。

断恶化，甚至出现大量官场丑闻，这就成为日本能否推进改革和进行模式重建的重大问题。20 世纪 90 年代以来，随着一系列官僚丑闻和腐败案件的曝光，日本政府官员的伦理道德问题引起广泛关注，民众对公共服务的不满不断加剧。2001 年度的一项问卷调查表明，50% 以上的被调查者认为日本公务员的"伦理道德观不是很强"；将近 80% 的被调查者认为公务员"特权意识强，不太关心国民的疾苦"；有 73.7% 的被调查者认为公务员与其说注重国家利益不如说是更为强调自己所在省厅的利益。2001 年一年间，受到各种纪律处分的国家公务员达到 2501 人，比 1992 年增加了一倍。①

（3）政官关系失序与政治内耗。随着"1955 年体制"的终结，曾经在自民党政治家与各个省厅的政府官僚之间形成的相对稳定的合作关系发生了重大变化。在自民党于 1993 年下台之后建立的细川联合政权时期，政府官僚不得不与新的政党政治家发展关系并提供服务。当自民党重新掌权之后，政治家与官僚之间的不信任感开始加深，原有的政官关系已经遭到破坏、无法恢复。特别是近年来日本着手推动政治与行政改革，力图建立两党制，削弱官僚主导，加强政治主导，与此同时，各个政党利用大众媒体批判和攻击官僚体制，把泡沫经济的破灭和政府管理的失效等均归咎于政府官僚体制，政官关系更是不断恶化。日本的政官关系失序主要体现在两个大的方面。一是部分高级官僚在自己的权益受到威胁时对政党领导的抵制。根据民主政治的一般原则，政府行政官员应该坚持政治中立，无论哪个政党上台都要服从该执政党的领导。在过去自民党长期执政的情况下，日本的一些政府高级官僚与自民党政治家在政策制订与利益分享方面形成了一定的共生关系，官僚在尊重自民党的执政地位和权力的同时拥有巨大的决策权力和享有各种优厚待遇。可是，当自民党的单独执政终结并开始确立政治主导地位时，一些官僚就感到惴惴不安。如果要对官僚体制进行大刀阔斧的改革，他们就要负隅顽抗。

二是一些大牌的政党政治家插手政府各个省厅的内部事务，干扰和破坏行政事务的正常进行。在民主政治过程中，政党政治家履行职责和发挥影响的正常渠道是通过国会制定法律法规并对政府行为进行监督。然而在日本特定的体制和文化背景下，政治家和官僚常常相互转换，难以区分，

①　吴寄南主编：《新世纪日本的行政改革》，时事出版社 2003 年版，第 295 页。

有时也合作共事，结为一体。这就为一些政治家凭借自己的势力和影响干预行政中立大开方便之门。政治家在竞选筹款、经营票田、照顾选区的各种关系方面确实经常需要政府官厅的合作，因此一些实力派政治家在干预行政公务方面就越走越远。这种政官关系的失序在小泉内阁初期的外务省改革过程中就表现得淋漓尽致。民主党上台之后扬言要打倒官僚和结束官僚主导，导致政官关系的进一步恶化。林尚立在《政党政治与现代化——日本的历史与现实》中就对日本的政官关系进行了探讨。郭定平则从政治过程的分析视野对日本的政官关系问题进行了更为系统全面的考察。①

第三个重要主题是研究日本的政治右倾化及其对日本政治和外交的影响。

自日本创造巨大的经济奇迹并成为世界第二大经济体以来，许多的日本领导人，例如中曾根康弘，就希望在世界上提升日本的政治地位和政治影响力。与此同时，修改和平宪法、重新改写日本历史教科书的活动也日益增多。中国的日本研究学者对战后日本的这种政治动向给予了很大的关注，并陆续出版了许多的专著和发表了大量的论文。② 在过去的十年中，许多关于日本右翼政治的研究作为国家级项目立项并获得了全国哲学社会科学规划办公室的资助。其中，重要的研究项目包括："日本的历史认识问题及其对中日关系的影响"（2001）、"日本社会转型及国家主义的起源和发展"（2003）、"日本右翼势力对'台独'的支持及对策研究"（2006）、"日本战略文化与'普通国家化'问题研究"（2007）、"日本右翼否定南京大屠杀的文化心理根源研究"（2007）、"日本右翼势力崛起对东北亚国际关系的影响变数及对策研究"（2007）、"日本政治右倾化及对中日关系的影响"（2007）。中国的日本政治研究学者对日本政治右倾化的研究主要集中在以下方面：

（1）关于右倾化和保守化的定义与特征。学者们提出了"新民族主

---

① 郭定平：《政治过程中的"政官之争"》，包霞琴、臧志军主编：《变革中的日本政治与外交》，时事出版社 2004 年版，第 117—164 页。

② 孙立祥：《战后日本右翼势力研究》，中国社会科学出版社 2005 年版；吕耀东：《冷战后日本的总体保守化》，中国社会科学出版社 2005 年版；李建民：《冷战后日本的普通国家化与中日关系的发展》，中国社会科学出版社 2005 年版；黄大慧：《日本大国化趋势与中日关系》，社会科学文献出版社 2008 年版。

义"、"新国家主义"、"新保守主义"、"民族保守主义" 等以描述日本的右倾政治趋向和思潮。中国社科院日本研究所的学者们通过对日本保守政党重新崛起、日本右翼势力抬头和民族主义的兴起所作的分析，将这种政治思潮定义为民族保守主义，它是对"吉田路线"的替代。他们认为，当今日本政坛"政党保守化"、"政治右倾化"与民族主义之间的"政治共鸣"正汇集成一股强大的主流政治思潮，这就是民族保守主义。① 孙政在关于战后日本的新国家主义的研究中认为，20 世纪 90 年代冷战结束后日本出现了新国家主义的新高潮，主要由"来自上面"的新大国主义和"来自下面"的新民族主义两种不同政治思潮共同构成。其主要特征表现为：美化侵略战争，肯定自己的历史，在历史脉络中寻找保守政治的正当性、正义感和自信心；追求日本的大国化；力求重新武装，修改宪法，做军事大国。②

（2）关于右倾化和保守化的形成原因。通过学者们的研究和分析，日本政治的右倾保守化现象的形成原因众多，如战后美国的占领政策对日本战犯姑息纵容，使日本作为一个大国重新崛起；作为一个岛国，日本历史发展中形成的岛国心态；近代以来日本政治发展中对外侵略扩张的传统；国际环境和体制缺乏有效的制约。吕耀东认为，日本的"总体保守化"是当前日本社会发展的一个显著趋向，与日本传统的保守性、政治文化、政治思潮等有着直接或间接的联系，同时也是国际大动荡、大变革时代的产物，具体而言，日本的经济和社会结构变迁是"总体保守化"的基础和背景，日本政党格局力量对比严重失衡导致"总体保守化"，冷战结束、苏东剧变、东亚安全危机加速了日本的"总体保守化"，日本国会选举制度的改革从制度上确立了日本的"总体保守化"。③

（3）关于右倾化与保守化的影响。小泽一郎倡导的"普通国家论"被普遍认为是新保守主义或新国家主义的一个重要代表。李建民对冷战后日本的"普通国家化"及其对日本对外政策的影响进行了分析，认为在国际、国内多方面因素影响下形成的"普通国家化"战略必然对日本的对外政策产生一定的冲击和影响。获得与其经济地位相称的国际政治地

---

① 孙新：《改革开放以来中国的日本研究》，《日本学刊》2009 年第 3 期。

② 孙政：《战后日本新国家主义研究》，人民出版社 2005 年版，第 337 页。

③ 吕耀东：《冷战后日本的总体保守化》，中国社会科学出版社 2004 年版，第 257—269 页。

位,在国际事务中拥有与其他大国同等的发言权,并成为多极世界中独立的、自主的一极,是"普通国家论"的基本目标,具体包括大力开展经济外交,强化经济援助的政治色彩,积极参与国际事务,谋求尽快成为联合国安理会常任理事国,谋求在亚太事务中的主导权等。① 就日本的大国化对中日关系的影响,黄大慧认为,日本将继续加强同中国的合作与协调,借助中国实现其政治大国目标的同时,视中国为潜在对手,牵制和防范中国,例如,加强美日同盟,借重美国对付中国,调整对华援助战略,推动对华经济援助政治化,通过多边机构"规范"中国行为,对中国进行战略牵制,加强与台湾的关系,在台湾问题上做文章,加强与中国周边国家的关系,试图借用他们的力量抵制中国。②

四　日本政治研究的路径分析

随着日本政治研究机构的增加和日本政治研究成果的增多,学者们开始试图引入各种不同的研究方法来提升研究质量。在中国的日本政治研究史上,因为历史和政治的原因,学者们往往用一种功利主义的眼光和视角来看待日本问题,忽略了研究的学术意义和学术价值。然而,在当前全球化的新时代背景下,国际学术标准开始被全世界各地接受和采用,社会科学领域的许多理论和方法被不同背景的学者探讨和利用。在这种学术发展的新环境下,许多的政治学者不遗余力地引用和借鉴新的学术研究方法用于日本政治的研究,并取得了显著的成绩。通过对文献的回顾,我们发现中国学者采用的研究方法主要有如下几种:

第一,多元主义政治分析方法。政治多元主义认为政治权力不仅属于小部分的政治精英,而且分散在一系列集团、组织与机构之中。社会组织多元化与政治权力多中心是当代多元政治的重要特征。政治多元主义包括宪政多元主义、政党多元主义与团体多元主义。多元政治是在一个高度分化和多元的社会中实现民主目标与理想的现实途径和具体方式,具体表现为在尊重基本自由和权利的基础上努力协调各种相互冲突的利益目标,满足尽可能多的利益要求,利益集团的大量涌现并通过施加政治压力来满足

---

① 李建民:《冷战后日本的"普通国家化"与中日关系的发展》,中国社会科学出版社 2005 年版,第 4 页。

② 黄大慧:《日本大国化趋势与中日关系》,社会科学文献出版社 2008 年版,第 253—258 页。

自己的利益要求，就是多元政治分析方法所关心和研究的主要政治现象。① 郭定平运用这种方法研究日本战后的政治发展②，他发现，随着战后日本经济高速发展并成为世界第二大经济体，在日本的政治权力关系、制度结构、决策过程方面均产生了很多的变化。其中最大的变化是随着日本民主化的深入发展，日本的政治过程逐渐形成多元参政的格局。在日本战后的政治发展中，随着战后的民主化政治改革，日本传统的一元化政治结构逐步解体，政治权力开始在不同的组织和个人中进行重新分配。其中，较为明显的是，许多的社会和经济组织作为重要的政治力量开始崛起，参与政治过程，这些团体和组织利用他们所掌握的资源影响政治进程，在社会和政治权力之间形成了重要的制衡机制。臧志军在其国家社会科学基金项目"后冷战时期日本经济组织和外交政策制定过程"的研究中，以日本商界为案例来研究他们对政府政策制定的政治影响，则是运用多元政治分析方法的一个很好案例。张云的论文《经团联在政府决策中的作用——以日本自由贸易协定政策出台为例》也是运用多元政治分析方法进行具体研究的一个尝试。一些学者对日本利益集团参政过程与效果的研究也属于这一范畴。

第二，新制度主义的政治研究方法。政治学中的新制度主义首先由詹姆斯·马奇和约翰·奥尔森提出，他们重新关注制度在社会政治生活中的主要作用，认为："这种对制度的重新关注，是现代社会制度转型与实践探索不断积累的结果。社会的、政治的与经济领域的制度已经变得日益庞杂丰富，似乎对集体行为的影响也越来越大。正式组织成为现代经济体系与政治体系活动中的主要角色，法律制度和官僚制度在当代生活中也占据了主导地位。"③ 新制度主义认为人的行为受其所嵌入的制度的影响，制度塑造了人的行为。一个制度的运作处在一个多种制度构成的环境中，我们称之为制度环境。每一个制度都受更大的制度环境的影响，文化是这个大的制度环境中的一个重要因素，制度随着时间而改变。保罗·皮尔逊指出，"在政治研究中纳入时间维度能够大大丰富我们对复杂的社会发展动

---

① 郭定平：《多元政治》，三联书店香港有限公司1994年版，第21—22页。
② 郭定平：《论战后日本政治多元化》，《日本学刊》1994年第4期。
③ ［美］詹姆斯·马奇、约翰·奥尔森：《重新发现制度：政治的组织基础》，生活·读书·新知三联书店2011年版，第1页。

力的理解"。① 魏晓阳用新制度主义的研究方法来研究日本宪政制度的发展②，他将制度分为两种类型，即纸上的制度和实际操作中的制度，并进而探讨纸上的制度在什么情况下可能并且如何成为实际操作中的制度，成为具有实际约束力的规则。自日本明治维新以来，日本受到巨大的国际压力，两部宪法都是制度突变的结果，都存在制度与文化上的隔阂。日本通过不断实行制度创新和文化转型，形成和维持了制度和文化间的平衡。郭定平用新制度主义研究方法分析日本出现发展模式转型危机的根源。③ 郭定平认为，日本战后形成了一种独特的发展模式，这种模式给日本带来了经济和社会的快速发展，但是由于冷战结束和日本经济泡沫破灭以来日本所实行的政治和行政革新，这种独特的发展模式被修正和重构。尽管这种政治和行政革新在政治和经济发展上带来了一些有益的变化，而且也促进了日本模式的转型，但同时也产生了许多意想不到的后果并引发了转型危机、政治动荡、政策扭曲、官僚腐败以及政官关系的混乱。这些问题加剧了日本经济复苏和发展模式重建的难度。

第三，政治生态学研究方法。政治生态学理论认为一个政治系统存在于国内和国外的两种环境下，政治系统影响这些环境并受这些环境的制约。政治生态学将研究目标锁定在一个既定的环境中政治要素的多重影响和相互关系上。政治生态学研究人与环境、人与制度的关系。这种研究方法是在一个更多元的层次和背景下分析政治过程和政治发展。在当代中国政治学研究中，政治生态分析方法早已运用于行政发展和政党制度等不同领域，并取得了重要成果。④ 张伯玉运用政治生态学研究方法来分析日本的政党体制及其与政治社会环境的相互关系，考察了日本政党体制的起源，探讨了日本政治生态环境的变化对日本政党制度的影响，并分析了日本政党制度的未来发展趋势。她的分析主要集中在以下三个方面：（1）生命系统，日本政党制度的结构和功能；（2）政治生态环境系统，比如

---

① Paul Pierson. *Politics in Time*: *History*, *Institutions*, *and Social Analysis*, Princeton University Press, 2004, p. 2.

② 魏晓阳：《制度突破与文化变迁——透视日本宪政的百年历程》，北京大学出版社 2007 年版，第 2—10 页。

③ 郭定平：《制度改革与意外后果：日本发展模式转型的政治学分析》，《复旦学报》（社会科学版）2009 年第 6 期。

④ 王沪宁：《行政生态分析》，复旦大学出版社 1989 年版；王邦佐等：《中国政党制度的社会生态分析》，上海人民出版社 2000 年版。

宪政结构、政府结构、选举制度、政治分化和阶级结构；（3）系统平衡，比如针对政党制度所进行的政治改革和调整。政党制度的政治生态分析，一方面关注这种政党制度何以形成，另一方面关注这种政党制度何以适应社会的不断变动而得以发展。

第四，政治过程分析方法。政治过程分析方法是当代政治研究的主要方法之一，1908 年美国学者阿瑟·本特利出版《政治过程：一项关于社会压力集团的研究》（*The Process of Government：A Study of Social Pressures*），首次提出了有关政治过程研究的团体理论。四十多年之后，戴维·杜鲁门推出《政治过程：政治利益与公共舆论》（*The Governmental Process：Political Interests and Public Opinion*）一书，发展了本特利的团体理论，进一步论述了利益集团在美国政治过程中的重要作用，并提出了政治过程研究方法，确立了政治过程的基本观念。[1] 与制度和结构分析方法不同，政治过程分析方法主要研究不同政治制度中政策制定和执行所不可缺少的利益表达、利益聚合、政策制定、政策执行和政策反馈等各个环节。在政策制定之前，政府和社会上的许多个人和集团期望他们能从政治中得到部分利益，这些利益的表达即是政治过程的开始。这些政治过程是由政党、议会、行政官僚机构和法院等的政治活动组成的。王新生运用政治过程研究方法全面系统研究日本政治并取得了颇有影响的研究成果。[2] 通过对日本选举和投票的分析，王新生探讨了利益集团、行政部门、执政党、反对党和日本国会等影响政治过程的主体。同时，运用此方法，他也分析了行政指导、外交政策和大众传媒的政治作用。他选取了多个研究案例，比如有关销售税政策的制定过程，以便加深对日本政治进程的理解。近年来，王新生发表的论文《首相官邸主导型决策过程的形成及挫折》（《日本学刊》2008 年第 3 期）等进一步深化和拓展了对日本政治过程的分析。

五　问题和前景

在改革开放以来的三十多年中，尤其是从 90 年代初期开始，中国的

---

① ［美］戴维·杜鲁门：《政治过程：政治利益与公共舆论》，天津人民出版社 2005 年版，第 547 页。

② 王新生：《现代日本政治》，经济日报出版社 1997 年版，第 20—26 页。

日本政治研究全面展开，取得了引人注目的学术成就，并有一大批的研究成果问世。全国有至少上百个日本研究学术机构从事与日本政治相关的研究工作。与此同时，中国国内学者与日本的政治学学者交流日益密切。许多重要政治现象，如自民党长期执政地位的终结、经济泡沫的破灭、长期的经济衰退的政治根源等得到了广泛的探讨和解释；许多重要政治问题，如民族主义的兴起、右翼势力的崛起、普通国家建设等问题受到了广泛的关注和讨论。多种不同的政治研究方法被运用到日本政治研究中来，比如政治多元主义分析方法、新制度主义分析方法、政治生态和政治过程分析方法等。这些日本政治研究的成就和成果对于我们加深对日本政治发展和政局变动的理解，正确判断日本政治发展方向，制定正确的对日外交政策发挥了重要作用。

然而，在未来的日本政治研究中，我们仍然不能忽视以下几个问题。

第一是研究体制问题。中国国内的研究日本政治的学者往往是日本研究机构中的日本问题学者，中国的日本政治研究从属于日本研究这个大的领域，许多专家精通日本问题，却不能紧跟和把握国际政治学和比较政治学的最新进展和前沿理论。许多日本政治问题研究专家仅仅局限于利用日文的文献，多半是现成的日文著作论文、报纸杂志。中国国内的政治学者与日本政治问题专家之间、中日两国的政治学者之间、中国的日本政治研究学者与其他世界各国的政治学者间的交流和联系较少，结果使得许多的日本政治研究缺乏科学理论基础，很多只是泛泛而论，有的只是对日本的研究成果和发展动态的一般介绍。

第二是研究资料与方法问题。中国国内关于日本政治的研究严重缺乏科学方法的指导，也缺乏足够的实证资料的支撑。唐家璇在2010年5月中华日本学会和全国日本经济学会的联合会议上的讲话中尖锐地指出了中国的日本研究中存在的很多问题，例如有些研究浮于表面，泛泛而论，有些研究过多依赖二三手材料，缺乏实地现场调研；有些研究先入为主，结论在先，缺乏科学论证，因此提出要更多地掌握鲜活的材料和数据，更多地透过现象看本质，更多地通过科学的论证过程，从而得出更有说服力和更加牢靠、经得住推敲的结论。[1] 这就要求我们在开展日本政治研究过程

---

[1]　唐家璇：《在中华日本学会和全国日本经济学会联合会议上的讲话》，《日本学刊》2010年第4期。

中必须运用科学的理论和方法，通过长期的调查研究的积累，在大量掌握第一手资料的基础上作出创新性的研究。

第三是研究资金问题。有些研究机构隶属于政府，他们的科研资金来自于政府。这些研究机构作为政府的智库需要完成上级下达的研究任务，其中很多与当前局势有关，因而只有有限的时间开展自由自主的研究。在高校中的日本研究机构经常在日本政治研究资金问题上捉襟见肘，因为随着中国的发展和日本对华发展援助战略的调整，来自日本国际交流基金的项目支持逐渐减少，各个大学校内的经费支持也增长缓慢，虽然有些日资企业捐赠支持日本研究，但是他们更多的是支持关于日本经济和商业的研究，基本没有对日本政治研究的支持。在某些日本研究机构中，虽然有些研究项目亦可获得政府的资金支持，但正如上述分析的那样，每年国家社会科学基金项目的研究主题亦受到一定限制，比如倾向于支持研究日本右翼势力和日本民族保守主义等相关的主题。

总体来说，中国的日本政治研究，其数量和质量受中日两国政治发展、中日关系和政治学学术发展水平的影响。当前，日本进入政治转型的新时期，中国作为一个开放繁荣的大国开始崛起，在不久的将来，中国国内对日本政治的研究将会日益受到重视。与此同时，随着中国政治学学术水平的不断提高和中外政治学者的交流的不断加深，中国国内的日本政治研究水准将会得到逐步提高。

中国的日本政治研究 30 年综述

洛阳外国语学院 徐万胜

本文所说的"政治",是与历史、经济、外交、军事、社会等相对应的狭义上的政治。研究对象的时间跨度与取材范围,包括 1981—2010 年间中国学者公开发表的有关战后日本政治的期刊论文及学术著作。

这一期间,伴随着中国的改革开放进程以及中日两国合作关系的深化,在中国的日本学界,政治研究是最为活跃的领域之一,并且取得了较为丰硕的研究成果。

一 日本政治研究的发展轨迹

从新中国成立后直至 20 世纪 70 年代末期,国内学界的日本政治研究曾长期处于力量薄弱、成果零散的状态。日本政治研究的成果主要体现为《世界知识》杂志上发表的时评文章、有关日本问题及日本共产党的文件汇编,并且,日本政治研究在相当程度上被融合在对"日本问题"或"日本概况"的介绍之中。[①]

自 1978 年党的十一届三中全会召开以来,我国的日本研究开始呈现蓬勃发展态势,在语言文学、经济、历史、政治、外交、哲学思想、教育、文化等各个学科领域全面展开,日本政治研究亦进入新的发展阶段。

---

① 例如,孙怀仁《日本劳工运动和三鹰翻车案》(《世界知识》1949 年 11 月 25 日号)、江沆《日本扩军计划剖析》(《世界知识》1951 年 4 月 5 日号);《日本共产党第七次代表大会文件》(世界知识出版社 1959 年版)、《日本问题文件汇编》(第 5 辑)(世界知识出版社 1965 年版);张香山著《日本》(世界知识出版社 1954 年版)、辽宁大学日本研究所编《日本概况》(《日本问题》1972 年第 2 期),等等。

（一）学科初创阶段

20 世纪 80 年代，是日本政治研究的学科初创阶段。这一阶段，不仅公开发表学术论著的数量超过了新中国成立后 30 年的总和①，且大体上构建了日本政治研究的内涵框架。

根据《日本学刊》编辑部整理的《日本学研究论文目录索引（1978—1991）》的分类统计，1981—1990 年间，以国内 6 种日本研究期刊及 2 种国际问题期刊为载体，除译文及书评以外，中国学者共发表论文 180 余篇。② 此外，国内学界还出版了数部研究日本政治的学术著作。例如，谭健编《日本政府体制与官员制度》（人民出版社 1982 年版）、郝赤与谭健著《日本政治概况》（中国社会科学出版社 1984 年版）、邹钧主编《日本行政管理概论》（吉林人民出版社 1986 年版）、齐乃宽编著《日本政治制度》（上海社会科学院出版社 1987 年版）、关南与郝赤等著《战后日本政治》（航空工业出版社 1988 年版）、吴学文主编《十字路口的日本》（时事出版社 1988 年版）、田桓著《日本战后体制改革》（经济科学出版社 1990 年版）、肖世泽编著《日本国会》（时事出版社 1990 年版）。

在学科初创阶段，日本政治研究的特点，是偏重于对日本的介绍与借鉴。例如，在著作方面，郝赤与谭健著《日本政治概况》，比较全面系统地介绍了日本的政治制度、政府机构、宪法特点、司法制度、政党和群众团体、垄断财团、经济政策、外交关系、军事状况、人民运动等内容；关南与郝赤等著《战后日本政治》，主要论述战后日本政治四十多年来的历史演变历程，力求通过重要事件和政治人物的分析研究来揭示其规律。在期刊论文方面，刘映春《自民党概况》（《日本问题》1985 年第 3、4 期，1986 年第 1、2 期），全面介绍了自民党简史、财界与自民党的关系、自民党的政策方针、自民党的派系与组织等内容；宋益民《日本社会党概况》（《日本问题》1986 年第 3、4 期），也是全面介绍了社会党的演变历

---

① 例如，根据李玉等主编《中国日本学论著索引（1949—1988）》（北京大学出版社 1991 年版）的统计，在国内各类期刊及报纸上发表的有关日本政治的文章数量，1949—1979 年为 72 篇，1980—1988 年为 201 篇；根据中华日本学会与北京日本学研究中心编《中国的日本研究》（社会科学文献出版社 1997 年版）的统计，从 1949 年 10 月至 1993 年 3 月四十余年，在有关日本政治的著作总数中，1979 年以后出版的著作数目占 76% 的比例（参见该书第 30 页）。

② 《日本学研究论文目录索引（1978—1991）》，《日本问题资料》1992 年第 4、5 期合刊。

程、组织状况、纲领政策等。

在学科初创阶段，日本政治研究的亮点，是有关日本行政改革的研究。为配合我国于 20 世纪 80 年代初推行的行政机构改革，国内学界不仅积极介绍日本的行政机构概况，而且对日本行政改革展开深入研究。例如，1982 年的《日本问题资料》杂志上相继刊出 8 期"日本政府机构资料"，内容包括日本内阁官房和总理府本府、行政管理厅、外务省、通商产业省、大藏省、文部省、劳动省、厚生省等，分析它们的沿革、设置与职能。在此基础上，蒋立峰《日本内阁制度建立以来的行政改革》（《日本问题》1985 年第 2 期）、田桓《战后日本公务员制度的形成》（《历史研究》1985 年第 6 期）、韩铁英《日本公务员定员管理制度成败浅析》（《日本问题》1985 年第 3 期）等论文均是研究日本行政改革的力作。

当然，在日本政治研究的学科初创阶段，一般性、资料性的论著相对较多，而综合性、理论性的论著相对较少。尽管如此，这些日本政治研究论著的内涵涉及政局演变、政治体制及其改革、政党政治等基本领域[1]，大体构建了中国日本政治研究的内涵框架，并延续至今。因此，有学者认为，"用今天的标准衡量，郝赤、谭健的《日本政治概况》（中国社会科学出版社 1984 年版）只是一本普及性教材，但却标志着学术界对日本政治的研究从总体的'日本研究'中独立出来。"[2]

（二）学科完善阶段

20 世纪 90 年代，是中国日本政治研究的学科完善阶段。这一阶段，不仅公开发表学术论著的数量略有增多、领域有所拓展，更为重要的是，政治学理论与方法在日本政治研究中得到进一步运用。

在学科完善阶段，以中国期刊全文数据库收录的文章为主体，根据笔者的不完全统计，1991—2000 年间，国内学界发表的有关日本政治的文章达 200 篇左右，略高于前一个 10 年。

这些期刊文章的研究内涵，大体上沿袭了政局演变、政治体制及其改

---

① 按照《日本学研究论文目录索引（1978—1991）》（《日本问题资料》1992 年第 4、5 期合刊）的分类方法，日本政治研究的相关论文被分为"政治学与政治理论研究"、"政治制度及状况"、"国会"、"政府机构与行政管理"、"政党"、"书评"6 个领域。与之相异，本文的"政治体制"是广义上的，包含"政治制度"、"政治结构"等含义在内。

② 北石：《战后 60 年来中国的日本研究》，《日本学论坛》2005 年第 Z1 期。

革、政党政治的框架。其中，研究日本政局演变的文章约占 40% 左右。与 1980 年代相比，这一阶段的论文选题更加紧扣日本时事，且注重研判政局走向。例如，蒋立峰《自民党政治改革的实质及前景》（《日本学刊》1991 年第 5 期）、刘江永《论日本政局的历史性重大变化》（《日本学刊》1993 年第 6 期）、凌星光《日本村山内阁诞生的背景及其性质与展望》（《世界经济与政治》1994 年第 1 期）、鲁义《日本大选与政局走势分析》（《日本学刊》1997 年第 1 期）、高洪《日本新型政治结构探析——以新进党解体后的政局走势为中心》（《日本学刊》1998 年第 2 期），等等。上述选题清晰地勾勒出 1990 年代日本政局演变的大致脉络。此外，部分期刊论文的研究内涵还拓展到政治文化、政治过程等新领域，带有较强的基础研究属性。例如，武寅《集团文化心理与战后日本政治》（《日本学刊》1992 年第 1 期）、任志安《中日两国政治文化比较研究：意义、图式和框架》（《日本学刊》1999 年第 3 期）；王新生《吉田茂执政时期对华政策的政治过程——以第一次"吉田书简"为中心》（《日本学刊》1996 年第 1 期）、王新生《日本人的投票行动》（《日本学刊》1997 年第 2 期），等等。

在学科完善阶段，日本政治研究的学术著作可分为两类。一类著作属于应用研究范畴，偏重于对日本政治形势现状与走势的分析。例如，刘江永主编《跨世纪的日本：政治、经济、外交新趋势》（时事出版社 1995 年版）、赵阶琦和周季华主编《走向政治大国的日本》（鹭江出版社 1995 年版）、吴寄南主编《站在新世纪入口的日本》（上海教育出版社 1998 年版）、刘江永著《彷徨中的日本》（天津人民出版社 2000 年版）、梁云祥和应霄燕著《后冷战时代的日本政治、经济与外交》（北京大学出版社 2000 年版）、李寒梅等著《21 世纪日本的国家战略》（社会科学文献出版社 2000 年版），等等。另一类著作属于基础研究范畴，偏重于对日本政治体制与运行机制进行综合性分析。例如，蒋立峰主编《日本政治概论》（东方出版社 1995 年版）、高洪著《日本当代佛教与政治》（东方出版社 1995 年版）、王振锁著《自民党的兴衰——日本"金权政治"研究》（天津人民出版社 1996 年版）、王新生著《现代日本政治》（经济日报出版社 1997 年版）、宋长军著《日本国宪法研究》（时事出版社 1997 年版）、刘小林著《当代各国政治体制——日本》（兰州大学出版社 1998 年版）、林尚立著《政党政治与现代化——日本的历史与现实》（上海人民出版社

1998 年版)，等等。

与 80 年代相比，在这一阶段的基础研究类学术著作中，政治学理论与方法得到进一步运用。例如，蒋立峰主编的《日本政治概论》以政治学理论为指导，将阶级关系、国家权力、政党政治、政治参与、决策过程、行政机制、政治文化及政治学研究等纳入研究范畴，促使日本政治研究的内涵框架进一步得以完善。在此基础上，王新生著《现代日本政治》基于政治过程论与政治制度、政治结构分析相结合的研究视角，按照日本政治过程的顺序深入剖析了当代日本政治；林尚立著《政党政治与现代化——日本的历史与现实》运用政治学的理论和方法，分析了政党政治在日本现代化历程中的结构与功能，探讨了日本政治过程和政治发展的基本特征。另外，高洪著《日本当代佛教与政治》采取宗教学、社会学与政治学相结合的多学科研究方法，通过对佛教宗派及其社会文化中佛教含量的具体分析，揭示了日本当代佛教与国家政治生活相互制约、相互作用的依存关系。这一多学科研究方法的运用，某种程度上讲，也是开辟了日本政治研究方法的新途径。

值得指出的是，由于中国的日本政治研究在相当程度上渊源于日本历史研究，因此，政治学理论与方法的进一步运用、相关力作的公开发表，不仅标志着中国学者的日本政治研究水平跃升至新高度，更是意味着日本政治研究的学科基础得以完善。

二　日本政治研究的论著现状

21 世纪初期，日本政治研究取得了迅猛发展的成果。与以往相比，不仅论著数量显著增多，而且，多学科和跨学科的研究方法也得到进一步运用。例如，以中国期刊全文数据库收录的文章为主体，根据笔者的不完全统计，2001—2010 年间，国内学界发表的有关日本政治的文章达 320 篇左右，约是前一个 10 年的 1.5 倍。同时，一系列运用多学科和跨学科研究方法的高水平学术论著的发表，也意味着中国学者在部分课题领域开始构建自身的学理体系。

这一阶段，中国学者的论著成果主要集中在政局演变、政治体制及其改革、政党政治、政治右倾化四个领域。

（一）政局演变

"政局演变"，一直是中国学者对日本政治进行跟踪研究的基本领域。该领域的研究成果具有很强的时政性，其内容往往围绕热点问题展开，并在相当程度上体现了日本政局的演变历程。例如，彭曦等著《冷战后的日本政治：保守化的历程》（中国社会出版社 2003 年版）和刘小林著《当代日本政党政治：20 世纪 90 年代以来的日本政局变动》（中国社会出版社 2004 年版），均对冷战后日本国内政局演变的来龙去脉作了详细论述。

另一方面，自 2001 年小泉纯一郎内阁执政以来，一些学者开始更加注重把握日本政局演变的基本特征与本质属性，注重应用研究与基础研究的结合，力图提升论著的学理性内涵。例如，吴寄南《"小泉神话"与日本政治的转型》（《日本学论坛》2005 年第 2 期）指出，小泉内阁执政促使日本政治发生了深刻的转型；高洪《安倍政权的政治属性与政策选择》（《日本学刊》2006 年第 6 期），在分析安倍政权的"新现实主义路线"与战略派属性的基础上探讨了其政策选择。特别是金赢著《密室与剧场——现当代日本政治社会结构变迁》（人民出版社 2009 年版），基于社会学研究视角，深入分析了日本政治与社会结构的关系、日本媒体与政治的关系以及小泉内阁、安倍内阁的演变历程，进而探寻了日本政治社会结构变迁的深层次规律与未来走向。

此外，在日本政局的演变进程中，中国学者还加大了对"政治人物"的研究力度。在该领域，以吴寄南著《日本新生代政治家》（时事出版社 2002 年版）为代表。作者依据实地调查、搜集的详尽资料，分析了日本新生代政治家群体崛起的背景，逐一介绍了分布在朝野两大阵营的政治新秀，并对他们的共同特征作了科学归纳。

（二）政治体制及其改革

在对日本政治体制的整体性研究中，以两部学术著作为代表：一是王新生著《政治体制与经济现代化——"日本模式"再探讨》（社会科学文献出版社 2002 年版），基于广义政治经济学的视角，着重探讨战后日本政治体制与经济现代化的互动关系，分析了"1955 年体制"的形成、功能、变异、终结及其对经济发展的不同影响；二是李莹著《日本战后保守政治体制研究》(世界知识出版社 2009 年版),遵循历史分析与结构分析交叉进行的两条主线,把战后日本政治的发展真正作为一个整体加以考察,认为日本战后保守政治体制是日本历史与现实结合的产物。这两部著作在一定程度上弥补了国内学界对战后日本政治体制系统性、整体性研究的不足。

除整体性研究成果之外,部分学术著作侧重于对某一政治制度的介绍与分析。例如,郑励志主编《日本公务员制度与政治过程》(上海财经大学出版社 2001 年版),在全面论述日本公务员相关制度规定的基础上,探讨了公务员在政策决定过程中与其他政治行为体之间的相互关系;淳于淼泠著《宪政制衡与日本的官僚制民主化》(商务印书馆 2007 年版),采用跨学科的研究方法,立足于战后日本新宪法所建构的宪政民主制,从政治民主化、行政民主化的视角分析日本官僚制,为理解日本错综复杂的政治、行政现象提供一个有效的研究途径;李海英著《日本国会选举》(世界知识出版社 2009 年版),运用历史、理论与实证相结合的分析方法,对日本的国会选举作了全面、系统的探讨。另外,杨建顺编著《日本国会》(华夏出版社 2002 年版)、张健主编《当代日本》(天津社会科学院出版社 2005 年版)、孙叔林和韩铁英主编《日本》(社会科学文献出版社 2005 年版)、徐万胜著《日本政治与对外关系》(人民出版社 2006 年版)、赵立新著《日本违宪审查制度》(中国法制出版社 2008 年版)、徐万胜等著《战后日本政治》(南开大学出版社 2009 年版)等著作,也是全部或部分章节介绍了日本的相关政治制度。

在冷战后日本政治体制的转型过程中,"政治改革"无疑是其关键词之一。因此,中国学者关注日本国内在选举制度、行政制度等领域进行的诸项改革,并探讨此种改革对日本政治体制造成的影响。其中,吴寄南主编《新世纪日本的行政改革》(时事出版社 2003 年版)一书,详细介绍了始于 1990 年代末期的日本新一轮行政改革的背景、指导思想及在各个领域的实施进程。另外,戴晓芙和胡令远编《日本式经济·政治·社会体系》(上海财经大学出版社 2002 年版)、包霞琴等主编《变革中的日本政治与外交》(时事出版社 2004 年版)、郭定平主编《日本政治与外交转型研究》(复旦大学出版社 2010 年版)等著作中,均有部分章节对冷战后日本的政治体制改革展开了论述。

（三）政党政治

"政党政治"是近年来日本政治研究的重点领域。特别是在政党体制、在野党等研究领域，取得了较为丰硕的研究成果，成为日本政治研究领域的一大"亮点"。

在有关战后日本政党政治及政党体制的整体性研究中，近 10 年来涌现出了一批高水准的学术著作：王振锁著《战后日本政党政治》（人民出版社 2004 年版），基于历史学的研究视角，采取史论结合、有史有论的叙述方式，注重实证，对自民党长期政权的兴衰过程、原因及其对内对外政策作了系统客观的论述，在相当程度上弥补了国内有关日本政党政治史的研究空白；徐万胜著《日本自民党"一党优位制"研究》（天津人民出版社 2004 年版），将"1955 年体制"的本质内涵界定为"一党优位制"，是国内首次以"一党优位制"为题对战后日本政党政治及政党体制进行系统性理论研究，并对自民党"一党优位制"的形成、转换等因素作了深入探讨；张伯玉著《日本政党制度政治生态分析》（世界知识出版社 2006 年版），则从政治生态分析的视角，考察了"自民党一党优势政党制"生成、发展、演化的过程，得出了该政党制度是日本这个特定民族国家政治生态环境产物的结论。

另外，伴随着"1955 年体制"的崩溃，"冷战后日本政党体制转型"也是中国学者的关注点之一。高洪著《日本政党制度论纲》（中国社会科学出版社 2004 年版），在着重分析冷战后日本各党派间分化组合与政治斗争实质的基础上，探索了 21 世纪初期日本政党体制的发展前景；徐万胜著《冷战后日本政党体制转型研究——1996 年体制论》（社会科学文献出版社 2010 年版），认为 1996—2009 年间形成了以自民党为核心、联合执政的"1996 年体制"，其实质是一种"准一党优位制"，并探讨了影响冷战后日本政党体制转型的诸多因素。

关于日本在野党的研究，中国学者的代表性成果主要体现为：曹田禄著《日本共产党的"日本式社会主义"理论与实践》（中国社会科学出版社 2004 年版），着重剖析战后日本共产党"日本式社会主义"的理论与实践活动，揭示其一般规律，总结其经验教训并前瞻其未来发展，是研究日本共产党的一部力作；华桂萍著《护宪和平主义的轨迹——以日本社会党为视角》（人民出版社 2005 年版），多视角地对日本社会党的安全保障政策进行了系统研究，"在一定程度上弥补了我国学界对日本社会党及其安保政策研究的空白和不足，具有较高的学术价值和现实意义"（王振锁语）；朱艳圣著《冷战后的日本社会主义运动》（中央编译出版社 2008 年版），采取历史与现实、理论与实际、宏观与微观相结合的研究方法，着重探讨了冷战后日本共产党、社会民主党等社会主义政党的新变化。该领域的期刊论文还包括：张伯玉《日本共产党纲领的调整及其背景》（《日本学刊》2003 年第 6 期）、朱艳圣《冷战以后日本社民党的新变化》（《当代世界与社会主义》2005 年第 2 期）、中国社会科学院世界经济与政治研究所"日本共产党研究"课题组《解析日本共产党的政治变革》（《太平洋学报》2005 年第 6 期）、吴广义《日本共产党的政治变革》（《当代世界》2005 年第 7 期）、徐万胜《冷战后的日本共产党》（《日本学论坛》2008 年第 2 期），等等。从中可以发现，鉴于冷战后日本共产党不断进行路线调整及其浓厚的在野党色彩，中国学者对日本共产党的研究力度明显加大了。

（四）政治右倾化

"政治右倾化"是许多中国学者对冷战后日本政治发展趋势的一个基本判断，此种研究力图揭示日本国内政治势力对比变化以及政治转型的价值取向，它通常与对"政治保守化"、政治思潮、修宪倾向、右翼势力等问题的研究交织在一起。

以"右倾化"或"保守化"、"新保守主义"为题，中国学者着重探讨日本政治右倾化的背景、表现与影响。该领域的代表性学术著作包括：吕耀东著《冷战后日本的总体保守化》（中国社会科学出版社 2004 年版），以日本政党格局的变动为背景，在整体上较为深入地探讨了日本总体保守化的形成、发展及成因；张广宇著《冷战后日本的新保守主义与政治右倾化》（北京大学出版社 2005 年版）认为，日本新保守主义与政治右倾化在冷战后已经发展到一个新阶段，它正被日本的主流政党和政权以社会化、法制化和政策化的形式转化为日本的民族和国家行为；李秀石著《日本新保守主义战略研究》（时事出版社 2010 年版），主要阐述了 21 世纪初历届日本新保守主义政府的国家战略规划及实践历程。

另外，部分研究成果还从"国家主义"、"保守主义"或"民族主义"等政治思潮的视角来探讨"政治右倾化"问题，从而揭示日本政治右倾化的意识形态本质。例如，孙政著《战后日本新国家主义研究》（人民出版社 2005 年版），按照历史发展的顺序对战后日本新国家主义的演变进行了较为系统的研究，认为新国家主义是日本战后保守政治的最主要思想之一，并力求探索政治发展与新国家主义演变这二者之间的互动关系。值得指出的是，以桐声《当代日本政治中的民族保守主义》（《日本学刊》2004 年第 3 期）、吕耀东《试析日本的民族保守主义及其特性》（2006 年第 5 期）、张进山《当代日本的民族保守主义：生成、概念和释疑》（《日本学刊》2007 年第 3 期）等论文为代表，有些学者主张用"民族保守主义"来概括冷战后日本政坛的主流政治思潮，力图满足理论研究的现实需求。

作为"政治右倾化"的具体表现，右翼势力、历史认识、修宪动向等问题点也是中国学者的研究重点。

在右翼势力研究领域，代表性的研究成果为两部学术著作：孙立祥著《战后日本右翼势力研究》（中国社会科学出版社 2005 年版），在对日本右翼势力的历史演变轨迹加以分期论述的基础上，还以宽广的视野对战后日德两国右翼势力进行了横向比较，并剖析了战后日本右翼势力发展的社会基础及其对中国的消极影响；步平和王希亮著《日本右翼问题研究》（中国社会科学出版社 2005 年版），在对战前日本右翼运动的历史演变加以介绍的基础上，着重论述了战后日本的右翼团体与右翼运动，分析了右翼团体与日本政治之间的密切关系。这两部著作将有关日本右翼势力的研究推向了一个新高度。另外，该领域还有部分高质量的期刊论文发表，例如，林晓光《日本右翼思潮与右翼团体史考》（《抗日战争研究》2002 年第 1 期）、桐声《日本右翼势力及其对日本内外政策的影响》（《日本学刊》2005 年第 6 期）等。

在历史认识、修宪动向研究领域，中国学者批判日本国内否认侵略战争的错误史观，并对其修宪动向表示关注。这方面的期刊论文主要包括：金熙德《日本"历史教科书问题"》（《当代亚太》2001 年第 5 期）、管颖《日本宪法第九条及其走向》（《中国社会科学》2002 年第 4 期）、高洪《日本国家发展道路的思考与抉择——〈众议院宪法调查会中间报告书〉评析》（《日本学刊》2003 年第 1 期）、孙伶伶《修宪预示日本未来政治走向——解析日本众参两院宪法调查会修宪报告书》（《日本学刊》2005 年第 3 期）、孙伶伶《日本修宪与民族保守主义思潮》（《当代亚太》2007

年第 3 期)、徐万胜《冷战后日本改宪政治的动向与影响》(《当代亚太》 2008 年第 6 期),等等。此外,王希亮著《战后日本政界战争观研究》 (社会科学文献出版社 2005 年版),详尽论述了战后日本政界战争认识观 的演变历程,深入揭示了日本战争责任顽疾长期存在的根源所在,指出了 日本战争遗留问题久拖不决的根本原因;张海鹏和步平主编《日本教科 书问题评析》(社会科学文献出版社 2002 年版)、苏智良著《日本历史教 科书风波的真相》(人民出版社 2001 年版)、王智新和刘琪著《揭开日本 教科书问题的黑幕》(世界知识出版社 2001 年版),则对日本的教科书问 题作了较为详细的论述,批判了日本政府在历史认识问题上的倒退行为。

三　日本政治研究的期刊载体

在中国,日本政治研究的发展依赖于各种因素的支撑,其中,国际问 题专业期刊就是支撑日本政治研究发展的主要载体。目前,作为"中文 核心期刊"和"中文社会科学引文索引"(CSSCI)来源期刊的《日本学 刊》,创刊 20 年来在日本政治研究领域始终占据核心位置,成为发表该 领域学术论文的第一期刊载体。

回顾 30 年来中国日本政治研究的发展历程,这一学科之所以能够在 1980 年代实现"初创",与日本研究专业期刊的相继涌现是密不可分的。 在 1980 年代,中国社会科学院日本研究所的《日本问题资料》(1982 年 创刊,月刊)与《日本问题》(1985 年创刊,双月刊)、辽宁大学日本研 究所的《日本研究》(1985 年创刊,季刊)、东北师范大学外国问题研究 所的《外国问题研究》(1980 年创刊,季刊)、吉林大学日本研究所的 《现代日本经济》(1982 年创刊,双月刊)、天津现代日本研究所的《现 代日本》(1988 年创刊,季刊)、河北大学日本研究所的《日本问题研 究》(1987 年公开发行,季刊),承担了主要学术载体的功能。"这些刊 物为全国的日本研究工作者开辟了研究日本的广阔的园地,事实上,此后 的日本政治研究才开始出现了更多的成果。"①

进入 90 年代以来,中国国际问题专业期刊的学术规范与专业特色均

---

① 北京日本学研究中心:《中国日本学年鉴(1949—1990)》,科学技术文献出版社 1991 年 版,第 90 页。

有显著增强，期刊种类进一步增多。基于不同的分类标准，国际问题专业期刊可分为理论期刊、综合期刊与时评期刊；或是宏观问题研究期刊、国别地区研究期刊等。各类国际问题期刊的发展，从整体上讲，促使日本政治研究的学术载体更为丰富与牢固。其中，1991 年 1 月创刊、由中国社会科学院日本研究所和中华日本学会联合主办的《日本学刊》，坚持基础理论与现实对策研究并重的原则，既适时发表有关日本时局动向的专题评论，又统筹发表学者对日本政治进行深入理论阐释的学术论文，突出刊物的时效性与学术性，属于综合期刊或是国别地区研究期刊。

从 90 年代初期至今，《日本学刊》刊载的日本政治研究学术论文，其数量在各种国际问题核心期刊中始终占据首位。在此，作者选取 7 种不同类型学术期刊，对其在不同时期刊载的日本政治研究论文数量进行了比较（见表 1）。可以看出，日本政治研究论文的期刊载体主要体现在地域国别研究类期刊上，特别是近 10 年来，由于部分期刊办刊风格的转变（例如，《世界经济与政治》偏重于国际关系理论研究），《日本学刊》在日本政治研究领域第一期刊载体的地位更加突出。

表 1　　　　　　　**7 种期刊刊载的日本政治研究论文数量比较**　　　单位：篇

期刊名 时期（年）	《日本学刊》	《世界经济与政治》	《现代国际关系》	《当代亚太》	《东北亚论坛》	《日本学论坛》*	《国际问题研究》
1994—2000	41	22	10	10	20	25	4
2001—2010	80	2	7	11	18	21	4

* 《日本学论坛》于 2009 年重新更名为《外国问题研究》。

不仅如此，《日本学刊》刊载的日本政治研究论文，还保持着高水平的学术品味，代表了国内日本学界的最高水准，因此，被多种资料性刊物和网络资料库收录，许多论文被《人大报刊复印资料》等刊物全文转载。例如，在 2001—2010 年间《人大报刊复印资料·国际政治》所转载的 50 篇日本政治研究论文中，原发期刊为《日本学刊》的论文数量为 13 篇，《当代亚太》4 篇、《和平与发展》3 篇、《日本研究》2 篇、《现代国际关系》2 篇、《复旦学报》（社会科学版）2 篇。《日本学刊》刊载的日本政治研究论文的被转载数量，远远高于其他学术期刊。

作为学术论文第一期刊载体，《日本学刊》自然成为观察日本政治研究发展动态的有效"窗口"。根据作者对 1991—2010 年间《日本学刊》刊载日本政治研究论文的领域别数量统计（见表 2），期刊论文的主要研究领域包括政局演变、政治体制及其变革、政党政治、政治右倾化、政治过程等，其中，政局演变领域的期刊论文数量最多，近 10 年来有关日本政党政治、政治右倾化的研究力度则得到显著增强。

表2　《日本学刊》刊载日本政治研究论文的主要领域别数量统计　单位：篇

研究领域 时期（年）	政局演变	政治体制及其变革	政党政治	政治右倾化	政治过程	政治文化
1991—2000	22	13	4	3	7	2
2001—2010	27	10	10	10	8	3

同时，按照基础研究与应用研究的类型区分标准，以 5 年为一个周期，作者对《日本学刊》刊载日本政治研究论文的类型数量进行了统计（见表 3）。可以看出，基础研究类期刊论文的数量始终少于应用研究类，自 1990 年代中期以来日本政治研究论文数量的增加，主要是源于应用研究类期刊论文数量的增加。

表3　　《日本学刊》刊载日本政治研究论文的类型数量统计　单位：篇

时期		1991—1995 年	1996—2000 年	2001—2005 年	2006—2010 年
论文数量	基础研究	10	8	10	8
	应用研究	15	20	35	27

需要说明的是，在日本政治研究的发展历程中，《日本学刊》并非一简单、被动的期刊载体，而是与"日本政治研究"之间具有较强的互动性。例如，针对学界以不同名词概念界定当今日本国内政治思潮的研究现状，《日本学刊》以卷首语的形式刊载了桐声《当代日本政治中的民族保守主义》一文，指出："之所以用'民族保守主义'概念来归纳当今日本政坛上的主流政治意识，是因为迄今人们对冷战结束以来的日本政治走势的种种界定，并未能够完整、准确地究明其本质。尽管'政治总体保守

化'、'政治右倾化'、'新保守主义'、'新民族主义'、'新国家主义'等概念从某种角度捕捉到了日本政治发展的某些特征，却未能阐明日本政治结构变化的本质和动因"①，期刊发挥了厘清概念、引领方向的作用。另外，《日本学刊》在部分课题领域的撰稿人员也相对集中，有利于在研究人员之间形成"学术共同体"。因此，《日本学刊》对研究人员具有明显的导向性，进而引导日本政治研究的研究议程、研究旨趣和发展动向。

四　日本政治研究的课题挑战

纵观 30 年来中国的日本政治研究，在取得长足进展与丰硕成果的同时，也存在着某些不足。展望未来，如何在克服不足的基础上取得新成果，日本政治研究正面临着一系列的课题挑战。

第一，日本政治研究面临着扩充队伍规模的课题挑战。

在中国，从事日本政治研究的队伍规模始终是人数偏少。例如，根据 1985 年有关部门对日本研究队伍的粗略统计，按专业分布情况计算：语言文学 412 人，经济（含外贸）206 人，历史 265 人，社会文化 141 人，政治（含外交、法律）68 人，其他专业 46 人，总共为 1138 人。② 近十余年来，尽管日本政治研究的论著成果在数量上取得迅猛发展，但其队伍规模基本未变。例如，根据中华日本学会与北京日本学研究中心于 1996 年实施的普查，在中国的 1260 名日本研究者中，从事历史、政治专业研究的人员为 250 名，占 19.8%；根据中华日本学会与南开大学日本研究院于 2008 年实施的普查，在中国的 1011 名日本研究者中，从事日本政治及对外关系专业研究的人员占 12%。③ 此外，作者对这两次普查结果实施了进一步统计分析，专业方向包含"日本政治"在内的研究者一直维持在 60 名左右的规模，且大部分研究者的专业方向为多领域（例如，包含日本政治、日本外交等）。事实上，以"日本政治"为主体专业方向的研究者，人数规模应为 20 名左右，在千余名日本研究者中所占的比例约为

①　桐声：《当代日本政治中的民族保守主义》，《日本学刊》2004 年第 3 期。

②　中华日本学会、北京日本学研究中心：《中国的日本研究》，社会科学文献出版社 1997 年版，第 22—23 页。

③　同上书，第 45 页；杨栋梁：《中国的日本研究新动态》，《南开日本研究 2010》，世界知识出版社 2010 年版，第 161、163 页。

2%。

　　研究队伍人数偏少，不仅与日本政治研究的学科地位不相适应，更是无法满足国家经济社会进步及中日关系发展的现实需求。在日本政治研究队伍的年龄结构与知识结构不断改善的条件下，若能通过有效的途径与方式来扩充队伍规模，必将有力地推动日本政治研究事业不断向前。在此，作者建议：一是通过组织大型科研项目集体攻关，在现存日本研究力量中稳定并扩充日本政治研究队伍；二是通过院校学历教育等人才培养途径，将日本政治研究与政治学学科相关专业方向建设融合起来，并以此为支撑点来积极培育新生代研究力量。

　　第二，日本政治研究面临着规范研究方法的课题挑战。

　　日本研究是一种以国别为对象的多学科研究，中国的日本研究一直注重研究方法的运用，"跨学科和多学科的日本研究将能从更加广阔的视角准确地把握日本，将日本研究提高到新水平"①。

　　在日本政治研究领域，跨学科和多学科方法也得到进一步的运用。例如，金赢著《密室与剧场——现当代日本政治社会结构变迁》采用了跨学科的社会学方法，对于深入认识当代日本的社会结构、日本政治现代化及社会传媒与政治的关系均具有重要意义②；淳于森泠著《宪政制衡与日本的官僚制民主化》采用多学科的研究方法，"力求运用历史学、政治学、法学、行政学、管理学等社会科学发展的前沿理论和成果，对战后日本官僚制民主化进行跨学科的综合性分析研究，力求从不同的角度和不同的层次展开分析论述，以期能够有所发现和提出一些有新意的解释"③。通过运用跨学科和多学科的研究方法，在学科的交叉渗透中来把握事务的关联性，发现新规律或提出新观点，确实有利于提高日本政治的研究水平。

　　另一方面，对于日本政治研究而言，政治学方法，始终是推动这一学科深入发展的主体方法。迄今为止的日本政治研究，主要运用的研究方法也仍是政治学方法，这是毋庸置疑的。但是，从日本政治研究论著现状来看，政治学方法的运用尚有诸多不足：一是方法种类尚不够丰富。例如，

---

① 高增杰：《日本研究的发展与课题》，《日本学刊》2000 年第 5 期。

② 金赢：《密室与剧场——现当代日本政治社会结构变迁》，人民出版社 2009 年版，第 27—29 页。

③ 淳于森泠：《宪政制衡与日本的官僚制民主化》，商务印书馆 2007 年版，第 4 页。

国内学界更多地运用政治过程论的方法，而数量政治学方法等其他方法几乎没有涉及；二是概念界定尚不统一。例如，国内学界以"一党优位制"、"一党优势政党制"等多种概念来界定日本政党体制①，易引发误解与混淆。

因此，在运用跨学科和多学科研究方法的同时，我们还必须加大规范运用政治学方法的力度，夯实日本政治研究的学科方法基础。

第三，日本政治研究面临着深化选题范畴的课题挑战。

如何选题，既引导着日本政治研究的旨趣与方向，更是决定了研究水平的高低。进入 2010 年，日本政治研究的选题，应该突出强调"新"、"宽"、"异"，并倡导基础研究与应用研究的结合。

日本政治研究的选题要"新"。与日本研究的其他部分学科不同，日本政治研究选题的现实性更强，乃至具有预测性。自 2009 年 9 月自民党下台、民主党上台执政以来，当代日本政治已进入一个新的发展阶段。对此，日本政治研究的选题必须紧跟当代日本政治的发展变化，突出一个"新"字，着重分析日本政治发展的新变化、新特点。我们应以重大事件、重大问题和重大趋势为抓手，进行多视角的跟踪分析，认清事务发展的本质规律。

日本政治研究的选题要"宽"。在全球化时代，日本政治与世界政治体系及地区政治结构是密切关联、相互作用的，日本政治现代化进程中面临的课题与挑战，也是其他许多国家所面临的共同课题。因此，日本政治研究的视角要"宽"，要有参照物，要进行比较政治研究，要借鉴欧美各国的政治学理论，要与其他学科相互渗透，这样才能提升日本政治研究的理论水平与学术规范，论著成果的社会影响力也会更广泛。

日本政治研究的选题要"异"。近 10 年来，虽然日本政治研究的论著数量有了显著增加，但急功近利式的研究和"跟风"现象尚且存在，介绍性和重复性的"研究成果"不少。例如，有关"政治右倾化"的研究，虽有众多期刊论文的发表，但部分论文的选题重复率偏高，彼此之间缺乏

①　例如，关于战后日本政党体制，徐万胜著《日本自民党"一党优位制"研究》（天津人民出版社 2004 年版），运用"一党优位制"的概念进行界定；张伯玉著《日本政党制度政治生态分析》（世界知识出版社 2006 年版），运用了"一党优势政党制"的概念进行界定。对此，2009 年 11 月 2 日，张伯玉在清华大学日本研究中心参加"政权交替与日本的走向"学术研讨会时，曾表示上述两个概念的内涵完全相同。

视角差异，论述内容往往流于一种现象介绍。相反，在地方政治、市民政治等研究领域却缺乏相应的论著成果。因此，唯有选题存"异"，才能产生更好的学术效益，并拓展研究领域。

在此基础上，日本政治研究应倡导基础研究与应用研究的结合。此前，日本政治研究往往偏重于应用研究，基础研究处于弱势地位。但是，"只有搞好基础研究，才能创造出能够'传世'的经典作品。但这并不是说可以放弃应用研究，而是为了更好地进行应用研究。因为没有扎实的从事基础研究的功底，应用研究也是很难搞好的"①。

总之，历经 30 年的辛勤耕耘与努力探索，中国的日本政治研究已站在一个新的历史起点上。我们有理由坚信，日本政治研究事业在中华民族的伟大复兴进程中必将不断壮大，并更为强有力地满足政府决策咨询及中日关系发展的现实需求。

---

① 　韩铁英：《努力开创日本研究的新局面》，《日本学刊》1998 年第 6 期。

中国的日本外交研究 30 年综述

中国社会科学院日本研究所　　吕耀东

日本外交的学科及学术范围属于国际关系学科（International Relations）。日本外交研究具体在日本综合研究范围框架内，属于一级学科——政治学下设二级学科——国际关系、国际政治和外交学科下的分支研究，具有国别性、地区性属性。

因国际关系、国际政治和外交学科三者存在交叉或所属关系，国际关系学的主体是政治学和历史学，国际政治学属于政治学分支，以国家间的政治交往为研究对象，而外交学是研究主权国家外交政策的制定和外交行为的实施及其规律的学科。因而，日本外交主要研究对象是日本国对外行使主权的外交行为和国家实施对外政策的外交实践经验。具体包括研究日本外交的本质和目标范式，外交政策外交行为分析，对外决策模式等内容。其研究重点为日本外交政策、对外关系及日本国家国际战略及实施等方面。

基于上述日本外交研究的学科定位，从 30 年来中国的日本外交研究的历程来看，大体以 10 年为期可分为三个时期：第一个时期是 20 世纪 70—80 年代；第二个时期是 20 世纪 90 年代；第三个时期是 21 世纪前 10 年。回顾 30 年中国的日本外交研究史，中国对日本外交的研究进步迅速，研究的水准逐年提高，研究成果不论在数量上还是在质量上，都取得了可观的成绩。概括起来说，中国 30 年的日本外交研究主要有以下几个特点：

一是经过 30 年的发展、培养和深化，研究队伍发生了质的变化。从研究梯队来看，形成了老中青三代结合的传承结构。日本外交研究队伍的知识结构更趋合理，研究人员的国际关系专业化逐年提高，越来越多的国外留学回国的高学历人才参加到研究队伍中，使研究队伍的总体素质大幅度提升。

二是研究成果涵盖面比较广，研究成果日益显著。从现有研究的内容看，涉及近30年来日本外交的所有方面，包括日本外交、安全政策及日本对外战略等各个领域。其涵盖范围之广、涉及问题之繁，都是前所未有的。

三是研究的时效性、理论性和实证性明显增强。随着国际学术交流的增加，国际关系理论研究的迅速发展，推动日本外交研究范式发生变化，研究向着方法论创新及创新性解释与分析的方向发展，开始注重理论分析和方法论的具体应用，逐步改变长期以来研究忽视理论规范和方法论介入的状况。

上述特点比较明显地表现在中国30年的日本外交研究成果之中，下面分三个时期就中国的日本外交研究状况进行大致评述。因中国30年的日本外交成果涉及范围相当广泛，本文的介绍只能选择一些重要的、有一定代表性的观点加以概述。

一　20 世纪 80 年代为日本外交研究的起步阶段

20 世纪70—80 年代的中日关系迎来了新篇章。中日关系取得了突破性的进展，两国政府经过多次磋商，正式恢复了外交关系，使中日两国人民盼望已久的中日关系正常化终于实现，开创了两国关系史的新纪元。《中日和平友好条约》缔约后中日两国关系朝着健康的方向迅速发展。这一时期的学术研究主要以中日关系为重点，涉及日美关系、日苏关系、日欧关系、日本与亚太地区的安全与和平等日本对外关系的内容。代表作主要有：《日本当前对外政策的态势》、《北方领土与日苏关系》、《论东盟国家对 "环太平洋联合设想" 的态度及其原因》、《日本加强对外 "战略性援助"》、《中曾根首相访华和中日关系》和《从日本新阁看当前日美关系》，等等。①

---

① 20 世纪七八十年代初期关于日本外交研究的代表作主要包括：姜琰《日本当前对外政策的态势》（《世界知识》1979 年第 7 期）；郭丰民《北方领土与日苏关系》（《世界知识》1982 年第 4 期）；陈乔之《论东盟国家对 "环太平洋联合设想" 的态度及其原因》（《东南亚研究资料》1982 年第 4 期）；建荣《日本加强对外 "战略性援助"》（《国际问题资料》1983 年第 5 期）；郭炤烈《中曾根首相访华和中日关系》（《国际问题资料》1984 年第 6 期）；骆为龙《从日本新阁看当前日美关系》（《瞭望周刊》1984 年第 8 期），等等。

这一时期对于日本国际战略走向的分析成为我国日本外交研究学界重点关注的热点问题。司楚在《世界经济》增刊 1980 年第 2 期的《日本的"环太平洋构想"》，盛继勤在《世界经济》增刊 1981 年第 4 期的《日本策划"环太平洋联合"的意图和前景初析》的文章中，对 20 世纪 70 年代末日本提出的"环太平洋合作构想"战略进行了宏观分析，认为未来 20 年内日本外交的主要目标就是要推行其"构想"。季崇威、武超在《世界政治与经济参考》1983 年第 4 期的《日本经营"政治大国"的动向》文章中指出，进入 20 世纪 80 年代后，日本统治集团一直把"从经济大国迈向政治大国"作为其对外战略的基本方针。力图依仗经济、政治和外交等手段，并辅以相当的军事力量，采取在"多极世界"中成为重要的一极，建立"几个大国共同管理"的"国际经济政治新秩序"，使日本扮演"君临"亚洲太平洋的角色，为开创"以日本为中心的太平洋时代"铺平道路。樊永明在《世界经济与政治》1984 年第 1 期的《日本外交动向及其政治大国的图谋》一文中指出，"加强日美合作是日本走向政治大国的垫脚石"，"发展与东盟的关系是日本充当政治大国的立足点"。该文还对中曾根康弘执政以来的一系列外交行动进行分析后，提出"日本发展日中友好是日本成为政治大国的战略需要"。[①]

在 1985 年《日本问题》创刊号上，马洪在首页撰文《加强日本研究，促进学术交流》指出："1972 年中日关系正常化，开创了中日关系的新纪元。由于两国人民和两国政府的共同努力，中日友好运动正在深入广泛地开展。随着两国关系的迅速发展和学术交流的日益频繁，我国的日本研究工作也得到了迅速的开展。很多日本研究工作者对日本的政治、经济、对外关系、科技教育、文学艺术和社会思潮等各个学科领域的现状和历史，进行了广泛而深入的研究，取得了一些令人高兴的成果。"[②] 以《日本问题》为研究平台，国内日本问题专家首先从中日关系的发展历程展望双边关系的前景。

孙平化先生撰文指出，在中日关系艰难时刻，是池田内阁把日中关系推向半官半民的新阶段，在战后中日关系的历史长河中所起的作用，是不

---

① 李玉、汤重南主编：《中国的日本史研究》，世界知识出版社 2000 年版，第 326—327 页。
② 马洪：《加强日本研究，促进学术交流》，《日本问题》1985 年第 1 期。

能忽视的。① 田桓在《略论中日关系的过去和未来》一文中，通过对中日两国悠久的历史交流回顾，强调深刻认识日本法西斯在侵华战争中给中日两国人民带来的深重灾难，防止历史悲剧的重演，是中日两国共同努力的方向。② 对于重要的日美关系，针对冷战后期美苏争霸的态势，使日美同盟关系得到实质性发展的状况，张碧清在 1985 年的《日本问题》第 1 期撰文，论述了 20 世纪 80 年代日美关系的发展趋势。他从日美两国政治军事的密切合作入手，认为基于两国利益所在，经济上的冲突再激烈，也不会给两国关系带来根本性变化。③ 也有的学者从日本的对外战略和日本综合安全保障的角度分析日本的对外关系及中日关系。

1986 年的相关学术文章涉及日美关系、日苏关系、日本在亚太地区的作用与地位及面向 21 世纪的中日关系等方面内容。在论及中日关系与亚洲的安全和发展时，宦乡先生在《中日关系与亚洲的安全和发展》一文中提出，为了迎接 21 世纪的到来，中日两国应该在三个方面达成共识：一是要认真地温故知新，历史证明，"和则两利，战则俱伤"，在中日关系上，中国方面相信《联合声明》以及《和平友好条约》是中日两国确立互相信赖的基础；二是要极力加深相互了解。在发展中日关系上，要看得远些，要互相尊重，又敢于提出不同的甚至相反的意见，中日两国的学者和政治家，更应该互相成为诤友；三是两国应该为亚洲和平作出贡献。④ 钱学明在《日本问题》发表《1986 年日本外交的新发展》的综述性文章，指出日本对外关系出现的一些值得注意的新变化，对中曾根内阁推行的对外政策进行了总体概况：就是积极地综合运用政治、经济、技术、外交、军事等多种手段，进一步提高日本的政治地位，在国际事务中维护和发展日本的利益。其具体做法是：坚持日美同盟关系；发展日美欧的联合；防范苏联；以亚洲地区为重点，对华友好；改善与第三世界国家的关系。⑤

在 1987 年的中日邦交正常化 25 周年之时，国内知名中日关系专家、学者回顾中日建交前后的曲折历史进程，一致强调只有严格遵守《中日

---

① 孙平化：《池田勇人与中日关系》，《日本问题》1985 年第 3 期。
② 田桓：《略论中日关系的过去和未来》，《日本问题》1985 年第 4 期。
③ 张碧清：《八十年代的日美关系》，《日本问题》1985 年第 1 期。
④ 宦乡：《中日关系与亚洲的安全和发展》，《日本问题》1986 年第 2 期。
⑤ 钱学明：《1986 年日本外交的新发展》，《日本问题》1987 年第 3 期。

联合声明》以及《中日和平友好条约》的相关原则，才能实现中日世代友好。对于中日关系的发展状况，宦乡、张香山、孙平化、肖向前、赵安博等专家均撰文指出，日本社会存在的违反《中日联合声明》与《中日和平友好条约》的严重问题，如"教科书事件"、"参拜靖国神社事件"以及"光华寮裁判"等严重影响中日关系的健康发展。对此，何方先生在《世界知识》1987 年第 13 期发表的《记取得历史教训发展中日友好——纪念卢沟桥事件 50 周年》一文中指出，"为了维护世界和平、巩固和发展中日间的睦邻友好关系，就必须正确对待历史，总结经验，吸取教训，克服前进道路上的各种障碍"。并强调"中日友好还是两国争取和平国际环境的重要条件"。1988 年赫赤在《贯彻条约精神发展中日友好——纪念中日友好条约签订 10 周年》一文中，从五个方面重温了《中日和平友好条约》确定的各项原则和条约的执行过程，再一次明确了坚持该条约精神是发展中日关系的基本的观点。①

纵观 20 世纪 70—80 年代中国学术界的日本外交研究，从学术研究机构来看，主要有中国社会科学院日本研究所、中国国际问题研究所、现代国际关系研究所、上海国际问题研究所等国内知名的国际问题研究机关及国内重点高校日本问题研究中心。从学术研究成果来看，上述研究机构有着国内最为优秀的日本问题研究专家队伍，他们利用较为丰富的外文资料和日本学术界、政界的人脉，通过不断出国考察和学术交流，产生了一大批具有学术价值的研究成果。特别是《日本问题》杂志上关于日本外交研究的文章，在全国的学术影响不可低估。这些有着独到之处的学术成果，无论在资料上，还是在观点方面，都充分反映了中日邦交正常化后日本对外关系的特质与走向，具有显著的时代特征。一如日本问题专家张香山在 1985 年《日本问题》创刊号撰文期望的那样：第一，要力求掌握辩证唯物主义和历史唯物主义的立场、观点和方法，而力戒主观、片面，用旧框框、停滞的观点和历史类比来看待战后四十年的日本；第二，要掌握大量的，包括第一手的材料，通过严肃认真的分析和比较，作出符合客观实际的判断；第三，应该本着"百家争鸣"的方针，允许有不同意见的

① 赫赤：《贯彻条约精神　发展中日友好——纪念中日友好条约签订 10 周年》，《日本问题》1987 年第 5 期。

探讨和争论。① 这一时期的日本问题专家学者，多为中日邦交正常化的亲历者，对于两国关系的分析准确，注重动态研究，在问题意识的驱动下，逐步拓展日本外交的研究领域，日益走出中日双边关系的研究范畴，趋向于日本对外关系的全面探索。

二　20 世纪 90 年代为日本外交研究起步的成熟时期

进入 20 世纪 90 年代后，国际形势发生了很大的变化，两极格局终结，冷战时期根据意识形态和社会制度的不同相互对抗的局面让位于以科技为先导、以经济为基础的综合国力的竞争。西方同盟内部的凝聚力下降，日本把自己的国家利益放在对外战略的首位，过去被遮遮掩掩的政治大国化战略日益表面化、公开化。从日本来说，冷战结束对日本的国际战略产生很大影响，促使日本的对外关系进行重新定位。这一时期可分为两个不同阶段：20 世纪 90 年代上半期，日本表达了重构世界战略格局的构想，日本国内也出现了对盟国美国说"不"的声音。90 年代下半期，日本经过各界精英的一番战略论争后确认：尽管冷战后世界形势趋缓，但亚洲地区仍存在地区冲突，日本在安全上仍需要得到美国的保护。② 因此，根据上述日本对外关系在两个时期的不同特点，中国的日本问题研究者对日本外交的探讨也大致分为两个阶段。

（一）从 1991 年到 1995 年，中国学者对日本外交研究的重点集中于中日关系、日俄关系、海湾战争与日本、美国的对日战略及日本战略思想流派的研究，主要涉及日本的崛起、日本的国际新秩序设想、日本的国际化等问题

针对日本在冷战后期望谋求构建日美欧世界新格局，实现其政治大国诉求的动机，何倩《90 年代日本外交展望》中指出，日本外交如果不顾复杂的国际现实，不顾他国利益，一味追求三级体制，将导致难以预测的后果。③ 可以说，冷战结束后，中国学者的日本外交研究一改过去集中探

---

① 张香山：《对日本问题的期望》，《日本问题》1985 年第 1 期。
② 刘世龙：《美日关系（1791—2001）》，世界知识出版社 2004 年版，第 624—625 页。
③ 何倩：《90 年代日本外交展望》，《日本学刊》1991 年第 2 期。

讨日美、日中、日苏等主要双边关系以及多边关系的局面，重点分析日本的大国化及其走向等热点问题。例如，鲁义《日本的联合国对策与活动》一文指出，从 20 世纪 80 年代起，日本就明确提出，要作为国际国家在国际社会承担更大的责任，因此千方百计地在联合国争占位置，增大发言权，便成为日本提高国际地位，向政治大国迈进的重要步骤。① 对于随着日本经济的崛起，日本政府开始积极地参与亚太地区和联合国的各项活动的新动向，张碧清《日本争当联合国安保常任理事国的活动》一文认为，日本基本具备符合进入常任理事国的条件，但是能否达到目标则取决于五个常任理事国的态度，认为取得五个常任理事国的一致支持，日本将费尽苦心，需要做大量工作。②

对于 20 世纪 90 年代初期日本对外战略的调整及外交实践，中国学者重点研究了冷战后日本的外交战略取向、环境外交、"1955 年体制"下的日本外交、日本外交政策及对华政策的特点。从不同的角度对日本的对外关系进行了全方位的学术探讨。例如，姚文礼《简论冷战期间日本外交政策调整》一文认为，"冷战结束之后，日本为了迎接 90 年代的种种挑战并着眼于 21 世纪的发展，正在调整其对内对外战略"。"自此，日本外交目标更加明确，紧紧围绕走向'政治大国'这一中心展开活动，外交由低姿态转变为高姿态，外交活动范围进一步扩大。它一方面主动配合美国全球战略，企图借重美国力量，影响提高其国际地位；另一方面重点经营亚太，力争在地区事务中发挥主导作用，进而成为世界政治大国"。③ 林晓光《日本政府的环境外交》一文指出："近年来，日本政府谋求作为'国际国家'扩大在世界上的影响，积极参与国际事务的解决并力争发挥主导作用，注重外交战略的综合性、多层次性、全方位性，即推行所谓'大国外交'。通过国际合作加强环境保护，积极开展'环境外交'，即是日本大国外交的重要组成部分"。特别是，"国际形势剧变后，日本政府开始将'环境外交'纳入其对外战略的大框架"。④ "日本政府开展'环境外交'是在审度国际形势和自身特长的基础上，为实现国家利益而作

---

① 鲁义：《日本的联合国对策与活动》，《日本学刊》1993 年第 3 期。
② 张碧清：《日本争当联合国安保常任理事国的活动》，《日本学刊》1993 年第 4 期。
③ 姚文礼：《简论冷战期间日本外交政策调整》，《日本学刊》1994 年第 1 期。
④ 林晓光：《日本政府的环境外交》，《日本学刊》1994 年第 1 期。

出的战略性选择，具有争夺 21 世纪国际新秩序主导权的深远战略意图"。① "日本政府'环境外交'的地区性、全球性是兼而有之、相辅相成的，它正在从亚洲优先向兼顾全球、注重全球发展，表现出与其'大国外交'的战略方向协调一致的特点。"但是，"日本外交一直以谋取经济利益为行动原则，其环境外交也未能完全跳出这一思维定势。"日本对外提供的环保资金、技术也有强烈的利益驱动因素。②

有的中国学者注重探讨日本内政与外交的关系，分析两者之间的内在联系，促进了对于日本外交研究向深层次发展。刘迎春《55 年体制下的日本外交》一文重点研究了"1955 年体制"与日本外交的关系，他认为在"1955 年体制"存续的 38 年里，日本外交表现为：一是外交及安全问题成为自社两党激烈争论的焦点；二是外交和安全保障问题的争论曾引起政界的改组；三是外交问题的解决和外相的任用带有权力斗争色彩；四是官方外交和民间外交发挥不同作用的四个特点。③ 深刻分析了日本内政与外交的内在联系与因果关系。对于冷战前后日本外交的特征，赫赤撰文考察了 20 世纪 80 年代以来的日本外交，认为有三个特点：一是继续坚持日美同盟，积极发挥自主性；二是立足亚洲，面向全球；三是经济开路，手段多元，为实现政治大国化而创造条件。④

随着 20 世纪 90 年代初日本对外战略的调整，中国学者对日本外交的研究领域不断拓展。学术文章涉及日本对亚太外交、联合国外交、日本安全战略等的相关内容。然而，日本对华政策及中日关系的研究仍然作为主流关切。尤其是，在 1992 年是中日邦交正常化 20 周年之际，学术论文主要集中讨论中日关系。何方先生《国际形势与中日关系》一文立意高远，战略性很强。他认为，要是没有中美关系的松动和中国恢复在联合国的席位，中日邦交正常化也许还会拖延。反过来，中日关系的发展，又促进了国际形势的缓和，也推动了中美关系的恢复和改善。何先生还指出，要讨论中日关系，就必须把它放到世界范围中去，而不能脱离国际环境，孤立地看待中日关系。⑤ 为此，何先生在文章中提出，有必要从以下五个方面

① 林晓光：《日本政府的环境外交》，《日本学刊》1994 年第 1 期。
② 同上。
③ 刘迎春：《55 年体制下的日本外交》，《日本学刊》1994 年第 2 期。
④ 赫赤：《80 年代日本外交的若干特点》，《日本学刊》1994 年第 4 期。
⑤ 何方：《国际形势与中日关系》，《日本学刊》1992 年第 1 期。

来理解中日关系的性质与发展：过渡时期国际形势发展的基本趋势；海湾战争与苏联变化对世界格局和国际形势的影响；过渡时期建立世界新秩序的斗争有着特别重要的意义；世界经济发展趋势和亚太经济合作问题；亚太地区形势和中日美苏四边关系等。同时，为了把中日友好合作关系推向一个新的阶段，文章谈到要增进互相理解，正确处理分歧。要扩大交流，加强合作。要参与国际合作，为世界作贡献。[①] 上述何先生的真知灼见，至今仍然具有重要的现实启发作用。类似的分析文章还有郑必坚在《日本学刊》1992 年第 6 期发表的《关于中日关系的历史新机遇》。他对中日关系进行了深刻思考，提出了两国关系历史新机遇的命题。这样的新机遇包括五个方面，即经济关系的新机遇；政治关系的新机遇；多文化合作关系的新机遇；长期形成的深厚的民间交往关系的新机遇；两国关系历史发展正反两方面经验的新启迪。[②]

值得关注的还有，杨运忠《日本对华政策进入新阶段》一文从中日关系的客观条件的变化，探讨了日本对华外交政策的基本框架与内容。他认为，日本对华政策进入了强化政治外交的新阶段，并提出经过 20 世纪90 年代的努力，中日两国已具备了建立面向 21 世纪友好合作关系的基础与条件，问题的关键是求同存异，抛弃人为地涂在两国关系上的政治色彩和某种不应有的心理因素。[③] 金熙德撰写的《日本对华 ODA 政策演变和中日关系》，通过分析日本对华（ODA）政策调整的政治与经济方面的用意，提示中日关系正在进入一个重新定位的新时期。[④] 以上的文章分析角度新颖、资料丰富、立意颇有新意，启迪学人深思。

（二）从 1996 年到 1999 年是日本外交研究的第二阶段，中国的日本外交研究重点关注日本对外战略的定位及中日关系发展状况

从日本冷战后对外战略的调整来看，尽管冷战后的世界形势相对趋稳，但亚洲地区仍存在地区冲突的可能，日本在安全上仍需要美国的保护。日美同盟经过冷战后短暂的"漂流期"后，进入"再定义"时期。"再定义"从"要不要"日美同盟，过渡到主要回答日美同盟"如何做"

---

① 何方：《国际形势与中日关系》，《日本学刊》1992 年第 1 期。
② 郑必坚：《关于中日关系的历史新机遇》，《日本学刊》1992 年第 6 期。
③ 杨运忠：《日本对华政策进入新阶段》，《日本学刊》1994 年第 2 期。
④ 金熙德：《日本对华 ODA 政策演变和中日关系》，《日本学刊》1995 年第 2 期。

的问题。1996年4月《日美安全保障联合宣言》的发表，标志着"再定义"的全面启动，其掣肘中国，控制朝鲜，防范俄罗斯，维护日美两国在亚太地区"共同利益"的目的性十分明显。1997年新《日美防务合作指针》的制订，是日美同盟继1960年新《日美安全条约》、1978年《日美防务合作指针》之后的第三次调整。它进一步扩大了日美同盟的活动范围和职能，为日本的军事行动扫清了道路，确定了新时期日美安全保障体制的战略目标，为日本面向21世纪发展军事力量和包括在国际军事领域发挥其作用提供了条件。日本对美国作战支援的范围在1997年从日本本土扩大到"周边地区"。这也严重恶化了亚太地区的安全环境。同时，冷战结束后，日本保守势力并没有因此而彻底放弃的"冷战思维"，严重影响着日本的对华政策。对此，何方先生高瞻远瞩，指明了日本国际战略调整动向及中日关系的发展前景。他在1996年3月"21世纪中国与日本"国际研讨会上的主题报告中指出，日本面临第三次历史性选择，"这不单决定于它的国内因素，同时决定于国际因素，特别是在全球化迅速发展、相互依存日益加深的情况下"。同时，"由于国际地位的提高和政治倾向保守，日本今后在外交上态度可能趋向强硬，但由于多极化的迅速发展，制约因素很多，因而也不会强硬到哪里去，越是强硬越会孤立，对它是更不利的"。[①] 这样的观点很具有对日战略指导意义。

这一阶段关于中日关系的研究再次成为热点，关于两国关系的文章其篇幅占据很大比例。自1997年纪念中日邦交正常化25周年开始，1998年纪念中日和平友好条约签订20周年，同年11月国家主席江泽民访问日本，1999年既有对江主席访问日本的评说，又有探讨面向21世纪中日关系的学术课题。张香山先生参加过中日复交与和平友好条约谈判，以其亲身经历撰写了《通往中日邦交正常化之路》(《日本学刊》1997年第5期)，《中日复交谈判回顾》(《日本学刊》1998年第1期) 和《中日缔结和平友好条约前后》(《日本学刊》1998年第4期) 三篇重要的文章，为推动冷战后中日关系健康发展，提供了历史借鉴的依据和总结。高增杰在纪念《中日和平友好条约》签订29周年之际，撰文重温了中国的日本研究，强调只有深刻了解日本，才能适应形势进展的需要，推进中日关系的

---

① 《何方集》，中国社会科学出版社2001年版，第170、185页。

良性发展。① 蒋立峰在《江泽民主席访问日本意义重大》（《日本学刊》1999 年第 1 期）一文中，从历史与现实的层面高度肯定和赞扬了江主席为期五天的对日本的访问。武寅在《关于发展中日关系的几点思考》（《日本学刊》1998 年第 5 期）一文中，对如何巩固发展中日两国关系提出了重要的建议。肖向前作为战后中日关系见证人，从香港回归讨论了亚洲与中日关系。② 高海宽和孙叔林分别提出《中日和平友好条约》签订了 20 年，在继续开创友好的中日关系同时不能忘记周恩来总理为发展两国相互理解，为缔结中日和平友好条约而作出的贡献。③ 李清津在《邓小平共同开发思想与钓鱼岛问题》的学术论文中，提示在思考中日关系时，应该认真理解邓小平作为大战略家，对处理中日关系中一些有争议问题的思路。④ 殷燕军的论文剖析了冷战后日本舆论界、学术界对国际形势和中国的认识。⑤

　　但是，在 20 世纪 90 年代后期，与研究中日关系相比，对日本亚太外交、日美关系、对朝鲜外交、西欧外交和日本外交的转型的学术研究略显薄弱。发表在 1996 年《日本学刊》上比较突出的文章有：曹云华《日本的大战略：地区主义还是双边主义》、赵光锐《日本正在回归亚洲》、孙承《日本在亚太地区的国际作用》等文章，讨论了日本的大国外交。还有刘世龙《当前日美安保体制的 3 个特点》、周季华《日美安保体制的强化与东亚问题》、杨运忠《日台关系进入重视政治交往的新阶段》、金熙德《90 年代日本与西欧关系的基本特点》、姚文礼《转型期的日本外交》，等等。除了中日关系及主要双边关系外，还有杨运忠《日本的周边军事外交》、丁英顺《日朝关系正常化进程及其展望》和乌兰图雅《简论战后日本对蒙外交的演进》等文章。

　　这一时期值得关注的是，1990 年春，新中国第一个全国性日本研究的学

---

　　① 高增杰：《日本研究的回顾与展望——写在纪念中日和平友好条约签订 29 周年之际》，《日本学刊》1998 年第 4 期。

　　② 肖向前：《从香港回归看亚洲形势和中日关系的发展》，《日本学刊》1997 年第 5 期。

　　③ 包括孙叔林《饮水不忘掘井人——周恩来与中日和平友好条约》，《日本学刊》1998 年第 4 期；高海宽《开创和平友好的中日关系的新纪元——写在中日和平友好条约签订 20 周年之际》，《日本学刊》1998 年第 4 期，等等。

　　④ 李清津：《邓小平共同开发思想与钓鱼岛问题》，《日本学刊》1999 年第 3 期。

　　⑤ 殷燕军：《冷战后日本舆论界学术界对国际形势和中国的认识》，《日本学刊》1999 年第 5 期。

术团体——中华日本学会在京成立。同时，由中国社会科学院日本研究所创办的《日本问题》改名为《日本学刊》，通过增强学术性和理论性①，提升为全国日本研究者学术交流的主要平台。自刊物更名后，日本问题作者群体不断扩大，囊括了外交学院、中国政法大学、济南陆军学院、北京大学历史系、北京大学政治系、吉林大学、南开大学、中国社会科学院台湾研究所、世界历史研究所等学术机构的日本问题研究人员。这大大提升了《日本学刊》作为全国性刊物的学术权威，使其成为中国日本外交研究的主要平台之一。

三　21 世纪初期日本外交研究的蓬勃发展及趋势

进入 21 世纪以来，日本政府就日本外交战略调整问题，责成外务省组织相关学者编写了《面对 21 世纪的挑战：日本的外交课题》政策报告，② 以 "21 世纪日本外交面临的挑战" 为主题，对日本的外交目标、新世纪日本外交与国际社会、日本外交课题等内容进行了全面阐述，③ 鲜明地表达了 21 世纪日本外交及其战略取向。即 21 世纪的日本外交课题是要从一个长远的角度重新审视日本外交的机遇，从实现日本的国家利益出发，明确日本的外交战略目标。积极参与国际事务、努力成为 "全球化参与者"、国际规则的倡导者和摆脱 "战败国" 形象等是日本外交的主要内容。总体来说，成为 "普通国家"，追求政治大国化成为 21 世纪日本外交的战略目标。针对上述日本外交战略的调整及动向，中国学者的研究成果主要集中在外交战略、中日关系、日美关系及其他对外关系等方面，特别是在中日关系研究领域，由于小泉纯一郎上台后屡次参拜靖国神社等否认侵略历史的言行，中国学者发表了大量学术论作，在日本外交研究成

---

① 参见《日本问题》编辑部《日本学刊》筹备组 "《日本问题》更名《日本学刊》启事"（《日本问题》1990 年第 2 期）。随着中国社会科学院日本研究所对日本对外战略及外交政策研究的学术需要，于 20 世纪 80 年代末临时设立综合研究室，后于 90 年代初在该室基础上设立对外关系研究室，又于 2009 年更名为外交研究室。

② 日本外务省网站，（http：//www. mofa. go. jp/mofaj/gaiko/teigen/index. html）。

③ 日本前外长高村正彦在《面对 21 世纪的挑战：日本的外交课题》政策报告的前言中指出："这样的外交政策建议具有极为重要的启示作用，将对于新世纪日本外交方针的确立，具有重要参考意义。"该政策建议就未来日本外交的基本方针提出了具体建议。

果总量中占据了约四成的比例。①

（一）关于"日本国际战略"及"外交战略"研究的代表性观点

在 21 世纪初的十余年里，由于日本争当政治大国的进程明显提速，所以，中国学者一直对日本外交战略的发展趋势保持关注，力图运用国际关系理论和方法论分析其内涵、特点及走向。诸如，2000 年《日本学刊》发表了时殷鸿、吴胜、孙承等学者《关于 21 世纪日本的选择和命运》、《冷战后中美日三角关系中的日美关系》、《日本对外战略和对华战略初探》等文章。这一时期中国学者对日本外交战略的整体走向持续关注，力图分析其内涵、特点及趋势。如，孙承《日本对外战略和对华战略简析》（《日本学刊》2000 年第 5 期）、金熙德《冷战后日本对外战略论争》（《世界经济与政治》2001 年第 11 期）、刘世龙《冷战后日本的外交战略》（《日本学刊》2003 年第 5 期）、韦民《论日本对外战略的演变进程及其发展方向》（《国际政治研究》2004 年第 1 期）、李建民《新世纪以来日本外交特点与趋向分析》（《国际论坛》2004 年第 4 期）、晋林波《新世纪日本外交战略的发展趋向》（《国际问题研究》2004 年第 4 期）、刘江永《论日本的"价值观外交"》（《日本学刊》2007 年第 6 期）、金熙德《21 世纪日本外交的抉择》（《国际政治研究》2008 年第 1 期），等等。这一时期有关日本对外战略及外交政策的研究涌现出一批很有分量的研究成果，其中代表性著作颇有学术价值和现实意义。这对于深入探讨日本外交战略调整具有重要的学术参考价值。

第一，关于日本国际战略或对外战略的代表性学术观点。（1）李寒梅著《21 世纪日本的国家战略》（社会科学文献出版社 2000 年版）选取日本的政治体制、外交战略、行政改革、经济体制以及科技发展战略四个方面，系统深入地讨论了整个战后日本的发展道路，并追踪现实的变化，探讨了其未来走向。（2）张雅丽著《战后日本对外战略研究》（浙江人民出版社 2002 年版），较为系统地论述了战后日本对外战略和外交政策的制定、发展和变化的历史过程，从整体上对战后日本对外战略和外交政策的特点和规律进行理论性总结，并对其未来的发展趋势作出较为准确与合理

---

① 以 2006 年安倍晋三首相访华的"破冰之旅"、两国确立战略互惠关系为界，中国的日本对外关系研究分为前后两个阶段。

的分析判断，为中国对日政策的研究制定提供了一定的理论参考。（3）杨伯江、马俊威、王珊和刘军红等《当前日本对外战略：成因、手段及前景》（《现代国际关系》2006 年第 12 期）一文认为，进入 21 世纪以来，伴随国内经济社会转型、政治生态及外部环境的重大变化，日本追求"政治大国化"对外战略目标的步伐愈发坚定，尤其重视对国家资源的深度开发与重新配置，实施战略的手段选择日趋多样化、综合化。该论文还指出，当前及今后一个时期，日本战略实施进程将重点围绕几个关键议题展开，包括联合国外交、日美同盟、对华政策及朝核问题等，其走向将直接影响亚太战略格局与中国周边安全环境。

　　第二，关于日本外交战略的代表性学术观点。（1）金熙德著《日美基轴与经济外交——日本外交的转型》（中国社会科学出版社 1998 年版），深刻揭示了"战后型"日本外交的特征，并通过对其演变规律的归纳来探讨其发展趋势；金熙德还在《战略创新乎，战略贫困乎——〈21 世纪日本外交基本战略〉评析》（《日本学刊》2003 年第 1 期）一文中认为，《21 世纪日本外交基本战略》的研究报告，承袭了日本决策层 20 世纪 80 年代以来推动的"政治大国化"、"普通国家化"进程的理念，从总体上反映出日本各界对其 21 世纪外交战略的犹豫彷徨状况，尚未能从"战略贫困"的迷惘中摆脱出来。（2）刘世龙《冷战后日本的外交战略》（《日本学刊》2003 年第 5 期）一文，从外交战略目标、多边外交战略和双边外交战略三个方面探讨了冷战后日本的外交战略。该文认为，展望未来十年，日本为保障本国的安全与繁荣，将在与美国结盟的同时走向"普通国家"。日本将在美国的引导下进一步军事大国化，走向行使集体自卫权。但日本能在多大程度上达成其战略目标，既取决于它的主观努力，也取决于有关国家的态度。（3）晋林波《新世纪日本外交战略的发展趋向》（《国际问题研究》2004 年第 4 期）一文指出，充分关注和研究新世纪日本外交战略的发展趋向，不仅有助于深化对当今日本国家的战略思维模式的认识，更为准确地把握其未来走向，而且对促进中日两国间的相互了解，推动中日关系的健康稳定发展以及优化中国自身的周边安全环境等均具有十分重要的现实意义。该文正是从这一基本立场出发，对新世纪日本制定和调整外交战略的内外背景及其发展趋向作了全面探讨。（4）孙承著《日本与东亚：一个变化的时代》（世界知识出版社 2005 年版）以冷战后日本外交战略的变化为中心，进而考察中日关系、日美关系以及东亚经济、安全形势等国际关系演变，分析了冷战后日本的东亚政策变化的原因、影响及发展趋势。其中，考察了日本政治、经济、外交和安全领域的变化及其对东亚国际关系的影响，并就东亚安全形势和经济合作，特别是"亚太国家希望日本 21 世纪继续走和平发展道路"的观点作了深入探讨。(5) 曲静《近代以来日本外交战略的三次转变及其原因》(《日本学论坛》2008 年第 4 期) 一文指出，近代以来 150 年间日本外交战略经历了一个从追求军事崛起到经济崛起以及再到政治崛起的过程，并为此而不断调整自己的外交战略。岛国的政治文化、内部指导思想固然是决定其战略转变的主要原因，而不可忽视的是东亚的国际环境亦成为日本对外决策的重要诱因。面对 21 世纪，军事失败与经济成功正反两方面的历史经验证明，顺应东亚一体化的趋势，实现与亚洲各国的和解，积极、平等地推动地区合作，将是日本外交战略的现实选择。(6) 李秀石《试析日本亚太外交战略》(《现代国际关系》2009 年第 1 期) 一文指出，日本亚太外交战略主要面临三大地缘政治难题：即东盟共同体建设弱化日本对东盟的影响；日本推进日美同盟的"开放性变革"与东亚正在形成的地区性安保机制产生矛盾；东亚合作的"10＋3"与"10＋6"框架之间的矛盾。文章分析了日本亚太外交战略的可行性及制约因素，解读其在地缘政治、经济发展等方面的战略意义，以期探讨中日战略互惠关系在日本亚太外交战略中的地位和作用。

　　第三，关于日本外交战略及对外关系的研究，许多学术成果注重从全新视角来探讨日本的外交战略及实践。这主要表现在三个方面：一是鉴于"东亚合作"是冷战后日本外交战略所面临的重大课题，所以，部分成果置重点于日本的亚洲地区外交战略上。如孙承《日本的东亚共同体设想评析》(《国际问题研究》2002 年第 5 期)、陆国忠《东亚合作与日本亚洲外交走向》(《和平与发展》2003 年第 1 期) 等。二是有部分学术成果从文化视角来分析日本的外交战略。如尚会鹏《文化与日本外交》(《日本学刊》2003 年第 3 期) 等；三是随着非传统安全、全球性问题等因素在国际关系实践中的凸显，部分成果也体现了日本外交战略中的这些新内涵。如王珊《"反恐"外交与日本的战略》(《现代国际关系》2001 年第 12 期)、李宝俊《试析日本人权外交》(《现代国际关系》2007 年第 4 期)、李广民《国际非传统安全领域中的日本公共外交》(《东北亚论坛》2008 年第 5 期)、蔡亮《日本环境外交的战略意图及其特点》(《当

代世界》2008 年第 6 期)、辛万翔《重新思考日本的中亚外交战略》
(《社科纵横》2009 年第 4 期)、陈志《日本对东南亚国家外交战略的历
史演变与走向》(《日本研究》2009 年第 2 期)、巴殿君《从文化视角透
析日本外交政策的战略选择》(《日本学刊》2010 年第 4 期),等等。上
述学术文章虽数量不多,但在相当程度上把握了日本外交战略的发展趋
向,并是运用新理论、不同方法论的创新性探索。

　　以上代表性著述、观点主要集中于:探讨了日本面向 21 世纪的国家战
略及外交战略;分析了日本国家战略的形成、发展及走向;阐明了日本外
交战略所面临的地缘政治难题、战略目标确定中相关国家的态度等。这些
观点基本理清了冷战以来日本国家战略及外交战略的发展轨迹及思想理念。

(二) 对于 21 世纪初期中日双边关系发展及前景的探讨和研究

　　21 世纪初期,中日关系研究仍然占据主流。主要原因是小泉内阁以
来围绕历史问题中日关系的恶化,给日本外交研究带来了新的要求与课
题。特别是,在对中日关系现状进行实证研究过程中,2002 年至 2010 年
期间,中国社会科学院日本研究所先后进行了多次舆论调查 (调查结果
载于《日本学刊》2002 年第 6 期、2004 年第 6 期、2006 年第 6 期、2009
年 2 期),力求反映中国民众对日本及中日关系的现实认知状况,并得到
中日学术界、政界的高度关注。

　　一是这个时期分析中日关系主要聚焦于中日关系"政冷经热"的分
析,日本政坛保守化对中日关系的影响,还有对如何打破中日两国政治僵
局的学术探讨。《日本学刊》发表的主要文章有:金熙德《中日关系政冷
经热现象探析》,张伯玉《试论日本对华强硬路线》,桐声《日本右翼势
力及其对日本内外政策的影响》,吴寄南《日本新国防族的崛起及其影
响》、《对打破中日关系僵局的几点思考》,吕耀东《中日双边互动的战略
性思考》,等等。如何打破中日两国政治僵局,有的文章观点新颖,很具
有建设性。如冯昭奎认为中日经济关系与中国工业化密切相关[①],要重视
经济因素在中日关系中的分量。

　　二是从中日关系的视角研究日本对外战略的代表性观点和研究。(1)
金熙德著《日本外交与中日关系》(世界知识出版社 2001 年版),该书包

---

　　①　冯昭奎:《中日经济关系与中国工业化》,《日本学刊》1998 年第 2 期。

括冷战后日本政局与外交，日本的三次对外战略抉择、日本对外关系演进趋向、中日关系的重新定位、中日经济合作发展趋势、东亚格局中的中日关系等六部分内容。其中将战略分析贯穿全书，指出：1868 年的明治维新和 1945 年的战败，作为日本两度崛起成为世界强国的起点而载入史册。而这两次崛起的方式和结局极其不同：前一次是"军事崛起"，即依次向朝鲜半岛、中国大陆、东南亚扩大军事侵略范围，最终惨遭战败；后一次是"经济崛起"，即依次向东南亚、北美及其他地区拓展并取得"奇迹"般成功，而后进入"经济停滞、政治膨胀"的新阶段——"政治崛起"阶段。该书认为 21 世纪初的日本将承继前两次崛起的一系列遗产。并且预测 21 世纪日本的对外战略特别是其对华政策取向，对中国的发展和安全构成十分重要的外部影响因素。（2）林晓光的博士学位论文《日本政府开发援助与中日关系》（中共中央党校，2002 年），通过日本 ODA 政策和战略变动的国内外原因，全面分析了日本的国际战略、政治走向、对华外交战略和政策方针的重大变化，对于 21 世纪的中日关系、中美日三角关系以及亚太地区国际关系格局将可能产生何种潜在性和深远性的影响进行了预测，指出中国应该依据国家利益，借鉴历史的经验，确定日本在中国外交中的地位，制定相应的对日战略方针。并分析了日本的 ODA 对于中国经济建设的作用、意义及对策。（3）吕耀东著《中国和平发展与日本外交战略》（社会科学文献出版社 2010 年版），该书以中国和平发展与日本外交战略调整之间的相互关系为重点，就两国对外战略目标的形成、发展及双边互动关系进行了全面分析，对中日战略互惠关系的发展进行了战略性，前瞻性研究。等等。

三是有些学者注重从深层次研究中日关系中的台湾问题。在近年来的《日本学刊》中，武寅《日本必须信守关于台湾问题的承诺》，张进山《日本政界台湾帮的动向及其对中日关系的影响》，张耀武《冷战后的日美安保体制与台湾问题》，桐声《关于中国东海的钓鱼岛——专属经济区和大陆架问题的法律分析》，吴万虹《日台关系的新动向》，李广民《美日同盟涉台条款溯源》等论文都提出了新的见解。除了上述的研究外，还有少数文章涉及了日本的外交决策过程、战后日本政党在外交决策过程中的地位和作用、日本有事立法中的政治力学、日本对华复交决策的政治力学、智库在日本外交决策中的作用、日本首相决策能力的强化及其对中日关系的影响等问题。①

　　以上关于日本外交战略及对华政策方面的著作及观点各有其重要的学术贡献,主要有三个方面的特点:一是侧重于世纪之交日本对外战略及对外关系的深度解读。二是从日本的内政特点出发,探讨了以全球化时代的战略决策模式及对外关系转型的特征。三是侧重于从日本政治的、历史的角度探讨对外战略。阐述了冷战结束以来,日本外交战略对亚太地区乃至世界产生的深刻影响,重点探讨了日本对外战略思想、战略思维的发展。正是通过以上著作及观点在内的一系列研究成果,为今天思索日本的对外政策及对华战略提供了有益的参考。

结语　中国的日本外交研究存在的问题及发展方向

　　纵观我国 30 年来日本外交研究状况的基本脉络,20 世纪 80 年代偏重对日本外交及对外关系的介绍和借鉴,有关中日关系的研究是其亮点;20 世纪 90 年代是学科完善阶段,学术论著数量略有增多,外交与安全领域有所拓展,研究开始注重国际关系理论与方法的运用;21 世纪初期阶段,随着亚太地区国家在国际格局中的日益凸显,东北亚变局扑朔迷离,中国学者关于日本外交研究方面的论著的数量和质量显著提高,并且逐渐从国际关系理论的角度完善学科研究范式及体系。

　　中国 30 年来的日本外交研究路径基本表现为起步、成熟和发展三大纵向阶段,研究方法体现为动态描述、事态分析、政策解析、应用研究和理论探索等渐进形式,使中国的日本外交研究逐步走向完善。但应该指出的是,30 年来中国的日本外交学术研究还存在一些薄弱的环节。

　　从日本外交的总体研究来看,著述及论文大多就事论事,宏观探讨长于微观分析,应用研究强于理论研究,尤其是中日关系的文章超过以日本外交为主的研究篇幅,造成一提日本外交研究就等于中日关系研究的错觉。这样的局面不仅迷失了日本外交研究的主体性,淡化了日本外交研究

---

① 主要包括:吴胜:《冷战后日本外交决策过程的新变化》,《日本学刊》2001 年第 1 期;张勇:《日本对华复交的政治力学》,《日本学刊》2004 年第 2 期;高洪:《日本有事立法中的政治力学管窥》,《日本学刊》2003 年第 2 期;吴寄南:《浅析智库在日本外交决策中的作用》,《日本学刊》2004 年第 2 期;马雪梅:《日本首相决策能力的强化及其对中日关系的影响》,《科学决策》2008 年第 3 期。

的学术环境，造成了研究主客体的错位，失去了对于日本外交客观实在的真实还原和准确把握，直接影响了日本外交研究作为国际关系、外交学和比较政治学范畴内进行学科深化、拓展的创新力度。从日本外交的 30 年研究成果的质量和影响来看，总体说来则是历史与现实研究较强，表现为对日本外交状况作概述性和评述性研究多，而从历史、经济、文化等角度进行综合性、深层次的研究比较少，另外，运用国际关系理论解析日本外交状况的创新性研究较弱，缺乏对于日本外交政策及国际战略的理论性探讨和分析。

特别是，目前大多以为"单向度"研究日本的外交政策及对外战略，而未能充分研究日本在国际环境中的战略位置、作用和影响。即使有个别这方面的著述，也大多缺乏日本对外战略研究的时代性或全面性，尚未形成对于日本外交系统研究的学术体系。进入 21 世纪以来，《日本外交蓝皮书》均提出了新世纪的战略目标和战略选择。而且，东亚区域合作和经济一体化程度不断提高，对于形成中日国家间的"战略互惠关系"产生了深刻影响。因此，有必要对于日本外交及其对外关系走向进行全方位学术分析和理论探讨。不仅要讨论中日关系及围绕中日关系的日美关系、日俄关系、日本与东盟国家关系和对朝鲜半岛外交等多国关系，还要探讨日本的联合国外交、欧盟外交、中东外交、非洲外交和拉美国家外交。更需要对日本的"东亚共同体"、日本的对外决策、环境外交、公共外交、文化外交、经济外交、非传统安全战略及外交等问题展开全方位、多角度探讨。只有通盘把握日本总体外交格局，才能够以科学准确的眼光、运用科学方法论客观反映日本外交的客观实在。可以说，明确日本外交研究者的问题意识，从基础研究做起，在资料上下足工夫，加强对日本外交的实证研究和理论探讨应该成为日后中国日本外交研究者必需的学术素养。今后可更进一步突出重点，通过多学科的交叉整合，加强理论阐述与日本实际调研的结合，实现应用研究与基础研究、理论研究与对策研究的和谐统一。

随着国际政治学科向国际关系层面的扩展，后工业社会时代下的全球化问题和非传统安全问题在国际关系研究中的比重明显增加，极大地拓展了这个研究领域的范围，提出了大量新的研究课题。对此，目前中国的日本外交研究领域的一些研究者来说，知识结构、方法论及把握重大时代课题的能力相对欠缺。对于日本外交研究中出现的国际危机管理、对外政策分析等专业性和技术性（如气候环保、金融危机、军控和核裁军、海洋争端及太空开发，等等）问题，缺乏应有的专业知识素养，不能有效掌握国际议题的话语权。这对习惯于用传统知识和方法分析传统问题的日本外交研究人员提出了严峻的挑战。同时，运用社会学、心理学、国际政治经济学等综合研究视角和方法解析日本外交政策及对外关系已经成为大势所趋，这一发展趋势正在改变着当代日本外交研究的传统模式，需要日本外交研究人员在此方面加强自我的知识更新。

按照日本外交研究从属的政治学二级学科——国际关系、国际政治、外交等学科下国别性研究的特点，具体学科创新性应体现为如下三点：首先，要以日本对外关系研究为中心。日本外交研究在日本综合研究范围框架内，应该以中长期日本外交、安全战略和日本国家对外战略为研究重点。其次，日本外交研究要突出两点：即以"中国意识"研究日本问题和以"日本意识"探讨日本对华政策。要重视对中日两国经济、政治、外交社会思潮与思想文化等领域基础性理论性的比较研究，不断加深对日本外交、亚太国际关系（当然包括日美关系、中美日、中日俄等国际关系）、亚太区域合作等领域战略性前瞻性的研究，承担好战略性、前瞻性等理论及应用对策研究，对一些突发现象从历史和理论的角度加以深入分析。再次，日本外交研究具有涵盖日本政治、外交、经济、文化等方面对外关系的学术研究取向。进入 21 世纪初期，随着国际政治学、国际关系学科研究理论及方法论的拓展，跨学科交叉研究正在不断兴起，日本与全球问题（人口、环境、能源、安全、发展等）及国际组织的研究受到学术界的重视。这也是中国对于日本外交研究需要面对的现实课题。中国当代日本外交研究只有尽快适应这样的学术环境，才能在创新过程中得到学科延续。

总之，中国的日本外交研究以东亚地区以及世界上有较大影响力的、并与中国开展周边外交有紧密联系的日本外交与安全问题作为研究对象。这就要求在研究中既要重视基础理论研究，又要重视现实应用及对策研究，将两者充分结合起来，改变过往的"一手硬、一手软"的现象，实现两者的辩证统一。可幸的是，中国学者运用国际关系理论研究日本对外关系的比重正在逐步提升，思想性、理论性稳步增强。特别是，关于中日关系研究的理论建构与反思也成为中国学者们研究的重点。运用既有的国际关系理论，通过新现实主义、新自由制度主义和建构主义等分析方法，尝试突破其"片面性"，突出对于中日关系研究的思辨性、"建设性"，具有鲜明的理论"探索性"色彩。随着中国在国际舞台上发挥出日益重要的影响力，中国的日本外交研究学者正在将日本对外关系放在国际格局变动中加以动态分析，战略性、前瞻性等相关研究将日趋活跃。

参考文献

中华日本学会、中国社会科学院日本研究所主办：《日本学刊》（1985—2010）电子版。

李廷江：《20 年来中国的日本外交研究（1985 年—2005 年）》，清华大学日本研究中心主办"战后中日关系研究的动向与问题"学术报告会议材料（2010 年 4 月 24 日）。

蒋立峰主编：《日本发展报告（2002）》，世界知识出版社 2003 年版。

蒋立峰主编：《日本：2003》，世界知识出版社 2004 年版。

蒋立峰主编：《日本：2004》，世界知识出版社 2005 年版。

蒋立峰主编：《日本：2005》，世界知识出版社 2006 年版。

金熙德主编：《日本：2006》，世界知识出版社 2007 年版。

金熙德主编：《日本：2007》，世界知识出版社 2008 年版。

中华日本学会、南开大学日本研究院等编：《中国的日本外交研究（1997 年—2009 年）》。

李薇主编：《日本发展报告（2009）》，社会科学文献出版社 2009 年版。

李薇主编：《日本发展报告（2010）》，社会科学文献出版社 2010 年版。

中国的日本安全防卫研究 30 年综述

中国社会科学院日本研究所　吴怀中

　　30 年前的改革开放开创了当代中国发展的新时期和新局面，也带来了社会科学领域的繁荣与发展。日本问题研究始终是中国社会科学研究的重要领域[①]，30 年来，随着整个国家改革开放和中日关系的快速发展，中国学者对日本问题的研究也步入了快速和全面发展的新阶段，取得了丰硕的成果。自然，这当中也包括了对审视中国国家安全利益和周边外交环境来说非常重要的"日本安全防卫研究"。

　　日本安全防卫研究，从中国社会科学学科划分的角度来说，属于二级学科"日本研究"下面的三级学科——"日本外交安全研究"的重要组成部分[②]。在日本所的学科体系规划中，它被确定为"日本外交研究室"的中近期重点研究方向之一。学科队伍与研究平台是所有学科得以生存和发展的"土壤"，本学科（以下，视必要简称为"学科"）在这方面的基本情况如下。

　　（1）学科队伍。因为是二级学科下的分支学科，又因为安全防卫问题在日本尤其以其"敏感性"而常常从属于政治外交事项，所以除了极少部分的专业研究人员（主要来自军队科教单位）以外，全国拥有国际关系学科点的高等院校和研究机构（包括专业的日本研究机构）中，虽然多少都有学者涉及日本安全问题研究的（包括一般的国际政治学者），

[①]　2010 年 5 月唐家璇在中华日本学会和全国日本经济学会联合会议上的讲话，参见《日本学刊》2010 年第 4 期。

[②]　在教育部学科体系划分中，一级学科政治学下面设有 国际政治、国际关系或外交学三个二级学科。这些学科拥有相同或相关的研究对象，在教研实践中很少明确加以区分，一般也被称为国际关系研究或国际问题研究。这些二级学科之下设有三级学科"区域政治和各国政治研究"，从这个角度来说，"日本安全防卫研究"也可以算是该三级学科下的分支学科。

但却没有专攻日本安全防卫问题的研究人员。在日本研究领域，政治、外交、安全防卫三个分支学科是高度重合而无法加以严格区分的，这可以说是本学科的学科点分布和研究队伍情况的一大特点。

（2）研究平台。作为学科建设硬件指标的专业学会、资料积累、学术刊物、研讨会议、国际交流等研究平台，还缺乏完整意义上的构建或布局。学会和期刊是重要的学术平台和沟通渠道之一，有重大影响的理论成果和研究突破往往都是通过这两个途径实现和公布的。相比于日本和欧美，中国基本上还没有独立的有关"广义安全保障"的学会、期刊和机制化的学术会议——这些一般都夹杂于国际政治和国别研究中的同类存在物中。

纵观 30 年来中国学术界对日本安全防卫问题的研究，至少可以发现如下三个突出的特点。

首先，形成了较为完备的研究体系，表现为成果内容宽泛、数量丰富、质量较高。这很大程度上是源于军事安全领域本身的敏感性和重要性，并且对象还是容易引起关注的"日本话题"。从研究内容看，30 年来的相关研究几乎涉及日本安全领域的所有主要方面，包括安全战略与政策、防务建设及军备动向、对外安全关系等各类议题，基本没有留下重大的空白领域。从总量上看，30 年来我国学者研究日本安全问题的文章作品还是为数不少的。如果将"修宪"、"入常"等问题也算入广义的安全议题，则在关于日本问题的社会科学研究中，其成果或许仅次于经济类文章的数量。据笔者初步估算，这些论文至少有 300 篇以上，登载的报刊种类则不下几十种。如果再算上年鉴类（《世界军事年鉴》和《日本发展报告蓝皮书》）中的相关文章以及多版《日本军事基本情况》等资料、非学术研究的报刊类文章、网络媒体上的各种评论，那就更是汗牛充栋，难以计数了。同时，研究成果具备一定深度，研究的理论性、思辨性和系统性逐渐加强，研究范式和方法论开始进化，符合学术规范的成果增多，知识创新得以推进。以上三种趋向与时间的推移呈正相关关系，进入 21 世纪后这种关系则更为明显。

其次，研究的立场和视角鲜明而连贯，以我为主、为我所用的"主体意识"强烈。本学科承载的主要课题，就是要研究和回答与中国国家利益和安全保障密切相关的"日本安全防卫的发展状况和走向"。从这一问题意识出发，30 年来，以涉及中国自身安全利益的问题意识为切入口和出发点，中国学者始终对日本军事安全领域的"大国化"和"普通化"以及作为其"外溢效应"的对华政策动向（包括日美同盟涉华部分）保持了较为连续而高度的关注。这主要体现在从能力和意图两个方面，对包括军备及力量建设、战略及政策调整、体制和法制变化等在内的重要议题进行了众多的跟踪和分析。其成果从1980年到2010年每年都有问世的，可以说基本没有间断过，数量较为庞大。

再次，如果将30年的研究作为一个整体来看，可以发现几个明显的阶段性特征及高潮。也就是，在世界形势或东亚局势发生重大变化、日美关系面临重大调整以及与此关联的日本安全战略和防卫政策出现重大变化的情况下，我国学术界对日本安全领域的研究往往会出现研究成果集中涌现的现象。其中，两个最显著的高峰期分别是1990年代后半期（1995—2000年）和21世纪"9·11"事件发生后的小泉·安倍执政期间（2001—2007年）。在这两个高峰期，围绕日本安全政策的重要变动和调整——前者围绕日美同盟"再定义"进程、《防卫计划大纲》和"周边事态法"出台等问题，后者围绕自卫队海外派遣、"有事法制"相关法案、驻日美军整编和同盟再强化、防卫力量建设及体制整合等问题，中国学术界产出了为数众多的各种成果。同时，在这两个高峰期的两侧，分别还有三个左右的"次高峰期"，即关于1980年代后期的日本军事大国化问题、1992年左右自卫队跨出国门问题、2008年前后日本的太空及海洋政策出台等问题的研究。

日本安全防卫领域的动向，较之于其他的一般政治领域，与国际格局和安全形势有着更为紧密的关联。因而，从非严格意义上来说，可以划出冷战前（20世纪80年代）、冷战后（大致是20世纪90年代）以及21世纪初期（尤其是"9·11"事件之后）这三个大的10年期，来作为划分日本安全防卫研究（学术）史的主要区间。这种划分，既体现了中国学者们各有重点的视角和观点，又从某种程度反映了日本安全领域本身演进的延续性和规律性。研究内容则既包括动态性分析，又不乏体系性研究。当然，如果再细分的话，每一个大的10年期又可以划分出若干各具特征的中小时段。以下，以三个十年为阶段划分，结合区间重点和特征，就中国学术界对日本安全防卫进行的研究情况作一概观和综述。

一　起步阶段　20 世纪 80 年代

80 年代的总体研究特点：（1）由于国门刚刚开放，对日研究也处于起步阶段，所以研究成果量少质弱，几乎没有关于日本安全防卫问题的厚重著述。（2）在 80 年代中前期（1980—1985 年）和中后期（1985—1989 年），由于国际形势、中日关系和日本安全防卫战略的变动，分别出现了从关心联日对苏、军工装备以及军事大国化等视角撰写的研究作品。（3）军事科学院主编的《世界军事年鉴》和《日本军事基本情况》开始发行，每期（册）载文介绍防务战略和政策、制度和体制、指挥和训练、装备和后勤等方面的动向。这些都是情况介绍性的短文，属于为即将到来的专业研究做铺垫的普及性读物，也说明我国的（军队）专业研究人员在国门开放后已开始尽可能地全面关注日本的防卫建设。

（一）80 年代中前期的单纯关心

70 年代末苏联入侵阿富汗、美苏进入新冷战，中美关系向好，中日签订和平友好条约并在联合对苏问题上形成某种默契。同时，学习日本和友好交流的热潮遍及中国，积极正面的日本观构成了中国社会对日认识的主流。由于这些背景因素，中国学者对日本的对苏防卫态势和动向表示了一定的关注。当然，同时也可以看出，在改革开放早期的 80 年代初，我国学术界还很缺乏研究日本安全防卫问题的正规学术论文①。

同时，改革开放初期各行各业都有的一个现象，是在物质（器物）层面上对国外动向抱有浓厚的兴趣和关心。中国的日本研究学界也不例外（虽然并非这个时期的普遍现象），开始关注和跟踪日本军备和技术发展的某些前沿动向②。同时，也可以看出的是，这些准论文性质的文章还没有将"这些动向"与日本的军事大国化直接联系起来并显示出担心的论

---

① 如下准学术文章均显示了这些倾向：丹东《日本深感苏联的威胁》，《世界知识》1979 年第 10 期；王泰平《苏联军事威胁下的日本防卫态势》，《世界知识》1980 年第 2 期；樊勇明《苏联南下扩张攻势下的日本防卫动向》，《国际问题资料》1981 年第 2 期；加藤宽、蔡慧梅《日本对苏联综合国力的评价》，《苏联东欧研究》1983 年第 2 期。

② 相关文章有：李淑春《日本常规武器发展现状》，《现代兵器》1984 年第 5 期；金泰相《战后日本的军事工业》，《现代日本经济》1984 年第 6 期等。

调，这一点与之后的 80 年代中后期是有所不同的。

(二) 80 年代中后期的某种担心

这个时段很明显的特点就是中国学界对日本军备扩张、军费增加 (1987 年撤销防卫预算不超过 1%的限制) 和政策调整以及与此关联的军事大国化趋向表示了较强的关心。其背景原因是：日本进入 80 年代后经济如日中天，开始谋求与经济实力相称的政治大国地位，并以"西方一员"的立场谋求发挥和扩大军事安全作用。特别是在中曾根执政期间 (1982—1987 年)，日本调整"基础防卫力量构想"——增加防卫费用，加强军事力量，强化日美同盟的军事性质和作用分担 (包括放宽对美武器技术出口管制等)，防卫战略显现突破"专守防卫"的"攻势化·大国化"倾向。这一政策变化和军事大国化倾向引起了中国学界的关注。再加上当时中日之间历史问题的频发 (1985 年中曾根首相正式参拜靖国神社、1986 年第二次教科书事件、1987 年光华寮问题) 等因素，这种关注甚至表现为自中日签订友好条约 (甚至是恢复邦交) 以来中国首次出现的某种对日担心和戒备意识。在这一时期，中国学术界从增加预算、政策调整和思想变动、装备和技术角度、组织和体制等具体角度出发，分别对日本军事大国化的基础条件和发展倾向进行了一定的论述和分析①。

二　提速发展与成型阶段　20 世纪 90 年代

整个 90 年代，中国学术界对日本安全防卫的研究，首先在成果数量上大大超出了此前的 80 年代，其次是出现了"一小一大"两次高潮期。

---

① 例如，军事科学院编著《日本军事基本情况》(军事科学出版社 1987 年版) 就是这种意识的代表。此外，凌敏《日本防卫费连续六年突出增加》(《现代日本经济》1986 年第 12 期)、韩秋平《日本防卫费的突破与军事大国》(《日本学论坛》1987 年第 4 期) 从预算增加的角度；温味儿、王力争《日本军事战略发展趋势浅析》(《日本问题》1987 年第 6 期)、刘晓光《日本防卫新动向》(《世界经济与政治》1987 年第 9 期)、刘晓光《评日本防卫厅"长官指示"》(《世界经济与政治》1988 年第 3 期)、戈更夫《日本防务政策和防卫力量的发展变化》(《国际问题研究》1989 年第 1 期)、潘俊峰《日本军事思想史的考察》(《日本问题》1989 年第 6 期／第 8 期) 从政策调整和思想变动的角度；刘晓光《日本扩军中的美国因素》(《世界经济与政治》1988 第 9 期) 从日美同盟因素的角度，分别对日本军事大国化的基础条件和发展倾向进行了论述和分析。

"一小"是指针对 90 年代前期自卫队首次正式走出国门、日本军事力量开始发挥国际作用,中国学者表示了一定的关心;"一大"是指针对 90 年代中后期日本军事安全领域发生的一系列重大变动——日本防卫政策和力量、日美同盟关系、中日安全关系等的变化,中国学者以比较强烈的关注度进行了跟踪、分析和批判,并发表了各级各类的研究成果。

(一)　对 90 年代初新形势的探讨（1990—1994 年）

这个时期的研究,概括起来有三个主要特点。

(1)作为冷战结束前后的过渡期,中国学者延续 80 年代后期的研究倾向,继续关注日本"大国防卫"战略的走向和物质基础(军工装备、军事经济等),尽管这些成果数量不多,有的还并非严谨的学术论文①。

(2)这一时期日本安全防卫领域的重大动向,是 1992 年日本制定的《联合国维和行动合作法》(简称"PKO"法),自卫队在战后首次走出国门发挥国际安全作用。冷战结束后的这一阶段,日本防卫政策进入了摸索和过渡时期。为替防卫力量发展找到借口,与"日美欧三极论"的盛行相随,日本国内开始兴起了自卫队的"国际贡献论"——让自卫队以参加联合国维和行动的形式作出"国际安全贡献"。当时的日本政府在 1992 年和 1993 年版日本《防卫白皮书》中就前所未有地单设"国际贡献与自卫队"一章,来专门讨论自卫队的国际贡献问题,声称自卫队参加联合国维和行动是日本理应履行的国际责任,可见日本政府当时是以极大的热情和能量来推进此事的。理所当然,中国学者将此动向作为冷战后日本安全战略重大调整的风向标,给予了很大的关注和研究。其中不乏一些重头文章,它们对自卫队走出国门及其对地区安全的影响显示了某种担心②。

---

① 论文有:杨伯江《日美关系的特征及其中近期走向》(《现代国际关系》1990 年第 2 期)、夏明琦《日本军事战略的发展趋势》(《外国问题研究》1990 年第 3 期)、钟锐《当今日本的军工生产状况》(《世界经济与政治》1990 年第 11 期)。

② 论文有:池元吉《日本向何处去》(《东北亚论坛》1992 年第 3 期)、朱明权《日本防务政策的一次重要的调整》(《复旦学报》1992 年第 4 期)、杨运忠《90 年代日本防卫战略的重大转变》(《世界经济与政治》1993 年第 4 期)、林晓光《日本防卫政策、军事战略的演变及其近年来的重大调整》(《世界经济与政治》1993 年第 9 期)。其他类似的还有:周长明《战后日本防卫政策的演变及国防军事的现状》(《自贡师专学报》1992 年第 4 期)、杨运忠《论 90 年代日本防卫战略调整及其走向》(《国际观察》1993 年第 1 期)、杜农一《略论日本与联合国维和行动》(《日本问题研究》1995 年第 8 期)等。

（3）在第二个特点中，虽有一些冠以"战略"和"政策"研究的论文，但它们论述的基本都是日本防卫政策的外向化、自卫队走出国门等的单项事例，还算不上综合、长线和理论性的"战略"研究。不过，与此同时，这一时期还是出现了初始的专著成果，即军事科学院专业研究人员潘俊峰主编的《日本军事思想研究》①。该书自古及今地综述了日本的军事安全思想，其中"日本当代军事思想"一章，涵盖了从20世纪50年代到80年代日本主要的安全思想，如"吉田主义"、"自主防卫论"、"日美同盟论"、"综合安保战略"和"国际国家论与军事大国化"等，在学术史上具有一定的阶段性象征意义。

（二）对90年代中后期（1995—2000年）重要事态的关注

这一时期中国学术界在研究日本安全防卫问题上可以说取得了一次成果大发展的繁盛局面。也可以说，正是从这个时期开始，中国学术界研究日本安全问题的基座开始真正扩容并初具规模。其背景因素是，经过90年代前期的摸索期和90年代中期（1994—1996年）的转折期后，冷战后日本安全防卫政策进入了90年代中后期转向和质变的阶段。其特点是，与冷战后世界安全形势的总体缓和趋势相反，日本从实现"政治大国"的国家战略出发，开始重新审视"吉田主义"安全路线，进一步强化日美安全体制，加速军事转型和发展，构筑"能动的建设性的安保政策"；与此同时，日本国内开始出现强调地区新"威胁"和"危机"的论调——这既为防卫政策转型提供依据，也为应对中国快速发展的未来前景。因而，这个时期，中日两国开始在一系列安全议题上出现了认识分歧和互信磨损，加上其他一些原因，双方政治关系曾一度趋于建交后二十多年的"最低点"。这些重要事态，当然引起了中国学者的广泛关切和研究兴趣，催生了相应的学术成果。

从数量和形式上讲，这一时期的研究有如下四大特点。

（1）研究成果的数量激增，大大超过了90年代中前期或整个80年代全期。这是因为90年代中后期日本安全政策大幅调整、"好戏"连台——以新《防卫计划大纲》、"日美联合宣言"和"日美防卫合作指针"、"周边事态法"出台为标志，日本自主防卫战略、日美同盟和中日

---

① 潘俊峰：《日本军事思想研究》，军事科学出版社1992年版。

安全关系发生重要变化，尤其是"指针"和"事态法"等被认为涉及中国国家核心利益，引起了中国学界的广泛关注和研究聚焦，形成了日本安全问题研究成果激增局面的首次来临。据初步统计，90 年代中后期的相关论文有 50 篇以上，迄今为止也只是仅次于 21 世纪初期阶段的成果数量。

（2）开始出现较多的从理论和历史高度分析"战略"和"政策"的论文（数量当在 20 篇以上），而不只是像之前那样更多的在于分析某些零散的动向①。这些论文的主要内容是：以冷战结束（部分涵盖第二次世界大战后）尤其是 90 年代中后期日本自主防卫、日美安保体制和地区安全政策的重要演变为线索，就日本安全战略形成的原因、特点及其调整趋势进行了一定程度的总体考察和分析。

（3）涉及对日本安全战略和政策进行"总结 + 前瞻"的著书（主要是其中的部分篇幅涵盖安全防卫领域）批次出现。在世纪之交（1997—2001 年）的重要时段，总结和前瞻日本政治（包括外交和安全）和中日关系的著述集中出现，也属题中应有之义。这些著书皆含日本安全防卫政策的独立章节②，着重揭示了日本在发展面临"坎坷"的前提下，其国家安全战略调整却有着清晰的特点和趋向——以"政治大国"为目标诉求，推动自主防卫、强化日美同盟、开始介入地区和国际安全事务、显现"防华、制化"倾向等。

---

① 论文有：陆俊元《从地缘政治看日本的安全战略》（《日本学刊》1995 年第 3 期）、王纯银《日本防卫政策的一次重大调整》（《日本学论坛》1996 年第 2 期）、徐世刚等《90 年代日本的安全战略与亚太关系》（《外国问题研究》1997 年第 6 期）、石晓明《21 世纪日本防卫政策走向及防卫力量的发展趋势》（《东北亚论坛》1998 年第 2 期）、金熙德《战后日本安全战略的演变轨迹》（《日本研究》1998 年第 3 期）、赵大为《日本军事安全战略及其前瞻》（《国际问题研究》1999 年第 4 期）、姚文礼《论日本安全战略调整——兼析"新日美防卫合作指针相关法案"》（《日本学刊》1999 年第 4 期）、陆国忠《世纪之交日本安全和外交政策》（《国际问题研究》2000 年第 1 期）、殷燕军《日本新安全战略及其对中日关系的影响》（《南开学报》2000 年第 5 期）、周永生《日本构筑面向 21 世纪的安全战略》（《北方论丛》2001 年第 3 期）、戚洪国、张跃东《后冷战时代的日本军事战略》（《日本学论坛》2001 年第 3 期）等。

② 著作有：孙承著《日本与亚太——世纪之交的分析与展望》（世界知识出版社 1997 年版）、张蕴岭编《合作还是对抗》（1997 年）、金熙德著《日美基轴与经济外交》（1998 年）、阎学通等著《中国与亚太安全》（1999 年）、刘江永著《彷徨的日本》（2000 年）、蒋立峰著《21 世纪的日本》（2000 年）、蒋立峰主编《21 世纪日本沉浮辩》（2000 年）、陆忠伟等主编《颠簸的日本》（2001 年）、张蕴岭主编《伙伴还是对手》（2001 年）、金熙德等主编《再生还是衰落》（2001 年）等。

（4）该时期的一个"篇外"特点，是各种媒体开始广泛介入国际问题。随着 1992 年邓小平南方讲话之后中国进一步改革和开放，各级各类媒体开始以更开放的态度和更多的篇幅来追踪国际时政并刊载相关文论——尤其是对诸如日本军事动向和中日安全关系这一类的热点和焦点问题。这一现象是之前时期所没有的，它给之后的学术研究带来了"双刃剑"：既带来了便利和宽松的信息条件，也形成了复杂而敏感的舆论环境。

从内容和对象上来看，可以总结出以下四大研究板块。

1. 关注以新《防卫计划大纲》为标志的政策调整

冷战后日本首份《防卫计划大纲》于 1995 年出台，相比于 1976 年的旧"大纲"，它宣称将沿用"基础防卫力量构想"，但更强调保持合理、精干、高效（而不单单是被动的）的可靠防卫力量、充实和加强日美安全体制，同时也发出了日美联合应对周边事态的信息。

针对新大纲的出台，中国学者很快作出了回应。可以看到，当时发表的论文大致显露出如下几个关注点和判断：（1）日本渲染"威胁"，加强自主防卫力量建设，突破专守防卫方针；确定维持和强化日美安全体制，意图通过日美同盟体制发挥地区安全作用。因而，日本存在着成为"军事大国"、进而为走向"政治大国"造势的意图。（2）日本调整军事部署和防卫方向。新大纲使防卫态势"均衡化"，由重视对付"北方威胁"转为提高对"西南威胁"的警戒。再联系到从 90 年代中期起日本在其《防卫白皮书》中开始重点强调中国"军事威胁论"，中国学者认为日本实际是开始把军事斗争的重点转向中国和朝鲜半岛，日本在新大纲中显示的上述两点指向对亚太和中国安全造成了不安因素①。

2. 关于日美强化新型同盟关系

经过 1996 年"日美安保联合宣言"和 1997 年新"日美防卫合作指针"的签订，日美同盟基本完成了冷战后"再定义"的强化进程，其防卫范围和职能大大扩展。

---

① 论文有：王纯银《日本防卫政策的一次重大调整》（《日本学论坛》1996 年第 2 期）、郭真《试论经济大国日本的军事走向》（《解放军外国语学院学报》1996 年第 6 期）、黄永华《日本军事力量的崛起值得严重关注》（《世界经济与政治》1996 年第 9 期）、徐世刚等《90 年代日本的安全战略与亚太关系》（《外国问题研究》1997 年第 6 期）、赵大为《日本军事安全战略及其前瞻》（《国际问题研究》1999 年第 4 期）等。

　　中国学术界对此表示了很大的关注，所发表的论文普遍涵盖了以下内容和意向：（1）"宣言"具有重大意义，是重新定义日本同盟关系的纲领性文件，标志着日美同盟从以保卫日本为主要目的双边合作转变为介入亚太地区安全事务的安全机制、美日同盟关系的性质已发生了根本性的转变。（2）同时，"新指针"与 1978 年的旧"指针"相比，着重强调了日美在联手应对日本"周边事态"时的具体军事合作措施。日美正在扩大军事合作领域和范围，日本借机将防卫范围从远东扩大亚太周边地区，加大了对地区安全的介入力度。（3）以此为平台，特别是与美国对华政策协调配合，日本具有剑指中国并构筑安全包围体系的倾向，对亚太地区的安全与稳定构成严重威胁，需要引起中国的警惕。（4）以上各条反映出，日本意图背离"和平主义"和"专守防卫"原则，其防卫方针在发生某种根本性的变化和转折，其军事大国化倾向值得关注①。

　　3. 关于"周边事态法"及对华安全关系

　　90 年代中期以来，日本一系列的安全防卫政策调整牵动着邻居中国的神经。经过新防卫大纲问世、日美同盟"再定义"，最后再到 1999 年"周边事态法"收官，这个时期，日本判断其面临的主要安全威胁是可能发生的"周边有事"，因此通过制定"事态法"等措施加强相关应对能力。对此，中国学者则认为：日美凭借事态法这一法律依据意欲联合介入地区冲突，为双方军事合作寻求更大的战略空间，为日本介入和主导地区安全事务提供借口；特别是日本对"周边事态"范围采取的模糊政策，实际上把台湾划入介入范围，将可能导致中日安全领域的激烈冲突，将深刻影响中日关系的未来走向，也给整个亚太地区的安全与稳定带来新的变数。

　　当时中国学术界的一个现象，是认为 90 年代日本以调整后的安全防

　　① 论文有：杨运忠《美国政府进一步调整对日政策》（《世界经济与政治》1995 年第 7 期）、杨伯江《〈日美安保联合宣言〉意味着什么》（《现代国际关系》1996 年第 6 期）、李楠阁《日美安保体制再定位》（《外国问题研究》1996 年第 8 期）、张大林《评"日美安全保障联合宣言"》（《国际问题研究》1996 年第 10 期）、杨运忠《日本安全保障政策发生重大变化》（《世界经济与政治》1996 年第 11 期）、范跃江《日本：悄然崛起的军事大国》（《日本问题研究》1996 第 11 期）、刘江永《新"日美防卫合作指针"何以令人忧虑》（《现代国际关系》1997 年第 11 期）、殷燕军《日本对台湾海峡介入政策的变迁》（《日本学刊》1997 年第 6 期）、石晓明《21 世纪日本防卫政策走向及防卫力量的发展趋势》（《东北亚论坛》1998 年第 2 期）、周永生《冷战后的日本外交与日美安保体制》（《世界经济与政治》1998 年第 11 期）、朱听昌等《90 年代日美关系的调整及其影响》（《日本学刊》1999 年第 3 期）、张碧清《走向和平还是走向战争——关于新日美防卫合作指针相关法案》（《亚非纵横》1999 年第 4 期）。

卫政策——"事态法"为顶点,对中国安全利益的染指达到了一个令人愤慨的程度。因此,学界几乎所有分析"事态法"的文章都难以掩饰不满情绪和纠弹论调,掀起了一次集体批判的高潮①。

4. 对90年代的总体回顾和总结

如上所述,90年代(尤其是中后期)以来日本的安全战略表现出相辅相成的几大动向:更新安全判断,渲染威胁时矛头指向中朝;强化日美同盟,介入地区安全事务,应对"周边事态"并染指中国安全利益;加大军事安全建设投入,提升自主防卫能力;调整防卫部署和军事态势,谋求"主动安全"并防范中国。

因而,到了世纪之交,中国学术界诞生了多篇在对所有这些动向进行总结的文章,其共同的见解为如下两条:(1)众多证据表明日本正在加速谋求成为军事大国,或者说正在谋取成为政治大国的军力基础和"禁区突破",军事安全在日本国家战略中的地位急速提升;(2)日本已将中国看作事实上的防卫对象以及对其构成"潜在威胁"的国家,突出反映了日本对华政策中的防范和制约指向。这对未来的中日关系将产生消极影响,也给亚太安全留下不安因素②。

三 快速发展与初步繁盛阶段 21 世纪头 10 年

总体而言,经过前两个10年阶段的积累,借助"中盛日衰"和世界

---

① 文章有:钱红《谁将是"东亚北约"对付的第一个"周边事态"》(《世界经济与政治》1999年第8期)、姚文礼《论日本安全战略调整——兼析"新日美防卫合作指针相关法案"》(《日本学刊》1999年第4期)、王珏《制约21世纪中日关系发展的障碍》(《解放军外国语学院院报》1999年第11期)、殷燕军《日本新安全战略及其对中日关系的影响》(《南开学报》2000年第5期)等。

② 论文有:董群《战后日本的军国主义浊流》(《清华大学学报》1996年第1期)、刘江永《美日重建安全体制与中美日关系》(《外交学院学报》1996年第4期)、杨伯江《日美修改〈防卫合作指针〉中期报告初析》(《现代国际关系》1997年第7期)、徐万胜《论战后日本的"专守防卫"政策》(《解放军外国语学院学报》1999年第3期)、周永生《90年代"安保体制"框架外的日本安全关系》(《国际论坛》1999年第4期)、杨伯江《强化日美同盟——日本面向21世纪的战略起跳板》(《现代国际关系》1999年第6期)、陆国忠《世纪之交日本安全和外交政策》(《国际问题研究》2000年第1期)、可辉《冷战后的日本安全政策与中日关系》(《太平洋学报》2000年第3期)、孙健等《值得警惕的日本军事大国化倾向》(《解放军外国语学院学报》2000年第11期)、冯晓峰《日本新国家安全战略及其对中国的"强烈关注"》(《江南社会学院学报》2001年第3期)、周永生《日本构筑面向21世纪的安全战略》(《北方论丛》2001年第3期)等。

格局调整等国内外各种条件的激发，再加上研究手段的进步（资料公开加速、对外交流扩大、互联网普及、专门研讨会的频繁召开及其成果的公布）、研究人员的队伍壮大和素质提升（普遍掌握外语、留学人员增多、掌握一定的理论和方法论）以及日本安全防卫领域若干重大变化的发生等因素，21世纪头10年中国的日本安全防卫研究持续走热，基础不断夯实，它表现为：成果数量蔚为可观（超过了前20年的成果总和），整体水准提升（研究的内容、范畴和方法论不断拓展等），体系初步完善。作为知识体系的该学科终于露出了较为齐整的轮廓面目，这应该是具有时代性意义的变化。总结这10年间的日本安全防卫研究史，可以用纵向和横向两个坐标来进行。

（一）纵向：研究议题和内容的特点

1. 对自民党时代"大国化·正常化·外向化"战略的关注

进入21世纪尤其是"9·11"事件后，日本界定其国家安全保障任务的两大目标是：防止和排除重大威胁直接危及日本；改善国际安全环境使日本免遭威胁。提出的三项针对性防卫措施是：日本自身的努力、与同盟国合作、与国际社会合作。而在实际政策层面上，日本的这些防卫努力取得了历史性的突破：以自主防卫能力的大幅提升和日美同盟的进一步强化为平台，以全新的"主动外向型"战略应对"新旧·多样化威胁"，同时积极发挥国际安全作用。

中国学术界在这个时期关心的是两大议题和目标：（1）日本国家军事机器恢复"正常功能"的进展情况（内向正常化）；（2）"松绑"的军事力量利用各种形式走出国门、发挥国际和地区安全作用的动向（外向正常化）。对这两方面合而为一的关注就是总体上表现为对日本"军事大国化"及其对中国安全有何影响的观察和分析。这种关注点在90年代业已部分存在，但当时的研究主客体条件和21世纪后出现的情况都是无法比拟的。

对此，中国学术界的普遍看法是：21世纪以来，在自民党（联合）政权尤其是小泉和安倍等右翼保守势力主导下，日本国家安全政策围绕自身努力、对美同盟、国际及地区合作等主轴展开，在安全领域的"普通国家化"及"国防正常化"上取得了长足进展，使日本朝着摆脱第二次世界大战后传统安全路线进而成为"正常军事大国"的方向上迈出了巨幅步伐；这10年间的"成就"，比起第二次世界大战后到20世纪末五十多年的总和还要巨大。这一局面形成的背后被认为有以下三大要点。

（1）关于提升"自身防卫能力"，推进"国防正常化"。在这一议题上，中国学者对以下两大动向给予了重点关注和分析。

一是认为日本实现了防卫法制领域的历史性突破，取得了制定"反恐特别措施法"、"有事法制"诸法、"伊拉克复兴支援法"、"国民投票法"、"海洋基本法"、"太空基本法"、"海盗对策法"等成果。特别是2003年到2004年，日本通过"有事法制"相关法案，终于实现了拥有"战时动员法"的这一夙愿。中国学者对此抱有强烈关心和担心，撰写的20余篇学术论文几乎都认为，该事态标志着日本防卫政策的重大转变，其目的旨在力图改变国家在军事动员方面受制于和平宪法和专守防卫原则的局面，逐步确立国内战时体制和"先发制人"的指导理念，为成为军事大国扫除障碍。这些动向对中国的安全环境来说是令人担心的①。

二是对日本防卫体制整合和力量建设显示了很大的兴趣。首先是认识到日本在着手整合体制与编制，建立高效、集中的指挥与情报体系，提高自卫队联合作战能力。这起因于2006年日本设立了直属于防卫厅长官的情报本部和联合参谋本部，2007年将防卫厅升格为防卫省，同时对陆海空各自卫队的编制和体系结构进行大规模整改。其次是判断日本正开始建设"多功能、灵活而高效"的防卫力量。根据是日本通过两次"中期防卫力量整备计划"正努力提高远程攻防和投放、反潜及信息战能力，建立独立的情报侦察体系，与美国一道构筑导弹防御体系等。所以，中国学者判断认为日本在防卫力量建设上取得了"远程化、大型化、尖端化"的长足进步，这是日本军事大国化的重要载体体现，对东亚安全形势造成了消极影响和不安因素，值得高度关注。不过，中国学者虽然对以上日本

---

① 赵阶琦《试谈日本国会审议中的"有事法制"》(《和平与发展》2002年第3期)、马为民《日本军事安全战略令人忧虑》(《解放军外国语学院学报》2003年第1期)、刘昌明《战后日本防卫战略的演变：从法律的角度审视》(《山东大学学报》2003年第3期)、杨运忠《日本防卫政策面临重大转折》(《当代亚太》2003年第5期)、刘天纯《日本军事大国法制化》(《中国社会科学院研究生院学报》2003年第3期)、张进山《浅析日本"有事法制"的背景及意图》(《日本学刊》2003年第4期)、高洪《日本有事立法中的政治力学管窥》(《日本学刊》2003年第4期)、吴心伯《日本与东北亚战区导弹防御》(《国际问题研究》2003年第5期)、李章源《日本"有事法制"制度的战略背景及其重点》(《国际论坛》2003年第5期)、袁杨《日本军事转型与中日军事关系》(《现代国际关系》2003年第10期)、张森林《日本"有事法制"议案和新版〈防卫白皮书〉评析》(《日本学论坛》2003年第4期)、王希亮《评日本"有事法制"的出台及其实质》(《世界经济与政治》2004年第1期)、胡荣忠《日本军事大国化的新动向》(《日本学刊》2004年第5期)。

两大领域的动向表示了高度的关注，但因这些领域学术性不强而技术性强、媒体效应强，所以其大量的跟踪分析在很大程度上可以说不是由学术研究来体现的，而主要是有各种媒体完成的，成果形式也多是新闻报道和媒体评论①。学术界所做的主要是从新"防卫大纲"为切入点，对政策变化和力量建设作出学理上的分析②。

（2）关于进一步强化新世纪的全球日美同盟。进入 21 世纪后，在强化日美同盟方面，日本推动了派遣自卫队配合美国反恐、驻日美军整编、日美导弹防御合作乃至日美同盟围绕"世界中的日美同盟"的"再定义"和深化进程。中国研究界在上述这些动向的基础上，认为这标志着 20 世纪 90 年代中期以来推动的日美同盟强化进程进入了新的"双向"发展阶段，意味着日美军事同盟正式踏上全球化路线图，其适用范围从此前的远东、亚太扩张到了全世界，日美将联手干预国际军事安全事务，日本希望借此发挥更大的国际和地区军事安全作用。再联系到 2005 年日美在其"2＋2"会议中染指台湾问题这一中国核心利益，中国学者对在日美两国新保守主义势力主导下的同盟强化动向表示了高度的关注。例如认为"它是日美安全体制自 1996 年发生部分质变后的又一次质变，它从当时失去明确战略目标的'同盟漂流'走向了'同盟重塑'及'同盟定型'"，标志着两国关系已经进入"定型、定调、定向的新阶段"③。

---

①　以下媒体都有相关报道：《人民日报》、《新华每日电讯》、《环球时报》、《光明日报》、《解放军报》、《中国国防报》、《瞭望周刊》、《当代世界》、《世界知识》、《现代军事》、《中国民兵》、《中国新闻周刊》、《国际展望》、《环球军事》、《兵器知识》、《舰船知识》、《国防科技》、《中国航天》、《舰载武器》、《当代海军》等。

②　论文有：江新凤《日本安全战略面临全面调整——评安保与防卫力量恳谈会报道》（《日本学刊》2004 年第 6 期）、胡继平《从新防卫大纲看日本安全战略的调整方向》（《现代国际关系》2005 年第 1 期）、王宏伟《新防卫大纲对日本军事工业发展的影响》（《国防科技工业》2005 年第 2 期）。

③　参见陆忠伟《把脉世界》（中央编译出版社 2009 年版，第 377 页）。另外，论文有：张春燕《美日安全关系的变化及走势》（《现代国际关系》2002 年第 9 期）、徐万胜《日美同盟与日本的军事大国化倾向》（《当代亚太》2004 年第 4 期）、王传剑《美日同盟与冷战后日本的朝鲜半岛政策》（《当代亚太》2005 年第 9 期）、朱凤岚《论冷战后日美同盟关系的调整》（《国际论坛》2005 年第 5 期）、刘江永《日美同盟转型及其对中国的影响》（《国际观察》2006 年第 1 期）、吴怀中《日美"再编"协商与日本安全战略调整》（《日本学刊》2006 年第 4 期）、曹筱阳《美日同盟面向 21 世纪的调整》（《当代亚太》2006 年第 9 期）、黄大慧《从"纸上的同盟"到"行动的同盟"》（《教学与研究》2006 年第 5 期）、邵启哲等《解读日美同盟的新趋势及日本的战略意图》（《亚非纵横》2007 年第 2 期）、徐万胜《日美同盟与冷战后日本的军备扩张》（《国际政治研究》2007 年第 4 期）。

（3）关于以"外向干预"战略介入国际安全事务。日本自20世纪90年代就已提出地区安全战略，但取得实质突破则是在进入21世纪之后。地区安全合作方面，日本参与了东北亚六方会谈和对东盟安全合作以及构筑日美澳印亚太安全网络。同时，以反恐和为美军提供后勤支援为理由，日本还制定了"反恐特别措施法"、"支援伊拉克复兴特别措施法"；2007年修改"自卫队法"后，又将自卫队的"维持国际和平活动"由"附属任务"上升为"本职任务"。日本在放宽武器使用标准的同时将自卫队派到了印度洋、战时的伊拉克以及非洲索马里海域。

中国学者对这些动向进行了梳理和分析，认为日本介入地区和国际安全事务是为了达到如下目的：第一，减低与他国之间发生误解和冲突的几率，预防地区不安并消除威胁因素；第二，利用多边机制牵制和抑制某些大国的扩张行为；第三，在日美安保之外外加一种安全选择和保险，增加战略回旋空间和地区影响力；第四，不管怎样，日本在推动上述地区多边安全合作以及日美澳印安全合作的过程中，其中或多或少都暗含考虑"中国因素"、对中国实施牵制和围堵的意图①。

2. 对民主党安全政策取向的关注

民主党上台执政日浅，再加上政局动荡，其经过与现实磨合后的安全政策面目究竟如何，中国学界还处于观察和研判阶段。目前，还较少看到这方面的专业论文，但有关单位已召开过多次讨论日本政局的研讨会。透过一些分析民主党政治和外交政策的文论，大致可知中国学者对民主党安全政策的看法主要集中在以下两点：

（1）在民主党上台初期（鸠山内阁），国内学者主要是探讨和观察其政策取向，并带有某种谨慎乐观的倾向，认为民主党的安全政策比自

---

① 论文有：孙承《日本的地区合作思想与实践》（《日本学刊》2004年第2期）、王海滨《从日澳"安保关系"透析日本安全战略新动向》（《日本学刊》2008年第2期）、梁栋《战后日本军备发展过程中的朝鲜因素》（《日本问题研究》2005年第2期）、魏兰桂等《析"9·11"事件后日本防卫战略的调整与东北亚安全及其对中日关系的影响》（《山东教育学院学报》2005年第6期）、孙健《日本防务政策调整及其对东亚安全与合作的影响》（《南京政治学院学报》2006年第3期）、段廷志《冷战后日本防卫战略：基本取向及其对西太平洋和中国海上安全的影响》（《世界经济与政治论坛》2006年第3期）、唐羽中《从〈日本的安全政策与东盟地区论坛〉看多边主义的困境》（《当代亚太》2008年第1期）、高峻《冷战期间日本自卫队海外派遣的起源与演变》（《国际政治研究》2008年第1期）、耿丽华《日本防卫政策及其对东亚的影响》（《日本研究》2008年第4期）、孙叶青《论欧盟与日本的安全合作》（《兰州学刊》2009年第3期）。

民党总体要缓和一些，有着如下一些指向：有所放缓日本自身防卫能力建设或军事大国化的步伐，特别是在修宪或"入常"等软件突破方面；谋求对美同盟关系相对平等的要求显著抬头但不会演变成"脱美"，趋势应该是走向亲美入亚或平衡中美；对国际和地区安全合作政策有所调整，表现为主张以非军事手段、在联合国框架内发挥国际安全与维和作用，同时推动泛地区安全合作；此外，还初步显现了改善对华安全关系的意愿。

（2）其后，针对菅直人内阁的安全政策调整和新《防卫计划大纲》出台，较多的学者分析认为，由于内外种种原因，民主党政权在安保路线上是：一走老路，二有突破，正在回到此前自民党政权的"保守右倾"型老路上去，因为它既无法摆脱美国的安保束缚，也无法在短时间内解决同中国的安全困境和结构矛盾，更遑论在实力和地位都下沉的情况下需要加速实现政治大国目标。因而，对民主党政权下乃至对后冷战时代以来日本的安全政策乃至对华方针的变化规律，中国仍需要进行连续观察和审慎研判①。

（二）横向：学术和学理的特点

这个时期学科的一个特点，是一部分学者脱离围绕热点和焦点问题进行"即事研究"的传统套路，开始积极开展基础性、理论性和全局性的研究工作。这说明，在研究队伍壮大、前期研究积累的基础上，为适应新形势的需要，学科建设已经进入到了一个向更深和更广层次发展的高级阶段，初步形成了"全方位研究"的格局。在这个阶段，如下三类研究动态具有一定的代表性。

1. 基础性专题研究深入发展

首先，对事关日本安全防卫的"物质基础"领域的研究得到进一步细化。这种研究关注从 80 年代以来就一直存在，90 年代进一步增长。21

---

① 高洪《略论鸠山联合政府及其对华政策》（《日本研究》2009 年第 3 期）、刘江永《民主党执政后的日本政治与外交》（《国际观察》2009 年第 3 期）、刘江永《大选后的日本政治与外交》（《当代世界》2009 年第 10 期）、杨伯江《民主党新政与日本之变》（《外交评论》2009年第 5 期）、周永生等《日本鸠山内阁的外交政策》（《现代国际关系》2010 年第 1 期）、孙承《鸠山内阁外交的基本特征》（《日本学刊》2010 年第 2 期）、吴怀中《日本对华安全政策的理论分析》（《日本学刊》2010 年第 2 期）等。

世纪后由于资料、信息和媒体的发达，对日本发展先进装备和军工的关注进一步增强，相关文章也有不同程度的出现①。其次，是从《防卫大纲》、《防卫白皮书》和各种咨询报告等官方文件的解读入手，以文本主义手法对日本安全政策演变的历史和轨迹进行分析。同时，对核武装、武器出口、专守防卫原则、集体自卫权、海外派兵、导弹防御等事关日本安全防卫的重大问题进行分析，以找出关于日本安全战略的现状和走向（是否迈向军事大国、对地区及国际格局的影响）的可靠结论②。

2. 理论性和全局性研究进展迅速

首先，理论性研究成果方面有一批显眼的文章面世。这些成果，从安全观、军事思想乃至战略文化这类涉及安全战略深层次的问题出发，对日本安全防卫进行了深入探讨。它们较之90年代后期呈现的相关论文，进一步融合了21世初期生成的新形势和方法论，显得视野更广，视距更长，立意更高③。

其次，全局性研究成果出现两个特点。第一，是成果时间上的跨度拉

① 论文有：张洲军《日本军事工业及其对战争支援潜力初探》（《东北亚论坛》2000年第1期）、郭晨等《日本军事工业发展模式浅析》（《军事经济研究》2006年第2期）、范肇臻《日本国防工业金融支持模式透视》（《东北亚论坛》2009年第3期）等。

② 论文有：金熙德《日本从"专守防卫"走向"海外派兵"》（《江南论坛》2002年第4期）、吴怀中《日本集体自卫权问题的演变和影响》（《日本学刊》2007年第9期）、吴怀中《从防卫白皮书看日本对华安全政策》（《东北亚论坛》2009年第1期）、吴怀中《从〈防卫白皮书〉看日本防卫政策》（《日本学刊》2008年第9期）、徐万胜《论"集体自卫权"与日本的安全保障》（《国际论坛》2004年第5期）、李秀石《行使"集团自卫权"与日本防卫转向》（《现代国际关系》2003年第6期）、贾丹《2007年版〈防卫白皮书〉浅析》（《太平洋学报》2008年第1期）、崔志楠《日本谋求"集体自卫权"的动向、动因即影响》（《和平与发展》2009年第4期）、黄大慧《论日本的无核化政策》（《国际政治研究》2006年第1期）、吴寄南《日本"新国防族"的崛起及其影响》（《日本学刊》2003年第9期）、孙辉、林晓光《日本政界的新"国防族"》（《和平与发展》2007年第3期）。

③ 论文有：吕川《日本传统文化与军事观念》（《日本学刊》2004年第5期）、李建民《冷战结束后日本军事战略调整的路径分析》（《国际论坛》2005年第3期）、吕川《冷战后日本军事战略思维的基本规律探析》（《日本学刊》2006年第3期）、仲秋、张玉国《战后日本安全观的延续与发展》（《日本学论坛》2008年第4期）、刘强《论日本国家安全战略调整——基于日本战略文化和战略意愿的视角》（《国际观察》2009年第5期）。如下著作中的相关论文：丛鹏主编《大国安全观比较》（时事出版社2004年版）、朱宁《胜算——中日地缘战略与东亚重组》（浙江人民出版社2007年版）、朱峰《国际关系理论与东亚安全》（中国人民大学出版社2007年版）。

大，视线加长，具有纵向的历史长度，从战后一直研究到 2010 年①。第二，成果不仅是从中国或中日双边角度研究日本安全，而且从美日联盟中的美方角度，从中美日或中美日俄等大国关系角度，从更宽广的亚太·东亚·东北亚·东南亚等地区角度，来研究日本安全问题的论文（基本都是专著中的部分章节）开始出现。这些论文具有横向的、大视角下的多边角度和空间宽度，更加清晰地揭示了新世纪初期复杂多元的日本安全战略动向及其对外影响②。

　　3. 专著放量问世，整体水准提升

　　首先，有一些专门系统地论述日本安全防卫问题的专著出现（此前一般都是以有关著作中的某一章节的形式出现），如肖伟著《战后日本安全战略研究》（新华出版社 2000 年版）、王少普、吴寄南合著《战后日本防卫研究》（上海人民出版社 2003 年版）、姚文礼著《日本安全政策研究》（世界知识出版社 2004 年版）、孙成岗著《冷战后日本国家安全战略》（解放军出版社 2005 年版），是首批综合研究现当代日本安全防卫的专著。刘艳著《冷战后的日美同盟解读》（中国政法大学出版社 2008 年版）、尚书著《美日同盟关系走向》（时事出版社 2008 年版）、徐万胜等

---

　　① 论文有：金熙德《日本安全战略面临十字路口》（《日本学刊》2002 年第 3 期）、汪晓凤等《日本战后防卫政策的演变及走势》（《现代国际关系》2002 年第 5 期）、杨运忠《日本加速向军事大国迈进》（《当代亚太》2002 年第 5 期）、贾丹《21 世纪日本防卫和安全战略调整走向》（《国际问题研究》2003 年第 2 期）、姚文礼《21 世纪初期日本安全战略调整刍议》（《日本学刊》2003 年第 11 期）、吴怀中《新世纪日本安全政策的调整》（《亚非纵横》2007 年第 5 期）、李飞《日本防卫战略发展动向浅析》（《吉林师范大学学报》2008 年第 1 期）、江新凤、尤文虎《近年日本军事转型探析》（《日本学刊》2009 年第 1 期）。另有著作中的论文：黄大慧《日本大国化趋势与中日关系》（社会科学文献出版社 2008 年版），李建民《冷战后日本的"普通国家化"与中日关系的发展》（中国社会科学出版社 2005 年版）、包霞琴等编《变革中的日本政治与外交》（时事出版社 2004 年版）、金熙德《21 世纪初的日本政治与外交》（世界知识出版社 2006 年版）、刘江永《中国与日本》（人民出版社 2007 年版）等著作中的相关章节。

　　② 含有这些论文的著作有：张蕴岭编《伙伴还是对手——调整中的中美日俄》（社会科学文献出版社 2001 年版）、刘建飞、林晓光著《21 世纪初期的中美日战略关系》（中共中央党校出版社 2002 年版）、黄光耀《解读美日——战后美日关系发展研究》（吉林人民出版社 2003 年版）、刘世龙《美日关系》（世界知识出版社 2004 年版）、包霞琴、臧志军主编《变革中的日本政治与外交》（时事出版社 2004 年版）、孙承编《日本与东亚》（世界知识出版社 2005 年版）、沈海涛等著《日本国家战略与东北亚外交》（吉林人民出版社 2006 年版）、乔林生《日本对外政策与东盟》（人民出版社 2006 年版）、中国现代国际关系研究院编《亚太战略场》（时事出版社 2002 年版）、《东北亚地区安全政策与安全合作构想》（时事出版社 2006 年版）、阎学通等主编《东亚和平与安全》（时事出版社 2006 年版）、吴心伯《太平洋上不太平》（复旦大学出版社 2006 年版）、汪伟民《联盟理论与美国的联盟战略》（世界知识出版社 2007 年版）。

著《冷战后的日美同盟与中国周边安全》（社会科学文献出版社 2009 年版）等则是从日美同盟这一政策基轴的角度来研究日本安全防卫问题的。这些成果的出现，使得日本安全研究的层级进一步厚实、台基进一步牢固、学科体系进一步成型。

其次，还有一些成果是作为专著的有机部分，以独立章节的形式出现的成果。这类成果较多，例如在中国社科院日本所编辑出版的年度《日本发展报告》、中国现代国际关系研究院编《国际战略与安全形势评估》各年版中的章节都有反映。而且，不限于以往的日本研究书籍，国际政治、世界军事研究类的著述中也有部分出现[①]。可以说，此类成果的出现进一步丰富、深化和扩展了学科构建的基础和内容。

总　结

以上是我国学术界 30 年来对日本安全问题研究的足迹和成果。可以看到，这些成果不论在数量上还是在质量上，都取得了很大的成绩，概括起来主要有三个特点：（1）学科队伍发生了重要的变化，纵向是老中青三结合局面，横向是知识结构趋向合理和高阶。同时，研究平台进一步形成，包括资料、学会、杂志和出版条件的改善，为学科发展提供了良好前提。（2）研究成果的涵盖范围广泛而多元。从现有的几百篇论文和十多部著作的内容来看，几乎涉及日本安全防卫研究的主要方面，没有留下重大的领域空白。（3）研究成果具备一定深度，理论性、思辨性和体系性开始加强，方法论逐步进化，符合学术规范的成果增多。可以认为，这些成就为日本安全防卫研究进入快车道和加速腾飞提供了初步的基础条件。

当然，在概览并肯定这一历史成绩的同时，也可以发现其中存在的不足和应该加以进一步改进的地方。

（1）研究内容上仍存在较为明显的不足。一是具有体系性、全局性和理论性的厚重研究为数不是很多，二是扎实精细的基础研究及个案考察所占的比重也不大。既有历史追踪又有现状考察的大部长篇作品在很长时期内都处于空白状态，内容（包括选题、材料及观点）大量重复和雷同的现象比较明显（特别是针对热点事件和焦点问题），使用日方大量的第

---

① 同前页两注的部分成果。

一手材料写成的、考察其安全思想、战略、政策、法制、体制和编制、力量和态势、战略前景和走向等的原创和独创性成果仍然显得很少。因而，历来日本安全防卫的研究成果大部分是在研究日本政治、外交和中日关系的著述中作为篇章的一部分被涉及和组稿的，直到进入 21 世纪后，一些日本安全问题研究专著得以出版和问世后，这种状况才得到一定的改观。

（2）研究的方法、手段和路径，仍需要改进、创新和提升。由于特定的历史原因以及国别研究学术环境的局限，"大而全"和"泛而空"的介绍、评述和概论性文章在日本外交安全研究领域占了很大比例，以问题为导向、具有科学论证、深度分析和理论创新的成果数量不多。特别是结合中外知识经验建立起理论范式和分析模型、提炼出一般性的内在规律、提供新的关于日本研究外交安全框架的论文数目明显不足。这也是中国学者的相关著述难以产生国际影响的重要原因之一。

（3）在选题和学术站位上存在一些偏颇的取向，需要坚守作为学者的客观理性态度。学界对于与中国有直接关系的日本安全动向和政策调整比较敏感，跟踪也较及时，但对有些看似关系不完全十分密切的其他领域和部分，乃至全局把握、总体研究和基础整理等工作，则深入得不够充分。从中国近代开始，日本军事安全问题历来是国人关心的热点和焦点，特殊的对日感情往往夹杂其中，每有风吹草动，各种文章和评论铺天盖地——有的就是靠二手乃至三手材料拼凑而成的，而当今现代媒体的发达又直接助长了这一现象。如果对日本政治、法制和文化与安全防卫的内在联系（这种联系的程度远远超过其他国家）缺乏深入的研究，那就难以有效地去判别重大而紧要的现实问题。同时，国内各股研究日本的力量缺乏必要的组织和分工，重复跟"风"追"热"，对问题的研究不深不透。所以，中国学者不能跟风走，要以正确的选题意识、专业立场和深入研究提供准确无误的学术成果。

（4）在时代特征以及学科发展方向的把握上，需要与时俱进，紧盯前沿，开拓进取。首先，研究内容需要深化。国际安全议题和议程都发生深刻而复杂的变化，安全内涵不断扩大，从传统安全问题到非传统安全问题，涉及政治、军事、经济、文化等诸多领域，呈现地区合作和全球治理加快的重大趋势。在中日安全关系中，传统安全问题和非传统安全问题相互交织，而且非传统部分将成为日常形态，所占的分量将越来越重，处理不好也会直接影响两国的政治大关系。其次，研究视角需要拓宽。当前，仅从一国或双边视角已无法把握日本外交安全问题的特征和全貌，这就需要以全球和多边的视野对日本的外交安全行为进行全方位的考察和分析。以上这两点既是难点和挑战，也是一种机遇，更应当被作为日本外交安全研究中新的知识增长点和创新点。中国学者在面对这一新形势时，在知识结构、分析手法和眼界视野上，面临着自我提升、跟上形势的艰巨任务。

（5）在建设性地开展建言献策方面，意识不够，能力不足，影响不大。军事安全问题对一国来说具有重大的现实利益性，中国学者应超越对官方现有政策仅仅进行阐释和解说的功能，加强应用课题研究和政策调研，积极发挥咨询作用。为此，首先要改进前瞻性研究，培养战略眼光，注意规律研判。举例来说，从80年代以来一直就有不少关注和批评日本"军事大国化"的论文，但几十年过去了，对于这一问题却依然缺乏总体的研判和清晰的界定。其次，中国学者不仅要具有批评意识，也要有把握时代脉搏、解决问题的积极意识，提出改善中日安全关系、创设周边安全环境的具体办法和措施。在人类历史上，各国安全从未像今天这样紧密相连，面临共同挑战。军事安全已经不仅是一国安全战略中的重要议题，有时也可转变为区域合作的重要动力；由非政治和非军事因素所引起的跨国性非传统问题，也需要中日联合采取综合多元的手段加以应对。然而，针对有关中日在地区或国际安全议题上的合作事宜，中国学界似乎还没有给出足够有效的政策建议，还未能为政府的决策提供强大给力的理论支撑。

经济

中国的日本经济研究 30 年综述

中国社会科学院日本研究所　　冯昭奎

日本经济具有悠久的发展历史，特别是 1868 年明治维新以来的日本工业化和经济增长引起世界各国学界的关注，但本综述主要限于我国学者对第二次世界大战以后的日本经济的研究。

中国的日本经济研究始于 20 世纪三四十年代抗日战争时期。[①] 1972 年中日复交之后，几家诞生于 60 年代前期、在"文革"结束后恢复研究活动的日本研究机构推出了一些有关日本经济的研究成果，但本综述主要限于改革开放以来我国的日本经济研究成果。

在我国，不仅日本经济专业的研究人员研究日本经济，而且不少非日本经济专业的研究人员，包括中国经济、世界经济、应用经济学专业的研究人员也研究日本经济，但本文主要综述日本经济专业的研究者（包括个别与日本研究机构合作的世界经济专业研究者）的研究成果。

中国的日本经济研究应该包括港澳乃至台湾地区的日本经济研究，尤其是旅居日本的中国籍学者是中国的日本经济研究的一支重要生力军，但本文主要综述在中国内地的日本经济研究者的研究成果。

日本经济学科包括众多分支学科，领域十分广泛，但本文主要综述对日本经济增长、泡沫经济、财政、产业政策、金融、科技、企业等方面的

---

① 例如，我国老一辈的日本问题专家、经济问题研究者郑森禹在 1936 年至 1951 年期间发表了大量研究当时日本经济状况的成果，如《日本经济危机与日满一体经济方案》、《日本的战时体制》、《从经济资源上观察日本作战力量》、《日本财政矛盾的展开》、《日报悲鸣录——庞大数字下的血和泪》等文章。1939 年毛泽东在一次报告中还引用了郑森禹发表在《世界知识》上的《日报悲鸣录》系列文章中的材料（参照郑森禹《日本问题文选》，世界知识出版社 1999 年版）。

研究成果。

对中国的日本经济研究进行全面综述，需以全面搜集、筛选中国的日本经济研究的成果作基础，但本文所依据的仅是笔者平时留意和阅读的积累，所收藏或借阅的资料以及为进行综述而征求一些学友的意见，虽然有意对三十余年来中国的日本经济研究所作出的主要的学术和思想成果写一篇综述，但受笔者的能力、交流力和阅读量等的限制，难免出现偏重偏轻、挂一漏万的缺陷。笔者期待本文能对收录在本书中的、中国社会科学院日本研究所经济研究室的同事们所写的更加全面的综述起到一些补充作用。

一　改革开放以来我国日本经济研究的概况

明治维新后，日本的国策就是"脱亚入欧"。然而中国改革开放后，虽有"脱苏入欧"倾向，却并未"脱亚入欧"，一个主要原因是在中国身旁出现了一个从战败废墟上迅速发展成为世界第二经济大国的、值得我们关注和学习的日本。

（一）改革开放以来日本经济研究的简要经历

从研究者的角度来说，为改革开放和现代化建设的实际需要服务的使命感和责任感激励着人们。1981 年中国社会科学院日本研究所成立，专设了日本经济研究室。1982 年 10 月中宣部、国家教委、中国社科院联合召开了全国社会科学规划会议，时任中国社科院日本所所长何方任"国际问题规划组"之下的"日本问题规划组"组长，在规划组第一次会议上，决定全国日本研究界合作撰写一套《战后日本丛书》，并成立以何方为主任的编委会。

1983 年，金明善独自推出了国内学者最早的一部运用马克思主义政治经济学研究日本经济的著作《现代日本经济问题》（辽宁人民出版社）。1988 年，在《战后日本丛书》编委会组织跨地区、跨所的合作努力之下（编委会就每本书的写作大纲进行了讨论，并对书稿进行了审定，还为此在北京和东北等地多次召开了学术讨论会），《战后日本丛书》（9 册）终于由航空工业出版社出版，其中 8 册是关于日本经济的著作，这套丛书可以说是对 20 世纪 70 年代至 80 年代前期，我国对日本经济研究的成果总汇，是国内学者运用马克思主义政治经济学研究战后日本经济的奠基之作。[①] 这套丛书的作者如辽宁大学日本研究所所长金明善、河北大学日本研究所所长孙执中、吉林大学教授任文侠、长春东北师范大学日本研究所所长宋绍英等，大多在大学教授经济或日本经济课程，他们不仅著述颇丰，而且辛勤培养了一大批日本经济专业研究生，成为改革开放以来中国的日本经济研究的中坚力量。

在中日友好关系不断发展的背景下，日本的许多优秀学者、大学、研究机构、基金组织乃至政府部门所提供的积极支持、指导和帮助，对我国的日本经济研究在 20 世纪 80 年代实现一次"成功的跳跃"起到了重要的、不可或缺的助推作用。

首先，在邓小平的倡议下，中日经济界著名人士于 1981 年 6 月共同发起举办"中日经济知识交流会议"，从宏观角度讨论中日两国经济中的长期性、综合性问题，相互交流知识和经验，至 2010 年该经济知识交流会已举行了 30 届年会，成为改革开放后中国学习战后日本经济发展的经验教训的重要渠道。与此同时，很多日本著名经济学家相继来华讲学；一批批由中方官员和学者组成的访日团受到日本的大学、研究机构、政府部门及各界人士热情接待；由日本著名经济学家下河边淳主编，六十多位日本最前沿的优秀经济学家参与撰写的《现代日本经济事典》译成中文在中国出版（中国社会科学出版社 1982 年版）；很多国内学者到日本学习，在日本导师的指导下推出了质量上乘的日本经济专著；很多国内学者组成的课题组利用日本国际交流基金、丰田财团等基金组织的资助到日本进行考察和交流，提出了高水平的课题研究报告；很多由中日学者、官员等共同参加的日本经济研讨会，通过认真讨论和热烈的思想碰撞，激发出不胜枚举的真知灼见；很多青年学子赴日学习，在日本导师指导下获得了经济

[①] 这 8 册著作分别是：金明善、宋绍英、孙执中主编《战后日本经济发展史》，航空工业出版社 1988 年版；金明善主编《战后日本产业政策》，航空工业出版社 1988 年版；盛继勤主编《战后日本国民经济基础结构》，航空工业出版社 1988 年版；任文侠、吕有晨主编《日本的宏观经济管理》，航空工业出版社 1988 年版；孙执中主编《战后日本财政》，航空工业出版社 1988 年版；郑励志、陈建安主编《战后日本对外贸易》，航空工业出版社 1988 年版；金泰相、张赤宸主编《战后日本垄断资本》，航空工业出版社 1988 年版；王晓生、赵军山合编《战后日本经济社会统计》，航空工业出版社 1988 年版。上述作者大部分在大学教授日本经济，他们不仅著述颇丰，而且辛勤培养了一大批日本经济专业学生，成为改革开放以来中国的日本经济研究的中坚力量。

学硕士、博士、论文博士等学位，其中不少人学成归国，成为我国日本经济研究的新生力量。总之，中国的日本经济研究的发展和提高是与日本学术界、政府部门、民间企业和民间组织的大力支持和帮助分不开的。

在80年代至90年代中期，有关日本经济的话题经常成为媒体关注的热点，这个背景促使国内的日本经济研究在普及和推广方面也取得了很大成绩，许多日本经济研究人员带着中国经济发展的问题意识考察日本经济，经常在报刊上发表有关日本经济和"日本经验"的文章，无论在数量上还是在质量上，有关日本经济的文章大大超过其他国别经济的文章，形成了风靡一时的"日本经济热"。而借鉴"日本经验"成为改革开放以来中国的日本经济研究的最重要最见实效的业绩，但也有学者认为"日本经验研究"称不上是高水平的学术研究。

改革开放以来，中国的日本经济研究的关注重点随着日本、中国乃至世界经济形势的变化而转移。20世纪90年代初泡沫经济崩溃后，日本经济持续低迷，人们对日本经济的关注点从探寻"二战"后"经济奇迹"的奥秘，转向泡沫经济、规制改革、政府债务、不良债权等"问题领域"。也有研究者认为，"八九十年代日本经济研究的那种火热状态似已风光不再。这恐怕与日本经济的衰落有直接关系"。除日本研究专业机构的人员外，在高等院校中研究国际经济学已成为主流，包括日本经济研究在内的国别经济研究的地位有所下降。但是，在国内主要日本研究专业机构，日本经济学科建设正在扎实地向前推进，涌现了一批应用新的研究方法和理论将日本经济研究推向深入的年轻研究者（其中不少是从日本等国留学归来的研究人员）；出现了一批厚重的高水平的研究成果，如中国社会科学院日本研究所组织全国日本经济研究人员编写的2008年、2009年、2010年、2011年的日本经济蓝皮书（王洛林主编、张季风等副主编）汇集了众多作者有关日本经济最新发展的研究成果；又如南开大学世界近现代史基地主任杨栋梁教授主编、集该校日本研究院全院教师之力、费时10年完成的、计500万字的《日本现代化历程研究》（10卷）丛书，被中国社会科学院日本研究所所长李薇评价为"中国日本学界的一项前所未有的工程"，其中《日本近现代经济史》系丛书主编杨栋梁教授所著。

改革开放以来日本经济研究的发展，还表现在研究范围不断扩大，几乎涉及日本经济的各个主要领域：在宏观层面上，战后日本经济增长、产业结构变化、经济周期波动、2011 年发生的"3·11"大地震的影响等；在微观层面上，产业组织、企业制度、日本式经营管理、技术革新、有代表性的企业和企业家等；在国际经济层面上，对外贸易、对外直接投资、日元汇率变动、经济外交、"3·11"大地震对国际产业转移的影响等；在产业结构层面上，农业、工业、金融业、流通业（批发、零售、物流）等；在政策层面上，产业政策、金融政策、财政政策、科技政策、灾后重建对策等；在制度层面上，经济改革、日本型市场经济体制等；在国家权力层面上，政府在经济发展中的作用、与市场的关系、近 20 年来政局动荡对经济的影响等。以上仅仅是举其荦荦大者，实际上研究的广度还远远不止于此，并形成了相当规模的文献存量。

综上所述，30 年来中国的日本经济研究取得了丰硕的成果，对我国的改革开放和现代化建设作出了重要的学术性和思想性的贡献，日本经济学科本身的建设也获得了长足的进展。毋庸讳言，我们的研究水平离国家和学科建设的需要还是存在着很大的差距和问题。

（二）日本经济研究在学科体系中的位置

日本经济研究学科属于二级学科"日本研究学科"下的三级学科，也是属于二级学科"世界经济"下的三级学科，日本经济研究学科在日本研究学科和世界经济学科中均占有比较重要的地位。

1. 在日本研究学科中的地位

根据马克思主义的经济基础与上层建筑的关系理论，日本经济研究在整个日本研究中占有基础性地位，这种基础性地位不会因为形势变化而发生改变。然而，从受重视和受关注的角度看，日本经济研究在政治、舆论、群众关注度方面的地位则确实随着形势的变化而有所改变。日本经济研究在 20 世纪 80 年代至 90 年代前期曾是整个日本研究中最活跃、最受上层重视和媒体关注的研究领域。但是，由于 1993 年以来日本政局动荡和中日之间历史问题升温等原因，20 世纪 90 年代中期以后日本政治研究取代日本经济研究成为整个日本研究中最活跃、最受上层重视和媒体关注的研究领域。从 20 世纪 90 年代末至今，由于中日之间围绕历史认识问题、靖国神社参拜问题、钓鱼岛主权归属和东海海域划界问题的摩擦此起彼伏，中日关系研究突出出来，与此同时有关日本社会和文化的研究日益深入，在日本研究中的地位日益提高。至于日本经济研究，在日本经济持续低迷的背景下，其研究重点转向日本经济发展的诸种负面问题，整个日本经济研究在媒体上的受关注度也有所下降。

2. 在世界经济学科中的地位

改革开放以来，日本经济研究在我国的世界经济研究中也占有比较突出的地位，其原因在于改革开放以来我国的世界经济和日本经济研究者所面对的日本已是世界第二经济大国，日本的"世界老二"地位一直持续到 2009 年。与此同时，战后日本经济发展是改革开放最初十几年我国吸取外国经济发展经验的最重要对象国，加之 1972 年中日复交以后，中日经贸关系迅速发展，80 年代以后日本不仅是中国最大贸易伙伴，而且是中国"最重要的经济合作伙伴"。而日本作为中国最大贸易伙伴的地位直到 2004 年才被美国超过，目前日本是仅次于欧洲、美国的"第三大贸易伙伴"，不久很可能落在东盟之后成为我国的"第四大贸易伙伴"。然而，以国别而言（欧洲包括二十多个国家，东盟包括十个国家），日本仍是我国第二大贸易伙伴。

这些因素决定了日本经济作为一门国别经济学科，在世界经济学科中占有独特的重要地位。但随着日本经济在世界经济中的地位的下降，日本经济研究在世界经济研究中所占的地位也不会像 20 世纪八九十年代那样突出，特别是与美国经济研究相比，其被关注度明显下降。

考虑日本经济研究在世界经济学科中的地位，不仅需要有"从世界看日本"的视角，而且需要有"从日本看世界（的规律）"的视角。刘昌黎认为："经济研究的目的，是为了从现象到本质，总结出经济规律，用以指导经济建设和发展的实践。日本经济研究作为国别经济研究，属于世界经济研究的范畴，其根本目的是为了从国别经济到世界经济，即从日本经济的现象和个性，抽象出世界经济的本质和共性，总结出世界经济规律，进而总结出一般的经济规律。"①

二 学术和思想成果

本节就战后日本经济增长、泡沫经济、财政、产业政策、金融、科技、企业及"其他"，分别综述改革开放以来日本经济研究的主要的学术

---

① 刘昌黎：《现代日本经济概论》，东北财经大学出版社 2008 年版，第 2 页。

和思想成果，至于本综述的局限性已经在全文的最初部分进行了说明，此处不再赘述。

（一）战后日本经济增长研究

第一，战后日本经济发展是战后民主改革所带来的巨大成果。中国有句老话叫"多难兴邦"，世界历史也充分证明，"国难"有可能成为国家复兴的契机。第二次世界大战战败对于日本来说就是一场空前的国难，也成为可能将日本引向复兴的契机，而将这种"可能"转变成"现实"的就是战后民主改革。正如宦乡所指出的：战后美军占领当局"采取了许多措施，如实行大规模的土地改革，解散半封建性的财阀，引进西方民主制度，并削弱作为日本封建制度的天皇制。这样就大大削弱了日本资本主义制度中的封建性，使日本资本主义能够飞速发展"。[1] 金明善认为："民主改革使日本最终完成了明治维新所未能完成的历史使命，即彻底清除残留在生产关系和上层建筑中的封建因素。这次改革成为日本资本主义现代化的一个新起点，它为建立现代市场经济体制，实现日本经济的高速增长准备了必要的政治经济前提。"[2] 中国社会科学院日本所课题组（以下简称为"日本所课题组"）认为，战后改革的"去封建化"、"去专制化"，在政治上"沉重地打击了军国主义，基本消除了军部恢复其特权地位的可能性"，使日本"发展成为一个法律相当完备，执法十分严格的'法治国家'"，"形成了具有权力制衡功能的现代化政治机构，……以民主和法制代替了少数人的意志左右一切的落后的政治运行机制"，消除了"一个不受约束和制衡的权力走向专断和极端，成为导致历史谬误、庇护政治家和官僚腐败的后台和根源，当然，在这一点上，日本现存的政治结构也远非是完善的"[3]。

上述学者都强调指出铲除封建主义对于一个国家现代化发展的极端重要性。只有通过彻底的反封建主义，才可能大大地解放生产力，真正实现从统制经济向市场经济的过渡，激发普通人积极劳动和创业的热情。日本所课题组认为，战后日本经济的快速发展，固然体现了一个摆脱了封建主

---

① 刘昌黎：《现代日本经济概论》，东北财经大学出版社 2008 年版，第 301 页。

② 金明善：《现代日本经济论》，辽宁大学出版社 1996 年版，第 900 页。

③ 中国社会科学院日本研究所课题组：《日本经济的活力》，航空工业出版社 1988 年版，第 14、15 页。

义桎梏的现代资本主义国家在经济上的崛起，然而，日本之所以能够以基尼系数较小、贫富差距不大、社会相对平等的姿态，于 1968 年登上世界第二经济大国的地位并保持了 42 年，则缘于日本作为一个资本主义制度的国家，却导入了一些社会主义制度的因素，采用了一些社会主义的调节手段（当然这并没有改变日本的资本主义国家的性质）。与之对照，当今中国贫富差距扩大，恰恰是因为我国作为社会主义国家，却出现了"社会主义因素的发展落后于社会现实的发展"的问题。①

江瑞平认为，战后日本经济体制是"政府主导下的市场经济体制"。莽景石认为"战后日本虽然历经了大规模的宪政转轨，但由于其外生强制的性质，并没有成为一个西方式的立宪民主国家，而是成为一个具有权威主义倾向的官僚制多元主义国家，政党与官僚的长期结盟，导致了一种相对集权的政治结构出现，形成了实际政治经济过程的官僚制控制。由于三权分立不充分和民间部门的诉讼成本过高，日本政府比欧美国家的政府具有更强的讨价还价能力，在由后发展经济向工业化经济转变的特定阶段，在协调与企业的关系和促进经济发展方面比欧美国家的政府具有更大的比较优势，从而获得更快的经济增长。"②

"以上世纪 70 年代中期为转换点，战后日本经济发展的漫长过程可划分为两个阶段，在前一阶段，成功地解决了'后发展问题'，在后一阶段，则面临着严峻的'发展后问题'，而政府的比较优势变化则成为决定上述日本长周期变动以及相应的经济绩效差异的制度变量。日本经济陷入被称为'失去的十年'的长期萧条的根本原因，在于政府为特殊利益集团所'俘虏'而使其比较优势趋于消失，政府继续其传统的干预，将对经济绩效产生负面影响，并且无助于解决'发展后问题'，改革成为一种必然。"③ 对莽景石的上述观点，笔者感到需要补充的是，即使面临严峻的"发展后问题"，日本也有过一段"成功的经历"，具体表现在日本成

---

① "一般说来，基尼系数较小、社会贫富差距不大的国家通常都是在很大程度上运用社会主义政策对社会分配进行调节。"引自寒竹"解决社会不公，还得靠执政党"，《环球时报》2011年9月5日。

② 莽景石：《后发展国家的宪政转轨与政府比较优势——战后日本的案例分析》，《天则内部文稿系列》2001年第17期。

③ 莽景石：《政府的比较优势变化与日本经济的长期萧条：一个宪政转轨的政治经济学分析》，《世界经济》2002年第8期。

功地跨越了"中等收入陷阱"。① 1968 年日本 GNP 总量达到 1000 亿美元，超过西德成为西方世界第二经济大国，然而这一年日本的人均 GNP 只排在世界的第二十位。在此后十余年，日本人均 GNP 继续以高于欧美发达国家的速度较快增长，同时基本上保持了社会的稳定，平稳地度过了"中等收入陷阱"。

刘昌黎分析了战后日本经济体制的二重性，认为"包括特殊的制度、惯例以及政府干预经济的一系列独特做法在内的日本式经济体制，是在日本独特的历史文化传统和战后特殊的经济社会环境中形成的，它不仅有其存在的合理性，而且对战后日本经济发展特别是对高速增长发挥了重要作用。然而，20 世纪 90 年代日本经济长期停滞和制度疲劳的事实说明，日本式经济体制虽适应经济赶超的时代，却不适应经济成熟化时代；虽适应工业化时代，却不适应信息化时代；虽适应内部性、封闭性的市场经济，却不适应开放的、竞争性的市场经济；虽适应国民经济的时代，却不适应经济国际化、全球化的时代。"②

面临"发展后问题"，战后日本经济体制已不再适应继续发展的要求，越来越走到了一种不实行改革就没有出路的境地。徐梅通过对日本规制改革的研究认为，不合理的准入规制和价格规制，"极易使少数处于优势地位的企业维持高额利润，结果，在缺少竞争的条件下，受保护的企业即使不进行技术创新和降低成本也依然能够维持较高的盈利，由此会损伤民间企业的积极性，导致整个行业效率低下……并使消费者蒙受一定的利益损失。""政府规制者（掌握审批权等的政府官员——笔者注）也是'经济人'，同样也会谋求私利。……在企业利益集团对政府规制者施加较大影响、与规制者的私利相结合的情况下，极易出现所谓'寻租'现

① 陷入"中等收入陷阱"的国家在人均 GNP 或 GDP 达到大约 3000 美元之后，经济高速增长中积累的社会矛盾就会相对集中地爆发出来，导致经济增长减速甚至停滞，其具体表现有：贫富两极分化扩大、基尼系数增高（达到 0.5 或更高）、政府官员腐败现象蔓延、社会日趋动荡、日益普遍的信仰缺失和道德滑坡、政府决策被特权利益集团所主导，等等。而日本之所以能够成功地跨越"中等收入陷阱"的原因包括：注意增加农民和工人的收入，避免了伴随经济高速增长出现的贫富差距扩大问题；在 20 世纪 80 年代泡沫经济到来之前就基本上完善了社会福利保障制度；媒体和在野党对政界和官场的腐败现象穷追猛打，确立了比较完备的防治腐败的法律和制度，并在 1992 年制定并实施政治家必须详细透明地公示自己财产的《国会议员资产公开法》等。

② 刘昌黎：《现代日本经济概论》，东北财经大学出版社 2008 年版，第 212 页。

象"，为此，"动员全社会加强对规制的事后监督十分重要"。①

第二，战后日本在50—60年代年实现了高速增长，在70年代成功地应对了两次石油危机冲击，被誉为实现了"两个奇迹"。其所以能做到如此，根本原因在于战后日本走了一条和平发展道路。何方指出：战后"日本选择了一条基本上走和平发展的道路并长期坚持，却是历史的真实"。"走这条民主改革和和平建设的道路给日本带来了巨大的好处"。首先是"经济得到飞速发展，创造了历史上的奇迹"。②宦乡指出："在整个西方世界里，高军费开支同工业成就大小之间的关系似乎是成反比的"，"日本与联邦德国便是很好的例子。它们在过去几十年里军费开支少，而它们的经济却发展较快。日本的经济增长率从1955年到现在（1987年——笔者注）几乎都超过了美国和西欧。"③战后40年来"日本经济在所有资本主义国家中是最成功的"。④金明善指出："吉田在总的对外战略上坚持加入西方阵营，确立同美国的同盟关系，但一直抵制美国所要求的重新武装的规模和进度。吉田首相说，'为非生产性的军备需花费巨额资金，将会严重推迟日本的经济复兴。……再者，日本如果重整军备，也许会刺激亚洲邻国'，吉田茂的将发展经济作为头等大事的战略思想（所谓"吉田路线"——笔者注）便成为日本历届政府奉行的经济发展和对外政策的总方针。"⑤李薇对战后日本发展过程作了这样的概括："战后日本经历了令世界瞩目的高速发展时期，以和平发展、经济优先的价值体系完成了赶超欧美并成为发达的工业化国家。然而，进入后工业化阶段的日本面临新的问题，如人口老龄化、经济低迷导致税收增长缓慢、财政刚性支出快速增长、国家债务余额不断攀升，陷入了人口和财政的结构性困境中，至今未能找到走出困境的药方。"⑥

第三，战后从军国主义压迫下获得解放的广大日本人民"紧紧抓住了战后日本的'发展机遇期'，其主要机遇有：战后科技革命和石油文明兴起；人口年龄结构年轻且人们刻苦耐劳；有欧美先进国家作为赶超目

---

① 徐梅：《日本的规制改革》，中国经济出版社2003年版，"小结"。

② 何方：《日本面临第三次选择》，《何方集》，中国社会科学出版社2001年版，第165页。

③ 宦乡：《为世界的发展而裁军》，《宦乡集》，中国社会科学出版社2002年版，第236页。

④ 宦乡：《关于当前世界经济形势的一些看法》，《世界知识》1986年第3期。

⑤ 金明善、宋绍英、孙执中：《战后日本经济发展史》，航空工业出版社1988年版，第78页。

⑥ 李薇：《中日历史和解日本才能解困》，《环球时报》2011年8月31日。

标；美国主导的自由贸易体制给日本推行'贸易立国'提供了有利条件；在冷战格局下日本依靠美国军事保护得以集中力量发展经济；朝鲜战争带来的'特需'；作为在亚洲'一枝独秀'的工业化国家在本地区没有旗鼓相当的竞争对手等等。"① 日本抓住发展机遇最主要靠什么？一靠教育，二靠技术。战后日本推行"强固山脚比强固山顶更重要的教育方针"，努力提高国民的文明素质和教养水平，形成了以全民关注教育、崇尚科学技术、倾全力发展生产力的社会价值观，为战后日本的技术进步打下了坚实的基础。②

车维汉对日本百年资本主义经济周期史进行了仔细的考察，发现："在第二次世界大战后，日本的经济周期相对缩短，危机对社会生产力的冲击及其所产生的震荡明显减轻，原来意义上的危机所具有的对经济运行进行调节的职能，在一定程度上由政府代行了。"他认为战后日本经济周期变形（不同于战前）的原因除去在客观上有科技革命的影响、对外贸易迅速发展的影响、资本积聚增大和企业系列化生产体制的影响、第三产业发展的影响之外，在主观（政府）方面则包括政府干预经济的诸种措施，如制定经济计划和提供情报信息，采取适时灵活的财政金融政策，以产业政策进行平衡协调，政府对企业实施行政指导等。在上述主客观原因中，日本政府对经济的干预起了最主要的作用。③

金明善认为，"科学技术的飞跃发展及其在生产中的广泛应用，是战后重要资本主义国家经济普遍得到迅速发展的主要因素"。日本所处的历史条件，使"这一因素在战后日本经济发展中所起的作用尤其突出"。这个特定历史条件就是日本工业技术的后进性和战后日本所处的特定环境，它"使日本所进行的技术革命的深度、广度以及速度方面远远超过了欧

---

① 冯昭奎、林昶：《当代日本报告》，社会科学文献出版社 2011 年版，第 2—3 页。

② 日本从学前教育开始就注意培养儿童热爱自然、向往科学、尊重劳动、喜欢动手的教养和素质，并借鉴了美国教育制度的经验，重视"毕业后能够立即在企业派上用场的职业教育"，全面提高普及教育的质量和理工科大学的水平，大量培养出具有敬业精神和"一心一意地专注于一件事情的人是最优秀和最值得尊重的"工作信念的、以扎根于工业生产第一线献身于生产技术和技能工作为荣的青年才俊，源源不断地向企业和研究机构输送为工业化发展所迫切需要的人才，造就了以充满集团意识和敬业精神的强有力的企业组织、产业大军和技术进步主力，成为战后日本取得工业化成功的最大原因。详见中国社会科学院日本研究所课题组《日本经济的活力》，航空工业出版社 1988 年版，第 76—82 页。

③ 车维汉：《日本经济周期研究》，辽宁大学出版社 1998 年版，第 399、431 页。

美先进国家"。① 然而，随着日本的技术赶上欧美水平，技术上的"后发效应"对经济增长的促进作用日趋减弱，日本转向"挑战大于机遇"的发展新阶段。战后日本抓住机遇的能力与泡沫经济发生后日本面对挑战的无能恰恰形成了鲜明的对比。1989 年底日本股市达到峰值后，日本经济长达 20 多年低迷徘徊。经济增长趋缓，人口少子化老龄化，产业空心化，失业率上升，GDP 世界老二旁落。以官僚机构为核心的政官财勾结的组织结构，以及使其行之有效的保障——20 世纪五六十年代制定出台的各种法律法规，已成为日本继续发展的桎梏。总之，取代日本成为"世界老二"的中国如何汲取当今日本的失败教训与当年中国汲取日本的成功经验可以说同等重要。

第四，对于战后日本经济发展，应从现代化的高度来认识和把握。金明善与徐平合著《日本的现代化》认为，日本现代化的内容"主要包括国民经济各部门的技术设备现代化、国民文化素质的现代化、企业经营管理的现代化、产业结构高度化、贸易结构的重工业化学工业化和消费结构的现代化"。日本最终成为国际公认的现代化经济大国"是在进入 80 年代以后。"日本的农业现代化与工业现代化是同步进行的，"这是日本实现现代化的主要经验之一"②。中国科学院的《中国现代化报告 2010》指出，2007 年中国的综合现代化水平在世界排名中占第 78 位，而日本则仅次于美国居世界第二。③

战后日本经济发展不仅实现了 GDP 或 GNP 的"量的扩大"，而且实现了经济的"质的提高"，是一个量与质兼备的、既快又好的国民经济现代化过程。日本政府 1980 年提出《80 年代通商产业政策构想》报告，总结战后日本经济高速增长的成就，宣称"追赶型的现代化时代业已结束"。

（二）日本泡沫经济研究

日本经济泡沫破灭，20 年沉疴不起，至 2010 年日经 225 指数仍然比 1989 年的峰值低了 75%，东京与大阪的房地产价格仍不及 1989 年水平的

---

① 金明善：《现代日本经济问题》，辽宁人民出版社 1983 年版，第 122 页。
② 金明善：《现代日本经济论》，辽宁大学出版社 1996 年版，第 913、922 页。
③ 引自中国科学院中国现代化研究中心《中国现代化报告 2010》。

一成。孙执中主编的《日本泡沫经济新论》阐述了泡沫经济对国民经济整体的危害。孙执中强调要注意区分两类泡沫经济，一类是"物质生产领域类的泡沫经济，它是因盲目投资与重复建设引起的"；另一类泡沫经济"发生在金融领域活动发达的社会，由于投机之风盛行，资产价格剧烈波动，严重地与实体经济脱节"。他认为，"制止泡沫经济发生的根本出路是：把握好投资的回报率问题"，对有望获得高回报率的部门进行投资，比如"对新技术产业部门的投资或者是原有高技术的新产品群的投资"；"对国内经济生活中的'瓶颈'产业的投资"。反之，对"奢侈性的消费品和服务行业的投资，最容易出现泡沫经济"，比如"日本在80年代后半期，阔佬们一掷千金，挥霍无度。企业按照被扭曲了的市场信号投资，大批高尔夫球场、高级轿车、豪华型别墅和服务项目等产业纷纷上马。很显然，这种高级或甚至是奢侈的消费，是畸形的，它不可能持久"。孙执中还强调："一个国家的政府预算支出中，用于生产性投资的比重愈高，则对社会经济的发展愈有利"，这里说的生产性投资"不能是重复建设与盲目投资，否则就会造成未来的泡沫经济"。而且这里说的生产性投资"是指广义的生产性投资，包括对教育、医疗等方面的支出，……如美国总统克林顿上台后，减少军费支出，用来扩大教育、医疗方面的投资"，带来了美国经济的繁荣。[1]

在与中国社会科学院日本研究所开展的一项合作研究的报告中，余永定认为："自泡沫经济崩溃之后，日本经济政策主要解决两个问题：稳定金融和稳定经济。稳定金融主要涉及不良债权的处理。稳定经济主要是使用扩张性财政与货币政策刺激增长。中国有日本这样一个先行者、一个走在我们前面的'蹚地雷'者，是非常幸运的。无论日本是成功还是失败的方面，都能使中国受益匪浅。今后，我们仍应继续持非常虚心的态度认真研究、汲取日本的经验教训。"

余永定认为："自资产泡沫崩溃以来，日本经济不景气已持续了20年，其间日本政府和日本银行尝试了所有可以尝试的手段，但日本经济仍未能恢复以往的增长势头。这一事实说明，日本的经济问题是由深层次的长期因素决定的，宏观经济政策充其量只能保持日本经济的稳定，而无法让日本经济保持活力和增长。""日本宏观经济政策之所以无法扭转经济委

---

① 孙执中主编：《日本泡沫经济新论》，人民出版社 2001 年版，第 2、81、83、84、85 页。

迷不振的趋势，同经济的供给和需求面的长期因素有关。除非出现革命性的技术创新或外需增加等外部冲击，人口老龄化和投资边际收益过低等供给方因素以及物质极大丰富、需求饱和等需求方因素可能决定了日本经济根本无法转向较高的经济增长轨道。"①

（三）日本财政研究

在主要资本主义国家中，战后日本政府对经济的干预是比较有成效的，其最重要最直接的手段是利用财政杠杆干预国家经济。孙执中认为："一直到 1974 年，日本实行的是'小政府'政策，财政支出规模较小。但日本政府对公共事业的投资，仍远远高于美欧诸国。它既创造了市场需求，又形成了经济社会发展的基础设施，成为战后日本经济得以迅速发展的原因之一。""有些日本经济学者在论述经济与财政的关系时，探索了资本主义财政的最佳规模是：（1）财政规模可以达到国民生产总值的四分之一至三分之一；（2）课税水准可以达到国民收入的五分之一至四分之一。从战后日本情况来看，（在相当长时期）没有超出这个范围。""日本政府战后一直以增加公共工程投资和减税这两手作为调节经济的财政杠杆。"② 1966 年度日本政府开始发行《财政法》，其中第 4 条允许发行的、用作公共投资资金的"建设国债"。从此，对于政府来说，国债成为与税收并列的一种财源。70 年代中期以后，日本走上了持续发行巨额国债以弥补财政赤字的道路，其后财政体制的弊端日益暴露出来。张舒英认为："战后，日本政府长期奉行'生产第一，增长至上'的政策路线。……每当经济增长率出现下滑时，政府就大量发行国债以刺激景气复苏。问题在于，衡量经济是否'景气'的标尺，往往是用过去的经济增长率。随着追赶时代的结束……经济增长率下滑是必然趋势。如果总是用过去的经济增长率作为标尺，其结果必然是'不景气'的年份越来越多，动用财政刺激政策的频率便越来越高。可以说，20 世纪 80 年代后期日本出现泡沫经济，在相当大程度上就是政策刺激出来的。"③ 日本的教训告

---

① 余永定：《日本—美国金融危机比较研究——原因、救治措施、效果、前景及对中国的影响》，《日美金融危机比较研究报告》（中国社会科学院课题 2009 年 1 月至 2010 年 5 月），第 5—29 页。

② 孙执中主编：《战后日本财政》，航空工业出版社 1988 年版，前言。

③ 张舒英：《日本的灾后重建缘何深陷财政困局》，《日本学刊》2011 年第 4 期。

诉人们：一个国家的经济高速增长是有"时限"的，而当客观的经济规律决定其经济增长率趋于减缓的时候，持续采取财政刺激政策来"拔苗助长"、延续高速增长"大好形势"，难免会贻害一个国家长期的可持续发展。

正是在这个背景下，笔者注意到日本所课题组的一份报告（1993 年）对日本财政进行细致入微考察的意义之所在。报告指出："法制管理贯穿日本财政运营的全过程和财政管理的各个方面，其中包括（1）政府机构设置实行'法定主义'……任何个人无权随意增减一科一室；（2）依法取得财政收入；（3）依法安排财政支出……每一笔大的财政支出，都须有相应的法律依据。"日本"可称得上家大业大，然而在财政资金的分配与管理上却是精打细算。任何机构的任何支出项目都列入预算。就连作为日本国象征的天皇，其每年开支多少，用在何处也都笔笔作出预算。例如，1991 年度，皇室房屋修缮费 108762.5 万日元，宴会费 8168 万日元，交际费 4593.8 万日元，汽车重量税 153.5 万日元，国外旅费 734.2 万日元……至于总理府、内阁、国防等方面的开支，也都无例外地作出详细预算。""日本政府每年都计算税收成本，并公布计算结果。1950、1960、1970、1980 和 1989 年度，日本每征收 100 日元的国税，平均付出的成本费分别为 2.78、1.81、1.40、1.40 和 0.95 日元。……税收成本分析的结果至少表明：政府为取得相同的税收所付出的费用在减少，税务部门的综合运营效率在提高。"① 通过对战后日本财政的细致考察，张舒英建议我国在改革旧的财政经济体制过程中，尽快建立起现代化财政管理的基础与框架。

（四）日本产业政策研究

在市场经济中，产业结构调整首先取决于市场机制的作用，但在战后很长时期，日本政府为了实现一定时期内产业结构调整的目标，以国内和国际市场为导向，通过制定产业政策引领企业和产业的发展，促进产业结构的持续升级以及科技创新的不断涌现。总的来说（除去部分产业）日本的产业政策还是有成效的。丁敏认为：在日本经济高速增长的近 20 年

---

① 中国社会科学院日本研究所课题组：《日本的经验与中国的改革》，经济科学出版社 1994 年版，第 35 页。

间，"日本走出了一条日本型产业发展道路"①，所谓"日本型产业发展道路"或可称之为有日本特色的国家资本主义模式。陈建安对这种模式的特征作了这样的概括："像日本那样有如此完整的政策体系、如此有效的政策工具搭配，并在产业结构调整中起了如此重要的作用，在第二次世界大战后西方发达国家中实属少见。""在战后日本迅速实现工业化的过程中，主导产业交错更迭，推动了日本产业结构合理化和高级化，日本也因产业结构高级化而走向成熟的工业社会"。②

车维汉指出日本的产业政策具有一定的缓和经济周期波动的作用："根据不同时期的经济发展目标，通过财政、金融、技术和能源方面的一系列政策，刺激和扶助一些工业部门，使它们尽快得到发展，与此同时抑制另一些部门的增长或使它们平稳地退出市场竞争，有步骤地使资本和劳动力从长期不景气的生产部门和地区向更有前途的部门和地区进行部门间的转移。"这种政策成为战后日本经济周期波动幅度弱化、震荡程度减轻的原因之一，使得经济周期中"危机对再生产过程和社会生产比例失调进行调整的'暴力'表现，（在一定程度上）被某种'温和'的形式所取代了。"③

国内的研究者大多认为二战后包括日本在内的发达国家普遍实行了凯恩斯主义政策，但莽景石较早注意到日本并未实行凯恩斯主义政策，实际上实行的是产业政策。他指出："就国家必须干预经济生活这一点而言，产业政策与凯恩斯主义政策殊途同归，但在干预方向上二者却分道扬镳了，前者属于供给调节政策，后者则属于需求调节政策。"④ 作为具有后发展经济属性的日本经济，在相当长时间里约束其发展的基本问题不是需求不足而是供给不足，不适于实行凯恩斯主义政策，同时战后日本相对缺乏实行以需求管理为核心的凯恩斯主义政策的宏观政策环境：长期实行预算平衡原则限制了包括财政赤字在内的宏观财政政策的运用，而低利率政策、超贷现象、证券市场不发达则限制了宏观货币政策的运用。

日本的产业政策是与贸易政策相衔接的。关于战后日本的通商产业政

---

①　丁敏：《日本产业结构研究》，世界知识出版社 2006 年版，第 1 页。

②　陈建安：《产业结构调整与政府的经济政策——战后日本产业结构调整的政策研究》，上海财经大学出版社 2002 年版，第 1、51 页。

③　车维汉：《日本经济周期研究》，辽宁大学出版社 1998 年版，第 401、425 页。

④　莽景石：《战后，一个民族的经济史话》，《读书》1988 年第 9 期。

策，许多人把日本工业化特别是重化工业迅速发展归结为出口导向战略的成功。刘昌黎认为："这是一个很大的误解。实际上，日本重化工业迅速发展并非是出口导向战略的成功，而是进口替代战略的成功。""特别是战后以来，日本工业化战略的重要特征就一直是进口替代而不是出口导向。""大国赶超目标与小国赶超目标的重要差别，就是大国要成为世界经济强国，而小国则要成为世界经济富国，而经济强国和经济富国的发展道路根本不同。""后进国家赶超先进国家的一般规律须以'取人之长、补己之短'为重，而不应长期停留在'发挥固有优势（指既有的、位于产业链低端的优势——笔者注）、扬长避短'的状态。"可以想见，如果日本当初按比较优势原则实施出口导向的工业化战略，长期坚持以自己具有优势的纺织工业等作为"出口导向产业"，"那么日本与欧美各国的差距就会越大"。①

（五）战后日本金融研究

战后日本经济走势从上升转为下降（大致以 80 年代末至 90 年代初为分水岭），对日本经济各领域的研究和评价也随之从赞许转向批判，金融领域就是一个从赞许转向批判的一个典型领域。这或许是因为导致战后日本经济从上升转为下降的关键问题出在金融领域（例如泡沫经济主要是由于金融政策失误所引起的）。

余晷雕论述了战后日本的银行在日本经济恢复和高速度发展中的突出作用，指出日本金融业实际上起着产业活动动脉的作用。② 吴学文、俞宜国、张威介绍和分析了战后日本金融政策在经济恢复期、高速增长期以及建立经济大国中的重要作用，并对日本金融制度和改革进行了一系列历史性分析和动态性研究。③ 总之，在 20 世纪 80 年代至 90 年代中期，国内学术界高度评价日本金融制度对经济发展所发挥的积极作用。

20 世纪 90 年代日本经济陷入长期低迷以后，国内学界开始对日本金融制度进行反思。江瑞平的《日本金融危机的体制要因》对泡沫经济崩

---

① 刘昌黎：《现代日本经济概论》，东北财经大学出版社 2008 年版，第 81 页；刘昌黎：《进口替代是我国赶超世界工业大国的长期战略》，《经济研究》1988 年第 7 期。

② 余晷雕：《日本的银行制度及其在经济发展中的作用》，《吉林大学社会科学学报》1980年第 4 期。

③ 吴学文、俞宜国、张威：《日本金融政策与金融大国》，时事出版社 1994 年版。

溃后日本银行业不良债权问题进行了深入的分析。① 王洛林等著《日本金融考察报告》汇集了多篇有关日本泡沫经济崩溃后金融危机问题的研究论文（其中包括内部报告），是有关日本应对金融危机问题的代表作。其中，王洛林、余永定、李薇的"日本金融危机对我国的几点启示"一文指出："第一，在制定货币政策的时候，不但要重视货币供应对物价的影响，而且应当高度重视货币供应对于资产价格的影响。日本在80年代物价很稳定，国际收支也很好，于是……政策制定者逐年大幅度地增加货币供应量，忽视了其对房价地价股价等资产价格的影响，在资产价格暴涨的情况下没有及时调整货币政策紧缩银根"，这成为导致泡沫经济发生的一个重要原因。日本"没有在金融自由化过程中建立'新的规矩'，如扩大银行营业状况的透明度，加强对金融机构的内部管理，建立健全对贷款的审查制度，建立金融机构的破产机制等。这种金融管理体制改革滞后于金融自由化的状况，是导致金融危机的重要原因之一。"②

余永定总结日本金融危机的主要经验教训是："（1）警惕资产泡沫，坚决抑制资产泡沫；（2）对不良债权的处理不应拖延，应敢于使用公共资金；（3）在通货收缩期，应敢于使用扩张性财政政策，中国之所以大胆使用扩张性财政政策，一定程度上得益于日本的经验教训；（4）在特定时期（流动性陷阱、通货收缩），货币政策无法刺激经济增长；（5）汇率变动应反映市场的供求关系，汇率长期低估不利于资源配置……1985年日元升值（虽然造成一时的冲击）的长期好处是明显的：贸易条件改善，主要依靠企业努力，出口减少得并不多，产业结构升级，抑制了通货膨胀，促进了日本的海外投资；（6）在以美元为核心储备货币为基本特征的国际货币体系下，出口导向发展战略存在致命弱点，日本已经吃了大亏，但仍不思改变，中国有可能重蹈覆辙；（7）假设5—10年以后，中国由于人口老龄化，贸易顺差消失，中国想使用外汇储备了，到那时候，这些外汇储备能换回多少真金白银、多少实际资本品、消费品和资源呢？日本也面临这样的问题。中国与日本应该加强合作，保住我们的以美元资产为形式的储蓄。"③

---

① 参见《经济研究参考》1997年第15期。

② 王洛林等：《日本金融考察报告》，社会科学文献出版社2001年版，第6、7页。

③ 余永定：《中国可以从日本学习什么?》，《世界知识》2010年第8期。

刘瑞认为："20 世纪 90 年代以来日本经历了两次金融危机，从泡沫经济崩溃后的日本国内金融危机到 2008 年源发于美国的国际金融危机，日本金融环境与经济发展均受到严重冲击。"[①] "在应对金融危机、摆脱经济萧条过程中，日本政府和中央银行是在不断'试错'中选择并调整金融政策的。"[②] "在全世界联手应对国际金融危机之时，日本 20 世纪 90 年代应对国内金融危机的经验教训备受关注。货币政策方面，日本银行在泡沫经济崩溃后零利率制约下实施数量宽松政策、购买风险资产等非传统货币政策的尝试，无疑为此次危机提供了一份宝贵的参照样本。另一方面，日本金融监管当局对审慎监管制度的建设和完善，对化解金融危机发挥了重要作用。"[③]

（六）战后日本科技研究

改革开放以来，在属于社会科学的日本经济研究领域，也涌现出不少有价值的有关日本自然科技发展的研究成果。大量研究都强调了一个实实在在的道理，这就是经济发展的首要任务就是提高整个国民的素质，包括培养熟练、能干的技能劳动力、工程师和企业家，锻造一支廉洁而优秀的经济和技术部门的官员队伍，在技术进步的带动下不断提高劳动生产率，降低能源及其他资源的消耗，推进产业结构的升级。

冯昭奎在《美国要日本提供什么军事技术》（内部报告）一文中，第一次以大量案例论证了很多高技术具有军民"两用性"或"转用性"[④]，指出民用技术也是发掘有军事利用价值的尖端技术宝库（即所谓"寓军于民"）。美国与日本结成事实上的"技术同盟"是两国军事同盟关系的重要支撑，也是美国在同苏联的军备技术竞赛中夺取优势的重要原因。1984 年 7 月至 1985 年 3 月，在全国兴起讨论"新技术革命"或"新产业

---

① 刘瑞：《金融危机下的日本金融政策：困境与挑战》，世界知识出版社 2010 年版，第 12 页。

② 同上书，第 268 页。

③ 同上书，第 1 页。

④ 其中一个案例是："1981 年 2 月，时任美国总统里根提出要加紧开发隐形轰炸机，其中需研制具有吸收电磁波能力的材料。而日本电气公司和东京电气化学（TDK）公司就掌握了制造具有吸收电磁波能力性能的铁氧体材料的专长，但其研制目的是用于涂在家用微波炉箱体上，以免电磁辐射伤害人体。这项由日本民间企业为了民生用途而开发的技术引起了美国军方的兴趣，要求日本提供该技术用于开发隐形军机。"

革命"的热潮之中，日本所课题组主持编写了《日本的新技术革命》专刊四十多期①，其中"日本开发超大规模集成电路的若干经验"一文，通过对日本在 1976 年至 1980 年实施的"超大规模集成电路技术研究组合"这一案例的调研，提出了在我国组织"开发尖端技术的'国家队'"的建议②；另一篇报告《"资源小国"的压力与活力》得到高层领导人的重视。该文指出日本作为一个狭窄岛国和自然资源极其贫乏的"资源小国"，却在战后二三十年发展成为世界第二经济大国，并在许多技术领域超过了欧美。"可以说正是缺乏自然资源的压力，促使他们更加注意开发头脑资源追求技术进步；拿日本与某些资源丰富的发展中国家相比，充分说明那种能把缺乏资源的压力转化为发展动力的机制，远比自然资源本身更宝贵。"③

1991 年日本所课题组出版了《高技术与日本的国家战略》一书，通过深入研究高技术与国家战略的关系，提出了"技术立国"战略思想绝非是日本一国的"专利"，而是一个具有普遍意义的世界性命题，我们必须将发展科技作为实现国家战略目标的核心手段④；提出了增强国防力量也要以发展科技为中心，在军事技术革新导致武器装备迅速更新换代的情况下，注意避免大量生产或进口行将过时的武器装备、堆积"废铜烂铁"而造成巨大浪费；提出了要大造"科技兴国"的声势，克服来自发达国家的"奢侈的高消费文明的传来超前于先进的生产文明的传来之间的不平衡"，防止"少数人的消费水平与大多数人的消费水平之间形成太大的反差"，警告如果出现这种反差将非常"不利于我们在生产和消费的正常循环中实现经济、技术的迅速发展"。该书认为大造"科技兴国"声势最有效的办法就是要将尊重科技的价值观和最新科技知识渗透于所有电视频道，把电视作为普及科学技术和生产技术知识的最重要阵地，并认为"培养现代社会所要求的文明素质、职业道德和商业信誉，在某种意义上

①　该专刊在国家有关部门、大学和研究机构乃至媒体界征得了 5000 多订户。

②　中国社会科学院日本所课题组：《日本的新技术革命》，湖南人民出版社 1985 年版，第 15—24 页。

③　丁刚写道："中东地区那么多有石油的国家，没有哪个走上普遍富裕之路，没有哪个真正成为发达国家中的一员，不是因为他们没有石油，而是有太多的石油。"（丁刚：《利比亚迎来了春天了吗》，《环球时报》2011 年 9 月 8 日）

④　参见冯昭奎《论"科技兴国"》，《现代化》1989 年第 2 期。

比普及具体的科技知识更加根本，更加重要。"①

研究表明，日本企业技术发展有很多特点值得我们学习：②（1）积极利用技术引进，即使在很多科技领域赶上或超过欧美的情况下仍然注意引进国外的先进技术。（2）大中小企业都重视技术开发，成为国家发展技术的主力军。③（3）将技术创新"进行到底"，在 20 世纪，许多科技发明出自欧美，然而，将出自欧美的新发明或试制品最终变成值得批量生产的"新商品"并推向市场的"最终阶段工作"大多是由日本人完成的。（4）成千上万家各怀"一技之长"和能工巧匠的中小制造企业构成了"日本制造"的基础，很多中小企业在某些关键零部件、原材料等产品方面居然能在世界市场上占很大比例甚至首位，还有众多企业能制造任何其他企业都做不出来的产品，被称为"only one"（仅此一家）企业。（5）高度重视机械、零部件、原材料的研发制造以促进产业升级④，日本"世界工厂"的主要特征在于它是高技术、高附加价值的机械设备、零部件、原材料的"世界供应基地"。（6）高度重视发展基础材料技术。日本钢铁企业能制造对世界各地的重大建设项目不可缺少的高级钢材；日本生产的半导体硅晶片占世界市场的份额高达 70%；碳纤材料世界市场的 70% 为日本企业所占有。⑤（8）高度重视提高能源及其他资源的利用效率，拥有世

---

① 中国社会科学院日本所课题组：《高技术与日本的国家战略》，东方出版社 1991 年版，第 44、45 页。

② 参见中国社会科学院日本研究所课题组《日本的经验与中国的改革》，经济科学出版社 1994 年版，第 254—292 页；冯昭奎、林昶：《当代日本报告》，社会科学文献出版社 2011 年版，第 168—184 页。

③ 日本有两个指标名列"世界第一"，其一是日本全国的研发经费占 GDP 的比例名列"世界第一"，例如 2007 年为 3.67%；其二是由企业支出的研发经费占全国研发经费的比例也名列"世界第一"，例如在 2006 年占 81.9%。

④ 在日本全产业的研发经费中，机械工业的研发经费所占比例高达 61.4%。日本仅机械工业即制造业下面的一个产业部门的研发经费就相当于中国全国的研发经费的 1.94 倍。在日本的工业品出口中，耐用消费品出口的比重不到 20%，生产资料产品出口的比重却高达 80%。

⑤ 又如，为了开发海底油气资源，需要具有极强的耐腐蚀耐高压能力的管道，2005 年年底开始建设的、全长 7600 公里、总投资 1 万亿欧元的"北欧管道工程"（其中 1200 公里敷设在欧洲大陆与斯堪的纳维亚半岛之间的大西洋附属海域的海底）使用的直径 1.5 米的管道，就采用了日本某金属公司等制造的、对海水具有极强抗腐蚀性能的钢材。美国三大汽车制造企业使用的轧制模具点名要用"日本造"，因为美国造的模具轧制 3 万次，就磨耗得不能再用了，而日本造的模具可以轧制 6 万至 10 万次。

界一流的节能技术。① (9) 信奉"生产现场第一主义",企业内部的等级差别比欧美企业要小得多,员工的士气较高,能积极搞技术革新。日本的经验启发我们,在改革中革掉平均主义、大锅饭体制是必要的,但千万不能革平等主义的命,真正的平等主义应成为我们社会主义企业的本质特征。(10) 在技术开发中重视发挥集体主义精神。在日本,不仅本企业内部,而且相关企业之间,大家能互相交流合作、切磋琢磨,为提高劳动生产率和产品质量而共同努力。(11) 重视提高产品质量,开展"全员质量管理"(TQC)活动。

(七) 日本企业研究

杜导正等的《探索日本》报告以深入而敏锐的洞察力,对日本的企业及其结构进行了精彩的分析。打开这份长篇报告,首篇文章不是介绍丰田、日立、松下电器等著名大企业,而是"星罗棋布的日本中小企业":"这些中小企业星罗棋布,拥挤在日本狭窄的国土上,集结在大企业周围,构成了'金字塔式'的独特的经济结构。""这种结构,不是违背企业意愿人为地组织起来的,而完全是按照资本主义经济规律形成的。"中小企业"开展竞争和创新活动,争取大企业增加订货,这种既互相竞争,又互相依存的结构,可以说是日本企业具有活力的重要原因。"② 日本所课题组的《日本的经验与中国的改革》一书中,吕文忠指出"中小企业在日本国民经济中占有十分重要的位置",并专门介绍了"日本政府促进中小企业技术进步的政策措施",其中包括面向中小企业的金融机构,专门向中小企业提供低息设备资金贷款(例如在 1960 年,三个政府中小企业金融机构向中小企业提供的设备投资余额在整个金融机构的贷款中所占比重高达 29%),以缓解中小企业设备投资的困难。此外,考虑到许多中小企业不掌握选购机械设备所需的专业知识和技术,日本政府还制定法律设立设备租赁机构,由中央和地方政府与中小企业金融公库各出资一半,购入中小企业所需的先进设备,然后租赁给中小企业,各地方政府还遍设

---

① 日本为生产一个单位 GDP 所需的能源消费量,仅相当于中国的约 1/9。中国生产 1 吨粗钢需用煤炭量 1.5 吨,美国为 1 吨,日本仅为 0.6 吨。日本钢材的成品率为 0.98 (即从 1 吨粗钢可生产 980 公斤钢材),美国为 0.70,中国为 0.60。

② 杜导正、宫策、孙铭惠、高洁、刘延州、吴复民:《探索日本》,新华出版社 1981 年版,第 1、8、11 页。

公立试验研究机关，对其辖区内的中小企业进行切合实际的技术指导等。[①] 而实施上述政策措施的行政机构和法律依据就是中小企业厅、中小企业事业团等政府部门和组织以及 1963 年颁布的《中小企业基本法》。对照当今中国的中小企业现状及其面临的"融资难"问题，日本政府的独特做法确实很值得我们参考借鉴，或许我国也需要制定能够有力地支持中小企业发展的法律，设立专门为中小企业提供配套服务的政府部门。

日本是一个"藏龙卧虎"的国家，有很多的技术实力雄厚、管理经验丰富的大企业，更有众多数十年甚至几代人磨炼一技之长的中小企业（它们都是我们国内所称的"民族企业"而非"外资企业"），很多专家说，号称"世界工厂"的中国工业缺乏坚实的根基，少有日本那样技高一筹、奉行"拜技主义"的中小企业，却有太多的人心浮躁、员工跳槽和拜金主义，特别是制造业的核心技术大多掌握在外资企业手中，这是我们在经济转型过程中必须解决的问题。

从我国经济体制改革的实际需要出发，所谓"日本式经营"在 80 年代的中国受到了高度关注。日本所课题组将日本企业经营的特点归纳为以下五点：（1）与其他资本主义国家相比，日本企业的所有与经营的分离更彻底，企业经营者可以放开手脚干，经营者受到来自股东方面要求分红的压力较小，因此有更多余裕来考虑企业的长期发展。（2）以终身雇佣制、年功序列制和按企业组织工会为"三大支柱"的日本式企业经营方式使企业成为富有凝聚力的组织，成为一个通过职工的录用、训练、福利、升迁等各个环节"把职工完全掌握起来的系统"。（3）在日本形成了一种"要忠于企业"的近乎宗教式的社会伦理。（4）与战前相比，战后日本企业不仅消除了企业内部人员的身份等级差别和收入上的悬殊差距，而且企业内部的收入差距明显小于美国等资本主义国家。显然，企业内部的平等化是发展现代化企业的必然要求。（5）为了追求长期发展的经营战略目标，日本企业往往把竞争的需要看得比利润还重，把市场占有率当做经营状况的关键指标。[②]

刘昌黎认为"在资本主义制度下，法人所有制在本质上虽仍然属于

---

① 中国社会科学院日本研究所课题组：《日本的经验与中国的改革》，经济科学出版社 1994 年版，第 175—178 页。

② 中国社会科学院日本研究所课题组：《日本经济的活力》，航空工业出版社 1988 年版，第 66—75 页。

私有制，但根据马克思主义观点，其所有权的社会性却有了很大进步，这也是战后日本经济、社会和生产关系在所有制方面的重大变化和进步，是日本确立现代企业制度和实现企业经营管理现代化的重要标志。法人所有制是在股份公司的基础上发展起来的，是对资本家个人所有制的否定，是资本主义社会中孕育起来的社会主义因素。"①

较早致力于公司治理结构研究的莽景石指出："日本为迅速实现从后发展经济到工业化经济转变的国家目标，市场价格机制功能的相当部分被替代了，其一是宏观经济层面的政府替代市场，其二是微观经济层面的企业替代市场。仅从与日本公司治理结构相关的角度看，企业替代市场在很多方面造成了日本市场结构的特殊性：相互持股和主银行制替代了资本市场的很多本来的功能，企业之间的长期交易关系并非完全在竞争性市场上建立起来，终身雇佣制以及从企业内部选任管理者造成了劳动市场的不完全。日本所进行的经济改革，可以理解为恢复被替代的市场价格机制的本来功能，在宏观经济层面推进规制缓和，在微观经济层面进行公司治理结构改革。"②

早在明治初期，日本在从西方移植现代工业的同时，就吸取了西方股份制的精髓，逐步形成了有日本特点的现代企业制度或"日本式股份公司制度"。然而战后日本企业制度以及相应的公司治理结构，"起源于美国占领军依据美国模式进行的制度设计，但在其后的市场化、本土化的适应性演化过程中，发生了对美国模式的'偏离'，而在日本陷入长期萧条以来的新一轮体制变革中，似乎又发生了对美国模式的'回归'，股东和市场在这一演化过程中将会日益起到更大的治理作用。但是，美国次贷危机爆发后，美国模式遭受到昔日亚洲金融危机发生后东亚模式曾经遭受到的同样质疑，美国公司治理结构继续作为'全球化标准'引导日本公司治理结构向它'回归'的可能性已经开始降低；另外，日本公司治理结构变革的一个显著特征是，外部治理结构与内部治理结构是非均衡演化的，外部治理结构是美国化的，而内部治理结构仍是日本化的，两者之间

---

① 刘昌黎：《现代日本经济概论》，东北财经大学出版社 2002 年版，2008 年修订版，第184—185 页。

② 莽景石：《略论日本的公司治理结构及其改革趋势》，《世界经济》2000 年第 7 期。

如何磨合，增大了日本公司治理结构变革方向的不确定性。"① 胡欣欣则认为："日本式股份公司制度的某些作法作为传统股份制的一种变形，或许对我们有着某种特殊参考意义。"②

胡欣欣还将其企业层面的思考上升到整个经济转型问题。她指出："在实现了'赶超'目标后，日本经济依靠企业本身的经营活力和巨大应变能力，比较成功地开始了技术革新性质的转换和产业结构转换。然而，从赶超型经济向成熟型经济的转换并不是那么简单的，成熟型市场经济应该比经济增长更重视提高整个社会的福利水平和生活质量，它意味着企业要承担更大的社会责任，也应该意味着由'企业本位制'向'消费者主权'国家的转换。这一系列转换都具有相当大的难度，因为人的意识转换往往需要花费更长的时间，而包括制度在内的存量调整则更是要触动某些重要企业、机关团体或个人的既得利益，甚至也会给某些无辜的市民带来伤害。因此，'转轨'绝不是在较短时期内就能完成的。"③

（八）其他

本节无意网罗有关日本经济的所有领域。在综述了以上七个领域外，还想提及一些令笔者感到印象深刻的重要研究成果。

张季风的《日本国土综合开发论》是笔者读到的有关日本国土开发的一部最全面的研究成果，而只需放眼我国被代代传颂的"大好河山"在经济持续高速增长过程中变得面目全非的现状，可以感受到本书作者是带着深刻的问题意识来研究日本的国土开发问题的。张季风认为："日本经过 50 多年的国土综合开发，基本实现了'缩小区域间差距'和'国土均衡发展'的目标。"他还指出了战后日本的国土开发过程中出现的浪费、腐败、破坏环境、国土开发相关法人经营不善等问题，提醒我们吸取其深刻教训。此外，作者还高度评价了日本的高速交通体系的建设在"缩小区域间差距"和"国土均衡发展"这两大目标过程中的作用，并在

① 莽景石：《日本的公司治理结构：对美国模式的偏离与回归?》，《比较管理》2009 年第 1 期。

② 胡欣欣：《股份公司制度的机能与股票市场的利弊——关于战后日本股份制特点的思考》，《日本学刊》1991 年第 3 期。

③ 胡欣欣：《"赶超战略"及"转轨"问题小议——对〈中国的奇迹：发展战略与经济改革〉的若干疑问》，《日本学刊》1997 年第 2 期。

2004 年出版的著作中收入了作者早前所写的我国应 "尽快建设类似新干线的高速铁路" 的建议。[①]

　　另一项值得关注的研究领域是日本的收入分配问题。在这里需要做的事与其说是进行 "综述"，不如说是进行 "检讨"。正如莽景石所说："任何国家的经济，都是在普遍的资源稀缺限制和特定的经济体制约束下运行的，因此不可避免地面临着两个最主要的问题：一是如何组织生产？二是如何分配收入？日本也不例外。由此决定了当我们以日本经济为研究对象的时候，只有包括了上述两个领域的研究，才能反映出日本经济及其发展的全貌。"但我们不得不遗憾地指出，对前者的研究，已经取得了丰硕的成果；而对后者的研究，几乎还是一片空白……之所以形成这种日本经济研究的倾向性，可能与下面几点原因有关：首先，在我们的日本经济研究的理论基础中，存在着 "生产决定论" 的传统影响，生产决定流通，生产决定消费，生产决定分配，在生产、流通、消费、分配各环节中，生产是第一位的，而其他环节则是第二位的；其次，在借鉴日本经验促进中国经济腾飞的思想意识指导下，甚至在一种 "赶超" 冲动的社会心理的影响下，研究者往往更多地关注日本经济的增长与波动，兴趣多集中于与增长直接相关的经济因素分析，而收入分配则未被纳入增长的解释变量中；再次，研究者对包括日本在内的国际学术界关于工业化过程中个人收入分配的长期变动、经济增长与收入分配之间的关系的研究没有给予充分的学术关心，致使日本收入分配的研究至今尚付阙如。在这方面，值得提及莽景石较早地注意到日本工业化和经济发展过程中的收入分配问题，并发表了相应的成果。[②]

三　研究思路与方法

　　（1）虽然我们需要很多纯粹的日本经济研究的成果，但在很多场合，研究日本经济不能脱离政治、外交及其他。比如战后在日本等资本主义国家，政治干预经济的现象十分普遍，导致 "经济与政治空前紧密地结合

---

① 张季风：《日本国土综合开发论》，世界知识出版社 2004 年版，第 4、371 页。
② 莽景石：《经济增长、制度变迁与收入分配——日本百年工业化过程的经验观察》，《日本学刊》2006 年第 4 期。

在一起"。① 最典型的就是日本财政，每年财政预算总是成为朝野政党激烈角逐的平台。此外，经济与外交也不可分，比如日本就十分重视能源外交。再者，研究日本经济还须与有关日本社会与文化的研究相结合，比如研究文化产业的发展，就是经济与文化相结合的课题。研究日本经济，还要把自然科学、技术科学的因素考虑到里面去，日本提出所谓"技术立国论"，实际上不单纯讲技术，而是包括了社会科学、自然科学、技术科学这三方面的内容。②

（2）改革开放以来，我们十分重视研究日本经济社会发展的正反经验，以便为我国的发展与改革提供参考和借鉴，从这个意义上说，中国的日本经济研究具有很强的目的性或"为国家服务"意义上的"功利性"，隶属于中央和地方的社科院等单位的日本经济研究机构都以作政府相关机构的"智囊"、满足政府机构和广大读者了解日本经济的需要为己任。当然这绝非意味着我们"只有一个功利主义的视角"，很多研究者对"为国家服务"意义上的"功利性"的追求，并没有排斥自己或其他研究者开展非"功利性"的研究，在事实上呈现为既偏重"洋为中用"的"功利性"研究，又使之与非"功利性"研究相互促进的局面。当然，为了做到"洋为中用"，也需注意"中为洋用"，研究日本经济要懂中国经济。如果我们没有对自己国家发展的高度关切，对自己的问题不懂或知之甚少，就不可能真切了解日本包括真切地知道日本哪些"经验"对我们有哪些参考价值，因而就很难做到"洋为中用"，换句话说"洋为中用"与"中为洋用"构成一对相互作用、相互转化的辩证关系，只有很好地把握这种辩证关系，才能做到"知己知彼"，达到"彼学"与"己学"相互交融的境界。③

（3）在 80 年代学习"日本经验"的热潮中，也有些研究者将战后日本经济发展各方面的经验"打包"成所谓"日本模式"，主张中国全面地

---

① 宦乡：《关于研究世界经济的几个问题》，《宦乡集》，中国社会科学出版社 2002 年版，第 324 页。

② 同上书，第 323—336 页。

③ 值得指出的是，在我国的日本经济研究界，涌现出一批也可称之为中国经济问题专家的学者，他们当中有的曾经给中共中央政治局（如赵晋平于 2009 年 2 月以"世界经济形势和推动我国经济又好又快发展"为题给第十七届中共中央政治局第十二次集体学习班讲课），一些人成为我国政府有关部门进行决策时的"参谋"或某些地方政府的"咨询委员会委员"（如刘昌黎任大连市政府咨询委员会委员）。

照搬"日本模式"，但大部分研究者并不认同"日本模式"。胡欣欣认为："由于战后日本经济在'赶超发达国家'方面取得的优异成果，政府干预经济的日本模式为不少国家所效仿。尤其是韩国等东亚国家（或经济体）通过借鉴'日本模式'而取得较为显著的发展成果之后，日本模式被'扩展'为'东亚模式'。然而，应看到对于某些效仿'日本模式'的经济体，在其发展初期所面临的课题与战后日本是有所不同的，因为它们多少都面临着'低度发达的市场经济'所特有的市场体系不发达的问题。换言之，它们不仅面临战后日本那样的赶超课题，同时还面临培育、健全市场体系的课题，在某些情况下，甚至有必要通过政府干预的方式来弥补市场体系本身尚未完备的功能。由于这些原因，某些国家在效仿'日本模式'时，往往容易将政府作用加以进一步'放大'，这一因素反过来又使一些人过高评价日本政府在战后经济发展中的实际作用。"①

过度的肯定往往会走向反面过度的否定。20 世纪 90 年代以来，主张"日本模式"的一些研究者转而对"日本经验"采取全盘否定的态度，很多人把好奇、羡慕、崇拜的目光投向了大洋彼岸，积极主张仿效"美国模式"。而对"日本模式"表示不能认同的研究者却坚持认为，战后日本经济高速增长和克服两次石油危机的成功经验仍然值得我们重视，美国经济在 90 年代确有良好表现，确有很多值得我们借鉴的经验，特别是应该紧紧抓住美国引领的信息技术革命的大好机遇，但美国资本主义模式存在着很大的问题（包括过度的物质消费和国民福利以及金融资本主义超越实体经济过度发展等等）。鉴于中国的实际国情（主要是不具有美国那样优越的自然禀赋和可以滥印钞票的美元霸权地位），中国不仅不宜照搬"美国模式"，而且应该将"脱'美国化'作为端正中国的发展方向的紧迫课题"。②

四　结语

在日本大地震发生后，日本东京大学教授御厨贵发表了《"战后"终

---

① 胡欣欣：《政府干预经济的"日本模式"及其变革》，张淑英主编：《日本经济发展模式再探讨》，方志出版社 2007 年版，第 75 页。

② 丁刚：《脱美国化——不可回避的问题》，《环球时报》2004 年 9 月 13 日。

结"灾后"开始》一文①，将此次大地震对日本所造成冲击之大，与日本"二战"战败相提并论，认为日本将"迎来'灾后'时代"。今后，我们在继续深入研究"战后日本经济"的同时，还需将"震后日本经济"作为一个新的研究课题。

这次由强震、海啸、核事故、液状化构成的复合灾难进一步暴露了日本的自然条件之差，而战后日本凭借如此差的自然条件建设了世界第二经济大国，确实是创造了奇迹（这个过程中就包含着很多有益的经验），但这同时也反映了一个国家的发展不可能过度超越自然条件提供给本国的发展空间的极限。恩格斯说过："我们不要过分陶醉于我们人类对自然界的胜利。对于每一次这样的胜利，自然界都报复了我们。"对自然的过度索取和"征服"难免遭到自然的惩罚。在 1967 年至 1987 年这 20 年之间，日本不顾本国地震频发的自然条件，一气建成了 34 座核反应堆（美国建一座核电站需 10 至 15 年，而日本只用五六年就建成），当时日本核电生产在其"入口"（浓缩铀）与"出口"（乏燃料的再处理）方面基本依赖美英和法国，以致日本的核电站被形容为"既无厨房又无厕所的公寓"，这说明从日本国情看，如此迅速地发展核电有些过度，超越了日本的天赋条件。

当然，导致日本"由盛而衰"的原因很多，主要有：（1）人口老龄化；（2）美国运用金融、借债、贸易战等手段对一个崛起经济大国的牵制（在 20 世纪八九十年代所谓"日本威胁论"在美欧曾经盛行一时）；（3）在核电等"安全敏感领域"的冒进；（4）未能推进真正的改革以克服可持续发展的障碍等。值得我们深思的是，上述这些"克日"的原因是不是我国正在或将要面临的瓶颈和问题？总之，从社会科学的视角研究"战后日本经济"如何转向"灾后日本经济"的机制和根源，找到其中的内涵和规律，或可能成为今后我国日本经济研究的一个重要任务。

---

① ［日］御厨贵：《"战后"终结"灾后"开始》，日本《中央公论》2011 年 5 月号。

中国的日本宏观经济研究 30 年综述

中国社会科学院日本研究所　张季风

日本经济研究学科属于二级学科世界经济下面的三级学科，也是日本学下面的三级学科。就其研究对象来说，属于国别经济研究，其学术范畴属于经济理论和应用经济相结合的学科。中国的日本经济研究学科是一个非常年轻的学科，其诞生和成长几乎与我国的改革开放相伴而行。日本经济学科虽然发展历史较短，但在世界经济学科中已占据重要地位，同时也成为正在形成中的日本学的重要组成部分。因篇幅和时间所限，本文重点介绍30年来我国学者对日本经济研究的总体情况和日本宏观经济研究的基本情况，简要回答谁在研究、研究什么、为什么研究和研究得怎样等问题。

一　日本经济研究综合概况

自改革开放三十多年来的中国日本经济研究经历了初创期、成长期和发展期三个阶段，走过了一条艰难曲折的道路。经过几代人的不懈努力，基本形成了国内比较固定的研究机构和日本经济科研队伍，研究人员素质不断提高、学术资料积累越来越丰富，现代化研究手段得到普遍利用。三十多年来，中国的日本经济研究人员遵循以下三个原则对日本经济进行不断深入的研究。

其一，根据日本经济自身发展规律，对日本经济进行纵深研究。全面而客观地把握日本经济，特别是战后日本经济的发展轨迹、经验与教训，从中发现有规律的东西。对不同历史阶段的日本经济演变、动态进行深入研究。特别是对日本不同时期的重大经济事件、经济问题和热点问题，诸如日本经济高速增长的原因、产业结构升级、泡沫经济的成因、银行不良资产的解决途径、货币政策、政府累计债务的影响、财政税收体系中的问题、提高消费税问题、外需主导型经济体制的局限性、克服长期萧条的经验教训，等等，中国学者都有所涉猎。昨天的日本经济发生了什么？有哪些经验教训？今天的日本经济现状如何？未来日本经济的走向如何？这些问题一直是中国不同时代日本经济研究人员的研究对象。

其二，结合中国经济发展需要研究日本经济。研究日本经济的终极目的是为我所用。与欧美发达国家相比，日本的"后发性"特点极其明显，与中国的共性更多些。因此与欧美相比，日本经济的经验教训对中国更有借鉴意义。日本经济学科的迅速发展，固然与战后日本经济自身的迅速崛起和衰退有关，但更重要的是国内"需求"的推动。纵观三十多年中国日本经济研究走过的历程不难发现，不同时期的日本经济研究内容大多是根据我国经济形势变化需要而选择的。如20世纪80年代对日本高速增长原因、日本宏观经济管理的研究；90年代对日本市场经济体制的研究以及2000年以来对日本泡沫经济的反思等等都明显留下国内经济发展需求的痕迹。三十年来，我国学者根据中国经济发展形势的需要对日本宏观经济运行、经济体制改革、金融、财政、产业、企业、物流、三农、对外经济关系、中日经济关系等领域进行全方位有针对性的研究。

其三，站在全球高度把握日本经济。日本既无资源又无能源，战后依靠加工贸易起家，对世界经济的依存度很高，离开世界经济，日本经济几乎寸步难行。日本经济的波动、繁荣和衰退，无不与世界经济形势相关联。特别是冷战结束后，经济全球化和区域化迅速发展，这要求我们对日本经济的研究，不能单纯就日本国内的情况看日本，而必须跳出日本看日本，将日本经济置于世界经济和区域经济之中，进行横向立体式研究。

三十多年来，中国的日本经济研究队伍不断成熟、不断扩大。这支研究队伍主要有以下几方面人员构成：（1）在日本研究机构专门研究日本经济的人员；（2）世界经济专业但涉及日本经济研究的人员；（3）中国经济专业涉及日本经济研究的人员；（4）不同专业领域涉及日本经济研究的人员；（5）其他非经济专业领域涉及日本经济研究的人员。上述人员的研究各有千秋，例如日本研究机构专门研究日本经济的人员注重日本经济的系统性研究；而不同经济专业领域的研究人员从各自的视角对特定专业、特定领域的日本经济的研究更加深入。总之，不同类型的研究人员在研究方法、切入点、研究领域等各方面都起到了相互补充、共同提高的效果。

二　20 世纪 80 年代之前日本经济研究状况概述

新中国成立以后，在相当长的一段时间里，中日关系未能恢复正常化。我国对日本经济的研究几乎处于空白状态。1949 年成立的北京大学东方学系，主要从事日本语言、文学的教学与研究。1955 年，人民日报国际部成立的日本问题研究组，主要从事对日报导工作，同时兼顾一些日本经济研究工作。

1963—1965 年间，在周恩来总理的关心下，根据国务院指示，在北京、河北、辽宁、吉林等若干所大学中，建立了专门的日本研究机构。而此外的日本研究机构，多数是在外语系、历史系内组成的研究室或研究组。研究的重点为历史、语言、文学，等等。而日本经济研究被放在次要地位。由于历史原因，在研究日本经济时，主要是侧重于揭露美国对日本经济的控制和日本垄断资本对广大劳动人民的剥削等方面。例如，江泽宏《第二次世界大战后的日本经济发展速度》（《经济研究》1962 年第 8 期）、庄涛《战后日本经济的发展及其矛盾的加深》（《红旗》1963 年第 16 期）、刘茗柯《从资本主义经济规律看战后日本经济的发展》（《国际问题研究》1963 年第 6 期）等[1]。

1966 年以后，由于"文化大革命"，我国的日本经济研究基本陷于停顿。1972 年中日恢复邦交正常化，双边经济往来随之扩大，客观上要求加强对日本经济的研究。复旦大学"战后日本经济"编写组编著了《战后日本经济》（上海人民出版社 1973 年版），这可能是新中国成立以来最早的一本较大部头（28 万字）的日本经济专著。但是由于"动乱"的原因，直至"文化大革命"结束，我国在日本经济方面的研究成果依然少得可怜。"文化大革命"结束后，建于 20 世纪 60 年代的日本研究机构，开始重新召集队伍，恢复研究活动。1978 年 9 月，全国日本经济学会成立，这是当时我国研究日本经济问题唯一的民间学术团体，学会的成立是我国研究日本经济工作蓬勃发展的重要标志[2]。在学会的引领下，有关日

---

[1]　金明善：《现代日本经济论》前言，辽宁大学出版社 1996 年版，第 3 页
[2]　张宝珍：《我国对日本经济的研究》，《世界经济》1988 年第 6 期。

本经济的研究成果陆续问世。

三　20 世纪 80 年代的日本经济研究状况

（一）基本情况

20 世纪 80 年代，我国改革开放初期急需国外先进经验，恰逢日本创造了高速增长奇迹之后的又一次"长期繁荣"期，日本经济高速增长的奥秘以及日本经营管理的经验成为全世界关注的焦点，中央对日本经验也比较重视，加之中日关系正处于友好发展期，因此，这一时期尽管是我国日本经济研究的"初创期"，但也是"黄金"时期。

进入 20 世纪 80 年代以后，党中央确定的以经济建设为中心的基本路线和改革开放政策不断深化，为日本经济研究提供了良好的社会环境。改革开放初期，百废待兴，需要参考日本经济的发展经验，而且蜜月中的中日关系也为形成日本经济研究热潮提供了良好氛围。社会主义现代化建设和改革开放中遇到的问题，不断给日本经济研究工作提出新的课题，主导和推动着日本经济研究的深入。

20 世纪 80 年代，全国各地陆续新建了一批日本研究机构，而且还创办了《现代日本经济》等一些研究日本问题的专门杂志。这些专业研究机构和专门杂志对于研究日本经济基础理论、系统研究日本经济，发挥了重要作用。

改革开放初期，急需发达国家的经验，中央对日本的经验非常重视。党和国家领导人以及中央各部委领导频繁访问日本，许多学者也陪同出访，他们直接接受和吸取了日本先进的管理经验；同时还采取请进来的方式，邀请日本著名经济学家如大来佐武郎、下河边淳、馆龙一郎、小林实、小宫隆太郎、金森久雄等来中国讲学，举行报告会，传授日本发展经济的经验。通过派出去、请进来，加强了中日政府官员间、学者间的学术交流，锻炼了人才，壮大了研究队伍。随着日本经济研究工作的深入，我国的日本经济研究在机构设置、人才培养、经费、资料来源等方面基本上形成了一个比较完整的体系。各单位相互学习，共同配合，发挥自身优势，集中力量研究某些方面的问题，取得了丰硕的成果。但这一时期的成果以直接翻译和介绍日本经济的发展过程及其经验教训为主，而高质量有深度的研究成果不多。

1978 年 9 月成立的全国日本经济学会（当时名称为"日本经济研究会"）一直发挥着协调全国日本经济研究工作和引导研究方向的作用。这一时期学会的学术活动十分活跃。1979 年在沈阳举行第一届年会及学术研讨会，会议议题为"日本的企业管理和日本经济高速增长问题"；1982年在承德举办第二届年会，会议议题为"战后日本经济发展"（内部出版《当代日本经济问题》论文集）；1984 年在上海举办第三届年会，会议议题为"日本的对外经济战略和新技术革命"；1986 年在北京举办第四届年会，会议议题为"日本宏观经济管理"（出版《日本的宏观经济管理》论文集）；1989 年在北京举办第五届年会，会议议题为"面向 21 世纪的日本经济"。这一时期地区分会的学术活动也很活跃，1988 年全国日本经济学会吉林分会召开学术研讨会并且出版了《日本经济论文集》（高中路为责任编辑，1988 年，内部资料）。

这一时期日本经济长期繁荣，值得我们借鉴之处颇多，加之中日关系处于蜜月期，正是在这种大背景下，大多数学者，对日本经济的经验赞赏有加，看到的更多的是日本经济好的一面，而对日本经济存在的问题却很少提及。

这一时期，研究内容涉及日本经济的很多方面，但主要集中在系统介绍日本经济发展经验、日本经济高速增长的原因、日本垄断资本主义以及日本宏观经济管理四个方面。

（二）研究的主要问题及主要成果

1. 对日本经济发展过程的系统介绍与研究

由于十年动乱的影响，我国的日本经济研究几乎处于停顿状态。改革开放初期从中央到地方，从经济管理部门到学校，从学者到普通的读者都迫切希望了解日本经济的真实情况。日本宏观经济运行、经济发展历史轨迹、经济增长规律，即日本所说的"日本经济论"研究也在中国悄然兴起。在这方面最有影响的成果是由中国社会科学院工业经济研究所和日本综合研究所联合组织编写、翻译的《现代日本经济事典》（中国社会科学出版社 1982 年版），该书全面系统地介绍了日本经济发展的过程与经验教训，全书 89 万字，由日本著名经济学家下河边淳主编，60 多位日本最前沿的日本优秀经济学家参与撰写，是代表当时日本也是代表当时中国最高学术水平的日本经济事典，该书既是一本工具书又是一本日本经济入门教材，对我国的日本经济研究起到了特殊的推动作用。金明善著《现代日本经济问题》（辽宁人民出版社 1983 年版）是中国的日本经济学研究者所著的，在国内最早也是最有影响的日本经济论著。其内容包括战后日本经济发展历史、战后初期改革、经济高速增长的条件、技术革新及其经济效果、企业经营管理现代化、农业与工业的关系、日本的金融、财政、劳动力、教育、对外经济关系、日本资本主义再生产周期和经济危机，对 80 年代日本经济走向的展望，等等，从宏观角度对日本经济作了系统的总结和分析。池元吉、张贤淳著《日本经济》（人民出版社 1989 年版）从战前、战后日本经济发展史、主要产业的发展、财政、金融、劳动工资和社会保障、对外经济关系等方面系统地对日本经济进行了更为全面地研究。余昌雕著《日本经济论》（吉林大学出版社 1989 年版）从日本经济的发展环境入手，对战前、战后日本经济进行对比分析，从宏观和中观（产业）、中小企业、对外关系等方面对日本经济进行了全方位阐述分析。此外，王章耀编著《战后日本经济概述》（中国人民大学出版社 1984 年版）简明扼要，概述了战后日本经济的基本情况。值得一提的是，1988 年由中国社会科学院日本研究所组织编写，由航空工业出版社出版的战后日本丛书中金明善、宋绍英、孙执中主编《战后日本经济发展史》、盛继勤主编《战后日本国民经济基础结构》和王琥生、赵军山合编《战后日本经济社会统计》等 9 本著作和资料，全面系统地介绍和分析了日本经济发展史、社会基础设施建设、宏观经济管理、垄断集团、财政、对外贸易等主要问题，此套丛书代表了当时中国日本经济研究的最高水平，颇有影响。

这方面的论文也非常多。例如，孙执中《论日本经济中"滞涨"的特点》（《日本问题研究》1981 年第 9 期）、赵吉利《略论日本经济战略的失误与经验教训》（《现代日本经济》1985 年第 1 期）、冯昭奎《新技术革命对日本经济的影响》（《日本问题资料》1985 年第 38 期）、金凤德《经济大国的一般特征与日本经济大国》（《日本问题》1988 年第 5 期）、任文侠《战后日本经济发展战略》（《现代日本经济》1988 年第 6 期）、凌星光《战后日本城乡、区域差距的缩小和地区开发计划》（《现代日本经济》1983 年第 5 期），等等。上述作者从多角度、多层面分析了战后日本经济的发展历程和特点以及政府对经济的宏观调控的经验教训。

2. 对战后日本经济高速增长原因的研究

战后日本经济获得高速增长，早在20世纪60年代初，"日本奇迹"就引起了国际性注视。以伦敦《经济学家》杂志1962年9月1日和8日两期连载的一篇题为《正视日本》的论文为开端，一批探究日本经济奇迹奥秘和日本走向世界经济强国道路的研究成果相继出版。国际上对日本经济高速增长原因的探究可谓是学派纷呈、观点各异。诸如"经济对照派"、"社会经济派"、"国家经济导向功能派"，等等。即使同一学派也存在不同的理论观点，以"社会经济派"为例，内部又分为"国民性理论"、"市场力量理论"、"独特的经济制度理论"和"搭便车理论"四大理论。而与改革开放同步而行的中国的日本经济研究人员在80年代也对日本高速增长的原因进行了重点研究。我国学者认为，上述的不同学派与不同观点均有其道理，如果将它们联系起来看，也许更能得出符合实际的结论。可以说，日本经济高速增长的实现是多种有利因素有机结合形成的合力使然。我国学者在探究日本高速增长原因方面，应当首推由宋绍英、伊文成等学者编译的日本著名经济学家高桥龟吉所著《战后日本经济跃进的根本原因》（辽宁人民出版社1984年版）。该书针对欧美有识之士的一些具有代表性的观点，提出了不同见解。作者从日本的实际情况出发，参考大量资料，对日本经济进行了具体而又详尽的分析，对我国学者研究日本高速增长原因产生了重要影响。张贤淳著《战后日本经济高速发展的原因》（吉林大学出版社1986年版）根据资本主义经济政治发展不平衡规律、上层建筑对经济基础反作用和扩大再生产等原理，分析了战后日本经济高速发展的主要原因，认为战后特殊历史条件是经济高速发展的前提，优先发展民用重化学工业的战略是指南，激烈的企业竞争是推动力，调动积极性是力量，迅速的资本形成是源泉，不断的技术革新是先锋，大规模设备投资是物质技术基础，市场扩大是现实条件，国家积极干预是保障。这些因素密切联系、互为条件，共同发挥作用，实现了日本经济的高速发展。

这一时期，有关日本经济高速增长研究方面的论文也非常多。例如，邹有恒《战后日本经济学工作者对经济高速发展的贡献》（《世界经济》1980年第5期）、魏斯华《从"国民收入倍增计划"看日本经济高速发展时期的几个问题》（《世界经济》1980年第3期）、郭士信《试论日本"国民收入倍增计划"的性质和作用》（《日本问题研究》1980年第4期）、宋绍英《战后日本经济高速增长论纲》（《外国问题研究》1982年第 1 期）、李公绰《试论日本经济增长快的主要原因》（《外国问题研究》1982 年第 1 期）、田桓《日本战后改革与经济高速增长》（《日本研究》1985 年第 4 期）、金明善《战后日本经济高速发展的经济和后果》（《世界经济》1983 年第 7 期）、李赶顺《战后日本经济高速发展与技术转移》（《日本问题研究》1984 年第 1 期）、刘予苇《从战后日本经济高速发展中应借鉴些什么》（《日本研究》1985 年第 4 期）、徐平《用系统方法对战后日本高速发展原因的再探讨》（《现代日本经济》1988 年第 6 期）等等。广大作者从不同角度、不同方面对日本经济高速增长进行了分析。

3. 对日本垄断资本主义的研究

实际上对这一问题的研究，开始于 20 世纪 70 年代末期。受当时世界经济形势和意识形态的影响，世界经济研究领域对国家干预经济以及垄断资本主义研究形成一个热潮，作为国别研究的日本经济研究也自然顺应这种潮流，对日本垄断资本主义、日本垄断财团进行了重点研究。这方面的代表著作有孙执中主编《日本垄断资本》（人民出版社 1985 年版），该书从垄断资本这一断面对日本经济进行理论分析概括。金泰相、张赤宸主编《战后日本垄断资本》（航空工业出版社 1988 年版）以大量资料，全面论述了战后日本垄断资本的发展、垄断资本的结构，六大财团的发展沿革、未来走向以及垄断资本在日本资本主义发展过中所发挥的作用。是较早的一本内容丰富、系统性研究日本垄断财团的著作。

这方面的论文主要有：田万苍《战后日本的国家垄断资本主义》（《世界经济》1981 年第 6 期）、杨书臣《战后日本垄断资本主义的发展及其特点》（《日本问题研究》1979 年第 2 期）、金泰相《战后日本的国家垄断资本主义》（《世界经济》1979 年第 10 期）、胡欣欣《战后日本的经济发展与垄断体制的变化》（《日本问题资料》1983 年第 80 期）、高中路《战后日本的解散财阀》（《外国问题研究》1986 年第 2 期）、赵凤彬《试论日本垄断企业股份资本占有结构的新变化》（《世界经济》1987 年第 2 期）等等。

4. 对日本宏观经济管理的研究

我国改革开放初期，迫在眉睫的任务是完成从计划经济向商品经济的过渡，政府也急需从计划经济管理向宏观调控的方向转型。因此，十分需要参考发达国家特别是日本的宏观管理经验。这方面研究的主要著作有任文侠、吕有晨主编《日本的宏观经济管理》（航空工业出版社 1988 年版），该书概括论述了战后日本宏观经济管理的概念、内容、特点、理论基础、组织机构和政策手段；在此基础上系统分析了战后日本政府对工、农、商、贸、交通、公益、科技、文教、劳动工资和中小企业等部门和事业的管理，以及在市场经济条件下，如何运用计划、财政、金融、价格等手段进行宏观管理等问题。该书指出：所谓宏观经济管理就是国家有计划地通过市场机制调节国民经济的运行，运用各种经济杠杆，实现总供给和总需求的平衡。日本宏观经济管理的理论基础是凯恩斯主义，其代表是"官厅经济学派"。日本政府长期坚持财政平衡的原则，长期以国际收支的变动作为调节总需求的信号，充分发挥财政投融资计划对宏观经济的调节和诱导，利用"窗口指导"直接控制民间银行的放款额度，积累了丰富的经验。此外，金明善、孙执中、宋绍英、池元吉、余昌雕等学者均在他们的"日本经济论"著作中，对日本宏观经济管理作过专章阐述和分析。

这方面的论文也非常多，主要有：中国社会科学院赴日宏观经济考察团《日本政府宏观经济管理初探》（《现代日本经济》1982 年第 3 期）、任文侠《论战后日本政府在经济管理中的作用》（《现代日本经济》1983年第 6 期）、张赤宸《试论战后日本政府对经济的干预》（《现代日本经济》1983 年第 4 期）、杨帆《日本"官厅"经济学派》（《现代日本经济》1985 年第 1 期）、孔凡静《日本政府宏观经济管理的要点》（《日本问题》1986 年第 2 期）、宋绍英《日本的宏观经济管理论纲》（《外国问题研究》1986 年第 3 期）、凌星光《战后日本宏观经济机制及其评价》（《日本问题》1986 年第 3 期）、金明善《日本宏观经济理论依据》（《日本研究》1986 年第 4 期）、白成琦《论日本的经济计划模式与宏观控制》（《日本研究》1987 年第 1、2 期合刊）、杨书臣《日本政府主要靠经济杠杆调节经济运行》（《日本问题研究》1987 年第 1 期）、任文侠《论战后日本宏观经济管理的理论基础》（《现代日本经济》1988 年第 3 期），等等。上述研究成果从多方面、多层次探讨和分析了日本宏观经济管理问题。

四　20 世纪 90 年代的日本经济研究状况

（一）基本情况

1991 年日本泡沫经济崩溃，自此日本经济进入长期萧条，与 20 世

80 年代以前蒸蒸日上的日本经济形成鲜明对比，日本经济在国人的眼里似乎江河日下，在领导人的眼里也显得不如 80 年代那样重要。而且中日关系也度过了"蜜月期"，进入"正常发展期"，历史问题、领土问题以及台湾等问题逐渐凸显出来，两国政治关系时冷时热，经济关系也出现许多摩擦。与当时的形势相适应，中国的日本经济研究"热度"远不如 80 年代，在"不太受重视"的情况下，进入正常的"成长期"。

20 世纪 90 年代国内与国际形势也发生许多变化。90 年代初，东西冷战结束，世界经济政治格局发生重大变化。日本经济陷入长期低迷，其内在的矛盾和问题集中暴露出来。几乎在同一时期，我国的改革开放进一步深入，党中央提出建立社会主义市场经济的战略。而当时，我们尚不十分清楚何为市场经济，因此，我国的日本经济研究人员纷纷从邻国日本的市场经济发展过程中求解。这一时期，以全国日本经济学会为主体，各种类型的国际、国内学术研讨会十分活跃。1994 年，全国日本经济学会在大连举行第六届年会暨学术研讨会，会议议题是"中日市场经济体制比较与中日经济关系"。这次会议后，我国日本经济研究人员掀起了研究日本市场经济的高潮。

这一时期的日本问题专业研究机构也比较稳定，90 年代中后期，改革开放后培养的日本经济专业毕业研究生逐渐走上研究第一线，成为日本经济研究的新生力量。

日本泡沫经济崩溃后，陷入长期萧条，日本经济的国际地位及重要度相对下降，从而对我国研究日本经济的重要程度也产生若干影响，但是对我们全面认识日本经济提供了更多的侧面，使我们的研究更加冷静，更加全面。在介绍分析日本经验的同时，反思日本经验教训的成果有所增加。总体来看，与 80 年代相比，这一时期的日本经济研究内容更加广泛，更加深入，水平也有所提高。

这一时期，研究内容比 80 年代更为宽广，但主要集中在日本现代化问题、日本市场经济体系以及对日本经济论的深入研究三个方面。

（二）研究的主要问题及主要成果

1. 对日本市场经济体系的研究

1992 年邓小平南方谈话以后，我国确立了建设社会主义市场经济战略。国内日本经济研究人员积极行动起来，详尽介绍和分析日本型市场经

济的运行机制。中国社会科学院成立了日本市场经济研究中心，创办了
《日本市场经济》杂志，我国著名经济学家朱绍文先生担任主编。集中发
表了许多有关日本市场经济方面的成果，为我国社会主义市场经济的建设
提供了重要参考。

这方面的主要著作有：左中海主编《日本市场经济体制》（兰州大学
出版社 1993 年版），该书首先对日本市场经济体制的历史沿革进行概述，
然后从企业、市场和政府三个大的方面对日本的市场体系、市场结构、市
场管理以及日本国内市场与国际市场的统一进行了深入分析。认为日本市
场经济模式具有三个重要特征：其一是富有活力的微观经济主体（独特
的企业制度）；其二是独具特色的资源配置导向系统（计划、政策导向）；
其三是健全有力的宏观调控和保障系统（政府的调控手段）。逄金玉著
《日本型市场经济研究》（中国社会科学出版社 1999 年版），从介绍日本
市场经济建立的历史入手，然后对日本型企业的经营及其特征、企业间关
系、银企关系、家计的经济活动、禁止垄断法和政府规制、政府的经济计
划和政策、财政和税制、金融制度、社会保障制度等问题进行了系统分
析，而且还归纳了日本市场经济的特征，并且提出了对我国社会主义市场
经济的借鉴。中国社会科学院日本研究所课题组编辑的《问题、对策、
机制——日本经济发展的经验教训》（经济科学出版社 1994 年版）从政
府宏观经济管理、金融与资本积累、科技进步、农村与农业、企业等方
面，论述了日本市场经济体系的特点、日本经济的发展经验及其对我国的
借鉴。中国社会科学院日本研究所"日本经济经验发展教训课题组"编
写的《日本的经验与中国的改革》（经济科学出版社 1994 年版）、陈庄
《日本型市场经济——形成、发展与改革》（时事出版社 1995 年版）、刘
淑演《当代日本市场经济模式》（济南出版社 1996 年版）、李赶顺《现代
日本型市场经济体制及其经济政策》（中国审计出版社 2001 年版）等著
作也很有影响。

这一时期介绍和分析日本市场经济体制的论文也非常多，主要有朱立
南《日本市场经济的特点与启示》（《现代日本经济》1995 年第 1 期）、
俞宜国、吴学文《论日本市场经济体制的建立及特点》（《世界经济与政
治》1995 年第 5 期）、阎莉《日本市场经济体制模式探讨》（《日本研究》
1998 年第 4 期）、孔凡静《日本市场经济运行机制的特点》（《日本学刊》
1994 年第 3 期）、车维汉《论日本市场经济体制的形成、特征和文化背

景》（《当代亚太》1997 年第 2 期）、宋绍英《日本市场经济模式论纲》（《世界经济与政治》1998 年第 6 期）、江瑞平《关于现代日本市场经济中的垄断问题》（《世界经济》1995 年第 1 期）、刘昌黎《日本市场经济的封闭性和不完全竞争性》（《外国问题研究》1996 年第 4 期）、冯昭奎《日本市场经济计划性的三个来源》（《世界经济》1996 年第 12 期）、张捷《日本型市场经济体制的特征、原理和结构》（《世界经济》1998 年第 3 期）等。

2. 对日本现代化问题的研究

西方的"现代化理论"作为体系之形成，正是源自对日本经济的两次起飞现象的历史解析。事实上，20 世纪 70 年代中期我国提出"四个现代化"目标后，中国老一代日本问题研究人员就开始进行日本现代化的研究。当时的研究重点是日本明治维新时期所实行的各项"殖产兴业"、"文明开化"改革的政策。明治政府一直把引进近代企业制度和移植欧美经济法制当做两大重点，如"岩仓使节团"出使西方各国学习西方先进的政治、经济、法律制度，在国内进行"地税改革"、"封建俸禄改革"、引进国外技术人才、向国外大规模派遣留学生、建立"国民银行"、"出售官办企业"、发动对外侵略战争、掠夺别国资源和战争赔款进行原始资本积累、产业革命等。这些研究成果对我国改革开放解放思想，确立改革思路起到了重要的参考作用。这方面的代表著作有马家骏、汤重南著《日中近代化比较》（东京，六兴出版株式会社 1988 年版），该书分析了近代以前两国政治制度稳定性的差异。认为日本实行世袭、门阀制，使得有才能的下级武士不能进入高层，在幕末，则促使下级武士走向与旧政治制度决裂，为倒幕维新创造了必要条件。而中国的科举制度则将全国各地、各民族的地主和土地权力、商业资本、高利贷资本三位一体的代表人物（也包括被统治阶级中的优秀人才）吸收到中央政府中来，加强了专制统治，统治者利用这一制度成功地钳制了众多读书人的思想。万峰著《日本近代史》（中国社会科学出版社 1978 年版，1980 年修订），由姜德昌、夏景才主编的《资本主义现代化比较研究》（吉林人民出版社 1989 年版）中收录的杨孝臣撰写的"日本现代化"部分也有一定影响。王承仁、艾平、李少军著《中日近代化比较研究》（河南人民出版社 1994 年版），王家骅著《儒家思想与日本的现代化》（浙江人民出版社 1995 年版），在当时也很有影响。不难看出，上述研究主要是从历史学角度的研究,其主体不是日本经济研究人员,而是史学工作者。

到了 90 年代初,日本经济学研究者开始进入这一研究领域并且逐渐成为主导研究力量。金明善、徐平著《日本:走向现代化》(辽宁大学出版社 1990 年版)就是这方面的代表作。全书包括三大部分,共 15 章,45 万字。该书从历史发展的动态中全面论述了日本现代化的体系,把日本现代化置于历史发展的动态中去考察,并以此建立了自己的体系。把日本现代化置于政治、经济、文化各个领域进行综合考察,全面而系统地总结了日本现代化的经验和问题。与《日本:走向现代化》侧重日本经济现代化研究有所不同,金明善主编的《日本现代化研究》(辽宁大学出版社 1993 年版)则是从日本实现现代化的历史前提、政治、社会观念意识变革、经济、社会结构、传统文化等不同侧面对日本现代化进行全方位分析的力作。此外,孙承著《日本资本主义国内市场的形成》(东方出版社 1991 年版)也很有影响。

日本现代化研究论文也非常多,主要有:丁日初、杜恂诚《十九世纪中日资本主义现代化成败原因》(《历史研究》1983 年第 1 期)、张季风《浅议日本资本原始积累及其特点》(《外国问题研究》1990 年第 3 期)、吕万和《明治维新与中华民族的觉醒》(《天津社会科学》1991 年第 2 期)、江秀平《中国洋务运动和日本明治维新创办近代企业的比较》(《中国社会经济史研究》1992 年第 2 期)、张季风《洋务运动、殖产兴业、经济发展》(《外国问题研究》1994 年第 2 期)、严清《中日近代化之初的两种对外开放观》(《经济评论》1995 年第 2 期)、董以山《中国洋务运动与日本明治维新之比较》(《山东大学学报》(哲社版)1995 年第 1 期)、严立贤《中日两国的早期工业化与国内市场》(《战略与管理》1995 年第 4 期)、管宁《中日两国近代工业化道路分歧浅析》(《日本研究》1996 年第 3 期)、马敏《中国和日本的近代"士商"》(《近代史研究》1996 年第 1 期)、王小平《战后日本经济现代化研究综述》(《日本研究》1999 年第 4 期),等等。

3. 对"日本经济论"的研究

自 20 世纪 70 年代起,我国学者对"日本经济论"的研究从来没有间断过。如果说 80 年代是简单介绍和分析入门阶段的话,那么到 90 年代,中国的日本经济论研究不仅仅是介绍日本的经验,而且也开始注意研究和分析日本经济发展过程中出现的各种问题,逐渐形成了"中国的日本经济论"的特色，站在旁观者的立场上对日本经济进行独立的分析。主要代表作有：宋绍英著《日本崛起论》（东北师范大学出版社 1990 年版），该书从战后日本实现崛起的背景入手，结合战后日本经济崛起的历史轨迹，集中论述日本政府及垄断资本在充满矛盾的实践中为实现崛起采取的一系列政策措施，揭示垄断资本的经济增长主义的实质及其双向效应，并探讨日本迅速实现崛起的经济的、政治的、社会文化的诸多原因。该书最大的特点是对战后日本经济增长主义及其带来的双面性后果进行了深入剖析。色文著《现代日本经济发展与对策》（北京大学出版社 1990 年版），系统介绍了战后日本经济发展、工农业现代化、大中小企业的发展与变化，从日本的经济计划、政府的财政货币政策等方面简述了经济发展过程中政府干预的作用，并对日本的对外经济关系、劳动就业制度及经济结构的调整进行了探讨和评价。宋绍英著《日本经济国际化》（东北师范大学出版社 1997 年版），勾勒出在世界经济中的日本经济的总体面貌。金明善著《现代日本经济论》（辽宁大学出版社 1996 年版）是迄今为止部头最大的"中国的日本经济论"力作，全书共 80 万字，分为 11 篇 53 章。该书从历史发展的动态演变中系统地阐述了日本资本主义发展的历史特点，从经济、科技、政治、社会、国际关系等各个领域系统总结了日本现代化的主要经验，通过分析科技立国战略思想的形成过程，论述了成为世界经济大国后日本经济发展的战略调整以及面向 21 世纪的日本经济的发展趋势。同时还探讨了日本垄断资本的特点、经济周期、经济政治发展不平衡、社会结构变化等现代日本经济的若干理论问题。冯昭奎编著《日本经济》（高等教育出版社 1998 年第一版，2005 年第二版），从日本经济增长与景气循环入手介绍了日本经济的基础理论和经济周期循环变化，然后又从产业、财政、金融、公司治理以及对外经济关系等方面对日本经济进行了系统全面的阐述。是我国影响较大、使用范围较广的大学日本经济教材。孙景超、张舒英主编《冷战后的日本经济》（社会科学文献出版社 1998 年版）全面、深入地回答了在冷战结束后的 90 年代，日本经济进入长期萧条，其成因如何、对亚太地区影响如何、经济改革前景如何、日本经济能否再度辉煌等问题，总结出日本经济发展的经验教训，为我国今后深化经济改革提供了借鉴。

五　21世纪第一个十年的日本经济研究状况

(一) 基本情况

进入2000年后，日本经济并没有出现明显好转，仍处于长期慢性萧条之中。而中国经济不断上升，此升彼降，形成鲜明对比，日本经济不仅在国人眼里一落千丈，而且在政界、企业界，甚至是学界也存在"日本经济已无可取之处"的声音。再加之小泉内阁采取对华强硬政策，小泉首相连续五次以公职身份参拜靖国神社，导致中日关系从20世纪90年代的"不冷不热"降至"冰川期"。在这种大背景下，客观研究日本经济，或对日本经济的若干优势进行客观评价都比较困难。正是在这样的情况下，我国的日本经济研究进入了比较艰难的"发展期"。

世纪之交，我国的改革开放进一步深化，2000年开始实施西部大开发战略，2001年成功加入世贸组织，2007年党中央在十七大正式提出构筑和谐社会的战略，特别是在2008年秋季爆发金融危机以后，进一步强调增长方式的转变。中国经济形势的变化，客观上要求我们要认真研究走在我们前头的邻国日本的各方面的经验；而随着中国经济持续高速增长，带来了环境污染、生态破坏、区域差距扩大以及贫富差距扩大等各种社会问题，在经济层面上出现了严重依赖外需和投资而导致的经济结构失衡和不可持续性，股市的大起大落、房地产泡沫的出现等等经济社会的隐患和风险也在增大。而上述经济问题和经济现象也曾出现在日本经济发展的不同阶段，因此反思日本经济的教训也成为这一时期我国日本经济研究的一个重点内容。而日本经济从2002—2007年出现了长达69个月的战后最长的经济景气，不良债权得到处理，金融监管得到强化，成功迎击了金融危机，经济很快得到复苏，这又为我们研究日本经济提供了新的素材。

这一时期，我国的日本经济研究人员基本是针对上述形势的变化而对日本经济进行研究的。尽管研究环境不佳，但我国的日本经济研究人员的研究热情不减，研究范围不断扩展，论文数量不断增多，研究水平也不断提高。首先应当提到的是，全国日本经济学会紧跟形势，学术活动十分频繁、活跃。在2000年5月，全国日本经济学会在秦皇岛召开第七届年会暨学术研讨会，会议的议题为"新形势下的中日经济关系"。同年7月全国日本经济学会又与青海省社会科学院等有关单位在西宁召开"西部大开发与中日经济合作"国际学术研讨会。自 2007 年第八届年会暨学术研讨会在北京召开以来，学会学术活动逐渐走向机制化，每年召开一次年会暨学术研讨会。2008 年年会在沈阳召开，会议主题为"缩小差距，促进公平正义"；2009 年年会在长春召开，会议主题为"循环经济与中日经济发展"；2010 年年会在上海举行，会议主题为"危机、变革与增长"；2011 年年会在成都召开，会议主题为"灾后重建与经济社会发展"。此外每年还多次召开中小型学术研讨会。自 2008 年起，全国日本经济学会和中国社会科学院日本研究所联合出版《日本经济蓝皮书——日本经济与中日经贸关系发展报告》，到目前已经连续出版五本。每年的蓝皮书都有一个重点专题，与学会年会主题相一致。全国日本经济学会学术活动的机制化有效地推动了全国日本经济研究的健康发展。

遗憾的是，这一时期许多大学或地方的研究基础很好的日本研究机构由于各种原因，纷纷"更名转向"，有些"升级"为东北亚研究院（研究所或研究中心）；有些则并入专业化研究队伍，例如，研究日本经济的归入经济学院，研究日本企业管理的归入商学院或管理学院、研究日本经济发展史的归入史学研究，等等。撤销原有日本研究所建制，势必会分散和削弱研究力量，甚至影响研究水平的提高。

从研究队伍来看，进入 2000 年以后，我国老一辈日本经济研究专家，因年事已高，大多退出了研究第一线，而改革开放后培养的日本经济专业研究生逐渐成为学术带头人，特别是国外（主要是在日本）留学的人员大批回国，为我国的日本经济研究补充了新鲜血液，他们的知识结构较新，具有长期在日留学经验，外语程度高，开始利用国际通行的西方经济学的研究方法研究日本经济，为我国的日本经济研究增添了新的色彩。

总体来看，与 20 世纪 90 年代相比，这一时期的日本经济研究内容更加广泛，几乎涉及日本经济的所有领域，研究水平也有所提高。研究内容主要集中在日本泡沫经济研究、日本经济长期萧条问题、日本经济体制改革研究和对"日本经济论"的深入研究四个方面。

（二）研究的主要问题及主要成果

1. 日本泡沫经济研究

日本在 20 世纪 80 年代中后期发生泡沫经济，而 90 年代初泡沫经济的崩溃又成为导致日本经济陷入长期萧条的直接导火索。但是，直到 90

年代中期之前，包括日本学者在内并没有看清这一问题的本质，许多学者一直将这一时期称为所谓的"平成景气"。90年代后期，我国学者才开始关注"泡沫经济"，但并没有出现太多相关成果。反倒是2000年以后，我国学者更加重视这一问题的研究，特别是我国股市出现了大起大落和房地产泡沫后，才引起了人们对日本80年代中期出现的泡沫经济的关注与反思。国内外对日本资产泡沫成因与教训的分析很多，由于观察问题的角度不同，往往是见仁见智。不能简单地将日本出现泡沫经济的主要原因完全归结为日元升值所致，泡沫的形成的原因还有很多，可以说是国际形势的压力、国内需求的膨胀、货币政策、财政政策的失误、土地神话、金融监管的松懈等因素综合作用的结果。而更多的中国学者把关心点放在与中国出现的资产泡沫的比较上。

绝大多数学者认为，当前中国资产价格上涨与80年代后期日本资产价格膨胀有许多相近之处，例如，宏观经济都表现良好；投资和出口高速增长成为经济增长的两大动力；外汇储备迅速增长，经常账户盈余占GDP的比重处于较高水平；货币供应量和信贷迅速增长，等等。中国的资产泡沫也将导致与日本同样长期萧条的结果，其教训值得中国警惕。但也存在不同观点，有学者认为，中日经济发展的阶段不同，资产泡沫不能简单类比。如张季风《中日"泡沫"生成环境的非同质性探析》（《日本学刊》2008年第2期）认为，我国的经济现状与日本20世纪80年代中期相比不同点太多，而与70年代的日本更相似。80年代的日本经济已进入后工业化时代，国内市场饱和，在低速增长的情况下，发生泡沫，对整个经济的影响自然要大；而中国正处于高速增长时期，出现一些泡沫，即使破灭，其影响也很快会被高速增长所吸收，如中国股市的大起大落并没有对宏观经济造成太大影响就证明了这一点。由于经济发展阶段不一样，所采取的经济政策不一样，最后导致的结果也不一样。对当时国内出现的房地产和股市泡沫，需要加以注意和控制，但不必惊慌失措，不能老用日本泡沫经济的教训特别是泡沫崩溃后导致长期萧条的教训吓唬自己。既然中国现在的经济状况和70年代初的日本更相似，我们就更应借鉴日本当时的一些成功经验。比如说当时日本治理通货膨胀、为克服石油危机而大力开发节能技术、加强产业结构调整、实行"减量经营"、整治公害，进而推动经济转型的经验对我国来说更具有现实的借鉴意义。

这方面的主要成果有：孙执中主编的《日本泡沫经济新论》（人民出

版社 2001 年版），该书系统地分析了日本泡沫经济生成的背景、泡沫经济形成过程、泡沫经济的崩溃与影响，同时还就如何防止泡沫经济的发生进行了探讨。认为泡沫经济是在一定的经济条件下发生的，有其客观必然性，同时与其在经济政策上的失误也是分不开的。值得一提的是，该书作为个案，对日本泡沫经济的始作俑者——住宅金融专门公司（简称"住专"）在泡沫经济生成以及破灭过程中所扮演的角色进行了深入剖析。仅"住专"公司遗留下的不良债权就占当时的 30%。"住专"的沉痛教训对我国具有深刻的警示意义。该书还对日本处理不良债权、消除泡沫经济后遗症的政策措施进行了梳理和分析。蔡林海、翟锋著《前车之鉴——日本的泡沫经济与"失去的十年"》（经济科学出版社 2007 年版）分析了1990 年前后袭击日本经济的泡沫，以及泡沫崩溃后日本经济因为不良债权等金融问题和宏观经济决策的失误而陷入"失去的十年"。该书不仅分析了泡沫经济和"失去的十年"的现象，而且还阐述了问题发生的内外因，解明了泡沫发生的原因、现象和后果，以及日本超越"失去的十年"的方法。

我国关于日本泡沫经济的论文非常多。主要有王洛林、余永定、李薇《20 世纪 90 年代的日本经济》（《世界经济》2001 年第 10 期）、张颖《日本泡沫经济崩溃的必然性分析及对中国的启示》（《现代日本经济》2002年第 1 期）、李维刚《对日本泡沫经济的再反思》（《现代日本经济》2001年第 2 期）、薛军《日本房地产泡沫形成与破灭的原因及其对中国的启示》（王洛林、李向阳主编《2007 世界经济黄皮书》，社会科学文献出版社 2007 年版）、伞峰《中国应该从日本泡沫经济中吸取什么教训》（王洛林主编《日本经济蓝皮书 2008》）、李宏舟《日本资产价格泡沫的发生机制及其启示》（王洛林主编《日本经济蓝皮书 2008》）等。

2. 日本经济长期萧条问题

泡沫经济崩溃后，日本经济陷入长期萧条。这是战后日本经历的最严重的经济衰退。中国学者从宏观角度，如政府与市场的关系、经济政策、经济体制等层面对这次长期萧条进行了广泛、深入的研究。日本之所以陷入如此长期的经济萧条是包括国际因素、国内因素、政策因素在内的多种原因相互作用的结果，但最重要的因素还是源于日本的发展模式和经济体制。张季风著《挣脱萧条——1990—2006 年的日本经济》（社会科学文献出版社 2006 年版）将 90 年代日本经济陷入大萧条的原因简略概括如下：

日本"泡沫经济"崩溃后，股票、土地等资产价格大幅度下跌，严重地抑制了个人消费和企业设备投资，其结果使内需疲软，经济开始萎缩。同时在"泡沫经济"时期金融机构贷出的大量融资无法回收，成为不良债权。因不良债权处理不利，从而引发金融危机。金融危机又反作用于实体经济，金融危机、失业和需求消费不足三种恶性循环交织在一起，终使经济陷入"紧缩萧条怪圈"的边缘。很显然"泡沫经济"崩溃是这次大萧条的直接原因，或曰近因。从深层原因或远因来看，是由于"制度疲劳"所致，即过去那种适应高速增长的旧的经济体制已经难以适应当今经济全球化的要求，而日本政策当局又在改革上步履蹒跚，产业结构调整缓慢。当然，政局不稳与政府的政策失误也难逃罪责。马建堂、杨正位撰写的《日本经济：全面衰退、积重难返、教训深刻》(《世界经济》2002年第1期)认为，日本政府想要通过改革来摆脱经济困境，但在经济不景气、环境偏紧的情况下强行进行改革，必将加剧经济的衰退，甚至可能影响改革的顺利进行。泡沫经济破灭以来，日本以赤字财政政策为主的宏观调控，不仅没有明显启动经济，反而积累了巨大的财政金融风险，使宏观调控基本失去了回旋余地；从货币政策看，不良债权过多导致货币政策传导机制不畅，零利率政策基本失灵。刘瑞在《日本走出萧条过程中的货币政策》(《日本学刊》2007年第1期)中指出：在配合扩张性财政政策刺激经济复苏的进程中，货币政策并未因"流动性陷阱"而无所作为，而是致力于发掘模型功能的实效性，在看似无法操作的空间内寻求微妙有效的可行之处，使零利率政策和数量宽松货币政策对金融体系的稳定及支持经济复苏发挥出一定作用。[①]

这方面的论文还有很多，如：张季风《90年代日本经济萎缩与政府的责任》(《日本研究》2000年第2期)、周泽红《政府干预危机：日本经济陷入衰退的原因再思考》(《现代日本经济》2003年第1期)、田中景、池元吉《日本经济增长的制约因素及其前景》(《世界经济》2008年第8期)、李薇、陈虹《日本处理不良债权的新举措》(《国际金融研究》1999年第3期)、傅钧文《日本银行界的不良债权及其解决措施》(《世界经济研究》1999年第3期)、张季风《日本不良债权处理的突破性进展

---

① 莽景石：《中国的日本经济研究（1997—2007）》，（中华日本学会、南开大学日本研究院、日本国际交流基金编《中国的日本研究》（内部出版），2010年5月）。

与课题》（《日本研究》2005 年第 1 期），等等。

3. 日本经济体制改革研究

日本在完成追赶任务后便着手经济发展战略和增长方式的调整，而泡沫经济崩溃后，日本经济体制又暴露出种种弊端，在客观上加快了日本体制改革的步伐。在长期的经济发展中逐步形成的日本经济体制与欧美型的经济体制有所不同，具有自身的特点。江瑞平撰《法人资本主义——关于日本模式的一种解析》（《中国社会科学》1998 年第 5 期）认为：当代日本资本主义本质上是一种法人垄断资本主义，并将日本模式界定为法人垄断资本主义模式，它体现在公司治理结构、宏观运营机制、分配与再分配关系、储蓄与积累模式等当代日本社会经济结构的所有主要方面。冯玮著《日本经济体制的历史变迁——理论和政策的互动》（上海人民出版社2009 年版）中归纳了现代日本经济体制所具有的四大特征：第一，在"政府和企业的关系"方面，双方互相依存，构成一种封闭的格局；第二，在"企业内部关系"方面，拥有"日本型经营"的"三种神器"；第三，在"企业与金融业关系"方面，拥有"间接金融体制"，日本企业主要通过银行信贷筹措资金，并因此重视从业人员甚于股东；第四，在"企业与企业关系"方面，存在大企业和中小企业通过承包而相互依存的"二重结构"，以及系列企业内部、企业和金融机构之间相互控股的机制。并且以上述四大特征为基础，系统地论述了日本经济体制的历史演变。徐梅著《日本的规制改革》（中国经济出版社 2003 年版）以规制改革为主线，从规制理论入手，着力分析第二次世界大战后日本规制体系的形成、规制改革的背景及进展等，在肯定第二次世界大战后日本所取得成绩的基础上，探讨 20 世纪 90 年代日本经济低迷的制度性原因，分析日本规制改革和产业政策的动态，把握日本产业及经济体制转变的趋势。同时，作为具体案例剖析了日本金融、电信、航空等领域的规制改革。崔岩著《日本经济体制变革研究》（辽宁大学出版社 2004 年版），以日本经济陷入长期萧条的原因之一的"制度疲劳"为切入点，详尽分析了日本战后经济体制的形成、特征和机能，同时还对日本战后经济体制面临的困难、日本经济体制变革的总体取向、政府职能的重新定位与公共管理体制改革以及企业制度创新与市场环境的完善进行深入分析，从宏观和微观多层面对日本经济体制的变革进行透彻分析。张淑英主编的《日本经济发展模式再探讨》（方志出版社 2008 年版）在对以往的相关研究进行梳理的基础上，结合泡沫经济崩溃后日本经济出现的新现象，对日本经济发展模式、政府与市场的关系、金融、财政、税制、产业结构、对外经济、社会保障制度的改革与调整等进行了探讨。

小泉纯一郎执政以来掀起了所谓"小泉改革"，中国学者对这场改革也进行许多关注。江瑞平《当前日本的经济改革：背景与前景》（《现代日本经济》2001 年第 5 期）认为，小泉内阁的经济改革计划的推出有着深刻的经济背景，其中最应予以重视的是不良债权、财政赤字和体制僵化等困扰日本经济的三大难题，小泉的经济改革计划也是根据这三方面问题提出来的，但在实际推进过程中却面临着重重困难，而且这些改革将会带来许多消极影响。张季风《"小泉改革"剖析》（《当代亚太》2004 年第 7 期）从小泉改革的背景、内容、理论基础和误区角度，对小泉改革进行了完整透彻的分析。

关于日本经济体制改革的研究成果还有：余晟雕《制度的"疲劳"与日本经济的再生》（《太平洋学报》2001 年第 1 期）、周泽红《日本经济陷入衰退的制度分析及启示》（《改革与战略》2002 年第 11 期）、何一鸣《小泉内阁在经济改革方面的艰难困境》（《现代日本经济》2001 年第 5 期）、张祖国《小泉内阁的结构改革成败简析》（《日本学刊》2003 年第 4 期）、姚海天《日本邮政民营化分析》（《日本学刊》2005 年第 3 期）、范纯《日本经济环境变化与经济体制改革》（《现代国际关系》2001 年第 3 期）、裴桂芬《浅析 90 年代以来结构改革》（《日本学刊》2002 年第 3 期）、樊勇明《体制与结构双调整中的日本经济》（《日本学刊》2003 年第 1 期）、冯昭奎《日本经济改革的进展与问题》（《日本研究》2007 年第 1 期）、王德迅《日本的规制改革评析》（《亚太纵横》2008 年第 2 期）等。

4. 对"日本经济论"的深入研究

"日本经济论"是研究日本经济的基础。2000 年以来我国学者对日本经济论的研究更加深入。其特点是高质量的优秀成果明显增多，紧密结合中国经济发展的具体实际，从日本经济吸取经验。中国学者不仅站在旁观者的立场上对日本经济进行独立的分析，而且分析的角度越来越多样化。赵儒煜著《战后日本经济剖析》（吉林人民出版社 2000 年版）从哲学角度对战后日本经济进行了深入剖析，读后发人深省。田中景著《日本经济过去、现状、未来》（中国经济出版社 2004 年版）介绍了欧美日学者对日本经济前景的看法，并对日本的人口、财政、金融、科技、农业、制造业、信息产业、旅游八个方面进行了回顾，论证了"21 世纪将是日本的国际经济地位逐渐下滑的世纪"的结论。张淑英著《新时代的日本经济》（东方出版社 2006 年版）从理论上对后发展效应及其在日本经济中的表现进行了探讨，研究了追赶时代结束的标志，对后追赶时代日本经济的表现与主要问题、通货紧缩、财政金融运营、体制改革、税制改革、产业结构调整方向等进行了分析。张季风主编的《日本经济概论》（中国社会科学出版社 2009 年版）利用最新资料从战后日本经济发展轨迹、经济体制变革、财政、金融、产业结构与技术创新、劳动市场、企业经营、循环型社会与可持续发展、贸易、投资以及区域合作等不同角度对日本经济进行全面介绍和分析。出版后，国内许多大学将其确定为教材或重要参考书目。刘昌黎著《现代日本经济概论》（东北财经大学出版社 2002 年版，2008 年修订）也是很有影响的日本经济研究生教材。江瑞平著《激变中的日本经济——世纪之交的观察与思考》（世界知识出版社 2008 年版）和赵晋平《走向新起点——日本的经济复苏之路与中日经济关系》（中国人民大学出版社 2009 年版）从不同的视角对近 10 年来的日本经济进行深入分析，可谓潜心之作。

进入新世纪后，根据我国实施"西部大开发战略"、"中部崛起"和"振兴东北经济"战略的需要，许多学者对日本国土综合开发进行了研究。其中张季风著《日本国土综合开发论》（世界知识出版社 2004 年版）对日本五次国土综合开发规划、国土开发法律规划体系、资金流向、现代化交通体系建设、城市体系以及北海道开发等进行系统分析研究，并且结合日本的经验教训，提出了对我国西部大开发、振兴东北经济的政策建议，从国土开发视角对战后日本经济进行深入分析。这一时期，中国学者对日本经济史的研究也有所加强，周启乾著《日本近现代经济简史》（昆仑出版社 2006 年版）和杨栋梁《日本近现代经济史》（世界知识出版社 2010 年版）就是这一领域的力作。

金融危机爆发以后，日本经济也受到严重冲击。但是在超宽松金融政策、外需扩大、财政投资政策以及景气周期的作用下，2009 年第二季度以后日本经济形势逐渐好转，同年 6 月在发达国家中第一个宣布"触底"，此后实现了低水平的 V 字形复苏。我国学者对日本克服金融危机的经验教训也进行了深入研究。这方面的主要论文有张季风《凯恩斯主义的"复活"与后金融危机时期的日本经济》（《日本学刊》2009 年第 5 期）等。而更多的论文大多收集在《日本经济蓝皮书 2009》、《日本蓝皮书 2010》和《日本学刊》、《现代日本经济》等刊物上。

结　语

三十多年来，中国对日本经济的研究不断深化，研究水平不断提高，研究方法也从过去单纯的翻译介绍、简单分析逐步提升，跟踪研究、实证分析和现场调查、问卷调查等研究方法也开始出现，呈现出多样化的特点。但是，"现状研究"、"对策研究"仍然是我国日本经济研究的主流，从经济学理论角度对日本经济研究的进展缓慢。总体看，成果斐然，领域宽广、内容丰富，但深度不够，水平还有待提高。

未来最值得关注、值得研究的日本宏观经济问题主要有以下几个方面：从近期来看，日本核泄漏处理、电力紧张难题的克服、灾后重建及其带来的综合性经济社会问题；日元升值常态化下的日本宏观经济运行、新一轮国内产业空洞化对日本总体竞争力的影响等。从中长期来看，日本主权债务潜在危机、增税等措施对宏观经济的影响；国家能源战略调整对宏观经济的影响；对"失去的二十年"的日本经济的再认识，等等。

关于日本经济学科发展的前景展望，估计将与经济学科、世界经济学科研究的发展方向趋同，今后将更加重视实证研究与以实地调研为手段的个案研究，以及利用计量经济手法、计量模型对日本经济的分析研究。即对某一专题、某一个案进行深入细致的研究，研究方法逐步与国际接轨，这将是今后的大趋势。但是由于受研究人员知识结构、信息、资料来源，特别是研究经费等的局限以及定量研究自身的缺陷，过渡到定量研究还需要相当长的时间。在可预见的将来，仍将是定性研究和定量研究相结合的阶段。

中国的日本财政研究30年综述

中国社会科学院日本研究所　　张舒英

财政是政府活动在资金上的表现，财政收支体现着国家的政策，其范围涉及内政、外交、社会生产乃至国民生活等各个方面。因此，对于日本财政的研究，一直是中国对日研究的重要领域，即使在战后两国邦交关系中断的岁月里，中国对日本财政的研究也在继续。

众所周知，日本的财政年度从每年的4月1日开始，中国对日本新年度财政动向的反应则在2—3月就会出现。例如：1956年2月6日《人民日报》发表的李高《评日本1956年度的预算》，1957年2月7日《文汇报》发表的未消《日本政府财政政策的作用》，1959年3月15日《大公报》发表的辛乔《评日本1959年度预算》，1960年3月13日《人民日报》发表蓝海《评1960年度日本预算》，1961年2月12日《大公报》发表洪波《池田政府新预算的几个特点》，等等，及时地反映了日本最新的财政政策动向。

回顾战后中国对日本财政的研究轨迹可以发现，对日本财政研究的最大干扰因素，不是来自外部，而是来自我们自身。1964年以后，以"四清运动"为始，一个接一个的政治运动，打乱了正常的研究秩序。从1964年到1979年的16年时间里，在公开发表的刊物里，我们检索不到有关日本财政研究的任何文字记载。

"文革"结束后，随着我国出现的日本经济研究热，对日财政研究也迎来前所未有的兴盛期，研究成果大量涌现，研究队伍新人辈出。这种局面固然与战后日本经济发展取得的成功有关，但更重要的是我国国内"需求"的推动。

1978年召开的具有划时代意义的党的十一届三中全会，决定将全党和全国的工作重心转移到社会主义现代化建设上来。1979年4月召开的中央工作会议，确定了进行经济体制改革的方针。这项十几亿人口参加的伟大社会变革，给我们的研究工作不断提出新的课题，主导和推动着我国的对日财政研究。可以说，改革开放以来的中国对日财政研究，始终是与国内的经济发展和财政经济体制改革的现实需要紧密联系着的。

一　1980—1990 年的时代命题与主要研究成果

20 世纪 70 年代末，当我国对外闭锁的国门刚刚开启一道缝，映入眼帘的便是令人吃惊的变化，人们原来印象中的"小日本"变成了"世界第二经济大国"。在"落后就要挨打"的巨大压力下，加速发展经济，把被"四人帮"耽误的时间夺回来，成为举国上下的共识。然而，当时我国面临的现实状况却是：国民经济到了崩溃的边缘，百废待兴，欲加速经济发展，需要解决一系列重大难题。

（一）如何解决发展经济所需要的资金

没有资金，就无法使停滞的经济启动起来。然而，改革开放之初，国家没有钱，企业没有积累，居民储蓄也极为有限。资金极度匮乏，成为制约国家经济恢复的首要障碍，也成为中国对日财政研究的时代命题。1980年第 10 期《世界经济》刊登的羊子林撰写的《日本经济高速发展的资金是如何解决的》，回应了当时我国经济建设面临的迫切问题。

日本经济高速发展所需要的资金，归结起来有三大来源：一是企业积累，二是居民储蓄，三是政府投入。我国的经济体制与日本有着本质的区别，日本的许多经验一时还无法学，因为不具备起码的条件。

就企业积累而言，在统收统支的财政体制下，不允许企业自己进行积累，企业也根本没有积累的余地。在长期的实践中，我国也意识到统收统支的做法严重影响地方和企业的积极性，也曾不止一次地尝试调整分配关系，但是，"一放就乱"的教训，使得我们不可能一下子将财权放开。因此，短期内无法指望靠企业积累解决发展经济所需要的资金。

再就居民储蓄而言，自 1956 年"工资制度改革"后，仅在 1958 年对工资、休假和退休待遇进行过一次调整。此后直到 1977 年 10 月的 20 年时间里，党政机关、军队、学校、企事业单位，各行各业的工资一直没有动过。长期实行的超低工资制，使城乡居民几乎没有储蓄的余力，而且国家在政策上并不鼓励储蓄，其具体表现是将储蓄利率定在极低的水平。在当时，确定储蓄利率的根据，既不是宏观调控的需要（在高度集中的计划经济体制下，一切按国家计划执行，那时尚无宏观调控的概念），也不是资金供求关系，而是社会主义的分配原则，其中最基本的一条是按劳分配。储蓄利息属于"不劳之得"，在性质上与剥削相差无几。在银行存款，只是象征性地给点利息，无法调动储蓄的积极性。1977 年底，全国城乡储蓄总额仅有 181.6 亿元，在国民收入中所占比重仅为 6.9%。日本靠储蓄筹措经济发展资金的做法我们一时也学不来。

就国家财政而言，在统收统支的制度下，能够支配的资金都用上了。到哪里去寻找发展经济所需要的资金，依然是燃眉之急的大问题。围绕如何解决资金来源问题，中国的对日财经研究界作出了积极的回应。

通过用"日本财政"这一关键词对"中国学术文献网络出版总库"进行检索，得到的结果是：1978—1990 年发表的标题中含有"日本财政"的文章有 124 篇，其中，以国债、公债、债券、财政负债、财政信用为主题词的文章多达 31 篇，在 124 篇文章中所占比重为 25%，成为这个时期中国对日财政研究关注度最高的话题。在这类文章中，比较早、也比较有代表性的是中国人民银行产业金融考察团发表在《金融研究》1981 年第 12 期上的《日本是如何通过发行债券筹集资金的》。此外，1981 年 11 月 17 日的《中国财贸报》也刊登过类似的文章，例如刘燕苏撰写的《日本如何在国内发行债券筹集资金》。这些研究成果，对我国改革开放之初破解资金短缺难题提供了参考。

需指出的是，战后日本《财政法》确立的一个基本原则是实行平衡财政。受《财政法》的限制，日本在 1949—1964 年度的 16 年间并没有发行国债。1965 年以后，日本发行建设国债的目的，也不是一般意义上的筹集建设资金，而是为了应对周期性的经济危机。

其实，在我国，发行公债筹集建设资金并不是什么新事物。1950 年，我国发行过"人民胜利折实公债"。1954—1957 年，我国接连几年发行"经济建设公债"。仅就战后而言，我国在发行公债方面是走在日本前边的，我们之所以又回过头去借鉴日本的做法，部分原因在于我们自己造成的思想障碍。我国自 1969 年宣布"全部还清了公债"以后，在对内对外宣传上，一直是以"既无内债、又无外债"而自豪的，并将这一点作为形势大好、不是小好的象征。要重新发行公债筹集资金，首先需要从上到下进行思想转弯。介绍和借鉴日本发行国债的做法，作用之一是"借他山之石攻玉"，转变极"左"时期形成的观念，将发行公债与国家形势好坏区分开来。

20世纪80年代中期以前参加工作的人可能都记得，我国改革开放初期发行的公债，是按照工资的一定比例摊派给每一个有工资收入者，而且这种公债不可以转让和流通。这种带有硬性摊派的发行方式，有损公债声誉，不利于公债发行的可持续性。如何克服这方面的问题，中国的日本财经研究者介绍了日本的做法。例如：《日本问题》1985年第2期刊登的夏斌《日本政府债券自由流通的理论意义》、《现代日本经济》1985年第4期刊登的栗锋《日本的债券市场》、《现代日本经济》1985年第5期刊登的刘昌黎《谈日本国债的发行方法》、《国际金融》1986年第10期刊登的李言赋《日本短期国债发行流通机制及其趋势》，等等，从不同角度对公债的市场化问题进行了探讨。1988年，国务院经济调节办公室还专门组成债券考察团，赴日考察日本的债券市场（该考察团的考察报告刊登于1988年第66期《经济研究参考资料》），为我国公债市场的建立和发展提供了可资借鉴的材料。

客观而言，我国学者对日本国债的研究，既肯定其筹集资金、增强政府调控经济能力的一面，也分析了国债的副作用。例如，《外国经济参考资料》1983年第6期刊登的毕志恒《日本的国债和财政危机》、《世界知识》1983年第7期刊登的马成三《日本的财政危机》、《经济研究参考资料》1987年第90期刊登的武爱民《国债发行的利弊及对策——日本的国债制度及对我国的鉴戒》等等，均指出了发行国债带有的副作用。但是，这些似乎没有引起我国有关部门应有的关注。我们发现，国内相关部门颇为热衷于发行国债筹集资金，甚至将扩大国债发行当做"事业"干。有文称道："1996年是国债事业大发展的一年"①，将国债事业大发展作为"业绩"颂扬之意跃然纸上。直到目前，仍难肯定地说我们对国债的副作用有了充分的认识和必要的遏制机制。

1987年以后，我国开始积极引进外资，以解决国内资金不足问题。这一做法是我国自己的"创造"，与日本经验无关。战后日本对外资的基本态度是：戒备＋抵制。日本经济高速发展所需要的资金，基本上是

---

① 参见中国金融学会主办《金融研究》1997年第3期。

"自力更生"解决的。直至20世纪90年代后期，日本利用的外资余额尚不到其GDP的1%。日本解决资金不足问题的主要做法，一是充分挖掘国内储蓄潜力，二是提高资金利用效率。

(二) 如何管好资金和提高资金运用效率

在资金普遍紧缺的情况下，增加筹资途径和融资手段固然重要，同样重要的是有重点地运用资金和提高资金的使用效率。检索"中国学术文献网络出版总库"可以发现，中国的日本财政研究者们，不仅介绍了日本如何通过发行公债筹集资金，同时也介绍和分析了日本如何管理和有效地运用资金。诸如《日本情况参考资料》1983年第2期刊登的使之《战后日本在生产翻番中是如何重点使用资金的》、《财政研究资料》1984年第57期刊登的魏凤国《日本如何筹集和有效管理运用建设资金的考察报告》、《现代日本经济》1985年第1期刊登的金凤德《日本的集中开发与中央集权的财政体制》等文章，从不同角度分析和介绍了日本提高资金运用效率的做法和经验。

(三) 关注税制与收入再分配问题

在我国实行统收统支的财政体制下，税制的功能与作用几近废弃。随着改革开放进程的深入，我国由发展社会主义商品经济，转向建立社会主义市场经济体制1992年党的十四大决议明确提出发展社会主义市场经济。于是，建立什么样的税制，如何发挥税制在社会主义市场经济中的作用等问题便自然而然地提了出来。对于这一时代课题，中国的日本财经研究界作出了积极的回应。

检索"中国学术文献网络出版总库"可以看到，1978—1990年发表的标题中含有"税制"或"税收"的文章有23篇，诸如：1982年第2期《财政》刊登的王富《日本税制情况简介》、1983年第2期《现代日本经济》刊登的葛南翔《税制优惠措施在战后日本经济发展中的作用》、1986年第81期《财政研究资料》刊登的毋晓东《论战后日本的税收》、1987年第3期《日本问题》刊登的张舒英《当前日本的税制改革》、1988年第5期《中央财政金融学院学报》刊登的马文叔《略谈税收对日本国民收入再分配和经济发展的调节作用》、1988年第4期《现代日本经济》刊登的孙雅轩《谈谈战后日本个人所得税》，等等。这些研究成果从不同方面介绍和分析了日本的税制以及税制变化的最新动向，为我国建立和改革税制提供了参考。

（四）关注财政对国家重要经济技术领域的政策和作用

不同部门或领域，在国民经济中的地位和作用是不同的。在百废待兴的形势下，财政政策显得尤为重要。没有重点，就没有政策。在资金普遍紧缺的情况下，需要财政有重点地分配和使用资金。在这方面，对日财政研究的如下成果无疑具有很强的参考价值。诸如：《财政研究资料》1983年第35期刊登的高敏行《战后日本财政对科技发展的促进作用》、《现代日本经济》1984年第4期刊登的唱新《战后日本政府是如何解决中小企业资金问题的》、《财政研究资料》1985年专辑第5期刊登的财政部赴日考察团《关于日本政府引导民间资金使用和促进技术进步情况的考察报告》等等。这些二十多年前的研究成果和考察报告，即使在今天看来，仍具有非常重要的现实意义。

在这个时期的对日财政研究中，最值得关注的成果是《战后日本财政》这本专著的问世。这部专著是河北大学日本研究所科研工作者的共同研究成果，由孙执中教授任主编，航空工业出版社于1988年月12月出版。书中系统地论述了日本的财政管理体制、财政政策的制定、财政与经济的关系、中央财政与地方财政的关系、日本财政的特殊金融职能以及日本政府利用财政杠杆调节经济所起的作用，并对中日两国的财政体制进行了对比分析，书末还对日本税制改革的最新进展作了评述。这是我国改革开放后第一部全面论述战后日本财政的专著。

二　1991—2000 年的研究特点与主要成果

中国的经济体制改革是从财政放权让利为切入点的。究竟应该下放哪些权利，放到什么程度，最终形成怎样的财政经济体制，并不是设计好之后才开始改革，而是边探索边改革，这就是邓小平同志说的"摸着石头过河"。但是，这并不等于说不需要参考和借鉴其他国家的经验。相反，参考其他国家的经验，博采众长，可避免和减少我们在摸索中的失误。特别是战后用较短时间成功实现赶超的日本的经验，对中国具有更切近的参考价值。因此，介绍和分析日本的财政体制和政策做法，成为贯穿各个时期中国对日财政研究的主线。

同前一个时期相比，这个时期的对日财政研究有如下几个特点。

（一）深入研究日本的财政投融资制度

用"日本财政"这一关键词对"中国学术文献网络出版总库"进行检索发现，1991 年到 2000 年发表的标题中含有"日本财政"的文章有 70篇，其中，介绍和研究日本财政投融资制度的文章有 19 篇，在 70 篇文章中所占比重达 27.14%。主要研究成果包括：《经济研究参考》1992 年 2月 19 日刊登的谭兴民《日本财政投融资研究及对我国的借鉴》、《金融研究》1992 年第 11 期刊登的凌涛《日本财政投融资体制及启示》、《财政研究》1993 年第 9 期刊登的王朝才《日本财政投融资制度的意义、特点及其借鉴思考》、《财政》1994 年 1 月 8 日刊登的白景明《日本财政投融资的宏观调控作用》、《世界经济》1994 年第 1 期刊登的李金早《日本财政投融资体制的运作方式与特点》、《广东金融》1995 年 4 月 10 日刊登的戚钽良《日本的财政投融资体系》、《兰州大学学报》1995 年 4 月 28 日刊赵从显《借鉴日本财政投融资制加强金融财政调控作用》，等等。

日本的财政投融资制度成为这个时期中国对日财政研究关注度最高的话题。以 1996 年为例，在标题中含有"日本财政"一词的 13 篇文章中，有 8 篇的题目是以"财政投融资"或"财政投资贷款"为主题词的。中国对日财政研究如此集中地关注日本的财政投融资问题，一方面说明财政投融资是日本财政体系中独具特色的制度，另一方面也表明我国对日财政研究在逐步深入，能够抓住日本财政制度中具有特色的东西。再一方面，由于我国是从计划经济体制走过来的，学者们带着本国经济建设中的问题意识研究日本的财政，便会发现日本的财政投融资制度更贴近我国的现实需要。

（二）将中国纳入比较研究范围之内

在过去较长时期里，由于极"左"路线的影响，我国学者在研究外国问题上，思想余悸不可能一下子消除。因此，在改革开放初期，国际间的比较研究被视为是容易引起政治麻烦的。在前一个十年中，虽然也有运用比较方法的研究成果，但为数寥寥，比较研究的对象仅限于日本与西方国家之间，而将中国置于比较研究对象之外。

随着改革开放的逐渐深入，研究人员的思想得到进一步解放。体现在对日财政研究方面，不仅越来越多的研究成果运用比较研究的方法，而且将中国置于其中。例如，《中南财经大学学报》1997 年 7 月 16 日刊登的吴俊培《中日财政经济行为方式比较研究》、《河北经贸大学学报》2000年第 2 期中张舒《中日中央与地方财政关系比较研究》、《湖南财政与会计》2000 年 4 月 25 日刊登的彭文平和刘长庚《从日本财政政策看中国财政政策的积极运用》，等等，均将中国纳入比较财政研究的范围之内。这些研究成果的面世，从一个侧面标志着思想解放在我国对日财经研究队伍中的进展情况。

（三）从法制角度关注和研究日本的财政

1992 年 10 月召开的党的十四大和 1993 年 3 月召开的第八届全国人民代表大会第一次会议确定，我国经济体制改革的目标是建立社会主义市场经济体制。我们知道，市场经济是法制经济。研究和借鉴国外的法律制度，成为建立我国社会主义市场经济体制的时代命题。在回应这一时代命题方面，可以说，中国的对日财政研究工作者是走在前列的。检索"中国学术文献网络出版总库"可以看到，1992 年 6 月 15 日《经济研究参考》刊登了傅光明的文章，题目是《日本用法律限制公债减少财政赤字》；《财会月刊》1993 年 1 月 31 日刊登了同一作者的另一篇文章，题目是《日本的财政立法简况》。

即使是标题没使用"财政法"、"法律"一类词汇的文章，也包含着对日本财政法的探讨与借鉴方面的内容。例如，1992 年第 2 期《学习》杂志刊登的《日本政府是怎样理财的》一文（作者张舒英），首先强调的便是"法制管理"。文中指出：法制管理贯穿日本财政运营的全过程和财政管理的各个方面。要增加税收，提高税率，需先按照法律程序，修改有关的税法。要发行赤字国债，需先制定发行特例公债的法律，经国会审议通过后方可发行。发行特例公债的法律，只对当年度有效，若下一年度还要继续发行，则须重新制定新的发行特例公债的法律，否则便是非法发行公债。每一项财政支出，也都必须有相应的法律依据。例如，安排皇室经费开支的法律依据是《日本国宪法》和《皇室经济法》。再比如，日本要向海外派遣协助联合国维持和平部队，须先争取国会通过有关法案后方可实行，否则便是非法行为，财政也不能安排这项支出。可以说，无论是组织财政收入还是安排财政支出，都必须依法进行。作为政府财政主管部门的大藏省（2001 年后改称"财务省"），不过是执法机构，从某种意义上说，运营财政的不是大藏省，而是法律。财政管理的法制化，更利于财政分配关系、财政管理系统的稳定，减少人为因素带来的波动与变化，使各项财政管理程序化，从而有助于减少财政运营过程中的漏洞。

再比如，《日本学刊》1992 年第 4 期刊登的《关于分级财政体制的思考——兼谈日本中央与地方间的财、事权划分》一文（作者张舒英）在谈到中央与地方职责划分问题时指出：事权划分应以法律加以明确，使各级政府均依法办事，使监察机构依法论究责任。

从以上研究选题和发表的时间上看，相对于我国建设市场经济、法制经济的正式提出而言，均具有一定的超前性。

（四）借鉴日本经验，推动中国财政体制改革

通过对"中国学术文献网络出版总库"的检索发现，在 1991 年到 2000 年发表的标题中含有"日本财政"的 70 篇文章中，有 17 篇文章的标题中使用了"借鉴"、"启示"等词汇，诸如：《财贸经济》1994 年第 8 期刊登肖捷和李方旺《美国、法国、日本财政体制的比较及借鉴》、《江西财政》1994 年第 12 期倪绪平《日本的分税制及其借鉴》、《财会研究》1996 年第 6 期陈卫东《日本的财政投融资对我们的启示》、《外国经济与管理》1996 年第 1 期韦俊《日本的财政投融资制度及启示》、《经济管理》1997 年第 9 期张朝晖《日本转移支付制度的借鉴与启示》、《经济改革与发展》1996 年第 11 期刊登赵惠敏《日本财政投资贷款制度与启示》、《广西财政高等专科学校学报》1998 年第 10 期刊登唐秋凤《日本财政投融资对我国政策金融的几点启示》、《经济研究参考》1999 年 1 月 5 日刊登袁东《国债支撑基础上的中国财政政策的积极运用——兼论日本财政、货币政策变化及其对中国的启示》，等等。

即使标题中没使用"启示"、"借鉴"一类词汇的文章，也包含着借鉴日本经验教训的内容。例如《日本学刊》1992 年第 4 期刊登《关于分级财政体制的思考——兼谈日本中央与地方间的财、事权划分》（作者张舒英）一文指出：我国省以下行（财）政分级偏繁。姑且将我国的一个省比作一个日本国，人家三级就了结的事，我国却要分为四级。试想，多出这一级，在全国要多出多少个行政机构，多出多少吃"财政饭"的

人?！如果去掉这一级，将节省多少行政占用和财政开支?！文中提出，分级设税，但不能以企业隶属关系为划分标志。针对国内有人主张提高两个比重（一是财政收入占国民收入的比重，二是中央财政占全国财政收入的比重）的观点，该文指出：前一个比重不宜提高，其理据是：（1）小政府更有利于加快经济技术发展；（2）财政的调控能力并不完全取决于财政规模，战后日本政府便是以小财政发挥了很强的经济干预能力；（3）我国企业的负担已经很重，为了整个国民经济的持续发展，不能再从企业"抽血"。无论是解决财政困难，还是提高财政的调控能力，当取之策是挖掘政府内部潜力。我国中央部委机构曾多达99个，而日本内阁下设的省（相当于我国的部级机构）只有13个，各省下设的厅级机构合计为33个……在挖掘政府内部潜力方面，我们是可以大有作为的。

2008年第8期《中国金融》刊登了财政部财政科学研究所贾康所长的文章，题目是《以扁平化改革作为改造我国现行财政体制的切入点》。文中指出，我国现在财政层级过多，从中央到乡镇是五个层级，省以下是四个层级……改革的思路是"以减少财政层级的扁平化改革为前提，在省以下，实质性地推进和贯彻分税制"。

就文章发表的时间来看，从研究日本财政体制出发指出中国财政体制存在的层级过多问题，比国内职能部门的研究机构早了16年。这表明，带着中国经济体制改革的问题意识研究日本财政，更容易发现我国财政体制的问题所在。

三　2001—2010年的研究重点与主要成果

检索"中国学术文献网络出版总库"可知，2001—2010年发表的标题中含有"日本财政"的文章有48篇（截至2010年末数字），其中，关注度最高的是日本的财政政策，标题中以"财政政策"为主题词的文章多达18篇，在检索到的48篇文章中占37.5%。对日本财政政策的关注度如此之高，源于日本自身的变化。

泡沫经济崩溃后，日本政府反复施用财政刺激政策，然而，日本经济却不见起色，国债余额则越积越大。日本政府在20世纪80年代耗时10年实现的"财政重建"，没过五年便滑向"财政危机"。1995年11月，时任大藏大臣武村正义在公开场合讲，日本财政陷入非常困难的境地。这番讲话被舆论界称之为"财政危机宣言"①。日本经济的这些变化，为中国的日本财政研究界全面观察积极财政政策的效果、总结凯恩斯财政政策理论在日本的实践经验提供了不可多得的素材。这个时期中国的对日财政研究表现出一些不同以往的特点。

（一）深入探讨政策失误与泡沫经济的关系

战后日本发生的举世瞩目的大事件之一是泡沫经济。研究和探讨日本泡沫经济的成因，是世界经济研究的重要课题之一，更是日本经济研究的焦点。时至 2001 年，虽然日本泡沫经济崩溃过去了大约 10 年，但是，我国学者对日本泡沫经济的研究不仅没有转冷，反而呈升温态势，其重要背景是国内经济出现泡沫迹象，我们需要汲取日本的教训，防止我国重蹈日本泡沫经济覆辙。

毋庸赘言，日本泡沫经济形成的原因是多方面的，其中，政策失误是最值得关注的因素。关于日本泡沫经济中的政策失误，2008 年第 7 期《求是》杂志刊登张舒英的文章扼要指出，从泡沫经济生成到破灭的整个过程来看，日本政府实施的扩大总需求政策，刺激经济泡沫大量生成，导致居民资产拥有的严重不公和民怨上升，最后又是借政府之手将泡沫刺破。在这个过程中，最主要的政策失误表现在三个方面。其一是将扩大内需简单地等同于增加总需求，采取"财政金融双松"的政策组合，加剧了资金供给过剩。其二是日本政府对泡沫经济缺乏必要的认识和警惕，在经济已经出现过热征兆的情况下，仍大幅度增加公共投资，刺激地价进一步上涨，将泡沫经济推上了膨胀的顶峰。其三是对泡沫采取"一举刺破"的硬着陆政策，在捅破泡沫的同时，也沉重地打击了整个经济。② 对日本泡沫经济成因与政策失误的探讨，为我国防止经济出现泡沫化现象提供了比较切近的参考。

（二）以日本为"实验田"，观察凯恩斯财政政策理论的效果

计划经济时代，在大学和研究生院学习期间，对于西方经济学是作为

---

① 参见孙景超、张舒英主编《冷战后的日本经济》，社会科学文献出版社 1998 年版，第 292—305 页。

② 参见《求是》2008 年第 7 期；《马克思主义文摘》2008 年第 5 期。

批判材料来对待的。改革开放后，西方经济学变成了热门学问。然而，西方经济学理论究竟会带来怎样的效果，我们没有实践经验。在推行对外开放政策方面，我们可以先划出几个地区作试点，待取得经验后在全国推广。然而，像凯恩斯的积极财政政策之类，不可能采取局部试点的做法，一旦试用，其影响便是全局性的。因此，我们非常需要全面了解和观察积极财政政策理论的实践效果。

然而，以英国为代表的西方主要发达国家，在 20 世纪 70 年代以后纷纷放弃了凯恩斯财政政策理论，仍在坚持运用凯氏理论的只剩下日本。因此，日本成为观察凯恩斯财政政策理论效果的不可多得的"实验田"。通过对这块实验田的观察和分析，中国的研究者收获了如下研究成果：《世界经济》2001 年第 4 期刊登的王连臣《90 年代以来日本财政政策的实施与刺激经济效果》、《北方经贸》2002 年 4 月 25 日刊登的林晨萍《从日本的财政危机看凯恩斯主义财政政策》、《日本问题研究》2002 年第 6 期刊登的潘涛《浅析九十年代以来日本的扩张性财政政策》、同刊 2004 年第 12 期刊登的杨茜《20 世纪 90 年代以来日本财政政策的效果分析》、《商业时代》2008 年 8 月 10 日刊登的毛晖和皮海鹏《谈战后日本财政政策的实践及效果》，等等。

那么，为什么西方主要发达国家在 20 世纪 70 年代纷纷放弃凯恩斯财政政策理论，为什么日本直到 21 世纪初仍在运用这套理论？对于这个问题，张舒英在其专著《新时代的日本经济》一书中分析道：除日本以外的其他主要发达国家之所以纷纷抛弃凯恩斯式的积极财政政策，是因为积极财政政策并不能真正带来经济增长，它所刺激起来的是滞涨。日本之所以继续坚持凯氏的积极财政政策，是由于这套政策在日本确实有成效。从日本正式开始实施赤字财政政策的 1965 年算起，到 1975 年，10 年间实际 GNP 的年均增长率高达 8.4%，而同期其他主要发达国家的实际 GNP 年均增长率分别为：美国 2.6%，英国 2.1%，西德 3.2%，法国 5.4%，意大利 4.1%。[①] 同样是积极财政政策，之所以会有如此不同的效果，并不是因为日本政策当局比其他发达国家政府更高明，而是由于政策的前提条件不一样，其中，最大的不同是：其他发达国家的经济已经成熟，而日

---

① ［日］日本银行统计局编：《以日本经济为中心的国际比较统计》，1977 年版，第 23—26 页。

本经济尚处在追赶途中。随着经济追赶时代在日本的结束，积极财政政策再也收不到刺激经济增长的作用。特别是 90 年代以后，日本反复而"大剂量"地实施财政刺激，只是对阻止泡沫崩溃后的经济下滑起了一定作用，但并没有使经济恢复到以往的增长态势，以至于不少人认为日本的财政政策已经失灵。同样的政策手段，更大的实施力度，之所以得不到与以往相似的政策效果，重要原因在于日本经济机体本身发生了变化，政策的前提条件已不同于追赶时代。

（三）关注日本的财政改革

2001 年上台的小泉内阁，提出推行"无禁区"的结构改革，财政改革是其中的重要组成部分。从时间顺序上说，日本泡沫经济崩溃后，首先提出改革、并将财政改革作为突破口的是 1996 年上台的桥本内阁。此后，尽管桥本内阁下台，其在任时颁布的"财政结构改革法"遭到冻结，中国研究界却一直关注着日本的财政结构改革。

围绕日本的财政改革，形成了一批研究成果，诸如：《亚太经济》2001 年第 11 期刊登的何一鸣《日本财政重建会一帆风顺吗?》、《日本问题研究》2003 年第 9 期刊登的崔学东《日本财政政策困境及其改革措施》、《河北大学成人教育学院学报》2004 年第 3 期刊登的华涛和张玉棉《日本的医疗费负担与财政结构改革》、《现代日本经济》2004 年第 7 期刊登的张玉棉《日本财政结构改革的必要性与可能性》，等等。

这个时期出版的关于日本财政的专著主要有两部。一部是童适平主编的《战后日本财政和财政政策研究》，由上海财经大学出版社于 2002 年 4 月出版。该书由七章构成，第一章简要考察了战后日本财政变化轨迹，以后的六章分别介绍和分析了日本国债的发行与流通、财政投融资、政府开发援助、财政与社会保障、20 世纪 90 年代的经济景气对策与财政政策、财政改革法的出台和冻结等。

另一部是陈共和宋兴义著《日本财政政策》，中国财经出版社 2007 年 6 月出版。该书由八章构成。第一章就新古典财政、凯恩斯主义财政、新自由主义理论的财政、财政政策与经济发展等理论进行了分析与回顾。第二章就市场与政府关系的争论进行了探讨。第三章至第六章循着时间脉络，对于战后日本各个时期的财政政策进行了描述、分析和评价。第七章分析日本的财政投融资制度与当前的改革。第八章评析日本的财政政策，并对中日财政政策进行了对比分析。

（四）在关注日本成功经验的同时，注意分析和总结日本财政政策的教训

就发展市场经济而言，日本是走在中国前面的国家。中国在过去的计划经济时代，连商品经济都加以排斥，更视市场经济为社会主义制度的对立面。实行改革开放后，当我们提出要建设社会主义市场经济体制时，我们对市场经济体制架构、对财政在市场经济中应扮演什么角色，应如何发挥作用等等，并不十分了解。因此，以往我们对日本财政经济的研究，主要是介绍日本的做法，吸收和借鉴其经验。日本泡沫经济崩溃后的财政经济表现，为我们全面认识日本财政经济体制提供了契机，使得我们在关注日本成功经验的同时，注意分析和总结日本的教训。例如，《财经界》2001 年 5 月 1 日刊登的余永定《日本财政危机的启示》、《现代日本经济》2003 年第 5 期刊登的孙健夫和马卫红《日本扩张性财政政策失效的原因分析》、《中国集体经济》2009 年 4 月 5 日刊登的宋文鲁《日本财政刺激的经验教训和对当前我国的启示》等，便体现着中国在对日财政研究方面的变化。

四　有待深入研究的课题

通观改革开放 30 余年来中国的对日财政研究，可以说，研究成果的数量与改革开放前不可同日而语，研究成果的质量也明显提高，对问题的分析在逐步深入，不仅对战后日本财政体制、税收制度、各个时期财政政策的变化等有了概括性的了解，而且，对日本的财政赤字、国债发行与流通制度、分税制、财政与社会保障等分支领域也有比较深细的研究成果。同时也应看到，我们对日本财政的研究远未穷尽，仍有许多问题值得深入探讨。

（一）马克思主义对日本财税制度形成的影响

一百多年来，日本是世界上少数真正实现经济技术赶超的国家。毋庸赘言，日本经济技术能够实现跳跃式发展，原因是多方面的。在诸多原因中，财政税收制度的作用是绝对不可小视的，因为它往往是许多原因的

成因。

关于财税制度对日本经济技术发展所起的作用，我们不仅需要了解日本采取了怎样的制度和政策，还应当对其制度和政策背后的理论渊源进行探讨。关于日本财税制度和政策理论渊源的研究，不仅要关注凯恩斯主义、新自由主义的影响，也应关注马克思主义的影响。

在主要发达资本主义国家中，日本既不同于老牌的欧洲诸国，也不同于美国。造成这种不同的诸多因素中，一个不可忽略的重要因素是日本资本主义诞生的时代大背景已不同于欧美。在日本资本主义诞生时，世界上已经有了马克思主义。马克思给资本主义敲响的警钟，一直伴随日本资本主义成长。马克思对资本主义固有矛盾的分析，对资本积累两极分化趋势的揭示等，对日本资本主义发展无疑具有警示作用。那么，这种警示是如何反映到日本财税制度中的，则是有待研究的课题。

（二）社会收入差距问题

衡量收入差距的常用指标是基尼系数，该系数越高表明收入差距越大。世界银行 2005 年版《世界发展指标数据库》的数字显示，在 123 个国家和地区中，日本的基尼系数为 0.249，仅高于丹麦的 0.247，是世界上收入差距最小的国家之一。

一般而言，伴随高速增长和城市化发展，收入差距的扩大几乎是必然的。首先，在各个地区之间，经济发展不可能齐头并进，必然出现地区之间的差距。其二，在产业结构升级过程中，一方面是朝阳产业的快速发展，另一方面是夕阳产业的衰落，必然拉大产业间的收入差距。其三，即使在同一产业内部，由于企业经营水平参差不齐，必然存在企业间的收益差距。这三个层面的差距在个人收入上会以加倍放大的形式表现出来。这种情况正在我国发生，成为影响社会和谐的重要问题。但是，经历了高速增长之后的日本，社会收入差距并没有显著扩大，其原因究竟何在？

一个时期以来，我国的社会收入差距呈扩大之势，这已成为当前以及今后一个时期内建设和谐社会面临的重大课题。关于如何缩小社会收入差距，有人主张强化社会的再分配功能。相对于初次分配而言，再分配属于"事后找补"性质的措施。姑且不论再分配将伴随的成本支出和贪腐因素，靠再分配能否将初次分配拉大的差距找补过来？换言之，缩小社会收入差距究竟应该倚重初次分配还是再分配？这是一个需要首先加以明确的问题。

财政税收无疑是进行社会再分配的重要政策工具。在缩小社会收入差距方面,财政税收制度和政策究竟应如何发挥作用?这也是一个有待深入研究和探讨的课题。

(三) 关于"行财政"理念与"行财改革"研究

财政是政府活动在资金上的表现,或者说财政是围绕着政府活动展开的。因此,不能脱离作为活动主体的政府行为单纯地就财政谈财政。日本的"行财政"一词,比较恰当地表述了政府行政与财政的关系。

20世纪80年代,日本政府为恢复财政收支平衡,曾大张旗鼓地搞了一次"财政重建",明确地提出了"行财改革"的概念和改革设想。泡沫经济崩溃后,面对日趋严重的财政局面,"行财改革"被反复提起,即:推行财政结构改革,必须与政府行政改革密切结合。

迄今,国内对"行财政"概念尚知之不多,即使有些人听说或看到过这一提法,也往往将其视为日语式的修辞方式。这说明我们在这方面的研究和知识传播还存在差距。"行财政"不是简单的语言表达方式问题,不能将其归结为修辞层次的问题,它是辩证逻辑层次的问题,这种将政府行政与财政统合起来把握的理念,很值得研究和借鉴。

(四) 关于财税法制研究

日本财政运营的每一个环节,都是依据法律进行的。对于中央和地方政府获取收入、使用资金与物品、缔结债权债务契约、现金与有价证券保管、国有财产的管理与处置、财政监察与监察结果的处理,等等,均有相应的法律依据,整个财政运营架构是由法律搭建起来的。

财税法制面对的是不断变化的政治经济形势。随着社会形势的变化,客观上需要财税制度和政策作出相应的调整。在日本,这类制度和政策调整也是在法制的轨道上进行的。或者说,日本政府的财政税收政策等,都是通过法律来体现的。迄今为止,我们在法律层面研究日本的财税制度和政策尚比较薄弱,对日本的财政法、税法、财政监察法及其实施过程等的研究还远远不够。

（五）如何处理好健全财政与强化社会保障的关系

社会保障制度一经确立，就有很强的支出刚性。社保支出会随着人口老龄化的发展而快速增长。日本政府债务快速膨胀的原因之一，在于人口结构老化带来的社保支出快速增加。1976 年度以来，社会保障费一直是日本财政的第一大支出项目。由于社保资金入不敷出，只能以国家借债的方式予以填补。进入 21 世纪以来，日本已经陷入社保资金不足与财政失衡的恶性循环，即：社保资金不足，导致政府债务增大；增大的政府债务，使国民丧失对社保制度的信心，相当多国民不再缴纳保费，致使社保资金更加不足。为此，日本正在筹划和推行社保与税制一体化改革。

我国由于长期实行计划生育政策，人口结构老化的速度将比日本更快，加之社会生产总体上效益不高，社保资金不足的问题也将比日本更加严重。如何在强化社会保障的同时维持健全的财政，日本以往的经验教训以及今后将推行的社保与税制一体化改革等，值得认真加以研究。

（六）继续关注日本主权债务问题

如今，世界经济和金融市场危机四伏。美国次贷引发的金融危机余波未了，近期又相继爆出美债危机、欧债危机。就政府负债余额来看，日本的主权债务问题比欧美有过之而无不及。据 OECD（经济合作与发展组织）2010 年 12 月发布的《经济展望》，到 2011 年，日本一般政府负债余额占 GDP 的比重高达 204.2%，居主要发达国家之首。只是由于日本国债的 90% 以上在国内消化，其主权债务问题对国际金融市场的影响不像欧美那样直接而已。但是，对日本的主权债务问题的关注绝不可以松懈。

日本的主权债务问题已经引起我国学者的关注，并就此发表了一些研究成果，如《国际问题研究》2010 年 7 月 13 日刊发的张茉楠《试析发达经济体的主权债务危机风险》以及《财政研究》2010 年 9 月 5 日刊发的李三秀《日本何时爆发债务危机》等。

我们看到，日本的财政状况仍在恶化，国债仍在加速膨胀。日本政府的税收连年低于国债收入。这意味着日本政府的偿债能力在萎缩。随着日本人口结构老龄化的进展，经济增长潜力趋弱，储蓄率趋于下降，政府长期债务余额已接近国民个人金融资产总额。这意味着日本在国内消化国债的能力已接近极限。作为世界第三大经济体和最大的纯债权国，日本的国债消化如果也走向"国际化",则将深刻影响国际金融市场的资金供求格局。对此,我们不能不予以高度关注。

此外,扩大公共投资是否是维持经济持续增长的法宝,积极财政政策能否一如既往地运用下去,在刺激经济增长的同时,如何避免重蹈日本泡沫经济的覆辙,我们应从日本向内需主导型增长转变中汲取哪些教训等等,均是有待今后加强研究的方面。

中国的日本对外经济关系研究 30 年综述

中国社会科学院日本研究所　　徐　梅

日本是一个岛国，资源贫乏，国内市场狭小，发展对外经济关系是其维持和促进经济增长的命脉所在。第二次世界大战以后，日本政府因实施"贸易立国"的基本国策，迅速崛起为世界贸易大国和经济大国。随着经济实力的增强、贸易摩擦的增多以及世界经济自由化、国际化的发展，日本不断扩大对外投资，并增加对发展中国家的援助，由此进一步促进了本国经济发展，扩大了自身在国际社会的影响。所以，要研究日本经济问题，对外经济关系领域不可或缺。

通过深入探讨日本对外经济关系的发展轨迹、变化动态等，不仅可以分析日本对外经济战略及其参与区域经济合作的动向，把脉大国关系和地区形势，而且也有利于分析日本对华经贸关系的发展趋势，制定我国对日经济、外交政策等。正因为研究日本对外经济关系具有如此重要的意义，长期以来我国的日本学界始终将该领域作为一个十分重要的研究内容。本文[①]试图对我国关于"日本对外经济关系"研究的发展状况进行回顾和梳理，总结和分析其特点、存在的问题以及今后的发展趋势、值得关注的热点问题等，以便更加全面、深入地推进我国对"日本对外经济关系"领域的研究，提高整体研究水平和成果质量。

一　中国关于"日本对外经济关系"研究体系的全面构建时期(1981—1991 年)

1949 年中华人民共和国成立后到 1972 年期间，日本处于战后经济复

---

①　本文涉及的研究成果主要包括中国大陆学者及有关人员公开发表的著书、论文等。由于各研究机构和个人成果的电子化程度不同，对有关情况的掌握可能不够全面和均衡。

兴继而转向高速增长时期；中日两国尚未恢复外交关系；中国实行社会主义计划经济体制，没有对外开放。这一时期内，中国对日本的了解和研究主要限于翻译日文资料、提供有关日本的信息以及论述日本国内形势变化的文章等。如：1952 年第 29 期和 1953 年第 17 期《世界知识》杂志，分别刊登了谢曦和金学成的文章《美国控制下的日本经济及其对外贸易危机》、《日本贸易危机的严重化》，介绍了当时在美国占领军的统治下日本对外贸易恶化以及企业界的担忧等状况；在 1964 年日本成为国际货币基金组织（IMF）第八条款成员国的情况下，当年第 19 期《世界知识》登载了《关于日本贸易和汇兑"自由化"》一文，作者国仕介绍了日本贸易和汇兑自由化的内容，指出日本在美国压力下实行的自由化，已给日本带来对外贸易赤字增加、美国大量农产品和资本涌入等一系列问题。

1972 年，中日两国恢复邦交正常化；日本经济经过高速增长跃升为世界第二经济大国；中国已成立了一些日本问题研究机构，由此可以说中国的日本经济研究真正起步。20 世纪 70 年代末，中国开始确立和实施改革开放的基本方针，为适应国家经济建设的需要，获准成立了一批日本问题研究机构，尤其重视对日本经济问题的研究。其中，日本对外经济关系特别是日本政府在经济高速增长过程中所采取的"贸易立国"政策、资本自由化措施以及对外贸易发展等问题，成为我国日本经济乃至世界经济学界关注的重要课题。在 1979 年我国首次出版的《世界经济年鉴》中，专门介绍了当年日本对外贸易及对外经济关系的发展状况，但这一时期的相关成果数量有限，且比较零散和缺乏系统性。

（一）20 世纪 80 年代的内外经济形势和研究总况

进入 20 世纪 80 年代，世界经济国际化、自由化趋势加强；日本经济大国的地位得以巩固；中日经贸关系快速发展；中国处于改革开放初期，急需资金和先进的技术，也需要学习和借鉴日本等发达国家经济建设的经验与教训。

在这种背景下，1981 年 5 月，中国社会科学院日本研究所应运而生，并下设日本经济研究室。自建所以来，日本对外经济关系一直是经济室研究的一项重要内容。1985 年，社科院日本所创办的《日本问题》① 刊物

---

① 1991 年后更名为《日本学刊》。

便刊登了有关日本对外经济关系的论文，如肖栋发表在第 3 期上的《日苏经济合作的主要形式及特点》一文，认为日苏经济合作并非局限于贸易领域，还涉及资源开发、经济技术交流、贷款、兴办和改造企业等诸多领域，双方的经济合作在世界经济中占有一定的地位，对地区新的贸易结构的形成以及美国、中国和东南亚等国家对外经济关系都产生了一定影响。

　　同时，也有学者对日本对外多边经济关系问题进行了探讨，如陈德照在《国际问题研究》1983 年第 1 期发表了论文《70 年代以来的美欧日经济关系》，他认为，随着美国自 60 年代开始在世界经济中的绝对优势地位相对衰落，70 年代以后美欧日相互之间的矛盾和斗争愈益发展，多边经济关系进入一个变化调整阶段，出现了一些新特点，美欧日之间的相互依赖关系加深。另外，还有学者从挖掘第二次世界大战后日本经济成功奥秘的角度探讨日本对外经济战略问题，如郭福敏在 1984 年第 2 期《现代日本经济》发表论文《战后日本的对外经济战略与策略》，认为战后日本经济获得巨大成功的一个重要原因是：充分发挥日本在地理环境方面的优势，制定了有效的对外经济战略和策略，不断扩大对外经济联系。

　　由于 80 年代上半期正值我国实施第六个五年计划，为了全面了解战后日本的发展，吸取其经济建设的经验，社科院日本所组织全国九家主要日本研究机构联合编写了"战后日本丛书"，其中包括 1988 年航空工业出版社出版的郑励志、陈建安主编的《战后日本对外贸易》一书。该书不仅从日本的贸易结构、出口贸易发展的原因、对外贸易摩擦、政府贸易政策以及世界贸易发展中的日本等角度介绍和分析了战后日本对外贸易发展状况，而且分别考察了日本与发达国家、发展中国家及中国之间的贸易状况，并展望今后的对外贸易发展前景。可以说，这是我国国内较早、较全面地反映日本对外贸易发展的一部著书。

　　此外，社科院日本所还主办召开了有关学术研讨会议，如：1984 年 8 月，全国日本经济学会（当时名称为中华全国日本经济学会）在上海召开第三届年会，主题为"日本对外经济战略和新技术革命"，会上学者们发表了一些相关成果，反映了中国的日本经济学界对日本对外经济关系研究的高度重视。

　　到 80 年代中期以后，欧美发达国家开始加强区域经济合作，日本成为世界贸易大国、投资大国和对外援助大国。随着日本经济日趋成熟化，一些问题逐渐显现。日本经济面临着转型的重大课题，日本经济的未来走势和发展方向成为人们普遍关注的热点。1986—1990 年，全国九家主要日本研究机构再次合作，编写了"日本发展前景"系列文章，其中包括《日本对外经济关系展望》等成果。

这期间，在社科院日本所主编《日本概览》、池元吉和张贤淳编著《日本经济》、余昌雕著《日本经济论》等著书中，都专门列出章节来论述和分析日本对外经济关系问题。有关的文章也明显增多，如：黄晓勇在《日本问题》1989 年第 6 期发表《欧洲统一大市场的建立与日欧关系》，冯昭奎、张威、张宇贤在《日本问题》1990 年第 6 期分别发表《日本与苏联东欧经济关系的回顾与展望》、《日本市场的封闭性与保护结构》、《日本对外经济关系的新特征》，徐平在《日本研究》1990 年第 4 期发表《80 年代以来苏联与日本在西伯利亚及远东地区的经济贸易关系》等论文。

（二）有关日本对外贸易、投资、援助领域的研究成果情况

按照我国教育部人文社会科学学科分类标准，日本对外经济关系应属于经济学范畴内的世界经济学下设的三级学科日本经济中的一个分支。从研究内容和研究对象的角度而言，它横跨国际贸易学、国际投资学、国际经济关系、国际收支理论、国际金融学、国际货币经济学等三级学科。我国的日本对外经济关系研究主要体现在以下领域。

1. 对外贸易领域

进入 20 世纪 80 年代，在中国的日本经济学界，围绕对外贸易在日本经济高速增长中的功效、日本对外贸易快速发展的原因以及贸易结构变化、前景等问题所进行的探讨较多，如：《现代日本经济》1982 年创刊号登载了盛继勤的《技术进步是战后日本出口贸易高速发展的决定因素》一文，之后的期刊中又陆续登载了陆忠伟的《日本贸易结构的变化及其影响》、徐长文的《日本外贸关系中的两大变化》等。① 另外，崔勇列在《世界经济》1989 年第 5 期撰文《1980—1987 年日本贸易条件变动的相关分析》；李龙云在《日本问题》1989 年第 6 期发表《关于日本扩大进口前景的初步探讨》等论文。

---

① 参见《现代日本经济》1989 年第 1 期。

同时，随着日本对外贸易顺差特别是对美贸易顺差持续大幅度增加，与美欧之间的经贸摩擦愈演愈烈，日本政府开始逐步推行扩大内需政策，减少对美欧市场的依赖，但实际效果有限，对外贸易摩擦不断升级。在这一形势下，宋益民发表了《日美贸易摩擦和日本的对策》①、应子宁在《国际金融研究》1990年第11期发表了《日本贸易顺差在缓解全球储蓄短缺中的作用》、李桂山在《日本学刊》1991年第1期发表了《从日美金融摩擦看日本金融资本的发展动向》等论文。

这期间，也有介绍和研究日本国际分工理论的成果，如：福建省社科院金泓汎在《日本问题》1990年第5期发表了论文《日本国际分工理论的发展》，翔实地介绍和分析了20世纪60年代以后日本学术界围绕国际分工理论展开的研究和讨论。作者认为，日本的学者们多从本国的实际利益出发，试图在批判和继承传统国际分工理论的基础上建立新的"日本型国际分工"理论，这不仅为日本开展对外经济活动提供了理论依据，为日本对外贸易和对外投资政策进行辩护，而且也为提高日本在国际分工中的地位出谋划策，对我们深入研究国际分工理论具有一定的参考价值。另外，关于日本贸易制度、政策等方面的文章有：王乐平在《日本问题》1987年第6期发表的《关于60年代日本关税政策的探讨》、金伯生在《现代日本经济》1989年第4期发表的《日本的出口保险制度》等。

2. 投资领域

在80年代对外经贸摩擦频发、"广场协议"后日元大幅度升值的背景下，日本企业大规模走向海外，对外投资出现一些新变化。于是，探讨日本对外投资和企业国际化等问题的成果显著增多，如：《日本问题》先后刊发了刘昌黎《论日本的对外证券投资》、刘大洪《论日本对美国制造业直接投资对日本经济的影响》、盛继勤《日本对外直接投资的新特点和新问题》等论文②；《日本学刊》1991年第1期登载了张舒英撰写的《90年代日本的资本输出》一文；《现代日本经济》先后载发了徐平《日本对外直接投资重心上移》、吕靖《日元升值下的日本投资新动向》、孙世春《战后日本企业国际化初探》、郭国庆《试论日本企业国际化的新趋势》

---

① 参见《日本问题》1985年第4期。

② 参见《日本问题》1986年第5期、1988年第1期、1989年第2期。

等论文①;《亚太经济》1985 年第 2 期登载了郑励志、王文玟《日本对台直接投资之分析》等论文。也有学者从日本引进外资和国际比较方面探讨了投资问题,如:关秀珍在《世界经济》1989 年第 11 期撰文《日本利用外资重视扼制负效应》、徐梅在《现代日本经济》1991 年第 3 期撰文《日本与外国间银行资本相互渗透的国际比较》等。

这期间,还出现一些研究日本对外投资与地区经济发展的关系及其对区域经济合作的影响等方面的成果,如 1991 年上海三联书店出版的樊勇明著《日本的投资与亚洲的崛起》,该书围绕日本对亚洲直接投资的历史、现状、特点等进行了综合分析,并从国别的角度对日本主要投资对象有选择性地进行了分析和论述。关于这方面内容的论文有:1991 年第 3 期《日本学刊》白成琦的《东北亚区域经济合作与日本资本输出》等。

3. 对外援助领域

《日本问题》1985 年创刊号,发表了续洪《利用日本贷款几个问题的探讨》,论文从日本政府贷款的效益、日本政府开发援助(ODA)的特点、中日经济关系等方面探讨了日本贷款问题,这是我国自 1979 年十一届三中全会作出利用外资的重大决策以后在该领域出现较早的文章。随着日本经济地位提高以及日元升值,日本政府对外援助金额不断增加,1989 年成为世界第一大援助国,日本政府开发援助问题越来越受到重视。于是,马成三在《日本学刊》1991 年第 2 期发表了《日本对外援助:发展、特点与课题》、杨巍巍和张义在《现代日本经济》1991 年第 4 期发表了《日本 ODA 的结构和指标分析》等论文。

(三) 有关中日经贸关系领域的研究成果情况

自中日恢复邦交正常化特别是中国实施改革开放政策以后,中日经贸关系问题便成为我国日本经济学界始终关注的一个重大课题。专攻日本经济领域的很多学者以及非经济领域的一些学者都不同程度地涉猎过中日经贸关系问题研究,相关成果不断出现。

《日本问题》和《日本学刊》先后登载了郭忠信等《亚太地区的贸易及产业调整——兼论中日贸易不平衡及其对策》、何方《谈谈中日经济关系问题》、彭晋璋《日本的经济结构调整与中日经济合作》和《中日经济

---

① 参见《现代日本经济》1985 年第 1 期、1988 年第 1 期、1989 年第 1 期、1990 年第 4 期。

关系的回顾与展望》以及陈建安《日本企业对中国的直接投资及其经营》、李玉潭《浅析中日经济关系及其发展前景》等论文。① 其他刊物上还登载了高明超《面对日本加速海外投资谈我国吸收日本投资问题》、金泰相《东北亚区域性经济合作前景与中日经济关系刍议》②、池元吉《日本经济动向和中日经济关系的前景》③、吕克俭《中日长期贸易协议的回顾与展望》、马君雷《当前中日经贸关系的特点及努力的方向》等④文章。

上述成果表明，这一时期学者们主要围绕中日经贸关系的变化特点和发展前景、如何加强中日经贸合作、解决合作中出现的问题、促进日本对华投资以及地区合作中的中日经济关系等内容，展开了较强的动态性和现实性研究。

(四) 其他相关领域的研究成果情况

由于一国或地区对外经济关系的发展往往会引起该国国际收支、汇率的变化，胡欣欣《五十年代至六十年代中期日本的外汇及国际收支问题》和陈继勇《论日元国际化及其对世界经济的影响》⑤、晓侠《1987 年日本国际收支情况"经常"、"贸易"黑字幅度同时缩小》⑥ 等文章都反映了这方面的变化。

随着 80 年代经济区域化的进展，有学者开始将日本区域经济战略问题纳入研究视野，如：边振瑚在《现代日本经济》1986 年第 2 期发表论文《日本在亚太经济合作中的地位和作用》，阐述了 70 年代以来亚太地区经济取得令人瞩目的发展，区域经济合作日趋活跃，逐步走向具体化阶段。作者认为，日本是亚太地区最大的经济发达国家，政府积极倡导和推动亚太地区经济合作，但因受社会历史条件、国际经济与政治环境、政府战略政策等因素影响，日本要在地区合作中发挥重要作用具有一定的局限性。另如宋绍英发表在 1990 年第 3 期《外国问题研究》的《论日本的东亚经济集团化构想》一文，专门探讨了日本提出的东亚经济集团化构想，

---

① 参见《日本问题》1986 年第 4 期、1987 年第 1 期、1987 年第 3 期和第 5 期；《日本学刊》1991 年第 4 期、1991 年第 6 期。

② 参见《现代日本经济》1987 年第 3 期、1990 年第 3 期。

③ 参见《日本研究》1989 年第 1 期。

④ 参见《国际贸易》1988 年第 8 期、1990 年第 8 期。

⑤ 参见《日本问题》1985 年第 4 期、1989 年第 6 期。

⑥ 参见《现代日本经济》1988 年第 6 期。

认为地区经济集团化是当代世界经济发展的一个趋势，是各国经济国际化和国际化过程中竞争和发展的需要。在这一趋势下，世界上出现了一些地区性经济集团，东亚经济圈也是构想中的新事物，日本事实上在采取措施推进东亚经济合作。日本的东亚经济圈构想面临着两种选择，可能的路径只能是国家之间相互协调和共同发展。站在目前的时点上，上述许多观点仍然没有过时，由此也可看出东亚及亚太地区的经济一体化进程十分缓慢。

综上可见，20 世纪 80 年代，我国从事"日本对外经济关系"研究的队伍不断扩大，人员分布全国各地，从北到南各个日本研究机构都出现了比较活跃的学者，他们发表了许多研究成果，其内容以日本对外贸易、对外投资、中日经贸合作为主，有关日本对外援助、国际收支、日元国际化、区域经济战略等问题的文章逐渐增多，在我国的日本研究学界开始逐步形成一个关于"日本对外经济关系"的研究体系，为我国日本对外经济关系研究的发展打下了良好基础。

二　中国关于"日本对外经济关系"研究成果的大量涌现时期(1992—2001 年)

进入 20 世纪 90 年代，经济全球化、区域化趋势不断加强；日本泡沫经济破灭，经济陷入长期萧条；中国实行市场经济体制的方向进一步明确；中日经贸关系进入新的发展阶段。

(一) 20 世纪 90 年代的内外经济形势和研究总况

在新形势下，就日本对外经贸关系问题发表的论文明显增多，《日本学刊》先后刊登了池元吉和李晓《论 90 年代日本对外经济发展战略》、张舒英《日本的经济发展与对外经济关系》、黄晓勇《对外经济的摩擦与日本式交易惯例》、金熙德《战后日本经济外交的作用及其演变》、江瑞平《论日本经济萧条对东亚及中国经济的影响》等[①]论文。于永达分别在 1992 年第 6 期《现代日本经济》和 1995 年第 3 期《世界经济》发表了

[①]　参见《日本学刊》1992 年第 1 期和第 3 期、1994 年第 3 期、1995 年第 4 期、2001 年第 6 期。

《日本对外经济关系四大难点及其对策》和《论日本国际经济关系的走向》等论文。

这期间，专门就日本重要的双边特别是日美经贸摩擦问题发表的成果迅速增加，如余昌雕在《东北亚论坛》1994年第3期发表论文《摩擦与协调——日美经济关系的轨迹》，在对日美经济摩擦的发展过程、成因、特点及发展前景等进行具体分析的基础上，指出日美经济关系是在摩擦与协调相互交织的过程中不断发展，日美利益的一致性仍是决定日美经济关系的主导方面。相关内容的文章还有：张宝珍在《世界经济》1994年第11期发表的《日美经济贸易的摩擦和协调》、张健和徐显芬分别在《日本学刊》1996年第2期和1999年第5期发表的《经济高速增长时期日本对美国的经济外交》和《日美经济的相互依存与摩擦》等。这方面的著书也开始出现，如张可喜著《日美经济战》一书于1993年由四川人民出版社出版。

另外，随着中国改革开放和市场经济体制的日益深化，我国越来越注重国别问题的借鉴和比较研究，如：张蕴岭、陆建人在《世界经济》1996年第9期撰文《亚太经合组织中的中国、日本和东盟——三者的政策、作用及其比较》；王厚双在《日本学刊》1997年第1期发表《日本经济与世界经济接轨的经验浅析》等论文，作者们都试图放宽视野，从他国和地区的发展历程中汲取对我们自身具有借鉴意义的经验与教训，以为我国改革开放和经济建设寻求稳妥、便捷之路。

（二）有关日本对外贸易、投资、援助领域的研究成果情况

1. 对外贸易领域

随着中国加入WTO谈判的进展，我国日本经济学界开始关注日本加入"关贸总协定"和日本贸易自由化问题，以为我国即将"入世"作准备。《日本学刊》1994年第4期刊登了殷燕军、王乐平的论文《关于日本入关后贸易自由化的准备》，比较系统地介绍了日本"入关"及贸易自由化的历程、"入关"后给本国带来的利益、所产生的效果及付出的代价等，考察和分析了60年代初期日本政府在产业结构调整、关税政策等方面为贸易自由化所作的准备，列举了日本汽车等产业在贸易自由化压力下所采取的对策，并总结了日本产业自由化道路和官民并举的做法对我国的

启示。相关的文章有：赵光瑞《日本贸易自由化对我国入"关"的启示》①、强磊等《日本贸易政策研究——从贸易保护到贸易自由化》②、金伯生《WTO 与日本市场开放》③、高淑娟《日本贸易自由化的过程及启示》④ 等。

这期间，关于日本对外贸易政策、体制、结构等方面的论文有：于永达等在 1992 年第 4 期《外国问题研究》发表的《日本贸易与海外投资保险制度的特点》、官永久在《日本学刊》1995 年第 2 期发表的《日本贸易顺差与经济发展乖离的原因及其趋势》、王德迅在《世界经济与政治》1995 年第 10 期发表的《日本贸易结构的新变化及其影响》、徐梅在《日本学刊》1996 年第 4 期发表的《试论 90 年代日本的对外贸易及其新特点》、陈虹在《世界经济与政治》2001 年第 6 期发表的《日本贸易政策的历史性转变——提高服务贸易领域的比较优势地位》。另外，在《新兴工业化国家和地区的对外贸易体制》一书中，胡欣欣执笔其中的"日本对外贸易体制与政策"一章，该书作为"市场经济研究丛书"之一于1997 年由商务印书馆出版。

2. 投资领域

20 世纪 90 年代以后，日本企业的国际化程度不断提高，日本对外直接投资在战略、动因、地区结构等方面都发生了明显变化，关于这方面的文章大量涌现。以《日本学刊》为例，先后刊登了陈继勇《论 80 年代以来日本对美国直接投资的发展及特点》、刘昌黎《日本对外直接投资的调整及其重新活跃》、钟红《日本跨国企业的全球化战略及发展趋势》、冯玫《日本海外证券投资探微》、李唯《论日本 80 年代以来的资本输出》、于秀东《日本跨国证券公司的发展》、徐梅《试论 90 年代日本对外投资》、金明善《泡沫破灭后日本的经济走势及其对东亚直接投资》、金仁淑《战后日本对外直接投资扩张的促动因素及效应分析》等论文。

随着日本企业加快海外直接投资步伐，特别是以亚洲为中心大规模向海外转移生产基地，日本"产业空心化"问题受到空前关注。庞德良在1998 年第 3 期的《日本学刊》撰文《日本海外直接投资与产业空心化》，

---

①　参见《日本研究》1994 年第 2 期。
②　参见《财贸经济》1999 年第 12 期。
③　参见《日本学论坛》2000 年第 2 期。
④　参见《日本学刊》2000 年第 5 期。

分析了海外直接投资与产业空心化的关系和发展现状，认为空心化是海外直接投资和生产过程中出现的十分复杂的经济现象，不能把个别产业的空心化现象与整个制造业的空心化相混同，日本总体上还没有达到空心化程度。但从长期来看，日本产业存在空心化的可能性和趋势，需要加以预防，推动日本经济向内需主导型转变。

这期间关于日本投资领域的研究成果还有：崔健在《日本研究》2001 年第 4 期发表的《日本外资企业的现状及其效果分析》、胡俊文在《日本问题研究》1993 年第 4 期发表的《论小岛清对外直接投资理论的实质及局限性》等论文。

3. 对外援助领域

政府开发援助作为一种典型的经济外交形式，日益成为各国双边外交和国际经济合作的重要组成部分。在日本连续多年成为世界第一援助大国之后，这方面的成果迅速增加，如 1996 年由天津人民出版社出版的张光著《日本对外援助政策研究》、2000 年由社会科学文献出版社出版的金熙德著《日本政府开发援助》等。它们从政治学、经济学等角度系统地论述了日本对外援助体系、战后援助政策和发展历程、对华及其他地区的政府开发援助状况等，并探讨了其理论、发展前景及外交关系等问题。关于日本对外援助的论文有：施用海在 1995 年第 8 期《国际贸易》发表的《日元升值与日元贷款》、周永生在 1996 年第 4 期《日本学刊》发表的《50 年代中期至 70 年代日本政府对外开发援助初探》等。

（三）有关中日经贸关系领域的研究成果情况

在即将迈入 21 世纪、中国加快"入世"步伐的情况下，我国日本经济学界对中日经贸合作问题特别是发展前景给予了极大的关注和期待，《日本学刊》先后刊登了贺执中《中日经济合作的新视野：产业关联——从日本经济结构调整说起》、白成琦《跨世纪日本经济的新趋势与中日经济合作》、张季风《20 世纪 90 年代中日经贸关系的发展与特点》、胡欣欣《日资企业在中国面临的困难与课题》等①论文。还有《日本研究》1994 年第 2 期刊登了朱立南《中日经贸关系中的非谐调状态及其调整》、《世界经济与政治》1996 年第 7 期刊登了赵永清《当前世界经济中

---

① 参见《日本学刊》1993 年第 4 期、1997 年第 6 期、2001 年第 3 期和第 6 期。

值得注意的一种倾向——从美国与中日经贸关系看世界经济政治化》、《国际贸易问题》2000 年第 2 期刊登了贾保华《面向 21 世纪的中日经贸关系》、《国际贸易》2000 年第 8 期刊登了赵晋平等《看得见的实惠——中国"入世"后的中日经贸关系》等文章。

在中日经济关系的发展中，日本对华直接投资掀起新一轮高潮。《日本学刊》1995 年第 1 期刊登了白成琦的论文《日本对华直接投资的大发展及面临的新问题》，论述了 90 年代以来日本对华直接投资的大发展和变化，指出在大规模外资涌入的情形下，我国需要及时采取有效对策，适当控制外资规模，提高外资消化能力，加快产业结构调整，引导外资结构和方向，对民族产业采取有效的保护扶持政策。另外，《日本学刊》还先后刊登了金仁淑《日本对亚洲直接投资战略与中国的市场经济》、张玉明《日本企业对中国直接投资及中国吸引外资政策》、刘昌黎《论日本对华直接投资的作用、问题与对策》等论文。

这一时期，也有学者十分关注日本对华援助问题，如徐长文在 1997 年第 4 期《国际贸易》发表《值得关注的问题——日本调整政府开发援助政策及对我国的影响》、金熙德在 1999 年第 5 期《日本学刊》发表《日本对华 ODA 的成效及其转折》等论文。

（四）其他相关领域的研究成果情况

90 年代上半期，日元兑美元汇率呈升值基调，一度达到 79.75 日元兑 1 美元的战后最高纪录。在这一背景下，日元国际化问题再次被热议，《日本学刊》登载了徐梅《日元升值与日元国际化》、李维刚《日元国际化：进程、动因、问题》等①文章。《中国社会科学》1997 年第 4 期刊发了薛敬孝《趋势性日元升值和日本产业的结构性调整》、《世界经济》1998 年第 12 期刊发了裴桂芬《日本汇率波动与东亚经济增长》等论文。

同时，北美、欧洲区域经济一体化取得进展，东亚区域经济合作在 1997 年亚洲金融危机爆发后开始真正起步，于是，关于日本参与区域经济合作的文章明显增多。池元吉、李俊江在《东北亚论坛》1996 年第 3 期发表《迈向 21 世纪的日本东亚经济战略》一文，认为世纪之交的日本东亚经济战略的核心内容是：以东亚地区作为实施全球战略的重要立足点

---

① 参见《日本学刊》1995 年第 6 期、2001 年第 2 期。

和出发点，以增加对东亚地区的直接投资、技术转让、扩大进出口贸易和发展援助为手段，促进东亚经济一体化，最终建立以"雁型模式"为基础的东亚经济圈。但是，该战略的实施会受到东亚地区经济、政治等诸多因素影响，它既存在可能性也有局限性。关于日本与区域经济合作方面的文章还有：李威周等和蔺运珍分别在《日本学刊》1993 年第 2 期和 2000 年第 2 期发表《东北亚经济圈构想与前景——兼论日本的地位、作用和我国应采取的对策》和《新形势下日本亚太经济战略的转变》、李文在《当代亚太》1999 年第 9 期发表《对日本东亚经济战略的重新审视》、余昴雕和尹小平在《东北亚论坛》2001 年第 4 期发表《日本参与东亚国际分工战略目标、形式的调整与影响》等。

总之，这十年间，经济全球化、区域化快速发展，日本积极发展对外经济关系；在国内外环境的变化中不断出现新现象、新问题；全球信息化和电子化程度大大提高，这些因素都促使中国关于"日本对外经济关系"研究的成果大量涌现。

三　中国关于"日本对外经济关系"研究结构的日趋成熟化和多元化时期(2002—2010 年)

进入新世纪，经济全球化和区域化进一步发展，东亚区域经济合作和一体化不断前行；日本经济步入复苏轨道，但国际经济地位相对下降；中日经贸关系再上新台阶，同时双方之间的贸易摩擦日益增多；中国于2001 年 12 月正式加入 WTO，经济继续保持较快增长。

(一) 21 世纪初的内外经济形势和研究总况

在上述背景下，出现了刘昌黎《日本与东盟经济合作新进展及其问题——评日本—东盟领导人特别会议》、朱颖《日美经贸关系的新变化》、苏杭《日本的"贸易投资立国"战略探析》等①有关日本对外经济关系、经贸战略、经济外交等内容的论文。相关成果还有：张玉来在《国际问题研究》2008 年第 3 期发表的《试析日本的环保外交》、邓应文在《东南亚纵横》2008 年第 5 期发表的《浅析东盟—日本经济关系——以东盟

---

① 参见《日本学刊》2004 年第 2 期、2007 年第 3 期、2008 年第 3 期。

经济发展中日本投资因素为研究重点》等文章。另外，2008 年由江苏人民出版社出版的王键著《战后日台经济关系的演变轨迹》一书，详细介绍和分析了战后日台经济关系形成的经济基础和社会背景、日台经济关系的发展演变以及台湾企业集团在发展日台经济关系中的作用等。

值得一提的是，这期间有学者从历史的角度对中日两国封建社会末期对外经济政策进行了比较研究，其成果反映在高淑娟、冯斌著《中日对外经济政策比较史纲——以封建末期贸易政策为中心》一书中，该书于 2003 年由清华大学出版社出版。作者探讨了中国的朝贡贸易和日本式朝贡贸易之间的关系，深入考察了中日两国由此形成的不同社会结果，认为"在看似相同的对外经济政策和对外贸易形式的背后，中日两国实际存在着对外关系的重大差别：中国的闭关锁国是实质性的，有着深厚的经济文化根源，因此难以形成近代化所需要的社会基础；日本的锁国只是形式上的，本质上却是开放的，并由此培育出适应近代化要求的社会基础。正是这种不同的社会基础，导致两国在面对世界工业革命的历史机遇时采取了不同的应对措施，出现了强弱易位的历史结局。"[1] 可见，作者力求揭开中日两国在近代化过程中盛衰殊途的深层秘密。

（二）有关日本对外贸易、投资、援助领域的研究成果情况

1. 对外贸易领域

在 WTO 多边贸易谈判难以推进、区域经济一体化快速发展、东亚区域经济合作取得实质性进展的情况下，20 世纪 90 年代末，日本开始调整其对外经济政策，从以往的推崇多边主义转向重视双边主义、多层次自由贸易同时发展的新体制，并制定和实施了经济伙伴协定（EPA）战略。

在这种形势下，有关自由贸易方面的成果大量涌现，刘昌黎在《日本学刊》先后发表了《日本通商政策的变化与双边自由贸易战略》、《日本自由贸易战略浅析》及《日本 FTA/EPA 的新进展、问题及其对策》等论文。其中，《日本通商政策的变化与双边自由贸易战略》一文指出，在世纪之交全球双边自由贸易迅速发展的新形势下，日本通商政策正在从向 WTO 一边倒转向以 WTO 为中心，同时推进双边、地区和多边自由贸易。

---

[1] 高淑娟、冯斌：《中日对外经济政策比较史纲——以封建末期贸易政策为中心》，清华大学出版社 2003 年版，内容提要。

随之，"日本贸易自由化战略也发生了相应的变化与调整，对东盟经济外交的新理念和'小泉构想'既是日本通商政策变化和调整的集中表现和重要标志，也是日本对东亚双边自由贸易和经济合作新战略的重要组成部分。"①《日本学刊》2004 年第 3 期、2009 年第 6 期、2010 年第 4 期还先后刊登了张祖国《日本积极推进 FTA 战略的若干问题》、李明权和韩春花《日本已生效 EPA 中农产品开放度分析》、孙玉红《日本企业未能充分利用 EPA 优惠的原因和对策》等有关日本自由贸易区和经济伙伴协定内容的文章。另外，《国际贸易》2003 年第 8 期、2010 年第 2 期分别登载了赵晋平《迈向制度性经济合作——日本 FTA 战略若干评价及多方案比较选择》、王泺《日本 EPA 战略评估及对中国的影响》等论文；庞德良和安磊在《东北亚论坛》2005 年第 4 期发表了《论日韩 FTA 进程中的主要问题及其解决路径》；刘翔峰在《当代亚太》2007 年第 5 期撰文《日本 EPA 战略及"10＋6"推进计划》；任明和任熙男在《现代日本经济》2007 年第 5 期发表了论文《日本 FTA 政策的动向、特征及展望》。

随着我国对外贸易摩擦日益增多，有些学者开始重新审视战后日本对外经贸摩擦问题，以便为我国应对摩擦探寻对策。这方面的论文有：樊勇明和贺平《经贸摩擦与大国崛起——日美经济战对中国的启示》、裴桂芬和马文秀《日本的全套型产业结构与日美贸易摩擦》、徐梅《关于日美贸易摩擦中汇率问题的思考》等②；《现代日本经济》2004 年第 5 期登载了余晓泓《日本化解贸易摩擦的策略分析——以日美贸易摩擦为例》；《国际贸易》2007 年第 11 期刊登了金柏松《日本对美贸易摩擦战失利的教训与启示》等论文。

由于国内外环境不断变化，我国的日本问题研究亦不断走向细化和深入，从不同视角研究日本对外贸易问题的成果增多，如刘红在《日本研究》2003 年第 2 期发表《国际分工理论与日本贸易模式的选择》、赵放在《现代日本经济》2005 年第 3 期撰文《新环境新变化——日本对外贸易政策动向评析》、韩瑞和李建军在《国际贸易》2008 年第 4 期发表《战后日本贸易政策的变迁：从利用主义到构建主义》、向前在《日本学刊》2008 年第 5 期撰文《日本应对 GATT／WTO 体制的策略探析》、赵放和陈

---

① 刘昌黎：《日本通商政策的变化与双边自由贸易战略》，《日本学刊》2002 年第 5 期。

② 参见《日本学刊》2006 年第 3 期、2008 年第 2 期、2010 年第 5 期。

阵在《日本学刊》2009 年第 4 期发表《日本农业贸易保护政策的问题及其改革思路评析》、蒙慧和孙艳伟在《日本学刊》2009 年第 5 期撰文《日本稀有金属进口贸易困境及对策》等等。

2. 投资领域

由于日本对外投资不断发展变化，新兴经济体日益崛起，《日本学刊》2007 年第 2 期和 2008 年第 3 期分别刊登了刘昌黎的《日本国际收支的历史性转折与投资立国》、王伟军《日本对印投资热的特点及影响》等文章。另外，金仁淑在《日本学论坛》2002 年第 1 期发表了《"日本投资模式"在东亚经济效应分析》，她根据小岛清的"边际产业扩张论"，认为日本在东亚地区的投资对东道国扩大贸易、促进经济增长具有较大的积极作用，在东亚工业化初期发挥了"进口替代效应"，为建立"出口加工基地"作出一定贡献。但是，到 90 年代以后，由于日本对东亚地区投资结构的固定化、技术转让滞后等原因，致使日本国内经济陷入长期萧条，也诱导了东亚金融危机的爆发。

随着外国对日投资的增长以及中国企业"走出去"战略的实施和推进，日本吸引外资问题越来越受到各界关注。于是，王伟军《日本近期利用外资的特点、影响及不足》、徐梅《外国对日直接投资的发展现状分析》和《外资并购日本企业的进展及趋势》[①]、崔健《日本引进外国直接投资与提高经济活力分析》[②] 等论文相继发表。

3. 对外援助领域

进入 21 世纪，对外援助在各国和地区经济外交中发挥越来越重要的作用。在日本对外援助政策及外交战略等方面面临调整的形势下，朱耀辉在《日本问题研究》2002 年第 4 期撰文《后冷战时代日本 ODA 政策析论》、朱凤岚在《世界历史》2003 年第 2 期发表《对外援助在日本国家中的地位》、冯剑在《世界经济与政治》2008 年第 6 期撰文《国际比较框架中的日本 ODA 全球战略分析》、王屏在《日本研究》2010 年第 1 期发表《日本 ODA 决策体系中主导权变化研究》等论文。

（三）有关中日经贸关系领域的研究成果情况

进入新世纪，中日经济关系在合作与竞争中逐渐走向成熟，新的机遇

---

① 参见《日本学刊》2002 年第 5 期、2005 年第 5 期、2006 年第 1 期。
② 参见《现代日本经济》2008 年第 3 期。

和问题不断显现，同时电脑化、信息化快速发展。在这种情况下，有关中日经贸关系的成果如雨后春笋般涌现。著书主要有：2005 年由中国海关出版社出版的孙新、徐长文著《中日韩经济合作促进东亚繁荣》、2006 年由天津社会科学院出版社出版的程永明、石其宝著《中日经贸关系六十年（1945—2005）》、由吉林人民出版社出版的魏全平著《中日 FTA 战略》、2008 年由社会科学文献出版社出版的张季风主编《中日友好交流 30 年》经济卷、2009 年由中国人民大学出版社出版的赵晋平著《日本的经济复苏之路与中日经济关系》及由中国经济出版社出版的徐梅、张淑英、赵江林著《中日建立自由贸易区问题研究》、由社会科学文献出版社出版的王洛林主编《日本经济蓝皮书——日本经济与中日经贸关系发展报告》等。

　　有关论文更是层出不穷。首先，结合中国经济发展状况探讨中日经贸关系战略转型、发展前景及相互依存关系等问题的文章大量增加，仅《日本学刊》就先后刊载了王延中《中国经济形势与中日经贸发展前景》、江瑞平《论新阶段中日贸易五大特征》和《中日经济关系的困境与出路》、李建军《中日贸易对日本经济复苏的作用及存在的问题》、吕克俭《中日经贸关系的展望》、裴长洪和张青松《日本对华直接投资与贸易增长变化分析》、王保林和杨东群《日本企业的对华竞争新战略》、张捷《日本制造业组织结构与国际分工模式的变化——兼论日本制造业对华直接投资的新动向》、刘瑞《日资银行在华经营战略浅析》等。其他刊物还陆续登载了姜跃春《中日经济关系及其走势》[1]、雷鸣《日本对华直接投资的发展变化及对策分析》[2]、张季风《后危机时代日本对华投资的新机遇与前景展望》[3]、张舒英《后追赶时代的日本经济与中日合作》和《对中日双方都有利——中日经济关系发展与共同面临的课题》[4]、笪志刚《中国企业对日投资现状及其演变》[5]、李光辉《在曲折中前行的中日经贸关系》[6]、孙震海《对中日双边经济合作模式与领域的探讨》[7]、孙世春

①　参见《国际问题研究》2003 年第 1 期。
②　参见《现代日本经济》2004 年第 3 期。
③　参见《现代日本经济》2010 年第 2 期
④　参见《现代国际关系》2003 年第 10 期和《国际贸易》2004 年第 4 期。
⑤　参见《日本学论坛》2007 年第 3 期。
⑥　参见《中国金融》2008 年第 9 期。
⑦　参见《世界经济研究》2008 年第 11 期。

《中日经贸关系的战略转型》① 等论文。

其次，由于能源供需矛盾日益突出，各国和地区之间的能源竞争加剧，能源、环保领域越来越成为中日经济合作的新亮点，探讨这类问题的文章迅速增加。如：张季风在《国际贸易》2004 年第 1 期和《日本学刊》2004 年第 6 期分别发表《缓解能源领域竞争——从战略视角看中日两国汽车产业的合作》和《中日两国在能源领域的竞争与合作》、尹晓亮在《日本问题研究》2005 年第 2 期撰文《中日"春晓"油田之争的"结"与"解"》、赵兴武和罗元文在《日本研究》2005 年第 4 期发表《中国资源型城市经济转型与日本经济合作初探》、赵旭梅在《东北亚论坛》2007 年第 6 期发表《中日环保合作的市场化运作模式探析》。

再次，随着东亚区域经济合作不断取得进展，出现从区域视角考察中日经贸关系的一些文章。如《日本学刊》2002 年第 6 期黎平海的《亚洲区域金融合作中的日本与中国》和 2006 年第 2 期陈建安的《东亚合作中的中日经济关系》、《世界经济研究》2004 年第 8 期高兰的《双轨制区域合作模式中的中日 FTA 的发展前景与对策分析》、《日本学论坛》2006 年第 1 期李靖宇和马健的《中日实现经贸合作战略升级的区域环境》、《现代日本经济》2006 年第 4 期于潇的《东亚地区自由贸易协议进程中的日中竞争》、《亚太经济》2010 年第 2 期魏全平的《中日经贸关系的现状与变化——"东亚共同体"倡议的经济背景》等论文。

另外，随着中国经济持续快速发展，国际地位日渐上升，日本国内要求削减和中止对华政府开发援助的呼声日益强烈。就此问题，熊李力在《现代国际关系》2006 年第 9 期撰文《日本对华 ODA 贷款计划的终结》、施锦芳在《日本研究》2008 年第 6 期发表了《日本对华政府开发援助的价值评析》一文，针对日本国内存在的应全面削减或停止对华援助的言论指出，日本政府自 1979 年开始向中国提供政府开发援助以来，中国政府和领导人、著名学者、新闻媒体等都给予了及时客观的报道和评价，充分肯定了日本对华开发援助在中国经济社会发展中所发挥的积极作用。日本国内某些言论具有片面性，缺乏一定的理论依据。另外，在对华日元贷款大幅减少直至中止的情况下，张光在《日本学刊》2008 年第 2 期发表论文《日本对华利民工程无偿援助地区分布实证分析》，对日本对华仍将

---

① 参见《日本研究》2009 年第 4 期。

实施的利民工程给予了关注。

此外，学者们还从其他角度、运用不同方法深化对中日经贸关系问题的研究。如：《日本学刊》先后刊登了金仁淑《要素流动对中日两国经济结构调整的影响》、宋磊《中日经济关系的制度环境与技术基础》、向前《日本农产品贸易政策法律与中国的对策》、范拓源《90 年代以来日本的对华技术转移》等论文。再如：《国际经济评论》2003 年第 6 期刊发了于津平《中日经济关系对日本经济的影响》、《日本问题研究》2004 年第 1 期登载了韩建东《我国农产品适应日本贸易壁垒的对策》、《国际贸易问题》2006 年第 5 期刊登了范爱军的《中日两国产业内贸易的实证研究》、《现代日本经济》2006 年第 5 期载发了石其宝的《中日长期贸易协议的发展历程》等文章。

（四）其他相关领域的研究成果情况

21 世纪以来，日本积极参与和推进区域经济合作和一体化，关于这方面的论文大量涌现。如：《日本学刊》2003 年第 5 期乔林生的《日本的东亚经济合作政策浅析》和 2004 年第 6 期樊勇明的《日本经济复苏和东亚合作》、《国际贸易》2004 年第 7 期金柏松的《难逾越的障碍——日本对东亚区域经济合作新战略及其分析》、《亚太经济》2005 年第 4 期谢晓军的《日本在东亚经济一体化战略上的优劣因素分析》、《国际问题研究》2007 年第 5 期姜跃春的《日本东亚经济合作政策新变化及其前景》、《现代日本经济》2007 年第 5 期于潇的《从日本 FTA 战略看东北亚地区经济一体化的发展趋势》、《世界经济与政治》2008 年第 4 期周永生的《21 世纪初日本对外区域经济合作战略》等。

这一时期，日元汇率和国际化等问题仍为学者们所关注，研究不断深化，如陈建安在《日本学刊》2006 年第 4 期发表论文《日本的外汇制度与汇率政策调整中的美日博弈》，重点论述了日本实行浮动汇率制后在被动调整外汇制度及汇率政策的过程中美日两国之间的博弈，分析了美日贸易摩擦如何从贸易领域扩展到汇率政策、产业政策、宏观政策及经济体制等方面，同时还考察了日本为避免日元短期内大幅度升值，进一步开放国内市场、调整外汇制度和汇率政策、实施一系列经济体制改革等状况。这方面的成果还有：2010 年由商务印书馆出版的付丽颖著《日元国际化与东亚货币合作》一书以及陈虹在《世界经济与政治》2004 年第 5 期发表的《日元国际化之路》、李晓在《世界经济》2005 年第 6 期发表的《"日元国际化"的困境及其战略调整》等论文。

可见，近十年间，我国的"日本对外经济关系"研究不仅成果数量显著增加，而且质量不断提高，研究领域日益拓宽，特别是研究视角、方法及内容等都呈现出丰富化和多元化趋势，这表明我国日本经济学界在该领域的研究日趋深入和成熟。

四　关于中国"日本对外经济关系"研究的特点及发展趋势

从我国对"日本对外经济关系"研究的发展历程、现状和成果来看，呈现出以下特点和趋势：

1. 在对日研究中的地位上升

自改革开放以来，我国就十分重视吸取邻国日本经济建设的经验与教训，积极发展与日本的经贸关系。为此，研究日本经济问题的专家学者们始终将日本对外经济关系和中日经贸合作领域置于十分重要的地位。随着经济全球化、区域化的发展，各国和地区之间的经贸联系日益密切，合作的重要性更加凸显，关于对外经济关系领域的研究内容也日趋宽泛，日本对外经济关系研究的地位和影响呈现出不断上升的态势。据中华日本学会副会长蒋立峰在 2010 年 5 月召开的学会年会上的讲话，截止到 2009 年 4 月，全国从事日本经济研究的人员将近 150 人（不完全统计）。据此笔者粗略地估计，其中有一半人员都曾发表过与日本对外经贸关系有关的文章，这些成果有的被政府部门采用，有的获得奖项，产生了一定的社会影响。

2. 研究的针对性和现实性提高

经济学研究的首要任务是为经济发展和经济决策服务，探寻经济发展规律，这一点在对外经济关系领域体现得较为明显。从三十年来中国"日本对外经济关系"研究的历程和当前的研究现状来看，呈现出的一个重要特点和趋势是：与中国的经济建设、外交政策、区域化和全球化战略等需要大致同步。我国日本经济学界的专家学者们一直是根据中国的发展现实需要，努力探寻日本发展对外贸易、投资、外援、金融国际化等方面的经验与教训，以为我国经济建设和融入世界经济中寻求一条捷径和有效的对策。

3. 研究的动态性和时效性增强

随着信息化程度不断提高，中日之间的经贸往来日益密切，我国对日本的了解越来越迅速，及时分析日本动态和突发性事件的成果呈增多之势。譬如：在日本经济长期陷入萧条、中国经济实力增强和对日出口产品增加的背景下，2001 年 4 月中日之间首次爆发了贸易摩擦。对此，当年张舒英在《日本学刊》第 5 期发表了《透视中日贸易争端——兼谈我国如何应对贸易摩擦》一文；归泳涛在第 4 期《国际政治研究》发表了论文《试析日本贸易政治的决策过程和发展趋向——以中日农产品贸易摩擦为例》；在全球金融危机爆发和蔓延后，《日本学刊》2009 年第 5 期刊载了张彤的论文《金融危机下的日本 ODA 战略分析》。

4. 研究的内容趋于当地化和具体化

80 年代，我国关于中日经贸关系的研究主要停留于双边贸易、投资总况。90 年代以后特别是 21 世纪以来，各地区的日本经济问题专家学者开始立足于本地区，根据地区经济发展规划的进展情况，研究如何加强与日本的经贸合作问题。例如：辽宁大学王厚双著《中日韩自由贸易区与老工业基地振兴互动关系研究》于 2004 年由辽宁人民出版社出版；山东大学张乃丽著《日本对山东省直接投资研究》于 2007 年由山东人民出版社出版。这种当地学者选题"现地化"的做法，有利于推进研究的细化和深入化。

5. 跨学科的研究逐渐增多

一国或地区的对外经济关系走向，如政府开发援助流向、自由贸易区建设等，从一个侧面也可以反映出该国或地区的外交战略。随着我国对"日本对外经济关系"研究的深入，越来越多的学者不仅从经济视角，而且从政治外交等视角研究日本对外经贸关系问题。例如：吴德烈在《国际贸易》2002 年第 8 期和 2006 年第 4 期分别发表文章《历史的伤口——"皇国史观"及文化宗教溯源对中日经贸关系的影响》、《摩擦中互利双赢——小泉政权右倾化与中日经贸关系》；胡鞍钢在《世界经济与政治》2002 年第 9 期撰文《是"威胁论"还是"互利论"——中国经济崛起对中日经贸关系的影响》等。随着政治经济局势的复杂化和不确定性增多，立足于多视角研究日本对外经济关系问题将成为今后的发展趋势。

综上可见，我国关于"日本对外经济关系"研究已形成一定规模，取得了一些成果，并呈现出一些特点和良好的发展方向。但是，我们必须清醒地认识到，这一领域的研究还存在问题和不足。

1. 与美国等发达国家的同类研究相比仍有一定差距

中国经历了十年"文化大革命"和较长的计划经济体制时期，即使在改革开放后的八九十年代，计划经济与市场经济问题一直是官产学争论的焦点之一。可以说，中国社会主义市场经济体制的确立和实施经历了一个长期的思想解放过程。而此间，日美、日欧之间的经济交往十分密切，战后美欧等对日本市场经济的研究早于我国，无论在贸易、投资等理论的研究方面，还是在对日经济交往的实践方面，我国与欧美一些发达国家相比，尚有差距。

2. 研究课题和成果存在重复和雷同现象

中国的"日本对外经济关系"研究力量主要集中于北京、上海、天津、辽宁、吉林等地，并零星分布在全国各地。由于相互之间在科研信息方面缺少制度性的沟通，在课题立项和研究上存在重复现象，出现一些内容类似的成果，尤其在中日经贸关系领域较为明显。

3. 研究的深度和理论性有待于进一步加强

在日本对外经济关系研究方面，虽然几十年来成果数量大大增加，但在国内外具有广泛影响的精品力作为数有限，在理论研究方面还有待于进一步加强。另外，对一些重要问题的研究尚没有充分展开，还满足不了我国经济发展现实的需要。

4. 实地调查研究不充分

研究日本需要随时了解日本，深入日本社会，接触日本人。近年来，随着中国经济的快速发展，日本开始逐渐削减资助性的交流项目，长期赴日机会减少。另一方面，研究日本也需要了解中国国情，尤其是跟踪和把握我国经济社会的发展变化和亟待解决的课题。但是，受各种条件制约，学者们在国内外的实地调研机会受限，对实际情况了解不够深入。

对于这些问题，今后有必要加强研究队伍建设，努力培养具有高学历、知识结构合理、年轻化的后备力量；创造条件，深入了解中国国情和经济建设的需要，适应国内外形势变化，设立具有重大理论和现实意义的课题；及时跟踪和把握国际上的前沿研究状况，深入广泛地阅读有关资料，提高理论素养；加强国内同行之间的交流与合作，避免重复立项，实现研究优势互补；树立良好学风，求真务实，力争多出成果、多出精品。

　　当前，经济全球化快速发展，东亚国家和地区正在构筑错综复杂的自由贸易网络。为促进自身的经济增长，扩大在国际上的影响力，各国和地区都在积极发展和扩大对外经济关系，这更加突显了研究"日本对外经济关系"的重要性。时代的发展给我们学者提出了诸多课题，需要我们今后去关注和深化研究。

　　首先，从世界的视角来看，后金融危机时期，在国际货币体系的变化调整中，日元地位将如何变化？在国际资本流动日益频繁、经济不确定性增多的形势下，日本如何加强金融监管和对国际游资流动的监控？在 G20 等多边合作机制中，日本在经济方面将发挥何种作用、其影响如何？在低碳经济时代，日本如何处理贸易与环境之间的关系？如何应对贸易保护主义及各类经贸摩擦？

　　其次，从东亚和亚太区域合作的视角来看，在东亚经济一体化的进程中，日本如何推进和调整本国"经济伙伴协定（EPA）"战略和参与地区的一体化进程？日本如何推动和参与中日韩、日韩、日澳经济伙伴协定的谈判？其带来的影响是什么？日本将如何推进农产品市场开放？

　　再次，从日本发展对外经济关系的视角来看，2011 年"3·11"大地震后，日本产业向海外转移出现哪些动向？日本的能源进口结构及能源战略调整将出现哪些变化？日本如何加强与湄公河流域、非洲、中东等国家和地区的经济关系？随着新兴经济体的快速发展，日本如何加强与印度、巴西、俄罗斯等国家的经贸关系和合作？

　　另外，从日本对华经济关系的视角来看，在今后中日经贸关系的发展中，双方如何进一步深化经贸关系？如何加强在能源环保领域的合作？日元汇率的波动变化对中国经济产生什么样的影响？如何吸引和承接日本技术转移？在外国对日投资特别是并购式投资的发展变化中，中国对日投资的机遇和前景如何？中国政府如何适时适度地投资日本？等等。对于如此众多的重要课题，我们需要作出更大的努力，不断提高研究水平，完成时代赋予学者的重任。

参考文献

中国社会科学院日本研究所：《日本问题》1985 第 1 期—1990 年第 6 期。中国社会科学院日本研究所：《日本学刊》1991 年第 1 期—2010 年第 6 期。

中国社科期刊（网络版）：http：//www.cnki.net，涵盖《日本学刊》、《现代日本经济》、《日本研究》、《日本问题》、《日本问题研究》、《当代亚太》、《东北亚论坛》、《亚太经济》、《外国问题研究》、《国际问题研究》、《国际贸易》、《国际贸易问题》、《世界经济》、《国际经济评论》、《世界经济研究》、《世界经济与政治》、《国际金融研究》、《财贸经济》、《中国金融》、《中国社会科学》等刊物。

中华日本学会、南开大学日本研究院、日本国际交流基金：《中国的日本研究（1997—2009）》，2010 年 5 月。

国际交流基金：《中国的日本研究》，1987 年。

郑励志、陈建安主编：《战后日本对外贸易》，航空工业出版社 1988 年版。

余昺雕：《日本经济论》，吉林大学出版社 1989 年版。

程永明、石其宝：《中日经贸关系六十年（1945—2005）》，天津社会科学院出版社 2006 年版。

张季风主编：《中日友好交流 30 年》（经济卷），社会科学文献出版社 2008 年版。

赵晋平：《日本的经济复苏之路与中日经济关系》，中国人民大学出版社 2009 年版。

王洛林主编：《日本经济与中日经贸关系发展报告》，社会科学文献出版社 2008—2011 年版。

中国的日本金融研究 30 年综述

中国社会科学院日本研究所　　刘　瑞

一　研究概况

1978 年，我国以经济建设为中心实行改革开放。在金融领域，高度集中的国家银行体系即 "大一统" 银行体系模式已与社会生产力发展要求不相适应。1979 年 10 月，邓小平同志提出 "要把银行办成真正的银行"①，强调 "要把银行作为发展经济、革新技术的杠杆"②，在这一指导思想下我国金融改革正式开始。

围绕 "立足中国国情、借鉴国际经验" 的学术方针，我国学术界开始积极开展对国外先进金融理论与实践的研究。中日邦交正常化以来两国经济交流和金融往来不断扩大，作为中国的近邻，分析日本金融发展过程中的经验与教训为我国金融业发展提供了许多参考和借鉴作用。

本文主要以我国改革开放以来出版、发行的日本金融领域研究的主要学术专著、学术论文为重点，对我国改革开放 30 年来日本金融问题研究进行梳理。资料主要来源于中国国家图书馆联机公共目录、中国知网 CNKI 数据库及《全国报刊目录索引》收录的有关日本经济的学术专著及论文。

（一）学科定位

根据《中华人民共和国学科分类与代码国家标准》（1992 年版），一

---

① 《邓小平文选》第二卷，人民出版社 1994 年版，第 200 页。
② 《邓小平文选》第三卷，人民出版社 1993 年版，第 193 页。

级学科"经济学"下设二级学科"世界经济学"，其下分设三级学科"日本经济"。沿着这一序列分类，"日本金融"应隶属于三级学科下的分支学科。而根据经济学类硕士专业招生目录，"经济学"分为"理论经济学"和"应用经济学"两个一级学科，其中"金融学"为应用经济学下设的二级学科。照此分类，"日本金融"也可隶属于"金融学"范畴。

（二）研究队伍

研究队伍呈多元化、专业化趋势。一方面，我国日本金融研究机构既包括拥有世界经济、金融学专业的普通高等院校以及社科院系统的研究单位，还包括党政部门、金融机构的研究部门以及社会学术科研团体。另一方面，金融改革与实践的需要使日本金融问题研究力度不断加大，研究队伍建设趋于专业化，具备金融专业理论与实践背景、精通外语并熟练运用第一手资料的研究人员逐步增多。此外，部分中国金融研究知名专家也开始关注、研究日本金融问题，从国际视角和中国问题意识两方面提升了日本金融研究的广度和深度。

（三）研究时期划分

30 年间，根据日本经济发展与金融实践脉络，我国对日本金融问题的研究大致围绕日本金融体系演变的三个时期，每一时期大体以十年为单位。第一时期为 1979 年至 20 世纪 80 年代，第二时期为 20 世纪 90 年代，第三时期为 21 世纪初期的十年。

（四）总体研究内容

对中国知网 CNKI 数据库的检索，学科领域限定于"人文与社会科学文献"中的"经济与管理科学"领域，文献数据库设定为"中国学术期刊网络出版总库"。首先输入主题词"日本"进行初次检索，并在此基础上分别输入相关主题词进行二次检索。检索结果见表 1。

表 1　　　1979—2010 年关于日本金融相关论文发表数量变化表　　单位：篇

主题词	1979—1990 年	1991—2000 年	2001—2010 年	合计
金融	730	3134	4041	7905

续表

主题词	1979—1990 年	1991—2000 年	2001—2010 年	合计
金融制度	27	92	74	193
货币政策	55	198	562	815
金融体系	29	194	351	574
金融市场	169	387	479	1035
金融机构	216	1063	842	2121
银行	771	2128	1669	4568
金融监管	0	78	159	237
金融改革	11	166	126	303
金融自由化	48	285	176	509
金融危机	4	1019	1548	2571
不良债权	0	271	284	555
日元升值	261	489	374	1124
日元国际化	34	47	55	136
通货紧缩	5	83	428	516
金融合作	6	4	41	51
金融安全	0	9	20	29
资本市场	36	248	481	765
银企关系	1	68	41	110
公司治理	0	34	319	353
企业融资	1	41	212	254
理财	3	18	59	80

注：初次检索主题词"日本"基础上的二次检索；检索时间截至 2011 年 5 月。

（五）研究重点

从研究内容来看，30 年来我国日本金融研究在纵向、横向及发展方向三个维度表现出不同的研究重点，主要有以下特点：

（1）从纵向看，30 年来我国日本金融问题研究成果在不断深化、细化过程中，数量呈增加趋势。研究成果展现了金融发展自身的延续性和规律性。如表 1 所示，30 年来我国对日本金融研究主要集中在"金融市场"、"金融机构"（银行）、"货币政策"等方面，主要以传统金融学研究为主，其研究重点在于制度性研究。我国学者从基础理论和现实分析等角度，对上述重点课题进行了长期研究和跟踪，并形成众多成果，从宏观层面建立了学术积累，为日本金融研究打下了良好的学术基础。

（2）从横向看，各个时期的研究体现了各有侧重的问题视点，既紧密跟踪日本经济、金融形势，也符合我国现实国情需要。如第一时期日本处于金融自由化与金融变革时期，而中国正值改革开放、银行改革伊始阶段，我国学术界主要将研究重点置于日本银行体系建设、金融市场发展和日元升值和国际化等方面。第二时期日本深陷泡沫经济崩溃后"平成金融危机"与经济萧条困境之中，我国学者围绕日本金融危机与金融改革形成了许多学术成果，主要包括泡沫经济与金融危机、金融机构经营与重组、金融制度与金融改革等内容。第三时期主要针对平成金融危机进行反思，同时在2008年世界金融危机过程中重新评价"日本经验"，并对人民币汇率、亚洲金融合作等热点问题进行相关研究。

（3）从发展方向看，我国在对日本金融问题研究过程中，根据国际金融学理论及学科发展要求及现实发展需要，不断扩充研究领域，填补研究空白。如20世纪90年代我国的日本金融问题研究爆发出集中放量的特点，对"货币政策"、"金融机构"、"金融危机"等宏观金融学课题进行了大量研究。同时，逐步开始研究"金融监管"、"不良债权"、"金融安全"等80年代未曾出现的新课题研究，并在微观金融学（有效市场理论）领域，开始了"公司治理"、"资产价格"、"理财"等研究的尝试。进入21世纪以来，日本金融问题的研究更加具有针对性，中国问题意识更加突出，同时研究视角更为广泛，将日本金融问题置于亚洲及世界视点。同时学界也开始关注金融学与其他学科的交叉研究，如"金融法"、"金融工程"等。

二　第一时期(1979年至20世纪80年代)

1979年中国金融改革正式开始，发挥金融业尤其是银行业在经济中的重要作用、确立中央银行职能、恢复与设立国家专业银行等制度建设急需借鉴国外先进经验。这一时期的研究成果主要分为前期和后期两个时段，其中1979年至20世纪80年代初期主要以介绍金融业在日本经济高速发展时期的重要作用和概括日本金融制度为主，其形式主要表现为编译和一般性总结。20世纪80年代中后期，金融自由化、国际化浪潮席卷日本全国，我国学者对此动向变化及发展方向表现出极大关注。

（一）1979 年至 20 世纪 80 年代前期

在我国银行改革背景下，一方面中国学术界、实务界赴日开展实地考察活动，加深对日本金融体系的认识。如 1979 年中国人民银行组织产业金融学习考察团赴日研修，并发表系列考察报告①；1981 年中国人民银行成立金融教育考察团在考察成果中认为"日本经过一百多年来的改革，已建成一个比较完整的适应于现代经济发展的金融体系。日本的金融结构取法于欧美，又根据本身的具体情况，形成一个与众不同的金融体系，既有英国式的全国性的商业银行，又有美国式的地区性的商业银行"②。

另一方面，中方积极邀请日本学者和银行家访华并进行学术交流，共同探讨日本经验与中国国情的具体应用。③ 这种双向的实务交流和学术交流及实地学习和考察使我国系统认识日本金融发展、研究金融理论有了一个良好的开端，也为我国进行金融制度建设、开展国际金融业务起到积极作用。

这一时期，一批介绍、编译日本金融体系的成果应运而生。其内容主要集中在两方面：

1. 描述性分析日本金融体系运行模式

1872 年日本制定"国立银行法"，并建立了中央银行——日本银行。随着日本现代金融体系建立，加速了日本向现代资本主义的发展，也成为促进经济高速发展的重要因素之一。为了解日本金融情况，我国实务界和学界根据日本相关资料，首先全面概览、介绍明治维新以来的日本银行业历史发展沿革、现行的金融制度及职能；④ 其次从日本中央银行的金融政

---

① 如《日本兴业银行的经营管理》、《日本农业现代化资金是怎么解决的？》，《金融研究动态》1979 年 A2 期和《日本的银行在经济高速发展中所起的作用》、《关于日本经济高速度发展的资金问题》，《金融研究动态》1979 年 A3 期。

② 《日本的金融体系》、《日本中央银行的地位和作用》，《当代经济科学》1981 年第 2 期。

③ 如中国人民银行总行工商信贷部通过整理日本信托讲座访华团业务讲座，编写并内部发行的《日本东洋信托银行的信托业务》（1982 年）一书，总结日本信托业务发展和业务内容，摸索创造适合于我国国情的社会主义信托方式。柳卫玉以《日本银行家谈日本的金融政策和国际金融形势》一文，（《世界经济研究》1983 年第 1 期）发表了日本长期信用银行代表团的座谈记录。

④ 如中国银行国际金融研究所、吉林大学日本研究所编著《日本的银行》，中国财政经济出版社 1981 年版。

策及金融工具、商业银行运营模式、业务方向、管理方法等不同侧面对日本金融进行了介绍性分析。① 这些成果虽未形成规范的经济学论文，但这些资料为研究中日金融问题提供了积极参考并奠定了基础。

这一时期我国学者也很注重结合国情借鉴日本经验。如 1980 年我国颁布《关于推动经济联合的暂行规定》，明确规定"银行要试办各种信托业务"，对社会信用总规模和基建规模加以管理和疏导。我国信托业迅速发展的同时，也产生了分散资金、拉长基建战线、与银行争业务等弊端。我国学者在银行信托业务方面形成了数篇成果，介绍日本信托银行的发展，为我国银行建设提出重要参考。②

2. 研究日本金融在经济中的作用

明治维新以来，日本的银行业在促进资本主义经济发展上发挥了重要作用。战后金融业在日本经济恢复和高速度发展中的作用更加突出。"在日本，金融实际上起着产业活动动脉的作用。银行与企业紧密结合在一起，银行信贷为重化学工业的发展提供了源源不断的资金来源，成为经济高速发展的重要保证"③。其中，日本央行、政策性银行等公共部门、政府部门对日本现代产业的发展一直起主导作用。④

（二）20 世纪 80 年代中后期

日本金融自由化以及与之相伴随的国际化进程，成为 20 世纪 80 年代中期以来日本金融界最为引人注目的动向之一。战后日本金融体系以间接融资为主，其特征是人为低利率、金融业务严格分工、金融市场封闭、银

---

① 史惠康、陈云达：《日本中央银行的业务体制与金融政策》，《上海金融》1981 年第 6 期；刘鸿儒：《研究日本的经验，提高我国的银行管理水平》，《中央财经大学学报》1982 年第 4 期；刘月琴：《日本银行的窗口指导》，《上海金融》1982 年第 6 期等。

② 如关连升《日本的信托银行》，《财经问题研究》1981 年第 1 期；史惠康、陈云达《关于日本信托银行的特点、业务及其作用》，《上海金融》1982 年第 3 期；项楚生、成华《日本的信托银行》，《现代日本经济》1982 年第 5 期等。

③ 参见余昌雕《日本的银行制度及其在经济发展中的作用》，《吉林大学社会科学学报》1980 年第 4 期。相关论文还有羊子林《日本经济高速发展的资金是如何解决的》，《世界经济》1980 年第 10 期；陈汝议《日本金融机构在筹集资金扶植产业中的作用》，《现代日本经济》1982 年第 5 期；郭玉璞《信用机关和创造信用职能——对日本金融机关职能作用的浅析》，《中央财经大学学报》1982 年第 5 期等。

④ 如刘恒垣《日本金融政策的演变和在经济发展中的作用》，《金融研究》1983 年第 5 期；雨辰《日本金融政策对科技发展的促进作用》，《上海金融》1983 年第 4 期；孙雅轩《战后日本政府金融机构在经济发展中的作用》，《现代日本经济》1984 年第 2 期等。

行超额贷款和企业超额借款等，这种金融模式为日本经济高速发展起到非常积极的作用。20 世纪 80 年代，国际金融资本力量对比发生重大变化，日本取代美国成为世界最大的资本输出国和债权国，日美间贸易不均衡局面拉大。在美国要求下，两国设立"日美日元美元委员会"，旨在通过诱导日元升值促进日元在国际上的使用。1984 年 5 月大藏省公布《关于金融自由化及日元国际化的现状与展望》，正式开始金融自由化和日元国际化进程，1984 年被称为"金融自由化元年"。这一时期我国的日本金融研究基本围绕金融自由化和日元国际化这一重大转变及相关重要议题展开，内容主要集中在以下两方面。

1. 对 20 世纪 80 年代日本金融改革的制度性分析

战后的日本在一度沿袭战时经济统制和金融统制的管理体制，之后逐渐认识到搞活经济必须搞活金融，要改变"统"（资金统制）、"固"（固定化的体系利率和固定汇率）、"封"（封闭式金融），逐步向利率自由化和弹性化及金融国际化迈进。20 世纪 80 年代，日本对内方面废除了利率的限制、银行业与证券业分离、长期金融与短期金融、信托单独分离的业务领域的限制；对外方面，废除了以外汇管理为核心的国内外金融市场分割的限制，建立了东京离岸金融市场，推行金融国际化的战略。这两个方面共同构成日本金融改革的内涵。这一时期我国学者对这一问题表现出极大关注，在对金融改革的制度背景和内外环境的研究中，主流观点认为日本具备金融自由化、国际化的条件，对日本金融变革的背景、内容及发展方向基本形成较为乐观的共识。①

2. 对日本金融自由化、日元国际化的结构性解析

根据大藏省公布的报告，日本金融自由化主要包括利率自由化、金融及资本市场自由化、金融业务自由化、金融机构经营自由化等方面。②"日元国际化"被定义为在国际交易中提高日元的使用或持有比例。日本

---

① 如李桂山《八十年代的日本金融改革及发展趋势》，《日本学刊》1985 年第 3 期；孙执中《论日本金融自由化及其影响》，《国际金融研究》1989 年第 9 期；张康敏《日本金融制度的演化》，《国际商务研究》1987 年第 2 期；王巍《初探日本金融自由化浪潮》，《外国经济与管理》1985 年第 7 期；陈汝议《关于日本金融改革的发展变化及今后的展望》，《现代日本经济》1985 年第 4 期；李世光《日本金融自由化问题初析》，《日本研究》1986 年第 2 期；刘玉操《浅析日本金融变革》，《天津金融月刊》1987 年第 1 期；廖群、陈宪《战后日本的金融结构》，《金融与经济》1987 年第 3 期等。

② 大藏省「金融の自由化及び円の国際化についての現状と展望」，1984 年 5 月。

政府认为推进日元国际化应采取三方面措施，即金融自由化、欧洲日元交易自由化和设立东京离岸市场。① 我国学者在上述每个方面均有不同程度的研究和分析，主要观点如下：（1）国际化与国债化共同构成了日本金融开放的前提，日本国债市场发展推动日本金融发展。② （2）离岸市场（也有学者称之为"境外市场"、"境外金融中心"等）的设立能够促进东京市场国际化的实现。③ （3）20 世纪 80 年代日元国际化取得很大进展，但 21 世纪日元成为"国际金融的大动脉"的条件尚需完善。④ （4）日本的金融实力急剧膨胀主要表现在对外投资和债权急剧增加以及日本金融机构海外扩张。⑤ （5）日本金融市场尤其是资本市场国际化进程加速。⑥

三　第二时期（20 世纪 90 年代）

（一）研究基本情况概述

20 世纪 90 年代，中国学界对日本金融的研究进入一个崭新的高潮。这一时期围绕金融危机与金融改革，涌现出大量学术成果。关于日本金融的专著有十余部，内容涉及金融政策、金融体制、金融危机、金融监管等

---

① 大藏省「円の国際化について」，1985 年 3 月。

② 如夏斌《日本政府债券自由流通的理论意义》，《日本学刊》1985 年第 2 期；刘昌黎《谈日本的国债流通政策》，《现代日本经济》1986 年第 3 期；陶湘、赵京学《日本债券市场的发展研究》，《国际金融研究》1988 年第 6 期；阎恕生《日本债券市场跃居世界首位的启示》，《现代日本经济》1988 年第 1 期；傅钧文《八十年代日本债券市场的发展及其影响》，《世界经济研究》1986 年第 1 期等。

③ 相关论文如黄泽民《东京离岸金融市场初析》，《日本问题》1987 年第 6 期；王明德《东京离岸市场初探》，《国际金融研究》1987 年第 1 期；史惠康、傅钧文《日本东京金融市场能否国际化》，《上海金融》1983 年第 12 期；肖强《东京国际金融市场》，《国际金融研究》1984 年第 1 期等。

④ 如陆志伟《发展迅速的"日元国际化"势头》，《现代日本经济》1984 年第 5 期；黄银柱《日本金融国际化及其影响》，《世界经济》1987 年第 5 期；郭世贤《日元国际化初探》，《世界经济》1983 年第 8 期；史惠康《关于日元国际化问题》，《上海金融》1982 年第 10 期等。

⑤ 如巫本立《日本金融机构的海外经营》，《国际商务研究》1988 年第 5 期；苏文锋《日本银行迅速向美国拓展业务》，《现代日本经济》1989 年第 6 期；黄泽民《日本金融机构的国际化》，《亚太经济》1989 年第 1 期；王传璧《日本金融资本的对外扩张及其影响》，《现代国际关系》1988 年第 2 期等。

⑥ 如李文华《日本短期金融市场及其新动向》，《现代日本经济》1986 年第 4 期；虞关涛、郭丽霞《论日本证券市场的国际化》，《国际金融研究》1989 年第 4 期；金道明《证券在日本金融市场上的作用》，《国际商务研究》1987 年第 4 期等。

方面。从学术论文来看，以"日本金融"为主题词在中国期刊网 CNKI 数据库检索的结果表明，20 世纪 90 年代十年间的学术论文约占 30 年来总数量的 43%，是 80 年代十年期间的 4.3 倍。这些成果又集中在 1996 年至 1999 年，约占 90 年代总量的三分之二以上。

　　这一时期我国对日本金融研究热潮的背景在于 20 世纪 90 年代初期日本泡沫经济崩溃，以股票和房地产为代表的资产价格泡沫的破裂引发了日本国内金融危机（也称"平成金融危机"），日本经济陷入长期萧条，学术界称之为"失去的十年"甚至"失去的十五年"。为应对危机，1996 年日本提出"金融大爆炸"改革，学术界对此表示出集中关注。1997 年三洋证券、北海道拓殖银行、山一证券等大型金融机构破产，金融危机大规模爆发①。1998 年日本长期信用银行和日本债券信用银行破产，金融危机继续深化，日本政府和央行在不断"试错"中处理不良债权和金融危机。我国学者紧抓这一重大问题和历史机遇，对日本金融问题进行了大量深入的探索和研究。这一时期的学术成果主要表现出三大特点。

　　第一，从专著成果来看，我国学者对日本金融的研究突破以往"单纯介绍、简单评价"的模式，带有更强的中国问题意识，对日本金融制度和改革进行了一系列历史性分析和动态性研究，并以宏观视野对其进行定性研究。如吴学文、俞宜国、张威著《日本金融政策与金融大国》（时事出版社 1994 年版）对第二次世界大战后日本金融政策在经济恢复期、高速增长期以及建立经济大国中的重要作用加以介绍和分析，并对日本如何发挥金融大国作用提出建议。阎坤著《日本金融研究》（经济管理出版社 1996 年版）对金融危机发生前的日本金融机构、金融市场、金融政策、金融改革及金融国际化进行了总结。童适平著《日本金融监管的演化》（上海财经大学出版社 1998 年版）分析战后日本金融监管的特点及历史作用以及对中国的借鉴作用。张加伦、高坚、李大春、张炜主编《日本证券市场的运作理论与实务》（中国国际广播出版社 1994 年版）有助于我国发展证券市场。康焕军著《当代日本股票市场研究》（东方出版社 1995 年版）是一本较早分析日本股票市场尤其是交易所市场的专著，对建立健全我国股票市场体系作了初步探讨。胡坚、陶涛著《日本金融：

---

　　①　如张季风《北海道拓殖银行和山一证券倒闭的原因探析》，《现代日本经济》1998 年第 2 期；张季风《当前日本金融风潮透视》，《世界经济与政治》1998 年第 2 期。

危机与变革》（经济科学出版社 1999 年版）一书以日本泡沫经济、金融
机构危机、金融制度危机、金融制度改革和亚洲金融危机中的日本金融体
系、日元国际化、东京国际金融中心等为研究内容，分析了日本国内金融
危机与亚洲金融危机中的日本金融问题。

　　第二，通过比较的研究方法，强化了日本金融问题与中国经济、区域
经济甚至世界经济的关联性研究。如宋效中、裴鸿池著《中日金融政策
比较研究》（辽宁大学出版社 1998 年版）以中日比较视点，对金融政策
主体、目标选择和政策工具等进行系统研究，便于探讨中国人民银行改革
与发展方向。胡坚、陶涛著《日本金融：危机与变革》（经济科学出版社
1999 年版）一书将日本金融体系纳入亚洲金融危机中，深入分析了日本
金融危机与金融制度改革方向。童适平编《战后日本金融体制及其变革》
（上海财经大学出版社 1998 年版）汇编了日本金融制度、金融政策、证
券市场、金融自由化及银企关系等内容的多篇论文，由中日学者共同完
成，通过比较可看出双方对日本金融在研究方法、内容的异同。[①]

　　第三，多篇运用基础理论研究、分析日本金融现实问题的学术论文问
世。这一时期，我国学者运用经济、金融理论和学说分析日本金融发展及
存在的问题，力图为金融危机寻找解决之路，深化了研究力度，显示了较
高的研究水准。例如：（1）新制度经济学的兴起使我国学者从制度角度
解析日本金融危机与金融改革，"金融体制的变革所要考虑的不仅仅是金
融领域的事情，它需要一系列条件的配合。要充分考虑到体制变革中经济
的、社会的成本，特别是要在动态中考虑，万不可忽略时间的重要性"。[②]
（2）根据不完全契约理论对金融自由化进程中的日本金融监管的局限性
进行分析。[③]（3）用约瑟夫·斯蒂格利茨等提出的政府金融干预的新框架

　　① 这一时期在比较研究方面具有代表性的学术论文如张舒英《利率与物价——兼谈中国和
日本的利率政策》，《日本学刊》1991 年第 4 期；徐梅《日本与外国间银行资本相互渗透的国际
比较》，《现代日本经济》1991 年第 3 期；刑福俊、成吉《日本金融危机的成因分析——兼谈我
国目前金融体制的脆弱性》，《青海金融》1998 年第 5 期；王华春《中日实施再贴现政策比较和
启示》，《亚太经济》1999 年第 1 期等。
　　② 白钦先、王兆国：《体制变革的风险与可持续发展——浅评日本的金融改革与金融危
机》，《日本学刊》1999 年第 2 期。
　　③ 陈虹：《金融监管的制度背景与效率机制——兼论金融自由化条件下日本金融监管的失
误与教训》，《世界经济》1999 年第 8 期。

中的金融约束理论分析战后日本金融制度改革。[①]

(二) 主要研究内容

与 20 世纪 80 年代理论界高度评价日本金融制度对经济崛起的成功经验相对应，20 世纪 90 年代以来日本陷入经济衰退后，学界开始对日本金融制度进行反思。研究成果主要分为以下三大部分：

1. 继续关注日本金融自由化、国际化走向

1994 年 10 月利率放开标志着日本金融已基本完成了由管制到自由化的转变。这一时期金融自由化进展继续得到我国学者的关注。从研究成果来看，对这一问题的认识分为三个层面。

一是论证金融自由化是经济发展的必然趋势，继续肯定日本金融自由化对推动日本经济的积极作用，认为 "自 70 年代开始直至 90 年代初期，历经了十多年艰辛历程的日本金融自由化改革，极大地促进了日本金融的发展并取得了一定的效果"，"从根本上改变了战后日本金融体制的整个面貌"、"促进了一个金融大国的形成"、"为进一步金融自由化改革奠定了基础"[②]。金融自由化对日本经济、金融的影响在于掀起金融竞争、促进日本经济和金融的自由化、加速银行经营的革新、影响金融政策的变化、加剧 "泡沫经济" 的发展、推动放宽管制的潮流等。[③]

二是在金融自由化过程中，由于相关制度的配套改革措施滞后，为金融危机留下了隐患。主要体现在金融政策、金融监管制度、主银行制度和银行经营模式等存在弊端。"由于 80 年代日本金融自由化的发展，导致 80 年代后半期出现大规模的金融缓和，其结果是土地投机和股票投机达到了日本历史上的空前纪录，出现了严重的后遗症，银行经营发生困难，

---

① 吴素萍：《从金融约束到金融自由化——战后日本金融制度改革及其启示》，《经济导刊》1998 年第 1 期。

② 参见满达人《八十年代日本的金融自由化改革》，《兰州大学学报》1995 年第 1 期。相关论文还有宋运肇《自由化、国际化浪潮下蓬勃发展的日本金融》，《世界经济研究》1990 年第 3 期等。

③ 参见刘昌黎《论日本的金融自由化》，《现代日本经济》1996 年第 4 期；赵英军《日本金融：由管制到自由化的变迁》，《世界经济文汇》1996 年第 3 期；金仁淑《论日本的金融国际化战略》，《现代日本经济》1993 年第 3 期等也对金融自由化进程进行了不同侧重的研究。

不良债权大规模出现,国民资产总额也大幅度地遭到损失。"①

三是日元国际化受阻及战略调整。"日本金融国际化是垄断资本主义高度发展的产物,是金融垄断资本凭借雄厚的资金和先进的技术,从事国际金融经营活动,拓展国外金融市场,获取金融垄断高额利润的过程,也是日本进行对外经济扩张的高级形式"②。20世纪70年代,日元在国际货币体系中扮演着一个微不足道的"小配角",80年代中期后日元的国际地位开始出现转机,但到90年代又陷入停滞甚至倒退状态。亚洲金融危机后,利用东亚各国和地区重建货币体系的机遇,加之欧元启动以及欧元区形成过程中可能出现国际货币力量的重新分配,日本政府加强力度实行日元国际化推进对策,并将日元国际化战略从国际范围定位为亚洲地区的区域国际化。在亚洲金融危机中,日本推行的"亚洲日元圈"首次进入组织化、制度化阶段。③

2. 高度关注日本金融危机问题

20世纪90年代日本陷入金融危机泥沼,我国学者对此倾注了高度关注,学术成果不断涌现。其中王洛林等著《日本金融考察报告》(社会科学文献出版社2001年版)汇集了多篇日本泡沫经济崩溃后金融危机问题研究论文,是日本应对金融危机方面重要代表作④。主要涉及以下内容:(1) 金融危机的爆发及对策。王洛林、余永定、李薇《当前日本金融危机及其启示》指出导致金融危机的直接原因在于金融机构漠视风险,而其深层政策、体制原因在于金融政策失误、宏观调控不力、金融纪律松弛、金融体制原有的弊端等。陈虹《日本的金融政策与泡沫经济》以日本泡沫经济崩溃前后资产价格异常变动为研究对象,通过分析金融政策中官定利率、货币供应量中间目标操作的变化,说明金融政策环境变化背景下应注重维持资产价格稳定。(2) 不良债权处理问题。李薇《日本的不

---

① 参见孙执中《论战后日本金融自由化与1991—1993年的经济萧条》,《日本问题研究》1996年第1期;侯邦安《对1997年日本金融危机的认识与思考》,《世界经济研究》1998年第2期;傅钧文《日本金融危机分析》,《世界经济研究》1998年第4期等论文也有相关论述。

② 参见徐梅《日本金融国际化的进程——兼论对我国的启示》,《日本学刊》1993年第6期。

③ 参见高伟民《"亚洲日元圈"的背景与前景》,《上海社会科学院学术季刊》1999年第2期,相关论文还有江瑞平《东亚货币体系危机与重建背景下的日元国际化问题》,《世界经济》2000年第1期等。

④ 因所收录论文均发表于20世纪90年代,故统计纳入这一时期。

良债权和"金融振兴整体方案"》，陈虹《评析日本金融机构的不良债权》等多篇论文对日本不良债权定义界定变化、处理方式和进程、处理教训等进行了深层次解析。（3）金融改革问题。余永定《日本金融"大爆炸"的由来和启示》，王洛林、余永定、李薇《90 年代的日本宏观经济和结构改革》等论文分析了日本政策当局为应对金融危机而进行的"战后最深刻、全面的政治和经济体制改革（包括金融改革）"。

总体来看，这一时期我国学者对日本金融危机问题研究主要集中在以下三方面。

一是泡沫经济与金融危机的关系问题。泡沫经济是由金融投机所导致的经济状态，表现为大量资产价格飙升到远远脱离其内在价值的程度，其中隐藏着资产价值狂跌并引起市场崩溃及经济萧条的可能性，通常是虚假繁荣的反映。日本经济"泡沫破灭表现为 1990 年日本股票市场和房地产市场的下挫"。[①] 中国学术界研究将日本泡沫经济产生的原因一般归结为日元升值、对资产价格盲目乐观的预期、宏观经济政策失误、金融体制缺陷下的金融自由化、制度因素和全球制造业转移等方面。[②]

二是银行业不良债权问题。泡沫经济崩溃后日本银行业不良债权严重，金融危机暴露了日本经济体制、金融体制存在的严峻问题。中国学者对此进行了大量分析，如对不良债权处理情况的整体描述；从不良债权的处理对象、范围以及政府采取的方式分析日本政府对不良债权处理方法的尝试；不良债权处理时的新型金融工具的经验和发展状况等。[③]

三是金融机构破产处理与合并重组。泡沫经济崩溃后日本金融机构大量破产，面临重组和改革。"日本金融面临的问题是经济非正常发展的结果，也是金融体制乃至政治体制不健全导致的结果，金融业存在的这些问题反过来又阻碍整个经济的全面复苏和日本银行业国际竞争能力的提高。

---

① 参见羊子林《日本"泡沫经济"的前因后果值得认真研究》，《国际金融研究》1993 年第 5 期；宋运肇《气泡破灭后的日本金融》，《上海金融》1991 年第 11 期。

② 如廖石坚《80 年代中期以来日本银行货币政策体系的变革》，《日本学刊》1993 年第 6 期；谢芳《日本泡沫经济的原因》，《日本问题研究》1999 年第 2 期；陈建《论日本金融政策与"泡沫经济"（上）（下）》，《浙江金融》1996 年第 1、2 期等。

③ 代表性论文有江瑞平《日本金融危机的体制要因》，《经济研究参考》1997 年第 15 期；臧世俊《近年日本金融危机论析》，《外国问题研究》1997 年第 1 期；谢杭生、高圣智《日本的不良债权及处理方式》，《国际金融研究》1998 年第 6 期；林海军、刘明兴《日本金融证券化探析》，《现代日本经济》1994 年第 2 期等。

解决当前日本金融问题所付出的代价必将是巨大的。"①

3. 分析金融大改革

1992 年 3 月日本金融改革法案出台，打破了日本战后实行了近半个世纪的长期金融和短期金融分离、银行业务与证券业务分离的金融业务分工制度，开始向金融自由化、业务多元化的发展方向迈进。②

1996 年日本桥本内阁公布了行政、财政、社会保障、金融、经济结构、教育六大改革计划，其中金融改革作为六大改革的核心和先锋，金融"大爆炸"改革方案出台，这"是日本政府推行的六大改革中启动最早、影响最大的改革举措"，"它是金融自由化的继续和深化，其范围几乎涉及整个金融领域"。③ 1998 年 4 月 1 日，以实施新的"外汇法"为标志，日本金融改革进入正式实施阶段。此次金融改革能否顺利推行及其对日本经济将产生何种影响，成为人们关注的焦点，国内大量论文对此进行了分析，主要从背景、内容、影响、进程等方面评价了金融"大爆炸"改革的积极作用。④

战后日本长期实行重行政、轻监管的金融行政管理体制，金融监管主体一直由大藏省承担。20 世纪 90 年代日本金融机构大量破产，金融体系动荡，金融危机处理缓慢与大藏省"护送船队"式金融监管密切相关。从金融"大爆炸"改革开始，日本对金融监管制度进行了一系列重大调整和改革，监管措施从事前监管向事后监管演变：（1）设置金融监督厅；（2）成立金融再生委员会；（3）设置统一监管机构——金融厅；（4）强化日本银行审慎监管职能；（5）改革存款保险制度。我国学者对此问题

① 参见刘玉操《当前日本金融面临的问题探析》，《世界经济》1997 年第 8 期。相关论文还有胡坚《日本银行业经营管理的改革与调整》，《经济问题》1996 年 11 期；樊志刚《日本商业银行的经营运作及债务重组》，《中国城市金融》1996 年第 2 期等。薛万祥《日本金融机构破产处理方式的特点》，《经济研究参考》1996 年第 ZJ 期；周强、罗润东《日本金融机构倒闭风潮评析》，《经济问题探索》1998 年第 9 期等。

② 参见项卫星《日本的金融改革及其发展方向》，《世界经济》1992 年第 7 期；金仁淑《论日本新金融制度改革》，《外国问题研究》1993 年第 1 期；张舒《日本金融体制的改革及其启示》，《日本研究》1994 年第 2 期等对此作出了评价。

③ 张季风：《日本金融体制改革探析》，《世界经济与政治》1998 年第 7 期。

④ 如张淑英《日本金融体制的问题及改革》，《世界经济》1998 年第 7 期；马文秀、张玉柯《试析当前日本金融体制改革》，《国际贸易问题》1998 年第 9 期；刘昌黎《试论日本金融的"大爆炸"》，《日本学刊》1998 年第 1 期；安志达《世纪之交的挑战与难题——日本金融体制改革浅析》，《现代日本经济》1997 年第 5 期等。

非常关注，普遍认为日本金融监管改革为我国建立、健全金融监管系统提供了很好的经验。①

四　第三时期(21 世纪前十年)

2002 年，日本经济开始回暖并步入自律性复苏轨道。在一系列强力措施作用下，2005 财年日本全国银行不良债权比率降至 2.7%，大大低于所要求的 4% 的水平，困扰日本金融体系十余年的不良债权问题基本解决。为防止重蹈覆辙的风险，日本开始反思和总结"平成金融危机"的经验教训。正当日本金融业准备重整旗鼓、施展作为之时，一场由美国次贷危机迅速演变而成的全球性金融危机袭来，拖延了日本金融体系恢复体力的日程。

(一) 专著主要情况

步入 21 世纪的前 10 年，我国日本金融问题研究继续得到长足发展。突出表现为专著放量问世，且视角广泛，内容丰富。据不完全统计，这一时期共出版近 30 本专著，超过前 20 年总和。主要分为四大类：

1. 关于宏观金融制度与金融体系

这类专著数量较多，如黄泽民著《日本金融制度论》（华东师范大学出版社 2001 年版）一书较为客观地评价了日本金融制度的作用，一方面对日本传统金融制度在推动经济发展方面的贡献予以充分肯定。另一方面对传统的日本金融制度与成熟经济的不适应性进行了分析。池建新著《日本金融体系研究》（陕西师范大学出版社 2006 年版）旨在解明日本从金融强国到因大量不良债权发生金融危机之间巨大落差的内在联系。吴遵杰著《日本金融体系大变革》（社会科学文献出版社 2006 年版）一书重点分析了经济增长与发展中的金融体系变迁、日本金融体系弊端及金融体系的大变革，指出改革的目标是使金融体系能适应和促进经济、技术和社会的发展。袁长军著《日本金融改革》（中国文化出版社 2008 年版）按时间序列对近代金融制度的形成到金融制度改革难点进行了分析。庞德

---

① 主要论文有刘红《论日本金融监管体制的变革》，《日本研究》1997 年第 2 期；秦晓南《试析日本金融监管事后管制演变的原因》，《国际金融研究》1999 年第 5 期等。

良、张建政著《东北亚区域金融合作研究》(吉林人民出版社 2006 年版)从区域金融合作角度,深入分析了中日韩三个核心国家的货币金融合作路径。

2. 关于泡沫经济与金融危机相关政策

如孙执中主编《日本泡沫经济新论》(人民出版社 2001 年版)对日本泡沫经济崩溃的影响、"住专"问题等作了分析。蔡林海、翟锋著《前车之鉴:日本的经济泡沫与"失去的十年"》(经济科学出版社 2007 年版)认为,经济泡沫的形成和破裂以及"失去的十年",是日本在调整经济结构转变经济增长模式的过程中因外交政策、外汇制度改革、金融和资本市场的开放以及宏观经济政策出现重大失误所付出的巨大代价,是日本经济转型失败的后果。罗清著《日本金融的繁荣、危机与变革》(中国金融出版社 2000 年版)系统展现了泡沫经济崩溃后日本金融的变化。陶涛著《论日本的金融行政》(北京大学出版社 2000 年版)是一部系统研究日本金融监管的专著,内容涵盖金融监管理论与实践、战后金融行政实践、金融行政的特征比较分析等内容。裴桂芬著《银行监管的理论与模式——兼论日本的银行监管》(商务印书馆 2005 年版)认为金融自由化在一定程度上是放松监管但不应放松所有的监管,金融自由化后的银行监管应最大限度发挥市场机制的作用和缩小政府干预的范围,通过各种激励机制刺激银行降低风险,实现健全化。陈作章著《日本货币政策问题研究》(复旦大学出版社 2005 年版)通过多种角度对 20 世纪 90 年代泡沫经济崩溃后而陷入复合型通货紧缩的日本经济和货币政策及效果进行分析和研究。戴晓芙《日本的银行兼并与经营》(复旦大学出版社 2008 年版)一书分析了日本大银行在"金融大爆炸"改革中的兼并与重组,指出在付出巨大代价后日本银行业开始摆脱困境,步入新的发展时期。杜军、任景波著《流动性问题与对策研究》(首都经济贸易大学出版社 2009 年版)主要通过分析日本经历的流动性过剩到流动性不足过程对日本金融体制进行重估。刘瑞著《金融危机下的日本金融政策:困境与挑战》(世界知识出版社 2010 年版)以 20 世纪 90 年代日本国内金融危机和 2008 年国际金融危机为区间,重点分析金融危机下日本金融政策——货币政策和审慎监管政策的运营特点及效果。

3. 教材或编著对日本金融问题的专题研究

如冯昭奎《日本经济(第二版)》(高等教育出版社 2005 年版)第

五章、张舒英主编《日本经济发展模式再探讨》（方志出版社 2007 年版）第六章、刘昌黎《现代日本经济概论》（东北财经大学出版社 2008 年版）第 12 章、张季风主编《日本经济概论》（中国社会科学出版社 2009 年版）第四章均对日本金融体制、金融政策、不良债权等问题进行整理和研究。王洛林主编《日本经济蓝皮书》（社会科学文献出版社）从 2008 年创刊起，各年度均设有金融专题，对当年日本金融形势进行评述。

4. 采用定量和定性相结合实证研究方法总结的成果

如郭福敏《以日本和中国实证研究为根据的货币均衡学说》（河北出版社 2003 年版）以货币价值指标为基石，建立了货币均衡理论体系。在证券市场及其交易方面，阎大颖著《日本场外交易市场——20 世纪 90 年代以来首次公开发行股票 IPO 的实证研究》（中国对外经济贸易出版社 2006 年版）一书基于日本 JASDAQ 市场大量股票和财务数据，运用多种分析方法对 JAS – DAQ 市场进行实证研究，并分析这一市场的制度特征和发展前景。罗忠洲著《日元汇率波动的经济效应研究》（中国金融出版社 2006 年版）用新开放宏观经济学的最新成果，通过建立模型实证分析了实行浮动汇率制以来日元汇率波动对日本经济的影响。

（二）学术论文主要情况

这一时期是对"平成金融危机"反思以及此次全球金融危机过程中重新评价日本经验的时期，我国的日本金融研究论文数量众多，约占 30 年总量的 55%。从研究对象和内容看，主要表现在三大方面。

1. 对"平成金融危机"的反思

泡沫经济崩溃前，日本金融体系是创造经济奇迹的成功范例。泡沫经济崩溃后巨额不良债权使日本的金融体系陷入了"机能不全"状态，学术界从多个角度对"平成金融危机"进行了反思。

（1）对日本泡沫经济再思考。中国学者对日本泡沫经济的研究一直非常关注，从 20 世纪 80 年代泡沫产生到 90 年代泡沫破灭，学界始终在探究其起因、过程、处理方法等。21 世纪以来中国资产价格持续上扬再度引起人们对日本泡沫经济问题的研究热潮。"泡沫经济崩溃之所以成为日本经济久病不愈的一个重要原因，在于泡沫经济后果带有难以克服的综合性、连锁性、迁延性。"① 从传统的研究成果来看，日本泡沫经济的产生主要归结为日元升值和盲目乐观的预期、宏观经济政策失误、金融体制缺陷下的金融自由化、制度因素等方面。在此基础上，还形成了研究日本泡沫经济的新视角，如从全球制造业转移、虚拟经济与实体经济关系、资金和投资意愿、日本银企信用风险管理制度等角度进行分析，有学者对20世纪80年代日元升值到泡沫经济的形成进行了分析，并根据日本的教训提出了"大国崛起不等于泡沫经济、扩大内需不等于扩大总需求、放松银根不等于放松监管、放松规制不等于放松监管、金融稳定不等于金融机构稳定等五个不等式结论"。②

（2）"平成金融危机"的制度性因素。泡沫经济的崩溃使日本陷入长时期的金融危机，为了重塑日本金融业的辉煌，日本政府多次进行改革，但仍未使经济走出长期萧条困境。日本金融战败现象引起世界的普遍关注，我国学界和实务界也努力寻找其制度性根源，并对此问题基本形成两点共识：一是日本金融行政的思想兴盛于明治维新以来的近现代经济发展史，日本政府通过学习西方金融制度引导本国金融制度的变革方向，在制度实施过程中各种关系的博弈过程形成了日本金融制度演化的路径。这种依靠政府力量推动的金融制度演化方式造成日本完成经济追赶后无法赶超的一个主要原因。随着日本进入工业化经济的成熟阶段以及全球金融自由化浪潮的兴起，这种金融体制的内在弊端暴露得越来越显著。二是20世纪80年代以来政府对金融体制进行了改革，尽管改革尚未带来经济绩效的显著提升，但其基本方向已日渐明晰，即向着减少政府直接干预、引入市场竞争机制的规则型金融体制的方向演进。③

（3）"平成金融危机"处理。为应对20世纪90年代日本国内金融危

① 周见：《对日本泡沫经济的再思考》，《世界经济》2001年第7期。

② 参见魏加宁《日本的教训：日元升值与泡沫经济》，《西安金融》2006年第1期；曹远征、鹿朋《全球产业转移下的国际货币体系错配：日本泡沫经济的反思与启示》，《国际经济评论》2008年第6期；张颖《日本泡沫经济崩溃的必然性分析以及对中国的启示》，《现代日本经济》2002年第1期；李宏舟《日本资产价格泡沫发生机制研究》，《现代日本经济》2008年第3期；王雪峰《房地产泡沫和金融不安全——日本泡沫经济15周年评述》，《现代日本经济》2007年第3期等从不同角度对泡沫经济进行了反思和论证。

③ 相关论文有胡坚、钱宥妮《政府在日本金融制度演化中的作用》，《北京行政学院学报》2006年第3期；刘红《日本金融监管体制的变革》，《日本学刊》2004年第3期；王浩《日本金融危机十年祭》，《东北亚论坛》2003年第6期；刘刚《日本金融危机长期化与复杂化的原因透析》，《现代日本经济》2007年第3期等。

机，虽然日本政府和央行采取了一系列救助措施，如清理不良债权、为银行注入公共资金、对问题金融机构实施国有化、执行非传统超宽松货币政策等，但不良债权问题历时十余年才得以基本解决。我国学者对金融危机处理的要因和具体举措进行了细致研究，主要观点如下：第一，日本不良债权长期化的原因应从政府、银行及企业三个层面分析；第二，"平成金融危机"过程中经济停滞在一定程度上为政策性衰退，即政策工具选择失误；第三，在金融监管制度建设方面，日本"护送船队"式行政保护凸显制度缺陷，政府建立健全了常规处理和应对危机事态的特别处理机制，形成了以中央银行特别融资、存款保险制度和金融机构破产处理框架为中心的金融安全网，为维持信用秩序稳定、防止金融系统性风险扩散建立了较为完善的制度保障；第四，日本银行业历经考验并最终化险为夷的重要作用在于政府注资，特别是以 2002 年出台的"金融再生计划"为分水岭，政府注资对不良债权的治理效果发生了显著变化。①

（4）对日本经济复苏的金融因素分析。2002 年日本经济呈现复苏迹象，但是根本复苏的"最大隐患源自尚未得到根本解决的金融脆弱性"②，即金融体系未能发挥应有的基本功能。另一方面，"日本走出 20 世纪 90 年代的长期萧条过程是各种因素各种政策合力的结果，在配合扩张性财政政策刺激经济复苏的进程中，货币政策并未因'流动性陷阱'而无所作为，而是致力于发掘模型功能的实效性，在看似无法操作的空间内寻求微妙有效的可行之处，使零利率政策和数量宽松货币政策对金融体系的稳定及支持经济复苏发挥出一定作用"③。

---

① 戴晓芙：《日本"新金融行政框架"与不良债权的治理》，《日本学刊》2009 年第 1 期；朱孟楠、杨琳：《中日银行不良债权成因比较分析》，《日本学刊》2006 年第 1 期；刘红：《日本不良债权长期化的原因探讨》，《日本研究》2008 年第 3 期；刘瑞：《日本金融机构破产处理》，《日本问题研究》2010 年第 1 期；张铁楹、林巍：《日本金融安全措施对我国的启示》，《日本问题研究》2008 年第 1 期；黄韬：《日本存款保险法律制度的实践及其评价》，《日本学刊》2009年第 6 期等论文从不同侧面有所论述。

② 参见孙立坚、林木彬《剖析日本经济复苏的最大隐患：金融脆弱性》，《日本学刊》2004 年第 2 期，相关论文还有刘华《日本金融脆弱性及其原因剖析》，《中国社会科学院研究生院学报》2004 年第 3 期等。

③ 参见刘瑞《日本走出萧条过程中的货币政策——近年来的零利率政策与数量宽松政策分析》，《日本学刊》2007 年第 1 期。耿群：《日本结束量化宽松货币政策的影响分析》，《国际金融研究》2006 年第 5 期；王伟军：《近年来日本金融政策的实践及影响》，《日本学刊》2003 年第 3 期；黄晓龙：《从日本泡沫经济的形成和破灭看货币政策的灵活性》，《上海金融》2007 年第 5 期等也从不同侧面分析了货币政策调整对刺激经济的作用。

2. 应对 2008 年国际金融危机

2008 年，源于美国的"次贷危机"演化为一场全球性的金融危机。在全世界联手应对国际金融危机之时，日本应对"平成金融危机"的经验教训备受关注。在面对此次金融危机时，我国学者将对日本金融的研究主要置于两个方面：

（1）总结金融危机中的"日本经验"。日本"平成金融危机"和2008 年爆发的国际金融危机，是战后全球最严重的两次金融危机。分析两次金融危机的异同，重新审视"日本经验"，有助于尽快摆脱此次危机的阴霾。货币政策方面，日本央行在泡沫经济崩溃后零利率制约下的数量宽松政策、购买风险资产等非传统货币政策的尝试，无疑为此次危机提供了一份宝贵的参照样本。另一方面，日本金融监管当局的制度建设和完善，对化解金融危机起到重要作用。①

（2）世界金融危机中日本应对措施。在全球性金融危机严峻形势下，与欧美各国相比，虽然日本金融机构参与证券化商品交易所蒙受的损失对金融体系直接影响有限，但资本市场融资功能受损，企业融资环境恶化，金融机构收益骤减。金融危机的深化严重波及实体经济，日本经济陷入衰退困境，受挫程度甚至超过危机震源地的欧美国家。日本政府与日本银行汲取泡沫经济崩溃后应对金融危机的失误及教训，重拳出击全力实施政策总动员，多项特例非传统金融举措相继出台。我国学者形成多篇成果评价这些重要举措及其进展。②

3. 金融热点、焦点问题

（1）区域金融合作。1997 年亚洲金融危机爆发后，日本提出创立亚洲货币基金以促进区域合作与政治协调，并防范与化解今后可能再现的金融危机。此举虽得到一些东亚国家的积极回应，但在欧美和国际货币基金组织的反对下被束之高阁。2000 年 5 月东盟与中、日、韩达成创立货币

---

①　相关论文有项卫星、杨丽莹《日美金融危机的比较分析》，《现代日本经济》2010 年第 3 期；成十《美国次贷危机与日本金融泡沫危机的比较分析》，《学术界》2008 年第 5 期等。

②　如陈虹《日本应对金融危机的政策及其思考》，《日本学刊》2009 年第 3 期；金仁淑《现代日本经济》2009 年第 5 期；《次贷危机中日本货币政策效应实证分析》，李宏舟《日本应对金融危机的政策及其评价》，《现代日本经济》2009 年第 4 期；刘瑞《金融危机与日本的金融对策：影响、措施、效果及问题》，《经济学动态》2009 年第 6 期；付丽颖《次贷危机中的日本金融经济动向》，《外国问题研究》2009 年第 1 期；宣晓影、全先银《日本金融监管体制对全球金融危机的反应及原因》，《中国金融》2009 年第 17 期等。

互换机制的"清迈倡议"后，亚洲区域金融合作问题再度成为议题，但金融合作进展缓慢、步履维艰。2008 年国际金融危机的爆发，现行的以美国为中心的国际金融体系受到挑战，世界范围的金融合作显得尤为重要。在亚洲地区，以中国、日本为主的区域金融合作被赋予新的意义。我国学者总体认为中日为主导的亚洲金融合作作用重大，但需要解决的课题很多。①

（2）日元国际化的教训对人民币汇率机制与人民币国际化的启示。2005 年人民币汇率形成机制改革，人民币步入长期升值轨道。因其与日本经济崛起时期经历的汇率升值的内部与外部压力相似，日本汇率政策自然成为人们关心的重大热点问题。②

近年来，人民币国际化问题成为人们关注的焦点，人民币结算试点、香港人民币离岸金融中心建设等举措说明人民币正加大国际化步伐。日元的国际化进程可以作为人民币国际化路径选择的参照系。早在 20 世纪 70 年代，日本便开始了日元国际化进程。但是经过三十多年的努力，日元国际化并未取得预期效果，日元作为计价单位、交易媒介和价值储存功能低下，在经常交易和资本交易项下均未能摆脱依赖美元的体制，作为国际储备货币的地位也不断下降，远未达到日元国际化的愿望。从已有的成果来看，日元国际化是作为人民币国际化的教训和反面例证来论述的，其受阻的主要原因在于日本的对外贸易规模、对外贸易结构、日元的稳定性、美元的黏滞作用、日本国内金融市场的发达程度、日本本国的经济和金融基础等。与美元相比，日元的国际职能结构倾向于价值储藏方面。"日元国际职能的这一特点，决定了日元国际化进程在短期内迅速推进和长期内遭遇挫折的必然性。初级品严重依赖于进口的输入结构和事实上的贸易保护

---

①　相关论文如黎平海《亚洲区域金融合作中的日本与中国》，《日本学刊》2006 年第 2 期；丁一兵《东亚货币合作的新进展》，《世界经济》2006 年第 3 期；王聪、喻国平《东亚区域经济体货币汇率政策协调的理论探讨》，《国际经贸探索》2006 年第 4 期；刘晓鑫、项卫星《论东亚汇率合作的制度协调》，《世界经济研究》2006 年第 8 期等。

②　如江瑞平《日元汇率与日本物价的异常互动及其后果》，《日本学刊 2002 年第 3 期》；刘建江、徐长生《本币对外升值引发通货紧缩的机制——从日元贬值经验看人民币升值的可能影响》，《当代经济研究》2005 年第 1 期；朱颖《试论日本政府干预日元汇率和操纵汇率之嫌》，《日本学刊》2006 年第 3 期；陈建安《日本的外汇制度与汇率政策调整中的美日博弈》，《日本学刊》2006 年第 4 期；闫屹、周姗《新千年以来日元汇率变动及未来走势分析》，《日本问题研究》2006 年第 3 期；陈作章《日元升值对日本经济利弊得失的分析》，《国际金融研究》2004 年第 11 期等。

主义，通过国际分工体系的作用，共同决定了日元通过经常项目输出受到了严重限制，因而造成日元的国际流动性主要源于资本与金融项目，这一点最终导致了日元国际化走上一条奇异之路。"①

结　语

概观我国30年来的日本金融问题研究脉络及成果，可以看出我国学界非常重视日本金融领域的发展及其经验教训，研究成果数量众多，内容丰富。但在研究选题、研究方法、研究内容等方面还有进一步深入探究的空间。

第一，研究对象及选题主要集中在三个方面，即日本经济和金融发展状况的热点、重点问题；以中国国情为背景的日本金融研究；中日或东亚比较研究。一方面可以看出选题不囿于日本问题，能够带着中国问题、区域问题甚至国际问题意识有针对性地进行日本金融问题研究。但是另一方面也出现选题雷同或集中的现象，其内容也呈现出相似性。

第二，研究方法总体呈现"四多四少"特点，即介绍、评述多，统计模型、实证研究少；对策研究多，基础理论研究少；宏观制度性研究多，微观技术性实践少；动态研究多，长期性研究少。从30年的研究成果来看，我国学者对日本金融问题的认识和研究是不断深化的。20世纪80年代伴随我国金融改革的步伐，学者将研究视点集中于金融体系建设和日本金融最新问题上，研究成果大多以介绍和陈述为主。20世纪90年代以来，我国大力发展多层次金融体系建设，而日本陷入金融危机和长期经济萧条困境，学界开始注意探寻日本金融的发展规律和内外关系。21世纪以来，在新的宏观经济形势和市场环境下，金融稳定与金融安全成为学界关注的重点，学者拓展了研究领域，开始从经济全球化视点，运用经济、金融理论和工具深化了日本金融问题研究。但从总体上看，"四多四少"现象还需进一步改进，尤其需注重提升理论和方法的创新性。

---

① 参见徐奇渊、李婧《国际分工体系视角的货币国际化：美元和日元的典型事实》，《世界经济》2008年第2期。相关论文详见宋建军、林翔《关于日元国际地位影响因素的实证分析》，《现代日本经济》2009年第4期；李晓《"日元国际化"的困境及其战略调整》，《世界经济》2005年第6期；陈虹《日元国际化之路》，《世界经济与政治》2004年第5期；张国庆、刘骏民《日元国际化：历史、教训与启示》，《上海金融》2009年第8期等。

　　第三，从发展方向来看，在金融全球化背景下，国内学者更加注重中国经济发展现实及全球经济、金融的发展趋势，并在此基础上形成日本金融研究成果。今后，仍需以定性和定量两种方法，重点关注金融制度对经济的影响、金融体系分析与设计、金融市场理论构建、金融风险控制与管理、金融安全与合作、金融法制建设等宏观金融问题。同时，也需进一步深入探索和研究金融创新工具、金融衍生商品的应用研究、企业财务战略、金融机构经营与服务等微观领域问题。在交叉学科领域，金融法、金融工程的建设值得进一步研究。

中国的日本企业研究 30 年综述

中国社会科学院日本研究所　胡欣欣

在市场经济中，企业是经济发展的主要承担者。日本经济的发展是众多企业长期以来积极开展经营活动的结果。日本在战后取得的飞跃性经济发展曾引起世界瞩目。日本作为一个具有东方传统文化背景的后起工业化国家，也成为改革开放以来我国经济学界的关注目标之一。有关日本企业的研究，一直是我国日本经济研究的重点，甚至可以说一度构成我国企业相关研究的重要部分。本文试图就改革开放以来中国的日本企业研究领域的概况和主要进展作一综述。

一　总体情况

（一）改革开放前中国有关日本企业的研究状况

1949 年至 1978 年期间，国内发表的有关日本企业研究的文章主要有两类，一是从研究现代资本主义垄断资本的角度进行的研究和介绍，此类研究多出自理论工作者笔下，编译国外左翼人士的批判文章也有一些；另一部分是有关日本产业或技术动向的文章，多由各行业的专业研究机构或技术部门的研究人员撰写，一般来讲，资料性较强，有少数编译资料质量较高。

1976 年"文化大革命"结束后，我国的工作重点逐渐转移到"四个现代化建设"，国内日本经济研究者开始着手研究日本实现现代化的经验，以期为我国提供参考。在 1978 年末我国开启改革开放新时代之前，已出现了一批有关日本企业的研究成果。如龚今《当前美、日等国企业管理的若干情况》（《世界经济》1978 年第 3 期），孔凡静《日本丰田的经营管理》（《世界经济》1978 年第 4 期），任文侠、白成琦《略论战后日本企业管理问题》（《吉林大学学报》（社会科学版）1978 年第 6 期），金泰相《日本的新型企业——"工程技术"公司》（《社会科学战线》1978 年第 8 期）等。除上述直接论述日本企业的研究成果外，还发表了一批研究日本产业的文章，也从不同角度分析了产业发展过程中企业管理或生产体系等方面的因素。

（二）改革开放以来我国日本企业研究的阶段性特点

1979 年改革开放正式启动后，我国学者对日本企业的研究进入了一个新阶段。随着改革开放的进展和经济发展进程，对日本企业的关心不断加深，有关日本企业的研究在深度、广度上不断扩展。

为了解改革开放以来各时期国内有关日本企业研究成果的基本状况，我们使用中国知网"中国期刊全文数据库"检索系统，查询了 1979 年 1 月 1 日至 2010 年 12 月 31 日国内主要刊物发表的有关日本企业的各类文章数量。其方法为：将检索范围限定于 1979 年至 2010 年期间国内主要期刊发表的文章，先检索出标题中含有"日本"一词的相关文献，再使用"企业"这一关键词对前一次检索结果进行再检索，然后将检索结果按题目进行分类，并进一步检索出其各自发表文章数量。

分类检索主要按照如下类别进行：

（1）经营管理类。使用"管理"、"经营"等关键词进行检索。

（2）企业制度、公司治理类。使用"制度"（或体制）、"公司治理"（或治理结构）、"法人持股"（或相互持股）等关键词进行检索。

（3）企业组织类。使用"组织"、"企业系列"、"企业集团"等关键词进行检索。

（4）各种类型的企业。使用"中小企业"、"大企业"、"国有企业"（或国营企业）、"综合商社"等关键词进行检索。

（5）企业行为类。使用"竞争"、"改革"、"创新"（或革新）、"战略"等关键词进行检索。

（6）其他。使用"企业家"、"企业文化"等关键词进行检索。

根据上述方法检索的结果，可整理为表 1 所列数据。此查询结果虽不能完全涵盖全部研究成果，并存在不少错误信息①，但仍可由此大致看出

---

① 由于该检索系统不够稳定，不同时间检索的信息有时存在较大差异，一稿多投、重复显示以及不具学术价值的文章也有不少。为减少误差，采取了用稳定性较好的旧版系统进行多次试查询的方式。

各时期国内关注的重点所在。将对象年份按照 1979 年至 1989 年，1990 年至 1999 年，2000 年至 2010 年进行划分，可看出有关日本企业研究的成果数量逐阶段增加。具体到各类课题的成果数量，则显示出比较鲜明的时代特点。

如表 1 所示，总的来看，有关日本企业的文章发表数量最多的五个题目，依次为管理、制度（包括体制）、经营、中小企业和大企业。分年段来看，1979 年至 1989 年期间，依次为管理、中小企业、经营、大企业、制度（包括体制）；1990 年至 1999 年期间，依次为管理、制度（包括体制）、经营、大企业、中小企业；2000 年至 2010 年期间，依次为管理、制度（包括体制）、中小企业、经营、战略。从变化情况看，与上一年份段相比，在 1990 年至 1999 年期间，国有企业、相互持股（或法人持股）、制度、企业文化、企业集团等相关文章发表数显著增加；在 2000 年至 2010 年期间，公司治理、创新、企业文化、中小企业等相关文章发表数显著增加。上述变化表明，随着我国改革进程，国内对日本企业的关注重点由管理因素向体制因素扩展，进而向公司治理、创新、企业文化等多样化课题扩展。

表1　　1979 年至 2010 年 11 月国内发表的日本企业相关文章类别数量 单位：篇

时段 文章类别	分年段			分阶段			合计
	1979— 1989	1990— 1999	2000— 2010	1979— 1993	1994— 2002	2003— 2010	1979— 2010
企业	1578	4119	5589	2439	4685	4162	11286
经营	263	624	506	376	677	340	1393
管理	353	786	885	510	865	649	2024
终身雇佣(终身雇用)	35(6)	144(37)	194(26)	45(10)	195(41)	133(18)	373(69)
制度(体制)	95(66)	441(216)	556(168)	152(109)	525(225)	415(116)	1092(450)
公司治理(治理结构)	0(0)	13(21)	93(87)	118(120)	118(120)	118(120)	106(108)
相互持股(法人持股)	3(6)	94(63)	92(43)	13(13)	125(77)	51(22)	189(112)
组织	93	216	215	134	255	135	524
企业系列	10	56	28	104	104	104	94
企业集团	43	232	191	115	219	132	466
中小企业	315	350	591	443	350	463	1256

续表

时段 文章类别	分年段			分阶段			合计
	1979— 1989	1990— 1999	2000— 2010	1979— 1993	1994— 2002	2003— 2010	1979— 2010
大企业	162	399	315	245	414	217	876
国有(国营)企业	5(5)	160(24)	121(6)	13(12)	204(19)	69(4)	286(35)
综合商社	17	144	52	49	124	40	213
竞争	67	214	244	107	247	171	525
改革	43	187	225	63	232	160	455
创新(革新)	5(33)	92(32)	301(16)	10(38)	160(30)	228(13)	398(81)
战略	98	315	408	163	345	313	821
企业文化	28	241	407	68	277	331	676
企业家	41	86	83	65	79	66	210

注：括号内文字为本项近似词，括号内数字为本项近似词的查询结果。

资料来源：根据全国社科期刊检索系统查询结果计算、整理。

表 2　　　　　　　　　有关日本企业文章主要题目类别所占百分比

（%）

时段 文章类别	1979—1993	1994—2002	2003—2010	1979—2010
经营	15.4	14.5	8.2	12.3
管理	20.9	18.5	15.6	17.9
终身雇佣（终身雇用）	1.8 (0.4)	4.2 (0.9)	3.2 (0.4)	3.3 (0.6)
制度（体制）	6.2 (4.5)	11.2 (4.8)	10.0 (2.8)	9.7 (4.0)
公司治理（治理结构）	0.5 (0.5)	0.7 (0.9)	1.7 (1.5)	0.9 (1.0)
相互持股（法人持股）	0.5 (0.5)	2.7 (1.6)	1.2 (0.5)	1.7 (1.0)
组织	5.5	5.4	3.2	4.6
企业系列	0.9	1.2	0.4	0.8
企业集团	4.7	4.7	3.2	4.1
中小企业	18.2	7.5	11.1	11.1
大企业	10.0	8.8	5.2	7.8
国有企业（国营企业）	0.5 (0.5)	4.4 (0.4)	1.7 (0.1)	2.5 (0.3)
综合商社	2.0	2.6	1.0	1.9
竞争	4.4	5.3	4.1	4.7

续表

时段 文章类别	1979—1993	1994—2002	2003—2010	1979—2010
改革	2.6	5.0	3.8	4.0
创新（革新）	0.4（1.6）	3.4（0.6）	5.5（0.3）	3.5（0.7）
战略	6.7	7.4	7.5	7.3
企业文化	2.8	5.9	8.0	6.0
企业家	2.7	1.7	1.6	1.9

　　注：表中所列"比重"指各阶段发表的该类文章在本阶段发表的有关日本企业的文章总数中所占的比重。括号内文字为本项近似词，括号内数字为本项近似词的查询结果。

　　资料来源：根据表 1 数据计算。

　　假如将对象年份按照我国改革开放进程，划分为 1979 年（改革开放正式启动）至 1993 年（1993 年底十四届三中全会召开），1994 年至 2002 年（2002 年底加入世贸组织），2003 年以后这三个阶段的话，上述时代特点则体现得更为显著。如表 2 列出的各阶段文章发表数量的类别百分比所示，在 1979 年至 1994 年，国内对日本企业的研究大多集中于管理、中小企业、经营等课题；在 1994 年开始的改革开放进一步深化的新阶段，有关企业制度、国有企业（包括"国营企业"）以及相互持股（包括法人持股）等方面的研究成果所占比重显著提高；而在我国加入世贸组织后的新时期，有关企业文化、创新等题目的比重相对提高，中小企业也重新成为"热门题目"。

二　1979—1989 年中国研究日本企业的主要成果

　　日本经济在取得举世瞩目的高速发展之后，对日本经济活动的主体——日本企业的研究，引起各国学者的重视。特别是在 20 世纪 70 年代出现世界性经济衰退以及初级产品国际市场价格暴涨等对资本主义各国经济都不利的环境变化后，严重依赖海外能源的日本经济能够很快地适应这一变化，并保持了较高的经济增长率，日本企业在 70 年代结构变化中体现出来的应变能力和活力，更引起了人们的关注。进入 80 年代之后，国际学术界有关日本经济及日本企业的研究显著增多。就我国情况来看，1978 年 12 月，中共中央十一届三中全会提出把全党工作重点转移到社会主义现代化建设上来，开启了改革开放历史新时代。70 年代末至 80 年代前半期，中国学者对于日本企业如何进行管理，如何迅速发展起来等问题十分关注。80 年代中期以后，随着城市改革的深入展开和诸多问题的显现，有关企业制度的问题逐渐引起注意。有关日本企业制度的特点（如两权分离、个人股东数量较少等）与长期行为的关系以及企业集团等研究增多。

（一）改革开放启动阶段"访日归来的思索"

在我国正式推进改革开放前夕的 1978 年 10 月末，邓小平借中日和平友好条约换文仪式之机亲自到日本进行实地考察。此后，中国政府派国家经委考察团赴日本"取经"。考察团访日归来后，撰写了《日本工业企业管理考察》报告，涉及企业组织、企业计划、专业化和协作、质量管理、职工培训、日本企业刺激职工积极性的办法等内容，于 1979 年 4 月由中国社会科学出版社出版。在此基础上，由邓力群、马洪、孙尚清、吴家骏执笔，撰写了《访日归来的思索》一书，于 1979 年 10 月由中国社会科学出版社出版发行。其中马洪《日本资本家是怎样管理工业企业的》、孙尚清《关于日本的技术引进和企业对职工的经济刺激问题》、吴家骏《关于日本工业管理和企业管理的几个问题》，都直接涉及企业问题。马洪的文章还以《日本工业企业管理考察报告》为题，发表于《世界经济》杂志 1979 年第 3 期。这批赴日考察报告在我国企业界和经济学界引起了广泛反响。国家经委访日考察团回国后，于 1978 年底成立了中国质量管理协会。1979 年 3 月 3 日，又成立了中国企业管理协会。企业管理协会成立后，立即举办企业管理干部研究班，系统轮训省级、大城市经委负责人和国有企业管理干部。包括各省、自治区、直辖市和主要工业城市经委（工交办公室）主任、副主任 27 名在内的第一期研究班，听取了日本企业管理的经验介绍。袁宝华、邓力群、马洪、孙尚清、吴家骏等都到研究班作报告。中国企业管理协会还编写了《日本工业企业质量管理》一书，1979 年 4 月由中国财经出版社出版发行。

1980 年 4 月，国务院副总理余秋里率团访问日本，实地考察了十几家工商企业。十几位政府负责官员和经济专家向代表团全面介绍战后日本经济发展的情况和经验，提供了详细的书面资料。国家计委外事局将资料翻译整理，分两期在《经济研究参考资料》发表。

当时，国内对学习外国"先进经验"热情极高，对后起发达国家日本的经验尤其关注。正如萧冬连在《中国改革初期对国外经验的系统考察和借鉴》（《中共党史研究》2006 年第 4 期）中所指出的那样，"从一份资料性刊物——中国社会科学院经济研究所编辑的《经济研究参考资料》中，可以看出中国政界和学界了解外国情况和经验的热情。从 1979 年创刊到 1980 年底，这份刊物共出 400 期，而用于刊登国外情况的期数即达 179 期，其中 1979 年达 101 期，超过总期数的一半。内容有各类出国考察团回国后写的考察报告，来访专家学者讲演和对中国经济提出的建议，国外各个经济学派理论和主要经济学家的介绍，以及收集整理的各国各类经济情况"。"主要是两类国家，一类是美、日、欧等发达资本主义国家和韩国、新加坡、中国香港、中国台湾等所谓新兴工业化国家和地区。另一类是苏联、东欧等社会主义国家。在前一类国家中，日本显然是最受重视的国家。"

（二）改革开放初始阶段有关日本企业的研究介绍

1. 经营管理

改革开放初期，出于学习借鉴外国企业先进经验的目的，我国学者的关注点主要集中于经营管理方面。这方面比较有代表性的研究成果有：吕有晨《战后日本加强企业劳动管理的方法》（《世界经济》1979 年第 4 期）。金明善《战后日本企业经营管理体制的改革》（《辽宁大学学报》（哲学社会科学版）1979 年第 5 期）。金明善《战后日本企业中新型经营管理集团的形成与作用》（《世界经济》1979 年第 12 期）。李玉潭《日本丰田汽车公司经营管理的特点》（《吉林大学社会科学学报》1980 年第 2 期）。潘正初《从系统分析来看日本的企业管理经验——在管理上应该向日本学些什么？》（《科技管理研究》1981 年第 4 期）等。1980 年，任文侠等著《日本工业企业管理》由吉林人民出版社出版，这是我国学者编著的有关日本企业的早期著作。

1979 年 9 月，日本经济研究会在沈阳召开第一届年会，162 人参加会议，共提交论文、译文和资料共 77 篇。根据张宝珍在《世界经济》杂志 1979 年第 10 期发表的会议简介，年会主要讨论了日本企业管理的经验、日本农业现代化、日本实现现代化的经验教训等问题，在日本企业管理方面，则重点探讨了日本企业培养管理人才和质量管理等问题。全国日本经济学会于 1982 年 6 月在承德市召开第二届年会，132 人参加会议，共提交 94 篇论文，由河北大学日本研究所负责编辑，内部出版论文集，其中不少涉及企业方面的内容，部分论文后正式发表。1982 年，全国经济学会和吉林大学联合主办的《现代日本经济》杂志创刊，任职于中国企业家协会吉林大学兼职教授张彦宁（后曾担任国家经委副主任，国家体改委副主任等职）为此撰文《深入研究现代日本经济为我国现代化建设服务》。

改革开放启动之后，为学习日本企业先进的经营管理经验，我国政府各机构和企业管理协会派出不少考察团赴日本考察。"质量管理"、"企业诊断"、"生产性运动"这类用语，几乎都是在那时被引进到中国的。各类考察报告络绎不绝发表，其中不乏内容翔实、思考认真者，如李贤沛《日本的企业管理——访日考察报告》（《中南财经政法大学学报》1981 年第 2 期）、马家骅《日本的生产性运动》（上海财经学院科研处 1981 年 4 月印发）、中国企业管理协会秘书处《日本生产性运动考察》（《现代日本经济》1982 年第 1 期）、第一汽车制造厂张明显《借鉴日本经验提高企业管理水平》（《现代日本经济》1983 年第 2 期）、《中国机械工程》1983 年第 4 期摘要刊登的《日本质量管理的巨大经济效益和长期坚持的原因——中国质量管理访日代表团考察报告》等。由于当时版权意识较弱，出于学习目的的转载也十分普遍。

在有关日本企业管理的介绍形成第一轮"冲击波"之后，人们开始从更广泛的角度对日本企业进行探讨。就有关"日本式经营"的研究来看，"终身雇佣制"首先引起人们注意。赵春元在《外国问题研究》1981 年第 1 期发表了《日本终身雇佣制与工资体系》一文。第一汽车制造厂陈金荣、盛靖在《日本企业的经营战略之一——人的能力开发》（《现代日本经济》1982 年第 6 期）中，也重点讨论了终身雇佣制问题。张英译自韩国（当时称为"南朝鲜"）《政经文化》1981 年 8 月号的《战后日本经济结构》（李钟燻著）一文（发表于《国外社会科学》1982 年第 3 期），可能是国内正式刊物中最早出现"日本式经营"文字的文章。

值得注意的是，在当时，我国企业界和实际工作部门不少"有心人"，从实践角度对日本企业进行了相当深入的研究。除前述"一汽"陈金荣、盛靖的文章外，铁道部兰州机车工厂厂长周玉铭的《借鉴日本的企业管理经验　走有自己特色的企业管理道路》（《现代日本经济》1983

年第 1 期）、上海锅炉厂蒋中德的《日本工业企业的质量管理及其组织形式的特点》（《外国经济与管理》1986 第 8 期）、上海宝钢总厂企协张祥龙的《日本企业的全集团质量管理》（《现代日本经济》1987 年第 3 期）等，都显示出一定水平。

在此阶段出版的有关日本企业的书籍，大多以编著内容为主，如辽宁社会科学院外国社会科学情报研究所主编《日本企业管理之王》（辽宁人民出版社 1980 年版）等。

2. 中小企业

日本的中小企业在此阶段引起我国有关人士的注意，发表了不少文章，其中较具代表性的成果主要包括：祁忠武《日本中小企业与"系列化"》（《世界经济》1980 年第 1 期）、杨书臣《日本大中小企业之间的协作》（《世界经济》1981 年第 7 期）、王之泰、孟淑敏《日本的"下请"方式可供借鉴》（《中国工业经济》1983 年第 2 期）、王伟军《战后日本对中小企业的改造和利用》（《世界经济研究》1983 年第 4 期）等。

中国社会科学院"日本中小企业考察团"1979 年 12 月到日本考察后，于 1982 年 4 月由中国社会科学出版社出版了《日本中小企业考察》一书。

3. 其他研究

余昺雕《战后日本新型企业家的形成》（《世界经济》1981 年第 9 期）、田辛《日本企业的生产诊断》（《现代日本经济》1982 年第 2 期）、许鸿仪《日本企业的节能管理》（《上海企业》1982 年第 6 期）、康树华《环境保护中的企业责任——从日本的四大公害案件判决谈起》（《社会科学》1982 年第 10 期）等，从不同角度、不同侧面对日本企业进行了就当时阶段来看比较深入的考察。

（三）20 世纪 80 年代中后期相关研究的进展

20 世纪 80 年代中期以后，随着我国城市经济体制改革的进展，企业改革过程中出现了一些疑难问题，为了解决企业微观运行方面存在的问题，学术界及政策研究界对外国企业问题展开了较以前更为深入的研究，这也促进了我国对日本企业的研究由以往对"全面质量管理"或"终身雇佣制"等经营管理方法的研究介绍，转为更具体、更实质的阶段。

1. 对"日本式经营"及"两权分离"问题的深入思考

从我国经济体制改革的实际需要出发,人们开始对所谓"日本式经营"、"日本企业的特殊性"及国内外对这些问题的研究视角,投以一些疑问。如《日本经济的活力》(中国社会科学院日本研究所《日本经济的活力》课题组撰写,航空工业出版社 1988 年版)第五章所述,日本的"终身雇佣制"和"年功工资制",从表面上来看,与我国国营企业的劳动工资制度有着某些相像之处,日本的企业为什么没有出现我国那种"铁饭碗"、"大锅饭"的弊病,而像很多人指出的那样,反而成为了日本企业活力的一个重要源泉?再者,在经济高速增长时期,日本的大企业与大银行关系密切,由于有银行的支持,企业即使在经营上遇到很大困难,也轻易不会破产。这与我国国营企业由于国家保证其"铁饭碗"而不会倒闭的现象是否有类似之处?此外,如果像某些人所说的那样,日本企业中资本所有与企业经营较彻底的分离成为了促使日本企业追求长期成长目标的重要因素,那么,这是否意味着所有权对于企业经营已没有太大的意义,或者说,脱离资本所有的经营能够体现出更多的合理性?等等。该文指出,"既然我们是带着中国企业改革的问题意识去研究日本企业所有权和经营权分离与资本所有对企业经营的意义问题,就不能把视野仅仅放在'所有权'、'经营权'这类抽象概念上,而应看到这一问题里还包括一系列需要深入讨论的问题",进而就有关企业所有权、支配权、决策权和干预权、决策过程和监督主体等事项"法律上的规定"与"与此对应的实际情况"逐一进行了对照分析。这是国内早期出现的相对深入研究日本企业制度的学术成果。

与此同时,一批分析、探讨日本企业体制的文章应运而生。如凌星光《日本大企业所有权和经营权分离简介》(《经济社会体制比较》1987 年第 4 期),毕志恒《战后日本股份制的变化及其评价》(《世界经济与政治》1987 年第 4 期),张胜荣、郑小蓉《浅谈日本企业微观结构及其借鉴》(《经济问题探索》1987 年第 12 期)等。

在这一阶段,有关"日本式经营"的研究,可以说也基本上脱离了以往简单介绍的层次,显示出一定深度。朱绍文《日本式企业经营的国际评价》(《经济学动态》1985 第 7 期),阐述了"日本式经营"的基本概念,指出"所谓日本式经营最主要的是指战后日本大企业内部的劳资关系和它的一整套管理体系","广大中小企业的存在,是这种日本式经营体制得以存在和有效运行的社会经济基础","日本式经营也绝非纯属日本固有的，它的许多部分是汲取欧美的精华，在实践中长期形成的"。吕哲权《关于日本式经营模式的实质和理论意义的探讨》（《现代日本经济》1987 年第 1 期）、彭世元《对日本式管理结构的剖析》（《管理世界》1987 年第 2 期）、张景柏《现代日本企业经营管理中的人——"日本式经营"一个侧面的社会学剖析》（《现代日本经济》1987 年第 6 期）、白成琦《日本企业经营管理理论与领导机制评析》（《现代日本经济》1989 年第 3 期）等，虽研究角度和立场各有不同，但都体现了研究者独立思考的治学态度。

2. "中国没有企业说"的冲击

需要强调的一个重要事实是，此阶段中日经济学界的交流十分活跃，与日本高水平学者的交流对中国的日本企业研究起到了重要的推动作用。中国改革开放开始后，中国社会科学院工业经济研究所就同日本有关研究机构开展学术交流。1982 年，在马洪和下河边淳的主持下，由中国社会科学院工业经济研究所和日本综合研究所合作编辑，以中文和日文分别出版了《现代中国经济事典》和《现代日本经济事典》。在此基础上，从1983 年起，定期联合举办中日经济学术讨论会，会议轮流在中国和日本召开，至 21 世纪初期，大约每隔 2—3 年在中国或日本举办一次。讨论内容根据当时中国改革开放需要而定。每次会议由双方学者提交的论文几乎都整理成册出版发行，在中国国内产生了重要影响，特别是 1985 年东京大学小宫隆太郎教授在日本冲绳召开的第二次中日经济学术讨论会上提出的"中国没有企业"的观点，在中国学界引起极大震动。小宫教授的文章经过修改、翻译后，以《日中企业的比较》为题在《经济社会比较》1986 年第 3 期正式发表，对我国企业问题研究产生了十分深远的影响。《经济社会比较》杂志同期发表了周叔莲的文章《日本企业的借镜——读小宫教授论文断想》。1986 年至 1989 年期间，中国国内学术刊物发表的有关企业研究的论文中，将小宫论文作为引用文献的至少有十余篇之多。其中不乏于祖尧《对深化改革的战略选择的再思考》（《经济研究》1989年第 5 期）这样的"重头文章"。

3. 各类访日报告

这一时期我国各机构派出的访日考察团仍十分活跃。本着向日本学习的目的，不少考察团或其成员发表了具有一定参考价值的考察报告，如陈重作为中国企业管理考察团的一员参加在东京举行的中日经营管理东京讨论会后，在《现代日本经济》1986 年第 2 期发表《日本式经营的新探讨——参加中日经营管理东京讨论会观感》、山西省体制改革办公室韩桂五随中国厂长经理研究会派遣的"中国厂长经理第四次访日代表团"考察日本大中型企业体制后，发表于《冶金经济与管理》1987 年第 4 期的《日本企业管理对我国企业改革的启示》、洛阳炼油厂张希圣发表于《企业活力》1987 年第 6 期的《日本企业是如何调动劳动者积极性的——赴日考察见闻》等。还有一些以考察组集体名义发表的考察报告，如中国企协企业管理现代化访日考察团《日本企业经营管理的七大战略转变》（《经济管理》1986 年第 3 期）、中国社会科学院数量经济与技术经济研究所赴日考察团《对日本企业经营战略的考察》（《数量经济技术经济研究》1989 年第 1 期）等。

1987 年，中国经济体制改革研究所赴日考察团在精心准备的基础上进行一个多月考察后，经集体认真讨论和分工撰写，推出访日报告《日本模式的启示：企业·政府·中间组织》（四川人民出版社 1988 年版），从中国经济改革的问题意识出发，对日本企业制度、政企关系、企业间联系等问题进行了深入探讨，是这一阶段日本企业研究领域的重要成果。

4. 其他研究

在城市改革进一步推进的这一时期，出于学习日本经验的需要，有关日本企业的研究在研究视角方面比以往有所扩展。有关日本国有企业特别是其民营化过程的研究，有关日本企业组织及企业间联系和企业集团的研究，有关日本企业家的研究，有关企业文化的研究等全面展开，出现了一批较有价值的研究成果。如色文《日本国有铁路的民营化和分割化》（《日本学刊》1986 年第 3 期）、李玉潭《日本中小企业经营者的素质和特点》（《日本研究》1988 年第 1 期。李玉潭还在《现代日本经济》1986 年第 6 期发表了内容相似的《日本的中小企业经营者》）、池元吉《论日本经济中的"二重结构"及其逐渐消失》（《世界经济》1986 年第 12 期）、张祥龙《日本企业的全集团质量管理》（《现代日本经济》1987 年第 3 期）、白成琦《日本现代企业家的崛起及其启示》（《日本研究》1987 年第 4 期）、刘昌黎《日本的研究开发型企业》（《现代日本经济》1987 年第 1 期）、夏小林《日本企业下承包制度：环境、结构、功能、启示》（《管理世界》1988 年第 1 期）、李石《论日本企业集团的内部机制》（《中山大学学报》（社会科学版）1989 年第 3 期）、白成琦《日本企业经营管理理论与领导机制评析》（《现代日本经济》1989 年第 3 期）及李斌、杨荣祥、马建新《日美企业文化之比较——兼谈日本企业管理的嫁接优势》（《现代日本经济》1989 年第 6 期）等。

张伯昭《企业经营方式的近代化——轮船招商局与日本邮船会社的比较研究》（《中国经济史研究》1989 年第 4 期）从个别企业比较的角度对影响 19 世纪中、日两国的早期资本主义工业化和近代化成败的主客观因素进行对比，体现出我国历史研究界的深厚学术底蕴。

这一阶段正式出版的有关日本企业的著作，仍以编著或编译内容为主，如杨庆文、汪阳编著《日本中小企业政策及诊断方法》（企业管理出版社 1986 年版），机械工业部科学技术情报研究所综合情报研究室编译《日本中小企业法》（机械工业出版 1987 年版）等。

三　20 世纪 90 年代中国有关日本企业的研究

进入 20 世纪 90 年代后的最初两年，中国经济仍处于自 1988 年以来的"治理整顿"阶段。1992 年 1 月 18 日至 2 月 23 日，邓小平南巡武昌、深圳、珠海、上海等地，发表了重要讲话。1993 年 11 月召开的中国共产党中央委员会十四届三中全会作出《关于建立社会主义市场经济体制若干问题的决定》。中国的改革开放事业从此进入了一个崭新的阶段。

在上述背景下，20 世纪 90 年代国内有关日本企业的研究明显分为两个阶段，1992 年以前基本上是 80 年代后期相关研究的继续，仅个别研究有所突破；而经过 1992 年邓小平南巡讲话的"过渡"之后，中国政府正式提出"建立社会主义市场经济"和"建立现代企业制度"的改革目标，有关日本企业的研究从此翻开新的一页，在各方面均出现突破性进展。

（一）1993 年以前研究的继承与发展

1. 对企业集团和综合商社的关注

20 世纪 90 年代初期，国内有关日本企业的研究主要是 80 年代中后期的延续。但由于我国经济发展和改革过程中面临一些新的课题，如国有企业改革的课题，批发商业及外贸企业改革的课题等，引起国内学术界及政策研究界对日本某些问题的特殊关注，如对国有企业民营化问题以及日本企业集团和综合商社的研究等，这类研究成果比以往有所增多。较具代表性的成果包括：吕哲权在《管理世界》1991 年第 3 期和《现代日本经济》1991 年第 3 期分别发表的内容近似的文章《九十年代日本企业集团管理的新动向》和《日本企业集团管理体系》，对日本不同类别企业集团的状态进行了比较清晰的分析；黄晓勇《试论日本工业企业集团的特点——对我国建立企业集团的几点启示》（《日本学刊》1992 年第 5 期），对日本独立系企业集团（文中所说的"工业企业集团"）的特点和形成机制等进行了分析；张冀湘《日本电气（NEC）企业集团资产组织体系分析》（《中国工业经济》1992 年第 7 期）以 NEC 集团为案例，对日本独立系企业集团进行了剖析，等等。

在此阶段，有关部门仍派出不少考察团到日本考察，发表了不少有价值的考察报告。如物资部中国储运总公司赴瑞典、日本两国考察团发表的一系列考察报告，特别是其中《日本综合商社的状况和发展我国物资企业集团的思考——物资部体制法规司赴日考察团报告之二》（《中国流通经济》1991 年第 4 期）。1991 年 10 月至 11 月，中国国有资产管理局组织"企业集团管理研修考察团"赴日研修期间，就企业集团与国有资产管理问题广泛收集资料，撰写了专题报告。在此基础上，由国有资产管理局副局长（考察团团长）谢秋涵担任主编，编辑出版了"日本企业集团管理研究丛书"共四册，包括《日本企业集团与国有资产管理》、《日本的股份公司制度》、《日本股份公司的财务决算》、《日本企业集团中的母子公司关系》。其中《日本的股份公司制度》（经济科学出版社 1993 年版）由刘江永编译，主要介绍日本的股份公司及相关法律，全文翻译日本的"商法"和"有限公司法"，摘译其他法规章节。

2. 有关日本企业制度研究的局部性进展

尽管在此阶段中国的改革开放事业处于相对停滞状态，但在企业制度方面，学术界仍出现了少量在研究角度或方法上比以往有所突破的研究成果。如魏书军《日本法人模式研究》（《兰州大学学报（社会科学版）1990 年第 4 期》），从国际比较角度对日本法人企业治理结构的特点进行了实质性探讨（当时我国尚未引进治理结构或公司治理这类用语）；胡欣欣《股份公司制度的机能与股票市场的利弊——关于战后日本股份制特点的思考》（《日本学刊》1991 年第 3 期），在对日本股份公司制度特点进行较深入分析的基础上，指出我国企业体制改革的目标是"建立起能够适应整个社会经济现代化进程的现代企业制度"；吴家骏《日本股份制企业值得注意的一些特点》（《中国工业经济》1992 年第 9 期），提出借鉴日本法人相互持股的做法，解决我国企业"向股份公司过渡"的问题；翟林瑜《日本企业制度对中国企业改革的启示》（《中国工业经济》1992年第 10 期），从"海外学人"的立场对"现代股份企业"的主要特征、公司制企业的微观理论基础（包括这种制度的"组织缺陷"）以及日本企业的制度特征等进行比较透彻的分析，等等。

3. 日本企业的活力

日本企业的活力成为日本企业研究领域的重点之一。金凤德、刘昌黎《论日本企业的活力及其源泉》（《现代日本经济》1990 年第 6 期）是这一阶段的代表性研究成果。1992 年 4 月，作为中日邦交正常化二十周年的纪念活动之一，上海复旦大学日本研究中心举办了题为"日本企业的活力"的中日学术研讨会，中日双方专家、学者和企业家就日本企业的宏观环境、经营体制、技术革新和企业活力等问题进行广泛交流和深入探讨。有关这次会议，陈建安曾发表《"日本企业的活力"中日学术研讨会综述》（《复旦学报》（社会科学版）1992 年第 4 期）。会议论文集《日本企业的活力》由陈建安主编，于 1993 年由复旦大学出版社出版。

4. 其他研究

白成琦《论日本式企业管理的"吸收性"特色及其启示》（《日本学刊》1990 年第 1 期），就战后日本企业如何在经营管理方面吸收国外优秀企业文化并形成其自身特点进行探讨；胡税根《日本的企业形象战略》（《现代日本经济》1990 年第 6 期），就企业形象战略在竞争中的作用、企业形象战略的特征和实施方式等进行分析；胡欣欣《关于日本的"下请制"——兼谈日本的企业系列与独立系企业集团》（《管理世界》1990年第 6 期），在当时国际学术界相关研究的基础上，从理论分析与历史考察相结合的角度，对日本制造业企业间专业化分工体制的特点及形成背景进行分析；侯庆轩《日本企业文化的特点》（《日本研究》1991 年第 2期），就日本企业文化的构成要素、日本企业文化的形成及特点等进行了考察和多方位分析；郑海航《一个日本式管理的典型——对日本思丹雷电气公司的考察》（《外国经济与管理》1991 年第 3 期），在为期两周实地考察的基础上，对该公司进行比较详细的案例研究；高连福《日本跨国企业的世界地位及发展战略》（《当代亚太》1992 年第 1 期），分析了日本跨国公司与美国所不同的特点和日本企业在开展国际化经营方面存在的弊端；卢传敏《日本企业独特的成本管理体系》（《中国工业经济》1992 年第 1 期），就日本企业成本管理与欧美企业的"习惯作法"的显著不同及日本式成本管理的成功因素进行了分析；邹建华《关于日本企业国际竞争力的探讨——以汽车制造业为中心》（《日本学刊》1992 年第 6 期），以汽车制造业为中心，分析日本企业"国际竞争力的内涵"是如何获得的；冯昭奎《日本企业的研究开发组织及其特点》（《科技导报》1992 年第 9 期），对日本企业研究开发机构的组织性特点及人事管理等问题进行考察；陈小洪《日本企业制度的法律体系及其法规》（《经济社会体制比较》1993 年第 5 期），对围绕日本"基本的企业法律体系"和"两类基本法规"（即规范企业组织、企业财产权益关系的公司法和规范企业信用交易关系的票据交易制度）进行细致梳理；张捷《论日本企业间长期交易关系》（《日本研究》1993 年第 1 期），运用交易成本理论，对日本企业之间存在的"长期的、稳定的和半组织化的交易关系"进行分析，等等。这些研究或是显示出与以往不同的研究视角，进行了比以往更为深入的分析，或是提出了有参考意义的观点。

尽管出现了上述相对优质的研究成果，但这一阶段正式出版的有关日本企业问题的书籍，大部分仍以编著或介绍性质的内容为主。主要书籍有杨书臣编著《日本机电企业的活力》（机械工业出版社 1990 年版），马林著《日本企业的质量经营》（中国计量出版社 1992 年版），陈重、唱新编《日本企业经营管理新编》（企业管理出版社 1992 年版）等。

（二）1994 年以后的研究进展

1. 企业制度与公司治理

1993 年 11 月召开的中国共产党中央委员会十四届三中全会之后，随着"社会主义市场经济体制"这一改革目标的正式提出，"建立现代企业制度"成为中国企业改革的方向，国内学术界开始重视对国外"现代企业制度"的研究。1994 年吴敬琏在《市场经济导报》第一期发表的《对现代企业制度需作出明确的界定》一文，正式提出"公司治理结构"（corporate governance）对于"现代企业制度"的意义。《改革》杂志 1994 年第 3 期发表的银温泉文章《美国、日本和德国的公司治理结构制度比较》（作为由吴敬琏、荣敬本、周小川、楼继伟牵头，福特基金会资助的"中国经济体制改革的总体设计"课题组"企业分课题"的研究成果之一），是涉及日本企业治理结构问题的早期重要研究成果。上述课题组与楼继伟领导的"中国税制体系和公共财政的综合分析与改革设计"课题组，在国家经贸委的支持下，于1994年8月23日至26日在北京京伦饭店联合召开了"中国经济体制的下一步改革国际研讨会"，日本学者青木昌彦出席会议并提交论文《有关"转轨经济"中企业的内部人控制问题和治理结构》，后被收入《改革》杂志1994年第6期（张春霖译）。

此后，有关公司治理（corporate governance，早期大多称为"治理结构"）问题的研究成为我国企业研究领域的热点课题之一，一批有关日本公司治理问题的研究成果也应运而生。这一阶段有关公司治理及企业制度方面的主要研究成果包括：刘铁民《中日工业化发展阶段与企业制度的比较研究》（《日本问题研究》1994年第4期），王德祥、谭先琴《日本的企业制度与日本企业的国际化》（《外国问题研究》1995年第1期），张胜荣《日本人本主义企业体制理论评析》（《世界经济》1995年第11期），庞德良《论战后日本大企业股权结构的变化及对企业经营的影响》（《现代日本经济》1996年第2期），李毅《从索尼公司看日本现代企业经营机制》（《世界经济》1996年第11期），何自力《试论日本的主银行制与公司治理》（《南开经济研究》1997年第1期），庞德良《论日本法人相互持股制度与公司治理结构》（《世界经济》1998年第12期）等。

吴家骏的《日本的股份公司与中国的企业改革》（经济管理出版社1994年版），是这一阶段有关日本企业制度问题的重要研究专著（其大部分内容的撰写应是在1994年以前）。

针对日本企业体制暴露出来的种种弊端和问题，也有一些分析文章发表，如胡方《论战后日本型企业体制》（《日本学刊》1996年第5期）分析泡沫经济与治理结构的关系；梁正《日本企业面临的危机》（《现代日本经济》1999年第5期）分析日本企业的危机原因等。

2. 经营管理

有关经营管理的研究在这一阶段不仅更加深入，而且研究视角也更加多样化。

1990年，美国麻省理工学院组织的课题组的研究成果《改变世界的机器》发表，将日本丰田生产方式"理论化"为"精益生产"。李士清、陈良《精益生产方式成功的因素分析》（《中国管理科学》1994年第1期）和王毅东《记日本小系制作所的精益生产》（《外国经济与管理》

1994 年第 5 期），是国内早期发表的全面研究介绍精益生产的文章。后者由上海—易初摩托车有限公司副总经理率上海汽车总公司赴日本研修团就日本的精益生产——看板生产管理方式进行实地考察后撰写，内容十分翔实。

有关企业经营管理的国际比较研究也出现了一些较高水平成果，如杨景厚《美日经济经营管理对比研究》（《国际技术经济研究学报》1994 年第 3 期）、杨杜《中日企业经营成果分配模式比较》（《现代日本经济》1995 年第 4 期）等。

3. 国有企业及其改革

对国有企业及其改革的研究是这一阶段的重点之一，具有一定学术水平的文章主要包括：陈小洪、张军扩《日本国营企业民营化的基本情况、特点及其启示》（《经济社会体制比较》1994 年第 3 期；白成琦《论日本国有企业体制的特点与历史作用》（《世界经济》1995 年第 7 期）；王跃生《国有企业的效率、竞争与民营化——日本、加拿大国铁案例的再讨论》（《经济科学》1997 年第 4 期）等。

4. 企业文化与企业家

在这一阶段，有关日本的企业文化及企业家的研究，其深度、广度也有所加强。主要研究成果有：王建华《日本企业文化特点与企业经营》（《经济科学》1995 年第 4 期）；夏春玉《日本近代企业经营层的形成与学历教育》（《现代日本经济》1996 年第 1 期）；周见《日本企业家与日本式经营》（《当代亚太》1996 年第 3 期）；白钦先、徐平《日本企业管理文化的形成及特点》（《日本学刊》1998 年第 1 期）；周见《日本式经营的理念与价值观》（《世界经济》1998 年第 3 期）；刘荣《日本专业经营者型企业家的成长轨迹及其特征》（《日本学刊》1998 年第 6 期）等。

5. 其他

陈建安《日本企业的社会化分工体系与市场竞争》（《日本学刊》1994 年第 2 期），对日本企业国际竞争力的重要决定因素即"企业间多层次的社会化分工体系"与企业间竞争的关系进行分析，并指出这一体系存在的弱点及其在经济全球化背景下可能出现的弊端；王晓明《试析日本"企业本位"体制及其特点》（《东北亚论坛》1995 年第 1 期）分析企业本位制这一战后日本经济社会的重要特点；陈岩《关于日本企业理论的探讨》（《日本学刊》1997 年第 3 期）对有关日本企业理论进行梳理，等等。

四　21 世纪前 10 年相关研究的展开

(一) 国内外时代背景的变化

21 世纪初期，随着信息化和经济全球化的进展，美国经济形势好转，中国经济保持高速增长势头。与此同时，在日本泡沫经济破灭后的长期萧条状态下，日本企业的弊端进一步显露，日本国内开始对日本企业体制和经营管理方式进行反思。随着日本国内各项改革和结构调整的推进，日本企业经营的总体环境、企业间关系和企业制度本身，都发生了重大变化。

在这一阶段，中国学者开始注重从反面总结日本企业的经验教训。2001 年中国加入世贸组织后，日本企业对中国的直接投资出现新的高涨。经过多年实践，不少国内人士越来越深刻地认识到日本式经营管理在中国的局限性以及日本企业本身存在的问题。中国国内有关日本企业的研究，除"学习"、"借鉴"的角度外，比以往更重视对其弊端的分析。

此阶段出现的一个显著趋势是，随着信息化的进展，国际高水平研究成果被更多地介绍到国内，中外经济学界的交流以及大量海外归国学者加入到国内研究行列，促进了国内研究水平的提高和研究手法上的"国际接轨"。

(二) 21 世纪中国的日本企业研究的成果与特点

在日本经济走向衰退，美国经济出现好转，中国经济持续高速增长，经济全球化迅速进展，国际交流日益活跃的大背景下，中国国内有关日本企业的研究在理论分析、计量手法的运用等方面比以往有了较大进展，出现了一批具有较高学术价值的研究成果。

1. 企业制度与公司治理

进入 21 世纪后，有关日本企业制度和公司治理的研究，其视角显著拓宽。主要研究成果包括：余晷雕、胡方《日本企业所有制的特征及其对我国的启示》(《现代日本经济》2000 年第 3 期)；李连友、刘飞《企业制度与企业年金的关系——以美国、日本为例》(《财经理论与实践》2003 年第 6 期)；于潇《日本主银行制度演变的路径分析》(《现代日本经济》2003 年第 6 期)；袁静、毛蕴诗《垂直企业间关系治理与日本汽车企业的筹供策略变革》（《中大管理研究》2007 年第 1 期）；张乃丽、张雄辉《美日跨国公司在华投资企业治理机制的特征及借鉴》（《中央财经大学学报》2007 年第 6 期）；薛有志、刘素《日本企业伦理与治理结构的协同演进与创新研究》（《现代日本经济》2008 年第 6 期）；孙志毅《日本独立行政法人制度与企业制度比较研究》（《亚太经济》2008 年第 5 期）；莽景石《宪政转轨与现代日本企业所有权安排的演化》（《日本学刊》2008 年第 6 期）；车维汉《从组织控制理论视角看战后日本的企业治理》（《日本学刊》2008 年第 6 期）等。

引人瞩目的是一批运用统计学手法进行实证分析的研究成果，如贾怀京、侯定丕、顾基发的系列研究成果——《管理者派遣与企业所有权状态随机依存——日本六大企业集团的主银行 1997 年向企业派遣管理者的实证研究》（《经济研究》2000 年第 4 期），《产权结构、企业类型与企业行为——日本电气机械产业上市企业的实证研究》（《管理科学学报》2001 年第 3 期），《不同类型企业的负债率与收益风险的关系——日本 90 年代 541 家上市企业的实证研究》（《系统工程理论与实践》2002 年第 4 期）。李彬的系列研究成果——《日本稳定持股经营效率的实证检验》（《日本学刊》2010 年第 2 期）、《机构投资者持股的绩效分析：来自日本上市公司 Panel Data 模型的证据》（《经济与管理研究》2009 年第 2 期）、《股权制衡机制的公司治理效应：日本公司的经验与启示》（《东北大学学报》（社会科学版）2009 年第 3 期）等。

2. 有关日本企业弊端及体制转换过程的研究

进入 21 世纪之后，中国国内分析日本企业弊端，考察日本企业体制转换、企业重构等方面的文章发表很多。主要研究成果包括：毛蕴诗、程艳萍《美国企业竞争力超过日本企业之探究》（《南开管理评论》2001 年第 4 期）；赵放《论日本企业经营制度的转换》（《现代日本经济》2001 年第 5 期）；王胜今、董伟《由美日企业制度比较分析日本经济衰退之根源》（《日本学刊》2001 年第 6 期）；余晶雕《环境变迁与日本企业经营改革》（《现代日本经济》2002 年第 1 期）；孙丽《21 世纪日本公司治理结构的变革趋势》（《现代日本经济》2003 年第 3 期）；毛蕴诗、高瑞红、汪建成《日本企业的生存危机与公司重构及其启示——日本松下电器的 V 字回复与业务重构》（《管理世界》2003 年第 8 期）；胡方、皇甫俊《近年来日本企业治理结构的变化及其原因》（《现代日本经济》2005 年第 2

期）；毛蕴诗《公司重构的企业制度比较——以美国、日本、德国公司为例》（《学术研究》2005年第6期）；李士忠、鄢军《企业行为、制度与日本泡沫经济的形成》（《日本问题研究》2006年第1期），余晷雕、胡方《日美企业改革的比较分析》（《日本学论坛》2008年第4期）；黄亚南《公司治理的本质和形式：日本的经验教训》（《上海经济研究》2009年第4期）等。

3. 经营管理、研发创新等

这方面的研究在视角上进一步拓宽，研究的理论性有所加强，分析手法也进一步精细化。国际比较、特别是美日研究显著增多。主要成果包括：韩中和从企业作为"创新主体"的视角进行的研究《变革企业的研发组织——日本企业研发组织变革的启示》（《研究与发展管理》2000年第6期）；程进、韩玉启有关企业衍生与创新问题的研究成果《美日企业衍生方式与创新的比较分析》（《科学学与科学技术管理》2006年第12期）；姚先国、王光新从理论角度进行的探讨《中日雇佣制度的比较——隐性契约理论的视角》（《江南大学学报》（人文社会科学版）2007年第2期）；黄海、徐岩的案例研究《日本汽车制造厂商的供应链管理带来的思考——以丰田汽车株式会社和铃木株式会社为例》（《中国制造业信息化》2007年第3期）；王静文、吕昕娱以"生产网络"为切入点进行的美日企业体制比较研究《从国际生产网络角度比较美日企业模式》（《现代日本经济》2007年第5期）；刘荣对"明星企业"的案例研究《日本京瓷公司的自主创新之路及其启示》（《现代日本经济》2007年第6期）；尹国俊的国际比较研究《美、日创业资本产权配置及其绩效比较》（《现代日本经济》2008年第5期）；李玉潭、高宝安就日本银企关系及以此为基础的信用风险管理体制进行的分析《泡沫经济破灭前后日本银企信用风险管理制度及其功效分析》（《现代日本经济》2008年第5期）；毕克新、高岩着眼于企业创新机制的美日比较分析《美日公司治理模式对技术创新的影响及对我国的启示》（《科技进步与对策》2008年第6期）；杨斌的历史考察《"二战"后日本企业的特质和经营模式——"信赖体系"的生成、结构、机能及其"惯性领域"》（《经济社会体制比较》2008年第6期）；张文胜、徐玉军对"技能"问题的重点考察《日本企业内技能人才培养机制在我国的应用及启示——以汽车装备企业推动"改进改善提案制度"为例》（《华东经济管理》2008年第10期）等。重点探讨"环境经营"问题的主要有：崔健《中、日、韩企业环境经营比较分析——以问卷调查为基础》（《东北亚论坛》2007 年第 6 期）；《日本实施环境经营与提高企业价值分析》（《现代日本经济》2010 年第 1 期）等。

在这一领域，也出现了一些使用计量手法进行实证研究的成果，主要包括：罗琦《银企关系与投资——现金流敏感度：来自日本的经验证据》（《统计与决策》2007 年第 16 期）；何枫《中日竞争性行业内企业运营、效率与绩效研究——基于电器与纺织业上市公司的经验比较》（《软科学》2008 年第 12 期）；何枫、陈荣《R&D 对中日家电企业效率差异的经验解释：SFA 和 DEA 的比较》（《研究与发展管理》2008 年第 3 期）等。

4. 企业文化和企业家

在这一阶段，我国有关企业文化的研究进一步细化，出现了具体到"质量文化"等层次的研究成果。如石贵龙、佘元冠《质量管理与质量文化——以日、美两国为例》（《北京工商大学学报》（社会科学版）2007年第 3 期）；倪建文《论质量文化对企业管理职能的规制——以日本丰田汽车公司的质量文化为例》（《上海市经济管理干部学院学报》2008 年第 6 期）等。这一领域其他视角较为独特或具有较高参考价值的文章还有：王世权《日本家族企业成长的理论解析及其影响因素分析——基于三井财阀的案例》（《产业经济评论》2008 年第 2 期）；李萍、赵凌冰《日本企业文化的管理结构特征——兼论其历史意义和局限性》（《现代日本经济》2002 年第 6 期）；范黎波《企业知识共享网络的创建和管理——以日本丰田公司的实践作为案例》（《当代财经》2003 年第 5 期）；钟宏武《日本企业社会责任研究》（《中国工业经济》2008 年第 9 期）等。

5. 其他企业相关研究

杨斌《日本式经营"不合理的合理性"及其问题探讨》（《外国经济与管理》2004 年第 1 期），何光辉、杨咸月《管理层收购在日本的兴起及其发展趋势》（《亚太经济》2004 年第 5 期），杨斌《研究现代日本企业的方法——对各种流行学说的批判》（《现代日本经济》2005 年第 2 期），黄政、任荣明《日本企业社会责任及其给我国的启示》（《上海管理科学》2008 年第 6 期）等。

这一阶段正式出版的有关日本企业的书籍较多，其中具有一定学术价值的主要包括：庞德良著《现代日本企业产权制度研究：日本"公司主义"的经济学分析》（中国社会科学出版社 2001 年版）、包小忠著《日本企业融资结构与治理结构效率》（中国社会科学出版社 2006 年版）、李毅《跨向新时代的企业竞争力》（经济管理出版社 2001 年版）等。另一批研究成果也值得注意，它们虽不是专门就日本企业进行研究，但从某些专题或国际比较研究的角度进行的分析，同样体现出对日本企业研究的一定深度，如李维安等著《现代公司治理研究》（管理科学文库）（中国人民大学出版社 2002 年版）、于潇著《美日公司治理结构比较研究》（中国社会科学出版社 2003 年版）、许军著《巨大的反差：20 世纪末的美国经济与日本经济》（商务出版社 2003 年版）、周见著《近代中日两国企业家比较研究：张謇与涩泽荣一》（中国社会科学出版社 2004 年版）、王吉法《中日企业竞争力比较研究》（山东大学出版社 2004 年版）等。

五　小结与展望

在我国，有关日本企业的研究，一般可以从国际研究学科和经济、管理类关联学科这两个角度进行学科定位。从国际研究的角度讲，属于其分科项目"日本学研究"中的"日本经济"这一子项中的一个研究领域。从经济、管理类关联研究的角度讲，日本经济研究本身，则可以属于"世界经济"这一分科项目中的一个子项目。此外，有关日本企业的研究，亦可属于"企业经济学"这一分科项目中的一个研究领域。上述"多重隶属关系"看上去显得比较复杂，但归根结底，有关日本企业的研究，涉及企业经济学、经营学（在我国一般称为"经营管理学"）、制度经济学、应用微观经济学、组织经济学、劳动经济学、知识经济学、会计学、金融学等经济、管理类研究的多个分科领域。某些研究与一些非经济学科的研究领域如法学、历史、文化学、行为科学等也存在一些交叉。

20 世纪 70 年代以来国际学术界对日本企业的研究，总的来讲，以对日本企业"特殊性"的研究为主，主要在下面两个方面展开：（1）对战后日本企业追求长远成长目标的解释，主要从日本大企业的企业体制、治理结构等角度进行考察；（2）对日本企业的活力及应变能力原因等进行的研究。这类研究的重点主要放在"日本式经营"、日本企业职工的归属意识、"企业共同体"、中小企业以及生产体系（如精益生产方式）和企业间关系等方面。在上述领域，某些学者试图运用经济学理论对日本企业进行解释，使之"模型化"（如"从业员主权模型"与"青木模型"

等），也有些学者试图从历史角度探寻其形成过程和原因。进入 21 世纪后，随着信息化、经济全球化进展和日本经济社会各领域改革的推进，日本的企业制度和企业经营外部环境发生很大变化，有关日本企业的研究出现了一些新的动向，如加强了对日本企业弊端的研究、对企业创新的研究、对企业并购的研究等。2008 年以来美国金融危机引发的对美国式企业体制的反思，又使日本企业界和学术界对日本的企业体制和经营方式再次加以重新审视。

本文对我国改革开放以来有关日本企业研究大致的情况及主要研究成果进行了综述。受某些主客观因素所限，一部分重要研究成果有可能没能归纳到本综述中。尽管如此，仍可看出，我国国内对日本企业的研究与上述国际动向基本一致。同时，出于我国所处的经济社会发展阶段的特点，我国学术界有关日本企业的研究又存在如下特征：

（1）在相当长的一个阶段，我国对日本企业的研究，都是从我国企业改革的需要出发，参考借鉴日本经验教训。出于不同的视角和问题意识，我国学者有时会涉及一些日本学者不易注意到的重要问题。

（2）不仅国内的日本研究者，而且相当一部分"一线"（当时）经济学者或研究机构，如马洪、孙尚清、朱绍文、吴家骏、李维安以及（前）中国经济体制改革研究所、中国社会科学院工业经济研究所等，都在一定程度上参与日本企业问题研究，从而产生了一批具有一定深度的研究成果。

（3）与日本一流经济学者的学术交流，日本高水平学者基于其自身研究提出的观点和意见，对我国企业研究起到了积极的推动作用。日本有关企业研究的重要学术成果，大多被翻译成中文版出版发行，不仅对国内研究水平的提高和国际接轨起到了重要作用，也激发了国内学术界对日本企业问题的进一步关注。

（4）进入 21 世纪以来，随着我国经济学界研究水平的普遍提高和研究手法的精致化、计量化，国内有关日本企业研究领域出现了一批具有一定学术价值的研究成果。

总的来看，我国企业界及经济学界对日本企业的认识，经历了一个从不了解到相对了解的过程。对日本企业的研究，也经历了一个从表层情况介绍到相对深入分析研究的进化过程。但从我国目前情况看，在日本企业研究方面，就事论事的文章仍较多，从理论高度加以深入探讨的文献以及进行严谨、精致分析的实证研究仍较少。多数研究成果仅仅停留在少数本专业人士知晓的范围，能够得到国际学术界认可并具有一定影响力的研究成果极少。应该承认，国内对日本企业的研究，与国际一流水平的研究相比，总体上还存在一定差距。

与改革开放初期相比，我国的研究条件已经有了极大改善。这主要体现在：

（1）随着改革开放的进展和社会进步，多年前在企业研究领域曾经存在的诸多禁区已不复存在。

（2）信息化的进展，特别是企业信息披露制度的普及和政府文件、官方统计资料的网上公开，使研究所需资料的获得难度和成本大幅度降低。

（3）中外交流合作的活跃展开，加深了人们对日本经济社会及日本企业的实际了解。

（4）随着中国经济的发展和财力增强，科研经费有所增加，中国学者可获得到更多的研究对象所在地进行实地考察和收集资料的机会。

与日本企业相比，应该说我国的现代企业制度乃至整个市场经济制度还不够完善，很多企业的经营水平与日本相比还存在巨大差距。从这个角度讲，我国仍有"学习、借鉴"的必要。另一方面，对于日本企业近年来暴露出来的种种弊端，也有必要通过国际比较进行分析。

为提高研究水平，今后我国有关日本企业的研究，可考虑在如下方面谋求拓展和改善：

（1）为使研究进一步深入展开，应在加强理论学习的前提下，扎实搞好案例研究和实地调查研究。

（2）随时掌握国际相关学术动向，加强某些前沿领域的研究（如企业知识创新研究等）。在多国比较研究方面加大力度。

（3）加强与国际真正"接轨"的实证研究，力争形成能够起到互究互补作用并展开高层次辩论的成果群。

（4）在某些领域开展必要的跨学科研究。

（5）为使中国学者真正进入国际学术界主流，需进一步开展高水平国际合作研究，并积极参与到国际学术团体的活动中。鼓励中国学者在国际学术刊物特别是英文刊物上发表论文，或与外国学者联名发表论文。

参考文献

［日］桥本寿朗:《日本企業システムの戦後史》,東京大学出版会 1996 年版。

［日］伊丹敬之、加护野忠男、伊藤元重编:《日本的企业体制（读本)》,有斐阁 1993 年。

［日］今井贤一、小宫隆太郎编:《日本の企業》,东京大学出版会 1989 年版。

［日］小宫隆太郎:《现代中国経济——日中の比較考察》,东京大学出版会 1989 年版。

［日］青木昌彦、小池和男、中谷岩:《日本企業の経済学》,TBS 出版社 1986 年版。

［美］迈克尔·波特、［日］竹内广高、神原鞠子:《日本还有竞争力吗?》(*Can Japan Compete?*),陈小悦译,机械工业出版社 2002 年版。

下 编

中国的日本社会研究 30 年综述

中国社会科学院日本研究所　王　伟

日本社会研究主要是研究日本的社会构成和社会运行，解析日本社会整体的发展过程及规律，对日本社会的发展趋势作出判断。中国的日本社会研究与其他学科的日本研究一样，是在改革开放后逐步发展起来的，目前研究队伍已初具规模，产生了一大批科研成果，成为日本研究学科的一个重要组成部分。本文以中国改革开放以来的日本社会研究成果为对象，通过对有代表性的论文和著作的分析，对中国的日本社会研究进行回顾与展望。

一　研究历程及时代特点

日本社会研究涵盖领域比较宽泛，各领域的研究情况不尽相同，但如果把改革开放以来划分为三个 10 年，那么可以说中国的日本社会研究整体上大致经历了萌动期（20 世纪 80 年代）、起步期（20 世纪 90 年代）、发展初期（2000 年以后）。

（一）20 世纪 80 年代——萌动期

改革开放以后，中国的社会学研究开始恢复和重建。在这个过程中，中国学者开始关注日本社会，与日本社会学界的交流增多。日本社会研究在这个背景下孕育生长，进入萌动时期。这个时期，特别是在初期，专门研究日本的科研机构极少，研究人员主要是从事社会学或中国社会研究及其他专业研究的学者。研究成果多是译文、译著或编著，研究方式以事实记述为主，介绍日本社会学、社会学家及日本社会基本情况等，深入分析不多，研究领域有限。但这时期的研究成果，为以后日本社会研究的起步和发展起到了"铺路石"的作用，而且有的成果具有较高的学术水平，至今仍有较大影响。

在译著方面，日本著名社会人类学家、东京大学教授中根千枝用英文撰写的《日本社会》，是我国改革开放后第一批出版的"社会学丛书"之一①。中根千枝以"纵式社会"论闻名于国际社会人类学界。所谓"纵式结构"，是指亲子关系、上下级关系等社会联系在社会生活中居主要地位。而"横式结构"即兄弟、同事关系等社会联系占主要地位。中根千枝认为，日本社会到处存在着师承、主仆、上司下属等"纵式"关系，先辈同辈晚辈都有不同的礼俗，等级森严不可逾越；繁文缛节、谦恭从命被视为社会生活的规范；论资排辈、长幼有别成了普遍的社会风尚。虽然"纵式社会"论"缺乏丝丝入扣、层层剥茧式的深入分析"②，但对于当时想了解"日本的社会结构究竟是怎样的？它的社会文化背景又是什么？"的中国读者来说，"本书关于日本社会纵式结构和原则的观点，抓住了日本与西方发达国家不同而为日本独具的一些特征，为我们认识日本社会提供了启发"。③

日本著名社会学家、东京大学社会学教授福武直著《现代日本社会》④ 的翻译出版，为中国读者认识二战后日本社会的发展提供了很好的参考。福武直是战后日本最具有代表性的社会学家，也是中国社会学界的老朋友。他长期致力于农村社会学研究，在研究日本社会的历史及其变迁方面卓有成就。《现代日本社会》于1974年出版发行，此后曾多次再版。1981年又出版了加入最新研究成果和统计资料的修订版。该书从日本的人口与社会结构、家庭与社会化、农村社会的变迁、城市社会的发展、工业化和劳动环境的改变、大众社会与大众文化、社会病态与环境污染、经济发展与社会发展、保守派与改革力量等方面分析了日本社会的变迁和存在的问题，指出日本"经济起飞"的奇迹是以牺牲社会发展为代价的，政府一味追求"国民生产总值（GNP）"，而忽视了工业化、城市化所带来的诸多社会问题。阅读该书，我们除了可以了解日本社会的历史与变迁

---

① ［日］中根千枝：《日本社会》，许真、宋峻岭译，天津人民出版社出版1981年版。
② 尚会鹏：《中根千枝的"纵式社会"理论浅析》，《日本问题研究》1997年第1期。
③ 司马云杰：《日本社会的新阐释》，《读书》1983年第2期。
④ ［日］福武直：《现代日本社会》，张佐译，黑龙江人民出版社1982年版。

之外，还可以清楚地看到日本社会在现代化过程中出现的各种问题，特别引人注目的是其不顾社会发展而追求经济奇迹造成的恶果①。即使现在重读这部著作，对于我们认识和研究日本"二战"后的社会变迁依然具有较强的现实意义。

20 世纪 80 年代，我国全面进入改革开放时期，社会主义现代化建设成为工作的重心。在学术研究领域，研究和分析世界发达国家的现代化过程和发展模式，探索我国现代化建设的途径是一个重要课题。"二战"后日本经过高速发展成为世界第二大经济强国，在东方国家率先实现了现代化，它所走过的道路为中国学者所关注。在日本社会现代化问题研究方面我国学者发表了一些较有价值的科研成果。

刘天纯发表的《略论日本社会近代化》一文②，就日本社会现代化的历史进程进行剖析与研究，试图总结日本现代化过程中的经验与教训。他认为日本的现代化具有划时代意义，在世界历史上日本首先在东方将人类社会推向了新的历史阶段，开创了东方资本主义的新时代，通过进行史无前例的产业革命，实现了现代化，从而大大解放了生产力，使社会的物质财富生产飞速发展，普遍地提高了社会的物质与文化生活水平。同时他还指出，日本在现代化过程中，能够把引进欧美的先进科学技术与同本国实际需要结合起来，实现了"和洋折中"，既排除了封建保守、故步自封的排外主义的干扰，又防止了崇洋媚外的"外国万能主义"的影响，做到了欧化而不同化，保存了民族的特色。沈才彬发表的《知识化与日本的现代化》认为③，战后日本的教育规模与教育质量迅速提高，实现了人的知识化，而人的知识化在日本现代化进程中起到了极大的作用，它不仅是日本实现现代化的基础和前提，同时也是日本现代化的重要标志。

中国走上改革开放道路的时间不长，人们往往把邻国日本作为东方国家实现现代化的楷模，赞叹日本经济飞速发展的"奇迹"，关于日本现代化的研究也是正面评价多于负面。关于日本现代化研究方面的成果，还有

---

①　陈一筠：《日本"经济起飞"的代价——介绍福武直〈当今日本社会〉》，《读书》1982年第 9 期。

②　刘天纯：《略论日本社会近代化》，《社会科学战线》1981 年第 3 期。

③　沈才彬：《知识化与日本的现代化》，《中国社会科学院研究生院学报》1985 年第 4 期。

柳中权、姜孝若共同发表的《日本现代化的社会机制》①、苏阳的《日本现代化成功之谜初探》②、邢东田的《日本现代化的历史考察》③ 等。

总的来说，这一时期，我国学者撰写的日本社会研究成果还不是很多，且研究内容较为分散，称得上"专业研究"的成果更少，很多成果或是报道性的介绍或是随笔和游记，涉及的研究领域也比较狭窄。可以说，当时日本社会研究在总体上尚处于萌动时期。

(二) 20 世纪 90 年代——起步期

日本人把 20 世纪 90 年代称为"失去的十年"。这一时期，日本泡沫经济崩溃，经济低迷，少子化、老龄化加剧，传统家庭观念进一步改变，妇女走向社会的趋势日益增强，企业的雇佣体系发生动摇，社会保障面临财源紧张等各种问题。另一方面，中国的改革开放进入一个新的时期，社会主义市场经济体制逐渐确立，"白领阶层"扩大，中间阶层开始形成，同时，在城市出现了"下岗"现象，农村剩余劳动力大量增加，就业再就业及生活保障等成为社会问题。中日两国的这种社会背景成为中国的日本社会研究的"推进剂"，日本社会研究由"萌动期"进入起步期。

这一时期，随着日本研究整体的发展壮大，有关日本社会研究的论文和著作等研究成果增多，研究领域不断扩大，婚姻家庭、社会保障、人口问题、就业问题、社会阶层问题等都成为研究的对象。尤其值得关注的是，研究广度和深度均有不同程度的提高，在日本家庭研究等领域出现了中日比较研究的成果。

尚会鹏的《中日传统家庭制度的比较研究》④ 采用社会人类学的方法并借助社会学、民俗学和语言学的成果，对中日家庭进行了比较研究，分析了两国家庭的共同点和差异，无论是在研究方法上还是在学术观点上，让人耳目一新。尚会鹏认为，中日两国家庭的相似之处在于二者皆属于父系制家庭；两国家庭都强调子女对父母的忠顺，并都用"孝"来表述这一概念；在两国的家庭当中，婚姻都不完全是当事人自己的事，父母在子

---

① 柳中权、姜孝若:《日本现代化的社会机制》,《东北师范大学学报》(哲学社会科学版) 1982 年第 5 期。

② 苏阳:《日本现代化成功之谜初探》,《中国民航大学学报》1986 年第 1 期。

③ 邢东田:《日本现代化的历史考察》,《中国人民大学学报》1989 年第 4 期。

④ 尚会鹏:《中日传统家庭制度的比较研究》,《日本学刊》1991 年第 4 期。

女婚姻问题上通常有决定性权威。他同时认为两国家庭制度之间存在着很大差异，第一个重大区别是，在对家庭成员的认同上中国家庭更强调"血的共同"这种资格，而日本家庭对这一点的强调却没有那么极端；第二个重大区别是中国家庭有着巨大的凝聚力，以家庭为核心，常常发展成为具有强大向心力的亲族集团和相互依赖的关系网络，而日本家庭的这种能力要弱得多；第三个重大区别是，日本家庭中等级观念较强，中国家庭中等级观念相对较弱。中日两国一衣带水，文化传统上相互影响，彼此接近，因此，认识两国间的差异比认识相似点更为重要。

麻国庆的《日本的家与社会》① 则是通过对家、亲戚、同族的概念异同之比较，来说明日本的家、分家和同族的基本特征，进而探讨日本和中国的家与社会的异同。他认为，日本强调"家"作为一个经营体的功能，而中国的"家"强调一种血缘体及外延扩大的社会关系的特征，文化意识形态的意义更明显；日本的"同族"如同"家"一样，是一个经营体，而中国的宗族是一个以父系血缘为基础的社会集团。通过对日本的家、分家和宗族的分析及与中国的家和宗族的比较，得出这样的结论：（1）从家的成员构成看，日本的家庭成员包含非血缘的成分；（2）在中国父子是一体的关系，强调的是一种血缘的传递和延续，体现着祖宗与子孙的连续性，家产迟早都要分开，而日本所强调的是家产的一体，祖产意识强烈；（3）在继承方面日本为长子继承，中国为诸子均分，在日本非同一父系血缘者也可继承，而在中国继承与父系血缘是结合在一起的；（4）在宗族和同族的差异上，日本的同族是建立在本家和分家基础上的一个经营体，而不是一个父系血缘组织，中国人所指的宗族是典型的、社会人类学中所说的"父系继嗣群"，而这是中日两国亲属制度最基本的相异点。这些"家"的不同特点，使得两国的社会结构呈现出各自的特色。这种比较研究的方法和观点，对于认识日本的社会结构无疑有重要的理论意义和现实意义。

同一时期，柿崎京一、李小慧共同发表的《日本社会的基础结构——兼及中日文化之比较》② 一文，从社会结构的角度对中日两国的家

① 麻国庆：《日本的家与社会》，《世界民族》1999 年第 2 期。

② ［日］柿崎京一、李小慧：《日本社会的基础结构——兼及中日文化之比较》，《北京大学学报》（哲学社会科学版）1999 年第 3 期。

庭制度进行了比较研究，得出了相似的结论。

作者对日本近代以来家、同族观念及结构的演变作了梳理，并与中国的家、家族进行比较，指出：日本的家是一个基于家产的经营体，既是血缘的联系，也有非血缘的产业上的联系，其最大目的在于维持和发展家经营系统的延续，这与中国的家强调血缘关系有所不同。与之相似，日本的同族是以本家为中心的各分家的组合集团，是相互合作联结而成的协作集团和生活集团。中国的家族强调父系血缘的延续。由此，中日社会的基础结构有所不同。日本的家、同族是日本民族独有的文化特质。日本的经营家族主义对日本企业的管理发挥了积极的作用。

日本社会研究启动较晚，但起点较高，在起步时期的20世纪90年代就出现了较为深入的比较研究的成果，这为此后的日本社会研究发展打下了基础。

（三）21世纪以来——发展初期

进入21世纪以后，日本虽然经历了"二战"后时间最长的景气时期，但日本经济并没有恢复元气，少子老龄化进一步进展，人口自然增长率转为负增长，由于经济不景气许多企业过多地雇用非正式员工，成为收入差距扩大的原因之一，围绕养老金发生的一系列丑闻加大了日本民众的不满，社会保障制度的彻底改革迫在眉睫。中国的改革开放进一步发展，加入世贸组织后卷入全球化进程的程度加深，人们的生活水平不断提高，已经从生活必需品阶段转向耐用消费品阶段，整个经济和社会生活发生了一系列重大变化，在这个过程中出现了两极分化现象，关注弱势群体，关注民生成为主题。

在这一背景之下，中国的日本社会研究全面展开，研究领域进一步拓宽，科研成果层出不穷。研究的理论性、学术性明显增强。其中，李国庆编著《日本社会——结构特性与变迁轨迹》① 是比较有代表性的成果之一。李国庆利用大量有关日本社会最新研究成果和数据，运用社会学的理论和方法概括地分析了战后日本民主化、产业化、城市化的发展过程及特征，以战后日本社会变迁为背景，阐述了日本人的家庭、职业、社区生活等主要生活领域的传统特征、面临的问题和变化趋势，分析了日本阶层结

---

① 李国庆编著：《日本社会——结构特性与变迁轨迹》，高等教育出版社2001年版。

构和社会流动，探讨了世纪之交日本社会的结构变化。李卓著《日本近现代社会史》①从社会结构、家族制度、妇女问题、劳资关系、户籍制度与人口等几个方面，梳理了日本近现代社会的发展历程，从社会史视角探讨了日本近代以来社会结构的变化及社会关系、社会群体和社会生活，勾勒出日本近现代社会发展的基本脉络。这两部著作较全面地探讨和分析了日本社会，具有较高的学术性。

2005 年商务印书馆出版了由北京日本学研究中心策划、周维宏担任主编的《日本社会学名著译丛》，这套译丛共 10 册，即：富永健一著《日本的现代化与社会变迁》，作田启一著《价值社会学》，正村俊之著《秘密和耻辱——日本社会的交流结构》，吉野耕作著《文化民族主义的社会学——现代日本自我认同意识的走向》，广田康生著《移民和城市》，江原由美子著《性别支配是一种装置》，橘木俊昭著《日本的贫富差距——从收入与资产进行分析》，熊泽诚著《日本式企业管理的变革与发展》，上野千鹤子著《近代家庭的形成和终结》，藤井胜著《家和同族的历史社会学》。入选这套译丛的基本都是 20 世纪 90 年代以后出版的最新学术著作，在日本学术界均有好评，有的甚至是学术畅销书。在类别上涉及了社会学的多个分支，如社会学理论、家庭研究、社会文化研究、社会经济研究、社会性别研究、城市研究等等，大致反映日本社会学界的最新学术进展。正如编者在"丛书总序"中所说，这一批日本社会学名著的翻译出版，对我们研究日本社会有很大的参考作用。日本社会学者在运用社会学原理探索日本社会结构方面作出了很大成就，学习、借鉴日本社会学的这些新成果，无疑对于我们的日本社会学研究具有重要的借鉴意义。此外，鸟越皓之著、王颉译《日本社会论——家与村的社会学》②，通过家庭制度、村的结构、生活组织等揭示了日本社会的特征和形成的背景，"是我们深刻剖析研究日本社会、日本民族乃至日本人的精品"③，对于我们研究日本社会具有很大的理论参考价值。

总之，进入 21 世纪以来是我国的日本社会研究发展最快的 10 余年，研究领域进一步拓宽，传统意义上的社会研究领域，如家庭、婚姻、企业

① 李卓：《日本近现代社会史》，世界知识出版社 2010 年版。

② ［日］鸟越皓之：《日本社会论——家与村的社会学》，王颉译，社会科学文献出版社 2006 年版。

③ 同上书，第 219 页。

组织、社会保障、贫富差距等一些研究领域，都呈现出跨学科研究的趋势。同时，在更多的研究领域涌现出比较研究的科研成果。在研究方法上，实证分析方法得到应用。

二　主要研究领域和成果

纵观我国 30 年来的日本社会研究，由于它的学科特点，它所涉及的研究领域非常广泛，包括社会结构、婚姻、家庭、女性问题、人口变动、社会阶层、企业组织、农村社会、城市化、社区、社会政策、社会保障、社会福利、社会问题、社会思潮、大众传媒等各个领域。从已有的科研成果和研究状况来看，各研究领域的发展并不平衡，科研成果较多的主要集中在婚姻家庭、人口老龄化、社会保障、社会阶层、城市化、劳动就业、青少年问题、大众媒体等方面，这里仅对其中几个领域做一概述①。

（一）老龄化及人口问题研究

日本早在 1970 年就进入了老龄化社会，但我国的日本研究界对日本老龄化的研究开始较晚。20 世纪 90 年代以前，一些文章主要介绍日本是长寿之国，探讨日本人口老龄化的研究还很少见。1990 年日本总和生育率降至 1.57，少子化，老龄化进一步加剧，我国的日本社会研究才开始关注日本的人口老龄化问题，陆续有一批研究成果发表。这一时期的研究主要把人口老龄化作为日本的一个社会问题，介绍和分析日本人口老龄化的现状及成因，以加深对日本社会的认识和了解。这方面的研究成果有中国社会科学院日本研究所编《中日老龄化社会发展与对策》（东方出版社1990 年版）、韩铎《日本老龄化社会一个棘手问题——"谁养活谁"问题在日本》（《日本问题》1990 年第 4 期）与《"年龄冲突"与日本的养老金制度改革》（《日本学刊》1991 年第 2 期）、高鸿祯《出生率低下与急速老龄化——困扰日本的人口问题》（《日本研究》1992 年第 1 期）、林闽钢《老龄化对日本社会的冲击》（《社会》1996 年第 10 期）、刘兰《老龄人口困扰日本经济》（《发展》1997 年第 7 期）、关春影《论日本的

---

① 关于婚姻家庭、青少年问题、大众媒体等领域的研究另有学者进行综述，本文不做更多探讨。

"少子化"及其对策》(《外国问题研究》1998 年第 2 期)、尹豪《日本人口老龄化与老龄化对策》(《人口学刊》1999 年第 6 期),等等。

1999 年我国进入老龄化社会以后,日本老龄化研究成为热点问题。先期研究主要集中在老龄化和老年人本身的问题上,出于借鉴和学习日本应对老龄化经验的角度,探讨有关完善老年保障体系、健全社区老年服务、居家养老的养老方式、充分发挥老年人潜能等问题。随着中日两国人口少子老龄化的进展,有关日本老龄化的研究拓展到对日本人口结构变化和人口政策的研究,研究的主题扩展到与人口结构变化密切相关的劳动年龄人口变化、家庭结构、养老模式、社会活力、社会与家庭再分配、消费结构、社会经济负担等领域。老龄化和人口问题研究虽然起步较晚,但发展较快,已经成为社会学、人口学、经济学、历史学乃至文化学的跨学科研究领域。柳清瑞《基于人口老龄化的日本养老金调整机制分析》(《东北亚论坛》2005 年第 7 期)、马玉珍《老龄化对日本社会的影响及政府对策研究》(《日本问题研究》2000 年第 3 期)、巩勋洲《人口老龄化背景下的日本经济——一个调查 (2007 年 4 月日本大学人口研究所在全国范围内开展的人口调查)》(《国际经济评论》2009 年第 3 期)、王伟《日本人口结构的变化趋势及其对社会的影响》(《日本学刊》2003 年第 4 期)、田香兰《日本人口结构变化对社会保障制度的影响》(《社科纵横》2010 年第 6 期) 等研究成果都是从不同角度展开的。

2010 年以来,随着中国人口老龄化加剧,人口红利期即将过去,关于日本人口老龄化和少子化的比较研究更加成为研究者所关注的问题。郭丽《中日人口老龄化的差异及对策思考》(《上海理工大学学报》(社会科学版),第 33 卷第 2 期,2011 年 6 月,154—158 页),以老龄化为中心,从中日两国人口老龄化问题的产生原因等角度出发,考察了中日两国老龄化的异同,分析中日两国老龄化所面临的问题,并对中国老龄化问题的解决对策进行了一系列思考。特别在人口老龄化成因的差异、老龄化程度和老年人口绝对数规模的差异、出生人口性别比的差异、经济状况对人口老龄化承受力的差异、人口老龄化水平对经济状况反作用的差异、养老保险体制和养老金水平的差异等方面作了探讨。陈程等人合作撰写的《人口老龄化与养老负担:中日比较及其启示》(《劳动保障世界》(理论版) 2011 年第 5 期) 也探讨了相关问题。

查建华《中日两国老龄产业发展比较研究》(《上海金融学院学报》

2011 年第 4 期)，就中日两国老龄产业在市场主体、产业关联性及老年人收入来源等老年产业的主题领域进行比较研究，认为日本由于社会福利制度的发达及护理社会保险制度的推行，使得日本的老龄市场和产业开始形成一种不同于一般商品市场的规律，并逐步走向成熟。而中国的老龄市场处于初级阶段，老年护理的社会化程度不高及非营利组织的不发达在一定程度上影响了中国老龄市场的主体形成与市场发展。同时指出，与日本相比，中国的老龄产业还没有形成一个体系，没有一个比较完整的产业链。中国的老龄产业更多的只是停留在研究计划上，老龄产业与事业如何结合等问题没有得到真正解决。

(二) 社会保障研究

中国对日本社会保障问题的关注，起始于 20 世纪 80 年代中期。当时，一方面，随着中国经济体制改革的深入和国有企业改制速度的加快，失业下岗问题开始显现，对社会保障的诉求增多。另一方面，日本面对老龄化社会的到来，开始对社会保障制度进行重新审视和改革。在这种背景下，随着两国学术界交流的进展，中国学者开始关注和研究日本社会保障，涉及的问题包括医疗保险、失业保险、生活补助、养老金制度等。但这一时期主要是记述性研究，关注点在于社会保障各项制度本身。如李秀英《日本的社会保障制度》(《日本研究》1989 年第 1 期)、福武直《日本社会与社会保障》(《社会》1981 年第 2 期)、郑功成《战后日本社会保障新探索》(《社会保障》1986 年第 5 期) 等。

进入 90 年代后，研究主题拓展，科研成果增多，开始关注日本在建立和完善社会保障制度的过程中所经历的社会问题，从家庭结构和家庭功能的变化、人口结构的变化等社会变迁的角度，分析和探讨日本社会保障制度的建立和改革过程中的经验和教训，以期为中国提供参考和借鉴。同时研究开始细化。如江瑞平、李军《日本的社会保险制度：运营、功能与问题》(《现代日本经济》1997 年第 2 期)、郭士证《日本的社会保障及其国际比较》(1991 年第 4 期)、郑全坤《日本的社会保障制度及其今后改革取向》(《决策借鉴》1995 年第 4 期)、刘烁《日本社会保障制度的建立、发展与管理特色》(《管理现代化》1995 年第 1 期)、马斌《日本社会保障制度及其对中国的启示》(《学习与借鉴》1996 年第 1 期)、沈洁著《日本老人福利制度》(上海远东出版社 1997 年版) 等。陈建安主编《战后日本社会保障制度研究》（复旦大学出版社 1996 年版），对日本的年金制度、医疗保险制度、失业保险制度等作了较为全面、细致地阐述和分析。

　　进入 21 世纪以来，一方面日本社会保障研究向综合性、系统性的方向发展，《日本社会保障制度》（吕学静编著，经济管理出版社 2000 年版）、《日本社会保障制度的发展》（沈洁著，中国劳动社会保障出版社 2004 年版）、《日本社会保障研究》（崔万有著，北京师范大学出版社 2009 年版）等专著相继出版。另一方面，日本社会保障研究的主题进一步细化，研究主题涉及医疗保险、护理保险、养老金制度、社会保障制度改革等等，多角度的研究增多。这方面的研究成果有阎莉《从高龄化视角看日本的社会保障与财政》（《日本研究》2006 年第 4 期）、王伟《日本公共养老金制度改革评析》（《日本学刊》2007 年第 4 期）、朱孟楠和喻海燕《企业年金制度发展模式选择：日本的经验与启示》（《日本问题研究》2007 年第 3 期）、年志远和胡继立《日本年金制度及对我国的启示》（《现代日本经济》2007 年第 5 期）、韩君玲《日本最低生活保障法研究》（商务印书馆 2007 年版）、住居广士主编《日本介护保险》（中国劳动社会保障出版社 2009 年版）等。

　　日本农村社会保障研究方面，宋金文《日本农村社会保障》（中国社会科学出版社 2007 年版），是对日本农村社会保障问题进行研究的专著。在农村城市化、工业化的过程中，日本传统的家庭养老模式逐渐失去了存在的基础，养老方式出现了多样化、社会化的趋势。黄镜伊和王国辉的《日本社会保障制度对农业发展影响分析》（《太原理工大学学报》（社会科学版）2011 年第 3 期）探讨了建立农村社会保障制度与发展农村经济的关系。通过对日本农村社会保障制度进行的分析，发现日本农村社会保障制度具有覆盖面广、保障水平高、项目齐全等特点；在对日本社会保障水平及日本农业经济发展进行数量分析发现，日本社会保障制度对欠发达时期的农业经济有很大的促进作用，而在其农业经济高度发达之后，社会保障水平的提高对农业经济的影响作用减弱甚至消失。这项研究对我国建立完善的农村社会保障体系有重要的启示和借鉴意义。

　　近几年来，日本社会保障研究呈现出两种新的趋势：一是在中日两国之间进行比较，试图通过比较研究，揭示中国与日本在社会保障制度上的共性与差异，探索形成异同的政治、经济、社会、文化因素；二是结合欧洲"福利国家"的经验教训,把比较研究的对象扩展到韩国、新加坡、中国台湾等国家和地区,探讨构建东亚社会保障模式的可行性。如赵立新《德国日本社会保障法研究》(知识产权出版社 2008 年版)、罗元文和梁宏艺《中日韩医疗保险制度比较及对中国的启示》(《日本研究》2008 年第 4 期)、广井良典和沈洁主编《中国·日本社会保障制度的比较与借鉴》(中国劳动社会保障出版社 2009 年版)。王炜、李迪《社会保障制度国际比较及对我国的启示》(《商业时代》,原名《商业经济研究》2010 年第 2 期)等。值得关注的是,比较研究方面的理论探讨。万国威和刘梦云在《"东亚福利体制"的内在统一性》(《人口与经济》2011 年第 1 期)一文中认为,随着福利比较研究的逐步深入,"东亚福利体制"受到了诸多学者的支持。但另一部分学者对"东亚福利体制"究竟是否真实存在提出质疑。他们主要从体制差异、文化独立和体制分裂三个方面提出了对"东亚福利体制"内在统一性的挑战。该论文在对中国、日本、韩国、新加坡、中国台湾和中国香港六个东亚国家和地区进行分析后认为,"东亚福利体制"没有明显受到经济政治体制的影响,具有自己独立的福利文化,只有内在的差异而非整体的分裂。这项研究进一步证明了"东亚福利体制"的内在统一性,并回答了"东亚福利体制"是否真实存在的问题。

(三) 社会阶层研究

战后日本被认为是比较均质、经济差距很小的社会,绝大多数日本人认为自己在经济上处于中间位置,所以日本有"一亿总中流"之说。20 世纪 80 年代初期,我国学者就开始对日本社会阶层进行研究,通过分析日本社会阶层的变化观察战后日本的社会变迁。一方面,有学者从马克思主义阶级分析的立场开展研究,认为日本依然存在阶级对立,并非"一亿总中流",另一方面,有学者运用西方发展社会学的理论,认为日本的中间阶层是稳定日本社会的基础。后来随着日本泡沫经济的破灭和政治社会的变化,有关日本社会阶层的研究相对沉寂。这方面的成果有李完稷《日本工人阶级结构的变化及其几个理论问题》(《吉林大学社会科学学报》1982 年第 2 期)、韩铎《试论日本中流意识(上、下)》(《日本学刊》1986 年第 6 期、1987 年第 1 期)、[日] 高坂健次、李为译《从社会阶层看战后日本社会变动——当代社会结构变化分析的一种方法》(《东

南学术》2000 年第 2 期）、王伟《战后日本的社会阶层与政治意识》（高
增杰主编《日本的社会思潮与国民情绪》，北京大学出版社 2001 年版）、
［日］直并优《日本战后对社会分层和社会流动的实证研究》、王少普
《近期日本社会阶层、社会思潮与政坛变化》（《复旦学报》（社会科学
版）2002 年第 4 期）、王奕红《"中流社会"的名与实——日本中间层研
究初探》（《日本学刊》2003 年第 6 期）等等。

近几年来，随着日本经济收入差距的扩大，有关日本社会阶层的研究
又成为学者关注的热点。研究成果相继问世，研究的主题也从社会阶层扩
展到了收入分配、雇佣就业等领域。

曾国安、洪丽《19 世纪末以来日本居民收入差距的演变、状态及启
示》（《当代经济研究》2011 年第 9 期），借助世界收入不平等数据库（
UNU－WIDER World Income Inequality Database，Version 2.0b，May2007，
缩写为 WIID2b）中收录的较长时期的反映收入分配的数据，考察了日本
自 19 世纪 90 年代以来居民收入差距的演变历程，认为一百多年来，日本
居民收入差距经历了扩大、缩小、再扩大、再缩小、再扩大的变化过程，
但从总体上看，在经济发达国家中，日本的收入差距处于中等偏下水平。
赵雷《日本战后高速均等化发展及对中国的启示》（《学术平台》2011 年
第 7 期）认为，日本通过收入分配格局的调整，实现相对公平，日本
"二战"以后在经济高速发展的同时贫富差距也一直保持在一个比较低的
水平，日本发展经济，财税调节，完善社会保障体系，大力促进就业、创
业，促进城乡教育均衡发展等经验值得借鉴。崔成、牛建国《日本国民
收入分配格局及反垄断措施》（《中国经贸导刊》2011 年第 5 期）认为，
日本的收入分配相对公平，基尼系数属于发达国家中相对较低的。特别是
收入分配调整后的基尼系数明显低于初次分配，其充分反映出日本的收入
分配调整政策更具兼顾社会公平的显著特征，对日本社会稳定和鼓励劳
动，以及树立良好的社会风气起到了重要的推动作用。日本政府通过采取
更加重视社会公平的收入调节政策，加大社会保障和税收的调节力度，使
调整后收入的基尼系数增长幅度远远小于初次分配，维护了社会公平与稳
定。通过法律和制度手段逐步消除行业垄断的不公平。邓伟《日本中间
阶层发展的可借鉴之处》（《社会》2004 年第 5 期）、张珺《日本收入分
配制度分析》（《当代亚太》2005 年第 4 期）、胡欣欣《社会差距问题及
日本的相关研究》（《日本学刊》2007 年第 3 期）、徐哲根《日本缩小收

入差距的人力资源开发理念、措施及其启示》(《日本学刊》2008 年第 5 期)、施锦芳《现代日本社会收入差距分析》(《财经问题研究》2009 年第 2 期) 都从不同角度探讨了日本收入差距问题。

这一时期,《当代日本社会分层》([日] 高坂健次主编,张弦等译,中国人民大学出版社 2004 年版)、《下流社会——一个新社会阶层的出现》([日] 三浦展著,陆求实、戴铮译,文汇出版社 2007 年版)、《不平等的日本——告别全民中产社会》([日] 佐藤俊树著,王奕红译,南京大学出版社 2008 年版)、《日本的社会病——富人的傲慢和穷人的怠慢》([日] 中野雅至著,张俊红、任贝贝译,现代出版社 2010 年版) 等一批研究日本社会阶层和贫富差距译著的出版发行,为中国学者的研究提供了理论参考和现实依据。

日本阶级、阶层研究之所以成为人们关注的热点,除日本近些年来经济收入差距扩大,发生了贫困问题之外,还在于近年中国随着收入差距的拉大和社会层化的扩展,在农村的绝对贫困问题依然十分严重的情况下,城市的相对贫困问题也变得突出起来,人们越来越关心在追求发展效率的同时,如何保持分配的公平和社会的公正。

(四) 城市化及城市建设研究

城市化是由农业为主的传统乡村社会向以工业和服务业为主的现代城市社会转变的历史过程,是经济社会发展的必然趋势。我国学者对日本城市化的关注始于 20 世纪 80 年代初。梁华山、冯广标共同署名发表的《日本的城市化和城市发展政策》(《地理科学进展》1982 年第 3 期),虽然是一篇编译的成果,但它是较早开始介绍和探讨日本城市化的成果之一。文章概述了日本城市化的三个时期:工业化带动城市化时期、大城市发展时期、特大城市地带形成时期,并探讨了日本城市发展的政策和策略。孙世春《战后日本的城市化和政府的宏观管理》(《日本研究》1985 年第 3 期) 和《战后日本城市群体的建设》(《日本研究》1986 年第 3 期),探讨了战后日本大经济圈、大城市圈和地方城市圈的建设与日本政府对发展城市化所实行的宏观管理,指出日本的城市化的特点是一群卫星城市在现代化交通和电信等设施的连接下、环绕其中心城市形成城市群体,这种城市群体推动日本工业生产不断向现代化方向发展,促进旧城市的改造,调整了人口的不合理布局。认为在战后日本城市化发展过程中,中央政府的统一领导和地方政府积极的配合，对城市化的发展起了重要的推动作用。隋干城《战后日本的城市化与大城市的改造》（《烟台师范学院学报》1985 年第 1 卷第 1 期），探讨了战后日本城市化的特点、城市改造的措施和大城市在地区经济发展中作用。唱新在《日本学刊》（1989 年第 6 期）发表的《日本特大城市的现状、问题与对策》，在介绍东京、大阪、名古屋三大城市圈的功能和作用的同时，较早地关注到日本特大城市土地价格暴涨、市区空心化、住房难、交通拥堵等问题，并探讨了日本为解决这些问题所采取的对策措施。这一时期，中国学者对日本城市化和城市建设的关注相对集中在日本城市化的历史进程、建设规划、政策措施和面临的问题上，研究成果不多。

进入 20 世纪 90 年代以后，随着中国城市化、城镇化的发展，日本城市化和城市建设方面的研究进一步受到关注，研究成果相继问世。从研究的问题和所涉及的领域看，已不再仅限于日本城市化所走过的道路和日本政府的相关对策措施，而是深入扩展到一些与城市化及城市发展建设密切相关的具体问题。比如土地开发、人口流动、城市建筑、园林绿化、垃圾处理、城市交通、地下空间利用等都成为研究对象。唱新在《现代日本经济》（1990 年第 3 期）发表的《日本城市的土地管理》，着重探讨了日本通过制定土地利用基本计划、加强土地价格管理、加强土地税收管理等措施，进行城市土地管理，提高土地利用效率，形成合理的城市空间结构的情况。张丕鹤《日本的城市轨道交通》（《国外城市规划》1991 年第 3 期），阐述了日本的城市交通发展战略，指出日本根据本国国情通过制定多种轨道交通策略，解决城市客运问题，达到占地少、经济、准时、安全的目的。王祚清《日本城市大规模、深层次、多功能的地下空间开发利用》（《地下空间》1998 年第 2 期），通过对日本地下空间开发利用的实地考察，对日本地下空间的开发利用作了较全面综述，介绍了日本地下空间规划、开发利用技术和制度。此外，徐波《日本的国土开发利用与城市发展方针》（《国外城市规划》1992 年第 4 期）、吴昊《日本城市地价变动及其对经济发展的影响》（《现代日本经济》1999 年第 2 期）、丽萍《日本的城市园林绿化》（《城乡建设》1997 年第 7 期）、陈光明和中岗义介、苗冠峰联名发表的《日本城市的地下街》（《北京工业大学学报》1995 年第 2 期）、陈秀为《日本城市垃圾资源化技术的进展》（《农业环境与发展》1993 年第 3 期）等等，都从不同侧面探讨和研究了日本城市化和城市建设的相关问题。

进入 21 世纪后，随着中国的城市化进一步发展，交通拥挤、住房紧张、就业困难、环境问题、社会秩序混乱、社会保障压力加大等问题开始显现，应该怎样推进城市化，怎样搞城市建设再度成为人们深入思考的问题，日本城市化的发展模式和城市建设的经验教训随即成为研究的热点。付恒杰《日本城市化模式及其对中国的启示》(《日本问题研究》2003 年第 4 期) 指出，日本的城市化模式具有这样的特点：工业化与城市化相互推动；先集中后分散，总体上相对集中；地方小都市发挥其特有的综合功能；政府在城市化过程中发挥重要作用，认为日本的经验值得中国借鉴。沈悦《日本的城市化及对我国的启示》(《现代日本经济》2004 年第 1 期) 认为，日本城市化特点在于：高度集中的城市化发展模式；高度集聚的城市化后出现郊区化与再城市化；发展经济而后再综合治理；自上而下的城市发展道路，中国在城市化发展当中应总结日本的经验教训，做好城市定位、交通方式的选择、土地的合理利用等工作。关于这方面的研究成果还有郑宇《战后日本城市化过程与主要特征》(《世界地理研究》2008 年第 6 期)，俞慰刚、秦建刚《日本社会城市化的历史轨迹》(《华东理工大学学报》(社会科学版) 2009 年第 1 期)；孙波、白永秀、马晓强《日本城市化的演进及启示》(《经济纵横》2010 年第 12 期)；安乔治、王艳红《日本城市化发展中对三农的保护》(《河北大学学报》(哲学社会科学版) 2011 年第 8 期) 等。高强《日本美国城市化模式比较》(《经济纵横》2002 年第 3 期) 则是通过对日本和美国城市化模式的比较，探讨了两国城市化过程的异同，认为日本和美国工业化与城市化均比较协调，先发展轻工业，后发展重工业，最大限度地吸收农村劳动力，从而使城市化速度较快；同时两国都以非均衡发展模式为主，选择有发展潜力的城市和地区作为突破口，进行密集投资，进而促进周围地区的快速增长。

(五) 雇佣体制研究

关于日本雇佣体制的研究主要集中在日本"终身雇佣制"和"年功制"问题上。20 世纪 80 年代，我国学者就开始研究日本的雇佣体制问题，突出研究了日本终身雇佣制的实质及其在日本经济发展当中的作用。色文发表在《现代日本经济》1983 年第 1 期的《试论日本的终身雇佣制度》，分析了终身雇佣制度的主要内容和特点，认为终身雇佣制对战后日本经济的发展起了很大作用，同时指出，终身雇佣制是资本主义社会工人阶级和其他雇佣人员出卖劳动力的一种形式，虽然可以给雇佣人员带来一定的"好处"，但它既没有改变资本主义雇佣制度的实质，也没有改变资产阶级同无产阶级之间统治与被统治、剥削与被剥削的关系。徐杰《论日本的终身雇佣制》（《山东师范大学学报》（社会科学版）1987 年第 1 期）也认为，日本的终身雇佣制是垄断资本的大企业的雇佣制度，它有利于协调劳资关系，但不能从根本上消除劳资矛盾。同时他也坦言，终身雇佣制在调动工人的积极性方面，起着不可忽视的作用，并且有利于企业做长远计划。还有的研究根据战后日本企业实际实行情况，把日本终身雇佣制与日本企业工资体系联系起来加以研究。赵春元《日本终身雇佣制与工资体系》（《日本学论坛》1981 年第 1 期），分析了日本终身雇佣制的起源与形成，认为终身雇佣制是日本式的独特雇佣制度，着重探讨了终身雇佣制与日本工资体系的关系。吕有晨《战后日本工资制度的变化及其特点》（《吉林大学社会科学学报》1979 年第 3 期），探讨了日本资历工资制与终身雇佣制的互相关系。这一时期的研究，一方面认为日本终身雇佣制并不能从实质上改变日本企业劳资关系，另一方面也强调了日本终身雇佣制对日本经济发展的重要作用。

"泡沫经济"崩溃后，日本经济徘徊不前，进入萧条时期。日本企业为走出困境开始进行结构调整，雇佣制度也发生了一些变化，劳动者在企业间的流动有一定的增加，有的企业改变了按工龄计算发放薪金的工资制度，开始根据个人实际能力实行年薪制。我国对日本雇佣制度的研究随着开始关注日本终身雇佣制的变化和问题。胡方《近年来日本企业雇用制度的变化及其原因》（《日本研究》1998 年第 4 期），探讨了日本企业在终身雇用和年功序列方面的变化，认为经济环境的变化和各种经济主体之间力量对比的变化是造成日本雇佣体制发生改变的原因。陈建安《日本企业的雇佣制度及其变化》（《日本学刊》1998 年第 5 期），探讨了日本企业的长期雇佣制度和劳动力市场的关系，分析了日本企业雇佣制度的合理性，同时指出了雇佣制度的弊病与日本经济的环境变化，认为日本企业要保持活力，就要对雇佣制度进行改革。王伟《日本的"终身雇佣制"寿终正寝了吗?》（《日本学刊》1997 年第 2 期），分析了日本经济和人们的就业观念对终身雇佣制的影响，认为在经济变动的条件下，日本的雇佣制度会继续发生一些变化,"资历工资制"将逐渐被抛弃,而"终身雇用制"会被基本维持下去。崔七星《战后日本雇佣制的特点和问题》(《北京印刷学院学报》1996年第4卷第2期)、吴景林的《日本的终身雇用制面临挑战》(《企业文化》1997年第3期)等也探讨了日本终身雇佣制面临的问题和变化。

进入21世纪以后,日本雇佣制度研究进一步深入。学者们结合日本经济和企业情况的变化,更加关注日本雇佣制度的新变化和它的多元化发展。赵增耀《日本的劳动市场体系及其面临的挑战和新变化》(《世界经济与政治》2000年第12期),分析了以终身雇佣和年功序列工资为基本特征的日本内部劳动市场模式,指出了它在增加企业的人力资本蓄积、鼓励职工与企业的长期行为和实现劳资关系协调等方面的优点,以及在阻碍劳动力流动、报酬不能充分反映贡献和不利于优秀人才发展等方面的弊端,探讨了日本雇佣体制面临的挑战及变化趋势。邢雪艳《变化中的日本雇佣体系》(《日本学刊》2007年第2期)认为,为应对日益激烈的竞争,企业纷纷改变雇佣方式,终身雇佣制的转变和就业形式的多样化,已成为当前日本雇佣体系的基本特征。李博《论日本雇佣制度的变革》(《沈阳师范大学学报》(社会科学版)2009年第3期)认为,在国内外环境剧烈变化的影响下日本终身雇佣制发生了一系列变革,目前在新的条件下形成了新的制度均衡。刘绮霞《现代日本雇佣形态的转型及其启示》(《国外社会科学》2007年第5期)、王思慧《日本劳动市场雇佣形态的多样化及其存在的问题》(《现代日本经济》2008年第1期)、刘红《日本雇佣流动化:现状、原因及影响》(《日本研究》2001年第4期)、李士忠《试析日本劳动雇佣制度的演变》(《日本问题研究》2003年第2期)等,从不同的角度探讨了日本雇佣形态转变过程、劳动力市场的多样化和流动化、雇佣制度的演变方向等问题。

三　日本社会研究的现状及课题

与其他日本研究领域一样,日本社会研究是集基础性研究、应用性研究和对策性研究于一体的综合性研究,但它更偏重于应用性研究。研究日本社会的目的,一方面是为了全面、深入地了解和认识日本这个国家发展面临的问题及发展趋势,从中发现一些规律;另一方面是为我国的社会发展提供可资借鉴的经验和教训。所以，研究日本社会一是要紧盯日本社会的变动，二是要有"中国的问题意识"。回顾 30 年来中国的日本社会研究，可以发现，在各研究领域的主题选择上凸显了两大倾向：一是研究战后日本社会变动当中已经发生或正在发生的问题；二是结合中国改革开放以来社会发展过程中面临的现实问题展开日本社会研究。在研究视角上，提出了社会发展的视角、社会问题的视角和中日比较研究的视角。上述"老龄化与人口问题"、"社会阶层"、"社会保障"、"城市化与城市建设"、"劳动就业问题"等方面的研究，都体现了这样的特点。这些领域的问题既是日本社会已经发生和正在发生的问题，也是中国社会面临的现实问题。

经过 30 年的发展，日本社会研究已成为中国日本研究的一个重要组成部分。研究课题已经基本涵盖日本社会研究的基础领域，涌现出了一大批科研成果，学科的进一步发展有了一定的基础和学术积累。人才培养工作已经开始，有的大学和研究机构已经设置日本社会（文化）研究专业。研究成果除出版专著外，还可以在日本研究专业刊物和社会学、人口学、社会保障学专业期刊和各大院校学报上发表。

但是，从总体上说，日本社会研究仍然属于弱小学科，缺乏深入、系统的研究，没有形成完整的体系。日本社会研究学科发展还处于初期阶段，目前存在着一些需要研究的课题。

（1）在发展过程中出现了明显的理论滞后现象。一方面，缺乏深入的理论思考或明确的理论前提，以至重复研究较多，缺乏学术的积累性、系统性和递进性。另一方面，简单运用西方社会学、人口学及社会发展的理论，对处于转型中的日本社会没有足够的理论阐释，研究流于表层。目前，日本社会研究领域缺乏学术专著和具有较高水平的理论性论文，应当说与理论的滞后密切相关。

（2）研究队伍规模不大，且没有形成网络，信息不畅通，交流不够，没有形成团队力量。从研究机构看，目前在全国众多的日本研究机构当中，还很少有命名为日本"社会研究室"的研究实体。从研究人员上看，虽然有一些学者从事日本社会研究，发表的研究成果涉及日本的家庭、社会保障、城市化、社会阶层、社区、媒体等，但专门研究日本社会的研究人员并不多，而且大多是"单打独斗"，没有形成团队力量，缺少系统性研究。

（3）从整体上来讲，中国的日本社会研究存在着很明显的封闭性倾向。不仅与其他学科、与国外学术界之间的交流意识不强、渠道不多，就是日本社会文化研究界内部的交流机制也不够健全和通畅。对内、对外交流的不足，限制了我们的视野，带来了研究的狭隘性，阻碍了日本社会学科的创新和发展。

（4）对中国发展过程中的问题认识不深刻，缺乏对中国国情的了解，研究针对性不强，带有一定的随意性。如上所述，虽然在大的研究方向上考虑到了国情的需要，但在课题的选择上还常常带有一些随意性。这主要是因为对中国的国情了解得不够深入，没有把中国急需解决的问题与日本社会研究紧密地结合起来。

总之，与其他学科相比，中国的日本社会研究的发展比较缓慢，研究力量也比较薄弱，许多方面有待提高和加强。但是，经过30年学界同人的共同努力，已经有了一定的积累，而且有志于日本社会研究的学者日渐增多，为今后的发展奠定了基础，具有较大发展潜力。随着我国日本研究总体的向前推进，相信我国的日本社会研究也会不断取得进步，终将形成完整的研究体系。

中国的日本妇女与家庭研究 30 年综述

中国社会科学院日本研究所　　胡　澎

妇女研究是以女性为研究对象，从尊重妇女人格的立场出发，跨学科地研究妇女及妇女问题，并以性别视角重新审视已有妇女理论的综合性研究。妇女研究的内容包括妇女在政治、经济、文化、教育和家庭生活等领域中的问题。

家庭研究作为社会学的一个重要内容，包括家庭变迁、家庭结构、家庭关系、家庭制度、养老问题、婚姻问题等，家庭研究有时也被囊括在妇女研究领域之中。

中国的日本妇女与家庭研究是以日本妇女和家庭为研究对象、横跨于日本研究和妇女研究以及家庭研究的一门交叉学科。该学科研究起步于20 世纪 80 年代，迄今为止，经历了起步、初步发展和稳步发展三个阶段。本文是针对 1980—2009 年中国的日本妇女和家庭研究所进行的综述，因资料限制，研究对象仅限于这 30 年间大陆公开发表或出版的学术专著、论文集以及刊登在相关学术杂志上的学术论文，只评述在中国大陆以中文发表的研究成果，不涉及香港、澳门、台湾地区及海外华人学者的研究。另外，纳入本研究视野的研究成果均为对"二战"后日本妇女和家庭所进行的研究，战前、战时有关日本妇女及家庭的研究暂不涉及。

一　日本妇女和家庭研究的起步阶段(1980—1989 年)

（一）20 世纪 80 年代日本妇女和家庭研究的兴起

1. 改革开放后中日双边交流为日本妇女和家庭研究培养了人才

中日邦交正常化以前，两国长期处于隔离状态，相互之间缺乏了解。1972 年邦交正常化以后，双边关系发展迅猛。进入 20 世纪 80 年代，中国的改革开放政策带来全社会的思想解放，学术气氛空前活跃，大批留学生和学者走出国门，接触国际社会。与此同时，东亚邻国日本凭借惊人的经济发展速度和现代化发展水平引起中国人普遍关注，掀起了赴日留学热潮。走出国门的中国留学生接触、学习、观察和思考日本的政治、经济和社会，为中国的日本研究储备了人才。现在活跃在日本妇女和家庭研究领域的不少专家、学者，都有 80 年代在日本学习、生活或访学的经历，有的还是日本教育机构培养的博士、硕士。这批人在日本接触了学科前沿，受到了一定的学术训练，学成回国后成长为日本研究队伍中的骨干力量。

2. 日本研究的全面展开为日本妇女和家庭研究打下了基础

日本妇女和家庭研究具有突出的国别性，这就决定了该领域研究一定是建立在日本研究基础之上的。20 世纪 70 年代末期和 80 年代初期，随着中日两国交流的展开，两国人员的交往、学术交往也从无到有开展起来。让更多国人关注日本、了解日本成为这个时代赋予日本研究者的历史使命。首先是井上清的《日本历史》、信夫清三郎的《日本外交史》等译著的出版，为中国日本研究的开展起到了开路先锋的作用。80 年代，随着全国范围日本学研究的升温，各地日本研究机构纷纷成立。例如，中国社会科学院日本研究所、北京大学日本学中心、北京日本学研究中心、中日关系史学会、南开大学日本研究中心等。这些研究机构多设在大学或科研院所等单位，研究机构的成立和研究人员的增加掀起了改革开放后中国第一个日本研究高潮，也为日本的妇女和家庭研究创造了良好的外部环境。

这一时期，日本研究的学术杂志大量涌现，例如，中国社会科学院日本研究所主办的《日本问题》（双月刊，1991 年后改名为《日本学刊》）、河北大学日本研究所主办的《日本问题研究》（季刊）、北京大学日本研究中心主办的《日本学》（不定期刊）、东北师范大学日本研究所主办的《日本学论坛》（季刊）、北京日本学研究中心主办的《日本学论丛》（不定期刊，主要刊登北京日本学研究中心培养的硕士研究生提交的优秀硕士论文和由大学日语教师培训班学员提交的优秀结业论文）和《日本学研究》（年刊）、辽宁大学日本研究所主办的《日本研究》（季刊）、南开大学日本研究中心主办的《日本研究论集》（年刊）等。这些学术杂志为日本妇女和家庭研究成果的发表提供了平台。

3. 中国妇女研究的兴起推动了日本妇女和家庭的研究

20 世纪七八十年代，随着中国社会政治环境逐渐宽松和中外文化学术交流的日益密切，学者们开始接触到了国外新的理论和学术界动向，了解到国外女性主义研究的新趋势和新方法。与此同时，伴随着思想解放、经济发展和社会进步，中国妇女明显地表现出主体意识、群体意识和性别意识增强的趋势，中国妇女比以往任何时候都更加关注自身的价值和发展，关注妇女和社会的关系，关注妇女的历史、现状和未来，关注两性关系和性别平等政策。这一时期，中国社会发生急剧变革，妇女及家庭领域也出现了许多新情况和新问题，这些问题的出现促使中国学术界对家庭、两性关系进行了重新审视与反思，促使学者们展开研究并寻找解决问题的办法。于是，妇女和家庭研究在社会学研究中所占比重开始大幅上升，涌现出一批研究妇女问题的专家和学者，民间妇女团体和研究机构也纷纷成立，女性学研究刊物也大量涌现。由此，妇女学（女性学）才真正作为一门独立的专门学科出现在中国。

妇女学（女性学）在中国的诞生为日本妇女和家庭研究带来了发展契机。20 世纪 80 年代开始，一些有着不同学科背景、不同研究领域的学者敏锐地观察到战后日本妇女的家庭生活、社会生活发生的深刻变化，将研究视野转向了日本妇女和家庭领域，并陆续发表了相关学术论文。

（二）20 世纪 80 年代日本妇女和家庭研究的特征

1. 日本妇女就业问题引发学者关注

日本经济在战后取得了引人瞩目的高速增长，世界各国研究日本经济高速增长的专著和论文不断问世，刚刚打开国门的中国很快就将目光聚焦于日本经济高速发展的原因。80 年代中期以后，中国国有企业经济效益每况愈下，就业压力增大，一些中国学者开始关注日本的妇女就业问题，重新审视日本"男主外、女主内"的家庭结构和就业模式。学者们在研究中发现，随着日本社会劳动力市场的扩大以及日本妇女自身文化素质和就业意识的提高，越来越多的日本妇女走向社会，妇女就业状况发生了较大变化。于是，一批研究日本妇女就业的论文出现，其中比较有代表性的有刘荣著《日本女性与战后日本经济高速增长》（《外国问题研究》1988 年第 4 期）、张丹著《影响日本就业妇女角色实现的内在因素》（《日本问题》1988 年第 2 期）。这两篇论文均就日本妇女在经济高速发展中的地位与作用问题予以研究和思考。80 年代，中国学术界对日本妇女的就业现状和特征显示出浓厚兴趣，而对日本妇女的就业政策较少关注，直到 21

世纪该领域的研究成果才陆续问世。

2. 对日本妇女地位进行了初步研究

20 世纪 80 年代，中国学者比较关注日本妇女的社会地位和家庭地位，产生了一批研究成果。例如，吕静萍《战后日本妇女的地位》（《日本问题研究》1987 年第 4 期）、张丹《战后日本妇女地位的变化初谈》（《日本学刊》1989 年第 3 期）等。值得一提的是，这一阶段诞生了改革开放以来第一部研究日本婚姻家庭问题的专著，即张萍著《日本的婚姻与家庭》（中国妇女出版社 1984 年版），该书对战后日本婚姻与家庭状况以及日本妇女地位作了综合性的描述和评价，历史跨度较长，视角也较宏观。陈晖《日本妇女意识的变化》（《婚姻与家庭》1987 年第 11 期）是一篇较早涉及日本妇女思想意识的论文。

总体来讲，20 世纪 80 年代对日本妇女地位的研究尚处于奠基阶段，成果多偏重于对日本妇女在政治、经济、社会文化和家庭中的状况进行描述性研究，选题大多比较泛泛，研究范围和研究深度都还不够。

3. 日本家庭方面的论文增多

"二战"后特别是 20 世纪 50 年代以来，随着日本经济的高速增长，大量人口从农村迁入城市，日本传统的生活方式受到较大冲击，同时，日本的家庭结构、家庭规模也发生了巨大变化，具体表现为：家庭规模缩小、核心家庭比率上升、生育率降低、消费功能增强、赡养功能削弱等。20 世纪 80 年代以来，一些中国学者试图探寻日本社会变迁对家庭、家族制度产生的影响。例如，翟边《日本家庭规模的变化》（《外国问题研究》1986 年第 2 期）、韩铎《日本的家庭问题》（《日本问题》1985 年第 1 期）等论文均将目光聚焦于日本家庭的变化。何培忠《日本孤独老人超过百万》（《国外社会科学》1984 年第 5 期）则较早关注到日本老年问题，特别是独居老人的养老问题。

二　日本妇女和家庭研究的初步发展阶段(1990—1999 年)

(一) 20 世纪 90 年代日本妇女和家庭研究初步发展

1. 第四次世界妇女大会的召开与性别理论的引进

1995 年在北京召开了第四次世界妇女大会，这次大会对中国的妇女研究产生的影响是巨大而深远的，同时也影响到中国的国际妇女问题研究。与此同时，国外众多研究机构与研究者的资助和加盟给妇女研究学科带来了积极影响，其突出表现是：各地高校妇女研究中心等妇女学研究机构纷纷建立；妇女学研究与国际合作项目顺利开展；妇女学国际间交流逐步扩大；支持中国妇女学学科建设的国际项目增加等。新的研究方法和研究视角的引入也给妇女研究注入了生命力。

以 1995 年世界妇女大会的召开为契机，妇女研究在中国成为全社会关注的热点，妇女学研究机构与国际学术界的交流日趋活跃，通过相互访问、讲学、参加学术研讨会、交换图书资料、合作研究等形式，中外妇女研究者之间的联系和交流日益加强，以妇女研究为主题的学术研讨会、座谈会多次召开，其中包括由中日两国女性学专家、学者参加的研讨会。第四次世界妇女大会之后，中国的日本妇女和家庭研究也掀开了崭新的一页，表现在：研究人员不断增加，研究成果大量涌现，研究广度和深度均有不同程度的进步，既有宏观研究也有微观研究，还出现一些跨学科、跨领域的研究。新的研究方法和研究视野的应用也是一个突出的特征，尤其是社会性别这一视角的引入，使得这一领域的研究相比以前有了明显的进步。一些论文一改以往对日本妇女和家庭现状的经验性陈述变为科学性描述，并在其基础上进行科学的分析。

2. 中日妇女和家庭研究领域学术交流增加

随着两国文化和学术交流的不断扩大，一些日本学者和学术机构研究日本妇女和家庭的论文和专著开始被翻译介绍到中国。例如，东京成城大学森冈清美《当代日本家庭人口的变化》在《社会学研究》1990 年第 4 期上刊出，该文通过对家庭规模、家庭构成和家庭生命周期的研究，考察了当代日本家庭的主要变化，进而探索日本家庭在不远将来的可能状态。为当时中国的日本家庭研究提供了较新的参考资料。为配合北京第四次世界妇女大会的召开，1995 年 10 月辽宁人民出版社翻译出版了一套外国妇女丛书，其中一册是日本内阁总理大臣官房男女共同参与规划室编写的《日本妇女的现状与政策的实施——关于新国内行动计划的报告》①，该报告从家庭、教育、就业、参政、福利、意识等诸多方面，以翔实的统计数字和图表对日本妇女的现状进行了描述，对中国学者研究日本妇女政策大

---

① 原文为《女性の現状と施策——新国内行動計画に関する報告書（第 4 回）》，1994 年版。

有裨益。石原邦雄《当代日本已婚妇女的生活压力》（《浙江学刊》1998年第 1 期）以调查统计结果表明，日本不少已婚妇女感到有生活压力，其中丈夫对妻子情感支持的缺乏构成了妻子的主要心理压力。该文有助于中国读者了解日本已婚妇女的真实生活状态。这一时期，一些中国学者对日本女性学发展的现状和动态研究比较关注，金少萍《日本女性学研究状况》（《云南民族学院学报》（哲学社会科学版）1999 年第 6 期）介绍了日本女性学的研究机构及最新成果。

20 世纪 90 年代，中日两国多次举办了由两国妇女问题专家、学者参加的、以妇女和家庭研究为主题的学术研讨会、座谈会。如：1997 年和1998 年北京大学中外妇女问题研究中心分别主办了"中日妇女问题研讨会"和"21 世纪女性研究与发展"国际学术研讨会，就两国的妇女研究特别是中日女性史的研究进行了交流。中国社科院亚太研究所与日本城西大学于 1995 年在北京联合举办了"中日女性学比较研讨会"，围绕中日两国的妇女与文化、女权运动与女性文学、妇女与开发、妇女与婚姻、家庭等问题展开了讨论。1998 年双方又在北京举行了"第三届中日女性学研讨会"。这些国际学术研讨会使中国学者扩大了视野，了解了日本妇女和家庭研究焦点和最新动态，为学习和引用日方学者的研究成果提供了机遇，也为今后中国的日本妇女和家庭研究创造了契机。

（二）20 世纪 90 年代日本妇女与家庭研究的特征

每当中国改革加大力度、社会结构处于剧烈变动时期，或是中国改革中出现一些问题时，中国学术界对外国问题的研究都会比较热。1995 年以来中国的日本妇女和家庭研究也不例外，其突出特征就是该领域的研究密切结合了中国改革开放以来出现的一些问题。中国学者是站在中国的立场，带着对中国问题的疑问从日本研究中寻求答案的。

1. 日本妇女地位问题依然是关注热点

相比 80 年代有关日本妇女地位的论文，90 年代该领域研究成果在数量上有所增加，如禹硕基《当今日本妇女的社会地位浅析》（《日本研究》1991 年第 1 期）、马红娟《战后日本女性社会地位的变化》（《日本学刊》1996 年第 1 期）、李卓《日本妇女社会地位的演变》（《日本研究》1998年第 1 期）等。这些论文不仅对战后日本女性的地位进行了探讨，还涉及了教育、就业、婚姻与家庭、参政等方面，有的还对日本妇女地位进行了历史性的描述。马玉珍《战后日本妇女法律地位的变化》（《妇女研究论丛》1994年第4期）关注的是日本妇女法律地位以及日本妇女的合法权益能否得到切实保障的问题。总体来讲，这一阶段日本妇女地位研究大都比较宏观和宽泛，多是基于历史发展脉络进行的研究。

2. 日本家庭研究进步较快

战后，日本经济的发展速度很快，整个社会朝着产业化、城市化方向推移。社会经济的发展必然给人们的家庭生活及其意识带来极大影响。日本的家庭结构、家庭功能、家庭关系均发生了较大变化。对日本家庭的研究是日本社会研究的一个重要组成部分，研究日本家庭的形成、演变有助于我们从总体上把握日本社会的变化过程。这一阶段涌现的日本家庭研究论文主要有：王炜《战后日本家庭的变化》（《日本问题》1990年第6期）和《日本的老龄化、家庭与有关政策》（《日本学刊》1993年第6期）、禹硕基《战后日本家庭结构与家庭功能的变化》（《日本研究》1992年第4期）等。韩铎《日本老龄化社会一个棘手问题——"谁养活谁"的问题在日本》（《日本问题》1990年第4期）与《"年龄冲突"与日本的养老金制度改革》（《日本学刊》1991年第2期）是较早关注养老保险制度的两篇论文。

中日两国在传统文化基础上有许多相似之处。例如，两国同是以家族制度为社会组织基础，同是实行父权家长制，妇女在法律、道德上均处于无权地位。然而，两国的历史发展进程又有着极大的差异。中国学者在考察两国的政治、经济制度和文化背景之外，开始从家族制度、妇女解放思想和实践等角度来思考日本的近代化道路，探求中日两国近代化成败的原因，从而揭示两国文化的差异。一些学者认为日本的家庭与日本社会的发展有着密切的关系，有的日本学者甚至把日本近代化的成功归因于日本社会的家族式结构。王炜《日本传统家庭制度的形成及特征》（《日本问题》1990年第2期）对日本家庭制度的形成及其特征进行了一番探讨。尚会鹏《中日传统家庭制度的比较研究》（《日本学刊》1991年第4期）和肖传国《关于中日"家"的历史考察》（《日本学刊》1997年第5期），则从比较的视角对中日家庭制度进行了开拓性的研究。

3. 日本妇女就业研究的质量有所提高

90年代，日本妇女就业问题依然受到中国学者的关注，出现了不少研究日本妇女就业的论文，论文总体质量有所提高，研究范围有所扩展。例如，陆震《妇女就业领域诸问题之我见》（《妇女研究论丛》1994 年第 3 期）、吕学静《日本女性部分时间劳动特征》（《中国人力资源开发》1995 年第 4 期）、李秋芳《日本妇女传统就业模式正在改变》（《妇女研究论丛》1997 年第 4 期）、何燕侠《日本女性劳动权利法律保障的新进展——〈男女雇用机会均等法〉的修改》（《妇女研究论丛》1999 年第 3 期）、赵儒煜和尹小平《日本女性就业问题浅论》（《人口学刊》1998 年第 6 期）、赵芳和邓智宁《日本妇女就业状况变化与原因分析》（《日本学论坛》1999 年第 4 期）等均从不同角度论述了日本妇女就业问题，一些论文从政策和法律层面对妇女就业问题进行了初步研究。

4. 女子教育方面

中国学者一直比较关注日本的女子教育。众所周知，日本在战后进行了全面的教育改革，确立了民主平等的原则，建立了六三三四学制，实行男女同校，各级各类学校教育都得到了迅速发展，其中女子教育的发展令人瞩目。设立众多女子大学、女子短期大学是日本女性高等教育的一大特色。改革开放以后，中国学者对日本现代化的研究比较关注，在研究日本走上富强之路的原因时，教育因素成为一个重要部分。从某种意义上来讲，中国学术界在日本女子教育方面的研究成果多是寻找日本现代化原因之答案的。80 年代日本女子教育方面的论文比较少，90 年代论文数量有所增加。如：黄育馥《当代日本妇女与教育》（《国外社会科学》1992 年第 3 期）、张德伟和徐蕾《日本儒教的贤妻良母主义女子教育观及其影响》（《东北师范大学学报》（哲社版）1996 年第 4 期）、杜学元《日本女子高等教育的发展以及给我们的启示》（《四川师范大学学报》（哲学社会科学版）1997 年第 4 期）、屈书杰《日本高校的女子教育》（《日本问题研究》1999 年第 1 期）、赵叶珠《日本女性高等教育的发展及原因探析》（《外国教育研究》1999 年第 3 期）等。这些论文均从不同角度对日本女子教育进行了论述，但整体水平依然偏重于介绍和对现状的梳理，在深层挖掘和分析上显得有些薄弱。

三　日本妇女和家庭研究的稳步发展阶段（2000—2009 年）

（一）21 世纪前 10 年日本妇女和家庭研究稳步发展

1. 中国的日本研究发展较快

进入 21 世纪之后，中国综合国力有了较大程度的提高，学术研究的条件得到很大改善。在日本研究领域，随着早期研究者的经验积累和专业理论素养的逐渐提升，日本研究的学术化特征明显增加，学术规范程度逐步加强。一批批留学生学成回国，成为日本研究队伍的新生力量，不少国内培养的新一代研究者涌现出来，研究队伍的高学历化成为这一时期日本研究的特色。这些研究者受过专业训练，实证分析增多，研究主题、方法和视角都进一步丰富。与此同时，日本妇女和家庭研究的论文质量也愈加精良，水准稳步提升，出现了一些有理论、有深度的研究成果。

2. 中日妇女研究界交流频繁

进入 21 世纪，中日妇女界以及妇女研究领域的交流日益频繁。例如，2002 年上海师范大学女性研究中心与日本的中国女性史研究会以及上海女性学学会共同举办了"社会性别视野中的中国女性史"国际研讨会，来自中国、日本、韩国和我国台湾地区的 60 多位专家学者共聚一堂，探讨社会性别理论，比较各国妇女问题。2005 年大连大学性别中心举办了跨文化女性/性别研究座谈会。这些国际研讨会对中日两国妇女和家庭研究起到了积极的推进作用。

近年来，中日韩三国的妇女研究会议以及东亚妇女论坛、亚洲妇女会议等陆续召开，使中日妇女界的交流已经不仅仅限于两国之间，而是向中日韩三边交流和东亚区域交流扩展。例如，2004 年 9 月，大连大学性别研究中心和亚洲妇女/性别研究国际合作网络 KARTINI 联合主办召开了"新世纪亚洲妇女、性别研究与教育实践"国际研讨会，来自 20 个国家、百余名专家学者出席了研讨会，就亚洲妇女的生活环境和生存状态、妇女史、性别歧视、妇女参政、妇女就业等方面进行了探讨。2006 年 7 月由全国妇联主办的第六届东亚妇女论坛在京拉开帷幕，来自朝鲜、日本、蒙古、韩国和中国内地及港澳台地区的妇女代表 300 余人出席会议。此次论坛的主题为"性别平等与可持续发展——全球化背景下东亚妇女的机遇、挑战和行动"，旨在加强东亚地区妇女及妇女组织间的交流与合作。在为期四天的论坛中，与会代表围绕妇女平等参与决策和管理、妇女平等参与经济发展、创造性别平等的社会发展环境等问题广泛交换了意见，并共同谋求对策。这些东亚地区的妇女问题跨国会议将东亚各国的女性问题联系起来进行思考，加强了东亚各国妇女界的交流，特别是妇女问题研究者之间的交流，促进了相互理解。2007 年，南京师范大学金陵妇女发展研究中心和韩国梨花女子大学、日本国际基督教大学等合作举办了"全球化、亚洲妇女、亚洲妇女学国际研讨会",主要探讨了全球化与市场机制、全球化与人口、全球化与文化、亚洲妇女学等方面的问题。

进入21世纪后,一些翻译和介绍日本妇女和家庭研究的著作和论文陆续发表和出版,不仅为中国学者提供了资料上的便利,也让中国学者了解到日本该学科所关注的前沿问题、新的研究方法和研究视野。2002年中国大百科全书出版社出版了望月嵩著《结婚与家庭》一书。2002年4月22日的《中国妇女报》刊登了大滨庆子的文章《透视日本的"新女性主义"》,首次向中国读者介绍了日本东京大学教授、日本女性学理论家上野千鹤子著《赋国家主义以社会性别》① 一书,以及上野千鹤子关于国民国家与社会性别、慰安妇问题、"记忆的政治学"等主要观点。2004年商务印书馆出版了一套《日本社会学名著译丛》,其中包括上野千鹤子著《近代家庭的形成和终结》、江原由美子著《性别支配是一种装置》两部著作。2007年当代中国出版社出版了日本独立行政法人国立女性教育会馆编写的《日本的女性与男性——男女平等统计2006》,这是一部关于日本两性平等的最新著作,书中所附统计资料和图表对于中国学者研究日本妇女问题极具参考价值。另外,一些中国学者对日本妇女研究状况的介绍也对该学科的发展起到了促进作用。例如,袁向东《日本的女性主义研究》(《广东职业技术师范学院学报》2002年第1期),解释了女性主义术语的历史含义。周洁《日本家庭社会学研究及未来走向》(《日本学刊》2009年第6期)介绍了日本家庭社会学研究的一些最新动向,对于中国的日本家庭研究具有一定的学术价值。

3. 中国的妇女研究发展迅速

当今,中国一些高等院校的妇女研究中心成为女性学研究的重要阵地,如北京大学中外妇女研究中心、郑州大学女性学研究中心、天津师范大学妇女研究中心、大连大学性别研究中心、上海师范大学女性研究中心、中国传媒大学媒介与女性研究中心等。中央和地方等政府机构、科研机构成立的妇女研究中心也发挥了积极作用。如中华全国妇女联合会妇女研究所、中国社会科学院妇女/性别研究中心、北京市妇女问题研究中心、北京市婚姻家庭研究会等。从妇女研究和讨论的重点上看,从妇女与家

---

① [日]上野千鹤子:《ナショナリズムとジェンダー》,青土社1998年版。

庭、妇女与生活方式的讨论，转移到妇女与经济、妇女与法律，进而实现
了向社会性别研究的飞跃。在社会性别研究方面又有从应用性理论为主，
转向应用理论和基础理论齐飞的趋势。一些被学界广泛认可的学术性期刊
成为刊登高质量妇女研究论文的园地，如全国妇联妇女研究所主办的
《妇女研究论丛》、北京大学女性中心的主办的《北大妇女研究动态》、中
华女子学院主办《中华女子学院学报》、年刊《中国女性主义》等。一些
社会科学类学术期刊开辟"妇女研究"专栏，发表研究者的论文。中国
人民大学报刊资料复印中心编印的《妇女研究》已成为妇女研究理论工
作者的必备资料。妇女研究的学术专著和通俗丛书不断面世，各种类型的
妇女研究专题学术会议陆续举行，不断扩大了妇女研究的社会影响。2007
年 9 月，"中国社会学学会女性/性别社会学专业委员会理事会"正式成
立，标志这一学科走向了主流社会学界。30 年来的中国妇女研究不仅承
接了传统社会学的知识，经历了社会转型，还应对了整个社会科学界的理
论挑战和全球化的政治影响。中国妇女研究的迅速发展为日本妇女和家庭
研究打下了良好的基础。

（二）21 世纪前 10 年日本妇女和家庭研究的特征

1. 对日本妇女地位、女子教育问题兴趣不减

进入 21 世纪以后，中国学者对日本妇女地位问题的兴趣依旧不减。
例如，田晓虹《战后日本妇女发展》（《妇女研究论丛》2001 年第 6 期）
从社会学的视角，以日本社会、经济、文化发展为背景，对战后日本妇女
的法律地位和基本权利、教育状况和教育目标、就业意愿和就业环境、婚
恋观念和家庭角色等方面的历史演进作了全面考察，揭示了社会制度、经
济状况和文化积淀对于日本妇女发展所产生的直接、间接的作用和影响，
剖析了现代化进程中日本妇女自我意识的特征与嬗变。王伟军《日本的
妇女运动和妇女地位的提升》（《中华女子学院学报》2005 年第 2 期）从
妇女运动的视角关注了日本妇女的地位。王国华《论日本农业女性的家
庭经济地位》（《日本问题研究》2009 年第 1 期）在概观日本家庭农业经
营特点的基础上，分析了妇女对日本农业的贡献，从家庭经济地位的角度
阐明了日本农业妇女所处的状况和面临的问题。

进入 21 世纪，女子教育领域也出现了不少论文，如丁坤和尹婧文
《女性主义视阈下的战后日本女子高等教育》（《山西师范大学学报》

（社会科学版）2010 年第 3 期），刘爱君《日本的高等教育与女性》（《大连大学学报》2001 年第 5 期）。后者介绍了日本的女子大学、短期大学的概况，并针对日本女性高等教育的特点及今后的发展趋势进行分析和展望，对我国的女性教育研究提供了有益的参考。中日两国虽然在社会制度、发展水平及家庭结构各方面相异，但是家庭教育的价值取向、教育内容和方法彼此可作借鉴，互为补充。贾春《日本家教的特点》（《中华女子学院学报》2003 年第 3 期）、黄喜珊和刘鸣《战后日本家庭教育的特色及启示》（《现代教育论丛》2008 年第 7 期）对"二战"前后日本家庭教育的历史特征作了简要回顾，从家庭教育观念、内容、提高家庭教育力的措施等几方面阐述了当代日本家庭教育的主要特色，从中得出对我国家庭教育的启示。李琛和周炎辉《试论日本家庭教育中存在的问题》（《湖南大学学报（社会科学版）》2000 年第 3 期）则对日本家庭教育中的问题进行了梳理。这一时期还出现了两部比较研究的专著，即谷峪著《中日近现代女子学校教育比较研究》（吉林教育出版社 2002 年版）和赵叶珠著《美中日三国女子高等教育比较》（厦门大学出版社 2007 年版）。前者探讨了中日两国近现代女子学校教育的发展过程及当前中日女子教育存在的问题，后者通过对美中日三国女子高等教育的产生、发展途径与内容、思想与目标等的考察，总结出美中日三国女子高等教育的特点。

2. 日本妇女运动研究范围进一步拓展

在妇女研究中，妇女运动一直是一个重要的组成部分。中国的学术界关于国际妇女运动的研究多集中在西欧各国的妇女运动，研究日本妇女运动的论文比较少。近年来，中国社会科学院日本研究所胡澎的两篇论文拓宽了该领域研究的范围。如：《母亲大会：历程、特点与意义》（《日本学》2009 年第 15 辑）将研究目光聚焦于日本母亲大会，介绍了诞生于 1955 年至 2008 年已经召开了 54 届的母亲大会。该文认为，日本母亲大会的时间跨度长、规模大、议题丰富，不仅是日本最具影响性的历史事件之一，在世界历史上也极为罕见。母亲大会所倡导的"母亲改变了，社会就会改变"，已逐渐发展成为一种社会运动，对日本社会和日本政治产生了广泛影响。《日本社会变革中的"生活者运动"》（《日本学刊》2008 年第 4 期）对"生活俱乐部生协"为中心的"生活者运动"进行了研究。生活俱乐部自 1965 年至今在生产和消费领域、地方政治和行政领域、社区建设领域开展了"共同购买活动"、"肥皂运动"、垃圾减量运动、再生利用运动、代理人运动等多种活动，对日本的政治、经济和社会产生了不可忽视的影响。该文认为，这一主要由家庭主妇参与并推进的社会运动倡导了一种新的消费理念和生活方式，尝试了一种新的劳动方式，推动了日本政治、地方行政的民主化进程，也开辟了一条妇女参与政治、经济和社会生活的道路。这些研究在选材上拓宽了日本妇女问题研究，对中国的性别平等建设也具有一定的参考价值。

3. 日本妇女就业研究进一步深化

进入 21 世纪，一些中国学者对日本妇女就业政策的关注度较高，妇女就业研究的质量有所提高。例如：肖扬《日本政府为促进妇女就业采取的对策》(《中国妇运》2001 年第 5 期) 和《日本妇女的 M 型就业状况问题与对策》(《中华女子学院山东分院学报》2001 年第 1 期)、胡澎著《日本妇女的就业与就业政策》(《劳动力市场与社会福利》，中国劳动社会保障出版社 2008 年版) 均对日本的妇女就业政策进行了梳理和分析。王俊英《关于日本主妇再就业的思考》(《日本问题研究》2003 年第 4 期) 等论文对日本女性就业的现状和存在的问题进行了多角度的研究。吴霞《现代中日女性劳动状况的分析与比较》(《妇女研究论丛》2002 年第 5 期) 从女性学的视角以比较的方法对中日两国女性劳动状况进行了分析和比较。

随着生活水平的不断提高和人口出生率的下降，日本已步入了"少子老龄化"社会，劳动人口比重呈现出不断下降的趋势。在这种历史背景下，如何既鼓励生育、减缓少子化发展的进程，又能够充分开发育龄妇女的潜在劳动力，减少或解除劳动力不足对经济发展的制约，成为当前日本政府和民间广泛关注和积极思考的课题。这一时期，一些中国学者开始关注日本少子老龄化问题与妇女就业的关系，胡澎《日本在鼓励生育与促进妇女就业上的政策与措施》(《日本学刊》2004 年第 6 期) 即属此例。该文认为日本的鼓励生育政策与促进妇女就业政策之间存在着深刻的矛盾。日本政府为解决这一矛盾，在减轻妇女工作和养育孩子的负担、创造使妇女既能兼顾职业又能安心养育孩子的环境上，进行了一系列改革，包括完善相关法律、改革不合理制度、出台指导性的方针和政策等。

4. 日本妇女参政的研究成果涌现

　　政治权利享有和政治参与程度是衡量妇女政治地位高低的两个侧面。中国的妇女参政研究在 1987 年①以后成为热点，但相当长一段时期，日本妇女参政状况较少有人关注，这与日本妇女参政水平在国际上排名较低不无关系。90 年代，研究日本妇女参政的论文凤毛麟角②，但进入 21 世纪以来，随着日本政府对男女平等的重视以及妇女自身参政意识的提高，日本妇女在参政上取得了一系列进步，表现在国会和地方议会中女性议员人数的增加，一批女性政治家活跃在政治和外交舞台。中国学者逐渐将目光转向了一直被忽视的日本妇女参政问题。把日本妇女参政作为对象进行系统和深入地研究是进入 21 世纪以来日本妇女研究领域的一个新变化。吴寄南在其专著《日本新生代政治家》（时事出版社 2002 年版）中，以"巾帼不让须眉的女政治家"作为一章，回顾日本女性参政历史上的先驱者，介绍新生代政治家中的女中豪杰，分析日本妇女参政现状与女政治家的困难处境。胡澎在《战后日本妇女的参政研究》（《日本：2002》，世界知识出版社 2003 年版）和《近年日本妇女的政治参与浅析》（《日本学刊》2003 年第 3 期）中，从妇女政治参与、行政参与、政党参与、国际事务参与四个方面研究了战后，特别是 20 世纪 90 年代以来，日本妇女在参政上取得的进步，并分析了其进步原因和存在的不足。师艳荣《日本妇女参政途径及成效》（《当代亚太》2005 年第 10 期）以及《日本妇女从政落后的深层思考》（《中华女子学院学报》2005 年第 4 期）通过对立法、司法、行政、政党中妇女参政情况的考察，分析了当代日本妇女参政的成效和存在的问题。

　　5. 社会保障制度和养老问题成为新的研究热点

　　随着中国经济的快速发展与社会转型，中国进行了一系列医疗制度、教育制度、社会保障制度的改革。面对中国社会问题的出现，中国学者将目光转向了有着儒教传统的邻国日本，探寻日本养老保险制度的论文开始增多。如，吕学静编著《日本社会保障制度》（经济管理出版社 2000 年版）、沈洁著《日本社会保障制度的发展》（中国劳动社会保障出版社 2004 年版）、宋金文著《日本农村社会保障》（中国社会科学出版社 2007

---

① 1987 年的改选换届中，相当一部分女性代表被"被"差额下来，暴露出两性在政治参与上的不平等，从而激发了妇女参政研究。

② 刘荣：《日本女性的政治力量——大平正芳的女性观》，《外国问题研究》1997 年第 2 期。

年版）均对日本的社会保障制度进行了介绍、分析和评述。

　　日本自建立养老保险制度以来，一直比较重视针对妇女的养老保险制度。从 20 世纪 80 年代至今，日本妇女养老金制度又经历了多次修改。日本妇女养老保险从最初的传统家庭模式发展到现在以妇女加入厚生年金为前提、以双职工家庭为主的新模式。日本养老保险制度中的"离婚时厚生年金分割制度"、"遗族年金"、"第三种被保险人制度"等，直接或间接地影响着日本妇女的婚姻、就业、生育、抚养和护理，关系到妇女工作方式、生活方式的选择以及晚年生活质量。胡澎《性别视角下的日本养老保险制度》（《日本学刊》2009 年第 1 期），梳理了 20 世纪 80 年代以来日本养老金制度的多次改革，特别是与妇女相关内容的几度修改，从性别视角对日本养老保险制度进行了一番重新思考。高宝霖和陈军清《日本妇女养老保险的解读及启示》（《中华女子学院学报》2010 年第 1 期）也是从女性的视角对日本养老保险制度进行的研究。在妇女社会保障政策方面，有李宇征和王云胜《日本女性社会保障政策评析》（《中华女子学院学报》2008 年第 5 期）等论文。童欣《日本家庭经济制度变迁与养老方式选择的思考》（《现代日本经济》2005 年第 1 期）带有强烈的中国问题意识，认为我国可借鉴日本经验，把家庭经济制度变迁作为重要参数，选择和开发适合我国国情的养老保险方式。

　　20 世纪 70 年代以来，日本开始步入老龄化社会，老年人问题日趋突出。王伟《日本家庭变迁与老年人问题》（《日本学刊》2001 年第 1 期）和《日本家庭养老模式的转变》（《日本学刊》2004 年第 3 期）、宋金文《当代日本家庭论与老年人扶养》（《社会学研究》2001 年第 5 期）均关注了老年人问题和养老问题。他们认为无论是在现实生活中还是在有关社会保障制度上，日本的老年人问题都与家庭紧密地联系在一起。日本具有悠久的家庭养老传统，"家"制度曾在日本起主导作用，然而随着人口少子化、老龄化的进展，日本的家庭养老模式发生了转变，社会保障制度改革关系到经济的发展和社会的稳定。

　　随着核心家庭化、老龄化的进展以及护理保险制度的实施，当今日本家庭对老年人的护理方式正在由传统的长子同居护理为主转变为多种护理方式并存。与以往相比，家庭在护理老人上拥有更多的选择。在护理社会化的背景下，赡养老人问题上有多种规范并存。杨雪《日本介护老年父母过程中的家庭策略分析——对横滨市一个家庭的个案研究》（《社会科学辑刊》2010 年第 2 期) 认为，家庭成员在护理问题上往往会选择最有利于自己的社会观念和规范来合理化自己的行为，虽然父母应由长子抚养这个传统观念已经渐渐弱化，但是家庭成员依然会期待"长子"的作用。成年子女从父母处得到的援助更能加深子女对父母"感恩"的心情，比所谓的"孝行"观念更有助于提高护理老年父母的积极性。李鹏军《日本家庭养老及其对我国的启示》(《重庆教育学院学报》2009 年第 3 期) 汲取日本在解决老龄化问题上的经验教训，认为应扬长避短，采纳适合于我国国情的对策，使我国平稳地度过老龄化社会。

6. 家庭研究领域的课题不断扩展

21 世纪前 10 年，日本家庭研究依然关注日本的家庭结构、家庭功能和家庭制度，这方面的论文可列举如下：吴建华、潘光伟、黄海《近代以来日本家庭结构与功能的变迁》(《西南师范大学学报》(人文社会科学版) 2000 年第 5 期)，赵立新《战后日本的民法修改与家制度》(《河北法学》2005 年第 12 期)。除此之外，家庭领域的研究也在不断扩展。在夫妻关系上，田晓虹《战后日本婚姻关系的整合与冲突》(《社会学》2001 年第 4 期) 和《日本现代化进程中的家庭关系嬗变》(《日本学刊》2004 年第 1 期)，探讨了日本家庭关系在现代化进程中发生的变化，揭示了日本家庭关系在现代化进程中向着平等、自主、更富人性的方向发展的趋势。吴卫平《对日本中老年离婚的探讨和启示》(《湘潭师范学院学报 (社会科学版)》2009 年第 1 期) 以敏锐的触角关注到中老年离婚正日益成为日本一个新的社会问题，"定年离婚"甚至成为一个流行词，对出现这种现象的原因进行了分析。王立波《日本家庭主妇阶层的形成》(《社会》2004 年第 10 期) 介绍了家庭主妇阶层是在日本近代城市化和工业化的过程中，在社会结构变迁、家庭结构变迁等社会变迁的背景下产生的。尽管在发达国家，家庭主妇作为中产阶级地位的象征是普遍存在的，但是不同国家的家庭主妇阶层的规模是不同的，其中以日本的家庭主妇阶层最为典型，数量最为庞大和壮观。在全球化和经济一体化的时代，日本能够产生典型的家庭主妇阶层存在着更深刻、更典型的制度根源。该论文通过对日本国家制度的研究，揭示了日本家庭主妇阶层产生的深层原因。

南开大学日本研究院李卓著《家族文化与传统文化——中日比较研究》(天津人民出版社 2000 年版) 与《中日家族制度比较研究》(人民出

版社 2004 年版）是对中日两国家族制度进行比较研究的两部力作。书中
运用宏观理论分析与实证研究相结合的方法分析中日家族制度的差异，指
出中国的家是相同血缘关系的集团，日本的家是以家业为中心的经营体。
家的血缘性与社会性是两国家族制度所有差异的起源，它造成中国的家的
封闭性与日本的家的开放性，影响到中日两国社会经济的发展步伐，并带
来两国国民性的差异。李卓在她的另一篇论文《关于中日家族制度与国
民性的思考》（《日本学刊》2004 年第 2 期）中，再次阐述了日本家族制
度、家族伦理与国民性之间密不可分的联系。她认为中日两国家族制度和
家族伦理相去甚远，造成两国国民的行为方式、价值取向和道德规范、人
伦关系、家族、集团主义等颇有差异。

随着家庭日趋小型化和核心化，家庭成员个人享有更多的独立，彼此
更为平等，家庭关系的主轴已从纵向的强调亲子、血缘关系转向横向的夫
妻和姻缘关系。这一时期，产生了一些关于日本人婚姻观念、日本妇女思
想意识以及生育观方面的论文。如，马玉珍《日本人婚姻观念的变化》
（《社会》2004 年第 11 期）、傅紫琼《女性主义视角下的当代日本女性婚
姻观》（《怀化学院学报》2007 年第 5 期）、胡澎《当代日本妇女生活方
式和思想意识的变化》（《日本发展报告 No. 1》，社会科学文献出版社
2002 年版）、魏丽华《简析当代日本女性的婚恋家庭观》（《日语学习与
研究》2008 年第 1 期）等。臧健和李华钰《80 年代以来中日妇女生育观
变化比较研究——以北京和东京为例》（《市场与人口分析》2002 年第 4
期），试图从历史研究的方法出发，以北京和东京妇女的婚姻观念和生育
观念变化为例，比较 80 年代以来中日妇女生育观念变化的同一性与差异
性，探索产生差异的不同社会制度、经济发展程度，以及关于妇女社会作
用的不同观念及不同的社会心理影响。

另外，家庭研究领域还有一些比较有新意的论文，如师艳荣《日本
夫妇的不同姓问题》（《日本学论坛》2006 年第 4 期）在阐述日本夫妇
姓氏历史变迁过程的基础上，分析了日本夫妇不同姓问题提出的背景、
实现的阻力及意义。她的另一篇论文《关于日本妇女遭受家庭暴力的思
考》（《日本问题研究》2008 年第 3 期）则揭示了日本妇女遭受家庭暴
力的现状。何培忠《日本家庭支出大幅度上涨》（《国外社会科学》
2004 年第 4 期）从家庭支出的新视角关注了经济形势与家庭经济的
关系。

四　日本妇女和家庭研究中存在的问题

综上所述，自 1980 年至 2009 年的 30 年间，中国的日本妇女和家庭研究取得了不小进步，表现在研究成果在数量上有了大幅增长，研究范围不断拓宽，理论深度有所提高，还出现了主要研究日本妇女和家庭问题的专家。但我们也看到，日本妇女和家庭研究也存在一些遗憾和不足。例如，从事日本妇女和家庭研究的专门人才比较分散，研究也处于个体研究阶段，既没有像日本妇女研究中心、日本家庭研究会这类的学术团体，也缺少一本专门刊登研究日本妇女和家庭类论文的专业杂志。另外，研究日本妇女和家庭的学者人数较少，尤其是男性学者屈指可数。

在该领域的既有学术成果中，论文多、专著少，尤其是尚未出现中国本土学者自创的或者带有很强理论性色彩的研究专著。日本妇女和家庭研究的学术成果散见于各类学术刊物，虽涉及面较广，但显得零散而不够系统，重复性研究多，创新研究少。一般性描述和评论多，理论方面的提升和对话少。宏观分析的文章较多，微观分析的文章较少，许多研究还基本上停留在描述性和阐述性阶段，没有通过深厚扎实的理论来进行验证。

日本妇女和家庭领域中，有些问题的研究显得比较薄弱，而这些问题对当今中国的妇女发展、性别平等政策的出台又极具价值。例如，社会政策和性别平等方面的研究还比较少，仅见到胡澎的《日本性别平等状况及相关政策》（《日本发展报告 2009》，社会科学文献出版社 2009 年版）。另外，日本妇女与健康、单亲母亲、妇女与传媒、妇女组织、老年妇女、亲子关系、单亲家庭等研究尚处薄弱状态。中日两国之间妇女和家庭的比较研究还不是很多，李卓的中日家族制度研究成为比较研究的突出成果，将来中日比较领域的研究还有很大发展空间。

中日两国妇女和家庭研究界的交流有待进一步深化。现在的一些学术交流多为召开学术会议和研究者个人之间的交往，两国共同的合作研究较少。由于中日国家发展水平的差异和国情不同，妇女和家庭领域的研究往往缺少焦点。另外，中国大陆和港台地区的日本妇女和家庭问题研究者之间也缺乏横向联系，相互了解不够。

日本妇女和家庭研究水平有待提高的原因主要表现在以下几个方面：

首先是语言的制约。在中国，外国语教育以英语为第一大语言，日语教育相对英语教育不够普及。20 世纪 80 年代以来，虽然日语教育进入繁荣阶段，开设日语课程的学校数量仅次于英语，选修的学生也很多，但对于从事日本妇女和家庭研究的研究者来说，需要直接运用日文资料进行研究，精通日语成为日本妇女和家庭研究者面临的首要条件。因此，日本妇女和家庭研究者的人数相对于西方国家妇女、家庭研究者要少很多。

其次，受中国大陆拥有日文资料条件的限制。目前，大多数从事日本妇女和家庭研究的人员主要依靠中国国内的日文资料进行研究。由于种种原因，在中国翻译出版的日本研究资料还比较少，图书馆所藏日文资料有限，除北京、上海、天津等大城市的图书馆、一些大学图书馆的原版日文藏书相对比较丰富外，中、小城市查阅日文史料条件不完善。能申请到中国政府或日方提供的研究资助赴日查资料的研究者非常有限，个人自费赴日查询资料也有诸多困难。另外，虽然互联网发展速度惊人，还是有相当多的资料、特别是一些史料很难利用网络查询。

随着日本研究的进一步开展，会有更多的日本妇女和家庭研究的专著问世，不仅数量会越来越多，质量也会越来越好。也会有越来越多的学者把目光转向日本妇女和家庭问题研究。中日两国妇女和家庭研究者之间的交流也会越来越密切。期待在不远的将来，一个联系大陆、香港、台湾地区和日本的日本妇女和家庭研究网络将会建立起来。

中国的日本文化研究 30 年综述

中国社会科学院日本研究所　　崔世广

引　言

　　自改革开放以来，中国的日本文化研究走过了 30 个春秋。古人云"三十而立"。今天，我们对中国日本文化研究走过的道路进行一番回顾，总结分析其取得的成绩，探讨其研究的方法，反思其存在的问题，对我国今后日本文化研究的发展，无疑具有重要的意义。

　　对以往中国日本文化研究的"研究"，可以有多种不同的角度和方法。作者认为，与任何人文社会科学的研究一样，中国的日本文化研究首先是时代的产物，其发展始终受到时代背景的深刻影响。特别是作为与我国文化和国民感情有着千丝万缕联系的日本文化的研究，始终受到中日两国的文化动向以及中日文化关系等要素的影响。因此，本文拟把 30 年来的日本文化研究放到当时的历史大背景下，兼顾其所具有的"繁荣学术"、"服务社会"和"增进理解"这三个使命，考察日本文化研究有着什么样的"问题意识"，提出和解决了什么"研究课题"，使用了什么"研究方法"，试图通过对以上诸问题的梳理分析，来勾勒中国的日本文化研究发展的轨迹。

　　但是，如何界定"日本文化"并不是一件容易的事情。按照一般说法，所谓日本文化，指的是日本人在历史过程中形成的内在和外在生活方式的体系，包括自然观念、社会结构、伦理道德、宗教意识、审美情趣、风俗习惯、国民性格、思维方式等。本文不可能也不想对中国的日本文化研究的方方面面进行介绍和描述，而是想站在学术研究与时代要求相结合、相一致的立场上，主要从宏观的视野出发，对重点研究领域、重点研究问题以及主要研究成果进行适当考察和评价，以此来把握中国日本文化研究的特征，并在此基础上展望中国日本文化研究的未来。

基于以上的立论前提，本文试把 30 年来中国的日本文化研究划分为三个时期加以考察：第一个时期为改革开放初期（1978 年）至 20 世纪 80 年代末；第二个时期为 20 世纪 90 年代；第三个时期为 21 世纪前 10 年。需要说明的是，本文的问题设定及考察都是按本文的标准来进行的，相关研究论著及观点也只涉及大量研究成果中的一小部分，在议论和分析的过程中不可避免地带有主观性，不妥之处还希望大家批评指正。

一　80 年代的日本文化研究

近代以来，中国虽然也出现过一些日本文化研究的名人名作，如戴季陶的《日本论》、周作人的相关日本文化研究等，但是客观地说，日本文化研究作为一门人文科学、作为一门学问发展起来，并与其他学问产生关联和互动，对中国社会产生前所未有的影响，却是新中国成立 30 年——走上改革开放道路以后的事。

1978 年对于中国来说是具有划时代意义的年份。中国在这一年成功拨乱反正，举行了十一届三中全会，开始进入了改革开放和社会主义现代化建设的新时期。到 80 年代，快速追赶世界发达国家，全面实现四个现代化，成为中国的最主要任务和至高使命。在这一时期，出于对中国现代化难产和落伍的反思，以及对"文化大革命"的反省，在全国范围内掀起了一股文化研究热潮。文化研究热的实质，是中国的知识分子面对中国现代化的曲折和难产试图从文化的角度寻找其深层原因，以从根本上改变中国的状况，实现向现代化国家的跃进。在当时的中国，盛行着中国传统文化研究、中西文化对比研究等，人们在"文革"后开始再次把目光转向西方，继续着近代以来向西方寻求知识和真理的道路。

而 80 年代的日本，则作为经由学习西方迅速实现现代化的东方国家，经过战后高速经济发展，成为了世界第二经济大国。日本的成功受到了世界瞩目，日本文化论、日本式经营受到世界推崇，在 80 年代出现了日本文化研究的黄金时代。"日本名列第一"、向日本学习，成为世界日本研究的基调。于是在中国，日本文化研究也作为文化研究热的一环开展起来，人们在将目光投向西方的同时，也投向了所谓"同文同种"的日本。

在中国人的固定观念中，日本文化是在学习吸收中国文化的基础上形成的，充其量是中国文化的亚流、支流，并不具有太大的研究价值。历史上、特别是近现代历史上中国人对日本的政治、经济感兴趣的多，但真正对日本文化感兴趣的却较少，就说明了这一点。就是在中国开始现代化建设的初期，看重日本经济发展，而轻视日本文化的价值，应该说是中国的日本研究者的一般倾向。但是，用这样的传统文化观念却解释不通为什么日本率先实现了现代化，这在逻辑上要求重新审视日本文化。于是，日本文化研究就适应着这样的国内需要，迅速地成长起来。

在当时的背景下，中国文化研究的主流是文化的启蒙主义、现代主义，关注的主要问题是"现代化"的问题、"民主"的问题。这也影响到中国的日本文化研究，成为当时日本文化研究的主旋律。以"现代化"问题为媒介，80年代中国的日本文化研究者特别关注的问题是：日本和中国同为东方国家，而且古代日本一直向中国学习，但到近代为什么日本迅速实现了现代化，而中国却在现代化的征程上落伍了，这与日本文化到底有什么关系？于是，日本文化研究主要围绕着日本文化与中国文化的异同、日本文化与现代化、日本是如何学习西方文化的等几个问题开展起来。

在当时的背景下，要求日本文化研究者首先回答的问题是：日本文化到底是什么，是否具有自己的特性，它与中国文化有什么区别？这种不同对两国现代化产生了什么影响？

在当时各种探讨日本文化的论著中，梁策等人的观点是富有代表性的。1986年，梁策出版了《日本之谜——东西方文化的融合》。该书认为，由于日本人生活于复杂的时刻变化的社会结构中，有各种各样的物质的、心理的要求。虽然社会需要协调与安定，但竞争与发展也是必要的。社会需要的多样性使多元结构的价值模式得以成立，使日本人在思想和文化等广泛的领域里采取宽容态度，包摄外来文化，形成了多样性的日本文化。"正是由于现代日本人的多维价值观模式，使得他们在广泛的思想文化领域都采取了一种宽容的态度，因此，日本人最善于吸收他国、他民族所长，将自己既置身于世界先进文明潮流之中，又使某些传统文化得到发扬光大。"①总体来看，日本文化的多样性、包容性在该书中得到了高度评价。虽然该书不是严格意义上的学术著作，现在看来观点也未必完全妥

---

①   梁策：《日本之谜——东西方文化的融合》，贵州人民出版社1986年版，第198页。

当，但在当时却适应了时代的要求，发行量达到了 20000 册，对中国知识界和社会了解日本文化产生了较大影响。

同一时期，王家骅也通过比较中国儒学与作为其变形物的日本儒学的异同，阐释日本儒学的特色，并由此说明日本文化的特质。他在进行中日儒学的比较研究后指出："日本儒学的特色，既是日本文化特异性格的产物，又是日本文化特异性格的表现。通过上述对于日本儒学的特色的考察，我们便可窥知日本文化重直观、轻抽象，重感情、轻理智，有用性决定文化选择取向，多元共存等特质。"①可以说，承认日本文化有不同于中国文化的特征，是一种多元共存的文化，是这一时期中国的日本文化研究者的基本倾向。

高增杰于 1987 年出版了《日本近代成功的启示》一书，论述日本实行"开国进取"政策和积极摄取西方文化要素，取得近代成功的过程，探讨继承传统文化及两种文化融合的规律。该书通过对日本社会特性的分析，认为日本近代文化是"同时拥有西洋文化与传统文化的二重结构"的文化，这种二重结构在近代化过程中既发挥了减轻由外来文化流入引起的冲击，维持了社会稳定的作用，同时也发挥了将外来文化的吸收和消化逐渐从局部推展到整体的传动装置的作用。该书指出，重视协调的日本传统文化，吸收重视竞争的西方文化，二者结合实现了现代化。因此，日本近代的成功正是两种文化融合共同发生作用的结果。②虽然该书的作者也许并非有意强调日本对西方文化的吸收，但在当时的背景下，该书是被作为强调西方文化作用的著作来接受的。

在改革开放初期的中国，如何打破闭关自守的封闭意识，积极吸收外来先进文化，也是一个至关重要的课题。因此，与"现代化"的问题意识相关联，对日本吸收外来文化的研究也成为当时中国日本文化研究的一大热点。

王家骅早在 1980 年就发表《幕末日本人西洋观的变迁》，认为："明治维新后，日本人向西方学习卓有成效。然而，从德川时代的闭关锁国到维新后全面吸收西方文明，如不打破盲目排外的蒙昧主义思想壁

---

① 王家骅：《日本儒学的特色与日本文化》，《日本问题》1988 年第 2 期。

② 参见高增杰《日本近代成功的启示——谈传统文化与西方文化》，中国和平出版社 1987 年版。

垒是不会奏效的。"他从江户时代的闭关锁国到维新后全面吸收西方文明，追溯了幕末日本人西洋观的变化过程，指出到明治维新前夕，西方资产阶级思想和文化已经有了相当大的影响，并出现了一批为实现学习西方的理想而奋斗的政治家，明治维新就是在这样的思想背景下发生的。他在论文中得出结论："勇于和善于吸收外来先进文明，是日本民族的特色。然而，就幕末日本人西洋观的变迁过程来看，要承认自己落后，认真学习外来先进文明，也不是一蹴而就的。这不仅需要先进人物的寻求与奋斗，还要冲破反动统治阶级的镇压和传统偏见的束缚，有时甚至需要以志士仁人的鲜血与生命为代价，才能换来民族的新生与民族思想文化的新黎明。"①

在王家骅发表上述论文的翌年，吕万和、罗澍伟发表了《西学在封建末期的中国与日本》，直指"为什么两国近代历史开端相同而发展却如此不同"这一主题，认为西学在两国传布状况的差异是一个非常值得重视的因素。该文通过对中日西学的传播进行比较，指出 1720 年以后，康熙实行闭关自守政策，而德川吉宗实行开明政策，使长期中断的西学再次传入并广泛传布日本，对日本的明治维新起了很大作用。作者认为，中日西学传播差异对我们的启示在于：善于吸收外来先进文化是培养民族创造力的一个重要因素；要重视先进思想和先进科学对历史发展的促进作用；既要反对民族自大，也要反对民族自卑。②十分明显，吕万和、罗澍伟的论文和与王家骅的论文都传达了相同的信息，即吸收外来文化的过程决定了现代化的进程，而日本在这方面走在了中国前面，中国应该做的就是补上这一课。

受当时中国国内启蒙主义的文化氛围的影响，日本近代启蒙思想的研究也成为一个重要研究领域，发表了大量关于启蒙思想研究的成果。

明治维新后最初 10 年间，是日本大力推行文明开化、建设资本主义现代国家的时期，一大批知识分子为了引进西方近代资产阶级思想理论，在日本掀起了声势浩大的启蒙运动。这一时期的启蒙思想吸引着我国的日本文化研究者，日本启蒙思想以及启蒙思想与现代化问题，成为 80 年代日本文化研究的一大热点。研究者们的主要意图在于，通过对日本启蒙思

---

① 王家骅：《幕末日本人西洋观的变迁》，《历史研究》1980 年第 6 期。
② 吕万和、罗澍伟：《西学在封建末期的中国与日本》，《历史研究》1981 年第 3 期。

想以及中日启蒙思想的比较研究，来探讨启蒙思想与现代化的关系，反思我国现代化落伍的思想原因。许多学者对福泽谕吉、西周、加藤弘之等启蒙思想家的思想进行了多方面的研究，为我国开展新的思想启蒙运动、推进现代化提供了有益的借鉴。①

1989 年，崔世广发表了《近代启蒙思想与近代化——中日启蒙思想比较》一书，直截了当地言明："本书的目的在于，通过日本近代启蒙思想的研究，搞清启蒙思想与日本文化、启蒙思想与日本近代化的关系，从而给中日文化比较和中日近代化比较提供某种线索和可能。"②该书对日本近代启蒙思想进行了比较全面的研究，探讨了日本近代启蒙思想的形成、基本内容、内在逻辑及其归宿。特别通过与中国近代启蒙思想的比较，指出了中日启蒙思想在出发点、目的、归宿以及启蒙思想的形成过程方面具有相似性，但是在启蒙发生的直接契机以及启蒙成员的成分和素质、启蒙思想的内容方面存在着差异性，并对其相似性与差异性的原因作了分析，意在说明中日近代启蒙思想的差异源于两国传统文化，而这种差异又是造成中日两国在近代走上不同道路的重要原因之一。

总之，改革开放后特别是 80 年代，中日两国在政治、经济、文化关系上全面进入了"蜜月"时期。中日两国确立了发展中日关系的"四项原则"，经济和文化交流逐步扩大，富裕的、现代化的日本形象给中国人以强烈影响。可以说，在当时中国人的眼里，日本被当做现代化成功的楷模，成为学习的目标。虽然这一时期也出现了教科书问题、光华寮问题、靖国神社问题等，但并没有影响到两国文化关系的基调。这也是中国的日本文化研究出现热潮，日本文化研究中洋溢着"友好"气氛，并具有浓厚的赞扬日本文化色彩的重要原因。

---

① 这方面主要成果有卞崇道《福泽谕吉的资本主义现代化思想》，《东方哲学研究》1980年第 1 期；《福泽谕吉与中国现代化》，《延边大学学报》（社会科学版）1983 年第 1 期；《加藤弘之早期启蒙哲学思想述评——从〈邻草〉到〈国体新论〉》，《日本学论坛》1986 年第 1 期；沈才彬：《论福泽谕吉的文明观》，《晋阳学刊》1981 年第 6 期；赵乃章：《论福泽谕吉的文明史观》，《哲学研究》1982 年第 5 期等。

② 崔世广：《近代启蒙思想与近代化——中日启蒙思想比较》，北京航空航天大学出版社1989 年版，第 6 页。

二 90 年代的日本文化研究

从冷战结束到 90 年代末期，为中国的日本文化研究的第二个时期。在这一时期里，冷战终结，世界进入了重新构筑国际政治经济新秩序的时代。中日两国也都制定了新的国家发展目标，围绕中国和日本的国内外环境以及中日文化关系都发生了深刻变化。

随着冷战的结束，中国国内文化研究的环境和气氛也为之一变。苏联、东欧剧变后，中国走上了独自的中国特色社会主义道路。在邓小平南方谈话后，中国继续大力推进改革开放，不仅实现了经济的高速增长，也带来了民族自信心的恢复。另一方面，日本泡沫经济崩溃后，虽仍保有较强经济实力，但同时亦日益感到中国经济及综合国力快速增长的压力。面对"失去的十年"和中国的高速增长与竞争，日本人显示出了不适应的一面，"中国威胁论"开始抬头。在新的世界政治经济秩序形成过程中，两国关系开始从"友好"关系向合作与竞争并存关系转变，在相互依存关系加深的同时，缺乏相互信赖关系的竞争与摩擦也开始表面化。

在这样的背景下，尽管中国经过了 1989 年政治风波的曲折，但如何实现现代化仍然是中国知识分子的第一使命，只不过环境的变化使 80 年代兴起的文化研究热发生了方向性的转变，即其主流从反传统的启蒙主义转向了对民族文化传统的积极肯定。"现代化"与"民族"意识的结合，对中国的日本文化研究产生了直接影响，强调传统的作用与民族的主体性体现到日本文化研究之中，成为学术研究的基调。同时，随着中日两国摩擦的增多，两国民众对对方的感情趋于冷淡，如何增进两国的相互理解和信任，成为中国日本文化研究的重要课题。

90 年代，"现代化"问题仍然是日本文化研究者关心和研究的主题。如叶渭渠主持了中国社会科学院重点课题"日本的传统与现代化"的研究，汤重南主持了中国社会科学院重点课题"日本文化与现代化"的研究，王家骅主持了中华基金课题"儒家思想与日本现代文明"的研究，李卓主持了国家教委课题"家族道德与日本的近代化道路"的研究，卞崇道主持了国家社科基金课题"近现代日本哲学和日本现代化进程"的研究，等等。但是，如前所述，中国的日本文化研究虽仍关注着 80 年代以来的研究主题，但是其着眼点和基调已经发生了根本变化。即与 80 年代不同，着眼点已经放在挖掘日本文化的独自性、现代化过程中日本传统文化的作用，以及如何改造外来文化上面了。

最早敏锐地反映时代变化，提出日本文化主体性问题的是叶渭渠。他在 1989 年底就发表了论文《日本的传统与现代化》，指出：日本现代化的历程表明，日本在坚持民族文化传统的基础上，广泛吸收西方文化成果，对民族文化进行创造性转化，逐步实现传统自身的完善，建立与西方文化交流的"冲突、并存融合"的模式，以推进现代化。① 他在 90 年代初又发表了《"冲突·并存融合"的文化模式——再论日本的传统与现代化》，提出日本对待外来文化的模式是"吸收、改造、融合"，再三强调日本的现代化植根于日本的传统，日本文化与西方文化的融合才是日本现代化成功的重要原因。②

1992 年，李甦平出版了《圣人与武士——中日传统文化与现代化之比较》一书，也提出日本现代化的历程既不是"西洋化"，也不是"儒教资本主义"，而是西方模式与日本传统转型的有机结合。通过中日传统文化与现代化的比较，她得出结论认为："现代化必须以传统为基础，传统又必须以现代化为目标"，"日本现代化成功的一个重要原因，是对其传统文化加以承前嬗后、变革转型的结果"。③也就是说，研究的侧重点已经明显地从强调移植西方文化转到强调对西方文化的改造和融合上面了。

1995 年，王家骅出版了《儒家思想与日本的现代化》一书，明确指出了日本现代化的两重性问题。他认为，我们从任何角度观察日本现代化这幅图画，它都是明暗交错的。在日本现代化的途程上，成功与失败、发展与牺牲、现代与传统、进步与困境并存，日本现代化的历史可谓充满了二重性。而日本现代化的二重性与日本儒学的二重性，日本现代化的消极面与日本儒学的消极面有着内在的关联。④该书的观点表明，中国的日本文化研究者对日本现代化已经不是一味地赞扬，而开始用更客观的态度来加以审视了。

---

① 叶渭渠等：《日本的传统与现代化》，《日本问题》1989 年第 6 期。
② 叶渭渠：《"冲突·并存融合"的文化模式——再论日本的传统与现代化》，《日本学刊》1990 年第 2 期。
③ 李甦平：《圣人与武士——中日传统文化与现代化之比较》，中国人民大学出版社 1991 年版，第 262 页。
④ 参见王家骅《儒家思想与日本的现代化》，浙江人民出版社 1995 年版。

汤重南等著《日本文化与现代化》一书，是研究日本文化与现代化的一部力作。该书对日本传统文化、日本现代化，以及传统文化与日本现代化的关系问题进行了总体的、多层次、多侧面的考察与研究。不仅从日本社会、政治、经济、文化教育各个方面具体考察了传统与现代化的关系，还对日本传统文化向现代化转换问题，对现代化过程中东西方文化撞击与融合进行了概括与阐述。① 总之，不是一味赞美日本文化与现代化，而是从实际出发客观研究考察已经成为这一时期日本文化研究的基本倾向。一方面反映了研究的深化，同时也反映了时代的变化以及研究者问题意识的变化。

这样的研究态度，也反映到对日本吸收外来文化的研究方面。武安隆在《文化的抉择与发展——日本吸收外来文化史说》一书中，从日本与外界文化接触诸形式、外来文化吸收的层次与方法形态、日本人的对外意识、外来文化吸收的周期性、外来文化大规模吸收的契机、政治权力在外来文化吸收中的地位、知识分子在外来文化吸收中的作用与心态等不同侧面，详细考察了日本吸收外来文化的规律性，一方面高度评价了大力吸收外来先进文化对日本历史发展的意义，同时也强调对外来文化加以选择、改造、融合，也即日本化，并用以促进自身文化机体的长足发展。他含蓄地指出，"日本的这一经验对于丰富多彩的世界民族之林，即使不具有普遍意义，也应有相当的借鉴和参考价值"。②

在这个过程中，出现了从日本文化的内部结构来发现日本文化特性的动向，显示了日本文化研究的深化。与 80 年代研究者们基本都主张日本文化是复合多元的文化不同，到这一时期，学者们已经开始强调日本文化的独自性，并从体系结构上研究日本文化。崔世广在《日本传统文化的基本特征——与西欧、中国的比较》、《意的文化与情的文化——中日文化的一个比较》等论文中，从文化结构的视角出发，试图通过对日本人的社会观、宗教观、文化心理等的比较分析，来揭示日本文化的基本特征。作者指出，日本文化与中国文化、欧洲文化一样，也是具有独自的文化精神与内核的文化类型，在人类文化史上占有重要位置。日本文化虽然

---

① 参见汤重南等《日本文化与现代化》，辽海出版社 1999 年版。
② 武安隆：《文化的抉择与发展——日本吸收外来文化史说》，天津人民出版社 1993 年版，第 426 页。

受到中国文化的深刻影响，但中国文化的要素是被日本文化的固有原理改造后纳入其文化体系的。① 随后，崔世广又发表了《日本传统文化形成与发展的三个周期》一文，该文"从文化结构变迁的视角出发，将日本传统文化的形成与发展过程作为日本传统文化结构不断建构与重新建构的过程来把握"，提出了日本文化发展是在外来影响与自主创造的相互作用下，呈现出周期性演变过程的观点。② 这样，就从"形成论"和"形态论"的结合上，构筑了对日本文化的独特解释框架。

与此同时，沿着增进中日相互理解这条研究思路，也出现了日本文化研究的深化。1998 年，尚会鹏倾数年努力之功，完成了一部具有较高学术价值的著作《中国人与日本人——社会集团、行为方式和文化心理的比较研究》。正如作者本人所说，"中日这两个民族从来没有比现在更需要相互沟通、了解、增加信任"，写作的目的就是为了在民族交往中"知己知彼"。③该书立足于社会人类学的基本理念，采用文化比较的研究方法，从家、宗族、非亲属集团、宗教信仰以及性意识等方面对中日两个民族进行结构性的比较，阐明了中日两大民族的深层文化特征。该书还进而深入到中日民族性的探讨，指出了两国文化民族特性的一般倾向特征，如"小集团本位"与"家族本位"、"序列意识"与"平均意识"、"义理人情"与"人情世故"、"名的意识"与"耻的意识"等。该书作者客观理性的治学态度、独到的研究方法以及研究结论，对当时的日本文化研究界而言，应有振聋发聩之作用。

与日本文化研究的深化相辅相成，该时期兴起了关于日本文化研究方法的探讨。王家骅在《儒家思想与日本的现代化》一书中，特列一节论述了"展开多层次的研究"、"哲学的方法与历史的方法相结合"、"进行个案考察"的方法论原则④，这对日本文化研究而言也有重要的借鉴意义。中国社会科学院日本研究所分别于 1996 年 9 月 23 日和 12 月 26 日举办了"日本社会文化研究会"和"日本研究的课题与方法学术座谈会"，专门就日本文化与日本学研究的方法进行了讨论。另外，尚会鹏也发表多

① 参见崔世广《日本传统文化的基本特征——与西欧、中国的比较》，《日本学刊》1995 年第 5 期；《意的文化与情的文化——中日文化的一个比较》，《日本研究》1996 年第 3 期。

② 崔世广：《日本传统文化形成与发展的三个周期》，《日本学刊》1996 年第 4 期。

③ 尚会鹏：《中国人与日本人》，北京大学出版社 1998 年版，第 2 页。

④ 王家骅：《儒家思想与日本的现代化》，浙江人民出版社 1995 年版，第 15—22 页。

篇文章，对国外一些日本文化研究名家的理论方法进行了介绍和评论，[①] 并在《中国人与日本人》一书中，提出和论述了研究日本民族性时使用的比较研究方法，以及相对性原则和边际原则等。

崔世广 1998 年发表了《日本文化研究方法论》一文，从"从个别到一般、从一般到个别的原则"、"逻辑与历史相统一"、"跨学科研究的必要性"、"比较研究中应注意的问题"、"理论联系实际"五个方面比较系统地论述了日本文化研究的方法问题。与一般的日本文化研究方法论相比，该文的最大贡献应该在于：第一，在阐述"逻辑与历史相统一"的研究方法时，特别指出了应关注历史非常态的研究，"在探索和发掘正常期的文化原理和逻辑时，对非常期的文化原理和逻辑也要给以充分的注意"，提醒人们"只有按照历史的发展阶段把正常期与非常期的文化原理和逻辑都发掘出来，才是日本文化的全貌"。第二，对当时流行的中日文化比较倾向提出了质疑与批评，认为其大多"局限于对从中国传到日本的东西与中国原产的东西、或一看就有较大相似性的东西的比较……而没有直接对两国土生土长的异质文化进行比较"，"也就是说，在比较中只采用了同中求异的方法，但却忽视了直接从异中求异的方法"。因而提倡和呼吁"超越现有的比较模式，直接进入中日文化的深层进行比较"。[②] 这种日本文化研究方法论的自觉，也从一个侧面有力地证明了该时期日本文化研究的明显进步。

日本文化研究的这种变化，既受到中国国内文化研究潮流转向的直接影响，也源自于日本文化研究自身发展的规律性，当然与中日文化关系的变化也不无关系。冷战结束后，尽管现代化问题仍是时代主题，但"民族"取向开始取代"民主"取向，并在中国人的文化思考中占据重要位置。同时，在中日文化关系方面，中日之间的"蜜月"结束了，中日文化关系开始具有了新的性质，如何增进中日两国的相互理解和信任的问题自然也就提上了日程。可以说，这一时期中国日本文化研究的变化与深化，正是上述这种时代背景的反映。

---

① 如《一幅日本民族性的透视图——战后 50 年再读〈菊花与刀〉》，《日本问题研究》1995 年第 4 期；《土居健郎的"娇宠"理论与日本人和日本社会》，《日本学刊》1997 年第 1 期；《中根千枝的"纵式社会"理论浅析》，《日本问题研究》1997 年第 1 期等。这些文章均收入专著《中国人与日本人》，可参考。

② 崔世广：《日本文化研究方法论》，《日本学刊》1998 年第 3 期。

三　21 世纪以来的日本文化研究

进入 21 世纪以来，中国经济维持了高速增长，国民收入和生活水平不断提高，民族自信心更加增强，但同时社会日益多元化，并开始面对发展过程中出现的现代社会文化建设问题。对中国的知识分子来说，现代化似乎已经成为自明的前提，人们与其说关注现代化本身，倒不如说更关注现代化过程中出现的各种社会现象和文化问题。也就是说，"民生"问题已经成为研究者们关注的一个焦点。

与中国形成鲜明对照的是，这一时期的日本却陷入了经济长期不景气的阴影之中，"日本式经营"模式崩溃，"失去的十年"使日本国民丧失自信，出现了国民意识保守化、民族主义思潮蔓延的倾向。但是同时，以动画、漫画、电子游戏等为代表的日本现代大众文化却风靡世界，在作为文化产业拉动日本经济发展的同时，对提升日本的魅力与国际形象也产生了很大影响。

在中日文化关系方面，一方面随着经济、文化和人员交流的日益频繁和深化，中日共有的大众文化空间在逐步扩大；但另一方面，受中日关系"政冷经热"、政治、历史问题摩擦增多的影响，中日两国国民的相互感情进一步恶化。以上这些动向都投射到中国的日本文化研究中来，给其打上了深深的烙印，使中国的日本文化研究在不断深化的同时，也拥有了多样性的性格。

这个时期中国的日本文化研究，作为前两个时期的学术积累和延续，关于日本文化、日本文化与现代化、日本吸收外来文化的研究得以延续，涌现出了一大批研究成果。其代表性著作有赵德宇著《西学东渐与中日两国的对应——中日西学比较研究》①、卞崇道著《日本哲学与现代化》②、李卓著《中日家族制度比较研究》③、刘金才著《町人伦理思想研究：日本近代化动因新论》④ 等。

---

① 赵德宇：《西学东渐与中日两国的对应——中日西学比较研究》，世界知识出版社 2001 年版。
② 卞崇道：《日本哲学与现代化》，沈阳出版社 2003 年版。
③ 李卓：《中日家族制度比较研究》，人民出版社 2004 年版。
④ 刘金才：《町人伦理思想研究：日本近代化动因新论》，北京大学出版社 2001 年版。

　　在这个过程中，出现了两个值得关注的动向：一个是从日本文化的深层——神道来考察日本文化的动向；另一个是从日本文化史来考察日本文化的动向。从神道研究方面来说，进入 21 世纪以来，国内涌现了不少神道研究的著作，如范景武著《神道文化与思想研究》①、王维先著《日本垂加神道哲学思想研究》②、刘立善著《没有经卷的宗教——日本神道》③、牛建科著《复古神道哲学思想研究》④、王金林著《日本神道研究》⑤、王守华著《神道与中日文化交流》⑥ 等。另外，2010 年 10 月 13 日，中国社会科学院日本研究所召开了"神道与日本文化"国际学术研讨会，收到了很好的学术效果，亦切实地反映了日本文化研究的这一动向。

　　正如该研究领域的第一人王守华所说，"在 20 世纪八九十年代，'日本现代化为什么能够获得成功？'成为中国日本学研究的热门题目，企图从中获取某些借鉴。其中，不乏从思想文化方面的探究，提出了'儒家资本主义'、'家族主义'、'集团主义'、'拿来主义'、'论语加算盘'等观点，并认为这些是日本现代化成功的原因。这些议论确实令人耳目一新，为我们提供了另一种视角和思维方式，有利于我们对现代化建设的探索和思考。但是，这些议论似乎只触及了表层（或浅层）原因，尚未探及其深层的原因。所谓的家族主义、集团主义均可从其固有的民族信仰——神道中寻到深层的原因。"⑦ 神道是日本文化的核心，规定着日本文化的性格，对神道以及神道与日本文化研究的展开，不仅表明中国日本文化研究领域的拓宽，还表明了日本文化研究的深化，对于我们全面而深入地认识日本文化，具有重要的意义。

　　在日本文化史研究方面，国内也出现了不少研究成果，如王勇著《日本文化——模仿与创新的轨迹》⑧、高增杰著《东亚文明撞击——日本

①　范景武：《神道文化与思想研究》，内蒙古人民出版社 2001 年版。
②　王维先：《日本垂加神道哲学思想研究》，山东人民出版社 2004 年版。
③　刘立善：《没有经卷的宗教——日本神道》，宁夏人民出版社 2005 年版。
④　牛建科：《复古神道哲学思想研究》，齐鲁书社 2005 年版。
⑤　王金林：《日本神道研究》，上海辞书出版社 2007 年版。
⑥　王守华：《神道与中日文化交流》，河北人民出版社 2010 年版。
⑦　同上书，前言，第 7 页。
⑧　王勇：《日本文化——模仿与创新的轨迹》，高等教育出版社 2001 年版。

文化的历史与特征》①、叶渭渠著《日本文化史》②、赵德宇等著《日本近现代文化史》等。王勇著《日本文化》一书"以'模仿与创新'为主线，聚焦于生成日本文化之内外因素的交互作用，铺叙基本的历史常识，点描重要的人物与史实"。该书尽管是高等院校本科生、研究生的教科书，但诸如纳入了作者倡导的"书籍之路"的学术概念进行分析等，是一部不乏新意的研究之作。③ 赵德宇等著《日本近现代文化史》，以"力求以中国学人的理性穿越日本文化的迷雾，寻找日本文化演化的各种路径，或可建立一种日本文化史研究的认知体系"④ 为目标，在吸收国内外诸多研究成果的基础上，以史实为依据，对日本近现代文化现象进行了客观公允的解读，进而提出作者的判断和见解。可以说，该书实现了作者制定的上述目标。

笔者认为，日本文化研究最基本的也是最重要的有三种研究，一是"形成论"的研究，二是"形态论"的研究，三是"方法论"的研究。作为"形成论"的日本文化史的研究的开展，也从一个侧面说明了中国的日本文化整体研究水平的提高。

但是，随着时代的变化，中国的日本文化研究者开始把注意力转向了当代日本文化，对日本文化现状及各种文化现象的具体分析增多起来。这说明，中国的日本文化研究更加贴近现实，并具有了多样性的特征。

第一，关于日本社会思潮的研究。冷战结束后，日本国民意识保守化，民族主义思潮抬头，并对日本政治和社会的未来走向产生深刻影响，因此引起了中国的日本文化研究者的密切关注。2000 年，中国社会科学院日本研究所举办了"当代日本社会思潮"国际学术研讨会；2002 年，复旦大学举办了"战后日本的主要社会思潮与中日关系"国际学术研讨会，这两次会议分别出版了会议论文集。高增杰主编《日本的社会思潮与国民情绪》⑤一书，从国际国内环境的变化入手，揭示了日本社会思潮整体右倾化的总趋势，并对日本民族主义思潮的主要表现与特征以及对日

---

①　高增杰：《东亚文明撞击——日本文化的历史与特征》，广西教育出版社 2001 年版。

②　叶渭渠：《日本文化史》，广西师范大学出版社 2003 年版；《日本文化通史》，北京大学出版社 2009 年版。

③　王勇：《日本文化——模仿与创新的轨迹》，高等教育出版社 2001 年版。

④　赵德宇等：《日本近现代文化史》，世界知识出版社 2010 年版，第 8 页。

⑤　高增杰等：《日本的社会思潮与国民情绪》，北京大学出版社 2001 年版。

本政治及外交的影响作了较深入的探讨。纪廷许著《现代日本社会与社会思潮》一书，尝试以动态性研究与日本"国民性"分析相结合的方法，对战后日本社会思潮进行系统分析，探寻日本政治、社会变化与社会思潮之间的关系，可以说是这方面的代表性作品。①

第二，关于现代日本文化研究。对后冷战时代日本文化的研究，是近年来的一个研究热点。在全球化趋势日益增强的形势下，日本文化遇到了什么挑战，发生了和正在发生着什么变化，未来会向什么方向发展？为了回答这样的问题，2000 年和 2001 年，中国社会科学院东方文化研究中心和南开大学日本学中心分别举办了"21 世纪日本文化的课题"学术研讨会和"变动期的东亚社会与文化"学术研讨会，从各种不同角度就全球化与日本文化、日本文化与东亚文化、日本文化面临的课题及未来走向进行了探讨。不少学者提出，经济一体化和全球化是一个趋势，时代开始更多地要求个性化和多样化，日本发展模式以及强调协调的集团主义文化已很难适应时代要求，必须适应时代趋势进行变革。21 世纪日本文化的课题是将世界的文化要素融入自身的同时，也将自己的价值观融入到东亚和世界文化中去。崔世广在合著《再生还是衰落——21 世纪日本的抉择》中，从社会思潮、国民意识、价值观念、社会结构四个方面，对当代日本文化的转型进行了较系统的探讨②，弥补了该方面研究的不足，回应了社会对当代日本文化研究的需求。另外，学者们对日本的大众文化、文化战略、文化外交等问题，也展开了广泛的研究，发表了大量的科研成果③，在此不做一一介绍。

第三，关于中日相互认识与理解的研究。值得一提的是，受中日关系中历史问题的影响，一些日本文化研究者开始从文化角度来研究靖国神社和历史问题。参拜靖国神社是基于日本文化、基于日本人生死观的观点，

① 纪廷许：《日本社会思潮与当代日本》，中国社会科学出版社 2007 年版。

② 金熙德、崔世广等：《再生还是衰落——21 世纪日本的抉择》，社会科学文献出版社 2001 年版。

③ 如丁兆中：《战后日本文化外交战略的发展趋势》，《日本学刊》2006 年第 1 期；崔世广：《关于日本文化战略的探索》，《人文与社会》2006 年 7 月；景宏：《日本动漫产业的发展及其对世界的影响》，《日本学刊》2006 年第 4 期；徐渭：《关于日本动漫的一种文化考察》，《日本学刊》2006 年第 5 期；吴咏梅：《浅谈日本的文化外交》，《日本学刊》2008 年第 5 期；姚奇志、胡文涛：《日本文化外交的观念变革与文化创新——以国际形象的建构为中心》，《日本学刊》2009 年第 5 期；赵敬：《冷战后日本文化发展战略简析》，《日本学刊》2010 年第 6 期，等等。

是一些日本人为论证参拜靖国神社的正当性而提出的。在中国的不少研究者那里，是将参拜靖国神社看作日本不能正确对待过去侵略历史的文化原因，并进而对日本人生死观本身的普遍人类价值产生怀疑。① 另外，随着中日国民感情的恶化，如何增进中日两国民众的相互理解和情感也成为21 世纪中日之间的重要课题，基于这种现实需要，产生了不少相关研究成果。②

　　随着时代的发展，中国关心日本文化的人群已经远远超出了研究者的范围，而带有了全民的性质。由于历史及现实的种种原因，在我国有着希望了解日本文化的广泛受众。本尼迪克特的《菊花与刀》、戴季陶的《日本论》等名著的再三出版发行③，第三波日本研究热的出现④，以及大量日本文化论著及通俗读物的翻译出版⑤，应该说是回应了这样的需要。就此而言，李兆忠著《暧昧的日本人》⑥ 等书籍的热销，应该说是回应了普通国民的这种需要。应该说，有意识地以一般大众为读者对象，为满足他们的需求而研究写作，这种日本文化研究者功能的分化，也是日本文化研究的一种进步和发展。

　　总之，这一时期的日本文化研究，如实地反映了中国和日本国内的文化状况及中日文化关系的现状，充分显示出了研究的深化和多样性。但是，与前两个时期一样，中国的日本文化研究者把日本文化当做比较标准，试图通过研究来发现某种"借鉴"价值这一点，在总体上并没有发生变化。相信日本文化在中国研究者心目中的这种位置，今后相当时期仍然会保持下去。

---

　　① 参见尚会鹏《中国人的日本观的深层次分析》，载《中日两国的相互认识》，世界知识出版社 2003 年版；刘毅：《参拜靖国神社与日本右翼的历史观》，载《中日两国的相互认识》，世界知识出版社 2003 年版；贾蕙萱、孟雅：《日本右翼史观的文化分析》，载北京大学日本研究中心编《日本学》第十一编，国际文化出版公司 2002 年版；刘江永：《从日本宗教文化角度看靖国神社问题》，载《清华大学学报》（哲学社会科学版）2005 年第 5 期，等。

　　② 该方面的代表作，有鲁义著《中日相互理解还有多远——关于两国民众相互认识的比较研究》，世界知识出版社 2006 年版等。

　　③ 如近年商务印书馆、九州出版社、华文出版社、青岛出版社、光明日报出版社等相继刊印了本尼迪克特的《菊花与刀》；海南出版社、凤凰出版社、光明日报出版社等相继刊印了戴季陶的《日本论》。

　　④ 刘柠：《出版视野中的"日本热"第三波》，《独立阅读》2010 年 7 月。

　　⑤ 如商务印书馆、南京大学出版社等出版的日文系列翻译著作。

　　⑥ 李兆忠：《暧昧的日本人》，金城出版社 2005 年版；九州出版社 2010 年版。

四　日本文化研究的课题

综上我们可以看出，中国日本文化研究的变化和发展，一直受到中日两国的文化动向以及中日文化关系的深刻影响。在变动的时代背景下，中国的日本文化研究者一方面回应着时代课题，另一方面在推进和深化着学术研究，使日本文化研究不断具有了新的深度和广度。可以说，改革开放以来，虽然研究者的问题意识和研究主题都随时代的变化而发生了变化，但日本文化一直受到研究者的关注和重视，研究日益深化和多样化这一事实并没有改变。这一方面固然显示出日本文化研究的魅力，同时也有赖于中国的日本文化研究者的努力。

经过改革开放以来30年的发展，中国的日本文化研究队伍不断壮大，水平不断提高，成果不断增多，取得了长足的进步。中国的日本文化研究兼顾"繁荣学术"、"服务社会"和"增进理解"三个使命，在国内、国际上的影响逐渐扩大，对促进我国的学术发展和繁荣，具有重要的意义。随着中国日本文化研究的发展，其作为异文化理解的前提，或者作为理解自文化的一面镜子，在中国的知识分子和青年人中产生着越来越广泛的影响。就整体而言，日本文化是与中国文化不同的体系这样的认识，渐渐被越来越多的人所了解和接受。这无论对纠正中国人轻视日本文化的传统观念，还是对发展长远的中日文化关系都是非常有益的。

但是，我们也应该看到，中国的日本文化研究仍存在着研究人员素质参差不齐，有深度的精品研究成果不多，整体研究水平不高，在国内和国际上的影响不够大等问题，还远远不能适应我国社会发展和学科发展的需要。例如，随着中日两国交往的加深，广大民众对日本的关心、对日本文化的兴趣持续升温，各种关于日本的信息充斥媒体，其中当然也夹杂着不少误解与偏见。但是，我们的日本文化研究未必很好地回应了国人这种了解日本的需要，半个世纪以前的《菊花与刀》、《日本论》等著作近年来仍在不断出版刊行就是一个明证。

另外，随着漫画、动画、电子游戏等为代表的日本大众文化的流行，日本大众文化受到全世界特别是年轻人的喜爱和追捧。但是，日本大众文化蓬勃发展的原动力在哪里？其与日本的传统文化有什么关系？我们的日本文化研究也并没有给出及时而合理的解释。再者，尽管日本经济以及日本国家的整体影响力在下降，但日本毕竟是一个成熟社会，其文化发展战略及文化软实力战略对日本的未来发展也具有深远意义，而我们的日本文化研究也未对之进行了深入的研究并给出了满意的回答。

展望未来，中国的日本文化研究将要面对和回答以下主要课题，如全球化、地区化中日本文化的位置，东亚文化共同体的可能性，建立中日战略互信的文化基础，日本的文化软实力战略及其影响，日本未来发展的文化潜力等。为了改变中国的日本文化研究的现状，更好地回答时代给我们提出的课题，有必要建立中国特色的日本文化学科创新体系。

构筑中国特色的日本文化研究创新体系，关键是要进行理论方法的创新、研究体系的创新和研究成果的创新。第一，我们要总结以往研究的经验，致力于研究理论方法的创新。经过多年的研究积累和探索，我们认为，在今后的日本文化研究中，应致力于"形成论"、"形态论"、"方法论"的有机结合与统一。日本文化始终处于变化之中，但这种变化又呈现了某种阶段性，每个阶段既有相对独立的形态，又与其他阶段保持着内在联系，只有将"形成论"与"形态论"的研究结合起来，才有可能真正理解和把握日本文化的本质。而随着时代的发展，还必须不断谋求研究方法的创新，将新的研究方法运用到"形成论"与"形态论"的研究之中去。"形成论"、"形态论"、"方法论"相统一的研究思路和方法，可以极大地避免研究的片面性和局限性，使研究体系和研究成果的全面创新成为可能。[①]

第二，开展系统的、整体性的日本文化研究。日本文化是一个完整的体系，有着统一的内在原理；其又由若干侧面和层面所构成，有着具体性、重层性。我们应依据研究对象的特点，按照学科布局和规划，重新集结和调整研究力量，注重和加强对日本文化的体系性研究。即从日本文化的整体着眼，重视各个部分的内在联系，通过对各个部分的深入研究，形成对日本文化的全面而客观的认识。

第三，努力推出精品研究成果。理论方法的创新和研究体系的创新，最终要体现在研究成果的创新上。今后，我们还要进一步明确研究方向，特别要立足于中国的国情和现实需要，把日本文化放在世界的视野、亚洲

---

① "建设科研、人才、成果为一体的研究室"，参见《中国社会科学报》社科院专刊 2011 年 6 月 16 日。

的视野中进行考察，注重长期性、战略性、前瞻性问题的研究；还要加强对深层日本文化的研究，如日本文化中的天皇制、神道以及武士道的研究等。同时，要积极创造各种有利条件，促进优秀研究成果的问世，以创新性研究成果回应国家的需要、人民的需要、学术发展的需要。

中国的日本国民性研究 30 年综述

中国社会科学院日本研究所　张建立

一　引言

日本国民性研究，一直是世界各国的国民性研究者非常关注的课题。如今，学界发表的日本国民性研究论著，多达数千种。但是，一般人们心目中的日本国民形象，要么是来自日本人的自画像，要么是来自美国人的笔下。虽然各国的日本国民性研究书籍繁多，但缺乏中国的日本国民性研究成果佳作。在现有的对日本国民性研究成果进行综述的五部专著和两篇学术论文中，中国的日本国民性研究成果也没有得到多大关注。[①] 美国的

① 五部专著分别是：［日］青木保：《日本文化论的变迁》（日本：中央公论社 1990 年；文库版，1999 年；中文译本，杨伟、蒋葳译，中国青年出版社 2009 年版）；［日］南博：《日本人论——从明治维新到现代》（日本：岩波书店 1994 年；中文译本，邱雯译，广西师范大学出版社 2007 年版）；［美］罗斯·摩尔、［日］杉本良夫编著：《日本人论之方程式》（日本：筑摩学艺文库 1995 年；中文译本，袁晓凌等译，华东师范大学出版社 2007 年版）；［日］船曳建夫：《新日本人论十二讲》（日本：日本放送出版协会 2003 年；讲谈社学术文库版 2010 年；中文译本，蔡郭达译，华东师范大学出版社 2011 年版）；杨劲松：《日本文化认同的建构历程——近现代日本人论研究》，中国建筑工业出版社 2011 年。

两篇论文分别是：杨劲松：《日本人论的演变轨迹——从文明开化到经济大国》，《日本学刊》2005 年第 1 期；张建立：《日本国民性研究的现状与课题》，《日本学刊》2006 年第 6 期，中国人民大学书报资料中心《复印报刊资料·世界史》2007 年第 3 期全文转载。在南博的著作中，只有戴季陶撰写的《日本论》，获得了几句评语（《日本人论：从明治到现在》，文库版，第 151—152 页）；在罗斯·摩尔、杉本良夫的著作中，虽对韩国学者的研究有所引述（例如，［韩］李御宁：《日本人的缩小意识》，日本：学生社 1982 年初版，2005 年第 27 次印刷；中文译本，张乃丽译，山东人民出版社 2007 年版），但对中国学者的日本国民性研究成果却只字未提；在青木保的著作及杨劲松的论文中也主要是梳理日美的日本国民性研究成果，对中国的日本国民性研究未予关注；在张建立的论文中，对近年来中国的日本国民性研究成果虽有所提及，但也是极为简略；在杨劲松新近出版的著作中，专设一节介绍先行研究状况，但在"二、我国学者的研究"中，也仅是提到了有限的几部研究著作，未给予详细评说，也未谈及相关研究论文的情况（参见杨劲松《日本文化认同的建构历程——近现代日本人论研究》，中国建筑工业出版社 2011 年版，第 24—25 页）。

日本国民性研究著作影响深远，与日本一衣带水的中国更有理由在日本国民性研究上有所作为。因此，为探寻日本国民性研究的中国语境，创新日本国民性研究的学科范式，规划未来的研究方向，梳理近30年来中国的日本国民性研究的现状与课题是十分必要的。

二　中国的日本国民性研究现状

（一）中国的日本国民性研究论文概况

据笔者对CNKI中国学术总库①里收录的日本国民性研究文章②的不完全统计，从1980年到2010年间，中国学界发表的有关日本国民性研究文章总计为396篇。表1与表2，是对这些文章做进一步分类统计的结果。

表1　　　　日本国民性研究文章统计表（按文章题名中的关键词）

文章类别 关键词	期刊论文 （篇）	研究生论文 （篇）	报纸文章 （篇）
日本　国民性	20	2（硕）	3
日本　国民性格	5	0	0
日本　国民特性	1	0	0
日本　民族性	27	3（硕）	0
日本　民族性格	16	2（硕）	1
日本　民族特性	9	1（硕）	1
日本　国民心理	2	0	0

---

① http://www.cnki.net.

② 所谓国民性，简言之，即一个国家的多数人，在社会化过程中，即在家庭等各类集团中，按照一定的社会习俗及社会强制性规范，于有意无意中培养出来的行为方式的倾向性选择。这种特性，体现在人们的思维方式、情感模式、交换模式等方面。在部分论著中，民族性和国民性往往被作为同义词来使用，但严格来讲，民族性并不等同于国民性。从世界的视野来看，民族性的内涵和外延大于国民性，但是，若仅限于一个国家内而言，国民性的内涵和外延则要大于民族性。相对于较稳定的民族性而言，国民性则更易受到政治变化的影响。在研究日本社会、文化和日本人的文章中，判断某一文章是否属于日本国民性研究、探索的范围，主要看该文所研究的内容是否符合国民性定义指涉的内容，这里统计的文章题名中含有的关键词，也是国际学界日本国民性研究论著题目中常见的关键词。

续表

文章类别 关键词	期刊论文 （篇）	研究生论文 （篇）	报纸文章 （篇）
日本　民族心理	9	2（博1、硕1）	0
日本型	19	2（硕）	0
日本式	102	6（博2、硕4）	14
日本模式	22	0	3
日本 集团意识	19	2（硕）	0
日本 集团主义	11	1（硕）	1
日本 行为模式	2	3（硕）	0
日本 思维模式	1	1（硕）	0
日本 感情模式	2	0	0
日本人　意识	76	3（硕）	2
文章分类篇数合计	343	28	25
文章总篇数合计	396		

表2　　　　日本国民性研究文章统计表（按文章撰写的年代）

文章类别 年份	期刊论文 （篇）	研究生论文 （篇）	报纸文章 （篇）
1980—1990	35	0	0
1991—2000	108	1	1
2001—2010	200	27（博3、硕24）	24
文章分类篇数合计	343	28	25
文章总篇数合计	396		

在表1中，按照文章题名中含有的关键词，虽然可以进行如此细致的分类统计，但从文章实际内容来看，基本上可以将其划分为如下三大类。

首先，从表1的统计数据来看，在396篇文章中，无论是在学术期刊发表的论文，还是研究生的学位论文，或者是报刊上发表的相关评论文章的题目，均以论述日本的特殊模式的文章居多，将文章题名中含有"日本型"、"日本式"、"日本模式"的文章加在一起总数为 168 篇。这些论述日本的特殊模式的文章,大多是通过探讨日本企业经营模式的特殊性及其文化成因,进而或隐或现地主张日本人特殊论的。在这些文章中,因为几乎千篇一律地要论及日本人的"集团主义"、"集团意识"、"行为模式"等问题,所以,若将专门论述这一内容的 39 篇文章也算在一起,那么,这一类文章总数就多达 207 篇,占了 1980 年至 2010 年中国发表的日本国民性研究文章总数的二分之一还多。在这类文章中,除了少数论述日本社会独特的政治文化现象的文章外①,大多是为了探讨日本近代化的成功经验,从论说日本企业的独特经营管理模式的角度,来探讨日本国民性的文章。

其次,有 104 篇是直接以"日本"的"国民性"、"国民特性"、"国民性格"、"民族性"、"民族特性"、"民族性格"、"国民心理"、"民族心理"等字眼入题的论文。这类文章的内容,要么是对日本国民性的几个特点进行的概述分析②,要么是针对日本国民性的一两个特点,从社会问题、语言、风俗习惯等方面,就其特色、成因等进行的剖析。③

再次,有 76 篇是以"日本人"的某种"意识"为题目的文章,如"从'日本式经营'看日本人的'家族意识'"④ 等文章是较具代表性的论文;有限的 4 篇论述日本人的"感情模式"、"思维模式"的论文基本上也可以归为此类。

另外,在 1980 年至 2010 年这段时间内,从中国学界不同时期发表的有关论文的数量、内容情况来看,如表 2 所示,1980 年至 1990 年可谓新中国成立以来日本国民性研究的起步阶段,这段时间发表的文章数为 35 篇;1991 年至 2000 年可谓中国的日本国民性研究发展期,这段时间在学术期刊发表的论文比起步阶段增加了三倍,但研究生论文和报刊文章仅各有一篇;2001 年至 2010 年可谓中国的日本国民性研究持续发展阶段,学术期刊论文数比上个十年几乎翻了一番,而且研究生论文数及报纸文章也

① 例如,曹天禄《日本共产党的"日本式社会主义"理论模式论》,《科学社会主义》2003 年第 6 期;顾雯《谈谈日本式中国茶文化与中国茶学》,《农业考古》2003 年第 4 期。

② 例如,鲍刚《日本传统国民性的基本特征》,《日本学刊》1996 年第 5 期。

③ 例如,何星亮《保守性与进取性——日本民族性探索之一》,《世界民族》1999 年第 1 期;李锋传《从日语谚语看日本人的国民性格》,《日语学习与研究》2006 年第 2 期。

④ 例如,郑欣力《从"日本式经营"看日本人的"家族意识"》,《社会学研究》1988 年第 6 期。

相对地有了大幅度的增加。再从文章的内容来看，1980 年至 1990 年的 35 篇文章中，有 25 篇文章的题名冠以"日本式"，三篇是论述日本人的集团意识的，其他七篇为论述日本的民族性特点或者成因的；1991 年至 2000 年的 110 篇文章中，题名冠以"日本式"的文章依旧占大多数，而且这一特点一直持续到 2005 年。近几年，虽依然可见题名中冠以"日本式"的文章①，但从大部分文章的题目及内容来看，学界的关注点已经明显转向具体地分析日本国民性的某个特点及成因，以及对日本人的思维模式、价值意识、行为模式、感情模式特点等方面的探讨上。② 从目前欲了解日本国民性的日益增长的社会需求来看，预计此后无论在研究成果的数量上，还是质量上，将会迎来中国的日本国民性研究的高潮期。

（二）中国的日本国民性研究著作概况

如上所述，日本国民性研究文章逐年成倍递增，从这一发展态势亦可推知，欲了解日本国民性的社会需求非常强烈。近年来，《菊与刀》中译本的再度翻印和畅销③，也进一步反映了这种社会需求强烈的程度。在中国，谢晋青著《日本民族性底研究》（1923 年）、戴季陶著《日本论》（1928 年）、陈德征著《日本民族性》（1928 年）、潘光旦著《日本德意志民族性之比较研究》（1930 年）、王文萱著《日本国民性》（1933 年）、陈丹崖著《日本国民的信仰生活》（1934 年）、郑独步著《日本国民性之检讨》（1935 年）、郁达夫著《日本的文化生活》（1936 年）、张居俊著《日本之病态心理》（1938 年）、叶树芳著《论日本人》（1941 年）、蒋百里著《日本人———一个外国人的研究》（1945 年），曾构成了 20 世纪上半叶中国学术界的"日本社会文化学观念"。自此之后，时间过去了整整半个世纪，中国学术界在日本国民性研究领域，突然间停歇了它的操作，

---

① 例如，文婧《日本式集团主义与日本企业在中国的本土化》，《日本学刊》2007 年第 3 期；陈秀武《论日本型华夷秩序的"虚像"》，《东北师大学报》（哲学社会科学版）2008 年第 1 期；刘绮霞《论金融危机下传统日本式经营的回归》，《社会科学辑刊》2009 年第 4 期。

② 刘利华：《日本历史认知的民族心理探析》，《云南社会科学》2008 年第 2 期；隽雪艳：《日本人的美意识与无常思想》，《日本学刊》2008 年第 4 期；廉德瑰：《"伙伴"意识与日本式民主主义》，《日本问题研究》2009 年第 3 期；贾平：《浅谈对蒙古族学生日语教学的难点——兼论日本民族特性与日语含蓄表达方式》，《民族教育研究》2010 年第 3 期，等等。

③ ［美］本尼迪克特：《菊与刀》，王南、唐晓鹏译，华文出版社 2005 年版；［美］露丝·本尼迪克特：《菊与刀——日本文化面面观》，北塔译，上海三联书店 2007 年版。

显得异常的静寂。① 1998 年，尚会鹏著《中国人与日本人》的出版，才终于打破了长期以来的学术沉寂状态。随后的 1999 年，又有了日本国民性论文集《一笔难画日本人》②的问世，人们关注日本国民性的视角也变得愈来愈丰富。近年来，欲了解日本国民性的日益强烈的社会需求，不仅促动了本尼迪克特的《菊与刀》、戴季陶的《日本人》、周作人论日本之旧作的翻新再版③，而且，还催生了一批日本人论方面的新作。④ 如果是一个对日本一无所知的人，倒是可以通过这些内容丰富、图文并茂的日本文化普及读物，了解一些日本最新的世相。但是，在这些新作中，既没有见到在研究方法上有何突破，也未见在结论上有更多的创新之处，那些秉承始自《菊与刀》的"用'悖论式'理论来研究日本的学术传统"⑤，所得出的关于日本社会和日本人的所谓两面性、暧昧等特点，也并无多大的新意可言。平心而论，那些特点，至少在我们中国人的身上其实也一样显著。这样的例子俯拾皆是，就无须再——列举述说了。

据笔者浅见，近年来，属于日本国民性研究领域的真正逻辑严谨、自成体系的专著的确不多，无论从方法论上，还是从研究深度看，尚会鹏著《中国人与日本人》及其姊妹篇《中日文化冲突与理解的事例研究》⑥，当属目前最出色的研究专著。《中国人与日本人》运用心理文化学的基本理论和研究方法，对中日两大民族的深层文化特征进行了剖析。该书从一般的社会学的泛泛之说中脱出，以心理文化学的理念作为观察中日文化的视角，在广泛的文化现象中，从"家"、"族"、"家元组织"、"宗教组

---

① 严绍璗：《〈中国人与日本人〉序言》，载尚会鹏《中国人与日本人》，北京大学出版社 1998 年版，第 3 页。

② 高增杰主编：《一笔难画日本人》，时事出版社 1999 年版。

③ 戴季陶：《日本论》，上海民智书局 1928 年初版；九州出版社 2005 年再版；周作人：《周作人论日本》，陕西师范大学出版社 2005 年版。

④ 这方面的著作有夏遇南：《日本人》，三秦出版社 2003 年版。李兆忠：《暧昧的日本人》，广东人民出版社 1998 年初版，金城出版社 2005 年再版；香港三联书店 2006 年繁体字版，九州出版社 2010 年修订版。周兴旺：《日本人凭什么》，世界知识出版社 2006 年版。马骅等：《丑陋的日本人》，山东画报出版社 2006 年版。祝大鸣：《独特的日本人（岛国文化之解读）》，中国画报出版社 2009 年版；祝大鸣：《双面日本人》，世界知识出版社 2009 年版。萨苏：《与鬼为邻》，文汇出版社 2009 年版。王锦思：《日本行 中国更行》，青岛出版社 2010 年版。

⑤ ［美］罗斯·摩尔、［日］杉本良夫编著：《日本人论之方程式》，袁晓凌等译，华东师范大学出版社 2007 年版，第 23 页。

⑥ 尚会鹏：《中国人与日本人》，北京大学出版社 1998 年版；台北：南天书局 2010 年再版；尚会鹏、徐晨阳：《中日文化冲突与理解的事例研究》，中国国际广播出版社 2004 年版。

织"和"性意识"等文化层面上，寻找其表现文化特征的根本之点，阐明了两国国民性的一些倾向性特征。继而在《中日文化冲突与理解的事例研究》中，著者又以美国作为第三参照物，运用心理文化学的基本理念与方法，结合大量有代表性的社会问题案例，就日本人的思维方式、情感模式、行为模式等进行了有理有据的分析，可以说这是一次运用心理文化学的理论和方法解释现实问题的有益尝试。

虽然中国的日本国民性研究领域专著匮乏，但是，在日本思想文化著作中单独设立章节论及日本国民性特点的并不少，只是其题目、内容和结论与上述列举的论文几乎都是大同小异。在这类著述中，王家骅的著作较具代表性，如其专著《儒家思想与日本的现代化》的"第六章积淀——日本人的民族性与儒学"就是专门论述日本国民性的。王家骅认为，民族性"主要是指人的思维方式、行为方式、情感方式和生活方式等"①，所以在该章中分三节从以上诸方面探讨了日本人的民族性与儒学的关系，即："第一节 日本的社会结构与儒学"，"第二节 日本人的思维模式、行为方式与儒学"，"第三节 日本人的情感方式、生活方式与儒学"。并且，在"终章 日本现代化的二重性与儒学的二重性"中，对日本人的实用主义思想根源进行了细致全面的分析。

以上是对中国的日本国民性研究现状的概览。下面主要从研究成果的内容、研究方法及学术贡献三个方面，来进一步分析中国的日本国民性研究的特点。

三　中国的日本国民性研究成果的内容特色

（一）褒多贬少，述而少作

这个特点，是笔者对截至20世纪末这段时间所发表的研究成果内容之主要特色进行的概括。

所谓"褒多贬少"，即这一时期的研究成果，大多都是争相对"日本人"或者作为日本人"身份"的对象而存在的"日本文化"的特殊性，进行礼赞或肯定性评价的文章。在公开发表的396篇日本国民性研究文章中，仅题名中含有"日本型"、"日本式"的论文就占了绝大部分，这就

---

① 王家骅：《儒家思想与日本的现代化》，浙江人民出版社1995年版，第240页。

是最好的例证。当然，也并不是说，所有题名中含有"日本型"、"日本式"的论文，都是一味地对日本人或日本文化进行礼赞的，其中有的论文虽也会提到一些"日本型"、"日本式"的负面之处，但还是肯定多于否定，这一点是毋庸置疑的。

另外，这一时期中国的日本国民性研究成果，大多是对日本、美国学者的日本国民性研究成果的复述，或者是从他人的著述中阐发微言大义，或者是将其改头换面，形成所谓的"创见"，特别是由于受《菊与刀》的研究范式的影响，研究者们大多喜好尝试用几个关键的概念，将日本人或日本文化总括性地作为一个同质的整体来加以把握，并在与外国和异文化的比较中进行讨论。如"罪文化"与"耻文化"、"集团主义"与"个人主义"就曾一度成为这类文章的关键词，但从学术创意上超过《菊与刀》的文章并不多见。在这一时期的研究成果中，崔世广的研究成果还是颇具独创性的。崔世广首先在其论文"日本传统文化的基本特征——与西欧、中国的比较"中提出"西方文化是知的文化，中国文化是意的文化，日本文化是情的文化"的观点①，继而又撰文"意的文化与情的文化——中日文化的一个比较"对上述观点进行了论证。② 2004 年，"意的文化与情的文化"还被直接用作国际研讨会论文集的名称，在日本出版。③ 当然，也有学者从心理文化学的视角对此提出了商榷意见，指出"将文化这样归类未必妥当，但如果'情'是指与人的自然情绪相联系的'感情'，'意'指与道德、信仰、修养等相联系的'意志'，那么这种差异至少在主流意识形态层面是存在的。从我们的视角看，这种差异反映了中日两种文化对自然感情的不同评价取向和遵循着不同的控制机制"。④ 类似这样颇具建设性的学术研究成果实在是凤毛麟角，所以说，这一时期的研究成果内容的主要特色，虽然不能说是"述而不作"，但概括为"述而少作"当无大碍。

---

① 崔世广：《日本传统文化的基本特征——与西欧、中国的比较》，《日本学刊》1995 年第 5 期。

② 崔世广：《意的文化与情的文化——中日文化的一个比较》，《日本研究》1996 年第 3 期。

③ 王敏编著：《"意"的文化与"情"的文化——中国的日本研究》，日本：中央公论新社 2004 年。

④ 尚会鹏：《论日本人感情模式的文化特征》，《日本学刊》2008 年第 1 期。

（二）毁誉参半，省旧探新

这个特点，是笔者对进入 21 世纪以来中国的日本国民性研究成果内容之主要特色的概括。

所谓"毁誉参半"，即在这一时期的日本国民性研究成果中，虽然依旧可见对日本国民性进行礼赞性的文章①，但从大多数文章的内容来看，进入 21 世纪以来，研究者对待所谓的日本国民性特点的学术态度已经开始发生变化，当论述到某一具体的日本国民性内容时，开始逐渐摆脱往日因对日本国民性优点的盲目探求而一味给予溢美之词的做法，已经基本能够做到对日本国民性予以一分为二地剖析，甚至有的还从一个极端走向了另一个极端，出现了一些缺乏严谨的学术论证、对日本国民性的批判过于意识形态化的文章。此外，也有的文章虽然还是在重复梳理既往研究中提到过的日本国民性的一些特点，但已几无礼赞之词，而更多的是学理分析。② 当然，这些学者依旧将"实用主义"、"集团主义"、"等级秩序"视为日本国民性的做法是否妥当，则有待商榷。其实，对诸如此类的日本国民性论，早在 1995 年，罗斯·摩尔与杉本良夫就已经进行过严厉的批判，并且他们一再强调指出，"日本社会与其他产业社会之间并不存在根本差异，即欧美社会也有集团主义倾向，日本社会也存在不少个人主义因素"，那些曾被认为是日本人自然形成的共同价值观，其实"是社会结构和制度规范的产物"。③

所谓"省旧探新"，即自进入 21 世纪以来，中国学界开始步入了对日本国民性研究的反思期。目前，中国的日本国民性研究的独创成果虽然尚不是很多，但在这段时期发表的研究成果中，论文题名中冠以"日本式"、"日本型"之类的论著已经明显有所减少，尝试运用新方法，运用具有深厚学理支撑的新的分析工具对日本国民性进行更为客观的分析和研

---

① 例如，蔡荷《日本国民性选论》，《湖南医科大学学报（社会科学版）》2010 年 5 月第 12 卷第 3 期）中，仿照日本国文学者芳贺矢一的《国民性十论》，又为日本人归纳出了 14 种优秀的国民性。

② 例如，李卓《日本国民性的几点特征》，《日语学习与研究》2007 年第 5 期总第 132 期），将"实用主义"、"集团主义"、"等级秩序"依旧视为日本国民性中较具代表性的特点，并对其积极和消极影响进行了分析。

③ ［美］罗斯·摩尔、［日］杉本良夫编著：《日本人论之方程式》，袁晓凌等译，华东师范大学出版社 2007 年版，第 13 页以及该书第 11 章。

究的成果渐有增加。

例如，尚会鹏通过对许烺光心理文化学的研究方法的完善，而展开的对日本人的情感模式、交换模式、自我认知、个人化等问题的研究，① 以及有些学者运用心理文化学的方法，通过对日本具有代表性的艺术文化、游戏规则的剖析来探讨日本国民性的做法，都是比较新的尝试，并获得了学界的一定评价。②

此外，有些学者为了推介国际上先进的研究方法和全面介绍国外的研究情况，积极译介出版了一些高质量的翻译成果，如上文已经提到的青木保、南博、罗斯·摩尔和杉本良夫、船曳建夫的著作中译本的出版，也可谓是这一时期的研究成果内容的特色之一吧。

四　中国的日本国民性研究成果的方法特色

（一）文化人类学的方法为主

这不仅是日本国民性研究方法的特色，恐怕也是全世界国民性研究的一大方法特色。这也是由国民性研究与生俱来的特点造就的。"国民性"，本是西方文化人类学从事规模小且单一社会形态研究时所创出的术语。在西方，国民性研究的产生，最早应追溯到心理学家冯特的民族心理学研究。后来，一批人类学家继承了冯特的研究方法，把心理学引入人类学，开创了文化人类学，国民性研究成为其中的文化与人格学派的重要研究领域。他们不再使用"民族心理"这一概念，而是用"国民性"这一术语取而代之。③ 人类学家始终坚持以研究落后民族为职志，随着"原始社会"逐渐现

---

① 尚会鹏：《"缘人"：日本人的基本人际状态》，《日本学刊》2006 年第 3 期；《论日本人自我认知的文化特点》，《日本学刊》2007 年第 2 期；《论日本人感情模式的文化特征》，《日本学刊》2008 年第 1 期；《论日本人的交换模式》，《日本学刊》2009 年第 4 期；《日本社会的"个人化"：心理文化视角的考察》，《日本学刊》2010 年第 2 期。其中《论日本人自我认知的文化特点》，被评为由中国社会科学院日本研究所主办、《日本学刊》编辑部承办的 2007—2008 年度《日本学刊》优秀论文隅谷奖。

② 例如，张建立《日本人与中国人的感情模式特征简论——以"侘茶乐境"与"孔颜乐处"为中心》，《日本学刊》2009 年第 6 期；《从游戏规则看中日两国国民性差异——以日本将棋与中国象棋为例》，《日本学刊》2009 年第 1 期；中国社科期刊网"理论与学术前沿"专栏予以全文转载。

③ 罗教讲：《国民性研究方法之探讨》，李庆善主编：《中国人社会心理研究论集》，香港时代文化出版公司 1992 年版，第 88 页。

代化，以及地区研究兴起的影响，如今已把研究重心转移到国内的少数民族。"国民性"一词本身虽无褒贬之意，但由于其内容本是指称所谓未开化民族特性的词，所以也就暗含了一些贬义的成分在内，从这个意义上考虑，"国民性"一词被一些学者称为是殖民话语或也不为过。①

"文化人类学家研究国民性使用的主要方法是分析审视一个民族的文学、艺术、语言文字、宗教信仰、风土人情等资料，通过它们投射出国民性格的底蕴；再加上文化人类学的传统方法即实地调查、参与观察、访谈等。我们不能完全否认这种研究方法的科学性，但实践证明，仅用这种方法，要对国民性这样复杂的问题作出高度概括性的结论，还是远远不够的。运用这种研究方法所得出的结论是难以让人信服的。特别是在研究条件受到限制，资料不够充分的条件下得出的研究结论就更是如此。不少被称为著名的研究正是在这样的条件下完成的。"② 既不懂日语，也没去过日本的本尼迪克特，仅凭日本的报刊及影视资料和对在美的日本人的访谈而撰写的《菊与刀》，就存在这方面的缺陷，并受到大家的批判。

文化人类学中的"文化与人格"学派，专事国民性研究，《菊与刀》的著者本尼迪克特正是这一学派的代表人物。该学派理论的特色在于：它是文化人类学、心理学、精神分析学等诸学科的交接点，旨在重视研究个人与文化的关系，即揭示文化与社会相互作用过程中文化对于人格形成的影响。为了探讨一个民族大多数人具有的性格，该学派的学者开发出不少研究工具，例如"社会人格"（social personality）、"众趋人格"（modal personality）、"基本人格"（basic personality）或"地位人格"（status personality）等③，但这些工具都无法同时处理在某一特定社会被大多数人有意识或无意识共享的信念，以及作为一个群体的大多数人有意识或无意识的行为模式，以至于作出的研究缺乏说服力，遭到严厉的批评。如有的学者就批评说："如果说哲学家是一群在黑屋中寻找根本不存在的黑猫的盲

① 参见刘禾《跨语际实践：文学，民族文化与被译介的现代性（中国：1900—1937）》，生活·读书·新知三联书店2008年版，第2章。

② 罗教讲：《国民性研究方法之探讨》，载李庆善主编《中国人社会心理研究论集》，香港时代文化出版公司1992年版，第90—91页。

③ 关于"文化与人格"学派及这些概念的含义、缺陷等问题，曾多次得到游国龙的赐教和馈赠相关学习资料，谨记于此，以致谢意。更为详尽的分析，请参阅游国龙《许烺光的"大规模文明"比较理论研究：内容、方法及其对国际政治研究的启示》第2章，博士学位论文，北京大学，2011年。

人的话，国民性研究者也大体如此，只不过他们寻找的是文化人类学家所坚信存在的黑猫。但是，近年来他们对此已不那么坚信无疑了"。① 因为苦于没有更好的分析工具，导致国民性研究徘徊不前。中国的日本国民性研究，直至 20 世纪末，在研究方法上基本上都是在遵循以往的文化人类学的研究方法，所以也就存在着基本同样的问题。

(二) 统计学和历史学方法为辅

运用统计学的手法进行日本国民性研究，兴起于 20 世纪 50 年代的日本。运用这种手法进行国民性研究所依据的资料，主要是通过问卷调查或个案访谈等获得的第一手材料进行研究。在运用统计学的手法进行日本国民性研究方面，日本统计数理研究所国民性调查委员会和日本 NHK 所取得的成绩是比较大的。从 1953 年开始至 1988 年间，日本统计数理研究所国民性调查委员会每隔五年就进行一次关于日本国民性的调查，并根据调查的结果编辑出版了五版《日本人的国民性》；从 1973 年开始，日本 NHK 放送世论调查所也每隔五年进行一次关于日本人的意识的调查，并且也将调查结果编辑成书。近些年来，日本的其他一些新闻媒体，如《读卖新闻》等，也开始注重通过舆论调查等来分析日本国民性的一些特点。②

在一个社会中，虽然个体的人格有着非常大的差异，但通过各类设问，采纳统计方法对各类回答加以集中排比时就会发现，很多不同的人在性格等方面也往往具有很多共性的东西。运用统计方法获得一种文化中最具有普遍性和代表性的人格类型，使国民性研究在方法上更加趋于实证化，确有其值得评价之处。但是，依靠这种办法进行研究所获得的结论，虽不能否认其具有一定的客观性，但还是不免令人担心其缺乏代表性，因为纵使研究者不是依据主观好恶或围绕一定观点在收集数据，对其所采纳的极为有限的调查个案数据而言或许客观性很强，但以通过极少的个案调查得出的结果，去作为某一国家民族群体人格的代表，这还是需要慎重下结论的。由于中国的日本国民性研究严重滞后于国际上的研究水平，致使

---

① ［美］巴尔诺：《人格：文化的积淀》，周晓虹译，辽宁人民出版社 1989 年版，第 230 页。

② ［日］读卖新闻社舆论调查部编：《日本的舆论》，日本：弘文堂 2002 年。

在方法论上也基本上是处于追随日美的境地，至今很多关于日本人的研究，依然在沿用这一方法。①

另外，历史学的研究方法，虽是各个研究领域比较通用的一种方法，但在中国的日本国民性研究领域，单纯应用这种方法进行研究的成果不多，较具代表性的著作有汪向荣的《古代中国人的日本观》等。② 在论文方面，李文的《日本国民心理嬗变的原理与趋向》是新近发表的力作，正如作者开篇自述其文章的贡献在于："将散见于已有著述中的相关内容加以系统概括；揭示日本民族性的这一特征与其哲学、美学传统之间的关联性；从已厘清的脉络出发，预见未来一个时期日本国民心理的嬗变趋势"。③ 作者遍览相关文献，对既往关于日本国民心理特征的观点进行了扼要精当的整理，这确是该文最大的贡献。但是，作者所持关于日本国民心理特征的看法却不无商榷之处。例如，作者认为："日本人看法和态度的变化并非无章可循，实力对比的变化通常是理解日本国民心理变化奥妙的关键。实力对比的结果通常就是权力格局和阶层结构的形成，而日本民族的一大特征就是普遍存在强烈的'权力至上'倾向。"④ 其实，且不说其他国家国民如何，扪心自问，观古今中国之诸般世相，中国人心里存在的"权力至上"倾向又何尝不强烈呢？而且，究竟该如何判断这种心理在哪国民众身上表现得更强烈一些，对其内政外交的影响更大一些，似乎目前还没有一个更为科学的方法。

（三）心理文化学和知识社会学方法崭露头角

"心理文化学"与"知识社会学"的研究方法，在国外的日本国民性研究领域早已不是什么新方法，但被引进到中国的日本国民性研究领域，还是近些年的事。

首先，所谓"心理文化学"，即以心理与文化相结合的视角和方法，从事大规模文明社会比较研究的学问。该方法的创始人是美籍华裔学者许烺光（1909—1999）。心理文化学的起源，最早可追溯到文化人类学

---

① 这方面较具代表性的文章有喻国明：《中国人眼中的日本和日本人——中国公众对日印象的调查分析报告》，《国际新闻界》1997 年第 6 期。

② 汪向荣：《古代中国人的日本观》，上海古籍出版社 2006 年版。

③ 李文：《日本国民心理嬗变的原理与趋向》，《日本学刊》2010 年第 3 期。

④ 同上。

的"文化与人格"学派的国民性研究。由于"文化与人格"学派在"人格"概念使用上的缺陷,后被许烺光以心理人类学所取代。而今,对于大规模文明社会比较研究这一部分,又从心理人类学中分离出来,成为行为科学系统下的一个分支学科。2010 年,尚会鹏与游国龙对许烺光的研究方法进行了严谨的学科定位,正式将许烺光的学说命名为"心理文化学"。由于心理文化学的发展背景使然,这门学科带有心理学色彩,但与普通心理学不同,它研究的不是人类心理活动的通则,而关注的是影响个人的社会和文化心理特点,以及人格特征在维持、社会发展以及社会变迁中的作用。心理文化学的基本理论包括:角色与情感理论,心理社会均衡理论,优势亲属关系假说,以及次级团体理论和社会动力学等。①

20 世纪末,许烺光的著作就已在大陆和台湾学界陆续被翻译成中文出版②,但是,在亚洲,最早运用心理文化学的理论开展研究的是"日本文明学派"代表人物之一的滨口惠俊。滨口在许烺光的影响下,提出了著名的"间人"概念。他由"间人"概念出发,把与"间人"相关的价值观体系称为"间人主义"。③ 滨口倡导"间人主义",旨在提出一种新的研究范式,从根本上改变日本社会文化研究中西方中心论的倾向。他的这种努力虽然值得高度评价,但"间人主义"以及"间人社会"诸特征,"似乎并非日本所特有,其他非西方社会(如中国、印度以及东南亚)社会似乎也具有这样的特点"。④ 尚会鹏通过对许烺光的"心理—社会均衡"(Psycho-social Homeostasis)理论的完善,以及对滨口惠俊的"间人主义"理论的剖析,进一步提出了"缘人""伦人"的概念,他建议作为"间人"的下位概念,用"缘人"指称日本人的基本人际状态,用"伦人"指称中国人的基本人际状态,这将更有助于

---

① 关于心理文化学的发展历程及学科定位,参见尚会鹏、游国龙《心理文化学——许烺光学说的研究与应用》,台北:南天书局 2010 年版,第 2 章。

② 大陆出版了《种姓·家元·俱乐部》(华夏出版社 1990 年版)与《美国人与中国人》(华夏出版社 1989 年版)的译作后,由于译书的删节等问题,许烺光未再授权大陆出版其他著作。台北南天书局出版了《许烺光著作集》10 卷(1997 年)。

③ 该理论的详细阐述,参见[日]滨口惠俊《日本研究原论:作为"关系体"的日本人与日本社会》,日本:有斐阁 1998 年;[日]滨口惠俊《何谓日本型模式?》,日本:新耀社 1993 年。

④ 尚会鹏:《"缘人":日本人的基本人际状态》,《日本学刊》2006 年第 3 期。

明确日本国民性格的特征。①

其次，"知识社会学是科学地考查知识是如何在社会、文化环境的约束下得到建构的一种研究方法"。② 知识社会学方法的创始人为马克斯·舍勒，完善者为曼海姆。知识社会学的基本主题是，只要思维方式的社会起源是模糊不清的，那就一定存在不可能被充分理解的思维方式。"知识社会学所探求的是理解具体的社会——历史情况背景下的思想"③，知识社会学在对某一时期或某一特定的社会阶层的思想进行分析时，所关注的不仅是盛行一时的思想和思维方式，还有这种思想产生的整个社会背景。此外，知识社会学想要清楚地说明某个社会集团如何在某种理论、学说和知识运动中找到对自身利益和目的的表达。与各种类型的知识相一致的认识，以及用来发展各种知识的相应的社会资源，对于理解任何社会都至关重要，对于分析社会关系发生的变化也同样重要。

"从知识社会学的角度来看，日本人论同宗教、数学、物理学一样，也是一种知识。既然是一种知识，探讨其内容受制于何种社会性束缚就成为一种必然。"④ 罗斯·摩尔与杉本良夫早在 20 世纪 80 年代就已经运用知识社会学的研究方法，对日本人论得以建构的背景进行了深入细致的剖析⑤，并进而建构了其新的研究范式——多元化阶层模型。⑥ 罗斯·摩尔与杉本良夫著《日本人论之方程式》，1982 年由日本东洋经济新报社出版发行，1995 年由日本筑摩学艺文库出版增补版，2007 年该书被华东师范大学外语学院日语系的师生翻译成中文，介绍给中国的读者。目前，在中国学界，尚未见有具体应用基于知识社会学理论建构起来的"多元化阶层模型"分析日本国民性的研究。

---

① 尚会鹏：《论日本人自我认知的文化特点》，《日本学刊》2007 年第 2 期。
② ［美］罗斯·摩尔、［日］杉本良夫编著：《日本人论之方程式》，袁晓凌等译，华东师范大学出版社 2007 年版，"导读"第 5 页。
③ ［德］曼海姆：《意识形态与乌托邦》，黎鸣译，商务印书馆 2000 年版，第 3 页。
④ ［美］罗斯·摩尔、［日］杉本良夫编著：《日本人论之方程式》，袁晓凌等，华东师范大学出版社 2007 年版，"导读"第 64 页。
⑤ 同上书，第 7 章。
⑥ 同上书，第 12 章。

五　中国的日本国民性研究成果的学术贡献

评价中国的日本国民性研究成果的学术贡献，应当根据中国学者研究日本国民性的目的，并参照世界上关于日本国民性研究的进展情况和研究水准，从大的视野来予以历史地、客观地评价。概言之，中国的日本国民性研究成果的学术贡献，主要可以总结为如下两点：

(一) 致力于普及国外关于日本国民性的研究成果

日本国民性研究之所以能够兴盛，首先是因为它自兴起之初，就是一种应运而生的集基础性研究和应用性研究为一体的综合性研究，并且更倾向于应用性研究。在日本国民性研究论著中，首次冠以"国民性"之名的著作，当属1907年12月由富山房出版的芳贺矢一的《国民性十论》。这是一本迎合美化日本的时代要求的著作，在该书中，芳贺矢一把日本国民性分为十项，即忠君爱国、尊崇祖先重视家名、讲求现世务实、热爱草木喜欢自然、乐观洒脱、淡泊潇洒、精巧纤细、清净廉洁、重视礼仪、温和大度这样十个项目来加以描述，但对于其得出的这十个特点都是仅凭借个人生活经验等进行的直观、零散的描述，并未经严密的资料考证，也谈不上什么理论支撑。而真正具有理论支撑的日本国民性研究，当首推本尼迪克特的《菊与刀》。本尼迪克特是文化人类学中文化模式论学派的创始人，也是文化与人格理论的重要人物。《菊与刀》是本尼迪克特运用其在研究部族社会过程中形成的文化模式和文化与人格理论，分析近代日本这一大型文明社会的重要研究成果。它的诞生，是第二次世界大战期间作者受美国战时情报局的委托而提交的一份关于日本国民性的研究报告。它不仅是本尼迪克特把研究国民性理论应用于实践的成果，也是西方的国民性理论首次直接应用于现实问题研究的杰出范例。

日本国民性研究不仅自兴起之初，就是一种追求对策应用性的研究，而且至今这一目的依然没有改变，只是研究者所追求的应用性的内容有所不同而已。直至20世纪80年代以前，美国文化人类学家特别是其中的文化与人格学派的研究者们，研究日本国民性的目的，除了追求能够用来分析和解释日本社会的理论模式，分析和预测日本人的行为模式而外，还有一个更重要的目的，就是要从意识形态等方面对抗马克思主义的理论。

"在冷战正酣的 20 世纪 50 年代，美国的统治阶层都把马克思主义唯物史观定义为砸碎一切的理论。因此，在日本发展史中，美国的学术界不失时机地把原因侧重点放在了传统文化的延续和循序渐进的变革上。在此时代背景下，如何回应马克思主义者所主张的决定社会变革方向的最关键因素是阶级对立的观点，就成了美国的日本研究学者们的当务之急。把文化与传统作为日本社会变革的决定性因素，打造新课题，就产生于这一历史背景之下。重温这种理论背景，可以明白 60 年代后期到 70 年代前期日本文化论和国民性论在日本和世界同时走俏的意义。"① 美国的部分日本国民性研究者的目的，与日本国内的日本人论者的目的，在很多方面都不谋而合。正如有的学者所指出的那样，日本国内学者积极炮制的日本人论著，"看似非政治的、文化的、中立的言论，实际上与各时代的权力关系及论者所处的社会环境有很深的关联。这些言论间接地、无意识地、隐含地反映了日本社会各集团的利害关系。认为日本特殊独特论大都维护了日本统治阶级、权力阶层、精英群体的利益，并且从这个意义上认为日本人论就是一种意识形态的观点并不是无稽之谈"。②

　　另外，日本学者自己探讨日本人的国民性，还有一个目的就是为了破解自我身份认同的危机。日本作为最早实现近代化的亚洲国家，随着其国际地位的变化，"日本本身，在国际社会中已陷入深刻的'民族认同危机'之中"。③ "日本人在痛苦地思索，他们的地理位置、历史和文化是否使他们成为亚洲人，而他们的财富、民主制度和现代化生活是否使他们成为西方人。"④ 日本社会的形形色色的日本人论，很多正是被这种自我身份认同的危机意识催生而出的。

　　但是，我们中国学界同人研究日本国民性，显然既不是为了帮助日本人化解其身份认同的危机，亦更不是如日本和美国那样欲寻求什么意识形态上的对抗。中国的日本国民性研究的目的，概言之是为了满足国家内政

---

　　① ［美］罗斯·摩尔、［日］杉本良夫编著：《解读日本人论》，王敏良等译，华东师范大学出版社 2007 年版，第 6 页。

　　② ［美］罗斯·摩尔、［日］杉本良夫编著：《日本人论之方程式》，袁晓凌等译，华东师范大学出版社 2007 年版，第 71 页。

　　③ ［日］尹健次：《作为课题的"民族"——围绕近代日本的认同》，日本：《世界》1994年第 1 期。武尚清译：《近代日本的民族认同》，《民族译丛》1994 年第 6 期。

　　④ ［美］塞缪尔·亨廷顿：《谁是美国人？——美国国民特性面临的挑战》，程克雄译，新华出版社 2010 年版，第 10 页。

外交的需要，并对中国读者加以有效的告知和引导。如果以时间为界来做一粗略划分的话，基本上可以 20 世纪末为界，划分为两个大的时期。

第一个时期，即截至 20 世纪末这一段时间，中国的日本国民性研究的目的，大多是想探讨促使日本近代化成功的、日本人独有的国民性，并希冀能对其进行借鉴。因此，在这一时期的日本国民性研究成果中，题名冠以"日本型"、"日本式"、"集团意识"、"集团主义"的论文较多，而且大多是在集中探讨日本企业的经营方式等问题。这段时期，中国学者出于对日本近代化成功的憧憬，对日本国民性的研究结论也多盲从国外日本国民性研究成果的结论，对所谓的日本独特论充满了溢美之词。所以，这一时期也可以概括为对日本国民性的礼赞期。

从世界的日本国民性研究进展情况来看，据青木保、杉本良夫、罗斯·摩尔的研究可知，20 世纪 80 年代是日本国民性研究的转折期，即这是一个从对日本国民特殊性的礼赞期向批判期转换的时期。[①] 这也就是说，截至 20 世纪末，中国的日本国民性研究是严重滞后于世界同领域研究的步伐的。如前所述，这一时期的中国的日本国民性研究成果，无论从研究方法上，还是从观点上，都缺乏创意，诸多文章基本上就是在重复以《菊与刀》为首的国外研究成果而已。《菊与刀》问世 60 多年来，其在中国的销量和影响远远超过中国任何一部日本研究著作，进入 21 世纪后，《菊与刀》在中国再度成为畅销书，这与中国的日本国民性研究的学术无作为是有着密切关系的。因此，这一时期的中国的日本国民性研究，在推动世界的日本国民性研究方面，是谈不上有多大贡献的，所以得不到关注也是理所当然的事情了。

那么，从中国学者研究日本国民性的目的来看，其贡献度又如何呢？一般而言，"理论命题必须包含一定的预测性，同时，该命题也必须能随时接受事实的检验。检验理论有效性的一个标准就是看该理论所预测的事情是否会发生，既包括未来是否将会发生也包括过去是否发生过。后者有必要将理论与历史事件进行整合对照。"[②] 总览这一时期中国的日本国民

---

① 详见［美］罗斯·摩尔、［日］杉本良夫编著《日本人论之方程式》，袁晓凌等译，华东师范大学出版社 2007 年版；［日］青木保《日本文化论的变迁》，杨伟、蒋葳译，中国青年出版社 2009 年版，第 6 章。

② ［美］罗斯·摩尔、［日］杉本良夫编著：《日本人论之方程式》，杨伟、蒋葳译，华东师范大学出版社 2007 年版，第 106 页。

性研究成果，基本上是不符合这种理论命题要求的，可以说既不能充分满足国家内政外交的需要，也不能提供一个很好地把握日本人的方法，做到对中国读者以有效的告知和引导。

本来，追求独具特色的"日本式"、"日本型"本身并没有错，其实，所有日本国民性研究者的共同愿望，正是希望能够科学地把握真正的"日本式"或"日本型"的东西，只不过，目前很多所谓的"日本型"、"日本式"的结论往往因缺乏明确的比较标准，实在是令人难以凭信而已。正如有的学者所指出的那样："'日本式'这一概念的内涵到底是什么？既然可以称之为日本式，那么就必须是其他任何社会都不具备的属性，至少这种属性需要在日本表现得最为明显，否则就不能冠之以'日本式'的名号。但事实上，时下流行的日本人论，虽然对日本情况如数家珍，但对于作为比较对象的其他社会，不管是信息还是认识，都了解甚少。号称日本特有的属性，如果在海外也大量存在的话，恐怕就不能称之为'日本式'了吧。我们不能仅仅因为某种现象在日本存在，就称其为日本式。说得极端一点，全世界都有空气，日本当然也不例外，但是，恐怕不能因为日本国土上有空气，就称其为'日本式空气'吧"。① "所以，最好别在日本人的行动、思维方式上随意粘贴'日本式'的标签。事实上，现在所谓的很多'日本式'的现象既可能是'西式'的，也可能是'全球式'的，我们必须要直面这个问题。"②

总之，这一时期中国的日本国民性研究，虽然既未能切合中国学者们的夙愿，亦未能为推动世界的日本国民性研究作出更多的学术贡献，但是，历史地看，这段"述而少作"的工作，在向中国学界和国人推介国际上同领域的研究成果方面，还是作出了很大的贡献的，也为我们认识日本人提供了一些值得参考的建议。因此，笔者认为对这段时期的研究成果不可一概否定，也当给予应有的评价。

（二）探讨了中国语境下的日本国民性研究新范式

随着日本泡沫经济的崩溃和中国经济的繁荣昌盛，特别是自进入 21

---

① ［美］罗斯·摩尔、［日］杉本良夫编著：《日本人论之方程式》，袁晓凌等译，华东师范大学出版社 2007 年版，第 80—81 页。

② 同上书，第 107 页。

世纪以来，大概是中国经济锐不可当的发展势头也无形中增长了中国学者们的信心，无论是在经济领域，还是在社会学、心理学、哲学、国际政治学等领域，探讨所谓中国模式的呼声越来越高①，中国的日本国民性研究的目的也开始发生变化。这一时期的日本国民性研究，已经从单纯地借鉴经验，转变为客观地分析日本人的言行思维方式等，以利于从知己知彼百战不殆的角度出发，有的放矢地制定出更加合理的对日战略。由于中国改革开放的深入、与国际交往的增加，以及互联网的普及，中国学者在接收国际学术信息的环境方面也有了非常大的改善，从现有研究成果的学术贡献上看，虽然还不是很理想，但是，尚会鹏与游国龙对许烺光心理文化学的理论与方法的介绍、完善和运用，可谓是对中国语境下的日本国民性研究新范式进行的非常有益的探讨。

许烺光（Francis L. K. Hsu）是美籍华裔学者，心理人类学开创者之一。1909 年生于中国东北辽东半岛的庄河，1933 年毕业于沪江大学社会学系，1937 年赴英国伦敦随马林诺夫斯基攻读人类学，1941 年获得英国伦敦大学人类学博士学位，曾任教于国立云南大学（1941—1944）、美国哥伦比亚大学（1944—1945）、康奈尔大学（1945—1947），从 1947 年起任教于西北大学人类学系，曾任美国人类学会会长（1978—1979）。许烺光擅长心理人类学理论和大规模文明社会的比较研究，曾经在中国西南部、印度、日本从事田野工作，旅游讲学的足迹更遍及美国和远东。许烺光 1999 年 12 月 15 日在旧金山逝世，享年 90 岁。许氏一生游历甚广，著述丰富，目前台湾为其出版了《许烺光著作集》10 卷（其中第 10 卷为英文）。②

心理文化学的重要理论之一是"心理—社会均衡"理论，这是许烺光提出的理解人的心理、行为与文化关系的理论模型。该模型最主要的特点是将人理解为一种"社会文化场"而不是孤立的个体，从人与人、人与物、人与文化规范以及心理与社会动态均衡的角度把握人。尚会鹏通过对该理论的详尽分析指出，"该理论在四个方面与许氏的中国文化背景相联系，即与儒家的'修、齐、治、平'模式有相似之处；与中国文化从

---

① 参见杨国枢《中国人的心理》，台北：桂冠图书股份有限公司 1988 年版；秦亚青《权力·制度·文化：国际关系理论与方法研究文集》序言"光荣与梦想"，北京大学出版社 2005 年版，第 3 页。

② ［美］许烺光：《文化人类学新论》，台北：南天书局 2000 年版，第 215 页。

人的'相互性'出发把握人的特点相一致；重视亲属集团以及中国文化中的中和、平衡思想"。①许烺光在参考了中国经验基础上提出的 PSH 理论以及与之相关的"基本人际状态"（human constant）概念，使"中国经验"在心理文化学理论中得到了学理性的提升，为我们研究社会、文化和人提供了新的分析工具和理论框架，使我们以一种崭新的视角重新审视现有的社会科学理论成为可能，特别是为我们从心理文化角度重新审视目前主要基于西方经验建立起来的日本国民性研究提供了理论上的可能性，为构建中国语境下的日本国民性研究的新范式也提供了很大的探索空间。

六　今后的研究课题

鉴于中国的日本国民性研究现状，笔者认为，今后的日本国民性研究，至少应重视如下四个研究课题。

（一）梳理世界上各种"日本人论"

"日本人论"，是日本国民性研究的重要内容之一。

日本人论的种类很多，既有日本人自身的日本人论，亦有世界视野中的日本人论。世界视野中的日本人论，又分为西方的日本人论和东方的日本人论。西方国家的日本人论，又可细分为美国人的和欧洲人的日本人论；东方国家的日本人论，又可以细分为对日本人在文化上具有直接深远影响的中国、朝鲜半岛的日本人论，以及与日本文化渊源不深或基本无涉的一些地区学者的日本人论。如今，由日本人及外国人所著的五花八门的日本人论，通过媒体传播至日本全国乃至全世界，并已演变成一种社会力量，不仅影响着日本人的世界观，重新创造着日本人的自画像，而且也成为世界各国对日印象形成的条件。这些日本人论是如何在社会、文化环境的约束下得到建构的，其中影响较为广泛的日本人论的生旺衰亡情况如何，其内容是否来源于正确的分析，这些内容无论对于那些想要借鉴日本模式的外国人，抑或那些反对效仿日本模式的外国人来说，都具有同等重

---

① 尚会鹏：《许烺光的"心理—社会均衡"理论及其中国文化背景》，《国际政治研究》2006 年第 4 期。

要的意义。而且，持此观点的外国人如果身居国家要职或大企业的决策层，日本人论的正确性将直接关系到数亿民众的生活。

而且，在讨论日本人的"国民性"时，必须首先明确"国民"所指涉的具体对象是谁，即"谁是日本人"。但是，在目前的日本人论中，无论是"日本"的范围，还是"日本人"的范畴都不是很明确。一些夸大了日本和其他社会差异的日本人论，不但扭曲了日本人的世界观，而且已经演变成了一种重塑日本人自画像的社会力量。这种被不断重塑的自画像，不但在事实上成了日本对外交流的巨大障碍，也极易对那些想要借鉴日本模式的外国人造成决策误导。运用知识社会学的理论和方法，在厘清"国民性"与"人性"、"众趋人格（典范人格）"、"人格"、"民族性"等概念含义区分的基础上，重新审视各个时期的各类日本人论因何而产生、其发展状况如何，这对日本人自我认识以及外国人获得对日本人较为正确的认识，都尤为必要。

（二）探求最具解释力的研究方法

"工欲善其事，必先利其器。"欲获得可资凭信的科研成果，就必须依凭科学的研究方法。目前，"寻找和探索国民性研究的科学方法乃是全世界国民性研究者所共同面临的一个难题"。① 研究日本国民性，再单纯地按照以往文化人类学的研究范式，或者是偏重于统计学、心理学的研究方法，显然已经不能获得满意的研究成果。许烺光的"心理文化学"、罗斯·摩尔和杉本良夫在知识社会学方法支撑下摸索出的研究范式——"多元化阶层模型"②，可谓较新的研究范式，但其功能尚未得到全面的发挥。比较而言，"心理文化学"的理论方法，更为关注影响国民性形成的心理层面的原因；"多元化阶层模型"，则更关注影响国民性形成的物理

---

① 罗教讲：《国民性研究方法之探讨》，载李庆善主编：《中国人社会心理研究论集》，香港时代文化出版公司1992年版，第87页。

② "多元化阶层模型"，是以"日本社会的多样性、自我利益的最大化原理、权利结构对意识和行为的约束性这三大前提"为原点，以"社会资源和成层维度这两大侧面"为图示中心，构建起来的一种比较、分析日本社会和日本人的工具。该模型的目的，是用各个社会通用的共同分析概念来寻求不同社会之间的共同点和差异性。具体到日本而言，即把国际比较的视野纳入日本社会的分析过程，通过多个社会的相互比较，找出日本社会和日本人的特性。详见［美］罗斯·摩尔、［日］杉本良夫编著《日本人论之方程式》（袁晓凌等，华东师范大学出版社2007年版第12章与第13章）。

层面的强制性问题。今后除继续挖掘这两种研究范式的潜力外，还有必要进一步探讨可以综合二者之长处的研究范式，开创最具解释力的研究方法。从这个意义上讲，"心理文化学"的理论方法与"多元化阶层模型"，还只是"鱼"，而非"渔"。因此，为了探求最具解释力的研究方法，循迹求"渔"，我们还可以从许烺光、罗斯·摩尔和杉本良夫的学术背景及其学术探索历程中，得到如下三点宝贵的启发：

1. 探求最具解释力的研究方法，要注重跨学科整合研究方法

合久必分，分久必合，天下大势如此，人文科学的研究方法似乎也难逃此命运。一个人的智力终究是有限的，一个学科的研究方法所能解释的问题终究也是有限的，但倘若不同的学者、学科间的智力交流更频繁些，那么将会产生更为丰富的关于方法和关于对事实解释的珍贵建议；组建跨学科的研究团队来进行研究，也定将会有更多的更具解释力的文化成果问世。

倡议注重跨学科整合研究方法，并非我等后学之创见，诸多学术大师很早就已经开始倡议并努力在付诸实践。正如著名的文化人类学家李亦园所指出的那样，20 世纪 50 年代科学界最值得称道的事，既不是原子物理的成就，也不是人造卫星的发射，而是科学整体化（Integration of Sciences）的运动。倡导科学整体化运动的都是一些具有远见卓识的科学家，他们在研究过程中意识到，目前各种科学高度的专门化是一种很不合理的现象，如此长久发展下去，将导致极危险的结果；他们认为所有科学的最终对象和目的都是同一的，各种科学间表面的各异，只是同一形体的各面表现而已，而彼此间的关系都是息息相关互相依赖的。因此，这些科学家们认为统一的科学才是健康的科学，科学家们应该共同建设一套共同的见解，一套互相关联的基本定律，然后科学才能走上有益于全人类的道路。科学界整合运动最重要的一环是社会科学（社会学、心理学和人类学）的整合，而社会科学整合最具体的表现是哈佛大学社会关系学系（Department of Social Relations）的成立，这个混合三种科学——社会学、心理学和人类学于一学系，在美国大学制度上是一个创举，其主要策划人即伟大的人类学家克罗孔教授（Prof. Clyde Kay Maben Kluckhon）以及他的几个知心朋友：社会学家帕森思（Talcott Parsons），心理学家奥坡特（Gordon Allport）和心理分析学家莫锐（Henry Murray）。[1]

---

[1]　李亦园：《文化与行为》，台北：台湾商务印书馆 1992 年版，第 148 页。

另外，法国年鉴学派第二代著名的史学家布罗代尔（1902—1985）也曾撰文呼吁应该跨学科整合研究方法。虽然所有的人文学科都对同一景观感兴趣，即对人在过去、现在和将来的活动景观感兴趣。但是，对于这同一景观，"每一门社会科学都很霸道，无论它们会如何否认这一点。它们都倾向于把自己的结论表达为人类的总体图像"。尽管如此，"如果我们遗弃各个人文科学的观察点，这就等于说抛弃了非常丰富的经验，而强迫自己来重做这一切。但是有谁能在黑暗中踽踽而行呢？今天有谁能够单打独斗地重新系统地阐述全部已知的知识，超越它们，赋予它们以活力，使它们具有单一的语言，科学的语言？阻碍这项事业的并不是获取如此多的知识，而是如何使用它们。他需要拥有我们所有人已掌握的全部适当的技艺和能力。但这些技艺和能力只是在我们各自的专业里获得的，而且常常要经过很长的学徒期。生命是短促的，不允许我们之中任何人掌握如此多样的领域。经济学家只能作为经济学家，社会学家只能作为社会学家，地理学家只能作为地理学家，如此等等。"① 因此，"我的迫切愿望，即把不同的人文科学统一起来，从而使它们少争吵而多处理共同的疑难。这样就会使它们摆脱一堆虚假的问题和无用的知识。而且，经过必要的剔除和调整，就可能出现既丰富又有创造性的新分歧。我们需要有新的动力来激励人文科学"。②

其实，从文化人类学、心理人类学脱颖而出的"心理文化学"自不必提，"多元化阶层模型"也正是综合了多学科的研究方法才得以建构起来的。欲把握构成"多元化阶层模型"之原点的三大前提——"日本社会的多样性、自我利益的最大化原理、权利结构对意识和行为的约束性"，及"多元化阶层模型"作为其图示中心的两大侧面——"社会资源和成层维度"，至少要能够综合运用社会学、历史学、统计学、心理学的研究方法，否则，这个模型几乎就是无法使用的。因此，我们要探寻的日本国民性研究的新范式，首先必须是能集各学科所长的综合性研究方法。

2. 探求最具解释力的研究方法，要注重"边际人"的身份和视角

"边际人"，是对英语"marginal man"的译语，又称"边缘人"或

---

① ［法］布罗代尔：《论历史》，刘北成、周立红译，北京大学出版社 2008 年版，第 61—62 页。

② 同上书，第 77 页。

"过渡人"。一般用来指同时参与两个或两个以上文化模式的群体，其行为被不同群体所同化为具有中间性和边际性的行为，这是一种在社会文化变迁或地理迁徙过程中产生的转型人格。许烺光称他自己就是一个"marginal man"，"随时接触到不同文化，亲身体验不同文化面在内心相互摩擦的边界"。①

　　纵观整个 20 世纪的学术发展历史，可以说是非西方社会向西方社会学习的历史，大多数非西方学者的终极目标就是迎合西方学术圈的口味，以获得他们的认同，鲜有以自身独创性理论跻身于社会科学界者。但许烺光则不然，他在自己的回忆录中说："我的大半生可以说是完全在致力于分析、讲授及促进全世界不同文化间的了解中度过。我是用比较分析法来达成大型有文字社会如中国、印度、美国（扩及欧洲及西方国家）以及日本之间相互了解的目标。"② 正如许氏在自传中所述说的那样，他毕生所做的重要工作就是以边际人（marginal man）的身份，通过比较研究，参考非西方经验来检视主要基于西方经验的理论，从而建立起自己的一套理论体系，来谋求达成大型有文字社会之间的相互了解。

　　无独有偶，以研究日本国民性、反思批判日本人论著称的杉本良夫和罗斯·摩尔，虽然表述不尽相同，但在其著作中也不约而同地提到他们是"以无国籍人士的立场上来分析社会"，所以才使得其对日本国民性的研究更具理性。这种想法，与许烺光的"边际人（marginal man）"的理念，基本上是一致的。

　　罗斯·摩尔，1944 年出生于美国纽约。从俄勒冈州的路易斯·克拉克大学毕业后，在庆应大学和日本劳动协会学习。在美国塔夫兹大学福雷查学院取得博士学位。1976 年，在澳大利亚布里斯班市的格里菲斯大学现代亚洲研究系执教后，又转到墨尔本市的莫纳什大学日本研究专业，任该大学的亚洲语言研究系教授。

　　杉本良夫，1939 年出生于日本兵库县西宫市，京都大学毕业。先在《每日新闻》担任记者，后于 1967 年赴美。在匹兹堡大学取得社会学博士学位。从 1973 年开始，在澳大利亚墨尔本市的拉筹伯大学担任社会学

---

　　①　［美］许烺光口述，徐隆德记录：《边缘人　许烺光回忆录》，台北：南天书局 1997 年版，第 1 页。

　　②　同上书，第 1 页。

系主任，讲授社会学方法论、比较社会学。

罗斯·摩尔、杉本良夫说："我们现在已经离开了生养自己的故乡，生活在异乡。因为拥有成年后在日、美、澳三国的生活经历，所以我们能自然地站在理性的无国籍人士的立场上来分析社会。有意也好，无意也罢，已有的'日本人论'均是在明确意识到'自己是哪国人'的思维框架中展开论述的。国籍意识或国民意识因为把关注点放在国境这条粗黑线上，所以妨碍了自由思考的顺利进行。我希望在思考日本与世界的问题时能挣脱国籍、国民意识的束缚。三个社会，每一个既是故乡，又是异乡。如果从这个视角聚焦日本社会，是否有可能构建出'另一种日本人论'呢？"[①]

上述三位学者的学术探索经历及其丰厚的学术业绩充分说明，欲探求最具解释力的研究方法，注重"边际人"的身份和视角也很有必要。

3. 探求最具解释力的研究方法，要着力研究如何提升中国经验的地位

尚会鹏在探讨许烺光的"心理—社会均衡"理论及其中国文化背景时曾指出，许烺光的中国文化背景，使他能够对中国文化"追求人与人之间的彻底和谐"的思想给以学理上的提升，成为把握问题的一种方法论。但许氏并非一味赞扬中国文化，他也指出了中国模式的缺点。从他的理论可以得出这样的结论：每一种"基本人际状态"都只是具备了某种条件的人存在的"场"，必定是强调了某些条件而弱化或忽视了另外一些条件，建立在此基础上的文化也因此而各有利弊。人与人关系上和心理（精神）方面的弊端或短处可称为"文化病理"之表现。这种观点与中医学中的"不平衡则病"的思想颇有相通之处。[②]

尚会鹏研究许氏理论的目的，主要是为了给国际关系的研究提供一种新的视角，总结非西方社会经验并将其用于建立某种"后现代国际秩序"提供理论上的可能性[③]，因此，虽然尚会鹏在其论文中也提到了中医学的

---

① ［美］罗斯·摩尔、［日］杉本良夫编著：《日本人论之方程式》，袁晓凌等译，华东师范大学出版社 2007 年版，第 10 页。

② 尚会鹏：《许烺光的"心理—社会均衡"理论及其中国文化背景》，《国际政治研究》2006 年第 4 期。

③ 尚会鹏：《"个人"、"个国"与现代国际秩序——心理文化的视角》，《世界经济与政治》2007 年第 5 期。

思想，但并没有展开讨论。笔者认为，从探寻日本国民性研究的中国语境，创新日本国民性研究的学科范式的角度出发，借鉴许烺光的探索经验，中医理论其实更应作为一个需着力挖掘中国经验的宝库。这是因为，无论是国民性研究，还是中医理论，从本质上说都是对"人"的把握。

　　一切宇宙现象皆建立在相对关系、相互调节以及均衡之上，人亦无例外。人不仅是一个生理意义上的平衡体，还是一个社会和心理意义上的平衡体，后一种意义上的平衡体就是心理文化学家许烺光提出的"心理—社会均衡（Psycho-social Homeostasis，简称 PSH）"理论。心理社会均衡理论模型以及"基本人际状态（human constant）"的概念把人视为一个"社会—文化场"，这个"场"由内而外分为若干层（用七个不规则的同心圆表示）①，"场"中摆放着家庭、父母、神明、心爱之人和心爱之物、理想、信仰等，我们与它们维持着动态平衡。这个理论模型主要关注了心理方面和社会方面，但对自然环境的层面关注不够。相对而言，中医学追求的则是这三方面的动态均衡。

　　中医将医术高明的医生称之为"上工"，将医术拙劣者称之为"下工"②，而且，中医所关注的不仅仅是"风寒暑湿热燥"等自然环境对人体生理的影响，还格外关注人的"情志"，即社会人文环境对人心理生理的影响。③ 也就是说，一个优秀的中医，应该是上知天文，下知地理，中知人事才行。中医的所谓开"方"，其实就是在开"时空"，"中医治病的真实境界其实就是利用药物的不同属性来模拟不同的方，不同的时间、空间。时间可以利用药物来模拟，空间也可以用药物来模拟，治疗疾病就是方的转换，就是时空的转换，将人从不健康的疾病时空状态转换到健康的时空状态"。④ 所谓"中知人事"，也就是说对社会人文方面也必须得有很深的造诣，方才能够成为一名医术高超的医生。心理社会均衡理论模型所关注的心理方面和社会方面，即中医所讲的"人事"。研究国民性，其实

---

　　①　由内而外依次为：第七层"无意识"、第六层"前意识"、第五层"不可表述意识"、第四层"可表述意识"、第三层"亲密的社会与文化"、第二层"运作的社会与文化"、第一层"较大的社会与文化"、第○层"外部世界"。这个原理详见［美］许烺光《许烺光著作集》（第九卷），台北：台湾南天书局 2002 年版，第 240—260 页。对该理论的评论和分析见尚会鹏《许烺光的"心理—社会均衡"理论及其中国文化背景》。

　　②　王洪图主编：《黄帝内经素问白话解》，人民卫生出版社 2005 年版，第 190 页。

　　③　同上书，第 611 页。

　　④　刘力红：《思考中医》，广西师范大学出版社 2001 年版，第 155 页。

与中医治病也极其相似。中医诊病，唯正确辨证，才能处方施药；唯方妙
药效，才有望祛病延年。人之病状，千变万化，但万变不离其宗。在笔者
看来，从可操作性及其效果来看，目前中医理论对人的把握要远远胜出已
有的国民性研究理论模型。如果能够将中医理论中研究人的一系列理论方
法，提升到日本国民性研究理论中来，相信定会有很多新的发现。

（三）加强日本国民性成因的研究

中国的日本国民性研究成果中，对于日本国民性"是什么"的研究
居多，对于"为什么是这样"的研究较少，即对日本国民性成因的研究
较少。

日本国民性的成因可以概括为两大方面，一个是物理层面的强制性原
因，一个是心理层面的原因。物理层面的强制性原因，包括地理环境、社
会结构、社会制度等方面的内容。心理层面的原因，主要是文化艺术、风
俗习惯、社会政策、文化战略等对人的心理层面的影响。目前，从这两方
面来探讨日本国民性成因的文章都可见到一些，但大多数的论著都还是侧
重于从"风土论"即地理环境的角度来探究日本国民性的成因。而且，
同样是从地理环境的角度探讨国民性的论著，其关注点和结论也都不尽相
同，这一点在中日两国研究日本国民性的学者间尤为明显。

日本学者关注的多是日本地理环境温和秀丽的一面，他们不仅充分肯
定日本的地理环境的独特性和优越性，甚至还有的学者把日本独特的地理
环境视为日本人优秀论的根据。① 与日本的学者相反，在很多从地理环境
的角度来探讨日本国民性成因的中国学者的论著中，大家关注的则多是频
发的自然灾害对日本国民性的影响。如日本因为是一个国土面积狭小、资
源贫乏、多自然灾害的岛国，所以才会常抱有一种危机意识，这种危机意
识的积极面是使日本人精打细算奋发图强成长为了一个经济大国，其消极
面则是导致右翼势力为了获取更大的"生存空间"而对外侵略扩张造成
于人于己都非常惨重的危害，类似这样的论说散见于许多日本历史文化的
论著中，也可以说是很多人都耳熟能详的观点，这里就不再一一举例赘
述了。

针对这种研究倾向的缺陷，刘德有曾在很多场合高声呼吁，"我们在

---

① 参见张建立《日本国民性研究的现状与课题》，《日本学刊》2006 年第 6 期。

研究日本的国民性的时候，要告诫自己不要先入为主。因为戴着有色眼镜来观察事物，必然看不准，而且容易主观片面。例如有的学者在分析日本战后之所以能够实现经济腾飞，原因之一是存在着民族危机感，而这种危机感，来自于日本的多自然灾害。这种论断，我认为也是不那么科学的。中国各地的自然灾害频仍，是尽人皆知的。不能说中国自然灾害多，而中国人缺乏危机感。"①

从刘德有的呼吁中我们再一次感到，研究日本国民性时，与包括中国在内的亚洲国家进行比较研究是非常必要的，否则只是就日本论日本，缺乏对与日本文化渊源很深的亚洲国家的比较，有时难免会陷入"不识庐山真面目，只缘身在此山中"的困境。近些年发表的一些欲从日本多自然灾害的独特地理环境来解释日本的宗教观、审美观、发展观等的文章②，其研究视野不再囿于传统的政治地理学，而是尝试着从地缘政治学的角度重新阐释地理环境对国民性的影响，这一点虽有一定的新意值得评价，但还是有些过于看重地理环境因素之嫌。反过来，也有的学者几乎完全抛开地理环境论，认为："地理环境在文化发生发展的初期具有重要的影响作用，并左右着民族心理、性格结构的形成，但随着人类改造征服自然能力的增强即生产力的发展，这种影响力就会逐渐减弱，并且越向近代、现代及未来推移，这种影响力就越接近于零。"③ 这类观点又给人一种从一个极端走向另一个极端的感觉了。

因此，今后，我们应摆脱传统的地理政治学的片面影响，加强对社会历史因素的分析，特别是要加强对心理层面的原因的探讨。因为国民性研究的对象是会想、会思考、会感受的人，不同于石头、木头和其他自然物，其心理层面的原因往往影响会更大。例如，任何社会，只要有利益之争，就免不了因利益分配不均而产生怨恨，发生冲突，出现在集团及个人之间的紧张、对决、争端是以何种形式表现出来的，随着时代、地域、产业的变化将会发生何种变化？结构变化的方式和冲突的内容究竟是一种什么样的相关模式？加强对日本人感情模式之一的怨恨意识的研究，对回答上述问题会提供很大的帮助。分析现代性问题、现实问题，解读日本的国

---

① 刘德有：《日本文化研究之我见》，载孙新、王伟编《世界中的日本文化——摩擦与融合》，国际文化出版公司 2006 年版，第 13 页。

② 例如，梁晓君《日本国民性之政治地理学解读》，《国际论坛》2005 年第 7 卷第 6 期。

③ 吕超：《从原始文化看日本民族性格的形成》，《日本研究》1994 年第 2 期。

家战略，不仅能从外在的历史的社会结构变迁来规定和把握，而且也能通过内在的感情模式的视角来加以审视，后者的研究则涵盖着对日本人动机结构的考察。如能够将外在的历史的社会结构视角与内在的感情模式视角结合起来考察，则更能把握日本人的国民性格中微妙而难以察觉的一面。只有较准确地把握和分析人的行为背后的动机，方有利于进行与人的行为相关的因果分析，研究化解冲突的机制等。在这方面，日本国民性研究应该大有用武之地。

(四) 进行中日韩国民性比较研究

日本国民性研究之所以能够兴盛，首先是因为它自兴起之初，就是一种应运而生的集基础性研究、对策应用性研究为一体的综合性研究，并且更倾向于对策应用性研究。中国语境下的新的国民性研究范式，应该不仅能适用于日本国民性的研究，亦应该能适用于进行中日韩国民性比较研究，这既是国民性研究的学科使命之要求，亦是构建"自立与共生"的东亚共同体的区域认同意识之需求。

构建东亚共同体，是东亚各国之夙愿。东亚共同体可谓是一个跨国界、超越民族、血缘的大的次级集团，它是东亚人为了最大限度地满足各自的需求的必然产物。但是，在东亚地区，尽管以中日韩国家个体为单位的发展成绩在过去的半个世纪耀人眼目，但是区域合作与区域国际政策协调一直窒碍不前。加文·麦考马克在其著作《虚幻的乐园　战后日本综合研究》中说："日本后来在'共荣圈'上失败了，其原因是日本没有提供一个能给邻国的国民带有归属感，或者乐于参加的共同体的图像。"①其实，当年并非日本不想给邻国的国民一种归属感，原因是诸如"大东亚共荣圈"那种殖民体系下的共同体愿景，是不可能获得日本以外的东亚各国认同的。日本自民党的西方价值观外交也不可能得到呼应，尤其是得不到越来越强大的中国的支持和呼应，也难行得通。2009 年，新上台的日本民主党政府提出了"自立与共生"原则下的东亚共同体构想，以矫正片面追求西方价值观的东亚共同体构想。该原则，基本上融会了中国人缔结集团的"亲属原则"、日本人缔结集团的"缘约原则"、欧美人缔

---

① ［澳］加文·麦考马克：《虚幻的乐园　战后日本综合研究》，郭南燕译，上海人民出版社 1999 年版，第 183 页。

结集团的"契约原则"，所以一经日本新政府作为其执政方策予以提出，即得到了中国与韩国的呼应与支持。

东亚地区融合和一体化的进程乃是历史大势所趋，从理论上讲，实现遵循"自立与共生"原则的东亚共同体的可能性很大，而且，这种模式将有可能成为比较理想的新的东亚国际秩序。日本民主党新政府，不仅对东亚共同体的制度架构之类的形式问题避而不谈，也没有像自民党那样叫嚣必须由日本来主导东亚。其实，新的东亚国际秩序终将由谁来主导，空费唇舌地讨论也是没有多大意义的，它不可能是某一国某一个精英政治家一相情愿就能决定得了的事情。但是，无论将来哪国会起实质性的主导作用，类似朝贡体系下的那种国际关系，大概是不可能再次出现的，共同体内的国家也将可能在极大程度上实现和谐相处。自朝贡体系崩溃以来，虽然日本一直想主导东亚，但从历史上看，可以说，无论在任何时候，日本都没有能够成为东亚秩序的核心，直至今天，它依然是心有余而力不足。因此，如果能够进一步加强中日韩三国国民性比较研究，切实地探讨增进三国国民间相互理解、相互信任的途径，这对于更有效地推动遵循"自立与共生"原则的东亚共同体的实现，亦将是有百利而无一害的事情。

七　结语

以上，通过对近 30 年来中国的日本国民性研究的现状与课题的梳理可知，截至 20 世纪末，虽然中国的日本国民性研究水平一直滞后于国际上同领域的研究水平，但进入 21 世纪以来，中国的日本国民性研究成果的质与量都有了飞跃的发展，特别是探讨如何在中国语境下开创国民性研究新范式方面，已经取得了一定的成绩。

另外，从骤然增长的日本国民性研究成果数量也可以获知，在中国，亟须了解日本国民性的社会需求也在日益增加，因此，在今天，应该进一步加强日本国民性研究的重要性和现实意义，也就毋庸赘言了。

曾以"文明冲突论"引起世人关注的美国资深政治学家亨廷顿，在其 2004 年出版的新作《谁是美国人？——美国国民特性面临的挑战》中指出："国家利益来自国民特性，要知道我们的利益是什么，就得首先知道我们是什么人"，对国民特性的定义不同，就会衍生出"不同的国家利益和政策目标"。① "美国的特性问题是独特的，但是存在特性问题的绝不只是美国。国民特性问题上的辩论是我们时代的一个常有的特点。几乎每个地方的人们都在询问、重新考虑和界定他们自己有何共性以及他们与别人的区别何在：我们是什么人？我们属于什么？"② 恰如亨廷顿所言，虽然说寻找和探索国民性研究方法的步伐依旧很缓慢，但是，随着现代化、经济发展、城市化和全球化的突飞猛进，世界对国民性研究的社会需求却是越来越强烈。为了不再将中国的国际关系研究成果写成"有一定深度的新闻报道"③，为了不再将日本国民性研究成果写成"只是在对某些新颖奇特的表面现象进行漫无边际的杂谈"④，展望中国的日本国民性研究的未来，对于专事此业的同仁而言，可谓是任重而道远！

---

① ［美］塞缪尔·亨廷顿：《谁是美国人？——美国国民特性面临的挑战》，程克雄译，新华出版社 2010 年版，第 8—9 页。
② 同上书，第 10 页。
③ 秦亚青：《权力·制度·文化：国际关系理论与方法研究文集》序言"光荣与梦想"，北京大学出版社 2005 年版，第 3 页。
④ ［美］罗斯·摩尔、［日］杉本良夫编著：《日本人论之方程式》，袁晓凌等译，华东师范大学出版社 2007 年版，第 92 页。

中国的日本思想研究 30 年综述

中国社会科学院日本研究所　　唐永亮

国内关于思想史的研究对象问题仍存在一定争论。有人主张思想史主要研究的是思想家的思想史或经典的思想史，有人主张思想史也应该研究非精英的思想史。中国思想史研究专家葛兆光就是持后一种观点的鲜明代表。他认为思想史应该研究"一般知识、思想和信仰的世界"。实际上，这两种意见并不完全矛盾。思想史研究的是思想的发展史，即研究思想的内部结构、传承过程、发展规律及其与国内外诸种影响因子的关系。就日本思想史研究而言，它的主要内容是研究日本人对客观世界的反映和认识，特别是系统化和理论化的观念和认识。但是，与其他学科一样，随着研究的深入和交叉学科的出现，它的内涵和外延也不断丰富和扩展。非精英的日本思想史研究就是这一过程的产物，它丰富了日本思想史研究的内涵。中国的日本思想研究是日本思想研究的重要维度。改革开放三十多年来中国的日本思想研究走过了恢复发展期、不断完善期和全面深化期三个阶段，取得了丰硕的成果。

一　20 世纪 80 年代中国的日本思想研究——恢复发展期

（一）80 年代日本思想研究的基本情况

新中国成立以来我国的日本思想研究相比其他一些学科来说，起点还是比较高的，朱谦之、吴廷璆、刘及辰等老前辈留下了许多高水平的成果，为中国的日本思想史研究打下了坚实的基础。

"文化大革命"结束后，一度几乎停滞不前的日本思想研究随着改革开放和中日邦交正常化而重新活跃起来，涌现出了许多优秀的研究成果。据不完全统计，这一时期共发表了有关日本思想研究的学术论文百余篇，出版专著主要有四部。这些著述既涉及一些较新的领域，如启蒙思想、自由民权思想、现代化思想等，也涉及一些具有继承性的领域，如社会主义思想研究和法西斯思想研究，等等。虽然是继承性的研究，但这一时期的研究，特别是有关社会主义思想的研究思路明显扩宽，研究深度也明显增强。出现了以方昌杰、宋官德《日本社会主义思想史》（《东方哲学研究》1979 年第 1 期）为代表的通史性著述，并且对片山潜、幸德秋水、堺利彦、户坂润、山川均、德田球一等一批社会主义思想家也进行了专门研究。

改革开放对中国思想界的影响绝不亚于经济界，它向思想界提出了两个棘手的问题：其一，改革要达到什么样的具体目标；其二，如何在中国的国情下进行改革？围绕这两个问题，中国的日本思想研究界也进行了深入研究，形成了三个主要的研究热点：

1. 启蒙思想研究

从"文化大革命"结束到 80 年代末，在中国出现了思想解放的浪潮。这一时期堪称中国知识分子的英雄时代，他们积极引介西学，变革中国文化。他们继承五四精神，宣扬自由、民主、平等的启蒙主义经典价值观。现代化、启蒙、自由可以说是这个时代的关键词。启蒙的目的是向社会普及新知，使民众接受新事物，从而摆脱愚蒙。五四运动开启了中国的启蒙运动，但却没能完成这一任务，而这个任务落到了 80 年代学人的身上。如何进行启蒙，怎样的启蒙适合中国社会，中国的学者在向世界寻求着经验。日本 19 世纪中叶经历过的启蒙运动，成了中国学者关注的重点。就这一时期而言，日本启蒙思想研究是一个新领域，许多学者做了开创性的工作。

崔世广著《近代启蒙思想与现代化——中日近代启蒙思想比较》（北京航空航天大学出版社 1989 年版）一书对明治启蒙思想进行了全面而深入的研究，堪称 80 年代启蒙思想研究的集大成之作。该书的主要贡献在于：其一，对启蒙的概念界定、类型以及与近代化的关系作了系统的梳理。他认为启蒙不仅包括早期资产阶级社会思潮、近代启蒙现象，还应包括后进国当代发生的一系列思想解放运动，启蒙的划分不仅有先进和后进的标准，而且可以把不同文化圈作为划分标准。其二，该书全面研究了日本启蒙思想的形成、内容和内在逻辑，颇有见地地指出：日本近代启蒙思想的共同逻辑是由"天赋人权"出发，在现实中把其转换为"天赋国权"、"国赋人权"，最后再要求"人权"服务和回归于"国权"。其三，把日本近代启蒙思想放在世界的范围内，通过与欧美、中国近代启蒙思想的对比来加以分析，指出：中日启蒙思想在出发点、目的、归宿以及启蒙思想的形成过程方面具有相似性，但是启蒙发生的直接契机、时间以及启蒙成员的成分和素质、启蒙思想的内容方面存在着差异性。尽管中日之间存在着这样或那样的差异性，但在启蒙以前却走着极其相似的一条思想路线，只不过日本比中国走得早，节奏快一些。因此，绝不能据此得出中国没有实现日本那样的近代化可能性的结论。

此外，一些学者对福泽谕吉、西周、加藤弘之、森有礼等启蒙思想家也进行了深入的研究。其中福泽谕吉和西周的思想研究颇令人瞩目。卞崇道、区建英、沈才彬、赵乃章、贺新城等人对福泽谕吉的现代化思想、政治思想、文明观、哲学思想、国际政治思想作了具体而深入的研究。对于西周思想的评价在这一时期还没有达成统一意见。刘及辰《论西周对近代日本哲学的贡献及其实证主义的立场》（《东方哲学研究》1979 年第 1期）中主张西周既不是唯物主义者也不是唯心主义者，而是凌驾于二者之上的实证主义者。王守华在《西周哲学的性质及在日本哲学史上的地位》（《山东大学学报哲学社会科学版》1988 年第 3 期）中认为西周哲学的主要倾向是实证主义，但他认为以往学者忽视了西周哲学中具有强烈的儒学影响，而具有强烈的儒学影响是西周哲学的第二重属性。崔新京在《辩证思考西周哲学思想的基本性质》（《日本研究》1988 年第 1 期）中则持完全不同的意见，认为西周哲学思想的基本性质是唯物主义的。

2. 自由民权思想研究

从日本历史上看，以"明六社"为中心开展的启蒙运动因领导者的局限性未能彻底完成对日本国民的启蒙任务，接下来发生的自由民权运动在某种意义上承续了对日本国民进行近代启蒙教育的任务。自由民权运动所宣扬的改革藩阀政治、保障言论和集会的自由等主张，契合了"文化大革命"后的中国社会，获得了中国学人的共鸣。中国学者开始关注自由民权运动，主要从两方面展开了对自由民权运动的研究。其一，围绕自由民权运动思想家的研究。其二，对自由民权运动的研究。中江兆民和植木枝盛是自由民权运动的主要理论家，中国学者在这一时期对这两个人物已有所关注。崔新京在《刍论中江兆民的哲学思想和政治学说》（《辽宁大学学报（哲社版）》1989 年第 6 期）中对中江兆民的哲学思想和政治思想作了较为深入的剖析。贾纯在《中江兆民及其〈续一年有半〉》中对中江兆民的唯物论作了研究。杨孝臣在《论植木枝盛的改革思想》(《外国问题研究》1987年第2期)中剖析了植木枝盛的改革思想,为中国的植木枝盛思想研究奠定了基础。沈才彬是这一时期研究自由民权运动的代表学者。他在《论自由民权运动的性质及其历史地位》中指出:关于自由民权运动的性质主要有三种观点,"革命说"、"反动说"和"前近代说",而他认为自由民权运动在性质上是一次日本人民自下而上地争取资产阶级民主自由权利和民族独立的群众性政治运动。在《日本自由民权运动的社会背景及其思想渊源》一文中,沈才彬指出自由民权运动的产生与明治维新有密切联系,明治政府的一系列资产阶级改革激化了社会矛盾,是自由民权运动产生的要因。

3. 现代化思想研究

新中国成立以后,如何将一个贫困落后的农业国转变为强大的社会主义现代化国家是中国政府面临的最大课题。中国共产党人先后提出了工业化、四个现代化的发展目标。改革开放后,国人对于现代化的理解进一步深化,认识到现代化不仅是工业、农业、国防和科学技术的现代化,而且还包括政治、社会、思想文化的现代化。然而如何实现现代化的发展目标,除了"摸着石头过河"外,还可借鉴发达国家的经验。日本是唯一实现了现代化的亚洲国家,由于中日两国在文化上存在接近性,日本的经验值得我们学习。高增杰著《日本近代成功的启示——谈传统文化与西方文化》(中国和平出版社1987年版)一书是新中国成立以来第一部从思想文化角度论述日本近代化的著作,是日本文化近代化研究的集大成之作。该书从日本近代文化的起点——"文明开化"、群体与个体、协调与竞争、日本近代文化的双重结构等方面论述了文化因素在日本实现近代化过程中所起的作用。该书指出:日本近代的发展主要来源于日本传统文化与西方文化的营养,近代以来日本民族依据文化的时间相位和空间相位有选择地摄取西方文化要素并使之日本化,在传统文化的土壤上扎根生息。正是经历了这个过程,日本近代文化才得以迅速发展,日本资本主义近代化才得以成功。只有坚持民族文化的优秀传统,才能吸收外来文化的营养,丰富和发展原有文化。否则,"皮之不存,毛将焉附",盲目否定一切传统文化,就失去了消化和容纳外来文化的依托,从而也根本谈不上文化的发展,只能带来民族的衰亡。

　　"文革"期间，中华传统思想文化被作为封建残余一概被否定，造成中国思想文化出现了一个断层。改革开放初期，为了防止传统思想文化中消极因素的复兴造成对引进西方文化的抑制，传统思想文化被自觉不自觉地置于边缘地位，受到压制，外来文化被置于"上位"。然而随着社会主义现代化建设的全面展开，人们日益感觉到中国传统思想对社会主义现代化建设依然具有影响力。如何重新认识传统思想与现代化的关系，在 80 年代的中国学术界引发了一场激烈的讨论，不仅大陆学者，海外华裔学者和西方汉学家也参与其中，形成了所谓的"思想文化热"。中国的日本思想研究学者也积极地参与到这场大讨论当中。王家骅在《儒学和日本的现代化》（《日本问题》1989 年第 4 期）中具体分析了儒学与日本现代化之间的关系。严绍璗在《儒学在日本近代文化运动中的意义（战前篇）》（《日本问题》1989 年第 2 期）中从儒学与近代文化关系的角度，论述了儒学对于日本近代化的意义。

（二）80 年代日本思想研究的范式

　　80 年代中国的日本思想研究，在研究理论上主要还是延续着传统的研究范式，即用思想史和哲学的研究框架来研究日本思想，如重视对思想家、哲学家的思想及思想流派的研究。然而值得注意的是文化现代化理论等新的研究理论也被引入到日本思想研究之中，成为日本思想研究的新范式。

　　文化现代化理论始于马克斯·韦伯，他从 20 世纪初叶就开始关注西方资本主义发展的文化精神来源，将文化与现代化联结起来，开启了文化现代化理论研究的先河。但是他认为非西方世界的文化中没能发展出经济理性资本主义。贝拉继承和发展了韦伯的理论。他承认文化与经济存在着深刻关系，但他批评韦伯得出的非西方国家没有发展出像西方那样的理性资本主义的结论。贝拉认为日本是唯一一个实现现代化的非西方国家，日本德川时代的宗教是日本实现现代化的精神动力。日本的文化研究学者们进一步丰富和发展了贝拉的结论。森岛通夫通过比较研究指出：中国的儒教进入到日本后发生了很大变化，它强调"忠"的意义，并且更加世俗化。它与佛教、神道教相结合成为促进日本经济发展的精神动力。1986 年森岛通夫的《日本为什么"成功"》中译本由四川人民出版社出版。1987 年于晓、陈维纲等人将马克斯·韦伯的《新教伦理与资本主义精神》

译介到中国。由此，文化现代化理论正式传到中国，伴随着中国国内的"文化热"，这一理论为许多中国学者所接受，将它运用到日本现代化研究之中。《日本近代化成功的启示》（高增杰）、《日本的传统与现代化》（叶渭渠、诸葛蔚东）、《儒学和日本的现代化》（王家骅）等著述都一定程度上受到了这一理论的影响。

80 年代中国的日本思想研究方法比较传统，主要采用的是史学和哲学的研究方法。史学方法注重史料的爬梳整理、研究思想的演变过程，哲学研究方法主要关注思想的内部结构和逻辑的分析。这两种方法基本都被相互配合使用。除这两种方法外，比较研究法在这一时期的日本思想研究中也经常被用到。欧美学者经常用比较研究法，然而在中国学者看来欧美学者通过对比研究得出的结论有时未能抓住日本思想的特殊性。中日同处于东亚文化圈，在思想上存在相似之处，同时还存在许多差异之处。通过中日思想的对比，更能揭示日本思想的独特之处，同时对进一步认清中国思想的本质特征也具有重要意义。

（三）80 年代日本思想研究的特点

从研究内容上看，80 年代的日本思想研究呈现出了以下几个特征。

1. 精英思想研究多，而思潮研究少

思想家成长于社会之中，因其思想对当时的社会产生了重要影响，所以思想家研究是理解当时社会的一把钥匙，是思想研究不可或缺的组成部分。从在中国期刊网上查询的结果看，1919—1977 年发表的有关日本思想研究的学术论文中事件研究居多，而个人思想研究数量相对较少，只有黄心川和朱谦之对安藤昌益研究的为数不多的几篇论文。从这个角度上说，80 年代的日本思想家研究取得了不小成绩，对社会主义思想家户坂润、片山潜、幸德秋水、河上肇、德田球一，启蒙思想家福泽谕吉、西周、加藤弘之、森有礼，自由民权运动思想家中江兆民、植木枝盛，法西斯主义者北一辉、大川周明等都做了专门研究。从切入角度上看，这一时期不仅注重对思想家哲学思想的研究，还有学者开始从政治思想、哲学思想、文明观和历史观的角度对思想家进行了研究。这是 80 年代日本思想研究中值得称道的成绩。这一时期国内学人对启蒙主义、自由民权运动、社会主义和法西斯主义等思潮也进行了研究，出现了以《近代启蒙思想与近代化》为代表的一些优秀成果。除此之外，卞崇道、李甦平《当代

日本哲学新思潮》（《中州学刊》1987 年第 2 期）和钱建南《影响日本发展的两大思潮》（《世界经济与政治》1988 年第 10 期）对现代日本思潮也作了深入研究。但是，从整体上与精英思想研究相比，思潮研究在这一时期没有受到足够重视。

2. 精英思想研究多，而国民意识研究少

80 年代中国学者非常注重对精英思想家、政治家的研究，而对生发于普通民众之中的国民意识的研究重视不够。国民意识是以一国国民的国民性为基础的、对特定社会存在和时代背景的反映，主要包括生活价值观、世界观、政治意识、国家意识等内容。这一时期也有些学者开始关注日本国民意识的研究。如，武安隆《日本人涉外文化心理的史学考察》（《世界历史》1989 年第 5 期）一文从历史学的角度出发，运用心理分析的方法，考察了日本人对外心理演变的历程。周颂伦《简论近代日本人"脱亚"意识的形成》（《外国问题研究》1987 年第 2 期）分析了日本人"脱亚"意识的形成原因和过程。王家骅《幕末日本人西洋观的变迁》（《历史研究》1980 年第 6 期）一文对幕府末年日本人对西洋认识的变化过程作了深入的探讨。从这些成果中我们可以看到：这一时期学者们主要关注的是日本人的国际观，对日本人的政治意识、国家意识和生活价值观还没有深入研究。毋庸置疑，这与改革开放后国人急于了解日本人对中国、对世界抱有的真实心态有很大的关联。

3. 近代思想研究多，而现代思想研究少

80 年代对近代、前近代思想进行研究的成果居多，主要关注的是日本近代化的经验。对当代日本思想状况进行研究的成果很少，只有几篇论文。刘世龙《论当代日本的"现实主义"战略思想》（《日本问题》1989 年第 5 期）论述了日本现实主义战略思想的内涵和特征。张萍《日本哲学现状》（《国外社会科学》1981 年第 1 期）对日本现代哲学的状况进行了梳理。张北《日本"东亚经济圈构想"初析》（《日本问题》1989 年第 1 期）对竹下登政权上台后提出的"东亚经济圈构想"的背景和内容作了深入分析。高中路《关于日本的"环太平洋联合设想"问题》（《外国问题研究》1981 年第 1 期）、《再论日本的"环太平洋合作构想"问题》（《外国问题研究》1983 年第 1 期）对大平正芳提出的"环太平洋合作构想"的背景和内容作了深入分析。

总之，80 年代中国的日本思想研究迎来了"春天"。这一时期学术研究氛围是活泼的，体现了被"文革"长期抑压的自由思想的释放效应。研究成果纷纷涌现，学术成果数量明显增加，并出现了一批较高水平的研究成果。研究领域也大为拓宽，既承续了一些传统的研究领域，又顺应时代开辟了一些新的研究领域，深化了对日本思想的研究。国家在恢复原有研究机构的同时，还增设了许多从事日本研究的专门机构，如中国社会科学院日本研究所、中国社会科学院哲学研究所东方哲学研究室、北京日本学研究中心、天津社会科学院日本研究所、延边大学日本问题研究室等，这些机构的成立为这一时期的日本思想研究打下了坚实的基础。"中国日本史学会"于1980年成立，对于整合日本思想史研究人才、促进学术交流也起到了很大作用。

二　20世纪90年代中国的日本思想研究——不断完善期

（一）90年代日本思想研究的基本情况

90年代，在中国经济取得飞速发展的同时，文化领域也百花齐放，取得了令人瞩目的成就。日本思想研究突飞猛进，成果大幅增加。据不完全统计，日本思想研究方面的学术论文有近200篇，主要专著有40余部。这些成果中有因学术研究惯性而延续下来的老课题，如启蒙思想研究、自由民权思想研究、社会主义思想研究。虽然是老课题，但是研究的视角不断扩展，研究的深度也不断加强。其中值得一提的是启蒙思想研究在这一时期依然持续"高温"，并出现了许多新视点。高增杰《福泽谕吉与近代日本人的中国观——思想史和国际关系的接点》（《日本学刊》1993年第1期）从国际政治思想史的角度探讨了福泽谕吉的中国观对近代日本的影响。王中江著《严复与福泽谕吉——中日启蒙思想比较》一书以严复和福泽谕吉为中心具体探讨了中日启蒙思想的异同。崔新京著《日本明治启蒙思想》则将日本启蒙思想置于世界启蒙思想体系之内，与法国18世纪启蒙思想和中国戊戌启蒙思想作了比较。此外，高增杰、王家骅、关松林、王军彦、桂勤、窦重山、丁惠章、徐剑梅、潘昌龙等人对福泽谕吉的实学思想、儒学思想、教育思想、思想转向、人才观、道德思想、国家观、政治革新观、经济思想也做了深入研究。

然而，从学术成果的数量上看，传统领域的研究整体是呈现降温状态的。而与之相对，这一时期形成了两个比较明显的研究热点。

1. 日本传统思想研究

90 年代依然延续了 80 年代 "现代化" 的主题，但是基本问题和基本思路却有相当程度的转型。80 年代在文化上是 "反传统时期"。然而，这场文化思潮在 80 年代末却经受了挫折，学界围绕着传统文化与现代化的关系展开了争论。进入 90 年代后，争论出现了一边倒的倾向。在亚洲的 "经济奇迹" 制造的 "儒学复兴" 的神话中，人们的怀古情绪被激发，掀起了一股复兴国学、回归传统的热潮。中国的日本思想史研究界也积极地融入到这场讨论中，开始研究日本传统文化的现代意义。王家骅著《儒学思想与日本文化》（浙江人民出版社 1990 年版）和《儒家思想与日本的现代化》（浙江人民出版社 1995 年版）就是其中的代表。王家骅认为：日本现代化具有成功与失败、发展与牺牲、现代与传统、进步与困境并存的二重性，日本儒学也具有积极方面和消极方面并存的二重性；日本现代化的消极面与日本儒学的消极面不无关联，但是，日本儒学的积极面对形成日本现代化的积极面也有贡献。这一观点对客观分析日本儒学传统与现代化的关系具有重要意义。除此之外，武寅《尊皇与日本传统文化》（《日本问题》1990 年第 5 期）、汤重南等人著《日本文化与现代化》（辽海出版社 1999 年版）、王中田著《江户时代日本儒学研究》（中国社会科学出版社 1994 年版）、崔新京《论儒学观念与日本的现代化》（《日本研究》1993 年第 4 期）、徐远和《"礼" 在日本的传播和演变》（《哲学研究》1996 年第 7 期）、李甦平等人著《中国·日本·朝鲜实学比较》（安徽人民出版社 1995 年版）、朱七星主编《中国、朝鲜、日本传统哲学比较研究》（延边人民出版社 1995 年版）等著述都对日本的传统思想进行了深入的研究。

2. 日本右倾化思潮研究

90 年代日本经济陷入到了 "失去的十年" 之中，在政治层面上左右两翼严重失衡，社会上涌动着强烈的右倾化思潮。这一右倾化思潮引起了中国学术界的高度关注，成为 90 年代日本思想研究的一个新热点。日本右倾化思潮研究主要是从改宪思潮、新国家主义思潮两个维度展开的。

（1）改宪思潮。实际上 50 年代以来日本就已出现了改宪的动向，只不过那时还没有形成气候。直到 90 年代受国际形势和国内环境的影响，日本国内改宪论才甚嚣尘上，各种政治力量竞相登场，形成了一股改宪浪潮。张碧清《浅析日本的改宪风潮及政界改组》（《日本学刊》1993 年第

4期)一文将改宪风潮与日本政界改组结合起来,认为90年代初改宪思潮的特点是来势凶猛、波及范围广、涉及问题多。它不仅触及宪法第九条,而且与政界改组问题纠缠在一起。刘杰在《战后日本"改宪"思潮论》(《外国问题研究》1995年第1期)中明确将改宪思潮视为战后日本新右翼思潮的一部分。刘杰认为改宪思潮是战后初期民主化改革不够彻底的结果,是日本走向大国政策的必然反映,国家神道意识仍然在日本社会中起着不容忽视的价值作用。戚洪国在《试论战后日本改宪思潮及影响》(《日本学论坛》1999年第3期)一文中对于90年代改宪思潮的特点作了概括。

(2)新国家主义思潮。新国家主义思潮是战后右倾化思潮的重要组成部分。黄大慧《试论战后日本的新国家主义思潮》(《外国问题研究》1990年第1期)一文对新国家主义思潮的产生及界定作了论述。他认为新国家主义是以日本经济高速增长并成为经济大国为基础,于70年代后期和80年代作为日本统治阶级的意识形态而出现的关于日本未来发展的一种政治思潮。它与战前日本国家主义不同,具有五个明显的特征。其一,新国家主义是主张把日本打造成西方一员,与美国平起平坐、自成一极、具有政治大国地位的国家主义;其二,新国家主义主张通过操纵舆论和使用先进的技术,进行"脱政治"且具有"民主主义"外衣的高度管理国家化;其三,新国家主义是建立在强有力的统一社会基础上的一种"柔结构"的国家体制;其四,企业、财界、资本等的主导权在国家统治中占有决定性的比重;其五,新国家主义不否认个人生活中心主义。丁惠章《日本新国家主义与福泽谕吉国家观之比较》(《长白学刊》1998年第2期),通过将新国家主义与福泽谕吉的国家观的对比研究指出:新国家主义抛弃了福泽谕吉的民主启蒙思想,只继承了扩张国权的思想;新国家主义以输出日本经济模式、宣扬日本民族和文化优越性为手段,企图通过日本雄厚的资金购买通往世界政治大国的通行证,因而具有极大的欺骗性。刘天纯《"前事不忘,后事之师"——略论日本军国主义复活的倾向及根源》(《中国社会科学院研究生院学报》1995年第4期)指出战后日本复活军国主义的诸种倾向,即:歪曲历史,美化侵略;重新武装,增强军力;修改宪法,派兵出国。

（二）90 年代日本思想研究的范式

90 年代，日本思想研究的主体研究范式并没有改变，依然是以史学理论和哲学理论为主。然而，值得注意的是，这一时期因为开拓出了几个新的研究领域而伴生出了新的研究范式。

1. 社会思潮的研究

关于社会思潮，90 年代的中国学界展开了广泛的讨论，主要形成了以下几种观点：（1）从与社会存在的关系出发，将社会思潮看作意识形态的一部分，是"某一个时期内，在一个阶层或者跨阶层的相对多数的日本国民中，反映当时的社会经济政治状况特别是时代课题，并体现他们的利益和要求，从而产生广泛深刻的社会影响及强烈持久的心理共鸣的思想倾向"①。（2）从文明的独特性出发，将社会思潮视为生发于社会心理之上的思想倾向，是"指社会上某种思想的流行、某种理论的传播、某种心理的共鸣。以一定范围内广泛流行的社会心理为基础，以相应的思想体系为代表的思想倾向"②。（3）从形式上，将社会思潮看成是具有理论导向的思想体系，"是一定时期内，反映某一阶级或阶层群众利益和要求的、以某种理论学说为主导或依据的思想趋势或倾向"③。（4）从内涵上看，认为社会思潮既是一种思想潮流，亦包含与之相应的社会行动，是"大多数国民具有的、形成时代主流的意识和行动"④。

虽然对社会思潮的认识存在差别，但其中也有共通之处。其一，社会思潮是群体意识，而非个体意识。其二，社会思潮具有明显的时代特征，是能引起某一特定时代人们心理共鸣的思想潮流。其三，社会思潮是某一阶级或阶层的利益或要求的反应。从这一点上说，社会思潮未必是主流意识形态，随着某一阶级或阶层成为统治阶级，其所主倡的思潮也可演变为主流意识形态。其四，社会思潮是动态的，具有传播性，具有一定的社会影响力。社会思潮有广义和狭义之分。广义的社会思潮是包含政治思潮、经济思潮、文化思潮和狭义社会思潮等复杂内容的社会

---

① 朱听昌、师小芹：《90 年代日美关系的调整及其影响》，《日本学刊》1999 年第 3 期。
② 曲洪志：《探讨社会思潮的发展规律》，《思想教育研究》1995 年第 2 期。
③ 许启贤：《社会思潮研究》，《淮南工业学院学报（社会科学版）》1999 年第 1 期。
④ 王新生：《战后日本社会思潮的演变及其对政治体制的影响》，《日本学刊》1993 年第 6 期。

性思想潮流和行动。狭义的社会思潮指的是对社会生活具有深刻影响的思想潮流和行动。

2. 国民思想意识研究

90年代国民思想意识研究得以兴起，国内学者主要从生活价值观、国际观念和青年心理等方面对日本国民的思想意识进行了深入的研究。其中，青年思想研究表现得颇为突出。青年作为一个群体，有其独特的思想特征和发展规律。中国的日本青年思想研究是受日本学界的影响，由思想研究和青年心理学研究结合而形成的，主要应用的是心理学理论，特别是人格心理学理论、社会心理学理论、教育心理学理论、发展心理学理论和犯罪心理学理论。张日昇《日本青年心理学的发展》（《北京师范大学学报》（社会科学版）1992年第1期）对日本青年心理学的发展历程和研究现状作了介绍。武勤《日本心理学界青年价值观研究的新进展》（《山东师范大学学报（社会科学版）1995年第4期》）介绍了1992年到1993年以大阪教育大学秋叶英教授为首的"90年代课题组"在制定新的青年价值观检测尺度、青年价值观与行为方式的关联研究、现代青年价值观的投影法研究方面所取得的成果。

3. 跨学科思想研究

在研究方法上，90年代中国的日本思想研究除了采用历史学和哲学的研究方法外，还出现了一些新突破，这些突破大多是因学科交叉而产生的结果。(1) 思想史研究与翻译史研究之结合。王克非著《中日近代对西方政治哲学思想的摄取——严复与日本启蒙学者》（中国社会科学出版社1996年版）采用的就是这个方法。翻译文化史和思想史的结合，将翻译家、翻译事件及翻译规律的研究置于当时社会思想的大背景下来探讨，有利于深化翻译史的研究。而从翻译文化史的角度来研究思想史，将思想史纳入文化交流的背景下来考量，则会使思想史研究更加具体化和丰富化。

(2) 思想史研究与国际关系研究之结合。高增杰《福泽谕吉与近代日本人的中国观——思想史和国际关系的接点》（《日本学刊》1993年第1期）采用的就是这个方法。思想史偏重思想演变规律的探究，而国际关系研究则重视国际格局、国际关系博弈规律的研究。从某种意义上说，思想史研究着眼于细处而后放眼于宏观。而国际关系研究似乎正相反，其着眼于大局而后求证于微观。将两者结合起来，把思想放在国际格局中来把握，无疑会增加思想史研究的理论性。

（3）思想研究与大众传播学研究之结合。郭冬梅《大正民主与新闻舆论》（《日本学论坛》1999 年第 2 期）就运用了这一方法。以往日本思想研究主要关注的是思想的本体研究，而忽视了对思想的传播载体和传播途径的研究。将大众传播学研究方法引入到日本思想研究领域，有利于揭示思想大众化传播的过程和规律，从而为思想研究从精英层下移到大众层提供了一个重要方法。

（4）舆论调查法与日本思想研究之结合。90 年代一些中国学者将舆论调查法引入到了日本思想研究之中。如陈晖《日本人的价值观管窥》（《日本问题》1990 年第 1 期）、葛延风和巩琳《战后日本人价值观念的变化及启示》（《日本研究》1993 年第 2 期）、平凡和边疆《当代日本青年的价值观与行为》（《外国问题研究》1991 年第 3 期），等等。舆论调查法偏重实证、强调调查数据的客观化和科学化，这一方法的引入使日本思想研究在科学化上前进了一步。

（三）90 年代日本思想研究的特点

从研究内容上看，90 年代的日本思想研究呈现出了以下几个特征。

1. 精英思想研究仍处于日本思想史研究的主流

值得一提的是，这一时期关于思想家的研究成果非常丰富，既关注到了启蒙思想家、自由民权思想家、社会主义思想家，还出现了对佐久间象山、横井小楠、海保青陵、三浦梅园、安藤昌益、石田梅岩等近世思想家的研究成果。研究视角也更加多样化。既有对思想家的综合研究，也有从思想家的哲学思想、政治思想、外交思想、经济思想等方面展开的具体研究。相比 80 年代，这一时期的研究成果明显厚重起来。如，王家骅著《儒家思想与日本文化》（浙江人民出版社 1990 年版）和《儒家思想与日本的现代化》（浙江人民出版社 1995 年版）、王守华等编《战后的日本哲学家》（山东人民出版社 1996 年版）、卞崇道著《战后日本哲学思想概论》（中央编译出版社 1996 年版）、韩立红著《石田梅岩与陆象山思想比较研究》（天津人民出版社 1999 年版）、汤重南等著《日本文化与现代化》（辽海出版社 1999 年版）、王中江著《严复与福泽谕吉——中日启蒙思想比较》（河南大学出版社 1991 年版）、王中田著《江户时代日本儒学研究》（中国社会科学出版社 1994 年版），等等。

2. 研究的时代感明显增强

日本战后以来在政治、经济和社会文化领域取得了令人瞩目的成就，90年代中国学者开始着眼日本战后思想的研究，以图揭示日本迅速崛起的思想源头，取得了令人瞩目的成绩。如，《战后日本哲学思想概论》、《现代日本哲学与文化》，等等。此外，这一时期中国学者还开始关注吉田茂、岸信介、中井正一等一批在日本战后举足轻重的政治家和哲学家的思想及其对日本社会的影响。代表作是：黄大慧《岸信介的大亚洲主义思想及其实践》(《外国问题研究》1993 第 3 期)、徐思伟《论吉田茂战后经济外交思想的主视觉——"来栖·吉田公司"》(《日本问题研究》1995 年第 3 期)，等等。

3. 强化了对社会思潮的研究和对国民意识的研究

在思潮研究领域，这一时期的国内学者主要关注的是学术思潮和政治思潮。卞崇道为代表的一批学人扎实地研究了日本战后的马克思主义、实存主义、实用主义、分析哲学等哲学思潮。在政治思潮研究方面，国内学人对战后新国家主义思潮、新军国主义思潮、改宪思潮的发展过程、表现及其产生原因等方面作了分析。在国民意识研究领域，这一时期的研究主要是从生活价值观、国际观念和青年心理三方面展开的。主要采用的是历史学研究方法、国际政治学研究方法、文化学方法和青年心理学研究方法，扩宽了研究视野，增加了研究的深度。

4. 研究的视角多元化

这一时期的日本思想研究突破了传统的老路子，通过采用跨学科交叉研究的方法，扩大了研究视角。仅从对比研究来看，与 80 时代相比，这一时期对比研究的范围明显扩大，不仅将日本与中国进行比较，而且还将中日韩三国放在一起进行比较研究。如，朱七星主编《中国、朝鲜、日本传统哲学比较研究》(延边人民出版社 1995 年版)、李宗耀著《东西方思想文化比较研究：东西思想文化在中国、朝鲜、日本之比较》(延边大学出版社 1995 年版)、李甦平著《中国、日本、朝鲜实学比较》(安徽人民出版社 1995 年版)、潘畅和著《中朝日比较哲学初探》(延边大学出版社 1994 年版)，等等。这一现象的出现，一方面是学术研究不断深化的结果，同时也是现实需要产生的结果。90 年代初日本提出了"环日本海经济圈"构想，使经济上的东亚经济区域一体化成为当时的热门话题，而进一步探究东亚是否存在一体化的思想基础也自然成了思想研究者考虑的问题。

总之，90 年代中国的日本思想研究处于不断完善期。研究成果比 80 年代更加丰富，仅从数量上看，90 年代出版的专著是 80 年代的十几倍。从研究的内容上看，这一时期的学者既继续关注启蒙思想研究、自由民权思想研究和社会主义思想研究，又开始重视战后思想研究；既注重传统思想的研究，又能将传统思想与现代化联系起来加以研究。从研究队伍上看，恢复高考后经过大学教育、研究生教育特别是博士生教育培养起来的中青年学者开始在学界崭露头角。90 年代还增设了许多新的日本研究机构，成立了中华日本学会和中华日本哲学会，培养了众多人才，为中国的日本思想研究的进一步发展奠定了良好的基础。

三　21 世纪初期中国的日本思想研究——全面深化期

（一）21 世纪初期日本思想研究的基本情况

21 世纪初期（大体指 2000—2010 年，下同），中国的日本思想研究进入了全面深化时期。据不完全统计，这一时期共发表与日本思想研究有关的主要学术论文近 400 篇，主要著作 70 余部。日本思想研究的内容相比 20 世纪 90 年代更加丰富。其中，传统课题的研究不断深入，特别是福泽谕吉研究热度不减，并呈现以下几个特征：首先，主体性思维明显增强。学者开始将福泽谕吉与梁启超、康有为、王韬、张之洞、严复、胡适等中国思想家作对比研究。如，郑浩澜《福泽谕吉与梁启超国民思想之比较》（《江西社会科学》2000 年第 5 期）、崔新京《中日近代文化史上的胡适与福泽谕吉》（《日本研究》2000 年第 2 期）、何云鹏《张之洞与福泽谕吉政治法律思想管窥》（《社会科学战线》2009 年第 2 期），等等。其次，对福泽谕吉的国际政治思想，特别是脱亚论思想进行了深入研究。韩东育在《福泽谕吉与"脱亚论"的理论与实践》（《古代文明》2008 年第 4 期）中指出：福泽谕吉的脱亚论想要完成两大任务，一是使日本从西方"条约体系"中摆脱出来，建立主权独立的近代国家；二是以武威建立"大东亚秩序"来取代礼教的"华夷秩序"。这两大任务显隐交替、互为前提。何为民在《〈脱亚论〉解读过程中的误区》（《日本学刊》2009 年第 4 期）中指出：以往人们对于《脱亚论》的解读存在误区，脱亚论并非一出笼就受到日本思想界的追捧。佐藤贡悦、王根生则《重评福泽谕吉的儒学观与"脱亚论"》（《中山大学学报（社会科学版）》2006年第 3 期）中进一步指出，福泽谕吉将中华思想分为"周公孔子之教"与"腐败之余毒"。福泽谕吉不仅对"周公孔子之教"无非难之词，反而认为它是道德人伦之标准应当敬重。福泽谕吉所谓的"脱亚"主要是指摆脱业已腐朽的、儒教式的政治体制而绝非整个东亚文化；所谓"入欧"也只是要导入西欧的科学技术而非主张包括道德人伦内在的全面欧化。

法西斯思想研究也取得了突破性进展。崔新京等著《日本法西斯思想探源》（社会科学文献出版社 2006 年版）从历史的视角梳理了日本法西斯思想的源流和形成过程，对日本法西斯思想的内容和特点以及战后日本出现的各种思想逆流作了深入的剖析。渠长根著《日本侵华思想理论探源》（新华出版社 2009 年版）一书则具体从侵华思想的视角梳理出了日本侵华思想理论的发展轨迹，并从社会阶层分析的视角，分析了存在于日本社会各界尤其是学界、军界、政界和财界中的侵华思想理论。王向远著《日本对中国的文化侵略——学者、文化人的侵略战争》（昆仑出版社 2005 年版）从日本对华文化侵略的视角，史论结合地剖析了日本右翼学者、文化人配合日本的侵华政策对中国实施的文化侵略的方案、策略、实施途径、方式及危害，揭示出对华文化侵略是日本开辟的有别于军事和经济侵略的又一侵华行为。

这一时期主要出现了以下几个新的研究热点：

1. 日本人的中国观研究

20 世纪 90 年代日本经济陷入低谷，进入 21 世纪后日本经济虽有所恢复，但还未能完全挣脱萧条。与之相对，中国经济自改革开放以来长期快速发展，进入 21 世纪后这种快速增长的势头与庞大的国家结合在一起，使中国成为 21 世纪最令世人瞩目的国家之一。经济上、国力上的强大必然振奋一国之民心，在学术上则表现为开始关心中国在世界的形象。进入 21 世纪后日本政府开始调整对亚洲的策略，提出了"海洋经济圈"、"环太平洋合作构想"等口号。为了摸清日本政府的真实意图，更须从历史和现实双重维度研究日本人心目中的中国形象。严绍璗在《战后 60 年日本人的中国观》（《日本研究》2005 年第 3 期）中指出：战后 60 年间日本人主流意义上的中国观经历了"反省与原罪的中国观"、"文革分裂的中国观"、"隐匿罪恶的中国观"、"复活皇国史观的中国观"与"和平主义的中国观"等表现形态。吴光辉著《日本的中国形象》（人民出版社

2010 年版）将日本的中国形象分为两个时期，即文明帝国时期日本的中国形象与文明比较时期日本的中国形象。诸葛蔚东著《战后日本舆论、学界与中国》（中国社会科学出版社 2003 年版）指出：战后初期日本学者试图通过对新中国的分析探求出一条全新的日本社会变革之路，从而使这一时期的中国观表现为，中国走的是一条正确的近代化之路，而日本明治维新后走的道路是失败的。60 年代特别是 70 年代之后，由于中日间经济差距明显拉大，日本知识分子对美认同感明显增强，使他们的中国观发生了方向转换：认为日本的近代化是成功的，而中国的近代化有许多不足之处。刘家鑫著《日本近代知识分子的中国观——中国通代表人物的思想轨迹》（南开大学出版社 2007 年版）采用个案研究的方法，对以后藤朝太郎、长野朗为代表的"中国通"的中国认识作了深入分析。田庆立《二战后日本政界的中国观》（《日本问题研究》2009 年第 4 期）从日本政界人士的中国观出发，将日本二战结束至中日复交前日本政界人士的中国观大体分为"情感型"和"意识形态型"两种类型。刘林利著《日本大众媒体中的中国形象》（中国传媒大学出版社 2007 年版）指出：日本报纸媒体的中国报道存在五种模式："非理性报道"模式、"虚构报道"模式、"下订单报道"模式、"冷处理报道"模式和"概念化"模式。张宁则著《日本媒体上的中国：报道框架与国家形象》（吉林人民出版社 2006 年版）以日本三大报的涉华报道为中心，对中日间政治、经济、军事、教育等领域具有代表性的案例作了实证分析。

2. 传统、现代与后现代思想的研究

在中国社会，如果说 80 年代是西方自由民主思想激荡的年代，90 年代是反省西方思想和回眸重观中国传统思想的时代，那么 21 世纪初期则是充斥着现代思想、传统思想和后现代思想的混杂的年代。然而，现代思想、传统思想、后现代思想如何相互融合，成为推动现代化发展的正面力量，仍然是摆在国人面前的重大课题。这一时期中国的日本思想研究者以日本的经验为研究对象，主要从三个维度寻找着答案。

（1）中日接受西方思想的对比研究。赵德宇著《西学东渐与中日两国的对应——中日西学比较研究》（世界知识出版社 2001 年版）通过对林则徐与渡边华山的对比，指出中日两国在国门打开前后存在着西学水平上的差异。于桂芬著《西风东渐——中日摄取西方文化的比较研究》（商务印书馆 2001 年版）一书指出，中日两国摄取西方文化的基本差异在于各自对西学的态度不同、摄取的层面不同。李少军著《甲午战争前后中日西学比较研究》（湖北长江出版集团湖北人民出版社 2007 年版）指出：造成近代中日西学摄取状况不同的原因是两国对西学的指导思想不同，两国政权的相关作为不同，两国社会对西学传播和吸收的呼应面不同。

（2）传统思想与现代化研究。这一时期的中国学者一方面继续深化对儒学与日本现代化关系的研究，如刘岳兵著《日本近代儒学研究》（商务印书馆 2003 年版），另一方面以刘金才著《町人伦理思想研究：日本近代化动因新论》（北京大学出版社 2001 年版）为代表，从社会分层的视角对町人思想与日本现代化的关系作了深入研究。吴光辉著《传统与超越——日本知识分子的精神轨迹》（中央编译出版社 2003 年版）则对日本知识分子在处理传统文化与西方文化关系上的思想变迁轨迹作了深入研究。

（3）后现代思想研究。主要代表作是赵京华著《日本后现代与知识左翼》（生活·读书·新知三联书店 2007 年版）。该书避开了以线性时间为主的历史叙述方法，采取了"个案分析"的方法，通过解读理论批评家柄谷行人、思想史研究者子安宣邦、文学批评家小森阳一、哲学研究者高桥哲哉等几位至今依然活跃于日本文学思想界的代表性批评家和理论家的思想实践，揭示了 70 年代以来日本后现代主义思想在日本学界扩散和渗透的基本状况。

3. 社会思潮研究

伴随着日本经济高速增长，日本民众的生活大为改善，以至于出现了所谓"一亿总中流"的情况。日本社会的大众化和中流化现象也影响到了日本学术界，在历史研究方面表现为民众思想史这一新领域的产生。学者们开始研究民众的思想，关注民众对日本现代化的支撑作用。这种学术思路在中国步入大众社会的 90 年代也逐渐受到中国学者的重视，到了 21世纪初期愈加兴盛起来，形成了社会思潮的研究热。日本社会思潮研究在理论研究和方法上取得了重大突破。高增杰主编《日本的社会思潮与国民情绪》（北京大学出版社 2001 年版）是国内第一部研究日本社会思潮的专著。该书通过对社会思潮的三种主要载体——舆论、政党宣传、市民运动的分析来把握日本当代社会思潮，并且将社会思潮与社会背景结合起来，分析了社会思潮的社会基础以及社会思潮对日本内政和外交的影响。纪廷许著《现代日本社会与社会思潮》（中国社会科学出版社 2007 年版）

运用历史学、社会学、政治学相结合的方法，梳理了现代日本社会思潮的演变过程，指出日本战后社会思潮的演变分为四个阶段，即战后初期至60 年代和平民主主义阶段、70 年代现实主义阶段、80 年代大国主义思潮阶段和 90 年代新民族主义与相对化意识为主流思想的阶段。这些研究为日本社会思潮的研究奠定了重要基础。此外，刁榴著《三木清的哲学研究——以昭和思潮为线索》（社会科学文献出版社 2008 年版）对昭和时代的日本哲学思潮、门晓红著《当代日本社会主义思潮》（中共中央党校出版社 2007 年版）对当代日本社会主义思潮也都作了深入的研究。

（二）21 世纪初期日本思想研究的范式

21 世纪初期大众传播学理论、精英·大众思想研究和跨学科研究方法在日本思想研究中受到重视。

（1）大众传播学研究范式。大众传播学是在第二次世界大战后，伴随着报刊、书籍、广播、电视等大众传播活动的兴起而诞生的一门新学科。根据大众传播学的构成要素，可以将大众传播学理论分为五类，即研究传播主体的控制分析理论、研究传播内容的内容分析理论、研究传播媒介的媒介分析理论、研究传播对象的受众分析理论、研究传播效果的效果分析理论。90 年代，郭冬梅、冯玮等学者已经注意到新闻舆论对研究日本思想的重要作用，但是还没有成为学术界的共识。进入 21 世纪初期，大众传播学理论被张宁、刘林利等传播学专业出身的学者引入到日本思想研究当中，通过《日本媒体上的中国：报道框架与国家形象》（吉林人民出版社 2006 年版）、《日本大众媒体中的中国形象》（中国传媒大学出版社 2007 年版）等著作使学术界充分认识到了大众传播学理论在日本思想研究中的有效性，为日本思想研究提供了一种新的研究范式。

（2）精英·大众思想研究。进入 21 世纪，有些中国的日本思想研究者开始自觉或不自觉地从社会分层的角度研究日本思想，特别在日本精英思想和大众思想研究方面作出了重要的成绩。刘金才《町人伦理思想研究：日本近代化动因新论》（北京大学出版社 2001 年版）、王炜《日本武士名誉观》（社会科学文献出版社 2008 年版）、王希亮《战后日本政界战争观研究》（社会科学文献出版社 2005 年版）、刘家鑫《日本近代知识分子的中国观：中国通代表人物的思想轨迹》（南开大学出版社 2007 年版）、陈秀武《日本大正时期政治思潮与知识分子研究》（中国社会科学出版社 2004 年版）等是这方面的代表成果。

（3）跨学科研究方法的新进展。21 世纪初期，在研究方法上，继承和强化了前一个时代的跨学科交叉研究方法，同时也出现了一些新的跨学科研究方法。其一，中国思想史与日本思想史相结合的研究方法。中国思想史研究偏重于中国，而日本思想史研究偏重于日本，将两者结合起来更有利于厘清两国思想的相互影响过程。郑匡民著《梁启超启蒙思想的东学背景》（上海书店出版社 2003 年版）就采用了这个方法。其二，科学社会主义研究与日本思想史研究结合的研究方法。科学社会主义不仅具有普遍性，而且具有民族性。将科学社会主义研究与日本思想史研究结合起来研究，有利于丰富科学社会主义研究和日本思想史研究。门晓红《当代日本社会主义思潮》（中共中央党校 2005 年版）和朱艳圣《冷战后的日本社会主义运动》（中央编译出版社 2008 年版）都采用了这种研究方法。

（三）21 世纪初期日本思想研究的特点

21 世纪初期中国的日本思想研究在内容上具有以下几个特点。

1. 前近代思想研究增多起来

相比 20 世纪八九十年代，21 世纪初期的日本前近代思想研究更加深入。特别是在近世思想研究方面取得了重要突破。王青著《日本近世思想概论》（世界知识出版社 2006 年版）将近世儒学、神道、国学、水户学、兰学、洋学以及近世佛教等哲学思想都纳入其中，对日本近世思想本身及其源流作了较为全面地考察，填补了我国关于日本近世断代思想史研究的空白。龚颖著《"似而非"的日本朱子学：林罗山思想研究》（学苑出版社 2008 年版）采用对比研究的方法，将林罗山与朱熹、李退溪等人的思想进行比较研究，揭示了林罗山朱子学思想的特质。赵刚著《林罗山与日本的儒学》（世界知识出版社 2006 年版）从思想史的视角讨论了林罗山的儒学思想。王青著《日本近世儒学家荻生徂徕研究》（上海古籍出版社 2005 年版）对江户时期儒学的一个重要分支——"古文辞学派"的代表人物荻生徂徕的思想进行了较为系统的梳理和解析。在近世国学思想研究方面，蒋春红著《日本近世国学思想——以本居宣长研究为中心》（学苑出版社 2008 年版）对日本近世国学思想作了深入探讨，具有重要的理论贡献。

2. 战后思想研究比重明显提高

如果说 20 世纪 90 年代国内学界开始关注战后日本思想研究，进入 21 世纪后日本战后思想研究的比重则明显增大起来。仅从专著数量上看，研究战后日本思想问题的主要专著就达 20 余部。从具体研究领域上看，以研究战后思想为中心的思潮研究和国民意识研究明显增强。在社会思潮领域主要出版专著 4 部，论文数十篇。对日本社会思潮研究的理论和方法、战后日本民族主义思潮、和平主义思潮、社会主义思潮和后现代思潮都作了深入的分析。在国民意识研究领域主要出版专著 8 部，论文数十篇。虽然在日本国民意识研究理论和方法上没有太多成果，但对日本人的价值观、国家意识、国际观念（中国观、亚洲观、国际秩序观、对外认识）、历史认识、战争观等具体内容都展开了较为深入地分析。即使是战前思想研究，大部分成果也都是基于现实问题而做的历史性追溯研究。如军国主义研究和武士道研究均有回应日本国内复活军国主义活动日益猖獗的意味在里面。

3. 研究态度趋于客观，研究角度日益多元

21 世纪初期中国国力明显增强，中国人的自信心也随之增强。这一心态上的变化也表现在学术研究层面上，学者在看待国际问题时更加自信和客观。从某种意义上说，20 世纪八九十年代中国学界主要是抱着学习的态度来研究日本思想的。日本的现代化思想对于刚刚搞改革开放的中国而言有何借鉴之处？这是 20 世纪八九十年代中国学者主要思考的问题。2000 年之后，伴随着中日两国国力的拉近，中国学者似乎更多的是抱有弄清楚"何为日本"、把握未来日本走向的心态来研究日本思想的。在研究态度上更加理性和客观，使得研究角度更加多元化了。学者们不仅关注日本政界、知识分子等精英的思想，而且开始重视研究日本大众的思想；不仅重视近代思想的研究，还重视现代思想的研究；不仅重视思想理论的研究，还重视社会与思想关系的研究。

总之，21 世纪初期中国的日本思想研究取得了显著进展。研究队伍不断扩大，对日学术交流不断增多。研究成果大量增加，成果质量也明显提高。传统领域的研究不断细化，无论是思想家研究还是断代史研究都出现了许多优秀成果。在社会思潮研究和国民意识研究领域，研究理论和方法上的创新比较明显，大众传播学理论和社会分层理论等新的研究范式和跨学科的研究方法被引入其中。

四　今后的课题及挑战

改革开放三十多年来，中国的日本思想研究取得了巨大的成绩。研究队伍不断壮大，研究成果数量可观，从整体上看已经初步建立了日本思想研究的框架。中国的日本思想研究是以历史学和哲学理论为主要研究范式，以史学和哲学方法为主要研究方法，以日本人的思想观念为研究对象，以在学理上把握日本人思想的时代特征和演变规律为主要目的。古代至当代的日本人的思想都是日本思想的研究对象，从时间维度上看，可以具体分为思想的通史研究和断代史研究。从研究领域上看，主要有日本精英思想研究、日本社会思潮研究和日本国民意识研究三大领域。

精英是影响社会发展的重要力量，他们提出的思想理论往往会成为引导社会舆论的精神力量，所以精英思想是日本思想史研究的重要组成部分。日本精英思想研究主要包括个人思想研究和精英阶层思想研究两部分。个人思想研究以日本思想家研究为主，主要研究思想家的思想形成、理论主张和社会影响。精英阶层思想研究是以具有某些共同特征的日本精英群体为研究对象，主要讨论这些群体的思想共性和社会影响。

社会思潮是在某一时期内，以某种理论学说为依据，生发于一国国民性格和社会心理之上，反映某一阶级或阶层利益或愿望，并得到广泛传播、具有持久影响的思想潮流和行动。如果说精英思想研究偏重的是对思想本身的探讨，社会思潮则重视的是思想与社会关系的研究。日本社会思潮研究又具体包括政治思潮、经济思潮、文化思潮和学术思潮等内容。

国民意识是以一国国民的以国民性为基础的，对特定社会存在和时代背景的反映，日本国民意识主要包括生活价值观、政治意识、国际观念等内容。如果说精英思想研究关注的是少数精英的思想理论，那么国民意识研究则重点关注普通民众的观念和意识。如果说社会思潮代表的是思想发展的未来可能性，而国民意识则表现为国民精神的主流样态；如果说精英思想和社会思潮通常表现得比较理论化，国民意识则往往比较分散化和非理论化，具有明显的统计性特征。

然而，从总体上看，我国的日本思想研究还没有完全形成自己的话语体系，没有形成在世界上具有重要影响的关于日本思想研究的中国流派。理论创新不足，角色定位还不够清楚，还没有完全将学者型研究、政研型研究和幕僚型研究区分清楚。从学科建设的角度上看，未来中国的日本思想研究可以在以下几个方向上着力发展。

（1）将日本思想研究进一步向国民思想研究方向扩展。日本思想研究不仅仅是精英思想研究，一般民众的思想也是重要的研究内容。国民意识研究是研究民众思想的重要领域。改革开放三十多年来，中国的国民意识研究取得了重要的进展，出现了一些高质量的著述。然而，毕竟是新的研究领域，缺乏系统研究，研究理论和研究方法还不成熟，许多方面都存在研究空白。今后，这个领域是日本思想研究的重要生长点，可以期待出现更多更好的研究成果。

（2）将日本思想研究纳入到日本社会系统中来研究。思想观念生发于社会之中，又反过来对社会产生着重要影响。在研究日本思想时，思想与社会的关系是不能不关注的维度。日本社会思潮研究是着眼于思想与社会关系研究的重要领域。这个领域的研究虽然 30 多年来取得了重要发展，高增杰、崔世广、纪廷许等许多学者在研究理论和研究方法上都作出了一些开拓性的工作，但仍然有许多问题没有解决，需要进一步充实研究。

3. 将日本思想研究寓于文化研究之中来研究。在这一方面已经有些学者率先进行了探索。如，卞崇道著《现代日本哲学与文化》（吉林人民出版社 1996 年版）、卞崇道等著《跳跃与沉重——20 世纪日本文化》（东方出版社 1999 年版）、汤重南等著《日本文化与现代化》（辽海出版社 1999 年版），等等。但是，这方面的研究仍然有待加强。因为思想是文化的重要组成部分，一个民族的文化结构和民族性格制约着思想的发展方向。将日本思想研究寓于文化之中来研究，可以提高日本思想研究的深度。

总之，改革开放三十余年中国的日本思想研究已经发展起来，初步建立起了日本思想研究的研究框架，但未来之路依然任重道远，需要我国学者勇于创新、放宽视野、强化交流，携手共同推动日本思想研究的创新发展。

哲学·宗教

中国的日本哲学研究 30 年综述

中国社会科学院哲学研究所　卞崇道

1949 年 10 月 1 日，新中国宣告成立，中国历史掀开了划时代的新篇章。随着新中国文化建设的展开与繁荣，我国的日本哲学研究也迎来了新的转机，出现了盛况空前的繁荣景象。这里，我们把新中国的日本哲学研究历程划分为三个时期，即以 60 年代的"文革"为界，把"文革"前称为第一期，把"文革"后的 20 世纪 80—90 年代称为第二期，把 21 世纪初期 10 年称为第三期。本文主要就第二、三期我国的日本哲学研究作简要述评。

一　改革开放后 20 年的日本哲学研究

从 70 年代后半期开始，"文革"结束，随着社会科学研究的逐步复苏，我国的日本哲学研究亦得以恢复并进入第二期即展开期。至 90 年代末的 20 年间，由于我国全面实行改革开放政策，社会科学研究迎来百花盛开的繁荣局面。在此期间，中华全国日本哲学会成立，协调、推动 80 年代我国的日本哲学研究蓬勃展开；在老一辈学者朱谦之、刘及辰、吴廷璆的培养下，第二代研究者接踵登上哲坛，取得空前未有的成果。在这一时期，发表论文数百篇，出版研究专著达 28 部之多。

（一）关于日本哲学史的综合研究

在前期朱谦之的日本哲学史研究引导下，我国的日本哲学史研究在新形势下更加活跃，并取得可喜的成果。主要有王守华、卞崇道编著《日本哲学史教程》（山东大学出版社 1989 年版）、金熙德著《日本近代哲学史纲》（延边大学出版社 1989 年版）、方昌杰著《日本近代哲学思想史稿》（光明日报出版社 1991 年版）和卞崇道主编《战后日本哲学思想概论》（中央编译出版社 1996 年版，1999 年日本语版）。《日本哲学史教程》在博采中外学者的研究成果、特别是先辈学者朱谦之和刘及辰的研究成果的基础上，有一定的创意。首先，在体系上，作者将社会历史分期的一般原理与日本的具体历史情况相结合，把日本哲学的发展分为古代（1867 年前）、近代（1868—1945 年）和现代（1945 年后）三个大的断代，体现了历史和逻辑的统一。对于古代哲学，该书以时间为经，思想内容为纬，着重叙述了佛教哲学、儒学哲学和神道哲学。对于朱子学派的哲学，则打破了以往以师承关系来划分学派的方法，而从哲学基本问题上将其划分为两大派别。

其次，在研究领域上有所拓展。譬如关于日本固有的神道哲学，过去我国学者少有论及；对于战后日本哲学也尚未涉猎，而《日本哲学史教程》对之都作了阐释。

最后，在观点上也有新意。如在对日本哲学史特点的总体把握上，认为日本哲学史除了表现出哲学发展史的一般规律外，尚具有独自的特点：（1）移植的特点。从古到今，日本的哲学几乎都是从外国传入的。因此，日本哲学不仅在时间上萌芽、发展比较晚，而且在理论内容上也比较浅近。在日本哲学的发展史上，经历了四次大规模的外来思想的冲击，形成了四次大规模的哲学思想的移植：第一次是佛教思想的冲击，第二次是儒学的冲击，第三次是欧洲近代思想的冲击，第四次是战后来自以美国为首的西方现代思想的冲击。这四次外来思想的冲击成为四次大规模地移植外国哲学的历史，构成了日本哲学史最为明显的特征。

（2）融合、创造的过程。譬如明治初年移植西方哲学伊始，以西方哲学将儒学的"理"改装为"物理之理"和"心理之理"，即是西方哲学与传统儒学思想的融合。经西村茂树、井上圆了、井上哲次郎的佛教、儒学与西方哲学融合，最终产生了独创性的西田哲学。

（3）中间类型的特点。作者指出："如果说欧洲哲学的特点是西方哲学的典型，印度、中国哲学的特点是东方哲学的典型，那么依靠移植东西方哲学而形成、发展起来的日本哲学则具介于两种异质哲学之间的中间类型的特点。从空间上来说，在古代主要是移植中国哲学而具东方哲学的特点，从近代开始又移植欧洲哲学而具西方哲学的特征，最终融合东西方哲学思想形成既具有东方哲学特点又具有西方哲学特点的日本型哲学。从时间上来说，东方哲学史上的各种哲学思想体系（婆罗门佛教、儒学）都有自己古老的传统，后世往往是通过注释前代古已有之的范畴而创立新学说，表现为较强的承续性；而在西方哲学史上，后世哲学取代前代哲学，往往是通过否定前代哲学而创立新学说，表现为批判地继承。而日本哲学则介于两者之间，与印度哲学和中国哲学相比，呈现比较明显的非连续性和阶段性。与西方哲学相比，又表现为相对的连续性，即所谓'新旧哲学并存的情况突出'。其他从与科学的关系、与宗教的关系上来说，日本哲学也介于东西方哲学之间，由此特征形成了日本哲学既具西方哲学的特点，又具东方哲学的特点，亦即兼容并蓄的优点和多元价值观。"① 另外，该书在占用过去已有资料的基础上，尽可能地利用70—80年代新版原始资料和日本学者的最新研究论著。因此，该书在一定程度上反映了当时国内外关于日本哲学研究的新水平。

　　断代日本哲学史研究，是日本哲学史系统研究的又一重要部分。方昌杰著《日本近代哲学思想史稿》和金熙德著《日本近代哲学史纲》，是关于日本近代哲学史研究的主要成果。我们知道，在整个日本哲学发展的历史中，近代时期是思想内容最为丰富也最具哲学性格的重要阶段。通过对这一时期哲学史的研究，既可溯源而理解日本古代哲学，又可循流而得知日本现代哲学的发展态势。迄今为止，我国学者的研究大多集中于日本近代哲学史的研究。《日本近代哲学思想史稿》是方昌杰于70年代极其困难的条件下撰写的著作，其特点是在近代日本社会思想发展的大背景中把握日本哲学思想的展开，线索清楚，史料丰富，观点鲜明。同样，《日本近代哲学史纲》则把日本近代哲学置于时代环境之中，对其历史根源、理论来源及其发展、演变的来龙去脉以及各流派的不同历史地位和社会影响，均给予较深刻的揭示。尤为可贵的是，作者紧紧把握住近代日本是东西方思想的交汇点这一突出的历史特征，对西方哲学和日本近代哲学的关系——诸如前者对后者的强烈影响，后者在汲取前者的思想营养的同时，又顽强地保留东方哲学的性格等等——作了深入的探讨，从而使读者能够从中得到关于日本近代哲学基本特征的清晰认识。《战后日本哲学思想概论》（获得中国社会科学院哲学研究所"2000年优秀科研成果奖"）则是

---

① 王守华、卞崇道编著：《日本哲学史教程》，山东大学出版社1989年版，第8页。

我国学者对战后日本哲学进行集体研究的结晶。该书以战后近 50 年的日本哲学思想为中心，从哲学流派、哲学各分支学科以及哲学思潮等方面进行整理与分析，概括地描绘了战后日本哲学的总体面貌，为我国哲学界和日本学界了解战后日本哲学思想提供了读本。该书于 1996 年出版后，立即引起日本文化界与学术界的关注，并着手翻译成日文，于 1999 年便出版了日文版（东京农山渔村文化协会 1999 年 11 月 30 日刊行）。

（二）日本哲学的专题研究

在对日本哲学史进行系统的综合研究的同时，我国学者从事的大量研究还是专题研究。这种专题研究，有的是就某个哲学家的思想展开深入探讨，有的是就某个哲学问题进行综合性研究。涉及的主题广泛，论及的内容丰富。

1. 江户思想研究

江户时代是日本思想成熟的时代，也是日本有创意的思想家辈出的时代。弄清江户时代的思想，可以说就基本弄懂了日本思想的源流、展开及其特征。因此，江户思想研究也就成为我国日本哲学研究的一个热点。王中田著《江户时代日本儒学研究》（中国社会科学出版社 1994 年版）、王守华主编《安藤昌益·现代·中国》（山东人民出版社 1993 年版）和李甦平著《石田梅岩》（台湾东大图书公司 1997 年版）等，都是此类研究成果的汇集。《江户时代日本儒学研究》从断代思想史的角度研究了江户时代日本儒学的发展过程，儒学对武士、町人阶层的影响，儒学与国学、洋学之间的矛盾冲突及与日本近代化的关系。首先，作者描绘了日本儒学的发展轨迹，论述了其不同于中国儒学的独自特点。然后，就儒学与日本社会、思想文化之关系中的一些重要问题展开剖析，其中不乏创见。譬如该书突破了前人关于武士好禅的定见，论证了儒学对武士及武士道德形成的影响；通过对梅岩心学的理论分析，论证了町人阶层在时代转折时期所起的历史作用；国学的发展、洋学的传播以及它们与儒学的矛盾、论争、冲突，呈现了日本儒学将要消沉的历史的、逻辑的归结。在评价江户时代儒学的作用时，作者认为，江户时代儒学的发展，是日本社会发展的精神力量，特别是朱子学作为官方意识形态，不仅在理论层次上影响了这一时代的学问、学术，而且在实践层次上成为日本人主导的价值观念。

安藤昌益是 18 世纪日本封建社会杰出的唯物主义哲学家。新中国成立 50 年来，安藤昌益一直是我国许多学者关注和研究的对象，在 80 年代众多研究的基础上，1992 年为纪念安藤昌益逝世 230 周年，于山东大学召开了"中日安藤昌益学术研讨会"，出版会议论文集《安藤昌益·现代·中国》。该书通过对安藤昌益思想的全面研究，表明昌益思想在今天仍然具有重要的理论价值和现实意义。石田梅岩是江户时代又一特异的思想家，李甦平著《石田梅岩》是我国学者研究梅岩思想的第一本著作。该书通过对石门心学创始人石田梅岩的"学问的生命"和"生命的学问"的探索，揭示了石门心学不仅对日本社会发展产生了重要作用，而且以其独特的魅力，成为东亚心学的一枝奇葩，直至今天仍然具有现代意义。

2. 明治哲学研究

明治维新成功之后，新政府为建立资产阶级国家体制而实施文明开化政策，全面导入西方思想与文化，在理解、介绍与移植西方哲学的过程中，逐渐形成了明治哲学。此间的日本哲学思想内容丰富，且与日本社会发展息息相关，因此尤为我国学者所关注，其研究成果亦多。早在 1984年出版的《外国哲学史研究集刊》第 6 集——《东方哲学研究》（上海人民出版社）专集中，就收入了明治哲学研究论文 6 篇；随后，作为中日共同研究之成果，由卞崇道、铃木正共编的《日本近代十大哲学家》（上海人民出版社 1989 年版），收入了关于西周、津田真道、福泽谕吉、中江兆民和西田几多郎的研究论文。90 年代，毕小辉的专论《中江兆民》（台湾东大图书公司 1998 年版）问世，为 20 世纪我国的明治哲学研究画上圆满句号。在明治哲学研究中，我国学者尤其倾力于明治启蒙哲学研究，其方式，一是对代表性的启蒙思想家进行个案研究，二是对启蒙思想进行综合性研究。关于前者，比较集中的研究对象是西周和福泽谕吉。在西周研究中，主要是就他的哲学贡献、在哲学史上的地位及其哲学思想的性质等问题，展开研究和讨论。特别是关于西周哲学的性质问题，一度成为争论的热点。王守华在《西周》（收入《日本近代十大哲学家》）和《西周哲学的性质及在日本哲学史上的地位》（《山东大学学报》1988 年第 3 期）中认为，对于西周哲学性质的争议，两种相悖的主张含有一个共同点，即它们都强调了西周哲学的近代性、反封建性和对儒学的批判性格。王守华主张西周哲学的主要倾向是实证主义，同时具有强烈的儒学影响。西周思想的近代性和传统性正符合他作为启蒙思想家的身份及他代表的启蒙思想的特点，也是与明治维新的二重性相一致的。近代性和传统性这两种在思想根底里相互对立的异质思想，即东西方思想文化的融合问题，正是西周等明治初期启蒙思想家们面临的根本问题。福泽谕吉是日本最有影响的启蒙思想家，我国学者从哲学、思想、历史、政治、社会、教育、文化等多学科的角度研究福泽思想，成果颇丰，观点多歧。

明治哲学研究中另一热点是关于中江兆民哲学的研究。中江兆民以日本传统唯物论为基础，吸取近代西方唯物论思想，建构了被称为"中江主义"的唯物主义哲学体系，既把明治唯物主义无神论哲学推向顶峰，又为日本马克思主义哲学的形成奠定了基础。毕小辉在其专著《中江兆民》中指出："他在自己的这本哲学著作（《续一年有半》）中，确立了他的唯物主义无神论的立场，正确地回答了当时哲学界提出的各种主要的哲学问题，批判揭露了形形色色的宗教神学和唯心主义，特别是批判了打着科学哲学幌子的，极为虚伪狡猾的实证主义哲学，在日本建立了第一个近代唯物主义无神论哲学体系的骨架和轮廓，并且在其中闪烁出许多可贵的思想火花，在日本哲学史上写下了光辉的一页，可称为明治时期唯物主义无神论哲学的一个顶峰。我们正是在这个意义上把它叫做'中江主义'。"①

3. 京都学派哲学研究

西田几多郎处女作《善的研究》（1911 年）的出版，既意味着明治哲学的成熟与终结，也标志着现代日本哲学的开始。至 1945 年日本在"二战"中失败，其间日本哲学界出现了两个最有影响的对立的学派：京都学派和日本马克思主义哲学学派。以 50—60 年代的西田哲学研究为基础，从 70 年代开始，刘及辰又对以西田几多郎为代表的京都学派哲学展开研究，著成其第二部专论《京都学派哲学》（光明日报出版社 1993 年版）。该书的根本特点，在于著者以马克思主义为指导，运用辩证唯物主义和历史唯物主义的立场、观点与方法，对京都学派哲学的形成、演变、基本性质及其社会功能进行了客观的历史的分析且给予科学的评价。全书主要论述了西田几多郎、田边元、三木清和户坂润的哲学思想。过去一般认为，京都学派是西田弟子中以田边元为首的一个哲学学派，该书则认为，京都学派最初是由京都大学文科学生结合而成的、以西田为中心的唯心主义体系的哲学团体。另外，该书认为京都学派可分为左、中、右三个

---

① 毕小辉：《中江兆民》，台湾东大图书公司 1998 年版，第 39—40 页。

支派，即高山岩男、高坂正显、西谷启治等为右派，务台理作为中间派，三木清、户坂润为左派。如果按照京都学派的唯心主义体系来讲，似乎不应把马克思主义哲学家户坂润包括在内，对此，著者说："我之所以把户坂列入京都学派，因为：第一，户坂最初是由京都文科大学以西田为中心的学术研究气氛中培养出来的，京都学派虽然主要是个唯心论集团，但也不是完全不允许唯物论者的存在。第二，户坂对于京都学派的批判，我认为正是说明了京都学派内部存在的哲学两条路线的斗争。这个斗争很重要，正是反映着日本30年代的斗争史。我认为这样看京都学派才够全面。"① 由之，该书成为京都学派哲学研究中很有见地的著作。

4. 马克思主义哲学在日本的传播与展开的研究

这是我国学者关于日本哲学研究的一个重要课题，发表的论文不胜枚举。80年代初，以纪念马克思逝世100周年为契机，这一课题的研究出现新的高潮。《东方哲学研究》杂志编辑了"纪念马克思逝世一百周年专号"，刊发了九篇关于日本马克思主义哲学研究论文；其后，又相继召开了片山潜哲学思想，户坂润、三木清哲学思想，河上肇、永田广志哲学思想学术讨论会。这一系列的学术活动表明，我国对日本马克思主义哲学的研究十分重视和活跃。研究的重点，一是日本马克思主义哲学传播史，二是关于河上肇、永田广志和户坂润的研究。关于前者，比较成熟的研究成果是《马克思主义哲学史》第8卷（易克信、吴仕康主编，北京出版社1996年版）第10章"马克思主义哲学在日本"（卞崇道撰写），该文既描绘了社会主义思想和马克思主义哲学在日本传播与展开的百年历史的轨迹，又重点评介了当代日本马克思主义哲学研究中重大的理论争论和理论探讨。如关于主体唯物论、实践唯物论、人学唯物论的争论与探讨，关于辩证唯物主义、历史唯物主义以及现代伦理学的理论探讨，关于对非马克思主义思潮的分析与批判等，从而使人们从史与论的结合上得以了解日本马克思主义哲学的概貌。关于后者，研究论文较多，作为其代表是《著名马克思主义哲学家评传》第4卷（山东人民出版社1991年版）中收有"河上肇"（卞崇道撰）、"永田广志"（王守华撰）和"户坂润"（刘及辰撰）。另外还有贾纯《河上肇与唯物史观》（《外国问题研究》1984年第4期，1985年第1期）等。

---

① 刘及辰：《京都学派哲学》，光明日报出版社1993年版，序言。

（三）中日哲学的比较研究

中日哲学交流是整个中日文化交流的重要内容之一，也可谓源远流长。中日两国哲学相互交融，共同发展，二者间既有普遍的共同性，又有特殊的差异性。对于中日哲学进行比较研究，是中国的日本哲学研究的又一个重要领域。

1. 中日儒学比较研究

80 年代，首先是对中日朱子学、中日阳明学进行比较研究，所发论文甚多；90 年代，则从整体上对中日儒学进行比较研究，并出版了一些有影响的专著。首先，王家骅在日本出版了日文专著《日中儒学比较》（六兴出版社 1988 年版），引起日本学术界的强烈反响，被评价为是"迄今为止由一个中国人来把握日本儒学的壮举"（源了圆语）。该书通过对儒学传入日本后如何发生变形的历史描述，揭示了日本儒学相异于中国儒学的独自特征，即对形而上学不大关心、重视主观心情、柔和的对应现实、"有德者王"思想的消失、与固有思想的共存及融合等。李甦平著《转机与革新——论中国畸儒朱之瑜》（中国人民大学出版社 1989 年版）一书中，又辟专章"中日文化交流的灿烂一页——朱之瑜与日本文化"，论述朱之瑜对日本朱子学派、古学派和水户学派的影响。著者通过分析日本当时学术发展与朱之瑜的密切关系，指出日本朱子学两大派（主气派、主理派）中着重继承、发展了朱之瑜的"实学"思想，经国济民是其主要宗旨，主博学、尊知识、倡实行、蓄经验是其基本特征，由此构成了有别于中国朱子学而别具风姿的日本朱子学。此外，关于中日实学的比较研究也取得许多成果。

2. 中日启蒙思想的比较研究

在对日本启蒙思想进行深入研究的基础上，有的学者进而对中日启蒙思想展开比较研究。王中江著《严复与福泽谕吉——中日启蒙思想比较》（河南大学出版社 1991 年版）从历史的纵向发展和时代的横向联系这一坐标入手，对中日启蒙思想作了整体上的概述，既注意中日与西方的对比，又分析了中日的异同。在此基础上，以严复和福泽谕吉为突出代表，通过对其文化观、哲学观、历史观、教育观及政治经济思想等作详尽地透视和比较，提要钩玄、发幽阐微，展现了严复和福泽谕吉作为中日启蒙大师真实的思想内涵及其共同性和独自性，以期实现对中日近代启蒙思想各自特点的具体把握。崔世广著《近代启蒙思想与近代化——中日近代启蒙思想比较》(北京航天航空大学出版社1989年版)一书,旨在通过日本近代启蒙思想的研究,揭示日本近代思想发展的内在逻辑,以及其与日本文化、日本近代化的关系。

3. 中日传统思想与近代化的比较研究

李甦平著《圣人与武士——中日传统文化与现代化之比较》(中国人民大学出版社1992年版)一书,采用张立文提出的纵横互补律、整体贯通律和混沌对应律的方法,对中日传统哲学诸范畴进行了纵向与横向的比较研究,比较其同质异素和异质同素相互胶结、贯通、渗透及转化的关系,并研究中日传统哲学诸范畴从无序到有序的发展过程。在比较研究的过程中,作者提出诸多发人深省的见解。例如,书中指出,日本阳明学的实践观是一种"事功实践观",把"知"看作改革社会、经邦弘化的真知识,把"行"看作将其知识付诸实现的具体行动;中国阳明学的实践观是一种"道德实践观",其所谓实践是指人伦道德修养的实践,实践意义落到了实践于心或实践于道德之上。日本阳明学道德观的取向是成为武士,武士追求的正是功利实行;中国阳明学道德观的取向是成圣,而圣人道德观所强调的是"良知"。日本社会结构的特点是家族制,中国社会结构的特点是宗法制。日本文化是"杂种文化"而带有复合性、多维性,呈现"全面摄取型";中国传统文化以儒家文化为主,儒家文化是单一文化而带有单一性,一维性,具有封闭性和保守性。作者的结论之一是:现代化必须以传统为基础,传统必须以现代化为目标。

(四) 哲学分科问题的研究

所谓哲学分科问题,主要是指伦理学、美学、宗教哲学、科技哲学等领域的问题。对于日本哲学各分科中的问题,我国学者也有初步探索。

1. 伦理学研究

此研究多集中于近现代日本伦理学。王中田《近代日本伦理思想发展简论》(《吉林大学学报》1990年第6期)认为,近代日本伦理思想的产生和发展,是以批判日本封建社会末期即德川时代占统治地位的儒学伦理思想为其理论前提的。从明治初期启蒙思想家西周、福泽谕吉批判儒家思想开始,到明治中期元田永孚复活儒家伦理思想、西村茂树综合西方思想和儒家思想,完成了从古典儒教主义到近代儒教主义的发展变化。尔后，经由井上哲次郎的奠基，西田几多郎完成了日本伦理思想的发展由实用化到理论化的转变，最后由和辻哲郎建构了庞大的伦理学体系，把现代日本伦理学推向顶峰。继之，王中田又对战后日本伦理学进行研究，著成《当代日本伦理学》（吉林大学出版社 1991 年版）。书中选取金子武藏、柳田谦十郎、小仓志祥、高桥进、式部久等伦理学家为代表，对其不同的伦理思想进行分析，指出金子武藏通过对西方实存主义哲学的深入研究，认为伦理学首先应该思考和反省"理法"，它包括价值的理法、人伦的理法和时空的理法。其中，人伦的理法是价值、人伦、时空理法的核心。柳田谦十郎是当代日本用马克思主义观点系统地研究道德问题的第一人。他批判自己的超道德思想，明确了道德是随着社会环境的变化而变化的，在阶级社会中道德具有历史的局限性和阶级的相对性，并坚信从社会主义道德转变为共产主义道德是历史发展的必然趋势。小仓志祥认为伦理学的基本概念是人格、价值、道德意识和行为，他以人格为最基本的概念，建立人格主义伦理学，意在从精神世界的高度反省人们的行为问题。高桥进的东方人伦思想是完全建立在东方文化传统之上的，认为东方人的"顺应自然"比起西方人的"征服自然"更具有现代意义。式部久则站在现代社会立场上，提出人们之间最高的、不能替代的价值乃是互相协力，因此应该站在现代社会生存者之常识的立场上，统揽人类社会全过程，通过其中共同经验，培养人类社会的良知，这就是他所说的人道主义伦理学。综合上述不同的伦理学说，作者认为当代日本伦理学具有三个特点：第一，改变了近代急功近利的思想倾向，转为深入思考与反省，在文化的兼容中吸取西方成果丰富自己。第二，是多元发展局面。每个时期都有自己的理论，且流派繁多。第三，追求民族特色。以高桥进的东方人伦思想为代表，标志着日本伦理学发展到今天，民族特色愈益明显。

　　2. 宗教哲学研究

　　在中国，对日本宗教多有研究，而对其宗教哲学却少有涉足。王守华《神道哲学刍议》（《日本问题》1988 年第 6 期）是对日本民族思想的中核——神道哲学思想的初步探索。随后，他在《日本哲学史教程》第四章"神道哲学思想"中，又详细地论述了神道思想的形成、各派神道的哲学思想以及神道哲学的理论与特点，认为神道是日本民族原有信仰基础上发展起来的精神行为，在今天的国民生活中仍有很大影响，所以，研究神道思想的发生、发展及其哲学内涵，对研究日本民族意识的发展颇为重要。作为对神道系统研究的结晶，王守华在日本出版了《日本神道的现代意义》(东京农文协出版社 1997 年版)，引起日本学术界和神道界的热烈反响，博得好评。在《战后日本哲学思想概论》第八章"宗教哲学与日本人的宗教意识"中，王守华又对战后 50 年来日本的宗教哲学理论作了介绍，对当代日本人的宗教意识作了分析，指出在现代化业已完成、科技文明高度发达的今日日本，宗教思想依然存在，并对日本人的生活及日本社会的发展产生影响，这种情况"给予我们一个很重要的启示，即在建设高度发展的物质文明的同时，也必须建设高度发展的精神文明"①。

3. 日本现代化的哲学研究

80 年代以来，我国学界从多学科的视角对日本现代化进行广泛而深刻的研究，其中，探讨日本现代化的精神文化动因，则成为我国日本哲学研究者的一个重要课题。王家骅著《儒家思想与日本的现代化》(浙江人民出版社 1995 年版)和日文专著《日本的近代化与儒学》(东京农文协出版社 1998 年)，是对这一课题进行长期研究的力作。著者从理论层面和社会生活层面对儒学在近现代日本社会中所起作用进行了深刻分析，认为日本儒学具有封建保守性和近代性二重性格，这一性格与日本现代化的二重性格正相适应，即儒学的近代性成为日本现代化的精神文化动因之一。正如著者所指出："正是由于日本儒学的特殊性和日本现代化历史环境的特定条件，才使日本儒学滋生出近代性因素，儒学的某个流派或某种思想才有可能发挥推动现代化进程的积极作用。"② 卞崇道著《现代日本哲学与文化》(吉林人民出版社 1996 年版)一书提出：日本现代化模式的独自特征，就在于它突破了欧美现代化的现成模式，也就是打破了西方文化价值中心主义的神话，创造了具有日本民族文化特色的综合型现代化模式。日本之所以能够创造出不同于欧美现代化的独特模式，其原因是复杂多样的，而最具日本特色的要素莫过于"脱亚入欧"。实际上，日本资本主义精神不是"脱亚入欧"的产物，也不是日本传统思想在现代的翻版，而是东西文化融合所产生的独特的现代日本的民族精神。

---

① 卞崇道主编：《战后日本哲学思想概论》，中央编译出版社 1996 年版，第 307 页。
② 王家骅：《儒家思想与日本现代化》，浙江人民出版社 1995 年版，第 305 页。

二　21 世纪前 10 年的日本哲学研究

步入 21 世纪之后，伴随全球化、信息化的快速展开，我国的日本哲学研究呈现的一个显著特征是学术视野的拓宽与研究方法的更新。在研究内容上，立足于此前 20 年研究的基础，对一些重要的哲学流派和哲学问题更加关注并且被置于全球场域中展开研究，取得具有较高水准的研究成果。

（一）西田哲学、京都学派哲学研究

2003 年，卞崇道出版了《日本哲学与现代化》一书，专门探讨了日本现代化与其哲学形成与展开的关系。在日文专著《日本近代思想的亚洲意义》（东京农文协出版社 1998 年）中，卞崇道亦从思想史的视角，探讨了日本近代化与其哲学思想的关系并分析了日本文化模式对于亚洲诸国的借鉴意义。与 21 世纪日本思想界开始回归并探索日本自身哲学的动向相呼应，西田哲学与京都学派哲学研究在我国也备受关注。卞崇道在《日本哲学与现代化》中将西田哲学称之为"日本型哲学"，并指出"只有西田哲学才堪称日本哲学的代表，西田哲学今天仍然具有极为重要的现代意义"。[①]同年，吴光辉著《传统与超越——日本知识分子的精神轨迹》（中央编译出版社 2003 年版）一书，通过阐述西田几多郎接受阳明学影响的事实，突出了西田哲学作为东方思想的根本性格。为推进西田哲学研究的深入，代丽重新翻译了西田几多郎的处女作《善的研究》（光明日报出版社 2009 年版），成为该书第三种中译本。韩书堂出版了《纯粹经验：西田几多郎哲学与文艺美学思想研究》（齐鲁书社 2009 年版）一书。2008 年，刁榴著《三木清的哲学研究——以昭和思潮为线索》（社会科学文献出版社 2008 年版）一书出版，该书全面地介绍了三木清所从事的帕斯卡尔研究、马克思主义、历史哲学、"构想力"的哲学、"协同主义"的哲学的研究历程，乃是中国专门研究三木清的第一部著作。不仅如此，随着小浜善信著《九鬼周造的哲学：漂泊之魂》（郭永恩、范丽燕译，线装书局 2009 年版）、藤田正胜著《西田几多郎的现代思想》（吴光辉译，河北人民出版社 2010 年版）等译著的出版，中国的京都学派哲学研究也

---

① 卞崇道：《日本哲学与现代化》，沈阳出版社 2003 年版，第 205 页。

迎来一个新局面。

刘岳兵的新著《日本近现代思想史》（世界知识出版社 2010 年版）是以近代日本思想为重点的思想史著作，其中也涉及近代日本的哲学思想，尤其是关于京都学派哲学的述评很有特色。讲京都学派，首先要讲其母胎西田几多郎的哲学。西田哲学是独具日本特色的最有代表性的哲学，晦涩难懂。该书在简略介绍西田的思想之后，抓住关于西田哲学争议最多的问题，即西田哲学与时局的关系问题，基于文献进行辨正并予以客观评价。作者指出：西田思想中"对天皇制意识形态的对抗的侧面"与其"屈服于天皇制意识形态的侧面"两者是如何表现在西田的思想中的？对这一问题的考察才是认识昭和初期西田哲学的思想史意义的中心。基于这一认识，作者选取了 1935 年之后西田涉及时局的书信和文章，特别是 1943 年应国策研究会之约所写的《世界新秩序之原理》一文，进行梳理，揭示了西田对当局扩大对外侵略战争既担忧、焦虑又无奈、痛苦的复杂的矛盾心情。如他曾对矢次一夫约他为秘密筹划的"大东亚会议"作准备而拍桌子大骂军部、官僚中的战争指导者，并对他们把学者当作工具利用表示愤慨；对东条英机发表的大东亚共荣圈的构想感到非常失望等。为了进一步厘清西田的思想，作者又从"根本理念"上辨正西田的言论，认为西田在与国家主义者妥协的同时，试图以自己独特的辩证法扭转褊狭的日本精神论者的思想。西田强调的是文化的生命力及其普遍性，他认为"作为国家，只有包容无限的文化而形成的国家，才是永远具有生命力的世界史的国家"，"将国体与武力联结起来，将民族的自信置于武力之下是根本性的错误。……永远繁荣的国家必须有优秀的道德与文化为根底"。① 我国学者迄今的研究可以说还没有深入到这一步，只是想当然的认为西田有协助战争的言行便给他扣上支持法西斯战争的帽子，对西田哲学的性质简单扣个资产阶级哲学的帽子就完事了。至于西田到底有什么言论，对战争到底关涉到什么程度，迄今无人去进行考证。刘著对这个问题做得非常仔细。这对于我们全面了解西田思想及京都学派哲学是有帮助的。京都学派的世界史哲学是战争哲学。为什么这么说呢？作者在该书中选取集中世界史学派观点的《世界史的立场与日本》和"近代的超克"的问题，从文献上进行翔实的介绍和批判，特别是关于"近代的超克"

---

① 刘岳兵：《日本近现代思想史》，世界知识出版社 2010 年版，第 287 页。

问题，我们过去好多地方搞不清楚，通过阅读该书我们会获得确切而清楚的认识。

　　三木清作为京都学派的左翼代表，在日本近代哲学思想史上有着重要影响。如上所述，我国学术界从 20 世纪 80 年代起就非常关注三木清，但我们过去对三木清的评价，特别是前 20 年受所谓反自由主义思潮的影响，往往也是主观地扣帽子。特别是对他思想转变之后参加昭和研究会、起草协同主义哲学的原理等问题，也是不加分析地认为他是在为"大东亚共荣圈"做论证，简单地扣上支持法西斯战争的帽子而加以批判。实际上我们许多人对《三木清全集》可以说没有进行认真的阅读，大多借助日本人的观点或者他人著作中的引文，断章取义地加以判断和评论。刁榴通过对三木请哲学的深入研究，在《三木清的哲学研究——以昭和思潮为线索》一书中，将三木清的哲学置于昭和思想史的整体中来把握，认为三木哲学的形成、展开深受同时代的大正教养主义的余波→马克思主义→不安的思想→法西斯主义等思潮的影响并在不同程度上与之共鸣。以此为主线，著者对三木哲学进行系统、深入的研究，提出三木哲学的特质在于其鲜明的时代性和现实性。在对三木哲学的具体分析与评论中，认为三木清虽是京都学派的重要哲学家，但他不像京都学派的其他哲学家那样幸运，可以在安然埋头于讲坛哲学的思索中终其一生，他是一个民间的哲学家和评论家。但这使得他更加接近时代和社会现实，也造就了他不同于西田几多郎以及京都学派其他哲学家的哲学特质。三木具有敏锐的现实感，时代的动向是他进行哲学思索的契机，他总是将时代的现实问题纳入自己的哲学之中，这使他的哲学具有非常广阔的视野。刘岳兵在《日本近现代思想史》中也通过对三木清的《新日本的思想原理》和《协同主义的哲学原理》的具体分析指出，三木清在呼吁日本知识分子积极配合时势发展的同时，也在为知识分子争取自由。关于东亚协作问题，三木明确地说"我们不能阻止中国走向近代化的历史的必然的运动，而且也不应该阻止。毋宁说中国的近代化正是东洋统一的前提"。他强调"中国的独立，对中日共存共荣的东亚思想而言意味着那是必需的前提"。在他看来，"东亚协同体的建设不意味着日本的东亚征服，而是意味着在新的基础上的共存共荣"。[①] 通

---

① 刘岳兵：《日本近现代思想史》，世界知识出版社 2010 年版，第 308 页。

过这样的辨正，我们就可以看出三木的本意与当局的主张是有差别的。在当时的条件和环境下，他用"东亚协同"的"协同"这两个字而不是用"共同"，恰恰是要表示与军部的区别，就是对军部的潜在的抵抗。特别是他强调文化建设，对中国加以肯定，主张不能将中国消灭了或侵占了，是借文化建设对军部侵略政策的暗中的对抗。

九鬼周造是京都学派哲学的重要代表，但他的思想一直被我国学界所忽视。进入新世纪后，卞崇道率先发表论文《论九鬼周造的偶然性哲学》(《日本研究》2005 年第 4 期)，之后徐金凤先后发表《试论九鬼周造的偶然性哲学》(《浙江树人大学学报(人文社会科学版)》2011 年第 10期)、《解析"粹"的审美结构》(《日本问题研究》2012 年第 4 期(预定发表))等系列研究论文。文化哲学家、伦理学家和辻哲郎也受到关注，朱坤容在完成博士学位论文《和辻哲郎思想研究——风土与道德之间》北京大学哲学系博士论文，2010 年后，陆续发表系列论文。

(二)宗教哲学研究

关于日本宗教哲学的研究，我国学者涉猎不多。如上所述，早在 20世纪 80—90 年代，王守华就率先开拓神道哲学研究这一新的领域，发表了一系列研究成果。进入 21 世纪后，他又出版了《神道与中日文化交流》(河北人民出版社 2010 年版)，该书可以说是其神道研究的集大成之著。作者论述了为什么要研究神道、介绍了什么是神道、神道概念的形成和发展、神道的历史演变，介绍了神道神祇的基本知识，剖析了神道神祇的实质，介绍了神社、祭祀的基本知识，揭示了神道的物质外壳(神社)和神道作法(祭祀)的实质，不仅把神道定位为宗教，而且定位为日本的传统文化。从哲学思想、文化、政治、经济、社会生活等视角入手，着重论述了神道的哲学思想、神道与日本文化、神道与环境保护、神道与当代日本社会生活等专题；分析了中国的儒学、佛教、道教及阴阳无行思想对日本神道思想的形成及祭祀礼仪的影响，以神道为媒介论述了中日文化交流。在以"以史为鉴，后事之师"为题的代结束语中，触及到"历史问题"对当代中日关系中的敏感影响作用。关于神道中的哲学思想，作者从自然观、伦理思想、历史观、环境思想、神灵观等方面展开详细的论述。在世界生成问题上，作者通过对基督教的"造物说"和神道的"生成论"的比较，通过对神道原典文献的分析，指出："神道的自然观是一种以‘生’为媒介的和谐一体化思想”，“神与人和自然界是以‘生’为媒介的亲子关系、互为依存的和谐一体化关系的这种认识”，是“日本人认识自然界的基调”。以这样的认识来“处理人与自然的关系，对于环境保护具有特别的现实意义”。在神道伦理方面，本书概括：“崇祖敬神”、“报本返始”为神道伦理的特点；“清明正直”、“真心诚意”为神道伦理的主要内容；“修理固成”、“勤务追进”为神道伦理的“实践”。

在王守华指导下，一批神道哲学研究的著作相继出版。如范景武著《神道文化与思想研究》（内蒙古人民出版社 2001 年版）、王维先著《日本垂加神道哲学思想研究》（山东人民出版社 2004 年版）、牛建科著《复古神道哲学思想研究》（齐鲁书社 2005 年版）等。值得一提的是，范景武的神道研究不仅就神道思想的基本概念进行了解释，对日本神道的历史发展进行了阐述，同时还细致地梳理了神道的思想来源，针对神道的哲学思想也进行了“多角度、多层次”的研究。他认为，日本的神道一方面是日本固有的、特有的民族宗教和民族文化，一方面也通过神佛习合、神儒一致、神儒佛三教融合的方式，积极地大量吸收外来思想文化而获得发展。因此，作为认识日本的“一个视角和一种维度”，神道具有了重要的现代价值。牛建科在《复古神道哲学思想研究》中，以复古神道思想家的思想为素材，从其建学立派的历史过程和思想理解入手，界定与区别国学与复古神道，论定“复古神道是产生于近世国学内部，以荷田春满、贺茂真渊、本居宣长、平田笃胤为代表的，排斥用儒佛等外来思想解释神道，主张通过日本古典、尤其是《古事记》和《日本书纪》等来阐明和恢复日本古道、日本精神的学派神道（理论神道）。由荷田春满、贺茂真渊确立、本居宣长集其大成、平田笃胤则对复古神道加以发展”①。这样的界定与区分在我国尚属首次。该书用“主神”概念来论述本居宣长的神道观念的发展，同时又将本居宣长古道思想概括为“神自然”，指出这既是本居古道思想的鲜明特点，又是其作为宗教理论的特征。这种提法亦为首次。此外，作者还将“强调神道的宗教实践性”和“彻底的反本地垂迹说倾向”作为神道思想特征加以阐述，均显示了本书的创意性。

除了神道哲学思想研究外，近代日本哲学家的宗教情怀及其宗教哲学论述也开始为我国学者所关注。近年来，卞崇道发表的《试论西田哲学

---

① 牛建科：《复古神道哲学思想研究》，齐鲁出版社 2005 年版，第 22 页。

的宗教特性》、《井上圆了宗教思想述评》、《论宗教与哲学的关系——井上圆了与西田几多郎之比较》等论文，则是关于近代日本哲学宗教性格的探索。

（三）儒学研究

儒学思想的研究到了 21 世纪之后，无论在成果数量或者研究水平上都有了明显地提升。

关于江户儒学思想研究，专题性研究、人物研究开始占据重要地位。刘金才著《町人伦理思想研究》（北京大学出版社 2001 年版），以马克思主义历史唯物论为指导，运用伦理学、历史学、社会文化学的理论，采用"将哲学的方法与历史的方法相结合"的方法，对日本近世町人（商、工）阶级的生成发展及其伦理思想形成的社会文化背景和历史轨迹，町人价值伦理的内涵和精神指向，以及它在日本由封建社会向近代资本主义社会转型过程中的作用和影响，进行了较为系统、深入地历史性考察和研究。作者指出，在日本前近代 的德川时代，唯有掌握了经济和文化主导权、成为推进近世商品经济发展主体势力的町人阶级，才是德川社会中最先进的阶级，只有町人阶级"唯以货币为贵"、"以金钱为本位"、"以营利为善"和以正直、俭约、精算手段致富的价值伦理和精神指向，才在本质上具有符合商品经济发展规律，促进商业资本发展，催生近代资本主义的功能和近代取向；正是町人阶级及其价值伦理和精神，在日本向近代发展的历史进程中，起到了侵蚀、瓦解、毁灭以封建领主土地所有制、四民等级身份制和朱子学思想为基石的封建统治的重要作用，发挥了促动日本近代资本主义的生成和扩展，推动日本由封建社会向近代资本主义社会转型和发展的精神原动力作用。该书为日本近代化成因的探究提出了一个新的视角和历史与逻辑统一的观点。

王青著《日本近世儒学家荻生徂徕研究》（上海古籍出版社 2005 年版）对丸山真男的徂徕学论持不同意见，指出徂徕学是通过对程朱经典注释的批判和对经典的重新诠释来构筑一套他自己的古文辞学和先王之道的理论体系的。荻生徂徕批判朱子学的道的本体，用他自己的话来说，是"能以一言所尽者"，朱子学的思维方式是"内圣外王、精粗二分"，也就是说朱子学是把人类社会存在的应有状态，都是从内在的本来性或道德性出发去进行演绎，是想以"理"来贯穿包括自然、政治和伦理道德的所有事物。王青认为，荻生徂徕对朱子学的这种认识和批判应该说还是比较准确的。徂徕的主张是与朱子学相反的，他主张的是"内外一体、本末一致、精粗不分"的思维方式。但徂徕学和朱子学并不是像丸山真男所说的水火不容的对立物。朱子学虽然主张"修身齐家治国平天下"，把个人道德修养和国家政治看作是统一的和连续的，而徂徕学认为个人道德修养并不能直接带来政治和经济的成功。但这并不是说徂徕学就把政治和道德视为不同领域的独立的东西。从这个角度出发，王青觉得徂徕学的人性论并不能像丸山真男那样，可以把它评价为是从朱子学道德禁欲主义下解放人性。实际上，徂徕学不过是从职能论的立场出发，更加强调了人的社会属性，否定了个人在任何意义上的主体性。朱子学虽然把政治等同于道德，但同时也承认了个人在道德实践上是具有主体性的，而徂徕学则否定了这种个人的道德主体性。也就是说，徂徕学所谓的道是自然与人为的对立统一。它虽然没有像朱子学那样，根据道德与自然的同一性，主张善的根据是先验地存于人类，但是它同时也认为人类是相辅相成的，例如相爱、相仰、相辅、相成等，这种社会性同样是人类天然共同的本质。从这点来说，徂徕学和朱子学其实并没有本质上的不同。

龚颖的林罗山研究也具有独自特色，她在《"似而非"的日本朱子学——林罗山思想研究》（学苑出版社 2008 年版）中通过对江户时代初期最具代表性的儒者林罗山的"理气观"、"心性论"、"排佛论"、"兵法观"和"文学论"的深入考察，指出与朱熹的有关思想相比较而言，林罗山思想的显著特点是：林氏思想虽然以朱子学为主干，它在总体框架上与朱子学大体一致，但在几个重要问题上又存在着与朱熹思想相背离的地方。作者指出，林罗山与朱熹二者思想上的重大差异主要表现在以下几个方面：第一，在理气论方面，朱熹将"五常（仁义礼智信）观"作为最高道德标准的理，而在林罗山思想中，这一点几乎消失殆尽。而且，林罗山把朱熹宣扬的"无造作"之"理"解释成具有实际的生成性功能的存在。第二，在心性论方面，林罗山背离了"性发为情，情根于性"这一朱熹性情关系论的基本思想，割裂"七情"与理（＝性）之间的联系，最终建构起不同于朱熹的心、性、情关系论。另外，朱熹宣扬的修养论的重点在"涵养本性"，而林罗山提倡的修养论却明显地偏向于情感控制论。第三，在排佛论方面，朱熹一直都坚持从心性论的角度批判佛教，而林罗山却不太重视这一点，未能从这个方面立论来排佛。第四，林罗山虽然也已清楚地认识到孙吴兵法的本质是"诈"和"伪",但在实际应用中,他不仅认为在军事活动中可以采用孙吴兵法,甚至在施政方面他也容许采用兵法的思想。这一点与朱熹在此问题上的态度截然不同。第五,关于文道关系问题,林罗山所采取的立场基本上是在文学载道说的大框架之内的,但同时他又主张应当分别看待文章的内容与形式。这种将文艺作品的内容与形式区别对待的文艺论,正与遭到朱熹严词批判的韩愈、苏轼等人的文学观有共通之处。与此相关联,朱熹反复强调应通过加强人格修养来提高作文水准,但林罗山在他的文章论中对这一方法避而不谈。该书将林罗山思想的特质概括为:从大的思想框架上看,林罗山追随朱熹建立起了与之表面相似的思想体系,但他对朱熹思想中的本原性存在(太极 = 理)的重视、依存程度减低,对于思想学说应用于现实世界诸领域时的有效性重视有加,远远超过朱熹。关于江户儒学,还有许多优秀的思想史研究著作,另有综述。

至于近代日本儒学研究,有影响的是刘岳兵的三部曲式的系列研究,即《日本近代儒学研究》(商务印书馆 2003 年版)、《明治儒学与近代日本》(上海古籍出版社 2005 年版)、《中日近现代思想与儒学》(生活·读书·新知三联书店 2007 年版)。该系列研究围绕着"明治儒学"这一概念下的儒学者,同时也包括了明治时代之后的一批儒学者,展开了以文献资料的挖掘与解读,突出东亚儒学思想比较视角的研究。《日本近代儒学研究》通过对中江兆民思想中天人之辨与自由民权、人之性善与人心有自由之性、理学与穷理等观念的实证性梳理,论述了其儒学与自由主义的关系,揭示了被贴上"唯物主义者"标签的中江兆民哲学思想的丰富内涵。在《明治儒学与近代日本》的导言中,对明治儒学与传统儒学、明治儒学与现代化的关系的研究进行了梳理,批评了西方中心论,强调要从日本儒学自身自主的发展逻辑来认识明治儒学,并且对明治儒学的特点进行了简明扼要的概括。《中日近现代思想与儒学》不仅论及明治时代儒学的研究现状和存在的基本问题,还通过中村敬宇这一个案研究,力图从理论上探讨儒学在明治时代之后存在甚至发展如何可能的问题,通过福泽谕吉与中江兆民的比较论述了儒学与自由观的问题,通过日本近代思想史上各种主要思想派别对孔子的认识,特别是对以服部宇之吉为中心的"孔子教"的分析,从不同的侧面考察了日本近代思想与儒学的关系问题。此外,还描述了近代以来中日儒学交流的轨迹,以梁漱溟和冯友兰为中心考察了中国现代新儒学在日本的反响，并提出了"现代中日儒学知识共同体"的设想。

作为综合性研究并且具有构建性特点的论著，卞崇道于 2008 年推出了《融合与共生——东亚视域中的日本哲学》（人民出版社）一书。如果说前述两部书是阐述日本的现代化模式，突出现代化为目标的哲学建构的话，那么这一部书的根本则是突出了现代性的文化反思与东方哲学的现代重构——而不仅仅是儒学的重构——的时代课题。站在反思的立场，著者提示了作为传统的儒学的转型，而不是连续性地继承；阐释了明治哲学的现代性与后现代性的双重性格乃至后果；整理了东西方哲学融合之际所产生的独有哲学。同时，也批判了这一融合之际所出现的"歧途"；明确了海洋文化、岛国文化、共生文化等一系列文化理论和"多元文化的共生"的基本理念；最后梳理了东方文化的基本概念、多样性的内涵与重构东方哲学的时代课题。可以说，该书的基本立场乃是站在了全球化与地域化的公共哲学的立场，基于东西思想的融合与共生的根本事实，从而提出了树立与这一文化格局相对应的哲学思想的时代命题。

三　简要评析

回顾我国改革开放 30 年的日本哲学研究，可以说经历了翻译——介绍——文本解读（著述）——研究框架建构（体系研究）的研究过程，这也是一个复兴、展开与深化的发展过程。在这一过程中，作为研究对象的日本虽然始终没有发生改变，但是，究竟是作为日本的日本，还是作为东亚的日本，还是作为世界的日本，应该说中国学者的研究视野走过了一条从日本到东亚，从东亚到世界的，或许更为接近事实地说，是将日本、东亚、世界这三者联系在了一起，以此作为日本这一实存的"背景"的研究过程。不仅如此，日本这一对象，也从一开始的带有"同一性"的文化类型者——依据了"同文同种"的逻辑或者"后发外生型"的现代化模式的标准，转变为后来的"文化的绝对他者"的一种认识，而且也是在自他的紧张关系之下开始了日本哲学思想史的研究。

换言之，作为研究对象的日本尽管没有发生任何的转移，但是作为日本的"背景"却至少发生了两个巨大的变化。第一，究竟是就日本而言日本，还是站在亚洲的视野，或者是站在世界的立场进行研究；第二，日本不再是作为同一文化圈下的、内部的研究对象，而是作为绝对他者的存在，在一个思想史领域的自他的紧张关系之下而受到关注，且被加以研究。

其次，就研究内容而言，在经历了对近代日本哲学史发展轨迹的梳理以及学派、哲学家、哲学问题的初步研究后，受到"中国哲学合法性"争论的刺激，我国的日本哲学研究者中也有人质疑"日本哲学合法性"的问题，应该说说这是"日本自古至今无哲学"（中江兆民语）话题的当代形态。认为近代以前日本无哲学一直是日本学术界的主流观点，我们从桥本峰雄的看法中可以窥见其一斑。他说："哲学毕竟是明治以后从西洋接受的新的学问，而且必须是以普遍性为本质的学问，'日本的'这一词汇是专为强调特殊性、特异性而加上的"，因此"在哲学乃至形而上学之上冠之以'日本的'这个词汇，具有某种可疑性，不太妥当"①。但是，正如王青所说，近年来，日本哲学界在全球化的时代背景下，已不再纠结于按照西方哲学的定义标准来判断"日本哲学"能否成立等类似的"合法性"问题，而是通过追索哲学在古希腊的本来定义等行为，将哲学视为人类探究真理的过程，因此也就是富有生命力和创造性的发展的过程，从而提出了日本哲学未来发展的"可能性"问题，反映出日本学术界对于主动参与新世纪世界哲学建设的强烈意愿。因此，我国学者把关注点集中在日本哲学自身内容的研究上，尤其被视为近代日本哲学高峰的京都学派哲学的研究上。如果说儒学研究多少带有一点中国人自身的文化情结的话，那么现今的日本哲学研究则是令中国学者开始走出儒学的框架，站在一个普遍的"知识"的立场，或者说放在一个"世界"的场域来重新思考近代乃至现代的思想问题，拓展新的对话空间与话语方式。

第三，就研究方法而言，从20世纪80年代的固守两条路线斗争（唯物论与唯心论、辩证法与形而上学）的研究方法，到90年代开始注重文献资料的原始性，进入21世纪后研究方法则显示多元性、多样性的特点。但是，我们也不得不遗憾地说，中国学者迄今还没有确立具有自身特色的研究日本哲学思想史的方法论。

尽管我们在过去的30年中取得了可喜的研究成果，但是我们在此也不得不指出这一研究所存在的一系列问题。首先，我们的"主体意识"

---

① 《支撑形而上学的原理》，《岩波讲座哲学》第18卷，岩波书店1969年版，第53页。

尚不够突出。这也就是我们为什么要研究日本哲学思想史的问题。过去，我们从哲学的层次上研究"日本现代化"和"日本文化的特质"，自觉性、目的性较强，但就日本哲学自身问题的深入研究尤其是在如今趋向于"东亚"或者"全球化"等更为宏大的理念之际，我们却未能通过史料的发掘与整理，建构起日本哲学的基础理论，与日本乃至世界哲学界开展平等的对话。其次，"对话立场"的问题。我们的研究者颇受"和而不同"的趋同意识的影响，在头 20 年的研究中，大多是站在了"趋同"的立场去构建一个中国思想的"延长线"，江户时代的儒学研究大多是如此，后来，我们开始注重"不同"即同中求异，寻求日本自身的思想特质。但总体看批判意识还是比较薄弱，尤其是欠缺立足于自身根本立场的批判意识。所谓"对话立场"的问题，也就是需要我们带着一种怀疑的目光，把日本哲学置于东西哲学这一大的场域中，以"知识"的坐标轴的建构为目标去展开对话，深入对话。在这一点上，我们尚需努力。

最后，我想引用拙著《融合与共生》一书前言中提到的自身的方法论视角，作为本综述的结束语："要客观地认识他者，首先要客观地认识自己；自己中包含他者，他者中也包含自己。树立他者意识，站在他者立场，客观地认识、研究日本思想文化，是笔者试图提示的一种方法论视角。超越中日两国的域界，从东亚视域乃至全球视域来认识日本或中国的思想文化，则是构建 21 世纪东亚哲学的前提。"

中国的日本佛教研究 30 年综述

中国社会科学院世界宗教研究所　何劲松

一　当代中国佛学研究概况

大致从 20 世纪 20 年代开始，中国学者才开始以近代学术方法研究佛教。那时，中国佛学也正处于复兴运动时期，学者们的研究动机不尽相同：有的出于救国治民之需要，如康有为、谭嗣同、梁启超、章太炎等；有的则从信仰出发，也可说是出于生命安顿之需求，如杨文会、欧阳竟无等；当然也有的是出于学理之兴趣与清代考据学之传统，如陈垣、陈寅恪等。无论是义理之阐发抑或是史料之辨析，佛教研究都呈现出一派繁荣景象，并且形成了一支阵容庞大的佛学研究者队伍，诞生了一大批高质量的研究成果。新中国成立之后，佛教研究逐渐进入以唯物史观为指导的新时期。但是，在"文化大革命"期间，整个宗教学研究都处于停滞状态，佛教研究当然也不例外。

改革开放以后，中国佛学研究才得以重新恢复并迎来迅速发展的大好时机。经过 30 年的积累，目前中国佛教研究已经取得了丰硕的成果，研究领域涉及哲学、宗教、历史、考古、文学、语言、艺术、建筑等各个方面。其中，域外佛教，特别是对日本佛教的研究也成为整个中国佛教研究中的重要一环。

二　中国近三十年的日本佛教研究

日本佛教是指日本境内流传的各种佛教形式的总称，属北传佛教的汉传系统，与中国佛教一脉相承。公元六世纪上半叶，佛教以"私传"和

"公传"等不同形式传到日本，很快在上层社会中传播开来。到了推古朝，圣德太子（574—622）下令"兴隆三宝"，佛教得到迅速发展。奈良时代（710—784）甚至以官方形式兴建东大寺和国分寺，突出了佛教在抬高和维护皇权中的作用。至公元 9 世纪，中国的三论宗、法相宗、华严宗、律宗等宗派和成实宗、俱舍宗等学派均陆续传到日本，史称"奈良六宗"。奈良佛教总体上处于研习、理解中国佛教的阶段，相对来讲平安时代（794—1192）则有了更进一步的发展。朝廷迁都平安（今京都）后，摆脱了奈良后期已走向腐败的传统佛教的干扰，着力扶持最澄和空海从唐朝新引进的天台宗和真言宗，以此来巩固封建统治秩序。至镰仓时代，日本佛教界出现了许多新的极具日本民族特色的宗派，如源空创立的净土宗、亲鸾创立的净土真宗、一遍创立的时宗、日莲创立的日莲宗、荣西创立的临济宗、道元创立的曹洞宗等。

德川幕府时代，依附于佛教的儒学和神道逐渐分离开来，尤其是京都临济宗僧人藤原惺窝及其弟子林罗山宣扬的朱熹学说受到幕府的重视。由于幕府的禁止，佛教在宗派和义理上都没有什么新的发展，反而在幕府镇压天主教的运动中被利用，并最终形成了影响至今的寺檀制关系。此时，中国的黄檗宗传入日本，受到德川家纲的扶持，产生了相当大的影响。

明治时期，由于神道教在倒幕运动中担负了舆论动员和维系人心的作用，因而被奉为国教，并一度出现了"废佛毁释"运动。后来，《大日本帝国宪法》规定"信教自由"，毁佛势头得到遏制，佛教也竭力适应社会而日益世俗化。在日本军国主义发动的对外侵略战争中，有些佛教宗派也沦为帮凶。"二战"后，神道教的独尊地位被取消。随着日本经济的逐渐发展，传统佛教的信仰也在回升，同时还出现了一大批新兴宗教，如创价学会、灵友会、立正佼成会等。总体来说，日本佛教无论是传统宗派还是新兴宗派，都表现出强烈的民族化特色。

对于内容如此丰富的日本佛教，近 30 年来中国学者的研究只能说是刚刚起步。这个"起步"阶段的研究以及目前已经出版的著作，大致包括通史、断代史、人物研究等等，其中有专著，有译著，也有为数不少的学术论文。兹按出版先后略述如下。

首先要提到是 1981 年商务印书馆出版的日本村上专精著《日本佛教史纲》（杨曾文译）。这虽然只是一个译本，并非中国学者的著述，但因为是改革开放以来中国大陆出版的第一部关于日本佛教史的专著，因而对以后的日本佛教研究有着相当大的影响。村上专精（1851—1929）是日本明治时期的著名佛教学者，对印度、中国、日本等国的佛教教义、历史以及佛教因明学都有相当丰富的知识。1868 年明治维新以后，他努力学习西方文化，尝试运用西方的历史学、社会学方法研究佛教，在日本佛教界产生了重大影响。曾著有《佛教统一论》、《日汉佛教年契》、《因明学全书》、《佛教伦理学》、《真宗全史》、《日本佛教史纲》等，被誉为日本明治时期的"佛教启蒙家"、"佛教史研究的先驱者"①。尤其是他的《日本佛教史纲》，著名佛教学者宇井伯寿评价说："（此书）对史实、时代、教理、制度、变迁等都作了精巧的安排，提示了日本佛教史的大纲，读起来极易通晓一切方面"，因而"本书具有指导地位"，"长期以来还没出现可与此书媲美的著作"。据译者介绍，该书有如下几个特色。

首先，该书在教义方面比较重视考察各个佛教宗派产生和发展的源流，对各派所依据的佛教理论在印度、中国和日本的区别进行对比说明，使读者对佛教在不同历史时期和地区的演变有比较清楚的了解。如作者在论述天台宗、真言宗时，不仅介绍了这两个宗派所依据的佛教经典和教义，而且还对比这两宗派在中日两国的区别。对于那些日本独创的宗派，比如净土真宗、日莲宗等，则着重介绍其特点所在。其次，该书谈到佛教在日本的传播和对社会的深刻影响时，不仅列举史实介绍了以天皇为首的历代统治阶级崇信和扶植佛教情况，也介绍了某些佛教僧侣对日本社会和文化的发展所作出的贡献，同时也揭露了佛教界腐化堕落以及盘剥人民的一些情况。作者对日本佛教史上的独特现象——"僧兵"的起源和在社会上的活动情况，也作了相应的介绍。另外，该书对历代佛教制度，如僧官、僧律、度牒等也作了简括集中的介绍，这对人们了解佛教僧宝上层和统治阶级的关系以及佛教在当时社会上的地位都是有帮助的②。该之，该书对研究日本佛教、思想、文化、历史和中日文化交流，都有很好的参考价值。

20 世纪 90 年代，逐渐出版了一些中国学者的著作。1993 年 7 月东方出版社出版的当代世界宗教丛书中的《当代佛教》卷（本册主编杨曾文），其中第三章介绍了"二战后的日本佛教"，作者为张大柘。张氏首

① 1969 年版的日本《佛教大年鉴》。
② 参见《日本佛教史纲》前言，杨曾文译，商务印书馆 1981 年版。

先谈到战后初期美国对日本的宗教政策，如下令国家神道解体、否定天皇的神性与神权、确立信仰自由等。之后，张氏介绍了战后日本传统佛教的相关情况，如佛教教团的复兴运动、佛教寺院经济的变化、佛教界的统一协调、日本佛教的青年组织以及日本佛教在海外的发展状况。接着张氏介绍了日本佛教系新兴宗教，如创价学会、灵友会、立正佼成会、佛所护念会、本门佛立宗、解脱会、真如苑、孝道教团、念法真教等教团。此外，张氏还介绍了日本佛教的政治和社会活动，其中着重介绍了日本佛教徒的和平运动以及中日佛教界的友好交往。该章还介绍了日本佛教教育和佛教研究等相关情况。

1995 年 1 月，何劲松出版了他的博士论文《日莲论》（东方出版社）。著名学者杜继文在该书的序文中指出，日莲只是日本佛教诸大宗派之一的日莲宗的创始人，当时并不显赫，即使在中国学术界，对他也不甚熟悉。但是在他死后，他的信徒奉他为圣人，逐渐发展成为一个规模庞大、派别众多的日莲宗系，从特种角度反映着日本的社会演化和民众的精神风貌。在战后兴起的新宗教运动中，出自日莲宗系的教派有很多，而且势力最大。像灵友会、立正佼成会等知名度都很高，而创价学会的成就，更引起世界的注目。日莲逝世已经七百多年，他的思想在其后继的宗系中有极不相同的运作，至今仍然具有强大的生命力，发挥着某种指导作用。追本溯源，研究日莲的为人和思想，以及形成他的性格和教义的文化背景与生活条件，就显得十分必要。因此，该选题具有相当重要的学术意义。

何氏论文的上编介绍了日莲的成长经历，以及他对镰仓佛教的批判，同时阐述了他在现实世界里建设佛国的思想。中编着重探讨了日莲的两大宗教思想，即以《开目抄》为中心的法华观和以《观心本尊抄》为中心的三大秘法思想。下编重点介绍了日本历史上的日莲教团。总的说来，何氏论文的一个重要特点是时常从中日佛教比较的角度来探究日莲的佛教思想，因为日本佛教直接导源于中国佛教，日莲本人即私淑中国天台宗的始祖智𫖮，并以汉译《妙法莲华经》为唯一尊奉的经典和教义。如果我们比较一下日莲与天台两家的宗旨和学风，就能看到它们各自的个性远多于它们间的共性，其中不乏国情和民情的表现，尽管很曲折，很隐晦。中国佛教所发展的大乘菩萨行，素以入世著称，但比起日莲来不过是小巫见大巫。同样一部《法华经》，天台注重于它的"融会"之说，所以提倡诸教调和；而日莲则取其"废立"的一面，厉行制敌取胜之道，二者迥然

不同。这种比较研究的方法也得到了何氏的另一位导师中村元的充分
肯定。

　　1995 年 9 月出版的杨曾文著《日本佛教史》是一部研究日本佛教史
的学术专著。该书结合日本社会历史背景对佛教在日本的初传、民族化过
程及其对日本历史文化的深远影响作了系统的考察，对在日本佛教和传统
文化格局中占有重要地位的天台宗、真言宗、净土宗、真宗、临济宗、曹
洞宗、日莲宗等宗派和日本近现代的佛教作了比较详细的论述。该书还重
视阐释中日两国佛教亲缘关系和介绍在中日文化交流史上作出重大贡献的
人物、历代重要佛教制度，并且论述了日本原有的神道教与佛教互相影
响、吸收的关系等。杨氏总结了日本佛教的基本特点，如佛教护国观念、
神佛同体和一致论、鲜明的宗派意识、念佛和唱题的盛行、世俗化倾向，
等等。这些特点是日本近代佛教的出发点，是直接地影响到它的社会作
用、变革和发展的。作者在序言中说，本书"不仅参考了日本的一些研
究成果，而且是依据了日本佛教典籍、史书中的基本资料进行考察和写作
的。至于对室町时代、德川时代以及近、现代的日本佛教，基本上是综合
日本学者的研究成果而作概述的"。本书可为从事日本历史、文化、宗教
研究者和对中日文化关系感兴趣者提供参考。

　　1995 年 12 月，何劲松著《创价学会的理论与实践》① 问世。创价学
会是日本教派人数最多的佛教日莲宗系的新兴宗教团体，1930 年由小学
教师牧口常三郎 和户田城圣创立，始称"创价教育学会"。牧口是日莲正
宗的信徒，著有《创价教育学体系》和《价值论》，认为生活的目的是
"追求幸福"，而幸福是通过获得"利、善、美"的价值实现的，教育的
目的是培养创造"利、善、美"的人才，而信仰日莲正宗则是创造和获
得价值的方法和途径。1942 年，该组织因拒绝参拜天照大神和接受神符
而被政府取缔，牧口死于狱中。"二战"后，户田被释放出狱，改建学
会，称"创价学会"，自任第二任会长。50 年代，创价学会发展迅速。60
年代，池田大作担任第三任会长，在政治方面创立了公明党，后又实行
"政教分离"，并向海外发展。何氏著作首先回顾了宗祖日莲以及日莲正
宗的历史和基本教义，接着详细探讨了牧口、户田、池田三个时期的发展
史，特别是牧口的"价值论"思想、户田的"生命论"哲学、池田的

---

① 何劲松：《创作学会的理论与实践》，中国社会科学出版社 1995 年版。

"中道政治"思想和"人学"思想。该书是国内第一部全面介绍创价学会的著作。

同年，东方出版社还出版了高洪著《日本当代佛教与政治》。作者考察了佛教同日本社会政治事务的种种关联形态，试图通过剖析两者间的内在联系，阐明当代日本佛教的地位、作用和影响。该书分为六章。第一章对佛教传入直至"二战"以前的历史作了鸟瞰式的介绍，通过诸宗派递嬗轨迹，勾勒出现代以前日本佛教的基本面貌。第二章以战后社会变化为中心，试图分析促使佛教在新形势下转变的法制环境和外部条件。第三章分述了传统佛教宗派在当代的基本状况。第四章着重论述佛教系统的新兴宗教，对其中在社会政治生活中具有举足轻重作用的灵友会、立正佼成会等几个超级教团进行剖析，同时也对阿含宗、奥姆真理教这类参政欲望炽烈的"新新宗教"作了观察，并尽可能从政治方面寻找新兴宗教如火如荼的原因。第五章为创价学会与公明党问题的专章，指出：创价学会这个拥有近千万会员，组建并支持着日本第三大政党的跨国宗教文化团体，实为日本乃至当今世界上的一个特例。第六章循着政教分离的历史脉络分析了日本社会中政党与教团的诸种关系。作者认为，在现代日本社会中，佛教依然同政治保持着多种联系。其表现形式主要有以下四个方面：（1）僧侣集团同政治事件的联系；（2）佛教系统新兴宗教影响信徒直接参与政治活动；（3）传统佛教教义理念通过社会伦理道德、民众价值取向对政治是非标准的间接的、潜在的影响；（4）基于佛教教义的某些政治性社会运动。

1996 年 3 月，杨曾文与张大柘、高洪等三人合作出版了《日本近现代佛教史》。该书在结构上分为八个部分：（1）为便于读者对日本近现代传统佛教宗派以及佛教制度变革的理解，特设"绪论"概要介绍日本民族佛教的发展历程，影响到近代以后的重要制度，日本佛教在近现代面临的重大课题等；（2）明治维新过程中发生"废佛毁释"的排佛风潮，佛教原有的准国教地位的丧失以及它为适应新的资本主义的社会环境所进行的变革，佛教界的文化思想动向；（3）"二战"前日本在国内外推行军国主义、帝国主义政策和当时的社会政治文化形势，佛教概况及其思想动向，战时佛教在统制体制下的被扭曲和被利用等；（4）"二战"后社会制度和宗教法制的巨大变化，佛教教团在新的社会环境中所进行的重建；（5）新兴宗教的崛起和传播，佛教系新兴宗派的特点，主要的新兴教派；

（6）佛教界参与的和平民主运动，佛教与政治、文化的关系；（7）在世界人文科学界享有盛誉的日本佛教研究的概况；（8）日本佛教各派从战前以来在亚洲和南北美洲的传教情况。

2002年4月，何劲松的另一部著作《近代东亚佛教——以日本军国主义侵略战争为线索》（社会科学文献出版社）出版，是关于侵略战争中的日本佛教的。日本和中国的学者们在研究日本近现代佛教史时已经作了一些研究，尤其是日本，对有关史料进行了认真、系统的整理。但是，将其作为一个专门课题进行研究，在日本也是比较少见的，在中国则更是第一次。该书着重探讨的问题为：（1）20世纪上半叶日本佛教在本国法西斯政府大力推行侵略战争这一特殊历史背景下的形态变化，如组织结构、传教方式、传教内容等；（2）净土真宗、日莲宗等佛教宗派在占领区传教的具体经过和为侵略战争服务的具体罪行；（3）日本佛教在占领区的传教活动对这些地区佛教的发展所造成的影响和后遗症；（4）部分佛教宗派反对军国主义和侵略战争的历史。围绕这些问题，本书第一章重点介绍了古代日本佛教与政治之间的关系、江户时代佛教的"准国教"地位、明治时期佛教与社会的重新调适、迈向军国主义时期的佛教、佛教与甲午战争和日俄战争。第二章专门探讨"二战"时期的日本佛教，具体内容为：战时宗教总动员体制与佛教、为法西斯主义服务的佛教界、战争体制下惨遭镇压的佛教教团。第三章探讨日本佛教诸宗在韩国的传教，内容涉及日本帝国主义变朝鲜为其殖民地的过程、日本佛教诸宗派——帝国主义的帮凶、殖民统治下的韩国佛教等。第四章为日本佛教诸宗与殖民统治时期的中国台湾佛教，内容有曹洞宗等宗派在台湾传教的具体情况、曹洞宗与"南瀛佛教会"的成立、殖民统治下的台湾佛教等。第五章叙述日本佛教诸宗在中国东北地区的传教情况、佛教与石原莞尔的"最终战争论"、中国佛教界的正义呼声等。对于何劲松的这部著作，杜继文先生曾给予积极的评价。他在该书的序文中说："何劲松博士选了一个很重要的研究课题。这个课题涉及的历史背景，是中日两国人民、东亚各国人民，也是全世界人民永远都不能忘记，也不应该忘记的。我支持这样的研究课题。"

2006年7月，宗教文化出版社出版了何劲松著《池田大作的佛学思想》一书，该书共计五章：第一章全面回顾了创价学会成立以来70余年的发展历程，并将之划分为四个大的历史时期：牧口常三郎与创价学会的建立、户田城圣与创价学会的重建、池田大作时期的大发展、走向国际的创价学会。第二章系统介绍了池田大作对佛教创始人释迦牟尼的基本看法：证道前的悉达多太子、证道的佛陀、释迦和他的弟子们、走向涅槃。第三章探讨了佛典结集的目的、部派分裂的各种原因以及大乘佛教兴起的社会基础等：佛典的结集和上座部同大众部的分裂、阿育王和弥兰陀王与佛教的走向世界、大乘佛教的代表性经典和人物。第四章首先介绍了池田大作研究天台智颛的动机，接着介绍了智颛生活的时代背景以及弘扬佛法的相关情况。第五章着重介绍了战后创价学会从事政治活动的宗教思想基础，如"中道佛教"思想、人学思想等。附录以日本镰仓时代的政治、历史为背景，系统论述了日本僧人日莲早期（镰仓、伊豆时期）的宗教思想和社会改革思想和日莲后期的佛教思想即："久远实成"的法华观、以"三秘"为核心的宗教实践观。

除上述专著外，中国学者们还写下了大量与日本佛教有关的学术论文。如冯兴盛《试述佛教僧侣在中日古代文化交流中的作用》（《外国问题研究》1987 年第 1 期）、于长敏《佛教在日本文化史上的作用》（《现代日本经济》1990 年第 5 期）、王守华《佛教在日本的传播与发展》（《文史哲》1988 年第 2 期）、杨曾文《奈良佛教六宗及早期中日佛教文化交流》（《世界宗教研究》1989 年第 1 期）、《中日两国的净土教》（《中国史研究》1995 年第 1 期）、何劲松《中日书法与中日佛教交流》（《美术史论》1989 年第 4 期）、《论日莲早期的宗教批判和社会改革思想》（《世界宗教研究》1992 年第 4 期）、《论日莲后期的佛教思想》（《世界宗教研究》1994 年第 3 期）、《天台宗在日本和韩国的传承与发展》（《东南文化》1994 年第 2 期）、《池田大作及其"人学思想"》（《日本学刊》1995 年第 6 期）、《创价学会与政治——以池田大作"中道政治"思想为中心》（《世界宗教研究》1996 年第 2 期）、李向平《佛教与日本现代思想》（《上海大学学报》1996 年第 2 期）、廖立地《日本佛教考察散记》（《中国宗教》1996 年第 1 期）、胡攀《试论日本茶道与禅宗的关系》（《重庆社会科学》1996 年第 2 期）、张玉姣《日本佛教教育历史及特点初探》（《佛学研究》2010 年第 19 期），等等。

另外，研究日本史和中日文化交流史的中国学者们的研究也时常涉及日本佛教人物。这方面的成果，靓生在他的相关文章中也作了相应的总结，兹转述如下。如黄道立《空海——中日友好的先驱》（《华中师院学报》1984 年第 2 期）、武陵子《中日文化交流的伟大先驱——空海》（《人物》1985 年第 1 期）、陈玉龙《拓荒功自在，垂范有先贤——从弘法大师之业绩看中日文化交流》（《东北亚研究》1992 年第 4 期）等。在涉及佛教人物的文章中，有关鉴真的文章约有 60 多篇，比较有新意的是汪向荣《鉴真在日本》（《社会科学战线》1978 年第 2 期）和《邀聘鉴真东渡的历史背景》（《世界历史》1979 年第 4 期）、孙蔚民《鉴真在中日文化交流史上的杰出作用》（《扬州师范学院学报》1989 年第 2 期）、陈垣《鉴真和尚失明事质疑》（《社会科学战线》1980 年第 4 期）、何爱华《鉴真东渡与〈黄帝内经太素〉传日考辨》（《世界史研究动态》1992 年第 9 期）、许凤仪《"六次鉴真东渡，五次失败"考》（《扬州师范学院学报》1989 年第 2 期）等。

三　小结

以上是对近三十年来中国学者研究日本佛教情况的简略回顾，限于篇幅和资料的局限，有些重要的研究进展在文中没有提到，挂一漏万之处甚多。总体来讲，中国学者在日本佛教研究领域已经有了一个较好的开端，无论是在通史还是在人物研究方面都已取得可喜的成果，特别是在日本近现代佛教方面，成果更加显著。但是，还应当看到，相对于日本佛教内容的丰富性来讲，特别是相对于日方学者的研究成果来讲，我们中国目前的成果则相形见绌。这主要体现在对日方研究成果的依赖，没有真正发挥出独立性。另外，专门研究日本佛教的学者则尤为缺乏。众所周知，日本佛教是整个汉传佛教的组成部分，中国佛教曾先后传到位于东北亚的韩国和日本，也传到位于东南亚的越南，但源于中国的佛教在这些地方都有不同的境遇，结果也大不相同。开展中国佛教与日、韩、越等国佛教的比较研究尤为必要，这样的研究对中国佛教乃至中国文化在今后的发展都有着重要的借鉴意义。但这恰恰是我们目前佛教研究的薄弱环节，希望日后能有所加强。

中国的日本神道研究 30 年综述

山东大学　牛建科

在中国的日本学研究领域，关于日本的神道的研究属于后起的一个研究方向。但是，这并不能成为我们轻视神道研究的理由。我们知道，神道是在日本民族固有信仰基础上发展起来的精神行为，是日本固有的民族宗教，至今已有两千多年的历史，无论在历史上还是在现实中都对日本人及其社会文化等方面发挥了并正在发挥着重要的不可替代的作用。因此，神道研究无疑应当成为中国的日本研究者重点关注的研究领域之一。也许正是由于这种原因，在 20 世纪最后 20 年我国的日本研究热中，神道研究也成为其中的一个研究焦点。新世纪的最初十来年间，我国的神道研究正沿着 20 世纪开启的研究方向向纵深发展。尽管正式的神道研究仅有短短三十年左右的时间，但应该说还是取得了令人比较满意的成果。以下从三个方面对我国三十年来的神道研究进行回顾、分析与展望。

一　三十年来中国的日本神道研究阶段划分及其特征分析

作为中国的日本学研究的重要内容之一，对日本神道的系统研究应该说是与中国的改革开放同步发展起来的，新的政治环境为日本神道研究构筑了良好的学术氛围。从 20 世纪 80 年代初至今，可以将中国的日本神道研究大致划分为三个阶段：（1）"肇始阶段"（1981—1989 年）；（2）"展开阶段"（1990—1999 年）；（3）"深入阶段"（2000—2011 年）。

（一）阶段划分的依据

这种阶段划分的主要依据是主流的日本神道研究的代表人物、代表性著作和文章。我们之所以将 1981—1989 年这一时间段称为"肇始阶段"，重要原因就在于这一阶段的研究人员寥寥、研究成果稀少，而且没有研究专著的出版。只是在相关的著作中和杂志发表的相关文章中有对神道的介绍和初步研究①。因此，这一阶段的总体特征是"介绍为主，附之以初步研究的开始"。

将1989—1999年这一时间段称为"展开阶段"的根据是：这一阶段出版了两部神道研究的专著，即王守华著《日本神道的现代意义》和张大柘著《当代神道教》（东方出版社1999年版）。其中值得一提的是，日文版的《日本神道的现代意义》为中国人在日本出版的第一本论述日本神道的专著，也是我国第一部研究日本神道的专著。该书共九章，论述了日本神道的历史、神祇、神社、祭祀、神道哲理的现代意义、神道和环境保护、神道和现代日本社会、神道和中日文化交流等。这是一本从中国人的视角来看日本神道的书，反映了中国人的神道观。该书"结语"的标题是"不懂得神道，就不能真正理解日本文化的精髓"。作者把神道思想看成"日本人心的原风景，日本文化最深层的积淀，日本民族文化的核心"。因此，作者指出："作为一个外国人，我可以这样说：'不懂得神道，就不能真正了解日本'。作为一个外国的日本文化研究者，可以这样说：'不懂得神道，就不能真正理解日本文化的精髓'。"② 这两部专著在前一研究阶段的基础上，就日本神道的历史和现状展开了较为全面的研究。因此，这一阶段的总体特征是"研究的全面展开"。

进入21世纪以来的"深入阶段"（2000—2011年），无论是研究队伍的扩大、研究成果的大量出版，还是研究领域的扩展都远远超过前两个阶段。而且，在研究领域扩展的基础上，更有对某一领域的专门而深入的研究成果问世。主要有：范景武著《神道文化与思想研究》（内蒙古人民出版年社2001年版），王宝平主编《神道与日本文化》（北京图书馆出版社2003年版）、王维先著《日本垂加神道哲学思想研究》（山东人民出版社2004年版），王金林著《日本人的原始信仰》（宁夏人民出版社2005年版），刘立善著《没有经卷的宗教：日本神道》（宁夏人民出版社2005年版），牛建科著《复古神道哲学思想研究》（齐鲁书社2005年版），张大

---

① 据笔者所掌握的资料，我国学术界最早一篇有关神道的研究文章是聂长振1982年发表的《日本稻荷神社与中国民间信仰的关系——兼论日本神道教的性质》，《世界宗教研究》1982年第2期。

② 王守华：《日本神道の现代意义》，农山渔村文化协会1997年版，第215页。

柘著《宗教体制与日本的近现代化》（宗教文化出版社 2006 年版），王金林著《日本神道研究》（上海辞书出版社 2007 年版），范景武著《民族文化与国民性研究》（内蒙古人民出版社 2008 年版），王守华著《神道与中日文化交流》（河北人民出版社 2010 年版）。也就是说，无论是在广度上还是在深度上都超过了前两个阶段，而这也构成了该阶段的总体特征。

（二）研究特征分析

从总体上来看，三十年来我国的日本神道研究呈现出如下特征。

1. 神道哲学思想研究是贯穿始终的主线

以神道哲学研究为切入点，既成为我国的日本神道研究的重要特征之一，又成为日本神道研究的一个重要导向和逻辑起点。从 20 世纪 80 年代王守华《神道哲学刍议》①（《日本问题》1988 年第 6 期）到其后《日本神道的现代意义》（王守华）、（王中田《神道教伦理思想的现代阐释》，《日本学刊》2003 年第 6 期）以及范景武著《神道文化与思想研究》（内蒙古人民出版社 2001 年版）、王维先著《日本垂加神道哲学思想研究》（山东人民出版社 2004 年版）、牛建科著《复古神道哲学思想研究》（齐鲁书社 2005 年版）等专著和文章的发表，就是这一主线的逻辑展开。因此，神道哲学思想研究构成了我国的日本神道研究的主要内容之一。构成这一研究特征的原因，大体有二：

首先，以神道哲学为切入点，在学理上有"接着说"的内在逻辑联系。

20 世纪 60 年代，朱谦之在《日本哲学史》（生活·读书·新知三联书店 1964 年版）中，以"国学者的'日本精神'哲学"一章，从国学角度切入，论述了贺茂真渊、本居宣长、平田笃胤等国学家的哲学思想，这既成为我国复古神道哲学思想研究之肇端，同时也成为我国的日本神道研究之滥觞。王守华的《神道哲学刍议》正是在朱谦之研究的逻辑延长线上，系统地对神道哲学总体特征进行了概括和阐释。这种切入方式既成为我国日本神道研究的重要特征之一，又成为日后我国日本神道研究的一个重要导向，进入 21 世纪以来几本有关日本神道哲学思想研究专著的出版

---

① 后在该文的基础上进行扩充，构成了王守华、卞崇道著《日本哲学史教程》第 4 章 "神道哲学思想" 的内容（山东大学出版社 1989 年版）。

就是最好的印证。

其次，以神道哲学为切入点，在实践层面上是现实课题的要求。

在 20 世纪八九十年代，"日本现代化为什么能够获得成功"成为中国日本学研究的热门题目。从思想文化层面上，学者们提出了诸如"儒学资本主义"、"家族主义"、"集团主义"、"拿来主义"、"论语加算盘"等观点。而以神道哲学为切入点研究日本神道，无疑是要探究日本现代化成功的深层原因。"所谓的家族主义、集团主义均可从其固有的民族信仰——神道中寻找到深层的原因。"[1]

我国的日本神道研究之所以具有这样的研究特征，可以说既有其学理上的内在逻辑要求，又是对现实社会时代召唤的回应。

2. 研究的阶段性与连续性的统一

如上所述，笔者将我国的日本神道研究划分为三个阶段，这实际上是我国日本神道研究者问题意识不断增强，研究领域不断拓展，研究水平不断提高的实际反映。因此，三个阶段的研究呈现出了内容上的连续性。

（1）现实关怀是题中应有之意。关于日本的神道研究乃至整个日本研究，在学理研究的同时，好像总离不开对现实问题的关注，这除了理论为实践服务的普遍要求之外，中日两国的特殊关系恐怕也不能不说是一个重要原因。

在 20 世纪 80 年代从神道层面探讨日本现代化成功的深层原因的基础上，这种现实关怀的思维方式和研究方法贯穿在我国的日本神道研究的整个过程中，并且从"肇始阶段"的单一性发展为后两个阶段的多元性。具体体现在这样几个关系中：神道特别是国家神道与日本政治的关系，神道与日本国民性的关系，神道与当代日本社会的关系以及神道与环境保护的关系等。在三个阶段的研究成果中，都不乏这种现实关怀的情结。

（2）系统而全面的把握体现了中国学者的学术偏好。由于我国的日本神道研究起步较晚，因此，对神道有个较为全面的了解与把握就显得尤为重要。在《世界十大宗教》[2] 一书的第 10 章"神道教"对"神道的定义和特征——神道的起源和演变——派别——祭事和神社"作了最初的较为全面的研究与介绍。其后王守华著《日本神道的现代意义》、张大柘

---

[1]　王守华：《神道与中日文化交流》，河北人民出版社 2010 年版，第 7 页。

[2]　王守华：《世界十大宗教》，东方出版社 1988 年版。该书已被译成越南文在越南出版。

著《当代神道教》、范景武著《神道文化与思想研究》、刘立善著《没有经卷的宗教：日本神道》、王金林著《日本神道研究》、王守华著《神道与中日文化交流》等专著，虽然切入点各异，涵盖的内容也不尽相同，关注的问题也各有所侧重，但有一点则是共同的，这就是其内容的系统性和涉及神道本身的全面性。这也从一个方面体现了我国日本神道研究的连续性特征。

3. 研究视野始终置于中日文化交流的大背景下

神道是日本的民族宗教，是在日本民族固有信仰基础上接受外来（主要是中国）思想文化影响而不断完成其理论化过程的。神道发展过程中所具有的这种特性就逻辑地要求研究者从中日文化交流的视角去研究。另一方面，从文化交流媒介的角度来看，"迄今为止的中日文化交流史研究，大都以佛教、儒学以及其他为媒介入手。此方面的研究成果巨大，著作及论文汗牛充栋。但是以神道为媒介来研究中日文化交流的著作及论文尚为鲜见。"①基于这种原因，我国的神道研究视野始终未离开中日文化交流的大背景。从"肇始阶段"学者们对"神道"被称作为日本民族宗教的缘由的探讨，到此后对神道与佛教的会通融合、神道与儒学的融合、道教对神道的影响以及阴阳五行与神道的关系的研究等等，均体现了这一研究特征。

4. 国家神道成为研究者关注的焦点

国家神道是神道发展的一个特殊阶段，因其国教化的性质以及在日本近代的历次对外侵略战争中所发挥的极其恶劣的独特作用，作为直接受害国的研究者，对国家神道加以特别的关注是一件非常自然的事情。从王继麟 1983 年发表的《关于日本的国家神道和靖国神社问题》（《河南师范大学学报》（社会科学版）1983 年第 1 期）到苗雨茂 2010 年发表的《日本国家神道不能复活的原因》（《安徽文学》2010 年第 3 期），在已发表的有关神道的文章中，国家神道始终是人们关注的焦点之一。在已出版的神道研究的著作中，几乎都有关于国家神道的章节。由此看来，国家神道已成为我国神道研究者和其他的日本研究者关注的焦点问题。

---

① 王守华：《神道与中日文化交流》，河北人民出版社 2010 年版，第 6 页。

二　三十年来中国的日本神道研究成果综述

神道(我国一般称"神道教")在其两千多年的历史发展过程中,不断吸收儒学、佛教、道教、阴阳五行、基督教等外来宗教思想文化的影响,逐渐形成了神道的理论、学派和宗派。就其发展阶段来看,神道大体上经历了原始神道——神社神道——国家神道——神社神道与独立神社并存的几个历史阶段;就其现实的存在形态来看,大体上可以分为神社神道、教派神道、神道系新宗教和民俗神道①。

根据我国学者的有关研究成果,对神道研究的相关内容综述如下。

(一)神道史分期研究

在神道的历史分期方面,研究者按照日本学者对日本历史的分期习惯,常常将神道分为古代神道、中世神道、近世神道、近代神道,或是将神道分为原始神道、皇室神道、神社神道、理论神道、教派神道、民俗神道等等。分类可谓五花八门,标准也不尽统一。我国学者最早对神道进行分期研究的是王守华教授。他在《神道哲学刍议》一文中指出:"神道是在日本民族固有信仰基础上发展起来的精神行为,已有两千多年的历史。其间受到外来思想的影响,经历了原始神道、神社神道、理论神道、国家神道、神社神道和教派神道并存的几个阶段。"② 后在其《日本神道的现代意义》和《神道与中日文化交流》等著作中则根据历史唯物主义的原则,按照社会历史发展阶段,相应地将神道的历史进一步划分为原始神道(公元前 3 至 2 世纪—公元 3 世纪)、神社神道(公元 3 世纪—1868 年)、国家神道(1869—1945 年)、神社神道和独立神社并存(1945 年至今)四个大的历史发展阶段。张大柘在《当代神道教》一书中,按照神道思想的发展轨迹,将神道的发展历程大致分为原始神道时期、神佛融合时期、神儒结合时期及国家神道时期。③ 王金林在《日本神道研究》一书中,也按照社会历史发展顺序,将神道分为原始神道、皇室神道、神佛结

① 王守华认为,民俗神道指对土地神、屋神、祖先崇拜等流行于民间的信仰及习俗仪式,实与神社神道无严格区别。

② 王守华:《神道哲学刍议》,《日本问题》1988 年第 6 期。

③ 张大柘:《当代神道教》,东方出版社 1999 年版,第 1 页。

合的神道、神儒结合的神道、国学（复古）神道、国家神道、战后神道
等几个大的阶段。中国学者关于神道的这种历史阶段划分和分类方法，更
符合社会历史发展规律，更便于从社会历史发展的视角来观察和分析神道
的发展特点和变化规律，反映了中国学者神道研究的特点。正如卞崇道在
评价王守华《神道与中日文化交流》一书时所指出的："这种与社会历史
发展阶段相适应的分期，更具有科学性，更便于观察分析神道的发展形态
和分析在各社会历史发展阶段中的作用。"①

（二）原始神道研究

关于原始神道的研究，主要内容涉及原始神道的形成时间、构成要素
以及与外来文化的关系等问题。

在形成时间问题上，王守华认为，原始神道形成于弥生时代（公元
前 3 至 2 世纪—公元 3 世纪）前期，即 "弥生时代日本开始种植水稻，为
了祈求神灵保佑风调雨顺、水稻丰收，以及丰收后感谢神的恩惠，在农耕
社会共同体的祭场（神篱、磐境）上逐渐形成了原始神道的祭祀礼仪。
并且逐渐由对自然力、自然现象（自然神）的崇拜，扩展为对祖先、氏
族首领（祖先神）、职业集团及地域开拓者（社会神）的崇敬。天神、地
祇、人灵的神灵逐渐系列化。为了祈求神的恩惠、预测未来，占卜（太
占）、探汤等神事活动开始出现，更增加了原始神道的神秘性和宗教性，
祭祀礼仪也逐渐复杂化。公元 3 世纪后开始出现以临时性的建筑物（神
社）安置神器（依代），逐渐取代了原来的祭场（神篱、磐境）。"②

这段文字同时也说明了原始神道信仰对象和基本构成要素，即对自然
神、祖先神和社会神的崇拜以及占卜（太占）、探汤等神事活动和祭祀礼
仪。

对原始神道的研究，在多部著作中均有涉及，而最具代表性的当推王
金林著《日本人的原始信仰》（宁夏人民出版社 2005 年版）和《日本神
道研究》（上海辞书出版社 2007 年版）。王金林认为："从公元前的绳纹
时代起，至公元 8 世纪止的历史时期，日本人的信仰处于原始信仰，或称

---

①　卞崇道：《笔耕四十年，神道著新篇——〈神道与中日文化交流〉评介》，《日本问题研究》2011 年第 3 期。

②　王守华：《神道与中日文化交流》，河北人民出版社 2010 年版，第 1—2 页。

之为原始神道时期"，"根据现有的文献资料和考古资料分析，原始神道的构成要素，似有巫和巫术，神仙思想和朴素的宇宙观、创生观等"。①由此可以看出，所谓日本人的原始信仰，实际上就是日本人的原始神道。在构成要素方面，虽然表述的方式不同，但从学者们对两者的具体论述来看，所指内容大体相当。王金林依据大量的文献、考古和民俗资料，在界定了原始神道时间跨度的基础上，从中日比较文化研究的视角，对原始神道自然崇拜的形式和具体内容、原始的宇宙观和创生观、巫和巫术、死者的礼仪和长生不老思想等构成要素及其影响进行了较为详尽地描述与分析，虽然其有关原始神道的时间跨度问题尚有待商榷，但其对原始神道的研究基本上代表了我国神道研究的最高水平。

需要指出的是，王金林认为公元 8 世纪以前皆属于原始神道阶段，这与王守华对原始神道时间跨度的断定是有出入的。不过，两位学者在神道史分期上的差异，却都体现了中国人研究神道的特点——试图用历史唯物主义的原则来处理神道史的分期。

(三) 神社神道研究

神社神道作为仍存在于日本现实社会生活中的神道派别，显然有着悠久的历史和曲折的发展过程。但是，由于上述对原始神道时间跨度的不同观点，就直接导致了对神社神道形成时间的不同理解。王守华认为："3—8 世纪，随着祭祀场所由临时性的屋舍，变为固定性的社、宫、祠，逐渐形成了神社神道。"② 关于神社神道的形成，王金林是以"神道变革"方式来表述的，也就是原始神道宗教化的结果就是神社神道，作为对神社神道的指称，王金林采用了"作为宗教的神道"、"早期神道"的表述方式，因此，在他看来，"大约在 7 世纪初叶前后传统的原始信仰向早期神道转化"③，或者"从严格意义上讲，日本神道的变革是从大化元年（公元 645 年）开始的"。④

神社神道包括皇室神道（祭祀皇室氏神）、一般神社神道（祭祀皇室氏神以外的神）和理论神道（或学派神道，神道吸收从中国传入的儒、

---

① 王金林：《日本神道研究》，上海辞书出版社 2007 年版，第 5、12 页。
② 王守华：《神道与中日文化交流》，河北人民出版社 2010 年版，第 9 页。
③ 王金林：《日本人的原始信仰》，宁夏人民出版社 2005 年版，第 3 页。
④ 王金林：《日本神道研究》，上海辞书出版社 2007 年版，第 72 页。

佛、道及阴阳五行思想而形成），王守华、王金林在各自的相关著作和文章里以及张大柘著《当代神道教》和范景武著《神道文化与思想研究》等著作都有较为系统的论述，限于篇幅，恕不逐一展开。而在有关神社神道研究中颇具特色的，是王维先著《日本垂加神道哲学思想研究》和牛建科著《复古神道哲学思想研究》，这两本专著对被誉为日本近世理论神道之双璧的垂加神道和复古神道进行了较为系统而深入的研究。

1. 《日本垂加神道哲学思想研究》

该专著选取在日本近世神道史上具有重大影响的垂加神道作为研究对象，在对山崎暗斋和垂加神道进行合理的历史定位的基础上，对垂加神道的本体论（神理合一暗）、国体论等神道哲学思想进行了逻辑分析。作者认为，日本国内对山崎暗斋和垂加神道的研究虽然成果很多，但至少存在以下两点不足之处。首先，对山崎暗斋本人的思想矛盾即朱子学与神道之间的矛盾及其整合过程缺乏足够的重视，没有从世界观的高度对山崎暗斋的思想转变作出分析，也没有从文化碰撞和文化融合的视角加以深入研究。其次，日本学界对山崎暗斋及垂加神道的研究多注重资料的收集和解读，注意其思想细节的变化，鲜有人从宏观上把握其思想的总体走向，更无人从政治哲学的层面来考察垂加神道与当时的政治现实之间的关系。针对这些不足之处，该书首先对山崎暗斋由朱子学世界观向神道世界观的转变作了较为深入地分析，指出了他在这一转变过程中的矛盾心理。其次，该书进一步从文化碰撞、文化融合的角度来分析山崎暗斋思想矛盾的形成过程以及他解决这一矛盾的途径和方法，并透过他个人的思想变化来发现文化融合的规律性。在这种意义上，作者认为："垂加神道已超出了一般宗教的范围，成为一种宗教性的政治哲学。"[1] 通过在政治哲学层面上对垂加神道及其与朱子学关系的审视，把握了山崎暗斋思想的本质，也理清了垂加神道与朱子学两个体系之间的内在联系，进而强调指出："从政治哲学的层面上看，山崎暗斋的朱子学和垂加神道是一个有机的理论整体。……山崎闇斋的垂加神道不仅是一种政治哲学，而且代表着文化融合的一种类型，是朱子学日本化的途径之一。"[2] 可以说这些都是颇富创见的结论。该书是我国第一部研究垂加神道的专著，有填补这一研究领域空白之功。

---

[1]　王维先：《日本垂加神道哲学思想研究》，山东人民出版社 2004 年版，第 204 页。

[2]　同上书，第 204—205 页。

2. 《复古神道哲学思想研究》

该专著选取在日本近世神道史上具有重大影响的复古神道作为研究对象，是我国系统研究复古神道哲学思想的第一部专著。在对复古神道兴起的历史背景、复古神道的确立、大成和发展、复古神道与教派神道及国家神道的关系作了系统研究的基础上，对复古神道的性质和特征作了如下总结：（1）排斥外来思想文化的狭隘民族主义；（2）复兴所谓纯神道的复古主义；（3）强调神道的宗教实践性；（4）彻底的反本地垂迹说倾向。①该专著以复古神道思想家的思想为素材，从其建学立派的历史过程和思想理路入手，界定与区分了国学与复古神道，认为"复古神道是产生于近世国学内部，以荷田春满、贺茂真渊、本居宣长、平田笃胤为代表的，排斥用儒佛等外来思想解释神道，主张通过日本古典尤其是《古事记》和《日本书纪》等来阐明和恢复日本古道、日本精神的学派神道（理论神道）。它由荷田春满、贺茂真渊确立，由本居宣长集其大成，由平田笃胤进一步发展"②，首次在国内厘清了在日本学界纠缠不清的"国学"与"复古神道"的关系。

我国对复古神道的研究，肇端于20世纪60年代。朱谦之在其《日本哲学史》（1964年）中，辟有"国学者的'日本精神'哲学"一章，从国学角度楔入，论述了贺茂真渊、本居宣长、平田笃胤的哲学思想，但对复古神道的评价基本上是否定性的，认为复古神道是"反动的日本'精神哲学'"、"天皇制度的理论基础"③。其后，王守华在《日本哲学史教程》（1989年）中，辟有"神道哲学思想"一章，从神道角度楔入，把复古神道作为神道史上理论神道（学派神道）的一个发展阶段，涉及复古神道的主要代表人物的哲学思想，并对复古神道作了辩证的评价，在指出复古神道的理论"成为法西斯主义的理论支柱"的同时，又认为"复古神道的复古主义，在王政复古和明治维新中起过一定的作用"④。在其后的有关论著中，对复古神道的评价，基本上没有超出这一思路；同时，这些研究都是在对神道或者神道哲学思想的总体研究过程中，对复古神道思想的涉猎，尚缺乏系统、具体、深入的研究。因此，《复古神道哲学思

---

① 牛建科：《复古神道哲学思想研究》，齐鲁书社2005年版，第204—205页。

② 同上书，第22页。

③ 朱谦之：《日本哲学史》，人民出版社2002年版，第114页。

④ 王守华、卞崇道：《日本哲学史教程》，山东大学出版社1989年版，第148页。

想研究》是迄今为止国内最为系统、全面、详细的复古神道哲学思想研究的专著。

（四）国家神道研究

如上所述，由于国家神道的特殊性，使之成为我国神道研究最早关注的内容之一。例如，1982 年，天津社会科学院日本研究所的聂长振翻译村上重良的《国家神道》一书。1983 年，王继麟发表了《关于日本的国家神道和靖国神社问题》。在此后近三十年的时间里，在已发表的有关神道的文章以及出版的著作中有关国家神道的章节里，国家神道一直是人们关注的焦点内容之一，学者们从国家神道与其思想理论渊源，国家神道的思想内容，国家神道的特点与实质，国家神道与日本政治，明治末期的神社整理与国家神道，国家神道及其存在形态，国家神道与靖国神社，国家神道与日本侵华战争等多种视角出发，对国家神道进行研究并发表了相关的研究成果。

1. 在国家神道的研究方面，比较系统的著作是张大柘著《宗教体制与日本的近现代化》（宗教文化出版社 2006 年版）和王金林著《日本神道研究》（上海辞书出版社 2007 年版）的第 7 章 "国家神道的形成和展开"、第 8 章 "国家神道的瓦解及战后的神道"。

《宗教体制与日本的近现代化》虽说是以日本 "二战" 战败投降为界来研究考察战前战后日本宗教体制形成与实施的不同情况，但是，由于战前日本的宗教体制实际上就是国家神道体制，因此，该书三分之二的篇幅是阐述有关国家神道内容的。涉及国家神道的内容有这样几点：第一，"国家神道体制的形成与完备"；第二，"国家神道思想体系解构"；第三，"国家神道体制对宗教的制约与异化"；第四，"国家神道体制向政教分离体制的转变"。该书 "对明治维新之后神道教如何从长期以来依附于佛教的地位一跃而成为国教的原因和经过，对以神道教为国教的宗教体制的内容和实施情况，作了概要而清晰的论述。……对 "二战" 期间日本佛教各派追随日本军国主义政府，屈服于法西斯的战争体制和以神道教为国教的宗教体制，积极支持甚至参与对外侵略的活动，进行了揭露和批判。"[①]

---

① 张大柘：《宗教体制与日本的近现代化》，杨曾文 "序"，宗教文化出版社2006年版，第4 页。

总之，该书较为充分地梳理并阐述了神道国教化（国家神道体制）的过程，概括了国家神道的思想内容并分析批判了国家神道的负面功能，在某种意义上说，这也是作者对自己《当代神道教》一书中篇幅很短的有关国家神道内容的补充和完善。

2. 综观我国的国家神道研究成果，除了对国家神道负面作用的揭露和批判之外，最有新意的当属对国家神道思想内容及其思想理论渊源的概括和分析。

在《宗教体制与日本的近现代化》一书中，张大柘将"国家神道思想体系"概括为：第一，天皇崇拜绝对论；第二，忠孝一本思想；第三，神国日本和八纮一宇思想。在此基础上，又进一步分析了天皇崇拜绝对论的文化渊源和思想渊源、忠孝一本思想的思想渊源以及神国思想的渊源。

牛建科则认为，概观整个国家神道的发展历史，其基本思想大致可以归纳为敬神爱国、崇祖尊皇、国体主义和日本主义。在国家神道的思想理论渊源方面则认为，复古神道是国家神道的近源、直接根源，或者说国家神道就是从复古神道直接发展而来的，并指出："无论是反本地垂迹说，主张神本佛迹、神主佛从的伊势神道和吉田神道，还是排斥佛教、主张神主儒从的垂加神道，都是在经过与外来思想文化的碰撞、融合之后，逐渐丰富了自身的理论体系，于是就不甘屈从于外来思想文化的阴影之下，从而强调自身的优越性、主导性和根本性——无非是想说明、强调《记》《纪》的开辟神话和建国神话的合理性。这是从《记》《纪》开始的贯穿于日本神道思想发展史或神道与外来思想文化碰撞、融合历史过程中的一根主线。尽管它们都主张神佛、神儒、神儒佛的一致性，但均是以把神道放在主导的、根本的地位为前提的。因此，这样一种思想，随着幕藩体制的日趋瓦解，特别是民族危机的出现，必然会衍生出提倡大义名分、主张尊皇攘夷的水户学的思想，自然，水户学的思想与上述神道思想一起构成国家神道的思想理论渊源，也就是顺理成章的事情了。国家神道正是上述主导思想逻辑发展的必然产物。"[①]

以上这些关于国家神道思想内容及其思想理论渊源的研究，是中国学者对国家神道客观的学理分析，体现了中国学者国家神道研究方面的特

---

① 牛建科：《试论国家神道之思想理论渊源》，《山东大学学报》（哲学社会科学版）2002年第 6 期。

色，有助于我们对国家神道本质及作用的把握。

（五）教派神道研究

教派神道也是我国的日本神道研究较早关注的研究内容之一，并且成为日本神道研究不可或缺的重要组成部分。

（1）早在 20 世纪 80 年代，王守华的《神道哲学刍议》①（《日本问题》1988 年第 6 期）一文和黄心川主编的《世界十大宗教》（东方出版社 1988 年版）一书的第 10 章"神道教"作了介绍和分析。其后，王守华在所著《日本神道の现代的意义》和《神道与中日文化交流》进行了较为详细的具体展开。

（2）张大柘在其《当代神道教》一书中，则用了两章的篇幅（第四章"教派神道的展开"和第五章"当代神道诸教派态势"）对教派神道进行了国内最为系统的研究和分析。该著在介绍了日本学界战前教派神道研究概况及战后研究的新取向的基础上，吸收日本学者在教派神道研究方面从学术层面厘定教派神道内涵，将近现代史上神道教团区分为"教派神道"和"神道新兴宗教"两大部分的最新成果，从教派神道的内涵及其意义、教派神道形成的社会背景和历史环境、教派神道的思想源流等维度切入，论述了传统的教派神道十三派。在此基础上，又较为详尽地概述了教派神道十三派在当代社会的存在及发展态势。

（3）牛建科则从复古神道与教派神道的关系入手，以受复古神道思想影响最大的出云大社教与神理教为例，阐明了复古神道思想对教派神道的影响，并认为：教派神道在构筑其教义的过程中，利用、继承了复古神道的思想，也就是说，教派神道是在传统神道信仰的基础上，融合了民间信仰及巫术，并吸收了儒佛及复古神道等思想的影响而形成的。接受复古神道思想之影响，并不限于出云大社教与神理教两派，而是整个教派神道都或多或少地受到了复古神道思想之影响，尤其是在神灵观和国体思想方面。另一方面，复古神道作为理论神道之一，与教派神道这样的具有组织机构的宗教团体相比，基本上还是属于思想运动的范畴，其思想影响当时还只是停留在知识人阶层，教派神道则成了复古神道思想与日本社会实际

---

①　后在该文的基础上进行扩充，构成了王守华、卞崇道著《日本哲学史教程》第 4 章"神道哲学思想"的内容（山东大学出版社 1989 年版）。

相结合的渠道之一，使复古神道思想的影响从理论走向了实践。①

（六）神道哲学研究

（1）在日本的哲学思想史著作中，几乎涉及不到神道哲学思想；在我国以往的日本哲学思想史著作中，对神道哲学思想也鲜有涉及。而将神道哲学作为切入点来研究神道或者说将神道哲学作为日本哲学史的重要内容之一进行系统研究的，当首推王守华的相关研究成果。1988年，王守华《神道哲学刍议》（《日本问题》1988年第6期）一文，从哲学思想视角出发，论述了神道思想的形成和发展、神道各派的哲学思想、神道哲学的内容和特点，在阐述神道各派哲学思想的基础上，将神道哲学的内容、主要特点及发展规律归纳为以下几点：第一，"功能论"（或称"机能论"）是神道哲学的理论基石；第二，神人一致、祭政一致是神道的中心观念；第三，明和善是神道哲学的重要内容；第四，肯定现实是神道的根本目的；第五，不断顺应时势的变异性是神道思想发展的规律。该文是王守华关于神道的第一篇论文，虽然与这一阶段我国神道研究的总体特征相适应，还带有介绍性、启蒙性的痕迹，但与以往国内仅仅把国家神道当做全部神道和单纯地进行政治性批判的观点不同，具有了全新的研究视角和更为开阔的视野，可以说是开启我国系统研究神道哲学思想之门的力作。

随着研究的进展，王守华又进一步深化了自己对神道哲学思想的理解与把握。他在2010年出版的《神道与中日文化交流》一书中指出："在漫长的历史发展过程中，神道吸收了儒、佛、道等外来思想的影响，与日本固有的神话传说中的神灵观念、自然崇拜、祖灵崇拜以及巫术咒语相结合，逐渐形成了自己的哲理和伦理。"进而将这种神道哲学思想的具体内容归结为：第一，神道的自然观——以"生"为媒介的和谐一体化思想；第二，神道的伦理思想——以"报本反始"、"清明正直"、"勤务追进"为特征的"实践"伦理；第三，神道的历史观——以"日本神国"、"万世一系"为特征的"皇道史观"。其中，认为神道伦理的特点是"崇祖敬神"和"报本反始"，神道伦理的主要内容是"清明正直"和"真心诚意"，而"修理固成"和"勤务追进"则是神道伦理的实践。②

---

① 牛建科：《复古神道哲学思想研究》，齐鲁书社2005年版，第140—156页。
② 王守华：《神道与中日文化交流》，河北人民出版社2010年版，第223—240页。

上述神道哲学思想的内容和特点，是在对神道进行整体把握的基础上，进而进行抽象概括的结果，在我国的神道研究界具有开拓性和系统性。"这些论述在国内均属首次，给人以新鲜感。关于神道哲学思想的研究，反映了'中国人的神道研究'的又一特色。"①

（2）除了以上对神道哲学思想进行概括性论述和实质性把握的方法外，应该说范景武著《神道文化与思想研究》、王维先著《日本垂加神道哲学思想研究》、牛建科著《复古神道哲学思想研究》以及范景武著《民族文化与国民性研究》中所论述的神道的"自然观"、"生死观"和"善恶观"均属于神道哲学思想研究的范畴。

《日本垂加神道哲学思想研究》和《复古神道哲学思想研究》是对被誉为日本近世理论神道双璧的垂加神道和复古神道的专门研究；《神道文化与思想研究》则是对明治维新以前神道各派哲学思想的一种总体把握，并且在整体把握的基础上，从"神神关系"、"神人关系"、"神与自然的关系"的维度对这些神道派别的哲学思想进行了概括和抽象，并指出了其特点：第一，缺乏对整个世界的终极关怀，不能运用最一般的概念反映最高的实在；第二，明治维新以前的神道哲学思想融汇了宗教意识、道德意识和哲学理念，证明了日本哲学与宗教的天然联系，因此，神道哲学思想的基本倾向和主流意向是唯心主义、神秘主义、非理性主义；第三，日本民族对本体存在的思考一开始就是宗教的，而不是哲学的，他们是在宗教的世界中展开对现实世界的关怀和思考，因此，与其说日本人诠释世界，倒不如说是体验世界；第四，数量关系的哲学把握印证了日本文化的独有特征。②

综上可以看出，进入 21 世纪以来，对神道哲学思想的研究与 20 世纪的最后 20 年相比，无论是在内容的丰富性、结论的深刻性和方法的多元性上都取得了可喜的成绩。这既是对我国神道研究界的贡献，也是对我国日本哲学研究界的贡献。

（七）神道与中日文化交流研究

如上所述，在漫长的历史发展过程中，神道在日本民族固有信仰

---

① 卞崇道：《笔耕四十年，神道著新篇——〈神道与中日文化交流〉评介》，《日本问题研究》2011 年第 3 期。

② 范景武：《神道文化与思想研究》，内蒙古人民出版年社 2001 年版，第 574—584 页。

（如神灵观念、自然崇拜、祖灵崇拜等）的基础上，吸收儒、佛、道等外来思想的影响而形成了神社神道、理论神道甚至教派神道。神道发展过程中所具有的这种特性必然会逻辑地要求研究者从中日文化交流的视角去研究。

（1）日本学者石田一良曾把包括复古神道和国家神道在内的神道派别称作"习合神道"（"习合"，是指两种以上思想之间的碰撞与融合），受此启发，我们至少可以把江户时代及其以前的神道称作"习合神道"。在江户时代以前，基本上是以神佛习合为主，包括山王神道、两部神道、伊势神道和吉田神道等，在江户时代则是以神儒习合为主，包括理当心地神道、理学神道、度会神道和垂加神道等。由此，我们可以将这些神道派别归结为两大类型，即"神佛习合神道"和"神儒习合神道"。在我国神道研究界，对此两大类型神道的研究成果最多。除了神道研究者的著作无法避开这个问题而成为"题中必有之义"外，一些研究日本佛教、儒学的著作也大多要涉及这个问题。比如，涉及神佛习合的，有杨曾文著《日本佛教史》（浙江人民出版社 1995 年版）；涉及神儒习合的，有王家骅著《儒家思想与日本文化》（浙江人民出版社 1990 年版）、王健著《"神体儒用"的辨析：儒学在日本历史上的文化命运》（大象出版社 2002 年版）等。

（2）《神道与中日文化交流》，该书是我国学者研究神道与中日文化交流问题最为系统的一部著作。该书除了对以上两大类型神道派别进行阐述外，专设上、中、下三章，对神道与中日文化交流进行了论述：第十一章"神道与中日文化交流（上）——佛教、儒学对神道理论形成的影响"；第十二章"神道与中日文化交流（中）——阴阳五行思想对神道的影响"；第十三章"神道与中日文化交流（下）——祇园祭与中日文化交流"[①]。这些成果是作者多年来潜心文献研究和实地调查的结果，是其心血和汗水的结晶，可以说代表了该领域中国学者的最新研究成果和最高学术水平。

（八）神道功能研究

"神道是反映日本民族意识的重要侧面，是日本民族文化的核心，对

---

① 王守华：《神道与中日文化交流》，河北人民出版社 2010 年版，第 316—392 页。

日本的历史、政治、经济、文化、国民生活产生过重要的影响，今天依然具有重要的影响。"① 如果说以上七个部分是从"体"的维度对中国的日本神道研究进行把握的话，本部分就是从"用"的维度对中国的日本神道研究的概述。概观我国有关日本神道功能的研究成果，大体可以归纳为如下几点：

1. 神道与日本社会

（1）神道与日本现代化。试图从神道这一日本固有民族信仰的精神资源出发，探求日本现代化成功的深层原因，把神道看做是日本现代化成功的重要精神动力。例如，王守华认为，神道"神人一致"的思想、"产灵"的观念、"苏醒"思想和"里归"思想以及"镇魂"和"禊祓"习俗，"对于日本近代化都有一定的促进作用。当然，这些只是从积极方面来讲的。神道的神人一致理论尚有消极方面，国家神道在侵略战争中的作用，就是神人一致消极作用的表现"。②

（2）神道与当代日本社会生活。首先，神道在现代日本社会经济活动中的作用：表现在稻作社会中，神道祭祀的基本目的——祈愿水稻丰收、家内平安、社会繁荣，已经完整地成为今天工业社会的基本原理和精神基础。过去稻作社会中祈愿水稻丰收的产灵信仰，即对生产力、生殖力、结合力的信仰，仍然深深地支配着今天生产优先的日本工业社会的心理。其次是"以劳动为善"、"以劳动为喜悦"的神道的劳动观，最终形成了集团意识的深层心理，这种心理反应在现代企业中就是全体员工把企业看做是命运共同体，这种心理也体现在现代农村的"农协"的成员之间。③

其次，神道与当代日本民众生活：就像今天日本人的口头禅"困惑时依赖神"所表征的那样，神道和其他宗教一样成为精神困惑的人们的"紧急避难所"；几乎每天都有的"年中行事"和"民间行事"，与日本民众的日常生活结下了不解之缘；以神道祭祀为背景形成的各种体育活动、娱乐活动和艺术形式，"在今天日本社会的国民生活中，这些传统非但没有失去，相反得到了很好的保护和发扬。……神道信仰几乎渗透于现

---

① 王守华：《神道与中日文化交流》，河北人民出版社 2010 年版，第 1 页。
② 王守华：《神道思想研究的现代意义》，《日本学刊》1997 年第 3 期。
③ 王守华：《神道与中日文化交流》，河北人民出版社 2010 年版，第 301—302 页。

代国民生活的每一个环节。所以，在现代生活的国民生活中，神道的影响实际上没有缩小，相反，随着神道系新兴宗教的发展，神道的信仰还有扩大的趋势"。①

2. 神道对日本文化的决定作用

（1）神道对日本文化特征的决定作用。神道既是日本文化的原风景，也是日本人生活方式的体现，积淀了日本人的价值观念取向、伦理道德诉求、思维方式特征和内心情感寄托。在千百年的以神道为民族信仰核心的历史传承中，形成了日本文化的显著特征。因此可以说，如果离开神道，我们就无法解读日本文化乃至日本人。②国内学界普遍认为，日本文化是非理性、重实用的文化，更有把日本文化归为实用主义文化的观点。王艳梅认为，日本文化的非理性、重实用的特质及其产生的根源，就是非理性日本本土神道。③

（2）神道是外来宗教文化"日本化"、"本土化"和实现其价值目标的基础。纵观日本思想的历史进程，在对待外来宗教文化的过程中，从"神佛习合"到"儒佛不二"，从神儒佛三教一致，再到排佛思潮下的神儒一致乃至神儒合一，无不体现出日本本土宗教思想文化与外来宗教思想文化的双向互动。一方面是神道以外来宗教思想作为自身理论化的思想资源，另一方面是外来宗教思想借助神道实现自身的日本化，在这一双向互动的过程中，各自达成了自己的目标。儒、佛、道与神道的关系，典型地表征了这一特点。④

3. 神道与日本政治

盛晓明在《神道与日本政治》一文中指出："神道的政治功能起始于皇室对它的改造，改造后的神道已成为皇室政治（祭政一体）的主体。从此神道也便是'皇道'。在近代的国家神道中，这一主体被奉为'国体'。对日本政治来说，什么都可以变，唯独'国体'不变。什么都可以引进，唯独'国体'必须是独有的。这既是一种信念，也是日本历史的事实。"他还进一步分析了作为皇室政治基础的神道以及日本历史上神道在形成"圣与俗的双重政治结构"过程中的重要作用，指出："在历史

---

① 王守华：《神道与中日文化交流》，河北人民出版社 2010 年版，第 311—315 页。
② 牛建科：《试析儒学与日本神道的关系》，《孔子研究》2010 年第 6 期。
③ 王艳梅：《试析日本文化特质的神道决定论》，《文教资料》2009 年 10 月号下旬刊。
④ 牛建科：《试析儒学与日本神道的关系》，《孔子研究》2010 年第 6 期。

上，无论权力层如何变更，权威的一极始终不变，成了政治结构中的‘常数’与‘公分母’。各种政治势力只有借助于天皇的权威，哪怕只是在形式上依附于天皇，他们的权力才是正当的。历史上存在过各种政治形式，如摄关政治、院政、武家政治等。权力集团始终是个‘变数’。”①

关于神道对政治发挥功能的另一方面的研究成果，主要体现在对国家神道与日本政治的关系以及国家神道与靖国神社问题的批判上。如徐水生《国家神道与日本政治》（《学习月刊》2005 年第 5 期），王守华《以史为鉴，后事之师——关于靖国神社问题》②

4. 神道与环境保护

在当今世界，日本被誉为自然环境保护比较好的国家。森林面积占全国土地的 68.9%。以世界经济合作与发展组织（OECD）成员国为例，据 2004 年的统计数字，其森林覆盖率大多是 10% 到 30%，而未达到 40%。王守华认为，传统的神道含有丰富的环境保护思想，其中的根本原因就在于神道的自然观：“神道的自然观认为，由神生成的人与万物也带有神圣性，人与山、水、森林等自然物具有亲切的亲缘关系”，也就是说，神、人与自然三者之间形成了一种“以‘生’为媒介的亲子或同胞关系。三者是同一世界、同一社会不可欠缺的构成要素，任何一个不能脱离其他两个。神生出包括人在内的自然界，人依赖自然而生活。所以也可以说，神道是以自然为媒介的联结神与人的日本民族固有的信仰。它端倪于自然崇拜，把自然与自然现象作为神的行为或神本身加以崇拜。这种神与自然一体化的观点，有利于保护自然环境。”③

5. 借鉴其他学科已有研究成果对神道功能价值的分析

牛建科《日本神道教功能试论》（《日本研究》2011 年第 1 期）借用美籍华裔社会学家杨庆堃的“弥散性宗教”和“制度性宗教”概念，指出日本神道的存在方式和功能实现是经过了从“弥散性”经“制度性”再到“弥散性”的过程。这种否定之否定的结果，正好是日本现代社会包括神道在内的宗教文化功能特征的反映。对于神道功能的价值，牛建科认为，涂尔干从宗教社会学的视点、格尔茨从文化人类学的视点出发分析

①　盛晓明：《神道与日本政治》，《浙江大学学报》1997 年第 3 期。
②　王守华：《神道与中日文化交流》，河北人民出版社 2010 年版，第 393—400 页。
③　同上书，第 274 页。

宗教的象征意义，对于分析神道的象征功能具有启发意义。神道作为社会的象征符号所发挥的作用主要体现在，神道既是氏族的象征符号，又是地域共同体的象征。同时，神道作为文化象征符号也具有重要功能。神道在外来宗教文化的冲击下能保持自身的不变性，这标志着日本文化自身的主体性永不丧失。总之，神道无论是作为日本社会的象征还是作为日本文化的象征，无论是在日本历史上还是在现实社会中，都发挥着"象征"功能。通过这种象征功能的发挥，神道确立了其在日本历史和现实中的地位，同时也塑造了日本文化的形态，规定了日本文化的特性。[①]

三　研究展望及关注点

改革开放 30 年，随着我国经济的发展以及学术环境的日益改善，作为我国日本学研究重要一环的日本神道研究，从几乎为"无"的可悲状态起步，经过学者们的不断开拓和耕耘，终于结出了还算令人满意的"果实"。之所以这么说，其原因有二：一是与神道在日本社会、经济、文化中的地位和作用相比，我们对神道研究的广度和深度都还不够；二是与我国学术界对日本政治、日本经济、日本历史的研究成果相比，还是相对滞后的，这体现在研究成果数量少，质量还有待进一步提高。

几年前，王金林曾就我国神道研究这种相对滞后状态的原因进行过分析，认为滞后的原因是多方面的，但主要原因有三点：第一，对研究日本神道的意义，尚缺乏足够的认识；第二，受到学科知识的局限，对神道的研究，不但需要历史知识，也需要考古学、文化人类学、民俗学、宗教学、哲学等广泛的知识，各学科相融合的综合知识的不足，影响了涉足这一领域的信心；第三，在研究日本的热潮中，各研究单位或研究者的课题选择和设置，一般情况是厚古薄今，有益于中国现代化借鉴的近现代的政治、经济、文化等方面的课题，成为研究的首选。首选课题在人力和经费方面无疑得到了保证，而那些古代的、社会效益暂时不明显的课题，如神道等的研究，自然难以展开。[②] 这种分析具有一定的借鉴意义。

我们认为，在不少相关研究机构和日本学的研究者中间，对研究日本

---

① 唐永亮：《"神道与日本文化"国际学术研讨会综述》，《日本学刊》2010 年第 6 期。

② 王金林：《日本人的原始信仰》，宁夏人民出版社 2005 年版，第 2 页。

神道的重要性的认识，与几年前相比，应该说已有了很大提高。这一方面
体现在，进入新世纪以来，神道研究成果无论在数量上还是在质量上都有
一个明显的增长和提高；另一方面则体现在，在国内召开的相关的学术研
讨会上（国际或国内），常能见到神道研究者的面孔并能提交相应的论
文，尤其能说明这一问题的是，作为我国日本研究重镇的中国社会科学院
日本研究所，于 2010 年 11 月在北京召开了首次以"神道"为主题的
"神道与日本文化"国际学术研讨会。这无疑将为今后我国的神道研究起
到巨大的促进作用。

　　研究本身并不是自足的，或者说研究的目的不在于研究本身。因此，
神道研究本身也要与全球一体化的大趋势相呼应，在注重研究自身学理的
前提下，与我国社会、经济和文化发展的进程相融合，追踪文化交流尤其
是中日文化交流的新动向。时代提出的课题是我国神道研究的出发点，如
果不是全部的出发点的话，至少应是一个非常重要的出发点。只有这样才
能不断提高我国神道研究的水平，才能与日本的有关学者进行真正的
对话。

　　回顾我国 30 年来的神道研究，总的印象是，对传统神道的研究着力
较多，对神道尤其是国家神道与政治的关系涉猎较多。有鉴于此，笔者认
为，今后应该加强如下几个方面的研究：

　　（1）神道仪式的研究；

　　（2）神道系新兴宗教的研究；

　　（3）对日本学者神道研究的研究；

　　（4）日本民间信仰的研究；

　　（5）神道研究的方法论问题。

　　关于今后我国神道研究的具体构想，至少应从以下几个方面着手进
行。① 我国的神道研究虽然在不太长的时间内取得了较为令人满意的成
绩，但是，从长远的角度来看，可以说我国的神道研究尚处在起步阶段。
比如说，迄今为止尚没有一个专门研究机构，也没有专门从事神道研究的
人。所以，在某种意义上讲，这种构想也是我国神道研究的初步构想。一
是设立专门研究机构，专门从事神道研究。期待着国内的专业科研机构
（如中国社会科学院日本研究所），能够设立专门的研究机构。二是人才

---

① 本部分参阅了王守华教授的未刊稿《我的神道研究之心路》。

的培养。期待国内有条件招收日本文化博士课程研究生的单位（如中国社会科学院研究生院、南开大学日本研究院等单位），有计划地规划和招收专攻神道的博士生。三是基础资料建设，即收集以原始资料为主的神道资料。在此基础上，进一步展开日本神道的研究，具体而言，就是上述三条的有机结合，即专门研究机构和专业人员负责专门研究和资料建设。所谓专门研究是指神道史、神道派别、神道思想、神道神灵、神道祭祀、神社建筑等基础研究。历史、政治、经济、文化、社会、艺术等其他领域的日本学研究者，都可结合自己的专业，展开神道政治、神道经济、神道文化、神道艺能、神道美术、神道与环境保护、神道与当代国民生活、神道与中日文化交流等的研究。在专业人员深入研究、其他人员结合自己的专业展开研究的基础上，希冀我国的神道研究迎来其黄金时期。

参考文献

黄心川主编：《世界十大宗教》，东方出版社 1988 年版。

王守华、卞崇道：《日本哲学史教程》，山东大学出版社 1989 年版。

王家骅：《儒家思想与日本文化》，浙江人民出版社 1990 年版。

杨曾文：《日本佛教史》，浙江人民出版社 1995 年版。

王守华：《日本神道の现代的意义》，东京：农山渔村文化协会 1997 年版。

张大柘：《当代神道教》，东方出版社 1999 年版。

范景武：《神道文化与思想研究》，内蒙古人民出版社 2001 年版。

王健：《"神体儒用"的辨析：儒学在日本历史上的文化命运》，大象出版社 2002 年版。

张大柘：《新兴宗教与日本近现代社会》，天津人民出版社 2003 年版。

王宝平主编：《神道与日本文化》，北京图书馆出版社 2003 年版。

王维先：《日本垂加神道哲学思想研究》，山东人民出版社 2004 年版。

王金林：《日本人的原始信仰》，宁夏人民出版社 2005 年版。

刘立善：《没有经卷的宗教：日本神道》，宁夏人民出版社 2005 年版。

牛建科：《复古神道哲学思想研究》，齐鲁书社 2005 年版。

张大柘：《宗教体制与日本的近现代化》，宗教文化出版社 2006 年版。

王金林：《日本神道研究》，上海辞书出版社 2007 年版。

范景武：《民族文化与国民性研究》，内蒙古人民出版社 2008 年版。

王守华：《神道与中日文化交流》，河北人民出版社 2010 年版。

王守华：《我的神道研究之心路》（未刊稿）。

历史

中国的日本古代中世纪史研究 30 年综述

世界历史研究所　徐建新

一　中国的日本古代中世纪史研究历程概述

中国和日本两国有两千年的相互认识和研究的历史。两千年前东亚地区文化最先进、实力最强大的国家是汉王朝。随着汉文化向周边地区的传播，汉民族对周边古代国家和民族的了解也日益增加了。在古代日本人使用文字记录本国的历史之前，它的历史已被记录在古代中国的史书中，其中最早的记录见于东汉班固（公元 32—92 年）所著《汉书》的"地理志·燕地"条。中国是世界上最早记载和研究日本的国家。

中国历史上曾多次出现研究日本的高潮。十五六世纪，中国沿海地区饱受倭寇的侵扰，于是明朝人开始对日本进行详细的考察和研究。当时刻印的研究著作达十余种，记述内容涉及日本的历史沿革、山川形势、语言习俗等。研究价值较高的有明郑若曾的《筹海图编》卷二《倭国事略》。

至近代，1868 年日本发生了明治维新运动，开始了近代化的进程。同时，日本还积极推行对外扩张政策，于数年后的 1874 年，侵占了台湾。这对中国清王朝产生了强烈的震动。在这样的历史背景下，中国的官僚和文人们思考和探讨了日本强大和成功的原因，撰写了一批考察日本的论著，如清朝首任驻日公使何如璋著《使东述略》、王韬著《扶桑游记》等。

1895 年，清军在甲午中日战争战败，清廷被迫与日本订立《马关条约》。甲午战争以来的日本侵华、中日交恶的痛史极大地刺激了中国人，同时也让中国人认识到过去对日研究的不足。在订立《马关条约》的同一年，曾经客居东瀛多年的驻日公使馆参赞黄遵宪著《日本国志》一书出版。以此为标志，中国人开始比较客观、全面地研究日本。这部鸿篇共40卷，以50余万字的篇幅，记述日本的地理、职官、食货、兵备、刑法、物产、工艺等，重点介绍明治维新后日本的社会风貌。这时期，康有为编著的记述明治维新的《日本变政考》，于1898年进呈光绪皇帝御览，作为清末戊戌变法的参考。

作为深入研究日本人精神世界的专著，有戴季陶著《日本论》（1928年）和蒋百里著《日本人》（1938年）。两著作均涉猎日本的政治、经济、军事、思想等诸方面。既评论其现状，也追溯其历史，并且都很重视，并对日本国民性格进行了深入的研究。

1949年中华人民共和国成立后，中日两国分属国际冷战体制下的东西方两大阵营，长期处于无邦交的对立状态，难以展开正常的学术交流。1949年至1966年的17年中，中国学者的研究成果尽管数量不多，但是吴廷璆、周一良、邹有恒、朱谦之等老一辈日本史学家作了许多开创性的研究，为中国的日本古代中世纪史研究奠定了良好的基础。[①]

1972年中日邦交正常化为中国的日本史研究提供了有利条件。1972年至1978年可以说是中国日本史研究的恢复期和启动期。国内各日本研究机构纷纷恢复活动，着手进行年轻研究人员的培养，特别是全国数十所大学先后成立了日语系或日语教研室，上百所大学开设了第二外语日语课，为国内日本研究队伍的扩大和素质的提高打下了坚实的基础。但是在"左"的思潮干扰下，正常的学术研究依然举步维艰。这时期的研究多为译著和介绍性成果，有深度的研究专论尚不多见。

1978年改革开放后的最初几年，中国日本古代中世纪史学者所做的工作主要是恢复教学、编纂教材、重建与日本学术界的学术交流关系。经过数年的积累和准备，在20世纪80年代初期，中国的日本古代中世纪史研究进入改革开放后最初的成果收获期。1980年，中国日本史研究会（后改称中国日本史学会）成立，1982年和1985年中国日本史学会先后出版了两辑《日本史论文集》，其中收入日本古代中世纪史论文20篇，

---

①　参见吴廷璆《大化改新前后日本的社会性质问题》，《南开大学学报》1955年创刊号；周一良：《亚洲各国古代史》上册，高等教育出版社1958年版；邹有恒：《1837年日本大盐平八郎起义的失败原因及历史意义》，《东北师范大学集刊》1957年第3期；朱谦之：《日本哲学史》，生活·读书·新知三联书店1964年版。

包括王金林《日本古代部民性质初探》、张声振《魏志倭人传中邪马台国的地理方位辨》、张玉祥和禹硕基《日本平安后期社会经济关系的变化及其性质》、胡锡年《唐代的日本留学生》、童云扬《日本室町时代的"酒屋土仓"和农民运动》、刘毅《试论日本早期封建制的几个特点》等。1982 年，汪向荣发表了改革开放后我国学者撰写的第一部日本古代史专著《邪马台国》（中国社会科学出版社），王金林于 1984 年出版了新中国成立以来的第一部日本古代中世纪通史《简明日本古代史》（天津人民出版社），沈仁安、宋成有、李玉对战后日本史学史作了一系列深入的分析与总结①。此外，学者们还围绕日本古代部民制、大化改新、从奴隶制向封建社会过渡、中世纪庄园制和土地制度、中世至近世的幕府政治、儒教与日本的思想文化等问题发表了一批颇有水平的研究成果。

中日关系研究历来是中国日本史研究的重要分支学科。在两千年的日本历史中，中日两国文化交流的印记在日本文化中几乎无处不在。两国的文化交往有物质层面的、制度层面的，也有思想文化层面的，在具体研究中又可分出考古文化、国家关系、思想文化交流、人物往来、社会习俗比较等众多的子课题。其中，古代中日文化关系与文化交流，又是研究者最感兴趣、成果最多的研究领域。

20 世纪 80 年代中后期以来，中日两国的学术交流日趋频繁和规范化，国内各大学和社会科学院与日本国际交流基金会、日本学术振兴会等国家或民间学术机构的交流渠道逐步建立起来。中日两国的频繁的学术交往，使中国学者能够更加及时地了解日本学界的研究动向，收集和掌握的日本古代中世纪史研究资料更为全面、具体。同时，中青年学者的专业日语水平也有了极大的提高。

在不断提高研究成果质量的同时，中国的日本古代史学者还努力开展国际学术交流，积极争取中国学者在国际学术交流中的地位和话语权。1988 年中国日本史学会在北京大学召开了中日"大化改新"国际学术讨论会，以日本著名古代史学家门胁祯二为首的一批古代史知名学者与中国学者围绕 7 世纪日本大化改新的性质、过程和历史意义进行了热烈的讨

---

① 沈仁安、宋成有：《近代日本的史学和史观》；沈仁安、宋成有：《日本史学新流派析》；沈仁安、李玉《日本进步史学的发展和变化》。以上三篇收入坂本太郎著《日本的修史和史学》，沈仁安译，北京大学出版社 1991 年版，第 189—263 页。

论。会后日方学者表示，此次会议在中日古代史学者之间架起了一座学术交流的桥梁。1993 年，中国日本史学会在天津社会科学院召开日本史学会年会暨"日本人与国际化"国际学术讨论会，日本古代史学界的权威学者上田正昭、铃木靖民、吉村武彦等参加了古代史分组讨论会。上田正昭教授回国后在日本《朝日新闻》上撰文高度评价了此次会议，他指出："在此次学术讨论会上，中国学者屡次提出令人震惊的见解，而他们指出的正是日本学者往往欠缺的研究视角和我们正在丧失的问题意识。"[1]

1987—1988 年中国日本史学会与日本六兴出版社合作，用日文出版了由 10 余位中国有代表性的学者撰写的大型日本史丛书，这是中国学者在改革开放后首次向日本学术界展示中国日本史研究的整体实力。这套总题为"东亚中的日本历史"的学术丛书共 13 册，其中涉及日本古代中世纪史的有 6 册，即沈仁安著《倭国与东亚》、王金林著《奈良文化与唐文化》、张玉祥著《织丰政权与东亚》、任鸿章著《近世日本与日中贸易》、王家骅著《中日儒学的比较》、武安隆和熊达云的《中国人的日本研究史》。

1995 年大庭修、中西进、源了圆、王勇、王晓秋、严绍璗等中日学者合编的日文多卷本《日中文化交流史大系》由日本大修馆出版社出版（该书中文版题为《中日文化交流史大系》，由浙江人民出版社出版）。该套丛书包括了中日文化交流史的十个方面，即历史、法制、思想、宗教、文学、艺术、民俗、科技、典籍、人物，反映了中日文化交流史研究的最新成果。该书每卷都是由中日两国学者分别执笔，充分体现了中日两国学术界合作与文化交流的意图。1996 年该"大系"获亚洲太平洋出版协会学术图书金奖。

2003 年，日本的遣唐留学生井真成墓志在中国陕西被发现。这是迄今为止在中国国内发现的唯一一件有关日本遣唐使的实物资料。墓志记载了公元 8 世纪日本遣唐留学生井真成求学长安，客死他乡，唐玄宗怜惜英才，追赠其官职的事迹。墓志发现后在日本引起轰动，2004 年墓志被迎往日本展出。中国学者围绕墓志的释文和史实撰写了一批论文，对日本学

---

① 上田正昭：《最近中国日本史研究的动向不可轻视》，《朝日新闻（夕刊）》1993 年 9 月 18 日。参见中国日本史学会编《走向国际化的日本——"日本人与国际化"学术讨论会论文集》，天津人民出版社 1995 年版。

界产生了良好的学术影响①。

以上这些标志性的学术事件不仅表明中国日本古代中世纪史研究在80 年代以来取得了令人瞩目的发展，而且还表明在日本古代中世纪史研究领域，两国学术界的学术互动机制已经形成。

在改革开放初期，中国的日本古代中世纪史研究还存在一些不足，比如一些论著的内容比较空泛，研究选题比较集中，对史料的系统性整理和发掘还很不充分。最近二十年来，这种状况已经有了极大改善，研究领域正在不断扩大，观点也更具深度。研究成果中不仅有宏观的、综合性的研究成果，还出现了一些成果质量较高的中观和微观的专题研究成果。这种选题的变化反映了研究的深入和进步。比如"中日农业考古的比较研究"、"日本古代的大陆移民研究"、"古代日本祭祀制度研究"、"道教文化对日本的影响"、"古代寺院经济研究"、"古代日本社会结构与身份等级制研究"、"古代女天皇研究"、"唐日法律制度的比较研究"、"中日古代都城制的比较研究"、"古代日本家族和婚姻形态研究"、"古代中国典籍东传和回流的研究"、"江户时代町人文化研究"、"江户时代西学东渐的研究"，等等。与 20 世纪 80 年代初的研究选题相比，今天的日本古代中世纪史研究的选题更加多样化，反映了研究的不断深化。

二　研究人员、机构、研究团体和学术刊物

1978 年改革开放以后，中国国内与日本古代中世纪史研究有关的研究人员大体上归属于以下几类机构和组织：（1）高等院校所设立的各种研究所、研究中心、研究室或系、教研室等；（2）全国或地方社会科学院所设立的各种研究所、学会、研究中心等；（3）跨院系的民间学术团体。1980 年，中国日本史研究会成立时，会员总数超过 300 人。这是新中国诞生以来，全国各地的日本史研究力量第一次会聚起来，组成学术团

---

① 参见贾麦明《新发现的唐日本人井真成墓志及初步研究》，《西北大学学报》（哲学社会科学版）2004 年第 6 期；葛继勇：《唐代日本留学生井真成墓志铭初释》，《华南农业大学学报》（社会科学版）2005 年第 1 期；荣新江：《从〈井真成墓志〉看唐朝对日本遣唐使的礼遇》，《西北大学学报》（哲学社会科学版）2005 年第 4 期；王义康、管宁：《唐代来华日本人井真成墓志考辨》，《中国历史文物》2005 年第 5 期；马一虹：《日本遣唐使井真成入唐时间与在唐身份考》，《世界历史》2006 年第 1 期；王勇：《井真成墓志与唐国子监》，《日本学刊》2006 年第 2 期。

体。学会下设的古代史分会，为中国的日本古代中世纪史研究构建了良好的学术交流平台。此后相继建立的研究团体还有中国中日关系史学会、东北地区中日关系史研究会、北京市中日文化交流史研究会、北京市中日关系史学会、浙江省中日关系史学会、苏州中日关系史学会等。其中东北地区中日关系史研究会成立的较早，成立于1980年。随后成立的北京市中日文化交流史研究会（1980年9月）首任会长是国内研究日本史、中日关系史的著名学者周一良教授。

1978年以后，南开大学、中国社会科学院、吉林大学、北京大学、东北师范大学、辽宁大学、复旦大学、杭州大学等教学、科研单位先后设置日本史硕士、博士研究方向，培养出了不少日本古代中世纪史研究生。他们当中许多人，特别是日本史博士学位获得者多加入了日本史研究行列，补充了日本史的研究力量。

目前，中国国内有影响力的能够刊登日本古代中世纪史研究成果的综合性刊物，依创刊年代先后为序，主要有：河北大学日本研究所主办的《日本问题研究》（1966年创刊，下同）、辽宁大学日本研究所主办的《日本问题》（1972年，后更名《日本研究》）、天津社会科学院日本研究所主办的《日本研究论丛》（1972年）、中国社会科学院日本研究所主办的《日本学刊》（1985年）、北京大学日本研究中心主办的《日本学》（1989年）、杭州大学日本文化研究所主办的《中日文化论丛》（1991年）、复旦大学日本研究所主办的《日本研究集刊》（1993年）等。据统计，目前中国各类日本研究杂志和学术刊物33种。此外，在中国社会科学院主办的《历史研究》、《世界历史》等国内史学界公认的最高级别核心刊物，以及《史学月刊》、《历史教学》、《史林》等史学刊物和各大专院校的学报上，也经常登载有分量的日本古代中世纪史研究论文。

三　中国的日本古代中世纪史研究成果回顾

1978年以后中国日本古代中世纪史的研究成果与新中国成立后17年的成果相比，无论在数量上还是在研究的深度和广度上都有了明显的提高。据不完全统计，1979年以来，中国出版的涉及日本古代中世纪史研究的日本通史、综述类著作主要有赵健民、刘予苇主编《日本通史》（1989年）、吴廷璆主编《日本史》（1994年），张声振著《中日关系史

（卷一）》（1986 年）、汪向荣著《中日关系文献论考》（1985 年），张萍著《日本的婚姻与家庭》（1984 年）、杨孝臣著《中日关系史纲》（1987年）；断代史和专门史的成果主要有王金林著《简明日本古代史》（1984年），梁容若著《中日文化交流史论》（1985 年），禹硕基著《日本大化改新》（1985 年）、武安隆著《遣唐使》（1985 年）、严绍璗著《中日古代文学关系史稿》（1987 年）、周一良著《中日文化关系史论》（1990年）、王家骅著《儒家思想与日本文化》（1990 年）、王晓秋著《近代中日文化交流史》（1992 年）、杨曾文著《日本佛教史》（1995 年）；主要资料工具书有伊文成、王金林等《日本历史人物传（古代中世篇）》（1984 年）、汪向荣、夏应元编《中日关系史资料汇编》（1984 年）、吴杰主编《日本史辞典》（1992 年）、刘德有、马兴国主编《中日文化交流事典》（1992 年）、中国社会科学院编《简明日本百科全书》（1994 年）。

　　进入 21 世纪以来，又有一批通史、专门史和专题研究的著作问世，如李卓编著《传统文化与家族文化——中日比较研究》（2000 年）、王金林著《日本天皇制及其精神结构》（2001 年）、沈仁安著《日本史研究序说》（2001 年）、赵德宇著《西学东渐与中日两国的对应》（2001 年）、王勇著《日本文化》（2001 年）、王勇著《日本文化：模仿与创新的轨迹》（2001 年）、刘健强著《新编日本史》（2002 年）、沈仁安著《德川时代史论》（2003 年）、沈仁安著《中国から見た日本の古代》（2003 年）、戚印平著《日本早期耶稣会史研究》（2003 年）、沈仁安著《日本起源考》（2004 年）、浙江大学日本文化研究所编著《日本历史》（2003 年）、李虎著《中朝日三国西学比较研究》（2004 年）、李卓编著《中日家族制度比较研究》（2004 年）、刘毅著《悟化的生命哲学——日本禅宗》（2000 年）、王宝平著《神道与日本文化》（2003 年）、王维先著《日本垂加神道的哲学思想研究》（2004 年）、彭恩华著《日本俳句史》和《日本和歌史》（2004 年）、赵维平著《中国古代音乐文化东流日本的研究》（2004 年）、王新生著《日本简史》（2005 年）、徐建新著《好太王碑拓本的研究》（2006 年）、王健著《神体儒用的辨析》（2006 年）、李卓编著《日本家训研究》（2006 年）、王海燕著《古代日本的都城空间与礼仪》（2006 年）、王保田著《日本简史》（2006 年）、孙秀玲著《一口气读完日本史》（2006 年）、王仲涛、汤重南著《日本史》（人民出版社 2008 年版）、冯玮著《日本通史》（上海社会科学院出版社 2008 年版）、王雪松编《简明日本史教程》（武汉大学出版社 2008 年版）等。

30 年来，中国学者围绕日本古代中世纪史上的许多重要问题展开了深入的专题研究，摘要介绍如下。

（一）日本古代史研究

日本古代中世纪史的研究范围上起旧石器时代，下迄 19 世纪中期。旧石器时代的日本原始文化是一个充满谜团的研究领域，研究的进展有赖于持续不断的考古发掘。我国著名考古学家裴文中指出更新世中期中国华北地区与日本列岛之间存在陆地通道，他还认为华北与日本的旧石器文化有许多共通的特征[①]。禹硕基探讨了远古时代中日之间的交往，指出在洪积世北京人的后裔曾迁徙到日本，创造了无陶文化。[②]中国的考古学工作者朱泓、孟庆福、汪洋对东北亚地区古今居民种族类型进行了比较研究，指出东北亚地区古代居民种系成分的主体是"古东北类型"和"古西伯利亚类型"。这两类种系成分对该地区近现代居民的人种构成产生过广泛而深远的影响。[③]张雅君从体质人类学的角度探讨了日本人的种族起源和演化问题，论述了日本旧石器时代人、新石器时代绳文人、弥生人的起源，并中国的古人类化石材料探究了弥生移民的来源等问题。[④]相关的研究成果还有周蜜《日本人种论》[⑤]、王军、赵连泰《日本人起源研究述论》[⑥]、应骥《日本大和民族探源》[⑦]。2000 年日本发生了旧石器造假事件，给日本旧石器考古造成重大打击，徐建新对这一事件作了分析和评论。[⑧]关于日本新石器时代是否存在农耕经济的问题近年也受到关注，周颂伦分析了日本农业起源问题中的绳文农耕与弥生稻耕论，指出绳文农耕论与弥生稻耕

---

① 裴文中：《从古文化及古生物上看中日的古交通》，《科学通报》1978 年第 12 期。

② 禹硕基：《远古时代中日交往初探》，《日本研究》1985 年第 2 期。

③ 朱泓、孟庆福、汪洋：《东北亚地区古今居民种族类型的比较研究》，《吉林大学学报》（社会科学版）1998 年第 5 期。

④ 张雅君：《日本人群的种族起源和演化》，《世界历史》2008 年第 5 期。

⑤ 周蜜：《日本人种论》博士学位论文，吉林大学，2007 年。

⑥ 王军、赵连泰：《日本人起源研究述论》，《日本学刊》2001 年第 3 期。

⑦ 应骥：《日本大和民族探源》，《中南民族大学学报》2002 年第 3 期。

⑧ 徐建新：《透视日本旧石器时代考古造假事件》，《世界历史》2002 年第 6 期；《日本旧石器时代考古造假事件》，北京大学日本研究中心编：《日本学》2004 年第 12 辑。

论，是两种截然对立的观点，争论的焦点关系到日本文化本源来自何方，是日本自产（绳文农耕论）还是大陆文明渡海传播（弥生稻耕论）。绳文农耕论以照叶树林文化为背景，得到多数学者的支持，但不能否定弥生稻耕论的合理性。①金健人论述了中国稻作文化东传日本的方式与途径。②沈仁安论述了日本弥生时代文化的基本特征，即（1）铁器代替石器，由石器时代越过青铜器时代，直接进入铁器时代；（2）普及以水稻种植为主的农业生产，由采集经济越过畜牧阶段，直接过渡到农业社会；（3）农村公社代替原始公社，由原始公社制向阶级社会过渡，形成地区性早期奴隶制国家；（4）脱离孤立状态，加入中国的册封体制，成为以中国为中心的东亚国际社会的一员。③

　　日本古代的社会性质与历史分期是我国日本古代史学者在 20 世纪 80 年代关心的重要研究课题。邪马台国是中国古代官撰史书《三国志·魏书·东夷传·倭人条》（简称"魏志倭人传"）记载的日本列岛上的一个小国联盟。关于这个小国的地理位置，史料语焉不详，多年的讨论中主要形成了两种观点，即"九州说"和"畿内说"。张声振、汪向荣、赵连庆等学者认为邪马台国的所在地应当在日本本州岛的畿内地区。另一方面，吴廷璆、王金林等学者主张"九州说"。王金林还认为，公元 3 世纪邪马台国时代的日本列岛的文化发展不是一元的，而是多元的，在九州地区存在邪马台国的时代，在近畿地区还存在另一个国家，即"前大和国"④。关于邪马台国的社会性质，汪向荣、赵步云等主张"部落联盟说"，认为邪马台国时代日本还没有进入阶级国家的阶段⑤，沈仁安、沈才彬等学者主张"奴隶制国家说"，认为邪马台国的社会性质符合马克思所描述的

　　① 周颂伦：《日本农业起源问题中的绳文农耕与弥生稻耕论》，《古代文明》2007 年第 1 期。

　　② 金健人：《中国稻作文化东传日本的方式与途径》，《农业考古》2001 年第 3 期。

　　③ 沈仁安：《关于弥生文化的若干问题》，《日本问题》1987 年第 3 期。

　　④ 吴廷璆：《日本古代国家形成的决定因素问题》，《中日文化与交流》1984 年第 1 期；王金林：《从考古学看邪马台国时代的日本》，《世界历史》1986 年第 4 期；张声振：《魏志倭人传中邪马台国的地理方位辩》，《日本史论文集》第一辑，生活·读书·新知三联书店 1982 年版；汪向荣：《弥生中后期近畿地区生产力发展状况和邪马台国的地理位置》，《中国社会科学》1982 年第 3 期；汪向荣：《邪马台国》，中国社会科学出版社 1982 年版；赵连庆：《邪马台国地望考》，《东北师大学报》1985 年第 6 期。

　　⑤ 汪向荣的观点参见前引书；赵步云：《邪马台国社会性质初探》，《史学月刊》1985 年第 2 期。

"东方的普遍奴隶制"的基本特征,是带有"普遍奴隶制"(总体奴隶制)性质的早期国家①。王金林也认为邪马台国是古代国家,但没有明确提出邪马台国是奴隶制国家,这与他后来提出的日本没有经历奴隶制发展阶段的观点有关。与邪马台国时代的社会性质研究相关联,赵秉新、胡玉兰探讨了当时社会中的"下户"问题,指出"下户"既不是自由民、也不是封建农奴,而是份地耕奴类型的奴隶。②徐建新认为,邪马台国时代的"大人"、"下户"、"奴婢"等社会结构中的分层状况不仅反映了阶级关系的发展,也是一种早期的社会等级划分③。

公元3世纪后期至7世纪中叶,日本考古学上称为"古坟时代",文献史学者称之为"大和王权时代"(或"倭王权时代"),是西日本地区的政治势力逐渐走向统一的时期。关于"古坟时代"的社会政治经济制度和社会结构是日本古代史学者非常关心的研究课题。独具特色的部民制就是在这一时期发生和发展起来的。日本的部民制是日本早期阶级社会发展的结果,是分析公元5—7世纪日本社会结构的重要环节。早在20世纪50年代吴廷璆就提出古代日本的部民制是"半家长制半封建"的观点,王金林在批判性继承了这一观点的基础上,认为古代日本的部民存在多样性发展,提出部民中存在3种不同类型:即"奴隶型部民"、"隶农型部民"和"农奴型部民"。并进一步指出,古代日本没有经历奴隶占有制社会阶段,自原始社会瓦解后直接向封建社会过渡④。另一方面,张玉祥、禹硕基、武安隆、冯兴盛、李卓等多数学者都认为部民制就是奴隶制。吴廷璆也在80年代修改了自己过去的观点,转而主张"奴隶制说"。⑤氏姓制度是日本大化改新前的主要政治统治制度,它在形成过程中参考了朝鲜半岛的骨品制。李卓从古代社会和家族制度起源的角度探讨了日本古代氏

---

① 沈才彬:《从我国史书的记载看日本古代国家的形成》,《学习与思考》1981年第4期;沈仁安:《试论邪马台国的性质》,《日本问题》1988年第4期。

② 赵秉新、胡玉兰:《略论"下户"的身份问题》,《日本史论文集》第二辑,辽宁人民出版社1985年版。

③ 徐建新:《古代日本身份等级的产生》,《东亚的古代文化》日本东京2003年8月。

④ 王金林:《日本古代部民的性质——兼论日本未经过奴隶社会》,《历史研究》1981年第3期。

⑤ 张玉祥、禹硕基:《论日本奴隶制向封建制的过渡》,《历史研究》1982年第2期;武安隆:《浅论大化改新》,《历史教学》1983年第10期;李卓:《部、部民及其区别》,《外国问题研究》1986年第2期;吴廷璆:《日本古代国家形成的决定性因素问题》,《中日文化交流》1984年第1辑。

姓制度，指出氏姓制度是日本家族式社会结构的历史根源。它直接影响到千百年来人们的生活方式和道德观念，因此，在研究日本历史和日本社会特点时，对氏姓制度应予足够的重视。王顺利的研究揭示了氏姓制度的阶级实质。他指出，氏姓制度实质上是贯穿着父家长制统治的等级制度，它一方面把非自由人包括在氏内，把若干阶级身份完全不同的成员包括在一个统一体中，用血缘关系或模拟血缘关系掩盖了阶级关系；另一方而又贯彻着森严的等级，贵者恒贵，贱者恒贱，尊卑有序，世代相袭，不可逾越，是对剥削阶级十分有利的一种统治方式。[1]有关古代氏姓制度的研究成果还有王秀文、陈明莉等人的论文。[2]

在日本古坟时代考古研究方面，王巍根据日本埼玉县稻荷山古坟出土的铁剑铭文论述了稻荷山古坟墓志人的身份以及大和王权与古代东国豪族的关系，指出日本埼玉古坟群的被葬者是当地武藏国的历代国造，而稻荷山古坟的墓主人应当是上述国造的祖先。[3]

古代中日关系和古代东北亚地区与日本的关系也是日本古代史研究中的重要研究领域，旧石器时代日本列岛与东亚大陆的关系、新石器时代的绳文时代文化与东亚大陆的关系、大陆移民移居日本问题、徐福东渡问题、东亚大陆的稻作文化东传日本的问题、汉魏时期的中日关系古代日本与朝鲜半岛的关系等问题都受到我国学者的关注。

吴杰、张声振、李卓、韩昇、王勇、葛继勇等将古代东亚大陆移民移居日本的研究进一步细致化了。汪向荣、王金林、孟宪仁探讨了徐福东渡的问题。

安志敏、严文明、蔡凤书等考古学者探讨了弥生时代中国大陆水稻农业技术东传日本的问题。沈仁安探讨了古代邪马台国与中国王朝的关系。[4]

另外，在这一研究领域，中国学者还对以往日本学术界擅长的研究课题展开有针对性的研究。比如，关于日本弥生时代至公元 5 世纪日本古坟

---

①　王顺利：《古代日本氏姓制度浅析》，《东北师大学报》（哲学社会科学版）1992 年第 4 期。

②　王秀文：《日本氏姓制度的演变及其特征》，《日本学刊》1993 年第 4 期；陈明莉：《日本"部民"源流及大和时期的社会性质》，《贵州师范大学学报》（社会科学版）1997 年第 4 期。

③　王巍：《从中国看日本埼玉稻荷山古坟和埼玉古坟群》，《考古》2009 年第 12 期。

④　沈仁安：《魏国与邪马台国使节往来考》，《世界历史》1990 年第 3 期。

中出土的三角缘神兽镜的属性问题，中国考古学家王仲殊指出，日本的三角缘神兽镜不见于中国各地遗址，当是中国江南地区吴国的工匠东渡日本制作的。这一观点对解释中国文明对日本邪马台国卑弥呼王权的影响颇有帮助，后来在日本学术界引起热烈讨论①。王先生为探讨中国铜镜东传问题先后发表了十余篇论文，都收入了他的个人论文集②。韩国河、程林泉推测，日本的三角缘神兽镜是倭国朝贡之时，向魏晋皇帝请求或自己募求中国大陆制镜工匠东渡日本后制作的。③白云翔论述了古代东亚地区铜镜制作的两个传统，即石范铸镜传统和陶范铸镜传统，指出石范铸镜技术传入日本不晚于公元前 2 世纪后半期，陶范铸镜技术至迟是在公元 3 世纪开始在日本出现。④

沈仁安对《宋书》中记载的公元 5 世纪倭国王五（雄略天皇）的上表文，进行了详细的考辨。他还对 5 世纪时倭五王频繁遣使中国进行了分析，指出其遣使目的主要是为了巩固王权和维护国内的统一，并非是受到外部危机的压力。⑤ 高句丽好太王碑文记述了公元 4—5 世纪时倭人在朝鲜半岛的活动。围绕这一金石文字资料，多年来一直存在争论。徐建新对国内外传世的好太王碑早期拓本进行了调查，对碑文的释文、早期拓本的制作和传布、各时期拓本的编年方法等问题做了探讨。⑥

中国学者认为，大化改新（645 年）是日本古代历史的重要转折点，有不可忽视的意义。在 80 年代至 90 年代前期，中国学者围绕大化改新的历史背景、"改新诏书"的真伪，改新的过程、大化改新前后的日本社会、大化改新的历史评价等问题展开了热烈的讨论。刘毅、吴廷璆指出公元 6 世纪末至 7 世纪初的推古朝改革是大化关系的准备和先声，为大化改新提供了准备和基础。日本学术界对大化二年（646 年）颁布的"改新之诏"的可信性一直存在争论。在中国学界也存在"肯定论"和"否定论"

　　① 王仲殊：《关于日本三角缘神兽镜的问题》，《考古》1984 年第 4 期；《三角缘神兽镜》，日本学生社 1992 年。
　　② 王仲殊：《中日两国考古学古代史论文集》，科学出版社 2005 年版。
　　③ 韩国河、程林泉：《日本发现的三角缘神兽镜源流述论》，《考古与文物》2002 年第 4 期。
　　④ 白云翔：《试论东亚古代铜镜铸造技术的两个传统》，《考古》2010 年第 2 期。
　　⑤ 沈仁安：《倭国王武上表文考》，《世界历史》1987 年第 6 期；《倭五王遣使除授考》，《日本研究》1990 年第 4 期。
　　⑥ 徐建新：《好太王碑拓本の研究》，日本东京堂 2006 年。

两种观点。武安隆等学者指出，即使"改新之诏"的某些条文出自后世的作伪，但作为一次政治改革运动的大化改新是不能否定的①。

关于大化改新后的日本社会性质，目前国内占主导地位的是"封建说"。吴廷璆在国内首倡"大化改新封建说"（1955 年）；孙义学详细论证了大化改新具有早期封建制的特点；张玉祥指出，大化改新后的日本社会不是国家规模的家内奴隶制，而是国家封建制。②李卓对大化改新后的家族单位"乡户"进行了研究，指出了乡户产生的历史过程和性质、特点。③王金林论述了大化改新后日本社会阶级结构的变化，认为大化改新后，以天皇为中心的统治阶级和以公民杂户为主体的被统治阶级之间的对立，是社会的主要矛盾。其矛盾的实质，则是前者（封建领主），用劳动地租和产品地租的形式掠夺后者（农权）的全部剩余劳动。封建的阶级关系占主导地位的社会，当时的日本社会只能是封建社会。④宋家钰将唐代的土地制度与大化改新后实施的班田制进行了细致的比较，指出日唐两国的民户授田规定基本相同，但日本班田制未采用唐均田制的宽乡授田法，而只采用了狭乡授田法⑤。

大化改新以后，成熟形态的古代国家终于确立，学界称之为律令制国家。关于律令制国家时期的历史研究重要集中在政治史、法制史、社会史、教育史、礼俗制度等方面。上述领域的研究在 20 世纪成果较少，近年来成果有所增加。张中秋在他的长篇论文中对中日古代的法律文化交流进行了全面的概述。⑥郑显文探讨了古代中华法系下日本律法的形成问题，他认为日本大化改新之后，唐代的律令制度就通过遣唐使传播到日本。当时的日本政府并没有制定新的律法，而是直接照搬了唐律，并在微小的地方作了调整，如对官名、地名、用字、用语等方面作了修正。他还论述了

---

① 武安隆：《浅论大化改新》，《历史教学》1983 年第 10 期。

② 张玉祥：《确定日本封建社会始期的两个理论问题》，《日本研究》1985 年第 1 期。

③ 李卓：《论乡户》，《日本研究》1986 年第 2 期。

④ 王金林：《论大化改新后日本社会阶级结构的变化》，《日本史论文集》，辽宁人民出版社 1982 年版。

⑤ 宋家钰：《唐日民户授田制度相异问题试释》，北京大学日本研究中心编《日本学》1985 年第 1 辑。

⑥ 张中秋：《继受与变通：中日法律文化交流考察》，《法制与社会发展》2003 年第 2 期。

律令体制下日本的神祇祭祀等问题。①耘耕、吕志兴、赵佳探讨了中国古代法律对日本古代法律制度的影响。②徐建新分析了奈良时代日本社会结构中的身份等级制度，指出当时的"良贱制"下实际存在三个等级，即有位贵族等级、公民等级和贱民等级。③章林对奈良时代的贱民之一的陵户的形成过程作了详细的分析。④

宋家钰对涉及唐日驿传马制度的唐日令驿传条文进行了详尽的比较研究，他认为日本古代的驿传制度基本上来源于唐制，其传制并非与唐传制完全无因袭关系。⑤陈伟论述了律令官僚制的形成发展过程和特点，涉及官位制、荫位制、官吏考课制等制度。⑥

管宁根据日本正仓院所藏文物及相关文献资料考证认为：日本奈良时代后期（天平宝字二年公元 758 年）孝谦天皇于奈良内宫举行的"初子祭"（又称初子仪式）乃中国古代"躬耕帝籍"与"躬桑亲蚕"祭祀仪式的联合搬演。它表明了中国礼制文化对日本的传承关系，同时也显示出公元 6—8 世纪日本古代政治中强烈的"东方小中华"意识。⑦王海燕认为古代日本的五月五日礼仪形成于 7 世纪初，受到中国夏至理念的影响。至 8 世纪律令制国家确立后，五月五日节仪成为体现天皇与全体官人政治关系的重要国家礼仪。中国民间五月五日习俗中的菖蒲、续命缕等道具成为律令制五月五日节仪的必要组成要素，避邪除灾的观念也随之被融入五月五日节仪之中。⑧刘琳琳分析了奈良时代的国家疫病祭祀，指出日本古代国家的疫病祭祀中包含了中国的鬼神观念，日本用原有的"神"观念对中国的"疫鬼"观念进行改造，从而形成国家的神道祭祀中本国文化与

---

①　郑显文：《从唐律到日本律——关于日本律成立的几个问题》，《比较法研究》2004 年第 2 期；《律令体制下的日本神祇祭祀》，《世界历史》2004 年第 2 期。

②　耘耕、吕志兴：《中国古代法律对日本法律的影响》，《比较法研究》1992 年第 1 期；赵佳：《日本法律移植研究》，硕士学位论文，中国政法大学 2001 年版。

③　徐建新：《古代日本律令制国家的身份等级制》，施治生、徐建新主编：《古代国家的等级制度》，中国社会科学出版社 2003 年版。

④　章林：《略论日本律令制国家的陵户身份》，《古代文明》2010 年第 3 期。

⑤　宋家钰：《唐〈厩牧令〉驿传条文的复原及与日本〈令〉、〈式〉的比较》，《唐研究》第十四卷，北京大学出版社 2008 年版。

⑥　陈伟：《试论日本古代国家官僚制度》，《日本学论坛》2007 年第 4 期；《试析日本古代国家官僚制度中的官人出身法》，《延边大学学报》（社会科学版）2008 年第 4 期。

⑦　管宁：《日本古代"初子仪式"考辨》，《古代文明》2008 年第 1 期。

⑧　王海燕：《古代日本五月五日礼仪中的中国因素》，《古代文明》2008 年第 1 期。

外来文化融合共存的状态。①王金林探讨了日本古代王权神话与皇室神道教形成的问题，认为在古代日本的中央集权体制的形成过程中，朝廷在依仗儒、佛思想作为天皇制精神支柱的同时，开始固有原始神道的宗教化历程，首先使原始神道嬗变为皇室神道。皇室神道的核心思想是天皇的神化和皇权神授。在皇室的祭祀制度中，存在着中国祭祀因素。②

社会史研究方面。李卓从法律规定与实际状况两方面探讨了日本律令制时代的婚姻与家族制度，认为日本律令有关家族制度的法律并不是当时日本社会家族与婚姻状况的真实反映；③官文娜研究了日本古代社会的近亲婚及其实质；李卓研究了日本古代盛行于大和时代并延续到平安时代的访妻婚及其存在的原因；钱澄探讨了日本平安时代的婚姻形态。这些研究都强调了中日古代婚姻的习俗的差异性。④

刘晓峰关注了中国古代天命思想对日本年中行事的影响，他指出传统岁时节日冬至很早便从中国传入日本，一度成为日本岁时节日的重要部分，后来又被从日本朝廷的年中行事中排除出去。中国古代的冬至节对日本影响渐趋衰弱的原因与整个 8 世纪的日本统治思想结构的变化有密切关系，日本的以"血缘"为根本依据的传统统治思想和中国的以"德治"为根本标准的天命思想传统形成了奈良时代日本统治思想二重结构。冬至节文化在日本的败北，同时也是中国古代天命思想的败北。⑤

古代都城的建设也是日本律令国家史研究中的重要课题，在这方面我国学者主要关心的问题有从王宫到都城的发展演变过程、古代日本迁都问题以及中日古代都城制度比较。关于中日古代都城的关系，学界一般认为日本都城制模仿了中国的都城制，但具体结论又分为三种观点，即"模仿隋唐长安城说"、"模仿隋唐长安城和洛阳城说"和"模仿魏晋南北朝

①　刘琳琳：《日本古代国家疫病祭祀中的鬼神观念》，《世界历史》2010 年第 2 期。

②　王金林：《皇室神道的形成与天皇的神化》，《日本研究》2007 年第 1 期。

③　李卓：《日本律令制时代的家庭与婚姻——法律与现实的悖反》，《日本学刊》1995 年第 2 期。

④　官文娜：《日本古代社会的近亲婚及其实质——兼与中国古代"同姓不婚"的比较》，《世界历史》1998 年第 4 期；李卓：《日本古代的访妻婚及其存在的原因》，《日本学刊》1994 年第 2 期；官文娜：《日本历史上的养子制及其文化特征》，《历史研究》2003 年第 2 期；钱澄：《变异的专偶制——从〈源氏物语〉看日本平安时代的婚姻形态》，《苏州大学学报》（哲学社会科学版）2003 年第 4 期。

⑤　刘晓峰：《日本冬至考——兼论中国古代天命思想对日本的影响》，《清华大学学报》（哲学社会科学版）2007 年第 3 期。

都城说"。宿白主张"模仿隋唐长安城和洛阳城说",不同意日本都城仅模仿了长安城,从而否定了日本关野贞主张的"模仿隋唐长安城说"。①王仲殊从八个方面对日本都城制进行了颇有意义的研究,认为唐长安城与日本的藤原京相比,两者虽有差别,但相同之处是主要的。他基本上否定了日本学者岸俊男提出的"模仿魏晋南北朝都城说"。② 王维坤通过对日本平城京的宫城与皇城、单坊区划、开凿池塘等设施的设计理念的考察支持了"模仿隋唐长安城说"。③王晖在研究了日本古代都城的条坊制后指出,日本的条坊制效仿自中国古代的里坊制。在由藤原京向平城京、长冈京和平安京三次迁都的过程中,条坊制度既有历史继承性,也有不断地创新和发展,成为城市规划史上一个比较典型的方法优化案例。他从城市街坊和道路规划方法、条坊尺度、命名法、坊内分割方式以及宅地分配制度等方面,对于日本古代都城条坊制度的继承与革新进行了详细的分析。④ 此外,韩宾娜还从政治、文化、宗教等不同角度对日本古代迁都的原因进行了探讨。⑤

从公元6世纪至10世纪是古代日本在政治、经济、宗教、思想文化等方面大量引进中国大陆先进文化的时期。因此这一时期的中日关系的研究长期以来备受关注。其中主要的研究课题有"日本遣隋唐使节研究"、"鉴真东渡"、"白江口之战"、"渤海国与日本"等。

遣隋唐使研究一直是中国学者热衷的课题。研究主要围绕"遣隋唐使的派遣经过和派出次数"、"遣隋唐使的来华路线"、"遣隋使的国书事件"、"遣唐使在华活动"、"中国文化对日本的影响"等问题展开。胡锡年、戴禾对唐代的日本留学生的人数、出身、留学生活和对日本的文化贡献作了全面的论述;池步洲、武安隆、姚嶂剑发表了专论遣唐使的著作。⑥ 孙蔚民、

---

① 宿白:《隋唐长安城和洛阳城》,《考古》1986年第6期。

② 王仲殊:《关于日本古代都城制度的源流》,《考古》1983年第4期;王仲殊《论洛阳在古代中日关系史上的重要地位》,《考古》2000年第7期。

③ 王维坤:《隋唐长安与日本平城京的比较研究——日本古代都城研究之一》,《西北大学学报》1990年第1期;王维坤:《日本平城京模仿中国都城原型探究——中日古代都城研究二》,《西北大学学报》1991年第2期。

④ 王晖:《日本古代都城条坊制度的演变》,《国际城市规划》2007年第1期。

⑤ 韩宾娜:《关于平安迁都的宗教原因》,《东北师大学报》2003年第3期;《藤原京迁都与日本律令制的中央落实》,《社会科学战线》2009年第2期。

⑥ 胡锡年:《唐代的日本留学生》,《陕西师范大学学报》1981年第1期;戴禾:《唐代来长安日本人的生活、活动和学习》,《陕西师范大学学报》1985年第1期;池步洲:《日本遣唐使简史》上海社会科学院出版社1983年版;武安隆:《遣唐使》,黑龙江人民出版社1985年版;姚嶂剑:《遣唐使》,陕西人民出版社1984年版。

汪向荣、王金林详细考察和评价了鉴真对日本文化的贡献，汪向荣从日本古代国家的政治与佛教的关系的角度，探讨了日本邀聘鉴真东渡的历史背景；①汪向荣、王金林还就鉴真在日本是否受到当地佛教教派排挤的问题阐述了不同的见解。② 葛继勇对赴日唐人展开深入研究，探讨了唐人的赴日过程、在日的活动以及与日本人的交往、通婚乃至子孙后代的足迹。③相关文章还有王勇《从遣隋使到遣唐使》、韩昇《东亚关系的变动与遣唐使始末》、葛继勇《遣唐使上毛野大川与〈续日本纪〉的唐日关系记事》、王献玲《遣唐使与日本的汉字教育》、孙玉巧《遣唐使制度废止原因试析》、刘建强《日本古代对华外交中的遣隋（唐）使》等。④

　　王承礼、魏国忠、马一虹等论述古代日本与唐朝的地方政权渤海国的政治、经济、外交、文化的交往。⑤汪向荣根据中国古代正史的记载围绕人种、地理环境、政治制度等问题，探讨了古代中国人的日本观。⑥胡锡年论述了古代日本对中国的文化影响。⑦夏应元对中日间交通的航海路线，对日本人在中国境内的活动路线，包括登陆及起航地、经由地、主要滞留地及活动地等的地理位置及其变化的规律等问题进行了系统的考察。⑧

（二）日本中世、近世史研究

　　对镰仓、室町幕府时期的研究，即日本中世史的研究主要围绕封建庄园经济、城市生活、商品经济、城下町、丰臣秀吉的太阁检地等问题展

　　① 汪向荣：《邀聘鉴真东渡的历史背景》，《世界历史》1979 年第 4 期。

　　② 孙蔚民：《鉴真和尚东渡记》，上海古籍出版社 1979 年版；汪向荣：《鉴真》，吉林人民出版社 1979 年版；王金林：《鉴真》，上海人民出版社 1979 年版；汪向荣校注：《唐大和上东征传》，中华书局 1979 年版。

　　③ 葛继勇：《从遣唐使研究到赴日唐人研究》，《郑州大学学报》（哲学社会科学版）2008 年第 5 期。

　　④ 王勇、韩昇、王献玲论文载于《郑州大学学报》（哲学社会科学版）2008 年第 5 期；葛继勇论文载于《日语学习与研究》2007 年第 5 期；刘建强论文载于《唐都学刊》2008 年第 4 期；孙玉巧论文见《咸宁学院学报》2003 年第 2 期。

　　⑤ 王承礼：《渤海简史》，黑龙江人民出版社 1984 年版；魏国忠、朱国忱、郝庆云：《渤海国史》，中国社会科学出版社 2006 年版；马一虹：《浅论渤日邦交的历史条件》，《日本研究》1993 年第 7 期。

　　⑥ 汪向荣：《古代中国人的日本观》，《世界历史》1981 年第 5 期。

　　⑦ 胡锡年：《古代日本对中国的文化影响》，《陕西师范大学学报》（哲学社会科学版）1979 年第 1 期。

　　⑧ 夏应元：《古代日本人来华活动路线研究》，《世界历史》1992 年第 6 期。

开，研究成果数量不多，但研究颇具深度。童云扬、赵宝库探讨了中世纪庄园制的解体过程；童云扬探讨了畿内庄园制的解体与商品经济的相互关系，指出畿内庄园是由于商品经济的发展和自给经济的解体促成了农民运动的兴起和领主统治的衰落，促成了庄园制的解体和新的经济关系的成长。在15、16世纪世界范围的历史大转折中，日本庄园制解体和商品经济的发展，不失为日本由农本而重商的第一个回合。①

姚凯分析了日本城下町形成的原因，指出在15、16世纪日本社会经济、政治的变动中，既补充自然经济之不足，又限制商品经济之发展的城下町成为加强封建统治的理想形式。幕藩体制建立以后，集权的封建统治进一步加强，城下町化迅速形成高潮，终于遍及日本全国。由此可见，城下町化实际上是日本封建制强化、专制统治发展的必然结果和反映。②

赵连泰、左学德评价了太阁检地的历史作用，通过太阁检地与战国大名的检地，以及与织田信长的检地的若干比较研究，探讨太阁检地对实现兵农分离，推进日本统一进程所起的作用。③

王军彦在研究日本室町时代文化时指出，室町时代有以下三个方面的特色：其一，室町时代的文化由皇家贵族和封建武士的双重文化转向了由武士主宰的一元化的文化，实现了贵族文化、武士文化和禅宗文化的融合。其二，室町文化充分显示出了明显的中国宋、元、明文化的影响，是带有浓厚禅宗色彩的象征性暗示性文化。其三，文化的庶民倾向和向地方的传播普及是室町文化最大的特色。④

此外，我国学者还对中世纪的中日关系进行了大量的研究，主要研究课题有明代倭寇、中日勘合贸易等。武寅利用中日朝三国史料，以丰臣秀吉侵略朝鲜被明援军打败、李如松轻敌致有碧蹄馆失利、沈惟敬与丰臣秀吉的亲信小西行长和谈、日本在议和之后再度发兵入侵朝鲜等明代中日关系史的重大事件为背景，详细探讨并揭示了丰臣秀吉拒绝接受明朝册封的历史原因。⑤

①　童云扬：《日本畿内庄园解体过程中的商品经济》，《武汉大学学报》1992年第1期。
②　姚凯：《日本城下町的形成和发展及其原因》，《日本研究》1986年第3期。
③　赵连泰、左学德：《太阁检地的历史作用》，《世界历史》1989年第6期。
④　王军彦：《日本室町时代的文化及其特色》，《上海师范大学学报》（哲学社会科学版）2009年第3期。
⑤　武寅：《丰臣秀吉"裂诏毁冠"真相》，《从徐福到黄遵宪》，时事出版社1985年版。

与日本中世的研究相比，对近世，即江户时代的研究十分活跃。在研究中人们的关注点主要有幕藩体制、武士与武士道、锁国政策与对外关系、近世商品经济的发展与封建领主制的瓦解、町人文化、思想文化与教育。在近年的研究中还开辟了德川时代的幕政改革、货币制度、庶民的伊势信仰、寺子屋教育、商家家训、经世学派等新的研究课题，成为日本近世史研究的新的研究增长点。北京大学历史学系自 2003 年开始出版"德川时代史系列研究"丛书，已出版的有沈仁安著《德川时代史论》（2003年）和李文著《日本武士与日本的近代化》（2003 年）两部专著。左学德、吴建华探讨了近世幕藩体制的形成过程和特点①。赵连泰在研究中强调幕藩体制既有地方分权的相对独立性，又有各藩受制于幕府统治的从属性②。李岳泉、施超伦、王中田等分别考察和论证了武士阶级的精神观念形态以及儒学与武士的关系。在日本近代化成因的讨论中，江户时代商品经济的发展过程受到高度重视。祝乘风指出，江户时代兵农分离和"参觐交代制"等政策为商品经济的进一步发展创造了条件。赵成国则着重论述了农民商品经济的产生、发展及其历史作用③。

锁国政策是江户时代的重要外交政策。管宁、金桂昌、马依弘等对日本锁国政策的成因和后果进行了热烈的讨论④。多数学者对日本锁国政策持基本否定态度，但也有学者指出，日本的锁国政策阻止了西方殖民势力的进一步渗透，维护了国家的独立地位，这是其最大的历史功绩。还有学者指出，在长达二百多年的锁国时期，日本并不是处在与外部世界完全隔绝的孤立状态，通过日本—荷兰和日本—清朝间的贸易，日本并未停止过对外部先进文化的吸收。

赵德宇论述了 16、17 世纪日本天主教的荣衰，指出天主教文化并不是封建制度的对立物，天主教与日本封建统治者的冲突，就其实质而言，

① 沈仁安：《试论幕藩体制的特点》，北京大学日本研究中心编：《日本学》1996 年第 6 辑；左学德：《关于日本幕藩体制时期及特征的辨正》，《世界历史》1989 年第 1 期；吴建华：《日本幕藩体制的形成与特征》，《西南师范大学学报》1993 年第 3 期。

② 赵连泰：《日本幕藩政治浅论》，《北方论丛》1986 年第 4 期。

③ 祝乘风：《日本江户时代商品经济的发展》，《世界历史》1990 年第 1 期；赵成国：《论日本德川时代农民的商品经济》，《河北师范学院学报》1993 年第 3 期。

④ 金桂昌：《德川幕府的锁国政策及其破产》，《史学月刊》1980 年第 2 期；管宁：《日本德川幕府锁国的原因及其影响》，《世界历史》1983 年第 1 期；马依弘：《西力东渐与日本的锁国》，《日本研究》1990 年第 1 期。

不属于历史性进步与落后之间的冲突，而是由于两者伦理与价值观差异所引发的一场大体属于同一历史时代的文化冲突。天主教信仰及其伦理传入日本列岛时，却与不同于欧洲的日本封建伦理发生了抵牾。而这些伦理又是日本集权统治赖以生存的重要支柱，这就使得天主教原则客观上成为否定日本封建秩序的"异端"思想，遭到了禁止。①

日本社会近代化的成功与近代思想的形成有密切的关系，以"南蛮学"、"兰学"、"洋学"为代表的西学对日本产生了怎样的影响是人们十分关注的课题。在中国推行改革开放政策的新的历史时期，研究和总结日本近世的西学东渐的历史，又有积极的借鉴参考意义。关于这一课题的研究主要围绕"西学传入的过程、内容和对日本的影响"、"日本封建思想家的回应"等问题展开。赵健民、吕万和、赵德宇、冯玮、李廷举、周维宏等从西学的兴起、演变、各派代表人物的思想等不同的角度，对日本近世西学东渐的影响进行了深刻的分析。②

对江户时代日本传统思想的研究也取得了丰硕成果。儒、释、神道是研究日本古代思想史的基本领域，王家骅著《儒家思想与日本文化》等专著集中反映了国内学者关于日本儒学研究的学术水平。李威周著《中日哲学思想交流与比较》、卞崇道著《日本哲学史教程》等著作，对日本哲学思想作出了新的探索。③

(三) 日本史学史研究

我国学界对日本史学史研究主要偏重于近现代史学，对古代中世纪史学史的关注不多。在选题方面，研究者主要还是从学术渊源和史学方法比较的角度研究和介绍日本史学，缺乏对日本史学整体、系统的探讨。

---

① 赵德宇：《论16、17世纪日本天主教的荣衰》，《南开大学学报》（哲社版）1999年第6期。

② 赵健民：《日本与欧洲文化的早期接触及与中国的关系》，《日本研究》1987年第1、2期合刊；吕万和、罗澍伟：《西学在封建末期的中国和日本》，《历史研究》1981年第3期；赵德宇《试论南蛮文化》，《世界历史》1996年第1期；冯玮：《概论20世纪以前日本"西学"的基本历程》，《日本学刊》1996年第1期；李廷举：《日本近代文明的胚胎——兰学》，《日本学》1995年第4辑；周维宏：《试论兰学对日本近代思想界的影响》，《历史教学》1985年第7期。

③ 王家骅：《中日儒学比较》，日本六兴出版社1988年版；《儒家思想与日本文化》，浙江人民出版社1990年版；《儒家思想与日本的现代化》，浙江人民出版社1995年版；李威周：《中日哲学思想交流与比较》，青岛海洋大学出版社1991年版；卞崇道：《日本哲学史教程》，山东大学出版社1989年版。

作为日本史学史概论，沈仁安、林铁森翻译了坂本太郎著《日本的修史和史学》，在该书的译者序中，沈仁安总结了日本古代史学的特点：(1) 日本古代没有形成新王朝编纂前王朝历史的传统；(2) 日本古代史学创造了反映武家时代的"军记物语"的历史叙述体形式；(3) 日本古代史学根据本国历史特点，灵活运用了中国的史体和史法。①沈仁安和宋成有《近代日本的史学和史观》指出，日本近代史学史是一个矛盾运动的过程。文章分析了实证史学、文明史学、文化史学和社会经济史学等诸史学流派之间的关系，指出明治维新以后形成的实证史学实际上成了以天皇为中心的大义名分论、德川时代的考据学和德国历史学派考证主义的混合物。就其内容而言，不外两点：其一，为考证而考证；其二，在客观主义掩盖下的天皇史观。② 在《日本史学新流派析》一文中介绍了第二次世界大战后的近代化论、数量经济史、社会史、天皇史观等史学流派的主要内容，批判了它们的局限性。③ 在《日本进步史学的发展和变化》一文中介绍了日本对亚细亚生产方式的研究、人民斗争史观、民众史、民众思想史观以及世界史或东亚史观出现的背景、主要内容及对史学研究的影响，认为，日本进步史学已失去统一的指导思想和统一的研究课题，呈现出百家争鸣的局面。进步史学的变化是日本经济高度现代化所引起的意识形态巨大变化的反映。④

关于近代中日史学的互动关系，胡逢祥考察了近代以来日本史学对中国史学界的影响⑤；鲍绍林探讨了 19 世纪西方史学的东渐和梁启超"新史学"的源流，指出梁启超的"新史学"明显地受到了日本文明史学的影响⑥；盛邦和出版了两部涉及日本史学史的著作：《东亚：走向近代的精神历程——近三百年中日史学与儒学传统》一书讨论了江户时代的"水户史学"、史学家新井白石、伊达千广的史论观点，《解体与重构：中

---

① ［日］坂本太郎：《日本的修史和史学》，沈仁安、林铁森译，北京大学出版社 1991 年版。

② 沈仁安、宋成有：《近代日本的史学和史观》，《日本的修史和史学》，北京大学出版社 1991 年版。

③ 参见《日本的修史和史学》，北京大学出版社 1991 年版。

④ 同上。

⑤ 胡逢祥：《二十世纪初日本近代史学在中国的传播和影响》，《学术月刊》1984 年第 9 期。

⑥ 鲍绍林：《西方史学的东方回响》，社会科学文献出版社 2001 年版。

国现代史学与儒学思想变迁》一书以坪井九三马的《史学研究法》、浮田和民的《史学原论》和福泽谕吉的文明史观为例，考证了日本近代史学著作对 20 世纪初中国史学现代化的影响；①钟放考察了 19 世纪末 20 世纪初中日两国史学界的交流和影响，指出日本对中国的影响不仅包括文明史观的传入，还表现在历史编纂学方面，特别是章节体史书的出现和日本的影响是分不开的。②

四　结语

　　1978 年以来的日本古代中世纪史研究可以说实现了历史上少见的繁荣发展，通过老中青四代学者的奋斗和努力，使该领域的研究成为我国对周边国家的历史研究中，学术交流最为活跃、成果最为丰富的研究领域之一。但是，也应当看到我们的研究还存在需要调整和改进的地方。总体上看，研究中存在的不足主要反映在以下几方面：第一，断代史研究的整体布局不均衡，古代史的弥生时代、古坟时代、奈良王朝、平安王朝史和近世的安士桃山、江户时代史的研究成果相对密集；但旧石器时代、绳文时代、中世的镰仓、室町时代史的研究成果相对缺乏。第二，专题研究的分布也存在不平衡的倾向。比如，中日关系、文化交流、民族性格与文化特征、思想史等方面的研究成果较多、研究水平较高；政治制度与经济制度、社会等级与阶级、宗教等问题的研究相对薄弱。第三，需要在政治史、经济史、社会史、思想史、史料学等具体的研究领域进行研究方法论和研究手段的创新。

参考文献

沈仁安：《开展日本史学史研究的几点意见》，《史学史研究》1985 年第 2 期。

武安隆、熊达云：《中国人的日本研究史》，日本东京六兴出版，1989 年。

汤重南：《建国以来我国学者对日本史的研究（1949—1989）》，《史学月刊》1990 年第 1 期。

---

① 盛邦和：《东亚：走向近代的精神历程——近三百年中日史学与儒学传统》，浙江人民出版社 1995 年版；《解体与重构：中国现代史学与儒学思想变迁》，华东师范大学出版社 2002 年版。

② 钟放：《清末中日文化交流中的历史学》，《日本研究论集》，天津人民出版社 2002 年版。

李玉、夏应元、汤重南主编：《中国的日本史研究》，世界知识出版社 2000 年版。

李玉、夏应元、汤重南主编：《中国的中日关系史研究》，世界知识出版社 2000 年版。

钟放：《中国的日本史学史研究》引自学术批评网，（http：//www. acriticism. com/article. asp？ Newsid = 4237）2003 年 11 月 17 日首发。

王金林：《略论中国的日本史研究及其 21 世纪初期的发展趋势》，《日本研究》2000 年第 1 期。

赵建民：《中国日本史纵深研究的若干思考》，《日本研究》2007 年第 3 期。

宋成有：《中国的日本史研究》，中华日本学会、南开大学日本研究院、日本国际交流基金会编：《中国的日本研究》2010 年 5 月。

中国的日本近代史研究 30 年综述

北京大学历史系　　王新生　崔金柱

一　序　论

需要加以说明的是，"30 年"指 1981 年至 2011 年的研究史，"日本近代史"从时间上看是从 1853 年到 1945 年，即从幕末日本开国到"二战"失败投降的历史。尽管"中国对日本的研究落后于日本对中国的研究"①，但就 30 年来学术研究的发展速度而言，中国学人在不断追赶国际学界一流水平也是有目共睹的现象。中日两国在地缘政治上的特殊关系，特别是近代以来日本对华扩张和侵略的历史，使得中国学者对日本近代史长期保持特殊的关注。在世界史升级为一级学科的新形势下，中国的世界史研究迎来更加快速发展的机遇和条件。"日本近代史"从属于二级学科"外国近现代史"及"外国区域与国别史"之下。未来包括日本近代史在内的日本史研究赶上甚至在某些领域超越国外学界乃至日本学界，并非不可能。且就现状而言，日本近代史是中国日本史学界最主要的研究对象。根据对国内两大历史学权威期刊《历史研究》和《世界历史》的统计，近 30 年两大刊物共发表关于日本历史的论文 284 篇，其中以日本近代史为研究对象的论文 160 篇，占总数 56%②。我国学界对日本近代史的研究在日本史研究整体领域居主导地位的状况，在很长一段时间内仍将维持。

---

① 刘迪：《中国日本史研究的回顾与前瞻——访著名史学家周一良先生》，《日本学刊》1992 年第 3 期。

② 统计时段：《历史研究》自 1981 年第 1 期至 2011 年第 3 期，《世界历史》自 1981 年第 1 期至 2011 年第 2 期。

　　本文首先回顾 30 年来中国学界在日本近代史研究中的范式转换历程①。尽管任何范式在解释力上都有其缺陷，但也因此学术研究方能不断向深度、广度推进。本文总结的马克思主义唯物史观、现代化范式、民族国家范式三种阐释体系，不可能囊括日本近代史研究的所有成果，但体现了中国学界在日本近代史领域的主要研究动向。当然，不同范式之间的界限并非泾渭分明，具体的研究也可能是在多范式视角下进行。近 30 年中国学界的日本近代史研究，呈现出从单一叙事模式向多范式并行演进的趋势。附加指出的是，本文以研究专著为主要讨论对象，兼及少量学术论文。

二　日本近代史研究范式的回顾

（一）马克思主义史观

　　在十年"文革"中，"影射史学"大行其道，所谓"古为今用"、"以史代论"等非历史主义的治史方式使中国的历史学研究完全成为政治的附庸。"文革"结束后，马克思主义的唯物史观重新成为历史学研究的指导思想，中国史学界回归到历史主义的研究路径上，注重史实，通过史实进行论证。在日本近代史研究领域，1981 年《世界历史》杂志推出增刊《明治维新的再探讨》②，集中了当时国内从事日本近代史研究的老中青学者的代表性成果。论文执笔者"以马克思主义思想作为指导"③，从封建社会向资本主义社会过渡的视角分析了日本明治维新时期的政治体制、殖产兴业、军事改革、社会思想等各个方面的历史。在其论述中，"资产阶级革命"、"反封建"、"阶级斗争"、"资本原始积累"等马克思主义经典话语贯穿始终。尽管这样的话语体系有将复杂的历史简单化的缺陷，但在 80 年代的语境下，马克思主义史观以其理论的完整性以及唯物主义研究视角，回归到历史主义的研究方法上，增强了历史学研究的独立性与学术性。以《明治维新的再探讨》的出版为序曲，80 年代出现多部

---

　　① "范式"一词来自美国科学哲学家托马斯·库恩著《科学革命的结构》，库恩提出范式具有"不可通约性、不可翻译性"，即认为"相继范式之间的差异是必然的和不可调和的"（参见金吾伦、胡新和译《科学革命的结构》，北京大学出版社 2003 年版，第 94、102、133 页）。库恩的科学观、特别是其"不可通约性"的论点受到众多批评。本文使用的范式概念虽来自库恩对科学史的研究，但不完全接受其新旧范式必然完全对立的观点。

　　② 《世界历史》编辑部编：《明治维新的再探讨》，《世界历史》1981 年增刊。

　　③ 《明治维新的再探讨》，刘思慕序言，《世界历史》1981 年增刊，第 4 页。

从马克思主义理论视角研究日本近代史，特别是明治维新、产业革命、资本主义形成等大主题的专著①。有的学者从帝国主义形成以前的特定历史时期东方近代民族民主运动的角度出发将明治维新看做属于近代民族民主运动范畴的资产阶级改革运动，或者说是东方特有的一次近代民族民主运动②。有学者尝试用定量分析的方法，利用大量社会经济数据，叙述明治维新前后日本的阶级结构变化，进而证明这是一次"不彻底的资产阶级革命"，并具体指出其"不彻底性"表现在它未能为自由资本主义和自由资产阶级的发展提供充分条件，而是凭借国家权力，发展带封建性和垄断性的国家资本和特权财阀资本③。也有学者运用唯物史观，通过应用翔实史料论证日本的明治维新，是属于亚洲近代民族民主运动范畴的、具有资产阶级革命意义和作用的社会变革④。还有学者从马克思主义理论的分支"产业革命理论"的视角，分析日本近代历史，认为日本的产业革命是通过剥削本国人民、以牺牲农业来发展工业，以及对外发动侵略和掠夺殖民地而实现的⑤。这些著作的出版，在史料的丰富性上超过了前人，研究的领域和对主题发掘的深度都极大拓展，丰富了中国读者对日本近代史的理解和认识。但研究者在马克思主义史观的指导下，其基本倾向是将日本近代史置于日本的资本主义化（包含自由资本主义与垄断资本主义两个阶段）的解释框架内。这样的研究范式过于强调历史发展的一般性规律，特别是社会形态单线发展、演进这一基本的结论，从而忽视历史发展的多样性与复杂性。单一的解释范式，限制了史学研究的思维空间。日本近代史学科自身的发展，要求研究者从更加宽广和多元的视角去观察和阐释历史。

（二）现代化范式⑥

马克思主义史观一枝独秀的局面在 80 年代末受到现代化范式的挑战，

---

①　吕万和：《简明日本近代史》，天津人民出版社 1984 年版；万峰：《日本资本主义史研究》，湖南人民出版社 1984 年版；刘天纯：《日本产业革命史》，吉林人民出版社 1984 年版；伊文成、马家骏：《明治维新史》，辽宁教育出版社 1987 年版；万峰、沈才彬编：《日本近现代史讲座》，甘肃人民出版社 1987 年版；米庆余：《明治维新——日本资本主义的起步与形成》，求实出版社 1988 年版。

②　万峰：《日本近代史》（增订版），中国社会科学出版社 1981 年版。

③　吕万和：《简明日本近代史》，第 113—119 页。

④　米庆余：《明治维新——日本资本主义的起步与形成》，第 252 页。

⑤　刘天纯：《日本产业革命史》，第　页。

⑥　本文将现代化与近代化视为同等概念处理，均为英文 Modernization 的中译。关于现代化概念的内涵及其外延，学界未达成一致看法，本文在宽泛意义上使用此概念，不作细致界定。

尽管有学者批评所谓"近代化"对日本明治维新所作的非科学的历史唯心主义的评价是不可取的①，但利用现代化范式研究日本近代史仍成为 90 年代后中国学者研究日本近代史的潮流。"从某种角度说，世界现代化的研究是从对日本现代化研究开始的"②，国际学界从现代化视角对日本的研究早在 60 年代已出现高潮③，而中国学界在一段时期内，对源自美国的"现代化理论"持否定、拒绝和批判立场。有趣的是，中国学者第一部以现代化为题目研究日本近代史的专著是在日本而非在中国出版④，彼时国内学界对于现代化范式的争论异常激烈。1991 年王振锁以现代化视角研究日本近代农业发展史的著作出版后，中国学者利用现代化范式研究日本近代史的专著雨后春笋般涌现⑤。这种局面的出现，当然主要归功于研究者们自身的努力，另一重要条件是冷战国际格局结束后东西方意识形

---

①　《明治维新的再探讨》，刘思慕序言，《世界历史》1981 年增刊，第 3 页。

②　刘天纯：《日本现代化研究——日本现代化的奥秘何在?》，东方出版社 1995 年版，第 29 页。

③　1960 年 8 月，日本现代研究会在箱根召开"关于近代日本国际学术研讨会"，一批国际知名的日美等社会学家、史学家、政治学家出席会议，着重研讨了日本现代化问题，并提出了新的研究视角，引起世界学术界的关注。

④　馬家駿，湯重南著：「日中近代化の比較」（《中日现代化比较》）、東京：六興出版 1988 年。

⑤　用现代化范式研究日本近代史、近代化的专著主要有：金明善、徐平：《日本·走向现代化》，辽宁大学出版社 1990 年版。王振锁：《日本农业现代化的途径》，天津社会科学院出版社 1991 年版。张旅平：《文明的冲突与融合——日本现代化研究》，文津出版社 1993 年版。吴潜涛：《日本伦理思想与日本现代化》，中国人民大学出版社 1994 年版。刘天纯：《日本现代化研究——日本现代化的奥秘何在?》，东方出版社 1995 年版。王家骅：《儒家思想与日本的现代化》，浙江人民出版社 1995 年版；「日本の近代化と儒学」、東京：農山漁村文化協会 1998 年版。吴廷璆：《日本近代化研究》，商务印书馆 1997 年版。李卓：《家族制度与日本的近代化》，天津人民出版社 1997 年版。林尚立：《政党政治与现代化——日本的历史与现实》，上海人民出版社 1998 年版。周颂伦：《近代日本社会转型期研究》，东北师范大学出版社 1998 年版。汤重南：《日本文化与现代化》，辽海出版社 1999 年版。刘金才：《町人伦理思想研究——日本近代化动因新论》，北京大学出版社 2001 年版。卞崇道：《日本哲学与现代化》，沈阳出版社 2003 年版。李文：《武士阶级与日本的近代化》，河北人民出版社 2003 年版。祝曙光：《铁路与日本近代化——日本铁路史研究》，长征出版社 2004 年版。张大柘：《宗教体制与日本的近代化》，宗教文化出版社 2006 年版。饶从满：《日本现代化进程中的道德教育》，山东人民出版社 2010 年版。唐利国：《武士道与日本的近代化转型》，北京师范大学出版社 2010 年版。另杨栋梁主编 10 卷本《日本现代化历程研究丛书》（内含《日本近现代经济史》、《日本近现代政治史》、《日本近现代外交史》、《日本近现代社会史》、《日本近现代文化史》、《日本近现代绘画史》、《日本近现代思想史》、《日本近现代教育史》、《日本近现代文学史》、《日本近现代对华关系史》），世界知识出版社 2010 年版。

态的对立减弱。日本近代以来学习西方、实现现代化的历程以及中日同为东亚国家在人种、传统文化等方面的相似性，使得学习日本经验成为包括历史学界在内的各领域的共识，而中国的改革开放又使这一研究具有很强的现实意义。就中国的实际而言，现代化范式并非是对传统马克思主义史观的取代，而是拓展了历史研究的空间。伴随着范式转换，中国学者从更多元、更广阔的视角认识和解读日本近代史，这些学术研究成果可以概括为对日本现代化动因探寻以及现代化历史进程的叙述两个方面。就前者而言，有学者从领导阶层——武士阶级——入手，重点分析武士阶级的生存、转化与消失过程对日本近代化的作用和影响，探求日本实现近代化的动因①。也有学者从日本传统文化、思想、伦理等方面去探寻日本现代化成功的奥秘。例如从传统文化与现代化之间的互动，即不仅从传统文化对现代化的作用方面，而且从现代化对传统文化的选择、改造方面阐述两者关系②。也有学者通过考察日本町人阶层及町人伦理，探究日本近代化的精神原动力③。特别值得关注的是，在考察日本现代化成因的著作中，并非都是单纯从正面促进现代化的视角切入，也有学者通过对传统儒学以及日本家族制度的分析，得出结论认为，传统文化对日本现代化起双重作用，即在推进经济现代化的同时，对日本政治现代化的发展亦有一定程度的消极影响④。但更多的著作是对日本现代化历史进程进行考察，这类作品又可分为对中日现代化进程的比较研究和对日本近代某一领域的专门研究两个类别。前者与中国改革开放后提出建设现代化国家的理念直接切合，多为综合比较近代以来中日两国在政治、经济、文化思想等方面所走的不同道路。后一型研究呈现不断细化的特征，如从政党政治、宗教体制、道德教育甚至铁路的发展历程，从单一侧面叙述日本现代化的路径⑤。

　　值得注意的是，中国学者通过现代化范式研究日本近代史的同时，多与传统的马克思主义史观相结合进行阐释，这既是中国特有学术传统的体现，更是源于现代化范式与马克思主义史观在理论基本假设——"传统

---

① 李文：《武士阶级与日本的近代化》。
② 汤重南：《日本文化与现代化》，前言第 3 页。
③ 刘金才：《町人伦理思想研究——日本近代化动因新论》。
④ 参见前列王家骅、李卓著作。
⑤ 参见前列吴潜涛、林尚立、祝曙光、张大柘等人著作。

与现代"二元性——的一致性。然而随着在史学界认可度的提升，现代
化范式成为某种程度上的"万能框"，日本近代史相关联的任何主题似乎
都可以通过现代化视角进行研究和阐释。客观地说，这种研究手段使得
"现代化论"解释力越发缺少新意，理论魅力不断退却。有学者开始寻求
采用新的解释体系，从不同维度对日本近现代史进行再认识。

（三）民族国家范式①

早在 20 世纪 80 年代，国际学界对民族国家、民族主义等的理论及其
历史研究已相当丰富②，而我国日本史研究界从构建民族国家的视角，对
日本近代史进行诠释、研究并发表论著却相对较晚③，且多以思想史、意
识观念史为选题。需要注意的是，研究者多将民族国家与近代国家等同，
认为构建民族国家的过程与现代化的过程在时间上基本吻合。从某种程度
上看，民族国家的解释范式是从现代化范式中衍生出来的。研究近代民族
国家构建的核心问题，是阐释动员大众并使之成为统一联合体的机制具有
何种原因或背景？就日本近代史研究领域看，初步的研究多从民族主义、
国家主义④、国家意识的发生、发展及作用的角度阐释日本民族国家的构
建，而对其过程的理解，又可分为内源性与外源性两种。前者注重日本思
想的内在逻辑，如有学者认为日本近代统一民族国家的形成过程也就是天
皇制民族主义的确立过程⑤，亦即日本传统的封建天皇制是日本构建近代
国家的核心源泉。也有学者认为日本近代民族主义并未摆脱落后的氏族政

---

① "民族国家"这一概念译自英文 Nation-state，其有两重含义，又被译为"国民国家"，对
此本文不作区别。

② 代表性学者有本尼迪克特·安德森、欧内斯特·盖尔纳、安东尼·吉登斯、埃里克·霍
布斯鲍姆等。

③ 论文主要有：戴宇：《略论日本近代国民国家的形成》，《日本研究》2004 年第 1 期；武
心波：《"天皇制"与日本近代"民族国家的构建"》，《日本学刊》2007 年第 3 期；向卿：《近代
日本"民族国家"论》，《南昌航空大学学报》2009 年第 2 期；田雪梅：《甲午战争与近代日本
国民的形成——近代媒体的发展与作用》，《外国问题研究》2010 年第 3 期；孙小玲：《试论知识
分子与民族国家的关系——从明治知识分子对文化身份的探寻说起》，《上海交通大学学报》（哲
学社会科学版）2010 年第 5 期；专著：向卿：《日本近代民族主义（1868—1895）》，社会科学文
献出版社 2007 年版；武心波：《"一元"与"二元"的历史变奏——对日本"国家主义"的再认
识》，上海三联书店 2008 年版；陈秀武：《近代日本国家意识的形成》，商务印书馆 2008 年版。

④ 事实上这两个概念包含于英文 Nationalism 一个词汇之中，但在汉字圈中的语义又有衍
生，因学界尚有较多分歧，在此仅笼统使用。

⑤ 向卿：《日本近代民族主义（1868—1895）》。

治范式，是"通过神道教的参与和确立至高无上的始祖神实现民族认同的最大化"①。但这些研究仍未能解决的一个问题是，日本内部的文化传统何以不在此前或者此后发生作用？更多的学者是从外源性视角阐释，从欧美外部的压力以及对东亚地区扩张中被凸显、夸大的日本民族意识两个维度认识日本近代以来民族国家意识的构建过程②。就中国的日本近代史研究而言，中日在历史问题上龃龉不断，以及中国作为受害方保有特殊记忆和感情的现实，使得学者对日本近代国家主义、超国家主义③从批判的立场进行研究的著作颇多④，这些著作有利于我们认识日本近代民族国家构建过程中的负面意义，但需要指出的是，研究其他领域——国防、财政、教育等——与日本民族国家构建之间内在关系的成果尚显不足。

马克思主义史观与现代化学说在其产生和发展过程中，均带有强烈的意识形态色彩，同时也都是理性主义导向的解释范式，即都认为从历史到未来是可以为人类的理性所认识和预知的。而民族国家范式则一定程度上有非理性的因素，但有美国学者将非理性的民族主义视作实现现代化的原动力⑤。客观地说，在民族国家构建这一解释范式下，中国的日本近代史研究界对其负面的、需要被批判部分的研究已非常充分，但从民族国家构建的视角客观实证地对日本近代发展过程的研究还有很大的发展空间。

三　核心课题及代表性观点

30 年来，中国的日本近代史研究的快速发展不仅体现在研究范式的转换与多样上，更体现在研究著作在质和量上的提升。以下分六大核心课题，分别选取部分代表性观点进行评介。

---

① 武心波：《"天皇制"与日本近代"民族国家的构建"》。

② 陈秀武：《近代日本国家意识的形成》。

③ 中国学者集中批判的对象是昭和初期的超国家主义（法西斯主义、军国主义）思想及侵华日军暴行。

④ 朱庭光：《法西斯新论》，重庆出版社 1991 年版；《法西斯体制研究》，上海人民出版社 1995 年版；杨宁一：《日本法西斯夺取政权之路：对日本法西斯主义的研究与批判》，北京师范大学出版社 2000 年版；蒋立峰、汤重南：《日本军国主义论》，河北人民出版社 2005 年版；崔新京：《日本法西斯思想探源》，社会科学文献出版社 2006 年版；梁长根：《日本侵华思想理论探源》，新华出版社 2009 年版。

⑤ ［美］里亚·格林菲尔德：《资本主义精神——民族主义与经济增长》，张京生、刘新义译，上海人民出版社 2004 年版。

（一）明治维新及资本主义化

关于日本明治维新和资本主义的论争，在国际学术界已存在很长时间，特别是日本的马克思主义史学界早在 20 世纪 30 年代已有过"讲座派"与"劳农派"的大讨论。但就我国日本近代史研究而言，1981 年后的一段时间内，这一课题仍受到极大关注。研究者们在史实的叙述上侧重各异、详略不一，但分歧较少。然而对此课题的评价或观点却难达共识，比较具有典型意义的是明治维新的性质及资本主义化的实现途径问题。对于前者，既有传统的"资产阶级革命说"①，也有学者主张"明治维新是不彻底的资产阶级革命"②，还有学者把明治维新"看做是后进国家的一次早产的资产阶级革命"③，这些观点虽表述不一，但都可归为资产阶级革命说或其衍生观点。与此不同，有些学者主张"日本的明治维新，是属于亚洲的近代民族民主运动范畴的、具有资产阶级革命意义和作用的社会变革"④，持"资产阶级改革说"的学者认为明治维新的一切改革的完成，同时也是日本近代民族完全形成和完全实现民族独立的过程，因此应将其归为近代民族民主运动范畴⑤。

关于对日本近代资本主义的评价，多数学者注重明治政权的主导作用，认为日本资本主义的形成和发展，是依靠政府对内榨取对外掠夺实现的⑥。还有持类似观点的学者认为日本明治维新后建立的资本主义制度是东方式的资本主义，是由国家自上而下推行完成的⑦，同样强调政府及领导者在日本完成资本主义化中的作用。对此也有学者持不同意见，如有人主张日本实现资本主义不是单纯的自上而下的道路，也不是单纯的自下而上的道路，而是两种道路相结合的产物⑧，并在与晚清中国对比中得出结论认为洋务运动因"缺乏自下而上道路的基础"而难以成功。这种观点

①　吴廷璆、武安隆：《资产阶级革命与明治维新》，《世界历史》1981 年增刊。

②　吕万和：《简明日本近代史》，第 117 页；《明治维新和明治政权性质的再探讨》，《世界历史》1981 年第 2 期。

③　伊文成、马家骏等：《明治维新史》，第 671 页。

④　米庆余：《明治维新》，第 252 页。

⑤　万峰：《明治维新的性质与意义》，《日本近现代史讲座》，第 51 页。

⑥　汤重南：《明治政权与日本的资本原始积累》，《世界历史》1981 年增刊。

⑦　万峰：《日本资本主义研究》，第 132—134 页。

⑧　严立贤：《日本资本主义形态研究》，中国社会科学出版社 1995 年版，第 221 页。

主要通过考察日本早期资本主义，特别是德川日本工业的发展状况与明治时期工业发展的连续性，而得出上述结论。

以上各种观点的论争，反映了 20 世纪 80 年代中国史学界对日本近代史的理解方式和认知状况。尽管该课题的选择明显受到经典马列理论的巨大影响，甚至有学者仅靠列宁的只言片语作为论证依据的方式在今天看来过于教条，但我们应考虑其所处的特定历史情境，其观点论争本身便是开风气之举，这对此后日本近代史领域学术研究空间的拓展裨益良多。

(二) 近代化及其对中国的意义

我国日本史学界从近代化视角进行研究始于 80 年代后期，最初多以中日综合比较及日本近代化整体历程为切入口。其先驱性著作[1]比较了中日两国近代化，且作为"东亚中的日本史"系列丛书的第八卷在日本出版发行，该书将近代化范式与马克思主义史观相结合，在比较中日近代现代化道路中，指出"在社会主义国家诞生前，人类历史只有一种近代化，即资本主义的近代化"，而中国近代化的出路是社会主义近代化[2]，但并未对此展开论述。在比较中日旧体制时，采用传统阶级对立及矛盾等分析工具[3]，同时在对比日中近代化类型时提出"独立自主的近代化"与"从属国、后进国的近代化"的区分，但在研究结论中强调"国家近代化是所有国家必经的发展阶段"[4]。需要注意的是，早期以近代化为范式的研究，因在理论吸收、再创新上的薄弱，往往在具体历史过程的考察及分析中仍采用传统的马克思主义史学方法。如 1986 年南开大学日本史研究室承担的以日本近代化为课题的研究[5]，采用多学者分别撰写专题论文的形式，但多数执笔者延续传统的分析框架，未在理论上有突破。如有学者在论述日本产业近代化时分析道：经过产业革命"在资本主义生产关系已经确立的条件下，封建和半封建的生产关系已经退居次要地位，进入垂死阶段，并且已经改头换面地纳入资本主义经济体系之中"[6]。

---

① 馬家駿，湯重南著：「日中近代化の比較」。

② 同上书，序言第 2—3 页，正文第 180—182 页。

③ 同上书，第 17—55 页。

④ 同上书，第 324 页。

⑤ 该研究结题成果为吴廷璆编：《日本近代化研究》商务印书馆 1997 年版。尽管立项较早，但该研究历时达八年之久。

⑥ 《日本近代化研究》，第 146—147 页。

　　90 年后的日本近代化研究呈现从宏观平面化的考察向专题性深入分析发展的趋势。值得关注的是，前者包含了经济史学者、社会史学者及专业历史学研究者的多视角研究。如有的学者从社会学视角——传统与现代文明的冲突与融合的视野——出发，重视日本近代化成功的社会—文化因素，主张"社会中心的定性化"是日本近代较为顺利地完成近代化的要因，并进一步指出日本的幸运之处是"它不像中国那样是从统一走向分裂而是以分裂走向统一的情况下进行现代化"①。也有史学者从分析马克思主义史学与近代化论在方法论上的联系入手，指出"改革是现代化的动力"②，这一结论明显与我国现实的政治一致，体现了我国日本史研究的现实关怀。

　　随着近代化理论的发展和研究条件的优化，以"××与日本近代化"为题的著作大量出现。有学者从儒家思想与现代化的关系入手，将哲学方法与历史的方法相结合，对日本现代化的个案进行考察，主张"日本儒学的特殊性和日本现代化历史环境的特定条件，才使日本儒学滋生出近代性因素"③，并提出"二重性说"，认为"日本的现代化具有二重性，日本的儒学也具有二重性"，后者对前者有正、负两方面影响④。还有学者从家族制度的角度论述日本近代化，认为日本传统的家族制度是其在经济上迅速实现近代化的动因，但却阻止了社会的近代化，而"日本社会的近代化未能与经济的近代化同步而行……最终导致日本政治进入误区"⑤，主张社会近代化具有更广泛的意义。值得指出的是，上述两位学者虽切入主题不同，但在分析日本近代化时，都不约而同地采用"一分为二"的方法，体现出中国史学研究受辩证唯物主义传统的影响。另一值得关注的研究动向是通过对近世进行研究，发掘日本近代化的动因及条件的著作，如近世武士阶级与日本近代化之关系⑥，或分析江户时代町人思想与日本近代化动因的联系⑦等，试图从传统及日本自身内在因素中寻找近代化成功的奥秘所在。这一研究趋势仍在持续发酵中，最新的研究成果从江户时

---

① 张旅平：《文明的冲突与融合——日本现代化研究》，第 218—234 页。
② 刘天纯：《日本现代化研究》，第 1—29、108—113 页。
③ 王家骅：《儒家思想与日本的现代化》，第 305 页。
④ 同上书，第 308 页。
⑤ 李卓：《家族制度与日本的近代化》，第 4 页。
⑥ 李文：《武士阶级与日本的近代化》。
⑦ 刘金才：《町人伦理思想研究——日本近代化动因新论》。

代武士道与日本近代化转型的关系入手，试图"全面地理解在幕藩制度下武士道的复杂的秩序功能，而封建武士向'志士'转化、推动日本近代化转型的精神机制"①，从政治思想史的视角，探析日本近代化的根源。

日本近代化主题下的研究成果非常丰富，以上仅选取较典型的主题及观点进行介绍。

（三）日本法西斯及其扩张与侵略

近代以来日本对中国的侵略给所有炎黄子孙留下了难以忘却的痛苦记忆，对日本法西斯及其扩张政策、侵华战略的研究是我国日本史研究界的重要课题。80年代对日本法西斯化成因的研究多从世界经济危机、国内阶级矛盾等视角出发作较为理论化的解读②，也有学者重点分析军部的法西斯化③。但这一课题真正成为我国史学界的热点并出版重量级著作是在90年代以后。某种程度上说，这些著作是对当时日本及西方史学界所谓"日本法西斯主义否定论"的回应④。特别值得重视的是新观点的涌现，如有学者主张日本法西斯的"兴起和发展是以中间阶层为其社会基础"，而对日本军部法西斯化来说，起着决定性推动作用的是"一夕会"的法西斯幕僚军官；对于国家法西斯化来说，也是如此⑤。对此有学者提出修正性意见，也就是从现代化的角度重新为法西斯定位，认为日本的法西斯思想和法西斯运动均产生于在现代化进程中遭到排挤、注定要灭亡的社会阶层——旧中间阶层和藩阀阶层，将日本的中间阶层区分为"旧中间阶层"和"新中间阶层"，而前者才是日本法西斯化的社会基础⑥。还有学者认为近代日本的权力结构、经济结构和文化结构的互动效应，造成了日

---

① 唐利国：《武士道与日本的近代化转型》，第9页。

② 李玉：《30年代日本法西斯政权的形成及其特点》，《世界历史》1984年第6期；胡德坤、申康林：《浅论日本法西斯政权确立的历史背景和主要条件》，《湖北社会科学》1988年第7期。

③ 孙仁宗：《30年代日本陆军统制派与日本的法西斯化》，《杭州大学学报》1987年第6期。徐勇：《日本的军部政治化与法西斯主义的确立》，《历史研究》1988年第4期。

④ 朱庭光主编：《法西斯新论》，重庆出版社1991年版；《法西斯体制研究》，上海人民出版社1995年版。

⑤ 《法西斯新论》，第305—335页。

⑥ 杨宁一：《日本法西斯夺取政权之路——对日本法西斯主义的研究与批判》，北京师范大学出版社2000年版，前言第3页，正文第71—72页、269—270页。

本的法西斯化①。另一方面，对日本法西斯体制的研究成果也值得注意，其主要观点认为日本法西斯体制"是天皇制法西斯极权主义体制……是由各个权势集团自身的法西斯化或重新组合，通过对原有体制多次进行局部性的改组，逐步演变为法西斯体制"，强调日本法西斯体制的建立和形成，军部、官僚及其构想起了主要作用，并从政体、统制经济、精神控制等方面对军部提出的"国防国家体制"作了细致的分析②。

　　30 年来，我国史学界对日本的扩张政策及侵华战略的研究成果丰富，并且呈现不断细化和深入的趋势。自 80 年代初开始，对日本大陆政策的研究和讨论即成为我国日本史学界的热点课题，初期主要以论文的形式展开，其主旨多为讨论日本近代走上对外侵略扩张的原点等问题。多数学者主张"征韩论"及逼迫朝鲜签订《江华岛条约》是日本施行大陆政策的第一步③。早期研究成果中值得注意的一个焦点问题是对日本大陆政策内涵及其连续性的论争。有学者主张以"二十一条要求"为界限，此前日本的大陆政策所追求的目标是与西方列强共同瓜分中国，而之后日本所追求的就是建立日本在中国的"优势"，独霸中国，变中国为其独占殖民地④。对此有学者持不同意见，认为"蓄意夺取东亚地区霸权，这是日本大陆政策的总方向……始终没有改变"，而且主张日本独霸中国的方针早在 1908 年第二届桂太郎内阁时期便已形成，并成为此后历届内阁对华政策的指导方针⑤。

　　以"大陆政策"为题的专著迟至 2000 年方出现，作者利用大量中、日文原始档案进行研究，主张从"九一八"到"七七"的日本侵华行动，

---

　　①　徐平：《战前日本军部法西斯体制确立原因新探》，《日本学刊》1991 年第 3 期。

　　②　《法西斯体制研究》，第 22—23、511—735 页。另见徐勇《两战间的日本法西斯主义及其对外扩张理论》，《抗日战争研究》2002 年第 3 期。

　　③　段国卿：《日本大陆政策初探》，《东岳论丛》1983 年第 1 期；戚其章：《论日本大陆政策与朝鲜七·二三事件》，《山东社会科学》1988 年第 4 期；黄玉兰：《日本大陆政策的形成及破产》，《河北师范大学学报》1988 年第 4 期；陈本善：《日本的大陆政策及其对中国东北的侵略》，《现代日本经济》1989 年第 5 期；张志杰、孙克复：《试论日本大陆政策的形成》，《辽宁大学学报》1991 年第 3 期；王如绘：《〈江华条约〉与日本大陆政策的实施》，《抗日战争研究》1999 年第 4 期。

　　④　郎维成：《日本的大陆政策与二十一条要求》，《东北师范大学学报》（哲学社会科学版）1984 年第 6 期。

　　⑤　崔丕：《也谈日本的大陆政策和二十一条要求——与郎维成同志商榷》，《世界历史》1986 年第 3 期。

都是实施日本对华政策的必然结果，且从日本大陆政策发展史上看，"九一八"之后日本发动全面侵华和世界战争也是必然的，并对部分学者过分强调日本外务省与军部矛盾的观点提出质疑①。也有学者提出不同的看法，主张"九一八"事变后，日本外务省和军部之间确实在侵华问题上存在很大的意见分歧，认为中国学界在对这一问题的认识上"有忽略国际关系对日本形成相当制约的倾向"②。2005 年沈予先生专著的总结论认为"日本根本国策——大陆政策的确立和推行，决定了'九一八事变'、'卢沟桥事变'、'偷袭珍珠港'等战火的点燃成为历史之必然结果"③，强调日本对外侵略政策连贯性和必然性，代表了大陆学界的主流意见。也有学者在研究日本具体的侵华战略时，主张随着战局的发展，日方的战略与政略不断调整，时有动摇④，认为应该关注日本政府及军部内扩大派与不扩大派之间的论争。但此说也受到严厉批评，有学者针锋相对地指出扩大派与不扩大派"对于日本走上大规模侵略战争道路和日本给中国造成历史空前的巨大灾难来说，没有本质不同。那些争论其实都毫无意义"⑤。这一主题下最新研究从纵向考察近代日本自大陆政策到"大东亚共荣圈"的亚太政策的形成过程后，得出结论认为日本近代亚太政策"从构成上看，是以侵华的大陆政策为主"⑥，从而坚持了大陆学界在这一问题上的固有观点。对大陆政策的研究，与《田中奏折》的真伪问题紧密关联。中国主流学界多明确主张该文件真实存在，但亦有少数学者对此持谨慎态度⑦。这一问题在中日两国学者间的认识差距尤其巨大，甚至在近期中日两国政府主办的历史共同研究中仍有激烈争论。

　　应该说，大陆日本史学界对近代日本侵华过程的认识基本一致，但对

---

①　臧运祜：《七七事变前的日本对华政策》，社会科学文献出版社 2000 年版，第 335—337 页。

・②　熊沛彪：《近现代日本霸权战略》，社会科学文献出版社 2005 年版，第 8 页。

③　沈予：《日本大陆政策史（1868—1945）》，社会科学文献出版社 2005 年版，前言第 4 页。

④　徐勇：《征服之梦——日本侵华战略》，广西师范大学出版社 1993 年版，第 142 页。

⑤　曲家源：《评徐勇著〈征服之梦——日本侵华战略〉》，《抗日战争研究》1997 年第 1 期。另见曲家源《卢沟桥事变起因考论——兼与日本有关历史学者商榷》，中国华侨出版社 1992 年版，第 153 页。

⑥　臧运祜：《近代日本亚太政策的演变》，北京大学出版社 2009 年版，第 328 页。

⑦　俞辛焞：《东方会议与〈田中奏折〉问题》，《近代日本研究论集》，天津人民出版社 2000 年版。

其政策、战略的论述观点尚有一定分歧。

（四）中日关系及日本外交史

中日关系的现实重要性和中国学者在语言、材料占有等方面的优势，使得我国史学界对近代中日关系史长期给予特殊关注。纵观近 30 年对这一课题的研究成果，可以明显发现对政治外交史和友好交流史这两个分主题的研究最为丰富、影响力亦最强。前者的代表性学者是南开大学的俞辛焞先生，他从军事史、国际关系史等视角出发，利用大量中、日文原始档案对辛亥革命时期以及"九一八"事变时期中日外交的研究①不仅在中国学界获得好评，且受到国际学界、特别是日本史学界的关注。俞先生对辛亥革命时期中日外交的重点研究对象之一是考察日本与欧美列强围绕中国政体问题的斗争与妥协，并指出两者对殖民地利益的追逐超越了其本身的政治思想意识，出现了本应支持君主立宪制的日本援助孙中山，而理应维护共和制度的欧美列强却反而支持袁世凯的扭曲局面②。俞先生将"九一八"事变期的中日外交划为战前、战时及战后三期分别加以考评，主张日本外务省与军部虽在扩大日本在华权益的根本目标上一致，但并未参与事变的策划，不过在战时交涉期却采取了与军部一致的行动，即事变前外务省未直接进行开战外交，而且在事变中采取"一边进行战争，一边开展积极外交活动"，这与以往及而后日本的外交实践迥异。俞先生将这一特殊外交局面归因于两次世界大战之间特定的国家关系③。

中国史学界对近代中日关系研究的另一条主线是友好交流史，代表性学者是北京大学的王晓秋教授，其一系列著作④多从近代中国与日本的互动与影响的角度，强调"中日两国人民的正义斗争是相互支持的，两国人民世世代代友好下去的愿望，是任何力量也阻挡不住的"⑤。

---

①　俞辛焞：《唇枪舌剑——九一八事变时期的中日外交》（本书日本版于 1986 年由日本东方书店出版，名为「満洲事変期の中日外交史研究」），广西师范大学出版社 1997 年版；《辛亥革命时期中日外交史》（日文版于 2002 年由日本东方书店出版，名为「辛亥革命期の中日外交史研究」），天津人民出版社 2000 年版；《近代日本外交研究》，天津古籍出版社 2006 年版。

②　俞辛焞：《辛亥革命时期中日外交史》。

③　俞辛焞：《唇枪舌剑——九一八事变时期的中日外交》。

④　王晓秋：《近代中日启示录》，北京出版社 1987 年版；《近代中日文化交流史》，中华书局 2000 年版；《近代中国与日本——互动与影响》，昆仑出版社 2005 年版。

⑤　王晓秋：《近代中国与日本——互动与影响》序言，昆仑出版社 2005 年版，第 37 页。

　　我国学界对日本近代外交、特别是日本与其他强国间外交关系的研究至今仍较薄弱，早期比较深入的研究专著是武寅著《从协调外交到自主外交——日本在推行对华政策中与西方列强的关系》①，该书将中日关系置于国际大环境中考察，阐述第一次世界大战后日本如何利用西方国家的绥靖政策，将其对华战略由"国际协调"转向"焦土政策"。这一课题在近十年逐渐受到学者的重视，成为研究的热点课题之一。有学者专门对20世纪20年代原敬的国际协调外交进行研究，并以日本对美协调为具体案例，对原敬主张对美协调的原因进行分析，并认为"从日本经济的盛衰来看，日本与美国密切的协调关系也是合乎日本国家利益的最为现实的选择方案"②，但同时又指出原敬的协调外交获取殖民利益的终极目标以及外现的软弱形象，是导致其最终失败的局限性所在。还有学者研究日本近代的结盟外交，通过对日英同盟和三国同盟的历史考察与比较，得出结论认为近代日本热衷于结盟，而且原因乃是由于国家战略和相应的实力对比的矛盾③，即近代日本的战略野心大，但国力又不足以实现其战略目标，所以不得不选择结盟。以上学者的研究专题性强，发掘深入，代表了我国史学界对这一课题的研究水平。此外，对近代日本外交的概括性研究成果也很丰富④，在此不一一赘述。

（五）日军侵华暴行

　　自1874年武装犯台始，日本多次侵略中国。特别是关东军发动"九一八"事变至1945年日本宣布投降，日军侵华达14年之久。日本占领军在"伪满"及中国其他沦陷区的种种暴行不仅给战争期间的中国人民带来无穷灾难，且在战后很长一段时间、甚至在今天仍遗留很多亟待解决的问题。近30年来，我国日本史学界对日军侵华暴行的研究，呈现从零散、概括性地介绍向系统、深入地研究展开的特征。20世纪80年代初到90

---

　　① 武寅：《从协调外交到自主外交——日本在推行对华政策中与西方列强的关系》，中国社会科学出版社1995年版。

　　② 陈月娥：《近代日本对美协调之路》，中国社会科学出版社2005年版，第144页。

　　③ 李广民：《与强者为伍——日本结盟外交比较研究》，人民出版社2006年版。

　　④ 主要著作：周启乾：《日俄关系简史：1697—1917》，天津人民出版社1985年版；米庆余主编：《日本百年外交论》，中国社会科学出版社1998年版；刘世龙：《美日关系：1791—2001》，世界知识出版社2003年版；李凡：《日苏关系史：1917—1991》，人民出版社2005年版；翟新：《近代以来日本民间涉外活动研究》，中国社会科学出版社2006年版。

年代中期的研究处于起步阶段，如《日本帝国主义在华暴行》一书以记录史实为主，揭露自甲午战争至第二次世界大战结束期间日本帝国主义在北迄黑龙江、南至海南岛，西迄峨眉山、东至台湾岛的滔天罪行，但存在行文用语欠缺学术性、分析评论少等问题①。

90 年代中期以后对这一课题的研究成果异常丰富，而且无论在史料发掘方面或是选题范围方面都有跨越性提高。这些著作可分为三类，即按地区的研究、按施暴手段的研究及史料整理。在区域性研究方面，有学者对日军侵湘暴行进行了系统的调查，在已有研究成果基础上，搜集第二历史档案馆、湖南省档案馆以及湖南市县级档案馆等机构所藏史料，同时大量采用战时报刊对日军暴行的报道，并利用各种口述史料对该课题进行研究②。大量地方史料的搜集和整理工作的进展，为近年我国史学界以地区为限研究日军暴行提供了良好条件，成果斐然③。上述按区域划分的研究方法将历史实际人为地条块化，不利于从整体观察和分析，而按照日军暴行手段分类进行的研究，则在一定程度上弥补了这一不足。如高乐才对日本向中国东北地区移民的研究，从对日本近代移民理论和政策的分析入手，对日本从政府、军部到民间的各种的移民计划进行考察，并运用大量日方史料对历次移民项目、移民方式以及移民机构等进行微观考察。作者指出移民侵略虽然看起来不像武装侵略那样野蛮、残暴，但却比后者更为

　　①　禹硕基、杨玉芝、邢安臣主编：《日本帝国主义在华暴行》，辽宁大学出版社 1989 年版。这一时期相关著作还有姜念东主编：《伪满洲国史》，吉林人民出版社 1980 年版；高兴祖：《日军侵华暴行——南京大屠杀》，上海人民出版社 1985 年版；陕西省委党史研究室主编：《侵华日军在山西的暴行》，陕西人民出版社 1986 年版；陈本善主编：《日本侵略中国东北史》，吉林大学出版社 1989 年版；滕利贵：《伪满经济统治》，吉林教育出版社 1992 年版；武强：《日本侵华时期殖民教育政策》，辽宁教育出版社 1994 年版。

　　②　陈先初：《人道的颠覆——日军侵湘暴行研究》，社会科学文献出版社 2004 年版。

　　③　90 年代中期后对日军在中国不同地区所施暴行的相关成果主要有居之芬、张利民主编：《日本在华北经济统制掠夺史》，天津古籍出版社 1997 年版；王士花：《"开发"与掠夺——抗日战争时期日本在华北华中沦陷区的经济统制》，中国社会科学出版社 1998 年版；张铨、庄志龄、陈正卿：《日军在上海的罪行与统治》，上海人民出版社 2000 年版；李秉刚主编：《日本侵华时期辽宁万人坑调查》，社会科学文献出版社 2004 年版；朱成山主编：《侵华日军南京大屠杀暴行日志》，南京出版社 2004 年版；苏智良等：《日本对海南的侵略及其暴行》，上海辞书出版社 2005 年版；史丁：《日本关东军侵华罪恶史》，社会科学文献出版社 2005 年版；吴广义编著：《侵华日军南京大屠杀日志》，社会科学文献出版社 2005 年版；任其怿：《日本帝国主义对内蒙古的文化侵略活动》，内蒙古大学出版社 2006 年版；郭铁桩、关捷主编：《日本殖民统治大连四十年史》，社会科学文献出版社 2008 年版；岳谦厚：《战时日军对山西社会生态之破坏》，社会科学文献出版社 2008 年版。

阴险、毒辣①。

　　另有学者在梳理大量史料的基础上，用大量实例以及统计数据对日本侵略者对中国文化的破坏进行研究。客观地说，我国史学界对日军侵华暴行的研究虽然已取得丰富成果，但在利用具体翔实的统计数据对中国战时人员伤亡、财产损失等进行整理和研究方面，仍然任重道远。此外，日军侵华期间的经济掠夺（金融掠夺）、慰安妇、毒气战、细菌战、文化教育等问题亦受到日本史学界的关注，并都有相关著作问世②。

　　对日军侵华暴行研究的另一类重要成果，是对相关史料的搜集、整理和出版。例如按专题分卷的《日本帝国主义侵华资料选编》、《抗日战争》等大型性、综合性的资料集以及《日本帝国主义对外侵略史料选编》、《伪满洲国史料》等专题性、地方性资料集③。其中特别值得注意的是南

---

　　①　高乐才：《日本"满洲移民"研究》，人民出版社2000年版。

　　②　对日本对华经济（金融）掠夺的研究主要有黄美真主编：《日伪对华中沦陷区经济的掠夺和统治》，社会科学文献出版社2005年版；戴建兵、王晓岚：《罪恶的战争之债——抗战时期日伪公债研究》，社会科学文献出版社2005年版；姚会元：《日本对华金融掠夺研究》，武汉出版社2008年版；顾云达、王昭荣：《日本侵华时期对中国蚕丝业的统制与资源掠夺》，浙江大学出版社2010年版。有关慰安妇问题的研究著作主要有苏智良：《慰安妇研究》，上海书店出版社（世纪出版集团）1999年版；《日军性奴隶》，人民出版社2000年版；《罪孽滔天——二战时期日军慰安制度研究》，学林出版社2000年版；苏智良、陈丽菲等：《上海日军慰安所实录》，上海三联书店2005年版；陈丽菲：《日军慰安妇制度批判》，中华书局2006年版。有关毒气战、细菌战的研究著作主要有步平、高晓燕：《阳光下的罪恶——侵华日军毒气战实录》，黑龙江人民出版社1999年版；邱明轩编著：《罪证——侵华日军衢州细菌战史实》，中国三峡出版社1999年版；张辕泉：《太阳旗下的毒魔——侵华日军毒气战真相》，中国人民解放军出版社2003年版；杨玉林、辛培林、刁乃莉：《日本关东宪兵队"特别输送"追踪——日军细菌战人体实验罪证调查》，社会科学文献出版社2004年版；步平：《毒气战——追寻恶魔的踪迹》，中华书局2005年版；刘启安：《叫魂——侵华日军常德细菌战首次独家揭秘》，21世纪出版社2005年版；纪学仁编著：《侵华日军毒气战事例集——日军用毒1800例》，社会科学文献出版社2008年版；金成民：《日本军细菌战》，黑龙江人民出版社2008年版。有关日军在文化教育方面的著作主要有王向远：《"笔部队"和侵华战争》，北京师范大学出版社1999年版；《日本对中国的文化侵略：学者、文化人的侵略战争》，昆仑出版社2005年版；孟国祥：《南京文化的劫难（1937—1945）》，南京出版社2007年版；齐红深主编：《日本侵华教育史》，人民教育出版社2002年版；《见证日本侵华殖民教育》，辽海出版社2005年版；《日本对华教育侵略——对日本侵华教育的研究与批判》，昆仑出版社2005年版；杨家余：《内外控制的交合——日伪统制下的东北教育研究（1931—1945）》，安徽大学出版社2005年版。

　　③　中央档案馆、中国第二档案馆、吉林省社会科学院合编：《日本帝国主义侵华资料选编》，中华书局1989—2004年版；章伯锋、庄建平主编：《抗日战争》（11册），四川大学出版社1997年版；复旦大学历史系编：《日本帝国主义对外侵略史料选编》，上海人民出版社1983年版；吉林省图书馆伪满洲国史料编委会编：《伪满洲国史料》（33册），全国图书馆文献复制中心2002年版。

京大学张宪文主编的《南京大屠杀史料集》①，共 72 卷，加上特辑 6 卷，近四千万字。该丛书资料来源于中国大陆、台湾地区、日本、美国、德国、英国等，为对南京大屠杀及日本侵华暴行作进一步研究提供了重要条件。

（六）国家制度与体制

相较于对日本侵华史、中日关系史及日军侵华暴行等课题起步较早、论著较为丰富的研究现状，我国史学界对近代日本国家制度及其体制的研究起步晚②、论著较少，但最近十多年的成果亦值得称道，其中对日本近代政治体制的研究最为深入。中国社会科学院武寅研究员的专著是迄今为止大陆学界的代表性著作。该书一改对日本政治史按时间进行简单述评的研究传统，将纵向时间因素与横向政治主体因素相结合，建立新的分析框架，并提出许多新观点。如在分析国体与立宪关系时，主张明治领导者的本意是通过"渐进"方法解决二者矛盾，即分两步走——先定国体，再行立宪。但政局的发展使得明治政府的方针发生变化，"由时间上继起的先后关系转化为空间上并存的主次关系"③。此外作者还提出许多独到见解和新的概念，如指出与明治宪法结构相适应的制衡机制为"权力的复合制衡"④；日本近代内阁制确立后，更迭极其频繁的深层原因乃是明治宪法的一个主导思想是"除天皇外，任何人无权对最高行政机构即内阁的阁僚去留以及内阁本身进行调整与更替"⑤。

另有学者从日本近代政治体制的动态发展视角对相同主题进行重新诠释，且重点关注近代政治体制与对外扩张政策的关系，值得关注的观点之一是通过分析不同时期日本政府的决策过程，将日本早期征韩、出兵台湾等侵略战争与 20 世纪以后的对外扩张相区别，认为前者以缓和国内矛盾为主要目标，后者才是帝国主义性质的扩张侵略⑥。

另一方面，还有学者从社会转型的视角对幕府末期到明治时期的财政政策进行研究，综合利用政治经济学、财政学、统计学等理论和方法，得

---

① 张宪文主编：《南京大屠杀史料集》，江苏人民出版社（凤凰出版社）2005—2015 年版。
② 首先研究这一课题的学者是吉林大学的汪淼先生，主要论文是《论日本近代政治体制演变》（一、二），《史学集刊》1992 年第 1、2 期。
③ 武寅：《近代日本政治体制研究》，中国社会科学出版社 1997 年版，第 65—71 页。
④ 同上书，第 94—101 页。
⑤ 同上书，第 148 页。
⑥ 殷燕军：《近代日本政治体制》，社会科学文献出版社 2006 年版，第 120—153 页。

出结论认为当时财政政策由封建财政向近代资本主义财政的质变，起到了瓦解幕藩封建统治、推动日本资本主义的形成与发展的作用①。还有学者利用社会学、财政学等方法对明治时期的地方自治制度进行研究，不仅对不同时期的制度建设与改革作了翔实的实证性考察，而且重点强调近代地方财政制度的形成是日本近代地方自治制度形成的重要保障②。这种独到的观察不仅是学术上的创新，且对中国的地方制度建设提供了有益经验。

关于日本战时体制的研究在最近十年逐渐升温，而且在经济、社会、外交等领域都有专著问世。有学者用"组织化"概念阐释这一时期经济体制变动的总体特征③，重点从决策体系、政策体系和法律体系等几个部分解析战时统制经济的结构，并特别强调日本战时统制经济不是在发动全面侵华战争后一蹴而就的体制，而是有一个从萌芽、发展到最终形成的历史过程④。在对战时统制经济进行评价时，认为其不仅具备"战争"或"战时"的性质，同时也在一定程度上具备了"平时"的性质⑤，也就是说日本近代的独特性质决定了统制经济出现具有一定合理性和必然性，并非一定是由战争决定。这一判断，与国际学界解析日本战后经济奇迹原因时重视所谓"1940年体制"的作用不谋而合。另有学者从社会史、妇女史的视角对日本战时体制下的妇女团体进行研究，其中在有关民间妇女团体如何在战争不断深入、国家控制不断强化的背景下转向、变节，官方妇女团体如何不断膨胀、充当军国主义侵略工具的实证考察和原因分析尤其值得关注⑥。上述对战时体制的研究，都以"九一八"事变为起点，某种程度上说都是以中日间的战争状态作为战时体制存在的前提，在选题以及史料发掘上都有值得称道之处，体现了我国日本史学者研究广度和深度的突破。与历史学重史料及实证的特征略显不同，研究国际政治及国际关系的学者在理论上的优势明显。例如有学者综合应用国际政治学的官僚政治和心理认知模式，以及"窗口理论"对昭和前期日本的外交决策体制进

① 湛贵成：《幕府末期明治初期日本财政政策研究》，中国社会科学出版社2005年版，第289页。

② 郭冬梅：《日本近代地方自治制度的形成》，商务印书馆2008年版，第231页。

③ 雷鸣：《论日本战时统制经济与战后经济体制的关联——以组织与市场结合为中心》，《日本学论坛》2000年第4期。

④ 雷鸣：《日本战时统制经济研究》，人民出版社2007年版，第33—49页。

⑤ 同上书，第171—172页。

⑥ 胡澎：《战时体制下的日本妇女团体：1931—1945》，吉林大学出版社2005年版。

行研究，得出结论认为战时日本对外决策存在两种模式，也就是临机性合议决策模式和暗箱式指导决策模式①。另外值得关注的是，该学者将日本战时体制特征概括为"单级体制下的多元结构"，通过对一系列具体案例的实证考察和理论分析，强调天皇在整个战时体制内发挥的巨大作用。这样的研究视角及方法为史学研究者提供了新的认识路径，令人耳目一新。

中国学界对日本近代国家制度与体制的研究，在方法论上明显地呈现出多学科交叉的特征，强烈的现实关怀亦是其一大特点。但需要指出的是，对近代日本国家制度及其体制的研究在我国日本史研究领域尚属起步阶段，在可预见的一段时间内，仍将是学界的热门研究课题。

四　日本近代史研究的未来展望

近 30 年我国日本近代史研究的丰富成果，是改革开放后我国学术研究从恢复到繁荣的一个缩影。但诚如李剑鸣先生所言"学术工作类似接力赛，后来者总是在前人已经达到的地方继续向前推进"②。就我国的日本近代史研究领域而言，需要继续深入和拓展的研究空间仍然很大，本文最后就未来的研究趋势作简要展望。

首先应该看到的是，国内学界对日本近代史的研究在理论和宏观解释框架创新方面仍显不足，在未来一段时间内前述三种范式，特别是从构建近代民族国家视角阐释日本近代史的框架仍将居主导地位。"没有自己的理论、方法、概念、术语，用的都是别人的，即使批判别人也是在别人的框架中去批判别人"③，这不利于在国际学术界掌握"话语权"。随着学术积累及获取最前沿国际学术信息能力的提升，改变这一局面的条件日臻成熟，在日本近代史领域打造具有国际影响力的中国话语体系将是未来中国学人共同努力的方向。可以预料的是，随着微观研究成果的大量出现，可以为构建新的、解释力强大的理论范式提供基础，不仅新政治史、新社会史、新文化史等研究范式将陆续出现，而且也能构筑中国独特的日本历史

---

①　陆伟：《日本对外决策的政治学——昭和前期决策机制与过程的考察》，人民出版社2010 年版，第 284—290 页。

②　李剑鸣：《历史学家的修养与技艺》，上海三联书店 2007 年版，第 270 页。

③　沈仁安：《日本史研究序说》，香港社会科学出版社 2001 年初版，第 464 页。原载北京大学日本研究中心编：《日本学》第 7 辑，北京大学出版社 1996 年版。

研究框架与体系。

其次，尽管历史学本身的独特性要求所有的理论创新都只能建立在具体的研究成果基础上，因而未来对日本近代史研究的趋势之一将是对历史细节的深入发掘，但需要特别指出的是，其工作涉及从事世界史研究的一个传统"瓶颈"——史料问题。虽然近几年以来我国学者不仅具有更多出国访学、研究、搜集资料的机会，而且大量日本近代史料、资料、文献的数字化①，使得学者即使身居中国也能利用大量一手材料，可以从事微观个案的研究，但如何建立"中国的日本史史料学"仍然是一个任重而道远的课题，学者在具体史料上的论争显示在"原典日本"的解读与翻译上尚有努力的必要。

第三，中国国际地位的提升要求中国学界在努力打造中国自己的话语体系的同时，也要求学人的国际视角进一步开放。尽管仅就日本近代史学界而言，近30年来国内学者与日本史学界的交流非常密集，对日本学界的研究方法、最新成果也较为关注，某种意义上说中国的日本学界已超越国境，能够从"东亚视角"对近代日本及中日关系进行研究，但我们对日本以外的其他区域的日本史研究的关注相对而言则过于薄弱。虽然国内翻译出版了不少美国学者的日本史研究成果，但传统上接受影响较大的苏联地区国家、特别是俄国学者的日本史研究作品可谓凤毛麟角。此外，欧洲的英国、匈牙利甚至南亚的印度等国一直有研究日本历史的传统，但我国日本史学界对这些国家的相关研究状况关注甚少。这一局面将随着一批掌握两门甚至多门外语的年轻学人加入日本史研究队伍而出现变化，未来中国的日本史学界参与到多国、多地区共同研究将成为新的趋势。

最后需要特别注意的是，近30年我国日本近代史学界的一大缺憾是客观且有深度的学术批评机制的缺失。学术研究决不能闭门造车，学者间的交流和论争是提升学术品质的必备因素。实事求是地说，我们在与日本学人的论争中也许能做到"真批实评"，但中国学者之间给人留下深刻印象的学术批评却鲜见，众多的评论多只捧不批，建立严肃且有公信力的学术批评体系是保持学术活力和品质的重要方式。尽管也存在围绕"近代

---

① 日本近代史领域比较有代表性的数字化史料库有：アジア歴史資料センター（http：//www. jacar. go. jp/）；国立公文書館（http：//www. archives. go. jp/index. html）；国立国会図書館（http：//www. ndl. go. jp/）。

日本亚洲主义"论争以及"致力纠正一些因是泰斗和权威的论述，以至成为学界'通识'的史实性错误"而引起反批评的事例①，但切实的、有建设性意义的学术批评仍然是中国日本近代史学界未来努力的方向之一。

---

①　盛邦和：《19 世纪与 20 世纪之交的日本亚洲主义》，《历史研究》2000 年第 3 期；戚其章：《日本大亚细亚主义探析——兼与盛邦和先生商榷》，《历史研究》2004 年第 3 期；盛邦和：《日本亚洲主义与右翼思潮源流——兼对戚其章先生的回应》，《历史研究》2005 年第 3 期；杨栋梁、王美平：《日本"早期亚洲主义"思潮辨析——兼与盛邦和、戚其章先生商榷》，《日本学刊》2009 年第 3 期；刘岳兵：《日本史研究中的几个问题感言》，《读书》2010 年第 11 期。

中国的日本思想史研究 30 年综述

——以方法论为中心的考察

南开大学日本研究院　　刘岳兵

一　中国日本思想史研究承前启后的过渡时期

如果将以朱谦之、刘及辰为首的研究者开创的新中国的日本思想史研究作为本学科的奠基时代①，那么，从 20 世纪 70 年代末开始到 20 世纪末这二十来年，是中国日本学研究面向 21 世纪的过渡时期。过渡时期的中国日本思想史研究有以下几个特点：（1）在坚持马克思主义指导的前提下，提倡研究方法的多元化；（2）在具体问题上研究的深化和拓展奠基者所开创的学术领域；（3）进行了一些新方法的试验。下面我们分别来进行分析介绍。

（一）学术史上有过渡时期特征烙印的经典之作：《日本哲学史教程》

过渡时期最受关注的哲学史通史性著作当然是《日本哲学史教程》，作者王守华、卞崇道在 1988 年春写的"后记"中这样写道："我们的恩师北京大学教授朱谦之先生和中国社会科学院哲学研究所研究员刘及辰先生是我国研究日本哲学的老前辈，朱先生现已作古，刘先生也迎来鹤寿之年。是他们像辛勤的园丁，教我们以做人，哺我们以知识。如果说我们今天能够做点工作，完全应该归功于他们。"② 从这段话里我们不仅可以体会到他们的师生情谊，也可以看到中国日本哲学思想史研究薪火相传的历

---

① 参见刘岳兵《朱谦之的日本哲学思想研究》，《日本学刊》2012 年第 1 期。

② 王守华、卞崇道：《日本哲学史教程》，山东大学出版社 1989 年版，第 524 页。

史。该书在继承前人研究成果的基础上，对日本哲学思想的总体特征和在一些具体问题的论述上都有所创新，诚如王家骅所言："在深度和广度上都较朱谦之著《日本哲学史》前进了一大步，是学习日本哲学史和中日思想交流史的良好教材。"① 作为这个领域学术史上的一本重要著作，在今天看来，仅就方法论而言，其过渡性的特色也非常明显。

比如，对研究日本哲学史与马克思主义的关系，《日本哲学史教程》中写道：

> 我们何以要学习、研究日本哲学史呢？（中略）探索日本哲学史这个圆圈，搞清楚日本哲学史的发展规律，是丰富和发展马克思主义哲学史观的一个方面。这是我们学习和研究日本哲学史的第一个目的。（中略）有助于提高我们的马克思主义的理论水平和思维能力。这是我们学习日本哲学史的第二个目的。（中略）通过学习和研究日本哲学史，可以具体了解中日两国人民在思想文化方面交往的历史与传统，从而促进今后两国人民思想文化的进一步交流，使得中日两国人民世世代代友好下去。这是我们学习研究日本哲学史的又一个目的。②

从这里我们可以看到，了解日本思想文化的历史和传统不是研究日本哲学史的首要目的，也不是次要目的，首要目的是什么呢？是为了"丰富和发展马克思主义哲学史观的一个方面"，第二个目的是"提高我们的马克思主义的理论水平和思维能力"。这里的马克思主义可以视为意识形态的化身，就是说，在这种问题意识下，研究日本的哲学思想，其主要目的并不在于将日本哲学思想这一研究对象本身作为"他者"来认识，也不在于通过"他者认识"来深入地认识自我，而是为了服务于意识形态本身。这样，研究日本哲学的目的本身就被"异化"了。这样，日本哲学史的发展规律搞得再清楚，也超不出"马克思主义哲学史观"的范围，最多也不过是"丰富和发展马克思主义哲学史观的一个方面"。

---

① 严绍璗、源了圆主编：《中日文化交流史大系［3］思想卷》，浙江人民出版社 1996 年版，第 5 页。

② 王守华、卞崇道：《日本哲学史教程》，山东大学出版社 1989 年版，第 9—10 页。

　　但是，同时这部具有明显过渡时期色彩的著作在破除对马克思主义的简单化、片面化和公式化运用方面，也具有十分重大的意义。书中指出：

　　　　研究日本哲学史必须坚持历史唯物主义所提供的经济基础决定上层建筑的基本原理，同时在具体运用时要避免简单化。贯彻党性原则，运用阶级分析方法，从复杂纷繁的哲学思想中整理出理性规律，同时在分析中注重实事求是，避免片面化。贯彻历史主义的原则，采用历史主义与阶级分析相结合的方法，从哲学发展的长河中把握哲学发展的基本规律和线索，避免公式化。①

　　卞崇道在论及90年代中国日本哲学研究存在的问题时，还着重提到"有的评论带有公式化、主观化倾向，即不是把马克思主义的立场、观点和方法融贯到研究对象之中，而是机械地搬用马克思主义的一些现成结论去对照、推测和批判研究对象，给人以生硬、僵化、武断之感"②。这实际上是意识到了作为意识形态化的马克思主义与作为学术思想的马克思主义的分离而力求在较高的理论层次上的统一。

(二) 方法多元化的自觉：李威周、卞崇道

　　政治化、意识形态化的东西具有强制性，强调统一性。而学术研究的根本在于独立思考。李威周十分尖锐地揭示了两者的矛盾，他说：

　　　　以历史唯物主义为指导，以及与此观点密切结合的实事求是具体分析的方法，是研究日本哲学史的基本方法。同时，应当允许独立思考，从不同的观点和方法出发来研究日本的哲学思想，历来我们一直提倡要运用马列主义的立场、观点和方法来研究问题，但是怎样掌握和运用马列主义的立场、观点和方法却莫衷一是，往往都认为自己是最马列主义的，事实上"官本位"、"权本位"或教条主义、主观武断在衡量是非中起了相当的作用。这样，很多所谓的"马列主义"

---

① 王守华、卞崇道：《日本哲学史教程》，第10页。
② 卞崇道：《现代日本哲学与文化》，吉林人民出版社1996年版，第242页。

其实是自以为是的东西，它们起了极为恶劣的影响。①

正是因为意识到这种"机械地搬用马克思主义"和自以为是的主观武断所造成的恶劣影响，方法的多元化要求才提上日程。在中国的日本哲学思想史研究领域，卞崇道首先比较系统地提出"方法选择"，强调要选择"适合自己研究课题的方法论"。他在《90 年代中国的日本哲学研究课题》一文中提出选择研究方法应该遵循如下三个方向。

（1）在马克思主义哲学方法论指导下，向多元化方向展开。马克思主义认为，方法论不是唯一、绝对的；当今人文、社会学科发展迅速，各学科中不断涌现新的研究方法。不论立足于何种立场的学派，只要其方法有效，我们就要吸取，特别是现象学方法论、结构主义方法论、分析哲学方法论以及符号学方法等，都有可借鉴之处。在方法论上只有坚持向多元化方向展开，才能避免形式主义。（2）既尊重研究对象的客观性，又体现研究者的主体精神。历史事实是客观的，我们强调文献学的和实证的研究，就是要尊重研究对象的客观性，使其研究保持强烈的历史感；但是历史叙述即历史学又非纯客观的它是研究者主体精神的体现。我认为，史学研究者要有现代意识，用现代的观念和方法，照亮历史，使之在现代学术背景下重放异彩，这样的研究才能具有鲜明的时代感。（3）分科研究与综合研究相结合。作为研究对象的日本是一个整体，要彻底搞清楚这个整体，首先要把它分解，从政治、经济、社会、历史、文化等不同的学科进行分析研究；然后，在分科研究的基础上进行综合研究，以得出总体结论。目前我国的日本学研究只进行了"分析"这前一半的工作，当然，分析也还有待深化，而无"综合"这后一半的工作。实际上，分析与综合缺一不可，正因为我们的综合研究不够，才使 20 年来我国学者没有写出一部有重大国际反响的日本学著作。②

这可以说是在 20 世纪中国日本学研究力图挣脱"政治形势"的影响

---

① 李威周：《研究日本哲学史的意义和方法》，《日本研究》1999 年第 1 期。
② 卞崇道：《现代日本哲学与文化》，第 248—249 页。

或"意识形态化"研究的束缚，而达到的方法论上的自觉。这种自觉的难能可贵，也许是没有亲历过种种政治运动的人所难以理解的。

（三）方法论自觉的影响（上）：卞崇道、王守华

随着方法论上的自觉和对作为学术思想的马克思主义认识的变化，不仅对于日本哲学思想中的具体人物和问题研究有进一步的深入，而且研究的领域也进一步拓宽。比如，1994 年 3 月 7 日在中国社会科学院哲学所召开的"刘及辰先生学术思想座谈会"上，丘成就对刘及辰的《西田哲学》和《京都学派哲学》进行了比较，他说：

> 这两部著作的出版相隔整整 30 年，在这期间，刘先生对西田哲学的研究更细致、更深入，在《京都学派哲学》一书中足见其研究的进展。其次，刘先生在《京都学派哲学》中对西田哲学作了《西田哲学》一书尚缺的全面评价，不仅批判了它的许多唯心主义观点，而且没有忽视它的一些积极方面，譬如，刘先生指出："不能否认，西田的技术论中是含有丰富的合理内容的。"（见《京都学派哲学》第 57 页）[1]

又比如对三木清的研究，在朱谦之的《日本哲学史》中强调"三木哲学的性格，是对于马克思主义哲学的歪曲、篡改。"这是"由于他的不正确的实存主义的立场"所致。因此"三木的'马克思主义'只能是以'马克思主义'为伪装，隐蔽着生之哲学、实存哲学的实质。"而"三木哲学的基本内容是属于帝国主义时代腐朽的哲学思潮之一，即'不安的哲学'。"其结论是："三木的'不安的哲学'终究只能在神秘的、宗教的、非科学的信仰里得到最后的'大解脱'。这就是日本型的修正主义思想的下场。"[2] 而刘及辰的《京都学派哲学》一书中对三木清的评价继续指出"三木对于唯物史观的研究显然是对它的一个莫大的歪曲和修改"，"这个修改是由唯心主义方面来修改；因为三木自始至终就是一个唯心主义者。"但是该书也肯定了三木"在介绍马克思主义上和反对日本法西斯

---

[1]　赵培杰：《刘及辰先生学术思想座谈会在京举行》，《哲学研究》1994 年第 5 期。
[2]　朱谦之：《日本哲学史》，人民出版社 2002 年版，第 360、369、382、389 页。

主义上都曾起了进步作用",肯定他是"具有进步性的"唯心主义者、"具有批判性格的"自由主义者①。王守华、卞崇道的《日本哲学史教程》虽然在一些方面继承了《京都学派哲学》的思想,但是在对三木清的评价上有明显的"进步"。他们首先明确指出"三木清是近代日本哲学史上著名的进步哲学家",其"称得上是一位进步的自由主义哲学家"。在承认三木清"对马克思主义缺乏正确、全面的理解,所以在以人学解释唯物史观时,难免有误解甚至有曲解之处"的同时,指出由于这种曲解所引起的争论,"却把日本对马克思主义哲学的研究引向最基本的理论问题,即辩证唯物主义这个问题上来,从而促进和推动了日本后来马克思主义哲学研究更加深入发展。"②

后来,卞崇道的《三木清》一文则将上述《日本哲学史教程》中的相关论述更加深入一步,开篇即肯定"三木清是现代日本哲学史上著名的进步哲学家,是'闪烁在日本暗淡夜空上的一颗明星'"。他还在结尾时指出:"三木清这颗明星在现代日本哲学史上不会陨落,它将永远闪烁着光辉。"该文强调要"准确把握三木哲学的个性特征"③,并且充分肯定了三木清在阐明"马克思主义的人学形态"方面的积极意义。他评价说:

> 他以人学解释马克思主义的唯物史观,我们也不应采取不加分析便予以否定的态度。首先应肯定三木对马克思主义人学进行的探讨是有积极意义的。人学本来是马克思主义哲学的重要内容之一,三木受实存主义哲学影响,感到人学不应为实存主义垄断,马克思主义也不排斥人学,从而提出马克思主义的人学形态,这种主观意图非但不是为了修正、歪曲马克思主义,反而是对马克思主义的一个贡献。他所提出的是一个亟待解决而当时又尚未解决的问题。但是,由于他对马克思主义缺乏正确、全面地理解,加之受实存主义哲学影响较深,即立场、观点、方法还没有完全转变到马克思主义方面来,所以在解释唯物史观时,既有接近马克思思想的一面,又有误解甚至曲解的一

---

① 刘及辰:《京都学派哲学》,光明日报出版社1993年版,第147、177、176、177页。
② 王守华、卞崇道:《日本哲学史教程》,第375、388、380页。
③ 卞崇道:《三木清》,王守华、卞崇道主编:《东方著名哲学家评传·日本卷》,山东人民出版社2000年版,第514、538、537页。

面，这都是可以理解的。①

对思想家个性特征把握的要求、对三木清的马克思主义人学形态的重新评价，这当然是卞崇道长年研究探索的结果，同时也可以说是 20 世纪 80 年代马克思主义理论界掀起的关于人道主义论争在日本哲学思想研究中的反映。

研究领域的拓宽，比较明显的可以举出这样几个方面，比如对近现代乃至当代日本哲学思想的研究，如金熙德著《日本近代哲学史纲》（延边大学出版社 1989 年版）、方昌杰著《日本近代哲学思想史稿》（光明日报出版社 1991 年版）、卞崇道著《现代日本哲学与文化》及其主编《战后日本哲学思想概论》（中央编译出版社 1996 年版）；对日本神道思想的研究，如王守华著《日本神道的现代意义》②；对中日儒学比较及儒家思想与日本文化、日本现代化的关系的研究，有王家骅著《中日儒学之比较》（东京：六兴出版 1988 年版）、《儒家思想与日本文化》（浙江人民出版社 1990 年版）、《儒家思想与日本的现代化》（浙江人民出版社 1995 年版）等系列成果，以及李威周编著《中日哲学思想交流与比较》（青岛海洋大学出版社 1991 年版）、崔世广著《近代启蒙思想与近代化——中日近代启蒙思想比较》（北京航空航天大学出版社 1989 年版）、王中江著《严复与福泽谕吉——中日启蒙思想比较》（河南大学出版社 1991 年版）、李甦平著《圣人与武士——中日传统文化与现代化之比较》（中国人民大学出版社 1992 年版）、徐水生著《中国古代哲学与日本近代文化》（台北：文津出版社 1993 年版。2008 年阿川修水、佐藤一树将该书译为《近代日本の知識人と中国哲学》由日本的东方书店出版）、盛邦和著《东亚：走向近代的精神历程——近三百年中日史学与儒学传统》（浙江人民出版社 1995 年版），等等。严绍璗著《日本中国学史》（江西人民出版社 1991 年版）、王晓秋的《近代中日文化交流史》（中华书局 1992 年版）也属于广义的日本思想史或中日思想交流与比较研究的范围。

这里我们来看看王守华的日本神道研究。将神道列入日本哲学史的研

---

① 卞崇道：《三木清》，王守华、卞崇道主编：《东方著名哲学家评传·日本卷》，山东人民出版社 2000 年版，第 536—537 页。

② 王守华：《日本神道の現代的意義》，本间史译，農山漁村文化協会 1997 年。

究对象，并初步地进行了系统的研究，是王守华对中国日本思想史研究的
最大贡献。在朱谦之的早年日本思想研究中，如前所述，"神学阶段"被
列为日本思想发展的第一个阶段，对神道给予了充分的重视。后来，在其
《日本哲学史》的第六章"国学者的'日本精神'哲学"以批判的态度
讨论了复古神道的思想。他在该章开篇即指出："国学者的反动的'日本
精神'哲学，即指复古神道而言，其代表者有为复古神道作准备的荷田
春满，'国学'的开拓者贺茂真渊、本居宣长，与复古神道的集大成者平
田笃胤"。① 对本居宣长，他说："宣长的政治哲学是十足反动的神国主
义、天皇绝对主义、日本至上主义，直到今日尚给日本法西斯运动以理论
的根据之一，可以说是复古国学最黑暗的一面。"因此，"清算这种神国
的毒素，根本肃清这毒素所给日本思想界的影响，这应该是当代日本哲学
家的重大任务，也是研究东方哲学史者的重大任务。"在这一章的结尾，
朱谦之总结道："从所谓国学三大人（贺茂真渊、本居宣长、平田笃胤）
到各式各样的国学流派，无论真渊的县居门流，宣长的铃屋门流，笃胤气
吹舍门流，早已云散烟消或奄奄一息了，而怎样肃清他们的余毒，怎样从
反动的'日本精神'哲学清醒过来，根本消灭天皇制度的理论基础，打
倒军国主义，这是日本当前政治变革的问题，也是哲学上世界观变革的问
题。"② 王守华回忆说，在北京大学哲学系读本科时，就"对恩师朱谦之
先生的课程'日本哲学史'非常感兴趣。1961 年大学毕业后，在北京大
学上研究生，跟随朱谦之先生学习日本哲学史。"王守华的日本神道研
究，是对朱谦之相关研究的拓展和深化。这表现在以下几个方面。

　　第一，王守华继承了朱谦之早年重视神道为日本固有思想的观点，他
说："随着对日本哲学思想理解的加深，我总觉得在从古代到现代的日本
哲学思想的背后，除了中国哲学和西方哲学的影响之外，有一条看不见的
日本固有的线索——神道思想的线索在起作用。它以神佛习合、神儒习
合、复古神道（国学）、国家神道等形式与日本的古代哲学、近现代哲学
交织在一起。"③ 于是他对神道哲学思想从神道思想的形成、各派神道的
哲学思想、神道哲学的理论及特点三个方面进行了概观式研究，这便是

　　① 　朱谦之：《日本哲学史》，第 94 页。
　　② 　同上书，第 106—107、108、113—114 页。
　　③ 　王守华著：《日本神道の現代的意義》，本间史译，第 2 页。

《日本哲学史教程》中的第四章"神道哲学思想"。

第二，与朱谦之重点批判神道哲学的负面影响不同，王守华在注意到负面因素的同时，更加关注日本神道对日本现代化成功的积极作用。在20世纪80年代，研究日本现代化成功的经验是中国日本研究的热点，王守华不满足于当时的日本思想文化研究仅仅从"儒家资本主义"、"家族主义"、"集团主义"、"拿来主义"等这些方面的研究，力图寻找更加深层次的原因，认为应该从日本固有的民族信仰即神道中探索日本现代化成功的更深层次原因。

> 从神道的观点来看，神不仅给人以神圣的生命，同时也给所有的存在物以生命。人一出生在这个世界上便具有了某种神圣的使命和自身的自觉。因此，人必须努力表现其本来面貌。这表现为必须承担自己的责任、使共同的全体的生活得以发展这种强烈的共同体意识。同时神道将人类社会的一切成果都视为人自身的努力和神的保佑的结果。为了"报本"，神道要求人们主动地努力工作；为了"报本"，要求人们积极地发扬勤劳精进的精神。我认为这种主体的积极进取的精神，是形成被当做是日本的民族精神之一的"集团意识"的更深层次的要素。这种精神是日本民族发展的原动力之一，在日本现代化的过程中起到了积极的促进作用。①

他力图从积极的方面探索神道的社会作用，探讨神道思想对现代化的促进作用，王守华在中国是首倡者。这对于我们全面而深入地认识日本的思想文化，具有重要的意义。

第三，关于神道与外来思想影响的关系，朱谦之著《日本哲学史》中只是提到"日本神道的派别，有以佛教与神道结合，主张本地垂迹说的两部神道；有受中国的儒、道及阴阳五行说影响而著《神道五部书》的伊势神道（度会神道）"，以及唯一神道、古儒家神道、理学神道、垂加神道等，进而指出这些"均无疑是外国影响的产物，和日本固有的纯神道不同。日本固有的纯神道，据说存在于《古事记》、《日本书纪》等

---

① 王守华著：《日本神道の現代的意義》，本间史译，第121—122页。

古典之中"①。王守华进一步指出"即便是在主张复活'纯神道'的复古神道中，也存在许多中国思想的影响"。进而主张"神道在中日两国文化交流史上占有重要地位，而且发挥了积极的作用"②。并对此进行了初步的研究，当然也批判了国家神道的负面影响。

（四）方法论自觉的影响（下）：王家骅

与过渡时期方法论的自觉相关，王家骅的研究和思考值得关注。他的第一本个人专著《中日儒学之比较》在日本出版之后，因为其对日本儒学特质的概括和"早期儒学"概念的提出，而得到了充分的好评，甚至被源了圆称为是"迄今为止由一个中国人来把握日本儒学的壮举"。王家骅后来的一系列研究成果之所以不同凡响，首先是基于他在对相关研究领域的充分把握而产生的一种学术责任心和使命感。他在回顾自己为何要从事日本儒学和中日儒学比较研究时说：

> 我研究这个问题，主要有两方面的考虑。首先从中国学界的角度讲，我认为评价中国儒学，要站在世界史的高度，至少站在东亚史的高度。其次从日本学界的角度看，近年来日本存在有意无意地过低评价中国思想对日本影响的倾向，强调日本文化的特殊性。古代日本有"和魂汉才"之说，江户时代的日本有"国学派"，寻求未受中国影响的日本原有思想。二战时津田左右吉就曾反对日中同文同种说，战后日本成为经济大国后寻求文化大国地位，许多思想家支持津田，将中国及朝鲜对日本的影响矮小化。作为一个中国学者，有责任梳理儒家思想对日本的影响，还历史本来面目。我以为儒学到日本，发生一定变异是有可能的，但与中国总还是属于同一种属的。就像蒙古马到其他地方，变成矮脚马，但终究还是马而非驴。我想以实证材料证明儒学对日本的政治、法律、道德、宗教、文学、史学及当代日本社会的影响。否认这些影响，是非历史主义的。③

---

① 朱谦之：《日本哲学史》，第 94 页。

② 王守华：《日本神道の现代的意义》，本间史译，第 5 页。该书第七、八章分别从儒佛与神道、阴阳五行思想与神道的关系探讨了神道在中日文化交流中的作用。

③ 王家骅、钱茂伟、章益国：《儒学与中日东亚文化——王家骅教授访谈录》，《历史教学问题》2001 年第 4 期。

只有将自己的研究切实地放在广阔的学术史的视野中，独立思考找到当前相关学术领域存在的问题，怀着所以要去解决问题的豪情壮志和责任意识，才能够不被意识形态所役，而把自己的工作纳入具有建设性意义的学术史范畴。正因为如此，所以王家骅在《儒家思想与日本的现代化》一书的"后记"可以自豪地说："本书并非'遵命文学'，而是笔者为学历程的自然归趋。"① 只有以寻求各自学术领域的相关问题及其解决为研究的标准，而不是服务于学术之外的某种强加的或先行的理论，才能够使自己的研究工作保持一个纯粹的学者本色。

当然，这还只是一个必要的前提。要使自己的研究具有特色，方法论的自觉也非常重要。王家骅的研究之所以与众不同，他自己也认为方法论的自觉是"关键的一点"。他这样说：

> 我认为关键一点是我特别注意方法论的思考，或者说是视野的思考。我曾在我的《儒家思想与日本的现代化》一书中有所论述。现在有关儒家思想与东亚现代化关系的讨论，虽已成国际规模，在一些问题上也有深入进展，但大体上说，截然不同的观点处于胶着状态。我认为，要突破这种局面，推动儒家思想与东亚现代化问题的研究，除深化理论研究外，必须在方法论上有所创新。我在书中，提出了三点，那就是提倡多层次研究，提倡哲学与历史相结合的思想史研究，进行个案考察。此前的讨论囿于韦伯的理论框架，主要是研究精神与经济现代化的关系，而现代化是由划分为不同层次的诸社会要素结构而成的社会系统的动态过程，因而应展开多层次的研究，从经济、政治、社会组织、教育等层面，综合考察儒家思想与现代化的关系。还有，此前的讨论多从学理从价值坐标系统进行考察，这是哲学的方法。作为历史工作者，我们也该从功能坐标系统进行考察。不单单根据概念、范畴、推理而进行逻辑评价，而要把儒家思想看成一个不断发展的流，放于具体的历史情景中，进行个案考察。②

---

① 王家骅：《儒家思想与日本的现代化》，浙江人民出版社 1995 年版，第 309 页。
② 王家骅、钱茂伟、章益国：《儒学与中日东亚文化——王家骅教授访谈录》。

这里的"多层次研究"是力图突破韦伯的理论框架，比较好理解。而"哲学与历史相结合"，即"哲学的方法与历史的方法相结合"，王家骅在《儒家思想与日本的现代化》中有详细的说明。所谓哲学的方法，他认为就是"不满足于再现研究对象的现象复杂性，力图透过繁复的现象达到对研究对象的本质和规律性的认识，这主要是通过概念、范畴与命题，以逻辑的理论来证明"。与之相对应，"历史的方法则重视研究对象的复杂的历史演变，注重研究对象在各个时代存在的具体条件、具体形态及其特点，在这种历时性的分解式研究的基础上再归纳取得有关研究对象之本质与规律性的认识"。总之，"哲学的方法着重共时性的结构分析，而历史的方法注重历时性的演变考察。"之所以提出这种结合，是因为他发现："在国内关于儒家思想与现代化关系的讨论中，哲学家与历史学家的意见之所以时有相左，并非由于采取的方法不同，而是由于采取哲学的方法时，有时忽略了对于'个别'与'特殊'的考求，而代之以未尊重研究对象客观性的浮泛的逻辑推论；采取历史的研究方法时，则有时误将偶然性的'个别'视为必然性的'一般'，从而导致对客观对象的本质与普遍规律的误解。"① 因此他提出将二者结合的思想史研究方法。

> 在研究儒家思想与现代化之关系时，思想史的方法，既要求像哲学的方法那样，紧紧抓住反映儒家思想和现代精神之本质的关键观念与价值，对其总体价值取向的真理性作出判断，又要求像历史的方法那样，考察这些关键观念与价值在特定历史时期的或特定人物思想中的具体存在状态，以及它们与现代化某一进程的具体关联。因而，思想史的考察，不仅针对某种价值体系的全体，而且把某种价值体系中的某些思想、观念和价值的社会功能也纳入其中。思想史的评价，不独是依据概念、判断、推理而进行的逻辑评价，还要依据某种思想、观念和价值的社会功能进行历史的评价。（中略）在逻辑的评价出现歧异时，已成为不可更动之事实的历史，以及据此而成立的历史的评价，有助于正确判断不同逻辑评价的真理性。将哲学的方法与历史的方法相结合的思想史考察，或许会使我们得到比较客观、公允的新认识。②

---

① 王家骅：《儒家思想与日本的现代化》，第 17、18 页。
② 同上书，第 18—19 页。

这里所谓"哲学的方法与历史的方法相结合",很明显地可以看出是王家骅将马克思主义的"历史与逻辑的统一"的思想方法在研究儒家思想与现代化关系时进行创造性运用的经验总结,这是很有理论意义的。在这种结合中他特别强调"功能的评价",由此也可以看出他的这种结合是建立在重视历史的基础上的。进而我们在他的思想方法中还可以看到西方社会理论中的"结构功能主义"乃至"解构主义"因素的影响。他在《儒家思想与日本的现代化》一书的终章"日本现代化的二重性与日本儒学的二重性"中这样总结道:

> 笔者则主张哲学的方法与历史的方法相结合,应把功能的评价也纳入考察的范围,而且本书用了相当的篇幅论述了儒家思想在现代化过程中的正、负二重性功能。之所以如此,不仅因为笔者作为历史学的从业员,将其视为历史学的应有之义,而且因为只有通过这种功能的考察,才可证明任何文化、思想体系都是可以解析的,传统的文化、思想体系的某些因子在解构而重组入现代体系后有可能发挥新的功能。此外,只有通过这种功能的考察,才可以判定:对传统的文化、思想体系如何解析解构;哪些因子可以被重组入现代文化、思想体系;在重组时,对这些因子经过怎样的曲折变形或现代诠释才可能融入现代文化、思想体系,并发挥有利于现代化进程的积极作用。只有这样,才可以让我们所主张的传统文化与思想的创造性转化不只是玄妙的议论,而通过解明优秀传统与现代相融合的具体机制,使其具有一定程度的可操作性,才切近现实人生而真正做到在建设现代文化时不失优秀传统的根本精神。①

我曾经在《儒家思想与日本的现代化》一书出版之后不久,即对王家骅的日本儒学研究,包括其方法论特点进行了初步的探讨②。其一贯重

---

① 王家骅:《儒家思想与日本的现代化》,第306页。
② 刘岳兵、孙惠芹:《日本儒学及其对日本文化与现代化的影响——评王家骅的三本书》,《日本研究》1995年第4期。该文收入刘岳兵《中日近现代思想与儒学》,读书·生活·新知三联书店2007年版。此外还可参考惠琴《同情及其界限——重读王家骅的〈儒家思想与日本文化〉》,徐静波、胡令远主编《东亚文明的共振与环流》,上海社会科学院出版社1996年版。

视的 "功能的评价" 的研究方法有一个从简单地以 "有用性" 为标准而进行 "优劣价值判断" 发展到 "功能解构论"① 的过程，应该肯定王家骅强调将历史的方法与哲学的方法结合起来，有助于对历史事实与逻辑评价的复杂关系作出统一性的圆融解释，从而更加接近于历史的真实性，"以此方法而得出的许多结论，从历史的横断面看也是颇有说服力的"。② 但是他进而追求的具有 "可操作性" 的功能解构机制是否有陷入机械论的危险？而且由于对 "现代化" 概念的不同理解，思想的正负功能是否有绝对的价值标准？这些都是值得思考的问题。

王家骅曾经概括中国的日本思想研究、特别是中日思想比较研究领域有如下三个共同的问题意识：第一，在现代化过程中为什么中国落后于日本？从思想的侧面探寻其原因。第二，想通过自己的研究，以某种形式为中国的现代化作出贡献。第三，想知道日本人在现代化的过程中是如何处理传统与现代性的关系的。就此他指出："基于这种问题意识的研究，从根本上说，是结论先行的研究。在这里，中国已经落后于日本，被视为不可动摇的事实，然后再从这一事实逆推中国落后的原因。而且关键性的 '中国落后了' 这一命题的背后，隐藏着学术性课题之前的情感因素。这种对于中国落后所生的焦躁，容易导致否定中国之 '一切' 的心理状态。在这样的动机引导下进行的研究，无论如何反复进行比较，也难于产生在学术上真正有意义的科学结论。"③ 这里对 "结论先行" 和非学术的 "情感因素" 进行了严厉批评，也是值得我们记取的。

二　21 世纪中国的日本思想史研究

20 世纪 80 年代之后的 20 年是第二代中国日本思想史研究者的活跃期，也是中国日本思想史研究承前启后的过渡时期。第二代研究者的代表人物在日本学术界集体亮相的，是东京农山渔村文化协会出版的 "中国的日本思想研究" 丛书，其中包括王守华著《日本神道的现代意义》

---

① 刘岳兵：《日本近代儒学研究》，商务印书馆 2003 年版，第 5 页。
② 刘岳兵：《中日近现代思想与儒学》，第 314 页。
③ 原注——王家骅：《中国的日本思想史研究之现状与问题意识》，收入日本东京大学《中国》1992 年，第 7 号。见严绍璗、源了圆主编《中日文化交流史大系［3］思想卷》序论，第 19—20 页。

（《日本神道の現代的意義》，1997 年）、王家骅著《日本的近代化与儒学》（《日本の近代化と儒学》，1998 年）和卞崇道著《日本近代思想的亚洲意义》（《日本近代思想のアジア的意義》，1998 年）。2000 年王家骅去世，这对中国的日本思想史研究是一个重大的损失。所幸进入 21 世纪以来，王守华和在他精心培养下的日本神道研究已经初具规模①，而且中国日本史研究的第二代重要代表人物王金林也加入到日本神道研究的行列，出版了《日本神道研究》（上海辞书出版社 2007 年版），2010 年 11 月 13 日在中国社会科学院日本研究所举办了"神道与日本文化"的国际会议。随着对神道研究的深入，我们对日本思想文化的了解也将会有新的进展。

而卞崇道不仅自己新著迭出，培养了一批研究日本近代哲学的人才，而且他所领导的中华日本哲学会，不断进行国际国内的学术交流活动，其与时俱进的旺盛的理论创造力使他的学术生命青春永葆，在新世纪又成为新生代日本哲学思想史研究队伍的一员，继续引领和推动着中国日本哲学思想史研究的发展。

"新生代"中许多人②的学术风格还未定型、正在成长，所以现在要对他们的研究进行总结还为时尚早。下面主要以自己比较熟悉的新生代中的活跃人物为中心，谈一些我认为值得注意的倾向，可能很不到位，供大家参考。

（一）卞崇道的日本哲学思想研究的新视角与新方法

21 世纪以来的 10 年间，新生代日本思想史研究者的处女作开始集体涌现，并表现出强劲的、持续的发展势头。仅 2003 年这一年就依次出版了韩东育著《日本近世新法家研究》（1 月，中华书局）、吴光辉著《传统与超越——日本知识分子的精神轨迹》（1 月，中央编译出版社）、卞崇

---

①　在王守华指导下的三篇博士学位论文已经出版，即范景武著《神道文化与思想研究》（内蒙古人民出版社 2001 年版）、王维先著《日本垂加神道思想研究》（山东人民出版社 2004 年版）、牛建科著《复古神道哲学思想研究》（齐鲁书社 2005 年版）。

②　随着海峡两岸学术交流的频繁，特别是华东师范大学出版社系统地引进并出版台湾学者编成的"儒学与东亚文明研究丛书"，的确"是近年来海峡两岸学术交流中的一件大事"（黄俊杰：丛书总序，2007 年 4 月 13 日），其中包含有许多日本思想史研究著作，他们的研究有许多值得借鉴学习之处。本文所论以中国大陆的研究成果为对象。台湾的日本思想史研究状况如何，也值得研究。如果纳入大陆的学术史中，就其影响的广泛性而言似可纳入"新生代"中论述。

道著《日本哲学与现代化》（4 月，沈阳出版社）、刘岳兵著《日本近代儒学研究》（6 月，商务印书馆），还有一本厚重的论文集，即郭连友主编《近世中日思想交流论集》（10 月，世界知识出版社）。卞崇道此后还出版了《融合与共生——东亚视阈中的日本哲学》（人民出版社 2008 年版）、《东亚哲学与教育》（中国社会科学出版社 2009 年版），而《融合与共生》可以说是他作为新生代日本哲学思想研究者的代表作，该书在他以往研究成果的基础上，系统地展现了他对日本哲学思想研究的新视角和新方法，至少有以下几点值得我们注意：

第一，强调"共生文化论"。他指出共生文化论"作为一种文化理论或文化哲学，它不仅可以用来解释民族间文化关系，国家间文化关系，也可以用来考察内部文化发展状况"。用这种理论来看看日本文化，他认为"融合与共生是日本思想文化所呈现的外在的形象与内在的质料相统一的特征"。具体而言，即"从纵向的文化史的考察中，笔者认为日本文化的发展走的是'共存→融合→共生'的道路；从横向的文化内容的考察中，我感到日本文化的最显著的特征可以概括为'生活文化'，即在日常生活的层面上来理解事物，并且在个我的层面上加以展开"。① 他在《日本近代思想的亚洲意义》中就提出 21 世纪是共生的时代，强调"共生哲学"的必要性。他指出了共生及其目标的四个方面，即"人与人的共生——人际关系的和谐、集团与集团的共生——社会关系的和谐、国家与国家的共生——国际秩序的和谐、人类与自然的共生——整体环境的和谐"。② 后来他参加中日学者的共同研究，以至主张"'共生'已经成为具有普世价值的全球意识"。③ 与此相联系，他还强调"文化融合论"，认为"近百年来日本文化建设所走的，是一条由西洋主义到东洋主义、到东西融合的道路。文化融合是文化建设的手段，其目的是通过吸取东西文化之长，进而融为一体，建设适合于现代日本社会的民族文化"，指出"现代日本思想文化发展的经验具有超越日本的普遍意义。可以说，东西文化的融

---

① 卞崇道：《融合与共生——东亚视阈中的日本哲学》，人民出版社 2008 年版，第 2—3、前言、238 页。

② 卞崇道：《日本近代思想のアジア的意義》（1998 年），第 298 页；《融合与共生——东亚视阈中的日本哲学》，第 252 页。在 1999 年 8 月举行的"第三次中日哲学研讨会"卞崇道发表《共生哲学的提倡》（卞崇道主编《哲学的时代课题——走向 21 世纪的中日哲学对话》，沈阳出版社 2000 年版），系统阐述了"共生哲学"观点。

③ 卞崇道：《融合与共生——东亚视阈中的日本哲学》，第 44 页。

合，将是亚洲国家文化现代化建设的一条必经的共同道路"。①

第二，主张通过解构传统，在东西思想融合与共生中重构或建构东方哲学。为此他提出一种新的方法论视角，即"树立他者意识，站在他者立场，客观地认识、研究日本思想文化"，主张"超越中日两国的域界，从东亚视阈乃至全球视阈来认识日本或中国的思想文化，则是构建21世纪东亚哲学的前提。我想，只要东亚哲学家拓宽视野，共同努力，就能够为建设和谐东亚、和谐世界提供坚实的哲学基础"。② 这里的"他者认识"，他赞同山室信一的"多极视野"的观点，说"多极间的认识能够更正相互认识中的片面性和凝固的观念。我认为山室信一的这一观点为东亚和解提供了新的认识方法。"③ 正是因为在这种多极视野中的他者认识这种多棱镜的观察之下，对日本的传统观念如"大和魂"、"武士道"的解构才有可能，各种文化要素在冲突之后才能达到融合与共生，日本近代哲学思想的"东西方哲学融合的独特性"的特征也才能得以显示出来。

这里我们看到一位哲学家通过对历史的研究而表达出来的对现实和未来的关切。卞崇道说："中国的日本哲学研究的目的很明确。从一般层面上说，我们研究日本哲学，是要从深层次上认识和理解日本（包括日本人），从而为中日两国人民的相互沟通搭起文化桥梁。从理论层面上说，我们研究日本哲学，是要汲取日本哲学中的优秀成果，作为重构中国现代哲学的思想资源。"④ 如他对公共哲学、环境哲学的关注，都已经明显地看出其研究已经上升到自身理论建构的层面。没有深厚的历史积淀和热切的人文关怀，是难以上升到这个层次的。他说："在现代化和全球化的浪潮逐步深入和拓展的情况下，面对日益出现的伦理失范、道德缺席、政治困境、经济失衡等一系列公共性问题，作为这个世界的一分子，每个人都有义务和责任为创建一个和谐、和平的公共世界而努力"，⑤ 足见其视野之广大与关怀之深切。

值得讨论的是，卞崇道的"解构—重构"这一努力，在形式上似乎

---

① 卞崇道：《融合与共生——东亚视阈中的日本哲学》，第164、165页。
② 同上书，第3—4页（前言）。
③ 卞崇道：《东亚哲学与教育》，第186页。山室信一：《面向未来的回忆——他者认识和价值创建的视角》，中国社会科学研究会编：《中国与日本的他者认识——中日学者的共同探讨》，社会科学文献出版社2004年版。
④ 卞崇道：《融合与共生——东亚视阈中的日本哲学》，第320页。
⑤ 卞崇道：《东亚哲学与教育》，第195页。

与王家骅的功能解构论有某种异曲同工之势，但是卞崇道的"解构—重构"的基准不只是功能论，而是有着多极的视野，以能够彼此共生与融合为目标。其共生文化论或文化融合论作为一种理想固然有其可贵之处，用这种理想的理论观察日本的哲学思想和文化，也确实可以到达"一般（陈述型）近代日本哲学思想史著作所起不到的作用"，但是因为所有的理想都难免主观因素的作用，因此从纯粹的学术史意义上来说，用这种理想的理论作为方法来研究日本思想文化，虽然"剑走偏锋"自有其特色与意义①，但是否也会有以从某种既定的理论出发去解释研究对象而得到的"史实"来作为这种既定理论的注脚的循环论证的嫌疑？比方说对日本文化的理解和对二宫尊德等具体历史人物的认识是否也因此带上某种理想的色彩？

（二）韩东育的日本近世新法家论

韩东育是个值得关注的人物。他出版了《道学的病理》（商务印书馆2007 年版）和《从"脱儒"到"脱亚"——日本近世以来"去中心化"之思想过程》（台湾大学出版中心，2009 年）。韩东育著《日本近世新法家研究》出版之后，据说他也因此而被称为"新法家"②，由此可以想见他对"新法家"所寄予的同情之深厚。实际上在该书出版之前，韩东育的基本思路已经以比较简明通俗的形式在《读书》杂志上发表出来了，这便是该书后所附三篇"散论"③。本人对日本近世思想史没有专门的研究，当然也就没有资格对其研究作出恰当的评述。这里只是顺着他的基本思路，来看看其方法论的核心观念所在。

第一，日本现代化源起论。韩东育要挑战的最大目标是日本学术界的丸山真男。韩东育的日本思想史研究与丸山真男思想史学的关系是一个值得探讨的课题。丸山在《日本政治思想史研究》中将徂徕学的历史地位规定为"朱子学分解过程中的最终完成者"，因此而赋予了徂徕学"近代

---

① 王守华：《日本哲学思想研究的新视角——〈融合与共生——东亚视阈中的日本哲学〉读后》，《浙江树人大学学报》2008 年第 8 卷第 4 期。

② 王悦：《相争与互补的内情》，《读书》2007 年第 10 期。此说根据宋洪兵《新法家在叩门》（香港《二十一世纪》2003 年 12 月号）一文而来。

③ 《迟来而未晚——也读余英时〈现代儒学论〉兼论日本"徂徕学"》，《读书》2000 年第10 期；《从"脱儒入法"到"脱亚入欧"》，《读书》2001 年第 3 期；《丸山真男的"原型论"与"日本主义"》，《读书》2002 年第 10 期。

思维"的特质。在这一点上他们二人基本上是一致的。韩东育说："如果说，徂徕学在某种意义上奠定了日本早期近代化的思想基础这一观点可以被视为事实言说的话，那么，当人们进一步追问事实后面的根据时，丸山的解释却严重地背离了事实，而成为异常明显的'假说'或曰'附会'。"① 因此而对丸山的"解释的模板"即"所谓'原型论'"进行了批判，指出丸山因为提出"原型论"或"古层论"而使其理论"染上了民族主义色彩，而丸山本人，亦露出了国粹主义者的端倪"。② 丸山将古学派的登场当做日本式的"古层（原型）的隆起"而无视其与荀子之间的内在关系，甚至特别强调"徂徕与荀子之间，存在着根本性差异"，进而指出徂徕"确立'礼法'，树立身份制度"的做法，"也是徂徕固有的思维方法的发现，而绝非如屡屡被误解的那样，是什么'法家'立场的显现"。韩东育对此论断针锋相对地倡言："在比较具有求实精神的日本研究者那里，荀子'重礼乐、倡功利、道系圣人所作而非天地自然之道'的理论才是徂徕学的'祖型'这一说法，早已成为定论。"进而提出"徂徕从'人性论'到'人情论'的转变，某种意义上正好意味着徂徕学从荀子到韩非的转变。"③ 在此基础上，他断言："由荻生徂徕、太宰春台和海保青陵所创立的'徂徕派经世学'，以朱子学批判为端绪，通过对儒教所展开的全面批判和重新解释，终于脱出儒教，使江户思想界诞生了一个全新的思想流派——'日本近世新法家'。""徂徕派完成了日本近世史上'脱儒入法'的全过程，并最终使'日本近世新法家'登场面世。"④ 在韩东育看来，"脱儒"是徂徕学的特质，他说："秉师志而不移，最终将师学推向理所当然的逻辑终点——新法家哲学体系的徂徕后学自不待言，即便在学派之外，亦有相当多的人私淑其学，圭臬其书，致使徂徕学几成整个近世日本思想史界的'显学'。然而后世之所以对徂徕学抱有如此浓厚的兴趣，其关键之关键，亦正在于它的'脱儒'特质。"⑤ 这样"脱儒入法"俨然成为日本近世史上的一场声势浩大的思想运动。韩东育认为正是"经由'脱儒入法'而从原始法家学说中寻出的基本原理及从中蝉

---

① 韩东育：《日本近世新法家研究》，中华书局 2003 年版，第 390 页。
② 同上书，第 392 页。
③ 同上书，第 393、395 页。
④ 同上书，第 279 页。
⑤ 同上书，第 383 页。

蜕而成的'新法家'理论,确已奠定了近世日本迈向近代日本的东方式思想基盘。"而"明治维新的一举成功,与'脱儒入法'运动的展开和'新法家'的出现,可谓关系重大。"由此他找到了被丸山真男"有意回避、无视甚至屈抑"的"法家学说在日本早期近代化中的重大意义"①。韩东育批判是由于丸山"原型论"的稚拙及其中国停滞论的偏见,使得"丸山异常横蛮地拦腰斩断了"从荀、韩思想中转换出"近代"的可能性②。

这里似乎也有些问题值得再议。其一,关于荀子思想为徂徕学的"祖型"早已成为定论说,作者虽然有一个"在比较具有求实精神的日本研究者那里"的限定,但还是值得探讨。实际上如韩东育所明示的,"《荀子》学说乃徂徕学之祖型,已成定论"是今中宽司在其所著《徂徕学之基础研究》中所作的总结③。但是平石直昭评价今中宽司的这本书"是多年的实证研究的成果,但在史料操作与解读等种种方面有欠严谨,整本书仍存在许多问题"。④无论如何,这里的"求实"、"祖型(思想渊源)"、"定论"都还可以进一步仔细斟酌。

其二,韩东育的徂徕学研究得到了他的导师黑住真的高度评价,盛赞"徂徕学派经由作者之手,首次从它与东亚思想资源的相互关联中得到了正确的复原"。⑤同时他在这篇序言中对徂徕的评价,说到徂徕"吸收了大量的非正统儒学和各式各样的古今思想要素",尽管他"在与荀子、韩非子、老子的对话中,创建了具体而务实的社会运营之道",强调徂徕学派的经世思想给近世后期带来广泛的影响,即便如此,他也没有把徂徕学派排除在儒学之外,而是将其视为儒学的一种形态,是"孕育近代日本的巨大的儒学资源之一"⑥。之所以要提到这一点,是因为韩东育对儒教

---

①　韩东育:《日本近世新法家研究》,中华书局 2003 年版,第 373、374 页。

②　同上书,第 396—397 页。

③　同上书,第 61 页。

④　[日] 平石直昭:《战中、战后徂徕学批判:以初期丸山、吉川两学说的检讨为中心》,蓝弘岳译,张宝三、徐兴庆编:《德川时代日本儒学史论》,台湾大学出版社 2004 年版,第 103 页。

⑤　[日] 黑住真:《日本近世新法家研究·序言》,韩东育:《日本近世新法家研究》,第 7 页。

⑥　同上。此处黑住真的原文为"その意味で、徂徕派は、近代日本を準備した大きな儒学の資産の一つであった。"(同上,第 3 页)原译文为:"从这个意义上说,徂徕学派已成为孕育近代日本的广义的儒学资源之一。"这里我认为"大きな"还是翻译为"巨大的"或"很大的"比较合乎原意。

和"脱儒"有比较明确的规定，即他所讲的儒教和脱儒，"指的就是始自思孟学派集大成于朱熹、然最终为徂徕学所脱却的所谓'儒家者流'的正统的儒家学说"。也就是说，脱儒就是"脱却'四书'体系的过程"①。在《道学的病理》中说："所谓'脱儒'，便是指对始于思孟、集大成于朱熹的所谓'正统'儒家学说——'道统'的脱却与逃离。"② 就是说脱儒，实际上就是脱"宋学"或脱"朱子学"。韩东育的"日本近世新法家"的概念并未与"徂徕派经世学"这个概念作明确的区分。两者所指几乎是相同的内容。他说："'徂徕派经世学'不但把儒教的合理主义思想并诸法家体系而实行重新组合，而且还将其他学说也一并兼收并蓄，体现了学问与方法上的包容性与宽容性。"③ 也就是说，"日本近世新法家"或"徂徕派经世学"在观念上是儒家与法家思想的重新组合，在儒与法的关系上，既然称为"新法家"当然是以法统儒，其所举获生徂徕与太宰春台的思想从整体上看都还是处在"'脱儒入法'道路上的过渡人物"，而海保青陵这个"日本近世新法家"的完成者，"被称为太宰春台死后'徂徕派经世哲学'的唯一继承者"④，这样"形成于日本近世的新的法家流派"中真正可以称得上是"日本近世新法家"的也就只有硕果仅存的海保青陵一人而已。那么这一场所谓"脱儒入法"的运动，其"逻辑的终点"上的这个特例能够承载作者所赋予的历史之重吗？⑤

实际上"徂徕派经世学"这个概念就很好了，如韩东育所指出的，其理论不过是对"勃兴并深植于江户时代町人和中层民众观念中的'利'意识""所作的理论转换而已"⑥。所谓《荀子》或是《韩非子》，只不过是理论家在对治或疏导这种"利"意识时的一种触媒或工具而已。朱谦之曾指出徂徕之学与"颜（习斋）李（刚主）学派极相近似"，说"古

---

① 韩东育：《日本近世新法家研究》，第 48 页。
② 韩东育：《道学的病理》，商务印书馆 2007 年版，第 238 页。
③ 韩东育：《日本近世新法家研究》，第 287 页。
④ 同上书，第 228 页。
⑤ 《日本近世新法家研究》第 319 页以小林武的论文《关于海保青陵的〈老子国字解〉上》（《京都产业大学日本文化研究所纪要》1999 年第 4 期）为依据简略地介绍了《韩非子》在日本的情况。《道学的病理》第 218 页同样以此文为据，得出结论："日本的荻生徂徕、服部元乔、户崎允明、宇佐美惠、何野龙子、小川信成、海盐道记、蒲坂圆、海保青陵等一大批学者，正致力于一场韩非复兴运动。"如果近世日本真的存在这样一场"韩非复兴运动"或"近世新法家"，那么我们期待着作者对其他"近世新法家"代表人物的研究成果面世。
⑥ 韩东育：《日本近世新法家研究》，第 288 页。

学派无论崛川学派或萱园学派，都是从宋儒之学出发，从怀疑宋儒，批判宋儒，而部分地吸收宋儒之学以建立其新道学，这不但徂徕如此，颜李学派亦可作如是观。"① 在经世方面都可以归入功利主义之列。力图彰显荀子的"祖型"作用和法家思想的地位，可以说是韩东育经世意识的体现。

第二，塑造中国当代思想界与现代新儒家并称的"新法家"。韩东育之所以高度重视"徂徕派经世哲学"，甚至不惜提出"日本近世新法家"这样一个显得有些标新立异的概念来醒人耳目，实际上也体现了他对中国当下思想与现实的深刻关怀和良苦用心。这从他的下面两段话里可以看得很清楚。

> 人欲横流，是当今的现实，不要不承认或"曲为之说"。"欲"从"私"起，能控制"私"的决非"慎独"、"良知"这些靠不住的内在自觉，而是能使这"私"被控制在不危害他人利益范围内的外在规矩。它的极端表现形式是法律，而施诸"日常人生"者，应当是公共道德。法家认为，人性是好利的。既知如此，则所有的治国原则、大政方针乃至铺规里法，都应自觉地建立在对"人性好利"之现实"必然"的充分认识的基础上，而不是建立于某种"应然"而非现实、唯此也极易流为虚幻的假设的基础上。"徂徕派经世哲学"之所以应引起中国人的高度重视，道理当在于此。②

> 余英时指出，古代印度佛教对儒家的挑战与近代西方文化对于儒学的挑战的本质差异在于，前者是"形而上"而后者是"形而下"。如果说对"形而上"的挑战必须待之以"形而上"的办法，那么，对付"形而下"的威胁，则只能应之以"形而下"的理论。可以骄人的是，中国古代的"形而上"迎战是成功的，无论是魏晋玄学还是宋明理学。然而，这根神经茁壮与粗大的同时，"形而下"的根脉却日渐萎缩。（中略）为日本近代转型奠定了重要的思想基础与社会基础的荀学，竟在它的本土横遭批判，而批判者竟是戊戌志士！今天看来，这种批判，是否直接导致了中国在迎战西方"形而下"冲击时本土文化对应模式的前提"失范"呢？（中略）忽视法家的近代转

---

① 朱谦之：《日本的古学及阳明学》，第 126、130 页。
② 韩东育：《日本近世新法家研究》散论一，第 377—378 页。

换意义，究竟给日后中国带来了怎样的后果，恐怕直至今日也并不是所有人都能看得很清楚。①

正因为他强调"法家的近代转换意义"和旗帜鲜明的"新法家"主张，在当代思想界他很快就被视为与李泽厚、成中英具有同等地位的思想家②。也正是这种强烈的现实关怀与良苦用心，使得他在进行思想史研究时所塑造出来的徂徕形象几乎成了他本人的自画像。他曾经引用美国历史学家康尼尔·李德在《历史学家的社会责任》一文中的一个观点："事实上，他在历史中发现的东西，往往就是他想从历史中寻找的东西。在选择、安排和强调他的事实材料时，他是按照自己心中的某种图式（某种他认为对社会有利的概念）进行工作的。"③ 以此来说明："徂徕最为关心的，是生存于其中的元禄、享保时代的社会现实。从这个意义上讲，徂徕在《荀子》中所发现的，也正是他想从《荀子》中所发现的东西——某种有利于现实的解释和社会发展的理论根据。"④ 这个观点或许也同样完全可以用来说明他自己：即韩东育在徂徕学中所发现的，也正是他想从徂徕学中所发现的东西——某种他认为有利于现实的解释和社会发展的理论根据。

韩东育之所以能够从日本思想史研究入手而同时又活跃在当代中国思想的前沿，这还与他对中国思想史、特别的先秦思想史的熟谙以及无论是反思中国传统还是解读日本思想，都能够将视阈置于东亚思想史的整体背景中有关。他的"东亚的心胸"和"东亚的乡愁"是他审视"东亚的病理"并不断引发其"关于东亚研究的新思考"⑤的前提。要细致地解读韩东育的日本思想史研究，也不能不具有同样的东亚视野，这不是用三言两语能够解决的问题，也不是我所能够完全胜任的工作。但有一点是可以肯

①　韩东育：《日本近世新法家研究》散论一，第374—375页。

②　宋洪兵：《解读当前儒学研究新动向》，《史学理论研究》2004年第2期。

③　李德：《现代西方历史哲学译文集》，上海译文出版社1984年版，第256页。——原注。韩东育：《日本近世新法家研究》散论一，第372—373页。

④　韩东育：《日本近世新法家研究》，第72页。

⑤　《东亚的病理》（《读书》2005年第9期）、《东亚的心胸》（《读书》2008年第8期）、《东亚的乡愁》（《读书》2009年第5期）三篇文章均作为"散论"收入其《从"脱儒"到"脱亚"——日本近世以来"去中心化"之思想过程》中，《关于东亚研究的新思考》是他发表在2010年1月7日《中国社会科学报》上的一篇散论。

定的，那就是他后来的日本近世思想史研究中特别注意到日本儒学者接受朱子学，其出发点并不仅仅是为了"祖述"或弘扬朱子学及其所代表的中国文化，而在很大程度上，是利用朱子学的哲学观为日本寻找"主体性"和"利用朱子学的历史观为日本寻找'正统性'"。① 也就是说，日本儒者学习中国文化，是为了使日本完全从中国的影响下独立出来，使日本成为一个与中国完全对等的具有主体性的存在，以便从理论上彻底完成对中国的对象化、相对化。这种努力，借用韩东育的话，可以说正是日本儒者"'道统'的自立愿望"② 的表现，也是儒学日本化的一个重要标志。③ 韩东育这方面的研究，突破了朱谦之、王家骅日本儒学研究偏重中国儒学对日本的影响的思维定式，力图从日本思想史的内在逻辑出发，揭示日本儒者"习儒"与"脱儒"的辩证关系，进而寻找"脱儒"与"脱亚"的内在联系，日本思想史研究的一种崭新范式可以说在这里已经初见端倪。④

继韩东育的徂徕学研究成果发表之后，王青的徂徕研究为我们提供了一个难得的参照。《日本近世新法家研究》在综述徂徕"人情论"研究时提到王青在一桥大学的博士论文，肯定其"对徂徕学'人情'问题提出过有益的见解"⑤。王青的博士论文"几经修改"后以《日本近世儒学家荻生徂徕研究》为书名于 2005 年在上海古籍出版社出版了。王青的徂徕研究也是以批判丸山的徂徕研究为出发点的，王青指出"丸山真男对徂徕学的引用有断章取义、为我所用之处，他的徂徕学研究其实是把徂徕学当做他构建有关日本近代起源学说的一个工具"。从本质上看，她认为："丸山的论点可以说是近代主义版国学，是从近代主义 = 脱亚论和日本中

① 韩东育：《从"脱儒"到"脱亚"——日本近世以来"去中心化"之思想过程》，台北：台湾大学出版中心 2009 年版，第 63 页。

② 韩东育：《"道统"的自立愿望与朱子学在日本的际遇》，《中国社会科学》2006 年第 3 期；《"华夷秩序"的东亚构架与自解体内情》，《东北师大学报》（哲学社会科学版）2008 年第 1 期。2009 年台湾大学出版中心出版了韩东育的著作《从"脱儒"到"脱亚"——日本近世以来"去中心化"之思想过程》，很值得参考。

③ 参见刘岳兵《近代日本中国认识的原型及其变化机制》，《历史研究》2010 年第 6 期。

④ 王明兵、王悦在《从"中国原点"到"东亚史学"——韩东育教授学术足迹考察》（《社会科学战线》2010 年第 11 期）一文中概括指出："由先秦而魏晋，由宋明而日本，由明清而东亚，由华夷秩序而东亚体系，韩东育教授的研究理路大体上寻此脉络而来。"充分肯定其研究的意义在于"成为史学研究新范式的创生契机"。

⑤ 韩东育：《日本近世新法家研究》，第 75 页。

心主义角度得出的儒学观。"但同时她也充分肯定了丸山研究的现实意义："丸山的徂徕学研究的意义，实际上并不在于他对徂徕学的评价是否准确这一问题本身，而是在于他通过把批判朱子学的徂徕学塑造为'人性解放'的近代思想的先驱来对抗二战时期日本法西斯政权的专制统治。丸山的出发点无疑是为了维护近代的民主主义，反对法西斯主义，从这个意义上讲丸山的学说即使在今天也仍然具有现实意义。但是丸山的徂徕学研究的前提是把西方的近代化视为唯一的典型和楷模，可以说这是一种西方中心史观的产物。"① 进而，她对近代主义的研究方法进行了透彻的清算。她强调：

> 所谓近代的视角就是把构成近代思维的诸种特征的成立以逆行的方式推算到近世思想当中，而被编入近世思想史的其实是近代人的历史观和世界观，也就是说近代的神话以日本近世思想史的面目出现，近世由于与近代的联系而被赋予意义和价值，近世是近代的折射而已。所以不首先推翻在无意识中支配、规定着我们的这些既成的思想学说，也就无法形成徂徕学乃至日本近世思想史研究的新方法。②

王青通过将日本的徂徕学与中国的朱子学进行历史的比较分析，不单纯从思想的逻辑结构方面，更从思想与具体的社会历史现实的结合方面进行实证的考察，的确如其博士论文导师安丸良夫所言，"为中国学术界提供了一种极为崭新并且有说服力的荻生徂徕像"③。与韩东育将"脱儒"作为徂徕学的思想特质不同，王青则主张日本"真正的儒学思想家"自古学派才刚刚开始，认为"直到德川时代中期，逐渐出现了古学派那样的真正的儒学思想家，他们建构了独自的经学，呈现出思想的创造性和可能性"④。具体而言，"徂徕的古文辞学，并不是单纯的实证主义的考据学，而是一种把中国儒学的普遍概念解读为日本现实社会所需要的政治经

---

① 王青：《日本近世儒学家荻生徂徕研究》导言，上海古籍出版社 2005 年版，第 5、6、7 页。

② 同上书，第 158 页。

③ ［日］安丸良夫：《近世日本思想史研究与荻生徂徕》，王青：《日本近世儒学家荻生徂徕研究》（代序），第 4 页。

④ 王青：《日本近世儒学家荻生徂徕研究》（导言），第 6 页。

济制度和道德规范的'诠释'工作，是把因为脱离了中国的具体社会背景——比如一君万民的中央集权体制、科举制和宗法制，而对于施行多元权力体制、世袭身份制和家族制度的日本近世社会的现实问题显得无能为力的中国儒学改造为适应日本社会具体情况的、有日本特色的儒学理论的创新行为。"① 王青的徂徕研究成果的出版，的确如严绍璗所言："为我国人文学术界为阐释日本经典文化提供了一部具有相当学术价值的著作"②，而她对近代主义研究方法的批判，更是值得我们每一个人文学研究者深思。

三　结语：日本思想史研究的新动向

我曾在《中国日本思想史研究 30 年》③ 的短文中提到近十年来出现的几种值得注意的新气象。这里择其要者，再作一些说明。

第一，由"文学"的视角而进入日本思想史研究的成果非常可观。孙歌是这方面的代表，其著作《竹内好的悖论》（北京大学出版社 2005 年版）、《主体弥散的空间——亚洲论述之两难》（江西教育出版社 2002 年版）等，在日本学界也产生了一定的影响④。她曾经自觉地将自己的研究主题确定为"文学的位置"，强调"主体的弥散状态"才是"主体性的真实状态"。虽然她常常表示自己"不是个日本学研究者"，但无可置疑的是，她的日本思想研究为打破惯常的"实体性"思维方式，为开创一种充满个性的即所谓富于"主体性"的日本思想研究提供了一个不容忽视的样本。

第二，一些著名的中国思想文化研究者开始涉足日本思想史研究领域，如葛兆光、陈来、汪晖等都发表了重要论著，可见日本思想史在中国思想界的影响在逐渐增强。如葛兆光《谁的思想史？为谁写的思想史？——近年来日本学界对日本近代思想史的研究及其启示》（《中国社

① 王青：《日本近世儒学家荻生徂徕研究》，第166—167页。
② 王青：《日本近世儒学家荻生徂徕研究》序言，第5页。
③ 刘岳兵：《中国日本思想史研究30年》，《日本学刊》2011年第3期。
④ 孙歌的这两本著作几乎同时出版了日文本，分别为：《竹内好という問い》（岩波书店、2005年）、《アジアを語ることのジレンマ—— 知の共同空間を求めて ——》（岩波书店、2002年）。

会科学》2004 年第 3 期)、《国家与历史之间——日本关于道教、神道教
与天皇制度关系的争论》(《中国社会科学》2009 年第 5 期),分别收入
其著作《思想史研究课堂讲录:视野、角度与方法》(生活·读书·新知
三联书店 2005 年版)和《宅兹中国——重建有关"中国"的历史论述》
(中华书局 2011 年版)中。陈来《林罗山理学思想研究》(《哲学门》
2003 年第 3 卷第 2 册)、《中日韩三国儒学的历史文化特色》(《部级领导
干部历史文化讲座》,北京图书馆出版社 2006 年版)、《现代化理论视野
中的东亚传统:〈德川宗教〉读后》(《读书》1997 年第 3 期)收入其
《东亚儒学九论》(生活·读书·新知三联书店 2008 年版)。汪晖《琉球:
战争记忆、社会运动与历史解释》(《开放时代》2009 年第 3 期)、《亚洲
想象的政治》等论文,收入其《亚洲视野:中国历史的叙述》(牛津大学
出版社·中国香港,2010 年)。他们的研究成果对日本思想史研究有何启
发?如何在更大的视阈中思考日本问题?这些都是值得我们思考的。

　　第三,研究者的个性特色逐渐鲜明。比如有些研究者重视"经世意
识",有些研究者重视"主体意识",还有些则重视"原典意识"。这些研
究方法或思想意识如何很好地结合,以避免各失偏颇,这不仅需要研究者
有方法论的自觉,更加需要扩大视野,提高自身的人文素养。而这些方
面,中国日本学研究的奠基者能够给我们许多智慧和启迪。

　　从方法论而言,要进一步推进中国今后的日本思想史研究,我认为有
以下几点值得注意:第一,广阔的学术视野与扎实的"国学"功底相结
合。包括日本史、日本思想史在内,治世界史的学者也要关注和研究中国
史,需要加强"国学"的功底。第二,不能够一味强调理论与方法的自
觉,要意识到理论与方法的自觉,也包括对理论与方法的局限甚至陷阱的
自觉。第三,原典意识的提倡与实践。原典是基础、是出发点,读懂原
典、理解对象、弄清真相,是历史研究的目的。我还是坚持主张:"不在
'原典日本'的解读与翻译上下工夫、不在建设系统的中国日本史史料上
下工夫,不论是个人还是集体或国家,我们的日本史研究都难以深化。"[①]

---

　　①　刘岳兵:《日本史研究中的几个问题感言》,《读书》2010 年第 11 期。

中国的日本史研究理论与研究方法演进 30 年综述

北京大学历史系　宋成有

改革开放以来的三十余年间，学者们在研究日本史具体课题的同时，也密切关注中国日本史研究的史学理论和研究方法问题，为探索新的研究路径而不懈努力。① 概括起来看，从 20 世纪 80 年代、90 年代至新世纪最初 10 年，大致以每 10 年为一个阶段，循序发展。进展与不足、机遇和挑战，始终伴随着 30 年中国日本史史学理论与研究方法论的前进步伐。在充分肯定成绩的同时，尚有若干问题留待今后进一步解决。

一　新中国成立初期的日本史史学理论和研究方法

20 世纪 80 年代日本史史学理论和研究方法的探讨，起步于新中国成立初期 50—60 年代马克思主义史学理论的普及、运用与奠基。其时开展的史学批判、关于中国古代史若干问题和日本近代化论的两次史学理论大讨论，间接或直接对日本史的研究理论和方法产生影响。在此基础上，才有 80 年代的持续发展。因此，有必要对此略加回顾。

新中国成立初期开展的史学批判，令史学界认识到：坚持马克思主义史学理论不单是个学术问题，更是一个政治立场问题，不容含混，必须旗帜鲜明。关于中国古代史若干问题的大讨论，则促成苏联版的五种社会经济形态论牢牢根植于中国史学的研究之中，对日本历史的研究理论不无影响。1955 年，吴廷璆先生在《南开大学学报》创刊号上发表《大化改新前后日本的社会性质问题》一文，运用社会经济形态论和阶级分析方法，

---

① 本文列举的研究成果，均为大陆学者的专著或译著，论文和港澳台学者的论著未列入。

提出"大化改新封建说"。他认为，"中国高度发展的封建制从各方面不断刺激着日本社会，终于使日本古代社会越过了奴隶制而走向封建制度"，因此"自上而下的大化改新，促成了日本封建制度的形成"。① 1956年，周一良先生的论文《日本"明治维新"前后的农民运动》，采用唯物史观和矛盾论的研究方法，提出明治维新性质为"不彻底的资产阶级革命说"。周先生认为，"明治维新是为资本主义的发展开辟道路的资产阶级革命，同时，它是一场未完成的、不彻底的资产阶级革命"。②

箱根会议引发的"近代化论"大讨论，直接与日本近现代史的研究理论挂钩。中国的日本史老一代史学家和当时的青年学者们，对此给予密切的关注并作出了回应。1960年8月，福特财团资助的美国学术团体"近代日本研究会议"邀集日美两国学者在箱根举行会议。赫尔、赖肖尔、约翰逊、罗克拉德、川岛武宜、坂田吉雄、丸山真男、古岛敏雄、大内力、远山茂树等美日著名学者与会。会议主席赫尔作了题为《日本近代化——概念构成的诸问题》的基调报告，将"人口向城市高度集中"、"无生物能源的充分利用"、"商品流通和服务行业的发达"、"社会成员的广泛联系和参加经济政治活动"、"科学知识的普及和读书能力的提高"、"信息传播网的发达"、"大规模社会设施逐渐官僚制度"、"庞大的人口集团逐渐统一于单一的国家之下"、"国家间的相互作用逐渐扩大"等近代化的"症候群"，介绍给日本学者。尽管这种美国式的近代化论不过是ABC水平的概念解释，却在日本史学界受到近乎狂热的欢迎。③ 1961—1966年出任美国驻日大使的赖肖尔以学者身份著书立说，或发表谈话和讲演，进一步系统宣扬美国式近代化论。其要点是：（1）日本的封建制度与欧洲的封建制度相类似，这是日本近代化的前提；（2）日本通过接受欧洲机器文明和科学知识才实现了近代化，近一百年日本的变化，均导源于技术上的进步；（3）日本近代化是欧洲以外最成功的近代化范例，堪称亚洲各国效仿的榜样等。④ 在冷战时期的意识形态对抗年代，美国学者，包括驻日大使赖肖尔并非单纯地谈论学术问题，隐藏于其观点背后政治的含

---

① 吴廷璆：《大化改新前后的日本的社会性质问题》，《南开大学学报》1955年创刊号。
② 周一良：《日本"明治维新"前后的农民运动》，《北京大学学报》（人文科学版）1956年第2期。
③ 沈仁安、宋成有：《日本史学新流派析》，《历史研究》1983年第1期。
④ 同上。

义，可谓不言自明。

中日两国的马克思主义史学家，随即对美国的近代化论作出了反应。1960 年，应中国科学院哲学社会科学学部近代史研究所副所长刘大年的邀请，日本马克思主义史学"讲座派"领军人物井上清访问中国。两国学者对箱根会议的近代化论史观展开评析，点出其背后的政治图谋。1964 年 8 月 21 日至 31 日，北京科学讨论会在人民大会堂隆重举行。毛泽东、刘少奇、周恩来等党和国家领导人会见了来自亚非拉和大洋洲 44 个国家和地区的 367 名自然、社会科学家。讨论会的主题为"有关争取和维护民族独立，发展民族经济和文化，改善和提高人民生活的科学问题"等。会议高举"反对帝国主义、反对新老殖民主义"的旗帜，颇具国际影响。[①] 在社会科学领域的会议上，井上清发表了题为《美帝国主义的对日文化侵略和反美斗争》的报告，近代化论自然在批判的范围内。刘大年、周一良等学者也都在会上发言，批评源发于美国的近代化论。当时中日两国尚无邦交关系，学者之间不可能进行面对面的讨论，只能各说各话。

在中苏两党关系紧张，理论分歧日趋尖锐化的背景下，中宣部强调批判西方史学理论。根据全国高等学校文科教材会议的决定，由周一良先生、吴于廑先生牵头，以超越苏联科学院编的《世界通史》为目标，着手编写中国版的《世界通史》（通称"周编"《世界通史》）。吴廷璆先生对此给予有力支持，1961 年，他在《光明日报》上发表论文《建立世界史的新体系》，强调"用马克思主义的观点方法来重新评价和总结人类的历史"。吴先生认为，毛泽东思想为历史科学指出了正确的方向和方法，主张"本着不破不立的精神，建立一个新的科学体系"。他强调："世界史是要把人类社会作为有规律的统一过程来进行具体研究"，并按照马克思主义关于社会经济形态的学说，将世界史分为原始社会、奴隶社会、封建社会、资本主义社会、社会主义社会等五个阶段。每个阶段的分期标准，是将最先进的国家进入社会发展新阶段作为一个时代的起点，同时兼顾各国历史发展的特点。吴先生说："这样的体系，既阐明了世界历史的一致性和多样性，也指出了历史上新的、前进的东西和旧的、没落的东西，鲜明地揭示出人类社会发展的一般规律和各国人民历史发展的具体道

---

① 薛攀皋口述、熊卫民整理：《在科学与政治之间：1964 年的北京科学讨论会》，《科学文化评论》第 5 卷，2008 年第 2 期。

路，从而大大地发挥了世界历史的战斗作用，从根本上打破了欧洲中心说的世界史体系，保证了世界史高度的科学性和革命性的统一。"①

1962 年，"周编"《世界通史》的上古、中古和近代部分四卷及配套的《世界通史资料选辑》，由人民出版社出版。这套教材，是新中国成立以来首部学者集体撰著的世界通史，被全国高校普遍采用。周先生晚年时回忆说："这部书虽然没有完全摆脱苏联教材的影响，但在很大程度上打破了西方中心论观点，增加了亚非拉部分和中外文化交流的内容，许多观点采取了一般流行的说法，材料比较新鲜，一般来说，比苏联的教材更适合中国学生。"② 周先生撰写了其中明治维新一章，并在 1962 年发表论文《关于明治维新的几个问题》。文章运用主要矛盾分析方法，认为明治维新是社会矛盾、统治阶级内部矛盾和日本人民与西方资本主义国家之间的矛盾综合作用的结果。论文从政权是革命的根本问题、农民充当了维新运动的原动力、明治政府的政策措施等视角出发，进一步论证明治维新是革命而非改良。同时，由于农民的土地要求完全未满足、主要投资方向之银行而非工业导致经济力量薄弱、维新政府中主要是武士和贵族而无资产阶级代表，因而重申明治维新是"一次不彻底的资产阶级革命"。③ 此说虽然已过去半个世纪，却仍为国内学术界有关明治维新定性的主流观点之一。

《关于明治维新的几个问题》还提出了中国学者的独立见解，指出在日本"讲座派"的明治政权"专制主义王权说"中，存在"忽略了经济基础"、"用欧洲的尺度来衡量东方"等问题；认为"明治维新是日本近代史开端标志"，对苏联学者的 1640 年开端说提出批评。论文认为，"历史的分期决定于社会性质的改变"，"确定某一国家历史时期的划分，应当从这个国家具体历史发展中寻找标志"，日本近代史的开端，"也应当根据日本历史本身来确定标志。"论文还对明治维新起始于 1837 年大盐平八郎起义、1841 年天保改革说、1853 年美国柏利叩关说等三种上限观点，以及结束于 1871 年废藩置县说、1873 年地税改革说、1877 年西乡隆盛叛乱平定说、1889 年宪法颁布等四种下限说，提出不同看法，认为明治维

① 吴廷璆：《建立世界史的新体系》，《光明日报》1961 年 4 月 9 日。

② 周一良：《哈佛大学中国留学生的"三杰"》，《郊叟曝言》，新世纪出版社 2001 年版，第 26 页。

③ 周一良：《关于明治维新的几个问题》，《北京大学学报》1962 年第 1 期。

新的上限应为 1867 年的"讨幕密诏"、"大政奉还"，下限则为 1868 年的鸟羽伏见之战与《五条誓文》颁布之间。①

周先生历来重视史学史、史学理论和研究方法问题。还是在 1934 年就读燕京大学历史系读本科时，就在《史学年报》第 2 卷第 1 期上，发表《内藤湖南先生在中国史学史上之贡献》等论文。毕业论文即以《〈大日本史〉之史学》为题，开中国学人研究《大日本史》的先河。在这篇学位论文的结论部分，周先生强调："历史之学其究竟仍在于经世致用，非仅考订记述而已。惟其所以用之者代有不同，人有不同，自孔子作《春秋》之寓褒贬别善恶，至近世之唱唯物史论，一例也。"② 可见，早在数十年前，周先生已经在关注唯物史观。

1964 年，吴先生在《明治维新与维新政权》一文中，提出明治维新是"没有完成的资产阶级革命说"。他认为，在封建危机和民族危机双重压力下开展的明治维新运动，由于没有新兴资产阶级的领导，故分为两步走。第一阶段的革命以倒幕派领导农民和城市贫民起义推翻德川封建领主制、解放农奴、建立地主资产阶级政权而告结束；第二阶段因倒幕派背弃革命而变成地主资产阶级的改革。明治维新通过以农民为主的革命推翻了幕府，废除了封建领主的农奴制，发展了资本主义，但半封建的地主阶级仍然是统治阶级的一部分，它和资本家一起推行对内剥削压迫、对外扩张侵略的政策。维新后的日本历史证明："明治政权是一个地主资产阶级政权，明治维新是一场不彻底的资产阶级革命，它所遗留下来的资产阶级民主主义革命任务，是在第二次世界大战后才得以完成的。"③

总之，新中国成立初期的史学批判、关于中国古代史若干问题以及近代化论的两次大讨论，促进了中国日本史研究理论的发展，为 80 年代振兴马克思主义史学理论和方法论奠定了深厚的基础，日本史研究队伍的整体理论水平逐步提高。

毋庸讳言，新中国成立初期过度强调阶级立场和史学理论的政治属性，也给当时和此后相当长时期的世界史研究，包括日本史研究落下了"病根"，即看重理论和阶级立场，轻视史料、史料学，乃至对版本学、

---

① 周一良：《关于明治维新的几个问题》，《北京大学学报》1962 年第 1 期。

② 周一良：《〈大日本史〉之史学》，《周一良集》第 4 卷，辽宁教育出版社 1998 年版，第 86 页。

③ 吴廷璆：《明治维新与维新政权》，《南开大学学报》1964 年第 7 期。

校勘学、辑佚学、考据学、年代学、目录学等基础性史学方法论加以排斥，严重削弱了新中国成立后历史学研究梯队本应具备的基本功，影响消极。之所以如此的原因比较复杂，除了"左"的思想影响、鼓吹"史学革命"、突出阶级斗争观念和学术研究受制于政治斗争需要等国内因素之外，也与国际学术交流渠道被冷战的阵营对抗所阻塞，美苏向中国施加压力、中苏两党的大论战、日本政府反华反共等国际因素有关。史料匮乏的世界史，包括日本史的研究者，依据不乏教条主义影响的马克思主义史学理论，以宏观的"理论分析见长"而聊以自慰。这个"病根"的客观效果是：研究成果不乏数量，但学术质量如何，就不能不打折扣了。中国日本史研究成果距离获得国际学术界，特别是日本学术界的承认，还有很长的一段路要走。实际上，中国的日本史研究需要广阔的理论框架，也需要扎扎实实的史料支撑，两个轮子齐备，学术之车才跑得起来。但由于"病根"作怪，很长一段时间内，这辆车子在跛行之中。诚如周一良先生所言："新中国成立以后，为了纠正过去史学界只钻牛角尖，把史料当做史学，见木而不见林，因而强调理论、观点，强调大处着眼，强调观其会通，原是必要的。但忽略了对具体事件、人物、制度的细致深入的研究，因而慢慢地流入空疏，好为大言高论，变成了通病。"①

二　20 世纪 80 年代日本史史学理论和研究方法

80 年代初期，中国改革开放初澜涌动，以经济建设为中心的新路线指引下的解放思想和实事求是学风的恢复，为新时期的历史研究提供了前所未有的良好学术环境；实现"四个现代化"的宏伟目标，需要学习和引进发达国家，特别是日本现代化的成功经验，应运而生的"日本学"顿时成为显学。随着中日文化学术交流日益扩展，赴日研修的中国学者越来越多。日本学者的新视野、研究理论和方法，以及数量庞大、翔实而齐备的史料集，引起中国日本史研究者的浓厚兴趣。人们急欲了解国际史学理论和研究方法的新动向，夺回蹉跎岁月造成的损失。总之，难得机遇的出现在中国的日本史，包括史学理论和研究方法研究的面前。

进入 80 年代，马克思史学理论在史学领域保持着主导地位的同时，

---

① 周一良：《怎样学习和研究历史》，中国青年出版社 1985 年版，第 31 页。

也遇到了必须面对的几个尖锐的问题。一个问题是十年动乱期间的"影射史学"和极"左"思潮，败坏了史学的名声，制造了大量似是而非的理论混乱，需要拨乱反正，恢复马克思史学理论的系统性、完整性与历史学的科学性、客观性。另一个问题是"文革"失败以及信仰危机，动摇了包括对历史学、史学理论的传统认知，各种思潮蜂拥而入，抢占思想理论阵地，怀疑乃至否定马克思主义史学理论主导地位的风潮在抬头。还有一个问题，是从 1963 年发动"四清"运动到 1976 年"文革"结束，高校和科研机构的学者无一例外地停止教学科研工作，投入运动或受到冲击，有的还搭上了一条性命。13 年间历史学领域的教学科研处于异常状态，与国外的交流基本断绝，对外国史学理论和研究方法不甚了解。在这种情况下，既需要坚持马克思主义史学理论基本立场，也需要以开放的态度对待国外史学理论与研究方法，将中国的日本史研究推向新的发展阶段。

集思广益，明确史学理论的发展方向乃当务之急。1979 年 3 月，在成都举行全国历史学规划会议，强调坚持马克思主义史学理论。1983 年 3 月，在长沙举行的全国哲学社会科学规划会议决定成立相关学术团体，定期举行全国史学理论研讨会。自此开始，中国社会科学院世界史所承办了一系列有关世界史研究理论和方法的学术年会，发挥了积极作用。1983 年 5 月，白寿彝、何兆武、刘家和、齐世荣、瞿林东、沈仁安、张文杰、王瑾、陈启能等资深史学专家，围绕着如何开展马克思主义史学理论研究的问题，展开热烈讨论。白寿彝强调了历史学在社会主义建设中的功能。陈启能强调史学理论的对外开放，他认为："由于长期以来'左'倾思想的束缚，加上十年动乱的破坏，我国学术界一直相当闭塞，史学界自然也不例外。这种闭塞状况大大地限制了我们的眼界，并且容易助长一种盲目自满、夜郎自大的错误情绪。对国外的学术动态和研究成果知道不多，即使知道一些，也缺乏系统的研究。更错误的是有时还不加研究就简单地扣上帽子，一笔抹杀。"① 何兆武主张历史科学和史学理论应当现代化，认为："开展史学理论的研究，重视和引进现代科学的新成果应当是一个不可或缺的重要环节。四个现代化，首先是科学一定要现代化，因而历史科学也一定要现代化，因而史学理论研究也一定要现代化。"为此他建议：

---

① 陈启能：《马克思主义史学理论研究》，《世界历史》1983 年第 3 期。

"（1）研究马克思主义的史学理论；（2）研究一个多世纪以来世界的和中国的马克思主义史学理论发展的历史和现状；（3）研究近现代国内外史学理论和方法论中的重要流派、人物和著作。只有站在前人和今人已有的基础上，我们才可能希望史学的理论与实际通过现代化的手段和方法而达到我们所应该达到的现代科学的高度。"齐世荣主张开阔理论视野，认为："应当对一些著名马克思主义者的史学观点进行研究和总结，用以丰富马克思主义的史学理论"；"还应当批判地吸取非马克思主义历史学家著作中的合理成果。例如，当前西方计量学派正在尝试利用电子计算机进行社会经济史方面的研究。"沈仁安提出建立中国的马克思主义理论体系的奋斗目标，认为："我国史学界当务之急是要开展马克思主义史学理论的研究。我们应建立有中国特色的、不同于历史唯物主义的马克思主义史学理论体系。"他建议："回到马克思恩格斯原著去。世界上有形形色色的解释马克思主义而形成的马克思主义体系，我国的史学就深受苏联马克思主义体系的影响。但这些只能供参考，而不能作依据。我们要重新研究马克思恩格斯的原著，探讨他们的历史理论和方法。"他还建议"开展史学评论，从大量具体历史问题的研究中，尤其是从专题学术讨论中，总结和发现那些处于萌芽状态但有理论和方法意义的东西，累积建立体系所必需的素材。"①

　　适应理论建设的急需，多家史学理论刊物先后创刊。1978 年，上海社会科学院的学术情报研究所改称信息研究所，继续发行《国外社会科学文摘》（月刊）等刊物，刊登涉及国外史学理论和研究方法的文章。1981 年北京师范大学创办了学术刊物《史学史研究》。1985 年，中国社科院世界史所成立了外国史学理论研究室，北京师范大学、华东师范大学、山东大学等高校开始设置史学理论、史学史专业研究方向，招收硕士、博士生，培养人才。1987 年 3 月，由中国社科院世界史所、近代史所和历史所联合主办的《史学理论》杂志正式出版。发刊词强调史学研究的诸多环节均需要改革，但"理论的发展具有举足轻重的重要地位"，强调关键是"理论上的突破"。②

　　史学理论研究著作相继出版，包括：白寿彝主编《史学概论》（宁夏

---

①　《马克思主义史学理论研究》（座谈会发言摘要），《世界历史》1983 年第 3 期。
②　《史学理论》1987 年第 1 期。

人民出版社 1983 年版）、吴泽主编《史学概论》（安徽教育出版社 1985 年版）等著作。1987 年可谓史学理论研究著作的丰收之年，出版了历史科学规划小组编《历史研究方法论集》（河南人民出版社）、葛茂春主编《历史科学概论》（山东教育出版社）、《刘大年史学论文选集》、庞卓恒著《比较史学》（中国文化书院）、孟庆顺、彭卫著《历史学的视野——当代史学方法概述》（陕西人民出版社）、赵吉惠著《历史学方法论》（四川人民出版社）、荣孟源著《史料和历史科学》（人民出版社）、中国社会科学院历史所编著《历史科学的反思》（中州古籍出版社）等著作。1988 年、1989 年史学理论著作仍继续保持旺盛的出版势头，评介国外史学理论发展动态、一般史学理论研究方法，具有相当的广度和深度，反映了 80 年代所能达到的水平。

外国史学理论和方法论著作的中文译本受到欢迎。其中包括爱德华·霍列特·卡尔著《历史是什么？》（商务印书馆 1981 年版）、巴尔格著《历史学的范畴和方法》（华夏出版社 1984 年版）、克罗齐著《历史学的理论与实际》（商务印书馆 1986 年版）、巴勒克拉夫著《当代史学主要趋势》（上海译文出版社 1987 年版）、伊格尔斯著《欧洲史学新方向》（华夏出版社 1988 年版）、勒高夫等著《新史学》（上海译文出版社 1989 年版）、哈多克著《历史思想导论》（华夏出版社 1989 年版）、肖·W. H. 著《马克思的历史理论》（重庆出版社 1989 年版）、托波尔斯基著《历史学方法论》（华夏出版社 1990 年版）等。

上述史学理论和研究方法的适用范围，既包括中国史，也包括世界史、日本史。在日本史研究的史学理论和研究方法论领域，50 年代领军并奠定了中国日本史教学科研基础的第一代学者，如周一良、吴廷璆先生等虽年过古稀，仍在笔耕不辍的同时，关注日本史学术发展方向。60 年代崭露头角的二代学者展示了中坚力量的奋进姿态，成为新时代日本史研究的主力，推进着中国日本史的史学理论和方法论的研究工作。80 年代逐步成长的第三代学者尚在攻读研究生学位，为将来的发展拓宽打牢基础。

在国外各种新理论纷攘而来的新形势下，周先生强调史学研究要以马克思主义为指导。他引用了著名史学家翦伯赞的论述："史料譬如一堆散乱在地上的大钱，必须用一根绳子才能把它们贯串起来，这根绳就是马克思主义理论。"① 对史学理论的现状，周先生评论说："今天外国史学界流行着不少学派和观点，出版了不少著作，听说还时兴用社会学、民族学等方法研究历史。依我看来，方法和途径可以多种多样，最后用来解释历史的观点，还是两家：历史唯物主义和历史唯心主义。我们的态度是，在人类历史发展以及涉及理论性问题的根本解释上，应当坚持历史唯物论。但在某些问题上，只要是从实际出发的，实事求是的，持之有故言之成理的研究成果，都应该学习、吸收，为我所用。只有吸取一切有益的研究成果，才能丰富和发展马克思主义的历史科学。"周先生认为有两种倾向值得注意："我们在学术上要放眼世界，不能闭关自守，盲目自大，不能再满足于过去那样夸夸其谈，只谈规律、意义等抽象的大问题，而不去脚踏实地从具体问题具体史料搞起。另一方面，也不能妄自菲薄，看见人家五花八门的学说观点，就目迷心眩，丢掉历史唯物主义的根本道理。"因此，他提议："我们正应当总结新中国成立前和新中国成立后的历史经验教训，把历史的学习与研究推上正确的道路。"②

由武安隆执笔并与吴廷璆联名发表的论文《明治维新与资产阶级革命》，进一步从理论上探讨明治维新何以是"后进国家"的"没有资产阶级的资产阶级革命"。文章指出，一次资产阶级革命不可能把封建因素完全打扫干净，因而"彻底"的资产阶级革命是极其罕见的。明治维新由于幕末革命形势的出现，通过国内战争推翻了封建领主制度，实现了政权从一个阶级到另一个阶级之间的转移，为资本主义发展开辟了道路，从而具备了资产阶级革命的基本特征和社会经济内容。文章的结论是"明治维新完全是一次资产阶级革命。如果为了说明它的特点以区别于典型的资产阶级革命，那么称它'后进国的资产阶级革命'可能更妥切一些，因为明治维新之有异于西方先进国家的革命，几乎全部是资本主义发展的后进性所造成的"③。这篇论文，可谓中国日本史学界关于明治维新性质讨论的终结之作。这个从 20 世纪 50 年代以来争论多年的课题，从此淡出研究者的视野，著述日本史成为当务之急。

一批日本断代史、通史和专题史研究著作陆续出版，主要有：万峰著

---

① 周一良：《怎样学习和研究历史》，中国青年出版社 1985 年版，第 177、178、182 页。

② 同上书，第 30—31 页。

③ 吴廷璆、武安隆：《明治维新与资产阶级革命》，《世界历史》特刊《明治维新的再探讨》，中国社会科学出版社 1981 年版。

《日本近代史》（中国社会科学出版社 1978 年版），王金林著《简明日本古代史》、吕万和著《简明日本近代史》（均为天津人民出版社 1984 年版），以及赵建民、刘予苇主编《日本通史》（复旦大学出版社 1989 年版）出版，均具有新中国成立后第一部日本断代史或通史的意义。在专题史研究中，推出杨正光著《中日关系简史》（湖北人民出版社 1984 年版）、张声振著《近现代中日关系史》（吉林文史出版社 1986 年版）、杨孝臣著《中日关系史纲》（上海外语教育出版社 1987 年版）和伊文成、马家骏主编，朱守仁、汪淼、汤重南参与执笔的《明治维新史》（辽宁教育出版社 1987 年版）等研究著作。《明治维新史》以 50 余万字的容量，分 15 章详述明治维新的历史背景、改革主要过程及其影响，堪称运用马克思主义理论研究明治维新全过程的封顶之作。还出版了米庆余著《明治维新——日本资本主义的起步与形成》（求是出版社 1988 年版）、《日本近代外交史》（南开大学出版社 1988 年版）、伊文成等主编《伪满洲国史》（吉林人民出版社 1980 年版）、陈本善主编《日本侵略中国东北史》（吉林大学出版社 1989 年版）、禹硕基主编《日本帝国主义在华暴行》（辽宁大学出版社 1989 年版）等。

随着中日学术交流的深入展开，中国学者开始将自己的研究成果推向国外。1988—1990 年日本六兴出版社的 13 卷本《东亚视野中的日本历史》问世。其中包括；沈仁安著《倭国与东亚》、王金林著《奈良文化与唐文化》、张玉祥著《织丰政权和东亚》、任鸿章著《近世日本和日中贸易》、王家骅著《日中儒学的比较》、吕万和著《明治维新与中国》、周启乾著《明治的经济发展与中国》、马家骏和汤重南著《日中近代化的比较》、俞辛焞著《孙文的革命运动与日本》、万峰著《日本法西斯主义的兴亡》、易显石著《日本的大陆政策与中国东北》、武安隆、熊达云著《中国人的日本史研究》、沈才彬著《天皇与中国皇帝》等。这些著作坚持历史唯物论的理论立场，史论结合，夹叙夹议，文图并茂，展示了中国学者的学术风格和理论水平。

在评介和研究日本学者的史观和流派方面，以沈仁安教授为首的北大历史系日本史组，在数年间作出了不懈的努力。按照周先生加强日本史研究基础性工作的建议，日本史组自 1978 年开始，埋头翻译自 1959 年远山茂树等著《日本史入门》（生活·读书·新知三联书店）汉译本出版后，因"文革"而中断了的入门丛书翻译，向国内同行系统介绍六七十年代以来日本学者研究动向和成果。同时，接连发表有关近代、战后日本史学理论和流派的多篇论文。

沈仁安在与李玉共同撰写《二十年来日本历史学发展变化概述》（《国外史学动态》1979 年第 8 期）和《日本进步史学的发展和变化》（《世界史研究动态》1980 年第 7 期）之后，又与宋成有接连撰写了《明治维新与近代日本史学》（《世界历史增刊·明治维新的再探讨》1981 年）、《近代日本的史学和史观》（《国外史学动态》1983 年第 12 期）、译《数量方法与美国历史学》（《国外社会科学动态》1983 年第 8 期）、《日本史学新流派析》（《历史研究》1983 年第 1 期）、《日本史学流派的现状与趋势》（《国外史学动态》1983 年第 14 期）、译《现代历史学与数量方法》（《国外社会科学动态》1984 年第 8 期）、《日本史学》（《当代国外社会科学手册》，江苏人民出版社 1985 年版）。他还在《新的社会科学方法及其特征》（《国外社会科学动态》1984 年第 1 期）、《开展日本史学史研究的几点意见》（《史学史研究》1985 年第 2 期）、《历史学的思索》（《史学理论》1988 年第 4 期）等论文中，对日本史学理论和研究方法状况、发展趋势的评估等问题，表明以下看法和立场：

（1）鉴于日本史学史的特点，认为应重点研究的问题，包括：其一，外国史学对日本史学的影响问题。认为："日本史学明治维新以前受我国史学的影响，明治维新以后受西方近代史学的影响，这是日本史学史的最显著的特点"。其二，日本史学的独创性问题。认为日本史学"吸取外国史学的理论和方法，结合本国的情况，有所发明，有所创造"；认为"消化外来的文化，创造本民族的文化，需要时间，需要有一定的社会历史条件，因此上述特色的形成并非一朝一夕之事，而是一个逐步的历史过程"。其三，当代日本史学的发展趋向问题。认为："能否融合东西方史学体系，创造新的史学体系，我们无法预言"；但"日本史学将会有新的发展和建树，这是无疑的"。他强调"对于有着伟大史学传统而又面临创造具有中国特色的马克思主义史学体系的我国史学界来说，这不啻是一个挑战、推动和促进"；呼吁："我们要在正确思想指导下总结国内外史学史研究工作的开展情况，要把我们当前的研究现状搞清楚，从而把史学史研究工作向前推进一步。"[1]

---

① 沈仁安：《开展日本史学史研究的几点意见》，《史学史研究》1985 年第 2 期。

（2）对日本各种新流派、新史观持两点论的分析立场。例如，认为"近代化论对日本近现代历史提供了一种新的理论解释"，提供了"一些新角度、新见解"，因而"至今仍保持着吸引力"。但这种史观存在的问题是表现了"某些资产阶级历史学的传统偏见，它无视历史上的阶级对立和阶级斗争，抹杀人民群众的历史作用"。例如，认为计量经济史学冲破传统方法的束缚，从社会经济发展的总体上探索近代化的前提条件，把传统方法的微观分析和数量经济史的宏观考察结合起来，加以综合运用，"倒幕维新的研究工作无疑将会深入一步"。但是，"政治的、社会的、思想的研究和数量分析风马牛不相及，丰富而生动的历史社会现象无法塞进电子计算机"。因此，计量经济史"包藏着不可克服的局限性，它不可能成为包括性的史学体系，这是不言自明的"。再例如，认为源自年鉴学派的日本社会史学派"正在给日本历史学带来某种变化"，虽其性质和程度无法预测，更重要的是要考察运用社会史方法研究具体历史问题时，能得出何种结论；指出该学派"排除西欧中心论，倡导世界历史的多元性，出发点是否定马克思主义关于人类历史按社会形态有规律地发展的历史理论，这是我们决不能苟同的"。①

（3）呼吁形成有中国气派的日本史研究理论和方法。在 1983 年 5 月举行的关于开展马克思主义史学伦理研究的专家讨论会上，沈仁安对此提出基本构想。他认为建构的过程应该"以毛泽东思想为指导"。理由是："作为集体智慧结晶的毛泽东思想是迄今为止唯一成功地把马克思主义与中国国情结合起来的范例。研究毛泽东思想的历史理论和方法，是建立中国的马克思主义史学理论的必由之路。"②

总而言之，80 年代中国的日本史研究充满希望，在中国日本史研究理论和方法论发展过程中，具有承上启下的重要意义。其主要特点是：

（1）马克思主义唯物史观和史论结合的研究方法已成为史学工作者遵循的范式，但理论创新意识日益增强。在承认马克思主义史学理论和方法论的前提下，日本史研究者抛弃了教条式、贴标签式的理论应用方法，力图对五种生产方式演进模式套用于日本史的现状有所突破。虽然效果并不尽如人意，但毕竟提出了问题，看到了前进方向。建立有中国学术特色

---

① 沈仁安、宋成有：《日本史学新流派析》，《历史研究》1983 年第 1 期。

② 《马克思主义史学理论研究》（座谈会发言摘要），《世界历史》1983 年第 3 期。

的日本史研究史学理论和方法论，成为共识。

（2）学术切磋气氛良好。研究者思路活跃、埋头学问，专心致志于教学科研。在日本史学会举行的讨论会上，彼此之间能坦诚地展开面对面的学术观点和研究理论争论。与会者的马克思主义史学理论可谓训练有素，在认真而热烈的氛围中展开争论，而不是无原则地相互扯皮或相互吹捧。这种环境，有利于在史学理论和研究方法论上的交流和启发。

（3）自国外输入的系统论、信息论和控制论"老三论"等研究方法论，在改革开放、解放思想的热潮中，异军突起于史学界。例如，系统论的要素、层次、结构、功能、有序、无序、动态、静态、环境、模式等分析范式丰富了史学研究方法，其注重整体与局部、层次和环境互动关系的宏观把握，与中国学者的习惯思维方式相适应，并逐渐深入、融合到史学，包括对日本史的研究之中。虽然采用上述研究方法的论文数量不多，但毕竟是新方法的有益尝试。在日本史学会举行的年会上，内蒙古大学张敬秀发表的论文《明治维新的系统效应——日本近代民族活力的源泉》，运用系统论来重新解释明治维新，发表者滔滔不绝，听者饶有兴味。

三　20世纪90年代的日本史研究理论和方法

20世纪90年代，国外各种社会科学新思潮，包括新史学理论愈加层出不穷，给中国史学研究带来更加强劲的冲击力。社会史学、人类文化学、政治学研究理论和方法，以及全球史观、文明史观、世界体系论、现代化史观等新史观，与耗散结构论、协同论、突变论等"新三论"先后进入研究者的视野。总的看来，尽管继续受到各种新理论、新方法的挑战和冲击，对马克思主义史学理论和研究方法在中国史学界的主流地位，构成日益严重的挑战。老一代学者已近耄耋之年；第二代学者在离退休之前发挥学术积累的优势，埋头著述；第三代学者努力拼搏并崭露头角；新世纪的新生代尚在攻读博士学位，有机会通过联合培养方式，赴日留学并接受日本学者史学研究方法的指导。中国日本史研究者群体的各代学者各就其位，或作经验谈，或释放学术能量，或正在崛起，或在砥砺成才。然而，有关日本史的史学理论和研究方法的探讨却在渐行渐远，淡出人们的视线。依然像80年代一样，在中国日本史学界，未能出版任何一本中国学者专门研究日本史研究理论和方法论的相关著作。译著出版了一部，即沈仁安、林铁森等翻译坂本太郎著《日本的修史与史学》（北京大学出版社 1991 年版）。

与此同时，介绍国外社会科学理论的杂志日益活跃。其中，1992 年 3 月，《史学理论》更名《史学理论研究》（季刊），继续为史学理论和方法论的探讨，提供重要的园地。自 1997 年起，由上海社会科学院信息研究所、上海市社会科学规划办公室编的年刊《国外社会科学前沿》（*Latest Studies of Social Sciences of Foreign Countries*），及时反映国外社会科学前沿学术动态，并对最新学术理论、研究方法和发展趋势，包括各国在马克思主义、哲学、政治、经济、社会、法律、文化、历史等领域出现的新思潮、新流派、新理论、新著作作出评介。[①]

此外，中国史或世界史领域的理论著作陆续推出十多部，如庞卓恒等合著《历史学概论》（高等教育出版社 1990 年版）、主编《西方新史学述评》（高等教育出版社 1992 年版）和《唯物史观与历史科学》（高等教育出版社 1999 年版）、陈启能著《史学理论与历史研究》（团结出版社 1993 年版）、罗凤礼主编《现代西方史学思潮评析》（中央编译出版社 1996 年版）、何兆武著《历史理论与史学理论——近现代西方史学著作选》（商务印书馆 1999 年版）等著作，展现了中国学者研究马克思主义史学理论所达到的新水平。前代中国学者，如梁启超著《清代学术概论》（上海古籍出版社 1998 年版）等史学名著也再版发行。

整个 90 年代日本史研究遍地开花，成果积累的数量喜人。在日本通史方面，经过十余年的努力，吴廷璆先生主编的百万字的第一部大型日本通史《日本史》，1994 年由南开大学出版社出版，展示了通史类著作的最高水平。从史学理论来说，这部著作按照五种社会经济形态划分日本历史的发展阶段，依旧沿用了传统的理论架构。当然，这不失为一种分期方法，并自成一家之言。同时，也表明在史分期的理论突破，尚待时日以继续作出新的探索。专题史研究成果，出版了数十部而不胜枚举，限于篇幅，不再列举。

90 年代日本史研究的两桩盛举，令人高兴。其一，中日学者的合作研究取得新成果。周一良、李廷举、严绍璗、王晓秋、杨曾文、王勇、马兴国以及石田一民、大庭修、源了圆、中西进、吉田忠等通力合作，在两

---

① 《国外社会科学前沿》网站。

国同时出版了10卷本的《中日文化交流史大系》。中文版由浙江人民出版社在1996年出版。由北京日本学研究中心编，条目多达3万余条、总字数300余万的《中国日本学文献总目录》（中国人事出版社1995年版）亦属此种合作的产物。这些著作大都采用了实证研究的方法，讲究文献出典准确、考据明了和文字平实，展示了学术研究的新景象。

其二，中国学者研究成果的学术水平赢得了晚来的承认。长期以来，中国的日本史研究水平不为国外，尤其是不为日本史学界所了解和承认。70年代日本史学界有的学者评价中国的日本史研究只相当于"中学水平"。至80年代初，上述观感依然如故。但随着时间的过去，以第二代学者为主体的中国日本史研究集群凭借唯物史观的理论素养，坚持中国学者的治学风格和研究立场，陆续推出学术成果。在举行学术讨论会或共同研究中，展现了应有的学术风采。尤其是中国学者的研究成果，如前述《东亚视野中的日本历史》在日本公开出版发行，促使日本学者逐渐改变了观感，感叹中国的日本史研究水平进展迅速。1993年，参加了中国日本史学会在天津社科院召开的国际学术讨论会的权威学者上田正昭回国后，在《朝日新闻》上撰文《最近中国日本史研究的动向不可轻视》，强调："在这次学术讨论会上，中国学者屡次提出令人震惊的见解，他们指出的正是日本学者往往欠缺的研究视角和正在丧失的问题意识。"[①]

在史学理论和研究方法上，以上著作均依据马克思史学理论，注重实证研究。究其因，一是唯物史观及其方法论经过老一代学者的言传身教，已深入人心，融入学术研究的过程之中；二是国际学术交流为中国学者提供了直接赴日搜集资料的机会，中国学者因史料缺乏而不得不注重理论分析的状况已经根本改观；三是在与日本学者的学术交往中，中国学者善于取彼之长，补己之短，资料和研究水平大幅度提高。

虽然仍然不见研究日本史学理论的成果推出，但老一代学者的教导言犹在耳。例如，周先生认为治史有两个方法。第一个方法是，西方人讲读书要"Read between the lines"，即功夫在字里行间，从书本身的字里行间中探寻历史的真相，才会有更深刻的体会。换言之，读史书，必认真读懂，从字里行间发现问题，这是史学研究者必备的能力。第二个方法源自

---

① 《朝日新闻》（夕刊）1993年9月18日，引自王金林、汤重南主编《走向国际化的日本》，天津人民出版社1994年版，第462—464页。

洪偎莲（洪业）先生，即研究历史需要掌握五 W：Who（何人）、When（何时）、Where（何处）、What（何事）、How（如何做）。周先生说，"新中国成立之后，我开始接触马克思主义的立场、观点、方法来研究历史。于是感到这五个 W 不够了。因为只有这五个方面，还不足以说明问题。所以我给同学谈学习历史的方法时，在介绍这五个 W 之后，补充说，还有一个最大的 W，洪先生当年没有提到，这就是 Why——为什么"。周先生说，"只有对于历史事件、历史现象作出解释，说明它为什么如此，讲出一些带有规律性的东西，说出个道理，解答了为什么，才能算真正抓住了历史。"①

作为 90 年代史学理论和方法论研究取得重要进展的一个标志，2000年，蒋大椿、陈启能邀集数十名学者，编辑了中国第一部《史学理论大辞典》（简称《大辞典》），由安徽教育出版社出了第一版。首先，在概念上，《大辞典》认为不宜将内涵上相互交融、重叠的包容历史理论与史学理论截然分开，提出"广义的史学理论"的概念，即"它包括了历史学自身作为理论考察对象的狭义史学理论的内容，也包括了对史学研究对象——人类客观历史发展过程作理论考察的部分内容，亦即史学理论的部分内容。这个'部分'主要是指从宏观的角度对人类历史发展过程所作的理论考察及其成果"。②其次，内容齐全，《大辞典》按照古今中外史学理论和方法论的概念和术语、史学理论家或与史学理论有关的历史学学者、反映史学理论研究成果的学术著作以及史学流派、机构、刊物、会议等四个方面编辑，力求囊括与史学理论有关的全部内容。再次，条目解释力求翔实。《大辞典》所列条目繁多，特别注重反映第二次世界大战后主流史学理论和方法论的条目解释。

《大辞典》的撰稿人汤重南以 2 万多字的篇幅，介绍了日本史学史、史观和流派，战后日本史学新流派等得到比较充分的阐释。例如，日本的"皇国"史观、民间史学、文明史学、文化史学、东亚史观、实证史学、社会经济史学、马克思主义史学、人民斗争史观、民众史观、民众思想史观、大塚史学、近代化论学派、社会史学派、计量经济史学派等史观学派

---

① 周一良：《怎样学习和研究历史》，《怎样学习和研究历史》，中国青年出版社 1985 年版，第 24、25 页。

② 蒋大椿、陈启能主编：《史学理论大辞典·前言》，安徽教育出版社 2000 年版，第 1—2 页。

及其研究方法，还评介了有代表性的日本史学家。

与此同时，90 年代在日本史研究的理论和方法上，存在着的一些倾向性问题也值得关注：

其一，理论创新问题。沈仁安认为，在引进与创新方面，我国的日本史研究已经过 20 世纪五六十年代以引进苏联、日本学者的研究成果，以及七八十年代的吸收和消化，至 80 年代末和 90 年代初，进入创新阶段，在引进国外研究理论、方法的同时，日本通史、断代史、专题史以及多卷本《东亚视角中的日本历史》出版，产生了很大影响，"建立有中国特色又走向世界的日本研究的时代已经到来"。但是，在引进与创新的关系上，还存在着若干误解：例如，论文选题、观点和理论方法"只从国内角度看创新"，"但从国际上看，不过是国外某种理论方法观点的翻版，并无新意"；如"盲目轻信他人的结论"；再如，"创新似无是非之分"以及"引进不结合中国国情"等。结果，造成"没有自己的理论、方法、概念、术语，用的都是别人的"，自身反而"失语"现象。①

其二，研究方法问题。改革开放、实施联合培养日本史研究生以来，不少硕士、博士研究生获得日本国际交流基金、文部科学省以及社会团体的资助，前往日本留学。年轻学子长期生活在日本，读研究生课程，接受日本教授的指导。耳濡目染之下，出国前本来就扎根不深的马克思主义史学理论逐渐淡忘，所学的知识、观点、理论和方法基本上来自日本的大学课堂和指导教师的言传身教，受其影响。这样，其理论立场和研究方法在不知不觉中逐渐发生变化，注重实证方法、关心人物和事件的演进过程，即研究对象"是什么"，较少思考"为什么"；或者埋头史料，无暇抬起头、挺起胸来想一想研究日本历史的目的和方向究竟在何方。此一现象具有阶段性的特点，无须急于简单地肯定或否定。肩负着中国日本史研究未来的新一代，经过赴日留学的一段时间后，会面对如何取人之长，为我所用并最终形成自身的研究理论和方法的问题，自然得出自己的结论。当然，青年学子在成长过程中出现的某种偏差，与他们的学术历练、经验的积累有关，属于发展过程中自然出现的问题。这与急功近利者，直译或照搬国外学者的理论观点和方法，拿来唬人乃至傲视国内公认的高水平成

---

① 沈仁安：《〈日本学〉编辑点滴思考》，北京大学日本研究中心编：《日本学》2000 年第 10 辑，第 438—441 页。

果，显然不是一回事。

四　新世纪日本史的研究理论和方法

进入新世纪，下述若干新要素加快中国的日本史研究，包括史学理论和方法的研究步伐：

（1）中日两国在互为重要经贸伙伴的同时，摩擦和麻烦不断；特别是2001—2006年日本首相小泉纯一郎一年一度参拜靖国神社、愈演愈烈的钓鱼岛归属的争端等问题层出不穷，中国舆论对此给予越来越强烈的抨击，社会要求进一步透视日本。（2）中国经济持续高速增长，国库收入大幅度增加，为学术研究提供了充分的经费保障。（3）日本史研究群体实现了新老交替：吴杰、周一良、吴廷璆、邹有恒教授等老一代学者先后逝世，第二代学者陆续离退休而告别讲台，第三代学者承担起重任，新世纪之初崛起的第四代学者充满活力，展现着中国日本史研究的未来发展希望。

此外，两大冲击力量凸显于中国的日本史研究领域：其一，图书市场的力量。利润挂帅的出版社和书商，在读书界急欲了解日本的历史和现状的需求中，敏锐地发现了新商机，对出版日本史的图书充满了热情。在出版图书高倍利润的驱动下，出版社为占领图书市场，往往设计市场预期看好的系列研究课题。得到多读者层欢迎的史学理论和方法论的译著，备受出版界的青睐。其二，网络平台等传播手段异军突起。在日本史研究领域，学术信息传播便捷化、多元化，"草根史学"流行，日本史研究圈不再是学者专业研究的小天地，学者的一言堂正在扩大为社会的群言堂，学术研究的信息化和多元化不可逆转。上述诸多新要素交织组合，构成新世纪日本史研究，包括日本史史学理论和研究方法论丰富多彩的学术环境，利与弊兼而有之。

上述要素综合作用，对史学理论研究提出新的要求。相应的举措，包括2000年，教育部在北京师范大学设立普通高等学校人文社会科学重点研究基地史学理论与史学史研究中心。2003年，开始出版《史学理论与史学史学刊》，发表国内外学者关于唯物史观的理论文章，研讨东西方史学的进展和中国史学史的研究成果。2004年4月，中共中央启动了马克思主义理论研究和建设工程。胡锦涛总书记在人民大会堂向参与这项工程的首席专家和主要成员，强调思想理论建设是党的建设的根本；认为当今世界政治、经济、文化、科技和军事等领域，出现了一系列新变化、新矛盾和新问题，改革开放也面临着一系列新任务、新情况和新课题；强调用马克思主义中国化的最新成果、邓小平理论和"三个代表"重要思想，武装全党，教育人民，用发展的马克思主义指导新的实践，并在实践中不断丰富马克思主义。① 据此，2005 年中国社会科学院成立了史学理论研究中心，出版不定期的《马克思主义史学理论论丛》，进一步深入研究唯物史观基本原理，加大对中外马克思主义史学理论方法论研究的力度，拓展理论研究的广度和深度。

史学理论著作陆续出版。例如，白寿彝著《中国史学史》（北京师范大学出版社 2004 年版）、姜义华和瞿林东等合著《历史导论》（复旦大学出版社 2004 年版）、赵士发著《世界历史与和谐发展：马克思世界历史理论的当代研究》（人民出版社 2006 年版）、徐浩和侯建新著《当代西方史学流派》（中国人民大学出版社 2009 年版）、张艳国著《史学理论：唯物史观的视阈和尺度》（华中科技大学出版社 2009 年版）、陶德麟和何萍合著《马克思主义哲学中国化的理论与历史研究》（北京师范大学出版社 2011 年版）等。这些著作坚持唯物史观的理论立场，对史学方法论、治史观念、史学形态的演进等问题加以新的阐释和评析，力求突出中国学派的风采，强调建立中国马克思主义史学理论体系。

国外最新流行的史学新论陆续汉译出版。沃尔什著《历史哲学导论》（广西师范大学出版社 2001 年版）、汤因比等著《历史的话语——现代西方历史哲学译文集》（广西师范大学出版社 2002 年版）、伊格尔斯著《二十世纪的历史学——从科学的客观性到后现代的挑战》（山东大学出版社 2006 年版）、威廉姆·肖：《马克思的历史理论》（重庆出版社 2007 年版）等。北京大学出版社也加入出版系列译丛的行列，推出《历史的观念译丛》系列译著，包括伯克著《法国史学革命：年鉴学派 1929—1989》（2006 年）、帕拉蕾丝—伯克编《新史学：自白与对话》（2006 年）、德罗伊森著《历史知识理论》（2006 年）、布克哈特著《世界历史沉思录》（2007 年）、布莱德雷著《批判历史学的前提假设》（2007 年）等史学理论著作。

---

① 《理想 信念 责任 使命——于沛研究员访谈录》，《历史教学》2006 年第 1 期。

史学跨学科的研究理论和方法，即综合运用社会学、经济学、政治学、国际关系学、人类文化学、民族学、符号学、跨文化交际学、实证史学等理论和方法的成果层出不穷，包括大量的博士论文，均采用了多元化的研究理论和方法。马克思主义的唯物史观和辩证法虽保持着传统的影响，但受到日益严峻挑战。

进入新世纪，日本史研究成果进入丰产期。仅日本通史就出版了刘建强编著《新编日本史》（外语教学与研究出版社 2002 年版）、浙江大学日本文化研究所编《日本历史》（高等教育出版社 2003 年版）、王新生著《日本简史》（北京大学出版社 2005 年版）、王保田著《日本简史》（上海人民出版社 2006 年版）、孙秀玲著《一口气读完日本史》（京华出版社 2006 年版）、王仲涛和汤重南著《日本史》（人民出版社 2008 年版）、王雪松编《简明日本史教程》（武汉大学出版社 2008 年版）、冯玮著《日本通史》（上海社会科学院出版社 2008 年版）等 8 部。

通史体裁最能表明著者对史学理论和研究方法的把握。总的来看，一方面，上述通史著作的行文各具特点，研究理论的深浅和水平高低等不尽相同，但共同特点是在章节安排上，均不再采用五种社会经济形态的历史分期方法，力求突出新的记述框架；注意反映最新的研究动向，采用新的史料和研究视角；在方法上，大致采用实证研究方法；在文字上，均突出可读性，摆脱教科书式的枯燥表述方式。另一方面，围绕唯物史观的理论立场，出现某些值得商榷的问题。例如，马克思主义唯物史观认为，历史过程中决定性因素归根到底是现实生活的生产与再生产，人民群众是历史的创造者。因此，在构思通史记述架构时，过于着眼上层统治集团的主导作用，并以不同统治集体的轮番执政作为划分历史阶段的标准，恐怕会在自觉与不自觉中，拉开了与历史唯物主义基本观点的距离。毕竟，日本历史并非只是统治集团的兴衰史。在这里，有必要重温周一良先生多次强调过的话："若不努力钻研马克思主义理论，不认真掌握并且善于运用历史唯物主义理论，显然是不能成为一个好的历史学工作者。"[1] 看来，准确、完整地理解和把握马克思主义唯物史观，运用历史唯物主义的理论立场和方法撰写日本通史，依然是今后推进我国日本史研究的重要课题。

另外，有的著作索性用历史故事来串联日本史的发展线索，其结果是

---

[1]　周一良：《怎样学习和研究历史》，中国青年出版社 1985 年版，第 27 页。

可读性和图书市场效益可观，但与历史学的科学性、哲理性却渐行渐远，甚至是风马牛不相及的两回事。有的著作大量借用日本学者的观点，淡化乃至忘记了中国学者应有的学术立场，张扬自我而不是虚心地对待老一代学者的日本通史成果，宣布要去"超越"。年轻一代学者超越老一代学者是件好事情，一代更比一代强，体现了学术之树长青的无穷活力，对此应该大声喝彩。但是，如果以累累硬伤的个人匆忙之作，去挑战十几位学者积10年撰述、修改之功的精雕细刻成果，就使人难以理解了。

日本古代史的新成果，如第一代学者汪向荣先生等著《中世纪的中日关系》（中国青年出版社2001年版）注意发掘新史料，对通说提出质疑，展示了求真务实的治学精神。第二代学者在收获多年积累的学术成果，并继续奋进开拓。沈仁安著《德川时代史论》（河北人民出版社2003年版）、《日本起源考》（昆仑出版社2004年版）、王金林著《日本天皇制及其精神结构》（天津人民出版社2001年版）、《日本人的原始信仰》（宁夏人民出版社2005年版）、《日本神道研究》（上海辞书出版社2008年版）等专著，体现了中国学者的独特视角和建立有中国学术风格的不懈努力。作为断代史，宋成有著《新编日本近代史》（北京大学出版社2006年版）在贯通日本近世与近代的链接、突出中国因素对近代日本史的影响等方面，作出了新的探索。

第三代学者在拓展、创新日本古代史研究领域方面，显示了活力和实力，取得一系列成果。主要有：李小白著《信仰·利益·权力：基督教布教与日本的选择》（东北师大出版社1999年版）、王勇著《日本文化：模仿与创新的轨迹》（高等教育出版社2001年版）、赵德宇著《西学东渐与中日两国的对应》（世界知识出版社2001年版）、王宝平著《神道与日本文化》（北京图书馆出版社2003年版）、戚印平著《日本早期耶稣会史研究》（商务印书馆2003年版）、李虎著《中朝日三国西学比较研究》（中央编译出版社2004年版）、李卓编著《传统文化与家族文化——中日比较研究》（天津人民出版社2000年版）、《中日家族制度比较研究》（人民出版社2004年版）和《日本家训研究》（天津人民出版社2006年版）、彭恩华著《日本俳句史》和《日本和歌史》（学林出版社2004年版）、赵维平著《中国古代音乐文化东流日本的研究》（上海音乐学院出版社2004年版）、王维先著《日本垂加神道的哲学思想》（山东人民出版社2004年版）、徐建新著《好太王碑拓本研究》（东京堂出版2006年版）、王海燕

著《古代日本的都城空间与礼仪》（浙江大学出版社 2006 年版）等著作
从不同角度，对日本史若干课题深入开掘，显示了中国第三代学者的整体
实力。

对日本近现代史多年研究的课题，也进行了立足新角度的诠释。杨宁
一从现代化视角展开分析的《日本法西斯夺取政权之路》（北京师范大学
出版社 2000 年版）、韩永利著《战时美国大战略与中国抗日战场》（武汉
大学出版社 2003 年版），王真著《抗日战争与中国的国际地位》（社会科
学文献出版社 2003 年版），胡德坤和罗志刚主编《第二次世界大战史纲》
（武汉大学出版社 2005 年版）、蒋立峰主编《日本军国主义论》（河北人
民出版社 2005 年版）、雷园山著《日本侵华决策史研究》（学林出版社
2006 年版）、李洪锡著《日本驻中国东北地区领事馆警察机构研究》（延
边大学出版社 2008 年版）等著作，从更加广阔的视野和旧说新释的角度
出发，对抗战的历史地位、日本军国主义及其侵华政策、日本法西斯专
政、殖民统治等问题，展开了新的探索和审视。宋成有著《新编日本近
代史》（北京大学出版社 2006 年版）对江户时代与明治维新的历史联系、
日本近代史演进过程中的中国因素发挥的作用，进行了探讨。

2010 年，由杨栋梁主编，米庆余、王振锁、杨栋梁、李卓、赵德宇、
宋志勇、刘岳兵、臧佩红等学者著述的 10 卷本《日本现代化历程研究》
系列丛书，由世界知识出版社出版。丛书将日本近现代史打通，分政治、
外交、经济、思想、文化、教育、文学、美术、社会、中日关系等 10 个
专题，汇集成总字数约 500 万字的日本近现代史大部头的研究著作。丛书
具有内行应有的深度和广度，资料可靠、翔实，附录中的大事年表、参考
文献等，突出学术性，展示了作者唯物史观的理论素养和实证研究的能
力。

新世纪的日本史研究进入新的活跃时期，可贺可喜。为推进今后国内
的日本史研究，需要继续深化史学理论，讲究方法论问题。为此，需要思
考以下几个问题：

（1）中国的日本史研究目标。在新世纪，中国学者研究日本史的目
标何在？现实的需求和意义固不待论，从学术研究的价值来说，以唯物史
观为指导，打破黑格尔以来西方学者解释东亚历史的强势格局，构筑中国
学者对东亚历史的认知体系，对日本历史在这个认知体系中的位置给予准
确定位，可视为一个长远的大目标。至于具体目标，诸如探寻日本历史的

发展规律、演进模式等问题，客观而真实地理解这个与我国恩怨交织两千年的邻国；把握日本民族的过去、现在和未来，以及日本民族性格、深层文化的独特性和基本特点等，依然是常谈常新的课题。需要世代中国学者的不懈努力，最终形成有中国学术特色的日本历史研究系列。

至于如何理解"中国学术特色"，自然是见仁见智，议论百出。作为抛砖引玉之见，暂且归纳为：其一，站在中国的大地上看东邻日本，持中国学人应有的视角，且自成一家之言，从而为国际学术交流提供依据。因此，不能亦步亦趋地复制、转述外国学者、特别是日本学者的观点，甚至挟洋自重，傲视本国学术界。其二，坚持中国学人传统的全方位整体思维方式，运用唯物史观和辩证法研究日本史的理论立场，体现中国学者应有的气度、格局和分析能力。为此，力求将局部与整体、点与面辩证地联系起来思考；力求综合地而非孤立地、完整地而非零散地把握研究对象，探讨其来龙去脉；力求知其然亦知其所以然，明其事也明其理。其三，发扬中国学人研究日本史独有的优势，例如两千年来《二十四史·日本传》的连续性史料积累、考据学等治史传统方法根基深厚、对近现代日本的认知另有一番滋味在心头等，持之以恒，以期有成。其四，研究与应用相结合，以外国的历史经验教训为他山之石，为我所用，有所区分、有所选择、有所梳理、有所发掘，而非囫囵吞枣，不分青红皂白地顶礼膜拜，盲目追随。其五，是用准确、流利的汉语撰写文章，而不是原封不动地照搬日语汉字词汇，似是而非的"协和语"充斥字里行间，等等。

（2）坚持唯物史观与研究方法多样化。在新世纪，马克思主义的唯物史观自然要坚持下去，这既是指引历史科学破浪前行的舵轮，也是体现中国日本史研究学术特色的理论立场。无须彷徨于理论的迷失或自我矮化。当然，坚持唯物史观，并不等于僵化理论。唯物史观的基本原理是史学研究的立场、观点和手段，并非将马克思主义史学理论经典著作家论述过的每一个理论细节，都奉为不容置疑的金科玉律。不应忘记新中国成立初期教条式的照搬和贴标签的教训，总不能在同一块绊脚石上绊倒两次。

中国学者的实证研究方法，同样强调史料的考订和注重过程的研究，与国外实证研究的学术立场并无二致。但是，在接受马克思主义唯物史观的指导和国外史学研究理论启迪，中国的实证研究方法并不满足于就事论事，总要对研究对象加以理论的探讨和归纳。在这一点上，又不同于国外的实证史学。在此基础上，不应排斥而应大力推进研究理论和方法的多样化，包括学科综合、交叉的理论和方法、多样化的研究手段，国外最新的理论和方法以及考古发现、文学作品、民间传承中有价值的研究信息等，追踪国内外最新前沿，把握其最新动向，呼吸新鲜的学术空气，继续精心营造研究理论和方法多元化的学术园地，开阔视野，与时俱进。

（3）宏观研究与微观实证相结合。宏观研究是中国日本史研究的重要研究视角和方法，体现中国历史学研究基本特点。值得注意的问题是：有些宏观理论往往不是从具体问题的研究中提炼出来的，史料基础不够扎实。有些研究方法论貌似宏观，但基本概念不甚清晰，缺乏问题意识；或者新概念的提出比较随意，缺少严谨的论证；或者照搬国外的现成理论观点而未进行分析批判，成了新的贴标签；或者从事微观实证研究，却不愿下死工夫、笨工夫去开展微观实证研究，缺乏与日本学者真刀真枪地拼史料的底气和实力，有些相形见绌。

无须讳言，近10年来，"浮华"、"浮夸"、"浮躁"的"三浮"之风在侵袭着学术界，包括中国的日本史研究领域。实际上，这不过是有哗众取宠之心而无实事求是之意的旧习气在新世纪的复活，乃至喧嚣尘上的现象而已。此外，计划经济式的课题立项与运作、课题立项的那只"看不见的手"握有的钱袋和指挥棒、职称评定的压力、某些项目审议的形式化操作、为抢时间而赶制急就章等因素，既有违学术研究的规律，也无助于营造使学者专心治学的大环境。同时，将上述因素称之为造成"三浮"现象的风源口，恐怕并非耸人听闻。学术界流行的"项目成果无精品"的说法，虽然有失偏颇，却也道出了近年来课题申请、审议与完成等环节中的某些问题，应该给予足够的重视，物有所值地推出真正的精品。随着时间的过去，这些在发展过程中的消极现象，会有尘埃落定的那一天。可以预测，上述问题逐步得以消除之日，必定是中国日本史研究，包括史学理论和研究方法更上一层楼之时。

结　论

（1）经过30年的不懈努力，中国日本史研究的史学理论和研究方法的特点逐步形成。概言之，即唯物史观与实证研究方法相结合。总的评估是：日本史研究中，马克思史学理论虽然遇到冲击但已经扎下了根，成为绝大多数研究者的思维模式，构成世界史研究，包括日本史研究的中国学派自身的一个显著特点。史学研究方法，则以不尚空谈、周密细致的中国式实证研究为基础。在新世纪，不能想象没有理论思维的中国日本史研究能在国际学术界成大气候；同样也无法想象，中国日本史理论体系中，可以缺少日本史料学的研究，缺乏丰富、准确、真实的史料来支撑。中国日本史研究的基本特点，是历史唯物论与实证研究方法的相互结合，"论从史出"、推陈出新已成为共识，成果累累。

（2）日本史研究最急切的任务之一，是尽快推出史学理论和研究方法论的研究著作。"没有理论就没有历史科学"[1]，于沛的这个看法的确一语中的。如前文所述，目前国内已出版的史学理论和研究方法论的著作，或者是中国史领域的，或者是世界史领域的作品，或者是国外学者论著的翻译作品，丰富多彩。然而，由中国学者撰述的中国日本史研究的史学理论和方法论的学术著作，至今依旧是千呼万唤不出面。在今后较长的时期内，这个课题依然会既是一个寂寞的学术空白点，也是一个富矿深藏的创新点。新世纪的中国日本史新生代，若能在先学发表多篇介绍、评述和研究的论文基础上，运用史学理论和丰富的史论，写出中国学者的日本史研究史学理论和方法论的学术专著，则不仅有学术价值，更有将国内日本史研究推上新台阶的意义。新世纪呼唤着这样的研究成果在中国问世，堪当重任者应有其人。

（3）建构中国学术特色和中国气派的马克思主义史学理论体系，是个大课题，需要几代人的持续努力才能完成。路途漫漫，先学辛勤铺路，后学正承续并开拓不止。历代学者各就其位，发挥各自的作用，发展前景看好。在五光十色、物欲横流、利益首位而令人眼花缭乱的新世纪初期，中国日本史学界，包括日本史研究理论和方法领域能否再现 20 世纪 80 年代坦诚相见、切磋学艺的良好学术氛围，建立 90 年代足令日本学者不得不承认的学术业绩，并能发挥自身的优势，百尺竿头、更进一步，取得新进展则既是各领风骚的才人们的重任，也是中国日本史研究的希望所在。

---

[1] 于沛：《没有理论就没有历史科学——20 世纪我国史学理论研究的回顾和思考》，《历史理论研究》2000 年第 3 期。